Industriemeister und industrielle Reorganisation

Peter Jauch

Industriemeister und industrielle Reorganisation

Rainer Hampp Verlag München und Mering 1997

Die Deutsche Bibliothek - CIP-Einheitsaufnahme

Jauch, Peter:
Industriemeister und industrielle Reorganisation / Peter Jauch. -
München ; Mering : Hampp, 1997
Zugl.: Tübingen, Univ., Diss., 1997
ISBN 3-87988-262-2

Liebe Leserinnen und Leser!
Wir wollen Ihnen ein gutes Buch liefern. Wenn Sie aus irgendwelchen Gründen nicht zufrieden sind, wenden Sie sich bitte an uns.

Rainer Hampp Verlag, München und Mering
Meringerzeller Str. 16, D - 86415 Mering

Inhalt

I. Einleitung

1. Vorbemerkung

Zu Beginn der achtziger Jahre warf eine britische Untersuchung über "Managers and Management in West Germany" die Frage auf: "Why is there no foreman problem in Germany"? (Lawrence 1980, 156) Im Vergleich zu der im angelsächsischen Raum traditionell als sehr problematisch wahrgenommenen Situation der "first line supervisors" (vgl. u.a. Child/Partridge 1982) wurde - nicht nur in dieser Studie - jene der bundesdeutschen Industriemeister als bemerkenswert anders und erklärungsbedürftig begriffen (vgl. Daly/Hitchens/Wagner 1985, Maurice/Sellier/Silvestre 1986). Der Meister erschien als zentraler und unumstrittener Bestandteil des bundesdeutschen industriellen Produktionssystems.

Heute, eineinhalb Jahrzehnte später, mutet die von Lawrence (1980) aufgeworfene Frage befremdlich an. Verfolgt man die Berichterstattung der hiesigen Wirtschaftspresse, dann drängt sich mittlerweile eine ganz andere Frage auf: die nach der Zukunft des Meisters. "Der Kern des deutschen Fabrikwesens, das System der Industriemeister", so war unlängst einem Beitrag der *Wirtschaftswoche* zu entnehmen, "steht vor der einschneidendsten Veränderung seiner über 100jährigen Geschichte: Die schätzungsweise viertel Million kleiner Chefs, bis vor kurzem bewährtes Scharnier zwischen Büro und Band, steht zur Disposition." (Böhme 1995a, 74) Die bundesdeutschen Industriemeister, daran läßt auch die aktuelle wissenschaftliche Diskussion kaum einen Zweifel, befinden sich inmitten eines tiefgreifenden, wesentlich durch den forcierten industriellen Strukturwandel ausgelösten Umbruchs. Diesem Umbruch nachzuspüren, hat sich die vorliegende Arbeit zur Aufgabe gestellt.

Sie knüpft an eine einschlägige Vorarbeit des Autors an (vgl. Jauch 1990) und fußt in wesentlichen Teilen auf Befragungen, die am Forschungsinstitut für Arbeit, Technik und Kultur e.V. (FATK) im Rahmen zweier, von der Deutschen Forschungsgemeinschaft geförderter und von Christoph Deutschmann geleiteter Forschungsprojekte durchgeführt wurden. An dem Forschungsprojekt "Dezentralisierung von Unternehmen - Implikationen für betriebliche Arbeitsbeziehungen" (1989 bis 1992) waren Michael Faust, Karin Brünnecke und der Autor, am Projekt "Interessenorientierungen mittlerer und unterer Vorgesetzter in der Industrie" (1993 bis 1996) neben dem Autor Michael Faust und Petra Notz beteiligt. Das zuerst genannte Projekt widmete sich schwerpunktmäßig den strukturellen Folgen, das zuletzt genannte Projekt den subjektiven Folgen und Verarbeitungsweisen industrieller Reorganisationsprozesse. Aus beiden Untersuchungen liegen Veröffentlichungen vor (Brünnecke/Deutschmann/Faust 1992, Deutschmann u.a. 1995, Faust u.a. 1994, Faust/Jauch/Deutschmann 1994, Faust/Jauch 1995).

Die empirische Basis dieser Arbeit sind zum einen zwölf Fallstudien in mittleren und großen Unternehmen der Metall- und Elektroindustrie aus den genannten Forschungsprojekten. Im Projekt "Dezentralisierung von Unternehmen" wurden in 92 Interviews Meister, Mitglieder des oberen Managements, des mittleren Linienmanagements, Vorgesetzte und Mitarbeiter indirekter Bereiche sowie Betriebsräte und Vertrauensleute befragt. Hier konzentrierten sich die Erhebungen vor allem auf die Produktion und produktionsnahe Unternehmensbereiche. Im Rahmen des Projekts "Interessenorientierungen mittlerer und unterer Vorgesetzter" wurden 70 Interviews mit Meistern und Managern unterschiedlicher Unternehmensbereiche, mit Experten aus Personalabteilungen, Vertretern betrieblicher Interessenvertretungen und von Verbänden durchgeführt. Zum anderen greifen wir auf eine schriftliche Befragung von unteren und mittleren Führungskräften des Projekts "Interessenorientierungen mittlerer und unterer Vorgesetzter" zurück.

Die Untersuchungen beschränkten sich auf das frühere Bundesgebiet. Daher können zu den aus dem Transformationsprozeß herrührenden besonderen Problemlagen, vor die Meister in den ostdeutschen Bundesländern gestellt sind, keine substantiellen Aussagen getroffen werden (vgl. hierzu etwa Aderhold u.a. 1994, Drexel/Giessmann 1997, Schmidt 1996).

Einleitend werden im folgenden einige knappe Anmerkungen zum *Gegenstand dieser Arbeit*, den Meistern getroffen, die *Fragestellung* umrissen und nach einigen für notwendig erachteten *Vorüberlegungen* der *Aufbau* der Arbeit skizziert.

2. Annäherung an den Gegenstand: zur Figur des Meisters in der Industrie

Begriffe wie "Meister in der Industrie" oder "Industriemeister" erklären sich, so könnte man meinen, eigentlich von selbst. Jeder auch nur leidlich über industrielle Arbeitsprozesse informierte Leser verfügt, so läßt sich unschwer vermuten, über mehr oder weniger klare Vorstellungen davon, was diese Begriffe umschreiben. Eine begriffliche Präzisierung des "Gegenstands" dieser Arbeit wäre mithin eine eigentlich unnötige Veranstaltung. Ganz so selbst*verständlich* wie es auf den ersten Blick anmuten mag, sind diese Begriffe allerdings nicht. Zwar assoziiert man mit dem Begriff Meister sofort den unmittelbaren Vorgesetzten der Industriearbeiter, den ausgewiesenen Fachmann und anderes mehr. Allerdings: Nicht jeden Vorgesetzten, der direkt Arbeiter führt, würde man - etwa wenn es sich um einen Ingenieur handelt - umstandslos zum Meister erklären. Und nicht jede Arbeitskraft, die man normalerweise qua betrieblicher Position als Meister bezeichnet, verfügt über die formalen Insignien "meisterlichen Könnens", d.h. einen Meisterbrief nach dem Berufsbildungsgesetz. Meister in der Industrie: Von wem ist also die Rede?

Mit dem Begriff "Meister" ist eine für den deutschsprachigen Raum in besonderer Weise typische, in der jahrhundertelangen Geschichte des Handwerks wurzelnde und im Verlauf der industriellen Entwicklung in spezifischer Weise geformte Sozialfigur umschrieben. Sie hat in bundesdeutschen Industriebetrieben bis heute, trotz mancher Wandlungsprozesse, ihren festen Platz zwischen Ingenieur und (Fach-) Arbeiter. Charakteristisch für den Meister ist seine Zwischenposition im Statusgefüge des Industriebetriebes und seine Rolle als unmittelbarer Vorgesetzter der Arbeiter. Er ist zentrales Element jenes "Mittelfelds gewerblich-technischen Personals", das über besondere, für bundesdeutsche Unternehmen typische "Brückenqualifikationen" (Drexel 1993b) verfügt und sich durch spezifische Bahnen ihres Erwerbs auszeichnet.

Konstitutiv für den "Arbeitskrafttypus"[1] Meister sind *erstens* die spezifischen Aspekte seines betrieblichen Einsatzes, d.h. seine Stellung im betrieblichen Positionsgefüge und die damit verbundenen Funktionen und Qualifikationsanforderungen. Traditionell repräsentiert der Meister eine bestimmte Ebene der vertikal gegliederten betrieblichen Führungsstruktur, nämlich die unterste Vorgesetztenposition in der Produktion bzw. in den produktionsnahen indirekten Bereichen, in denen vorzugsweise gewerbliche Mitarbeiter tätig sind. Als unterstes Glied des betrieblichen Managements besteht seine Funktion in der Koordination, Regulierung und Kontrolle des arbeitsteilig strukturierten Arbeitsprozesses und damit der Tätigkeit der unterstellten Arbeiter, für die er "zugleich die lebendige Verkörperung der unternehmerischen Macht im unmittelbaren Produktionsprozeß" (Fischer 1993, 32) darstellt.

Leitung als Bestimmungsmoment des Meisters ist in Marktwirtschaften mithin nicht nur definiert als notwendige und von der Ausführung gesonderte Funktion in gesellschaftlichen, d.h. durch Arbeitsteilung und Kooperation bestimmten Arbeitsprozessen, sie ist ebenso bestimmt durch den spezifischen kapitalistischen Charakter des Produktionsprozesses und das Herrschaftsverhältnis, das hierdurch konstituiert wird.[2]

"Die Besonderheit der Stellung des Meisters stellt sich somit über die Aufgabe her, Anforderungen des Arbeitsprozesses mit solchen des Verwertungsprozesses so zu vermitteln, daß sich ein möglichst störungsfrei verlaufender Produktionsprozeß herstellt. (Daraus) ... resultiert seine Doppelfunktion: den Einsatz und die Verknüpfung der Elemente des Produktionsprozesses mit den Anforderungen des Gesamtprozesses abzustimmen bei gleichzeitiger Sicherung, Konsolidierung und Reproduktion betrieblicher Herrschaft." (Springer 1984, 546)

---

1 Zum Konzept des Arbeitskraft- bzw. Qualifikationstypus vgl. Fischer 1993, 18ff.

2 Kapitalistische Leitung findet unter dem Gesichtspunkt der Durchsetzungsfähigkeit und Autorität ihre Legitimation im über Privateigentum an Produktionsmitteln und Arbeitsvertrag konstituierten Direktionsrecht. Sie findet ihre Form in der hierarchischen Überordnung von mit Durchsetzungsmacht ausgestatteten Leitungspositionen über die ausführende Arbeit.

Die Aufgabe des Meisters, einen kontinuierlichen Herstellungsprozeß zu gewährleisten, wird überformt durch die in diesen Prozeß eingewobenen Anforderungen der Verwertung und Herrschaftssicherung. Der Meister ist mithin, um in einem etwas älteren Bild zu sprechen, kleiner "Dirigent" und "Unteroffizier" (Marx) in einer Person. Beide Funktionen fallen in der betrieblichen Praxis zusammen und prägen die konkreten Aufgaben des Meisters als eines spezifischen, historischen Typus von (unterer) Führungskraft.

Konstitutiv für diesen Typus ist *zweitens* die spezifische Form seiner sozialen (Re-) Produktion hinsichtlich des sozialen Herkunftsmilieus und des Bildungs- und Berufsverlaufs. Charakteristisch für die Meister ist, daß sie normalerweise demselben sozialen Milieu entstammen wie ihre Untergebenen, daß sie im Regelfall eine Ausbildung zum Facharbeiter absolvierten, eine Reihe von Jahren als Arbeiter tätig waren und in dieser Zeit jene Qualifikationen erworben haben - sei es ausschließlich im Arbeitsprozeß und vermittelt durch eine längere Tätigkeit als Vorarbeiter oder durch eine zusätzliche formelle Ausbildung zum Meister -, die sie aus der Sicht eines Betriebes zur Übernahme einer Meisterstelle befähigen. Meister sind also typischerweise Aufsteiger aus der Arbeiterschaft. Hervorstechender Beleg für die Bedeutung dieses Sachverhaltes sind die Zugangsvoraussetzungen der gesetzlich geregelten Fortbildungsmaßnahmen zum Industriemeister (aber auch zum Handwerksmeister), die diesen Weg kodifizieren.[3]

Auf dem damit festgeschriebenen Bildungs- und Berufsverlauf beruht mittlerweile sehr stark - ungeachtet der Bedeutung der Statusmeister - das Bild von den spezifischen Qualifikationen des Meisters. Gemeint ist jene "Kombination von theoretischer und praktischer Facharbeiterqualifikation, von mehrjähriger Erfahrung auf Facharbeiterpositionen und von darauf aufbauenden und darüber hinausführenden fachlichen und überfachlichen Qualifikationselementen, die in der Meisterausbildung erworben werden. Genauer betrachtet handelt es sich hier nicht um eine bloße Kombination, sondern um eine besondere, über lange Jahre gewachsene Synthese dieser Qualifikationselemente. Diese besondere Synthese ist Produkt des Zusammentreffens mehrerer Charakteristika des Bildungs- und Berufsverlaufs des Meisters/der Meisterin. An erster Stelle ist sie Ergebnis des Aufstiegs aus der Facharbeiterschaft mit seinen spezifischen Chancen und Zwängen für fachliches und soziales Lernen. Sie ist zweitens Produkt des mehrfachen Hin und Her zwischen betrieblich-praktischem Erfahrungslernen und theoretischem Lernen mit den daraus resultierenden Chancen und Zwängen, die Anwendung theoretischer Kenntnisse auf konkrete Situationen und Probleme ebenso wie die Verortung konkreter partikularer Erfahrungen in allgemeinem Wissen immer wieder einüben zu können und zu müssen. Diese Synthese ist drittens Produkt spezifischer Selbst- und Fremdselektions- und Steuerungsprozesse, die den Zugang zu Meisterausbildung und Meisterpositionen steuern und spezifisches Sozial- und Lernverhalten zugleich begünstigen (der

---

3 Exemplarisch sei dies an der "Verordnung über die Prüfung zum anerkannten Abschluß geprüfter Industriemeister - Fachrichtung Metall" verdeutlicht: Zugangsvoraussetzung zur Industriemeisterprüfung ist laut §2 der Verordnung "1. eine mit Erfolg abgelegte Abschlußprüfung in einem anerkannten Ausbildungsberuf, der der Fachrichtung Metall zugeordnet werden kann, und danach eine mindestens dreijährige einschlägige Berufspraxis oder 2. eine mindestens achtjährige einschlägige Berufspraxis" (Bober u.a. 1982, 31).

Selektionseffekt) und fördern (der Steuerungseffekt von "Bewährungsprozessen"). Und diese Synthese ist schließlich viertens erzeugt durch die sukzessive Übernahme von Macht und Verantwortung - einer doppelten Verantwortung nach oben und nach unten -, die im oft langen Weg über Vorarbeiterpositionen ... angelegt ist. Die damit geschaffene - sozusagen mehrfach geschichtete - Synthese von sehr unterschiedlichen Qualifikationen und Erfahrungen ist es, die den/die klassische(n) deutsche(n) Industriemeister(in) etwa vom klassischen französischen agent de maîtrise unterscheidet, der nur über langjährige Arbeitserfahrungen, nur manchmal über schulische Arbeiterausbildung und oft über unspezifische Weiterbildung verfügt, nicht aber über eine spezifische Qualifizierung für die Übernahme der Meisterposition, die die durchlaufenen Lern- und Erfahrungsprozesse noch einmal integriert, fachtheoretisch unterfüttert und ergänzt." (Drexel 1993b, 175)[4]

Der Begriff Meister in der Industrie umschreibt also, zusammenfassend gesprochen, einen Typus von Arbeitskraft, der *erstens* durch seine spezifische Stellung im betrieblichen Positionsgefüge zwischen Arbeiter, höherem Management und "technischer Bürokratie" bzw. besondere betriebliche Funktionen und Anforderungen und der *zweitens* zugleich durch den spezifischen Zugang zur Meisterposition sowie das damit verbundene besondere Qualifikationsprofil bestimmt ist. Gerade die Kombination beider Elemente ist es, die dem Meister ein charakteristisches Profil verleiht.

"Dieser Arbeitskrafttypus ... verbindet typischerweise Momente des Arbeiterstatus mit der partiellen Teilhabe an unternehmerischer Macht, repräsentiert also zugleich die Verbundenheit mit der Arbeiterschaft wie die Ablösung von ihr. ... Als unterer Vorgesetzter stellt er nicht nur im Produktionsprozeß die Klammer zwischen leitender und ausführender Arbeit dar, sondern bringt in seiner Person - als spezifisch geformte Kategorie von Arbeitskraft - zugleich diesen Übergang vom Arbeiter zum Management mit." (Fischer 1993, 33)

Wenn also in dieser Arbeit von den Meistern in der Industrie oder kürzer vom Industriemeister gesprochen wird, dann sind damit all jene Vorgesetzten gemeint, die - sei es unmittelbar in den Produktionsbereichen, sei es in produktionsnahen indirekten Bereichen wie etwa der Instandhaltung - unmittelbar Arbeiter führen und selbst aus der Arbeiterschaft aufgestiegen sind. Unter diesen Vorgesetzten bilden jene

---

4 "Und diese geschichtete Synthese ist es, die den Meister/die Meisterin zumindest *relativ* stabil macht, trotz der in der Vergangenheit mit einer gewissen Regelmäßigkeit immer wieder ausgerufenen Meisterkrise und über die verschiedenen Meisterkrisen hinweg. Denn die bloße Erfahrung ist in ihren Möglichkeiten der Weiterentwicklung und der Bewältigung von strukturell Neuem begrenzt; ebenso begrenzt wie natürlich das bloße theoretische Wissen. Beides zeigt die seit Jahren sich immer mehr verschärfende "crise de la maîtrise" (Meisterkrise) in Frankreich sehr deutlich: Die traditionellen, aus der Arbeiterschaft aufgestiegenen (ernannten) Meister sind von den technischen, organisatorischen und sozialen Restrukturierungsprozessen der französischen Betriebe offenbar vielfach hoffnungslos überfordert. Den zunehmend an ihrer Stelle rekrutierten Höheren Technikern (mit einer auf dem Abitur aufbauenden zweijährigen schulischen Ausbildung) aber, die über hohe fachtheoretische Kenntnisse verfügen, fehlt die Fähigkeit, sich in die konkreten Produktionsprozesse und ihre Eigengesetzlichkeiten einzufinden ebenso wie die Erfahrung eines sozial adäquaten Umgangs mit den Arbeitern." (Drexel 1993b, 175f.)

Meister, die über einen Fortbildungsabschluß als Industriemeister nach dem Berufsbildungsgesetz verfügen, eine große, wachsende Gruppe. Nicht zu vernachlässigen sind allerdings auch jene Vorgesetzten, die entweder durch einen reinen Ernennungsaufstieg in eine Meisterposition gelangten - die sogenannten Statusmeister, die über keinen formalen Meisterabschluß verfügen - und solche, die ein Zertifikat als Handwerksmeister besitzen, gleichwohl aber als Meister in der Industrie tätig sind.[5] Sie alle werden in dieser Arbeit als Meister bzw. Industriemeister bezeichnet.

Die "doppelte Konstitution" (Fischer 1993, 34f.) des Arbeitskrafttypus Meister verweist letztlich auf die Bedingungen, die diesem Stabilität verleihen. Seine Reproduktion, so stellt Fischer (ebda.) zurecht fest, ist gebunden an die Fortexistenz einer betrieblichen Position, deren Funktions- und Anforderungsstruktur eine relativ stabile Kohärenz mit dem spezifischen (Qualifikations-)Profil eines typischen Meisters aufweist, und sie ist abhängig von der fortdauernden Attraktivität eines beruflichen Entwicklungsmusters, das von der gewerblichen Lehre über eine mehrjährige Tätigkeit und Bewährung als Facharbeiter, Vorarbeiter sowie gegebenenfalls über eine einschlägige Fortbildung in eine Meisterposition führt.

---

5 Die Fortbildung zum geprüften Industriemeister erlangte erst in der Nachkriegszeit, mit den Industrie- und Handelskammern als den institutionellen Trägern entsprechender Bildungsmaßnahmen, einen formelleren Rahmen. In den Jahrzehnten zuvor war der Ernennungsaufstieg von herausragender Bedeutung, eine geregelte industrielle Meisterausbildung blieb demgegenüber eher Stückwerk. Sie lag, so sie überhaupt stattfand, in den Händen einzelner Schulen bzw. Großbetriebe. Seit den 50er Jahren wurde die zunächst in der Regie einzelner Industrie- und Handelskammern liegende überbetriebliche Meisterausbildung sukzessive vereinheitlicht und formalisiert. Mit der Ausgabe von Richtlinien für die Industriemeisterausbildung, der Entwicklung und Verbesserung von Lehrplänen und Prüfungsordnungen und dem Ausbau der Fortbildungseinrichtungen seitens der Kammern bzw. des Deutschen Industrie- und Handelstages ist eine Tendenz zur Professionalisierung angezeigt, die in der ersten bundeseinheitlichen Verordnung über die Fortbildung zum geprüften Industriemeister (Metall) im Jahr 1978 ihren deutlichsten Ausdruck fand (Zur Geschichte und Entwicklung der Industriemeisterausbildung vgl. Amrath 1970, Bober u.a. 1982, Hoffmann 1962, Klause 1984, Siepe 1968, Weyrich 1981, 1984). Trotz der wachsenden Bedeutung, die der Gruppe der geprüften Industriemeister zukommt, ist die Gruppe der Statusmeister zahlenmäßig nicht zu vernachlässigen (vgl. Siepe 1968, Bau 1982, Clauß 1990). Ein prominentes Unternehmensbeispiel mag dies verdeutlichen: Noch Mitte der 80er Jahre hatten von den 4450 bei Mercedes Benz beschäftigten Meistern und Gruppenmeistern lediglich 21,6% einen Industriemeisterabschluß. 22,7% von ihnen waren ausgebildete Handwerksmeister. 48,2% dieser Meister konnten dagegen nur eine Facharbeiterausbildung vorweisen und 5,6% waren gar ohne eine Berufsausbildung in ihre jetzige Position gelangt. 1,9% verfügten über ein Fachschulzertifikat (Berechnung nach Osswald 1985, 311).

3. Problemstellung

Hinsichtlich des Meisters stehen, wie eingangs erwähnt, erhebliche Veränderungen an. Grundlegender Wandel, Umbruch, Krise: Das sind Begriffe, die sowohl in der öffentlichen als auch in der wissenschaftlichen Diskussion in diesem Zusammenhang des öfteren fallen. Folgt man dem zu Beginn zitierten Artikel aus der Wirtschaftswoche, dann geht es gegenwärtig um nicht weniger als um die Frage der Fortexistenz dieses klassischen Industrievorgesetzten. Der vorliegenden Literatur zufolge sind es vor allem zwei Entwicklungen, die Umbruchstendenzen befördern und diese Frage haben aktuell werden lassen.

Die eine Entwicklung, auf die aufmerksam gemacht wird, sind strukturelle Veränderungen auf den Arbeitsmärkten. Es ist insbesondere eine Studie von Fischer (1993; vgl. auch Drexel 1993b), die sich diesen Veränderungen eingehend widmet und hinsichtlich der Meister "aktuelle Krisenphänomene" diskutiert. Dieser Studie zufolge werfe sich bei einer Fortschreibung bisheriger Entwicklungen bezüglich der Angebotsseite am Arbeitsmarkt die Frage einer Gefährdung der "sozialen Reproduktion" dieses Arbeitskrafttypus auf. Angesprochen ist damit das Problem eines Attraktivitätsverfalls von auf den Meister bezogenen Berufskarrieren und Bildungsgängen und damit die Gefahr, daß diese Figur gleichsam "ausstirbt statt sich fortzupflanzen" (Fischer 1993). Fischers These zufolge haben ein wachsendes Überangebot an ausgebildeten Meistern, die Zunahme an höherqualifizierten Arbeitskräften - insbesondere an Ingenieuren - und die abnehmende Attraktivität der Facharbeiterausbildung der Tendenz nach problematische Konsequenzen: Ausbildungsinadäquate Beschäftigung von Meistern als Folge des Angebotsdrucks und die angebotsinduzierte Tendenz einer Verdrängung von Meistern durch Ingenieure provozieren die latente Gefahr eines Attraktivitätsverfalls bisheriger Formen des Zugangs in Meisterpositionen, während mit dem Schwinden des Facharbeiternachwuchses zugleich das Reservoir an potentiellen Meistern auszutrocknen droht.

Bei der zweiten Entwicklung handelt es sich um strukturelle Veränderungen in den Industriebetrieben. In Rede stehen hier die Folgen industrieller Rationalisierung für die unteren Industrievorgesetzten. Die gegenwärtige Rationalisierungsbewegung, darüber besteht in der Industriesoziologie weitgehend Konsens, hat in vielem die traditionellen Bahnen vergangener Jahrzehnte hinter sich gelassen. Sie markiert einen "Stilwechsel" industrieller Rationalisierung (Kern/Schumann 1984, Altmann u.a. 1986), der nicht zuletzt hinsichtlich der etablierten Strukturen der betrieblichen wie zwischenbetrieblichen Arbeitsteilung von erheblicher Tragweite ist. Ein zentrales Element jener neuen Rationalisierungsansätze, die in den letzten Jahren breitere Resonanz gefunden haben, sind Bestrebungen zu einer Reorganisation der bestehenden Formen der horizontalen und vertikalen Arbeitsteilung, zur Etablierung neuer Formen der Arbeits- und Betriebsorganisation. Als Ansatzpunkt zur Verbesserung der Wettbewerbsfähigkeit sind organisationsstrukturelle Veränderungen in vielen Industrieunternehmen in gewisser Weise an die Stelle von Modernisierungsbemühungen getreten, die vor nicht allzu langer Zeit noch ganz im Bann von Visionen hochtechnisierter, durch den Einsatz komplexer EDV-Systeme weitgehend automatisierter Produktionsstrukturen standen. Die in der industriellen Praxis und in der öffentlichen Diskussion hoch gehandelten Restrukturierungskonzepte wie etwa lean production oder business reengineering sind hierfür prominente Beispiele. Stichworte wie flachere Hierarchien, weniger Arbeitsteilung, neue Beteiligungsformen (Qualitätszirkel, kontinuierliche Verbesserungsprozesse etc.), Gruppenarbeit, Fertigungsinseln, profit center, selbständige Geschäftseinheiten etc. erregen mittlerweile kaum mehr besonderes Aufsehen.

Die industriesoziologische Forschung hat sich schon seit längerem, ausgehend vom Programm zur Humanisierung der Arbeitswelt mit neuen Arbeits- und Organisationsstrukturen und mit neuen Beteiligungsformen im Bereich der industriellen Produktion beschäftigt. Dabei hat sie sich jedoch lange Zeit vornehmlich auf deren Implikationen für die unmittelbaren Produktionstätigkeiten konzentriert. Die Konsequenzen von Prozessen organisatorischer Rationalisierung für die Managementstrukturen und insbesondere für die Meister standen demgegenüber nicht im Zentrum des Forschungsinteresses. Dies hat sich in jüngerer Zeit merklich verändert (vgl. u.a. Fischer 1993, Faust u.a. 1994, Kädtler 1996). Dennoch ist nicht erst mit der zunehmenden Verbreitung strukturinnovativer Prozesse industrieller Reorganisation deutlich geworden, daß von diesen auch und gerade die Rolle der Meister zentral berührt wird. Die angesprochenen organisationsstrukturellen Veränderungen, so ist der Literatur zu entnehmen, stellen faktisch die bisherigen Formen des betrieblichen Einsatzes von Meistern in Frage. Zur Disposition stehen bzw. im Umbruch befinden sich mit anderen Worten die tradierten Funktionen, die seitherige Rolle der Meister im Betrieb.

Im Rahmen der vorliegenden Arbeit kann nicht beiden Aspekten - dem Einfluß arbeitsmarktstruktureller Veränderungen und den Implikationen organisatorischer Rationalisierung - gleich große Aufmerksamkeit geschenkt werden.

Der Frage, ob durch Veränderungen auf dem Arbeitsmarkt eine Meisterkrise droht, d.h. ob sich hinsichtlich der sozialen Reproduktion des Arbeitskrafttypus Meister - im Sinne einer "steten Bereitstellung" eines ausreichenden Angebots an Arbeitskräften mit entsprechenden Kenntnissen, Fähigkeiten und Eigenschaften (Fischer 1993) - gravierende Brüche auftun, wird in dieser Arbeit nur in ergänzender Perspektive und im Überblick nachgegangen werden. Dabei werden wir uns auf eine Auseinandersetzung mit den Thesen und Argumenten von Fischer (1993) und Drexel (1993b) konzentrieren, die das angesprochene Problem in die Debatte eingebracht und eingehend beleuchtet haben.

Im Zentrum der Betrachtung werden hingegen die von betrieblichen Reorganisationsprozessen ausgehenden Veränderungen stehen. Die Kernfrage dieser Arbeit ist, welche Konsequenzen die gegenwärtigen Prozesse organisatorischen Strukturwandels für die Rolle der Meister im Industriebetrieb haben. Wir folgen damit der Schwerpunktsetzung innerhalb der neueren sozialwissenschaftlichen Diskussion zur Lage und Zukunft der Meister.

Weitgehende Einigkeit besteht in dieser Diskussion soweit es um die Betonung gravierender Veränderungen der betrieblichen Rolle der Meister im Gefolge der Einführung neuer, mit tradierten Mustern betrieblicher Arbeitsteilung mehr oder weniger stark brechender Organisationsformen geht. Ob man nun den Blick auf Arbeiten der HdA-Begleitforschung und auf Analysen zur Qualitätszirkelbewegung richtet, die in den 80er Jahren vorgelegt wurden, oder ob man sich neueren Berichten zuwendet: Fast immer ist von "new Twists in the Foreman's World" (Feder 1981) die Rede, ist man sich eines Umbruchs, den die Meister zu gewärtigen haben, relativ gewiß.[6] Wohin dieser die Meister führt, in welche Richtung die neuen Herausforderungen weisen - darüber besteht dann allerdings keineswegs mehr ein Konsens. Die Thesen und häufig generalisierenden Szenarien zur Entwicklung der Rolle der Meister könnten unterschiedlicher nicht ausfallen. Versucht man eine grobe Skizze, so lassen sich im Grunde zwei entgegengesetzte Positionen unterscheiden:

Eine in der Literatur eher dominierende Position besagt, daß die Meister durch die organisationsstrukturellen Veränderungen einem Prozeß der Beschneidung und Aushöhlung ihrer betrieblichen Funktionen ausgesetzt sind. Der Tendenz nach wird hier eine "neue" bzw. "zweite Meisterkrise" diagnostiziert (Freimuth 1988; Greifenstein/Jansen/Kißler 1989), die aus einer Verlagerung von Aufgaben, von Verantwortung und Kompetenzen nach unten, auf die Mitarbeiterebene resultiert.

Die Thesen reichen hier von einem (partiellen) Verlust bestimmter, insbesondere der fertigungs- bzw. arbeitsprozeßbezogenen Aufgaben bis hin zur Infragestellung aller klassischen Meisterfunktionen und damit letztlich zur Abschaffung dieser traditionellen Vorgesetztenebene. Soweit dem Meister noch eine Zukunft attestiert wird, wird er als "gehobener Sozialarbeiter" (Mazurek 1981), als "Trainer bzw. Entwickler seiner Mitarbeiter" (Brosseder 1993, vgl. auch QZR 1995, Weyrich/Kemp 1983,

---

6 Übereinstimmung herrscht vielfach auch in der Analyse des Verhaltens der Meister im Reorganisationsfall. Bereits eine Reihe von HdA-Studien hatten darauf verwiesen, daß untere Vorgesetzte neuen Arbeitsstrukturen bzw. Beteiligungsformen von Mitarbeitern häufig distanziert, wenn nicht ablehnend begegnen und sich nicht selten als "Innovationshemmnis" (Bargmann 1984) erweisen (vgl. Fricke u.a. 1981; Fricke/Wiedenhofer 1985; Wexlberger u.a. 1984; Hoppmann/Stötzel 1981). Ein problematischer Tatbestand, wie mancherorts festgestellt wird, hänge doch Erfolg und Mißerfolg betrieblicher Innovationen wesentlich auch von Einstellung und Verhalten gerade dieser Gruppe ab. Der "Widerstand" von Meistern (Freimuth 1988, Schache-Keil 1993) resultiert offensichtlich aus einer "Vertrauenskrise in die Unternehmensleitung" (Hamacher/Hungershoff 1993, 280), aus der Perzeption solcher Vorhaben als "Angriff gegen die Hierarchie der Vorgesetzten" (Hoppmann/Stötzel 1981, 58) und als Gefahr für die eigene, die "Autorität der Führungskräfte" (Wexlberger u.a. 1984; vgl. auch Frei u.a. 1993).

Scholz 1985) gedacht, der vor allen Dingen über "Sozialkompetenz", über Qualifikationen mit stark pädagogisch-psychologischem Einschlag, ansonsten allenfalls noch über "technisches Generalistenwissen" verfügen muß.

Auf diese Konsequenz hatte zum Teil schon die HdA-Forschung aufmerksam gemacht (vgl. u.a. Bargmann 1984, Fischer/Heise 1983, Fischer/Minssen 1986, Schlottmann/Blien/Kind 1983). "Humanisierung gegen die Meister" (Tokunaga u.a. 1990) durch Funktionsverlagerung nach unten, so lautete hier vielfach die These.[7] Die Gefahr einer "Aushöhlung der Kompetenzen" wurde auch im Zusammenhang mit der Etablierung von Formen "direkter Partizipation" wie Qualitätszirkeln (Greifenstein/Jansen/Kißler 1989) thematisiert. Die "Aktivierung der betrieblichen Basis" (Freimuth 1988; vgl. auch Walton/Schlesinger 1979) bedinge nicht nur eine Veränderung des Führungsstils, sondern beenge letztlich die Dispositionsmöglichkeiten der Meister und resultiere in einem Status- und Autoritätsverlust (Mogwitz 1987).[8]

In die Richtung einer zweiten Meisterkrise weisen insbesondere Berichte über Veränderungen der Meisterrolle beim Wechsel von traditionellen Arbeitsstrukturen hin zu Formen von Gruppenarbeit. Funktions- und Kompetenzverlust nach unten ist deren gemeinsamer Nenner. Während mancher Beobachter dabei von einem begrenzten, die Meisterposition als solche nicht gefährdenden Prozeß ausgeht (Antoni 1992, Enderle 1993, Gerst u.a. 1994), finden sich auch eine Reihe von Hinweisen, die deren Gefährdung im Gefolge der Etablierung von Gruppenarbeit nahelegen. Manche Beiträge sprechen dezidiert von einer Krise durch Kompetenzverlagerung nach unten (Freimuth 1988) bzw. von einem hierdurch induzierten Stellenabbau (Drexel 1993c), gehen aber gleichwohl davon aus, daß die Meisterposition als solche erhalten bleibt. Andere verweisen hingegen darauf, der Funktionsverlust für diese Ebene könne existenzbedrohend werden. "Brauchen teilautonome Arbeitsgruppen noch einen Meister"? Diese u.a. von Bungard (1990) aufgeworfene Frage wird von manchem Beobachter und betrieblichen Praktiker zumindest bei avancierten Gruppenarbeitskonzepten verneint. Für Priewe (1988) zeigen betriebliche Beispiele der Umstellung auf Fertigungsinseln, daß Konzepte der Ausdehnung des Verantwortungs- und Kompetenzrahmens der Produktionsarbeit eine reale Durchsetzungschance haben - dies wohlgemerkt lange vor der Prägung des Begriffs lean production. Dies hätte, wie die Unternehmensbeispiele zeigen, für Vorgesetzte eine dramatische Konsequenz: Im "Extremfall" säßen große Teile des mittleren Managements - auch die Meister - "auf der Straße" (Priewe 1988, 22).[9]

---

7 So stellten etwa Trautwein-Kalms/Gerlach (1980, 151f.) mit Blick auf Experimente mit teilautonomen Gruppen fest, Gruppenarbeit habe für Meister "eine Dequalifizierung und möglicherweise den Verlust des Arbeitsplatzes zur Folge".

8 Zur Rolle der Meister im Rahmen von Qualitätszirkeln vgl. auch Kolzen 1984 und Breisig 1987.

9 "Den Meister brauchen wir doch gar nicht mehr": Diese von Buchholz (1989) zitierte Überzeugung von Automobilarbeitern, die ihre Erfahrungen mit Gruppenarbeit reflektieren, hat andernorts unmittelbar Eingang in betriebliche Gestaltungskonzepte gefunden. Dies thematisierten bereits Auer/Riegler (1988) am Rande in ihrer Analyse der arbeitsorganisatorischen Innovationen bei Volvo. Dort wurden in einzelnen Werken beim Aufbau einer Teamorganisation die Werkmeister- und Vorarbeiterpositionen abgeschafft. Dies läßt sich auch hierzulande finden, wie Presseberichte über Firmen zeigen, die als Beispiele besonders konsequenter Umsetzung von Gruppenarbeit vorgeführt und als Trendmarke gehandelt werden. So stellte etwa Eglau (1995, 23; vgl. auch Böhme 1995a) jüngst den Fall eines auf Fertigungsinseln setzenden Automobilzulieferers dar, der in Managementkreisen große Aufmerksamkeit

In Kontrast zu solchen Thesen und Beispielen, die alle mehr oder weniger prononciert für eine "zweite Meisterkrise" sprechen, stehen solche, die eine "Renaissance" des Meisters (Bungard 1990), einen Wandel hin zum "Unternehmer in der Fertigung" (Wunderer/Haubensack 1988; vgl. auch Kraft 1991), nahelegen. Auch bei dieser zweiten Position bilden neue Arbeits- und Organisationsformen den Hintergrund.

Schon recht früh hat Drucker (1986) von der Notwendigkeit gesprochen, daß wieder "vor Ort geplant und entschieden" werden müsse und dementsprechend die unteren Produktionsvorgesetzten zu "echten Managern" werden müßten. Inspiriert u.a. durch das Beispiel amerikanischer und japanischer Unternehmen ging Drucker (1987, 212) von einer Tendenz des Hierarchieabbaus aus, die bezüglich der verbleibenden Führungsebenen in "sehr viel umfassenderen, sehr viel fordernden und sehr viel verantwortungsvolleren Tätigkeiten" resultiert - eine Tendenz, die "ganz besonders für den Werkmeister" gälte. Im Gegensatz zum oben genannten Krisenszenario hatte diese These in der bundesrepublikanischen sozialwissenschaftlichen Diskussion der 80er Jahre kaum Verfechter. Erst in den 90er Jahren werden auch hierzulande die Stimmen vernehmlicher, die weniger krisenhafte Szenarien für möglich halten, wenngleich den Meistern eher selten der Status eines "starken" Managers mit einem umfassenden und unternehmerisch zugeschnittenen Anforderungsprofil vorausgesagt wird.

Bungard (1990) hält eine Stärkung des Verantwortungs- und Kompetenzprofils des Meisters, die schon Wunderer/Haubensack (1988) als ein zumindest theoretisch denkbares Szenario entworfen haben, zumindest nicht für ausgeschlossen.[10] Auch Fischer (1993) sieht diese Möglichkeit, knüpft sie allerdings an spezifische betriebliche Flexibilitätserfordernisse.[11] Bestärkt wird die "Renais-

---

erregte, und resümiert: "In der Tat können sich die Erfolge des ... Modells ... sehen lassen: Zwei Hierarchieebenen, die des Vorarbeiters und des Meisters, wurden komplett gestrichen."

10 In gewisser Weise ließe sich so auch Antoni (1992) interpretieren, der sich mit Gruppenarbeit im Automobilbau befaßte und zwei Entwicklungswege für den Meister skizzierte. Der eine läuft trotz Kompetenzverlusten in den unmittelbar arbeitsprozeß- und personaleinsatzbezogenen Aufgabenfeldern auf eine Stabilisierung der Meisterposition hinaus. Er sieht einen Kern von Aufgabenfeldern, die die Meister nun, dank der Entlastung von anderen Verpflichtungen besser wahrnehmen und zum eigentlichen Schwerpunkt ihrer Tätigkeit machen können. So werde er künftig im Feld der Innovationen von Produkt, Technik und Arbeitsorganisation eine größere Rolle spielen als bisher.

11 Fischer (1993) thematisiert letztlich ein Wechselspiel von Stabilisierungs- und Destabilisierungstendenzen. Erstere scheinen bei ihm allerdings eher den Charakter einer Gegentendenz zur Haupttendenz einer Erosion der Meisterposition zu tragen. Dies mag zu einem Gutteil dem Umstand geschuldet sein, daß Fischer (1993) in dieser Frage im Kern auf empirisches Material aus der ersten Hälfte der 80er Jahre zurückgreift. Faktisch präsentiert er bezüglich der Konsequenzen neuer Arbeitsformen leicht modifizierte Analysen eines mehrjährigen HdA-Begleitforschungsprojekts in der Bekleidungsindustrie, die bereits in früheren Studien veröffentlicht wurden (vgl. Fischer/Heise 1983, Fischer/Minssen 1986, Fischer/Minssen 1987). Er resümiert die Entwicklung im Feld unterer Vorgesetzter in der Bekleidungsindu-

sance"-These vor allem durch Fallberichte etwa in Ingenieurszeitschriften. Sie geben gewissermaßen das Gegenmodell ab zu Tendenzen, die eine Abschaffung der Meisterebene indizieren: So gilt einem Bericht der Zeitschrift Fertigung (August 1990, 52) zufolge der Meister in einem Maschinenbauunternehmen, das seine Produktion auf Fertigungsinseln umstellte, nicht als Auslaufmodell, sondern als die "zentrale Figur"; hier gewinnt er in der Tat die Statur eines Managers, erscheint die Meisterposition gewissermaßen "enttaylorisiert".[12] Kleinschmidt/Rechmann (1989) machen ähnliches am Beispiel einer Waggonbaufirma deutlich. Die neue Organisationsstruktur (Fertigungsinseln) im Produktionsbereich firmiert hier bezeichnenderweise unter dem Begriff "Meisterfamilien". Die Meister sind Leiter kleiner teilautonomer Betriebseinheiten mit einem stark erweiterten Aufgabengebiet. Gruppenarbeit und unternehmerischer Zuschnitt der Meisterposition gehen in diesem Fall Hand in Hand. Der Meister als "wichtigster Unternehmer vor Ort" (Meisterzeitung 1988, Nr. 12, S. 20): Hier ist es mehr als eine Floskel.

Die skizzierten konträren Positionen sollen dieser Arbeit gewissermaßen als Leitfrage dienen. Provozieren strukturinnovative organisatorische Veränderungen in Industrieunternehmen eine "zweite Meisterkrise" (Freimuth 1988), oder sind sie vielmehr das Ferment einer "Renaissance", einer Wiederbelebung des Meisters als "starker" Führungsfigur, als "kleinem Unternehmer vor Ort"? Zugespitzt gefragt: Ist der Meister ein "Auslaufmodell", oder ist er "Keimzelle der Lean Production" (Kraft 1991)? Dieser Frage wird empirisch, unter Rückgriff auf Erhebungen der eingangs erwähnten Forschungsprojekte, nachzugehen sein.

Prozesse organisatorischen Wandels lassen sich in unterschiedlicher Perspektive betrachten. Sie können thematisiert werden im Hinblick auf die Veränderung von Strukturen, von Mustern der Arbeitsteilung und - damit verbunden - von Anforderungsprofilen. Sie lassen sich ebenso analysieren als Handlungszusammenhang, als betriebspolitische Prozesse der Definition und Durchsetzung neuer Strukturen. Und sie können schließlich auch unter dem Aspekt der subjektiven Verarbeitung bzw. des "role taking" behandelt werden. Im Rahmen dieser Arbeit ist der Blick in erster Linie auf die Veränderungen der Position und Rollendefinition, des Funktions- bzw. Anforderungsprofils von Meistern gerichtet. Wir thematisieren damit gewissermaßen die strukturelle Seite organisatorischen Wandels. Andere Aspekte stellen wir demgegenüber hintan. Auf die betriebspolitischen Voraussetzungen und Vermitt-

---

strie folgendermaßen: "Festzuhalten bleibt, daß im Rahmen neuer Leistungspolitik nur unter der Bedingung hochdifferenzierter und anspruchsvoller Flexibilitätserfordernisse die Vervielfältigung und Anreicherung auch der Funktionen der unteren und mittleren Führungskräfte stattfindet; dies erscheint hier im Falle der Bekleidungsindustrie als eine zentrale Bedingung von Stabilisierungstendenzen. Sind diese Voraussetzungen nicht gegeben oder können sie voll mit technisch-organisatorischen Mitteln traditioneller Art aufgefangen werden, geraten die besagten Führungskräfte in die Klemme: Ein Teil ihrer Funktionen verlagert sich ins technisch-organisatorische System (z.B. in PPS-Systeme), ein anderer geht an die ausführenden Arbeitskräfte, die (bislang) Unterstellten verloren." (Fischer 1993, 315)

12 Die Meister sind hier faktisch Leiter kleiner "profit center" mit relativ umfassenden Kompetenzen. Vorbereitende und kontrollierende Funktionen werden in seinen Verantwortungsbereich verlagert, die Arbeitsvorbereitung als gesonderte Abteilung aufgelöst.

lungsweisen wurde an anderer Stelle ausführlich eingegangen (vgl. Brünnecke u.a. 1992, Faust u.a. 1994, Faust/Jauch 1995).

Bevor man sich mit der Frage beschäftigt, welchen Veränderungen die unteren Industrievorgesetzten im Kontext des gegenwärtigen industriellen Strukturwandels unterworfen sind, tut man allerdings gut daran, sich erst einmal der bisherigen Lage der Meister zu vergewissern. Nur dann, wenn man die bisherige Situation bzw. Geschichte des Meisters zur Kenntnis nimmt, lassen sich "neuere" Entwicklungen sinnvoll einordnen und interpretieren, wird das Besondere der Gegenwart erkennbar. Wenn von einer Zäsur in der Entwicklung, von einem Umbruch hinsichtlich der unteren Vorgesetztenfunktion durch Rationalisierung die Rede ist, dann stellt sich zunächst die Frage danach, was da eigentlich in einen Umbruch gerät bzw. welchen Einfluß Rationalisierung bisher auf die betriebliche Rolle der Meister hatte. Erforderlich ist somit eine Klärung der bisherigen, für die bundesdeutsche industrielle Praxis charakteristischen Entwicklung und der seitherigen Muster des Einsatzes von Meistern. Diesbezüglich ist die implizite Botschaft der skizzierten Thesen unmißverständlich. Begriffe wie "Renaissance" und "neue" oder "zweite Meisterkrise" machen nicht nur auf die gegenwärtige Situation, sondern auch auf eine bewegte, im Kern problematische Vergangenheit der Meister aufmerksam, verweisen sie doch indirekt auf einen vorherigen "Niedergang" bzw. eine "alte" oder "erste" Meisterkrise. Diese Voraussetzung wird zu diskutieren sein. Wir nähern uns der Frage der bisherigen Entwicklung der Meisterfunktion über eine Aufarbeitung einschlägiger Literatur. Damit erhalten wir zugleich einen Referenzrahmen, anhand dessen die in den untersuchten Unternehmen vorfindlichen traditionellen Muster des Meistereinsatzes eingeordnet und deren über den Einzelfall hinausreichende Relevanz beurteilt werden können.

Die vorliegende Arbeit befaßt sich also im Hinblick auf die Position und Rolle des Meisters im Industriebetrieb mit zwei Fragekomplexen. Anhand einer Literaturdiskussion geht sie im Sinne einer Klärung der Voraussetzungen retrospektiv der Frage der Entwicklung der Meisterrolle im Kontext traditioneller betrieblicher Rationalisierung nach. Auf die Gegenwart und die Zukunft bezogen untersucht sie die Folgen strukturinnovativer industrieller Reorganisationsprozesse. Letzteres steht im Mittelpunkt. Die Frage ist, inwieweit sich Anzeichen für eine "Renaissance", oder eine "zweite Meisterkrise" finden. Hier bilden die erwähnten Fallstudien und die schriftliche Befragung die Basis. Ergänzend befaßt sich die Arbeit dann mit der Frage, ob Veränderungen am Arbeitsmarkt den Einsatz von Meistern auf unteren Managementpositionen fraglich werden lassen.

4. Vorüberlegungen und Aufbau der Arbeit

Bevor wir uns den eigentlichen Fragen dieser Arbeit zuwenden, erscheint es sinnvoll, einige für deren Verständnis relevante Vorüberlegungen anzustellen. Sie betreffen die Rekonstruktion der bisherigen Entwicklung, den Blick auf den in Rede stehenden Veränderungsprozeß und das Rationalisierungsverständnis, das dieser Arbeit zugrunde liegt.

Zur Rekonstruktion bisheriger Entwicklungstendenzen

Eine Antwort darauf zu finden, wie sich die Meisterfunktion im Zuge der Rationalisierung der letzten Jahrzehnte verändert hat, und wie sich das Anforderungsprofil von Meistern charakterisieren läßt, scheint auf den ersten Blick wenig Schwierigkeiten zu bereiten. Die Beschäftigung mit der Figur des Meisters hat (nicht nur) hierzulande eine lange, zum Teil bis ins vorige Jahrhundert zurückreichende sozialwissenschaftliche Tradition (vgl. exemplarisch Bolt 1936, Briefs 1959a,b, Schildberger 1937, Woldt 1911).[13] Insbesondere seit dem Bestehen der Bundesrepublik ist dem Meister im Zusammenhang mit Veränderungen der technisch-organisatorischen Strukturen und der Kooperationsbeziehungen in Industriebetrieben immer wieder Aufmerksamkeit geschenkt worden. Nicht zu jeder Zeit hatte dieses Thema allerdings gleichermaßen Konjunktur.

In den 50er und 60er Jahren waren die Meister ein herausgehobener Gegenstand der sich (re-) etablierenden bundesdeutschen betriebs- und industriesoziologischen, aber auch der Angestelltenforschung. Zahlreiche historisch-sekundäranalytische und vor allem auch empirische Arbeiten befassen sich in dieser Zeit mit dem "Meisterproblem".[14] Vergleichbar der einige Jahre früher einsetzenden - insbesondere durch Vertreter des "human relations"-Ansatzes angestoßenen - angelsächsischen Diskussion über das "problem of first line supervisor" (vgl. u.a. Roethlisberger 1945, Wray 1949), konstatierte die damalige Forschung Entwicklungstendenzen, die als grundlegender Wandel der Rolle des Meisters im Industriebetrieb bzw. als "Meisterkrise" gefaßt wurden.[15] Mit

---

13 Hingewiesen sei aber auch z.B. auf die groß angelegte Untersuchung des Gewerkschaftsbundes der Angestellten (vgl. GDA 1931), in der der wirtschaftlichen und sozialen Lage der Angestellten - darunter auch der Meister - nachgegangen wird; vgl. auch die z.T. sehr interessanten Dokumente des Deutschen Werkmeisterverbandes (Buschmann 1926, 1930).

14 Vgl. exemplarisch die Arbeiten von Bahrdt 1958, Croner 1954 u. 1962, Friedeburg 1963, Lepsius/Lütge 1954, Studienkreis 1961 u. 1964, Weltz 1964, Wiedemann 1964, 1974, aber auch etwa die historische Arbeit von Kocka 1969 und die Beiträge von Lutz 1952a und 1952b, der sich mit den Verhältnissen in einem Stahlwerk und den dortigen "unteren technischen Arbeitsvorgesetzten", insbesondere den Vorarbeitern und Schichtführern auseinandersetzt.

15 Anders als die bundesrepublikanische, wurde die amerikanische Diskussion nicht nur durch die unmittelbaren Folgen des "technischen Fortschritts" befördert. Anfangs der 40er Jahre war in den USA eine Meistergewerkschaft entstanden, die den Meistern angesichts des massiven Zulaufs, den sie erhielt, große Aufmerksamkeit bescherte. Die "Foreman's Association of America" war eine Reaktion auf die dramatisch veränderte Arbeitssituation der Meister in

Blick auf die klassische Figur des Werkmeisters wurde auf einen Prozeß der drastischen Funktions- und Kompetenzbeschränkung und der Erosion des Status und der traditionellen Autoritätsgrundlagen des Meisters abgehoben. In den 70er und frühen 80er Jahren dagegen wurde das Meisterthema von der industriesoziologischen Forschung eher stiefmütterlich behandelt. Wichtige Fragen schienen durch die bisherige Forschung offenkundig geklärt, und im Zuge der Renaissance der Marxschen Theorietradition in der Industriesoziologie rückten andere Themen stärker in den Vordergrund. Erst in den darauf folgenden Jahren gerieten die Meister wieder stärker ins Blickfeld. Zunächst wurden sie eher am Rande im Rahmen von Forschungen thematisiert, die sich, wie jene zur "Humanisierung der Arbeitswelt", auf die unmittelbare Produktionsarbeit und Experimente mit neuen Arbeitsstrukturen konzentrierten.[16] Im Zeichen des in den 80er Jahren immer deutlicher zutage tretenden, tiefgreifenden industriellen Strukturwandels wurde dieser Gruppe dann zunehmend größere Aufmerksamkeit zuteil. Standen hier zunächst die Konsequenzen neuer Fertigungs- und insbesondere computergestützter Organisationstechnologien im Vordergrund[17], so wurde gegen Ende der 80er und zu Beginn der 90er Jahre zunehmend nach den Folgen strukturinnovativer arbeits- und betriebsorganisatorischer Veränderungen gefragt.[18]

Diese grobe Skizze des Verlaufs der Beschäftigung mit der Meisterfrage macht deutlich, daß man zur Klärung der bisherigen Entwicklung und Situation der Meister sehr stark auf die (empirischen) Untersuchungen verwiesen ist, die in den 50er und 60er Jahren vorgelegt wurden. Spätere Arbeiten, die im Kern neuere Umbrüche behandeln, können hierzu nur teilweise herangezogen werden. Auch sie beziehen sich sehr häufig auf die frühere, recht intensiv geführte "Meisterdebatte". Diese dient ihnen als Basis einer Bestimmung der wesentlichen bisherigen Veränderungen der Meisterfunktion, auf die der in den Blick genommene neuerliche Wandel aufsetzt.

---

den Massenproduktionsindustrien, die sich nach grundlegenden Abkommen zwischen Gewerkschaften und Arbeitgebern zwischen alle Stühle versetzt sahen. Aus der Taufe gehoben von Meistern der Ford-Werke, fand die neue Gewerkschaft in der Automobilindustrie, aber auch in Großunternehmen anderer Branchen regen Zuspruch. Wenige Jahre nach Gründung hatte sie sich zu einer nationalen Gewerkschaft mit 50000 Mitgliedern entwickelt, die um die Anerkennung als Verhandlungspartner kämpfte. Nachdem das National Labor Relations Board Ende der 40er Jahre nach heftiger Intervention der Industrie den Meistern den Status "normaler" Arbeitnehmer aberkannte und die Unternehmen dementsprechend nicht zu Kollektivverhandlungen gezwungen werden konnten, löste sich die FAA in der Folgezeit sukzessive wieder auf (vgl. Larrowe 1961, Northrup 1945). Die kurze Erfolgsgeschichte dieser Gewerkschaft macht das zeitgenössische amerikanische Interesse an den Meistern verständlich. Zur angelsächsischen Diskussion vgl. u.a. Berkowitz 1952, Black 1954, Flechter 1969, Foa 1955, Whyte/Gardner 1945, Ghiselli/Lodahl 1958, Harris 1965, Leiter 1948, McGregor 1946, Nichols 1974, Roethlisberger 1945, Sufrin/Gaynes 1948, Turmer 1957.

16 Im Rahmen von HdA-Projekten zu neuen Arbeits- und Beteiligungsformen haben sich u.a. Girschner-Woldt u.a. 1986, Bargmann 1984, Fricke/Wiedenhofer 1985 und Schlottmann/Blien 1983 etwas eingehender mit den Meistern beschäftigt.

17 Vgl. exemplarisch Hildebrandt/Seltz 1989, Hirsch-Kreinsen 1982, Manske/Wobbe-Ohlenburg/Mickler 1984, Mickler 1983, Springer 1984.

18 Vgl. u.a. Fischer 1993, Faust u.a. 1994, Faust/Jauch 1993, 1995, Faust/Jauch/Deutschmann 1994, Behrens/Hardwig/Kädtler 1996.

In Anbetracht der Fortentwicklung der theoretischen Konzepte und der heutigen Wissensbestände der Industriesoziologie kann ein solcher Rückgriff nicht unkritisch geschehen; Industriesoziologie ist immer zeitgebunden, und es erscheint trivial zu betonen, daß sich aus heutiger Sicht vieles von dem, was in der damaligen Zeit Konsens war, nicht mehr aufrechterhalten läßt. Entsprechend verzichten neuere Arbeiten zur Meisterproblematik kaum darauf, auf die Unangemessenheit der theoretischen Annahmen, der unterstellten Entwicklungslogiken und der darauf fußenden Verallgemeinerungen früherer Studien hinzuweisen, soweit auf sie Bezug genommen wird. Nicht selten aber hat eine solche Kritik nur beschränkte Konsequenzen hinsichtlich des Umgangs mit den inhaltlichen Befunden. Die von der älteren Debatte herausgestellten Entwicklungstendenzen bilden vielfach den Hintergrund, vor dem die untersuchten Veränderungsprozesse eingeordnet und interpretiert werden, auch wenn vereinzelt durchaus betont wird, daß diese sich nicht in dem erwarteten Maße verallgemeinert haben, und manche Prognose sich als nicht haltbar erwiesen hat. Deutlich wird dies an Begriffen wie "Renaissance" bzw. "neue" oder "zweite Meisterkrise", in denen an eine im wesentlichen durch ältere Studien begründete Deutung der bisherigen Entwicklung der Meisterfunktion angeschlossen wird.

Ein solches Vorgehen ist insofern problematisch, als die der älteren Meisterdebatte (implizit oder explizit) zugrundeliegenden theoretischen Konzepte und Annahmen die Sicht der Dinge verständlicherweise erheblich beeinflußten. Ob es sich nun um historische, sekundäranalytische oder empirische Untersuchungen handelt: Der Blickwinkel der eingenommen wird, die Unterscheidung zwischen Relevantem und Irrelevantem, zwischen Allgemeinem und Besonderem, zwischen "neu" und "alt" ist davon bestimmt. Um zu einem tragfähigen Bild der bisherigen Entwicklung und Situation der Meister in der Bundesrepublik zu gelangen, bedarf es daher eines kritischen Blicks nicht nur auf die "Theorie", sondern auch auf die Befunde selbst. Im Kern geht es letztlich - wie Burkart Lutz (1989, 337) es in einem anderen Zusammenhang formulierte - um eine "historische Interpretation früherer industriesoziologischer Befunde".[19]

Das in den Thesen von der "Renaissance" des Meisters bzw. einer "zweiten Meisterkrise" anklingende, im wesentlichen durch ältere Arbeiten zur Meisterfrage entworfene und bis heute nur wenig hinterfragte Entwicklungsmuster ist jenes der Krise und des Verfalls der traditionellen Meisterwirtschaft - eines durch Rationalisierung vorangetriebenen Prozesses der nachhaltigen Erosion von Macht, Status und Funktion des Meisters und der Etablierung eines in seiner Arbeit weitgehend fremdbestimmten, subalternen industriellen Vorgesetztentypus.

---

[19] Lutz (1989, 337) betont zurecht, daß die frühen industriesoziologischen Untersuchungen zwar als "wissenschaftliche Referenzen kaum mehr brauchbar sind", daß sie aber als "als historische Quellen an Wert gewinnen".

Die hier vertretene These ist, daß diese "Geschichtsschreibung" die bisherige Entwicklung und Situation der Meister - ausgehend von aus heutiger Sicht zweifelhaft erscheinenden theoretischen und methodischen Prämissen - nur unzureichend erfaßt bzw. bestimmte Entwicklungstendenzen in unzulässiger Weise verallgemeinert. Knüpft man umstandslos an diese an, wie dies die besagten Thesen vor Augen führen, so reproduziert man nicht zuletzt einen selektiven Zugang, der früheren Studien eigen ist.

Reinterpretiert man stattdessen frühere Arbeiten kritisch, so gelangt man zu einem etwas anderen, differenzierteren Bild. Auf der Basis eines noch zu skizzierenden Entwurfs traditioneller Rationalisierung versucht diese Arbeit deutlich zu machen, daß die Entwicklung der Meisterfunktion keineswegs durchgängig jenem, von der älteren Debatte entworfenen Modell folgte, und daß die Ausgangssituation, auf die die gegenwärtigen Reorganisationsprozesse in den Unternehmen aufsetzen, alles andere als einheitlich ist. Es geht hierbei nicht darum, zu betonen, daß sich zwischen Unternehmen immer Unterschiede in den konkreten Strukturen der Arbeitsteilung und damit auch in der Definition einer Meisterposition finden lassen. Dies wurde ernsthaft auch in frühen Untersuchungen nicht bestritten. Deutlich zu machen ist vielmehr, daß in der bundesdeutschen Industrie, jenseits der graduellen Unterschiede im Detail, bislang ganz unterschiedliche Muster oder Formen der Gestaltung des betrieblichen Einsatzes von Meistern Bedeutung hatten. Wir unterscheiden grob typisierend zwei Grundmuster, denen wir entgegen der gängigen Darstellung der Geschichte und der bisherigen Lage des Industriemeisters gleichermaßen Relevanz zuerkennen, wenn es um die Bestimmung dessen geht, was neuerdings in einen "Umbruch" geraten ist. Für die Analyse der Folgen gegenwärtiger organisationsstruktureller Veränderungen bedeutet dies, unterschiedliche Formen des Einsatzes von Meistern systematisch zu berücksichtigen und die Frage nach einer Renaissance oder Krise des Industriemeistereinsatzes hierauf zu beziehen.

Zur Perspektive auf den organisationsstrukturellen Wandel

"Alle sind sich heute einig darin", so resümieren Schumann u.a. (1994, 21) den Stand der industriesoziologischen Debatte, "daß die neuen Rationalisierungsansätze gerade dadurch gekennzeichnet sind, daß sie als ganzheitliche, d.h. Arbeit, Betrieb und Unternehmen als Einheit fassende Konzepte antreten, die auf die Restrukturierung gleichermaßen in der Produktion wie im breiten Spektrum von Forschung und Entwicklung, von Fremdfertigung und Eigenfertigung, von Produktionsplanung und Organisation bis hin zum Vertrieb abzielen ... Der heutige Strukturwandel in der Industrie ist übergreifend angelegt, spart tendenziell keine der vielfältigen Unternehmensfunktionen bzw. -bereiche aus".[20] Der Strukturwandel erfaßt also unterschiedlichste Bereiche in den Unternehmen, und es ist mittlerweile weithin unstrittig, daß das Neue an den neuen Rationalisierungsansätzen insbesondere in dem Umstand liegt, daß sie auf eine Restrukturierung der zwischenbetrieblichen wie unternehmens- und betriebsinternen Arbeitsteilung abheben, die sich nicht mehr in das durch tradierte Ordnungsprinzipien vorgegebene Muster einordnet. Das heißt: Die neuen Management- und Organisationskonzepte zielen weniger auf eine "strukturkonforme" Anpassung bestehender Formen der fachlichen, funktionalen und hierarchischen Arbeitsteilung in Unternehmen, als vielmehr auf Veränderungen in ihrer Grundarchitektur ab. Entsprechend spielen dabei nicht allein isolierte "strukturinnovative" Formen der Arbeitsorganisation im klassischen Zentrum industrieller Rationalisierung, der unmittelbaren Produktion, eine Rolle. Sie sind zunehmend verbunden mit bzw. überformt durch entsprechende Veränderungen in der Managementorganisation und der Arbeitsteilung zwischen Abteilungen und Betriebs- bzw. Unternehmensbereichen. Entsprechend ist in der Industriesoziologie seit geraumer Zeit das Bewußtsein darum gewachsen, daß sich mit dem traditionell auf die Werkstattebene konzentrierten Blick der neue Rationalisierungszugriff und seine Folgen nicht mehr zureichend erfassen lassen. Dies gilt auch und gerade dann, wenn es darum geht, den Konsequenzen industrieller Reorganisationsprozesse für die Meisterebene nachzuspüren.

In der Diskussion um die Zukunft der Meister ist dem bislang jedoch nicht hinreichend Rechnung getragen worden. Sie ist bestimmt durch Beiträge, die sich im Kern mit Restrukturierungsprozessen im Feld unmittelbarer Fertigungsarbeit befassen und deren Rückwirkungen auf die Meister analysieren. Dabei konzentrieren sich viele Beiträge zudem gleichzeitig auf spezifische Formen dessen, was unter den interpretationsfähigen Begriff "neue Arbeits- und Organisationsstrukturen" subsumiert werden kann. Namentlich ist dies etwa der Fall, wo der Fokus auf die Rückwirkungen (spezifischer Formen) von Gruppenarbeit[21] auf die Meisterfunktion gerichtet ist.

Solchermaßen zugeschnittene, der traditionellen Blickrichtung der industriesoziologischen Forschung folgende Analysen sind gewiß aufschlußreich und notwendig, er-

---

20 Es wäre sicherlich diskussionswürdig, ob zu den Besonderheiten der besagten neuen Rationalisierungsansätze ihr "ganzheitlicher" Zugriff zählt. Diesbezüglich müssen wir es bei dem Hinweis bewenden lassen, daß auch herkömmliche Rationalisierungsformen insofern einen "systemischen" Charakter hatten, als sie an übergreifenden Modellen der zwischenbetrieblichen Arbeitsteilung und der Strukturierung von Unternehmen, Betrieb und Arbeit angebunden waren; traditionelle, insbesondere auf die unmittelbare Produktionsarbeit konzentrierte Rationalisierung hatte jedenfalls immer auch Implikationen, die über den Bereich der direkten Produktion hinausreichten (vgl. u.a. Wittke 1989).

21 Hier sei einmal außer acht gelassen, daß die Verwendung des Begriffs Gruppenarbeit vielfach eine heroische Vereinfachung darstellt, die die gewichtigen Differenzen all dessen, was hierunter firmiert, überdeckt.

fassen sie doch eine für die Meister zweifellos relevante Tendenz. Problematisch wird es allerdings, wenn - was nicht selten geschieht - deren Befunde als Basis generalisierender Thesen dienen bzw. zu Entwicklungsszenarien der Rolle "der" Meister im Industriebetrieb verallgemeinert werden. Hier besteht unmittelbar die Gefahr, die Frage nach der Zukunft "des" Meisters einseitig zu beantworten (vgl. Antoni 1992, Freimuth 1988), da andere, ggf. widerstreitende Entwicklungstendenzen erst gar nicht in den Blick geraten.[22] Die Folgen organisatorischer Veränderungen jedenfalls, die nicht primär die Produktionsarbeit zum Ansatzpunkt haben, gleichwohl aber das Funktionsprofil der Meister unmittelbar berühren, können auf diese Weise nicht oder bestenfalls am Rande eingefangen werden. Indem die "Krise des Taylorismus" nur ausschnitthaft - im Hinblick auf die Grenzen traditioneller Rationalisierung von Fertigungsarbeit und das Aufkommen alternativer Ansätze hierzu - zur Kenntnis genommen wird, werden die Umbrüche auf der Meisterebene letztlich nur partiell erhellt. Das Problem der Vereinseitigung, durch das sich manche Diskussionsbeiträge auszeichnen, verschärft sich zudem, wenn zusätzlich zur Konzentration auf die Effekte spezifischer neuer Arbeitsformen wie teilautonome Gruppenarbeit noch ein bestimmter Zuschnitt der Meisterfunktion als zureichende Beschreibung der bisherigen Lage "der" Meister unterstellt wird (vgl. exemplarisch Freimuth 1988, QRZ 1995). Im Ergebnis führen solche verengten Sichtweisen dazu, daß gegensätzliche Entwicklungsszenarien, wie sie in den Thesen einer "Renaissance" des Meisters bzw. einer "zweiten Meisterkrise" zum Vorschein kommen, unvermittelt nebeneinander stehen und die Widersprüchlichkeit der Entwicklung kaum erfaßt wird.

Eine hierauf abzielende Analyse, die eine Einebnung der bisherigen Lage der Meister durch Verweise auf die Erkenntnisse der älteren Meisterdebatte ebenso vermeidet, wie eine Reduzierung die Meister betreffender Modernisierungsprozesse auf Qualitätszirkel, KVP und Gruppenarbeit, steht weitgehend noch aus. Die vorliegende Arbeit versucht, einen Beitrag zu einer solchen Analyse zu leisten.

---

22 Einmal ganz abgesehen von dem Problem, daß nicht selten einzelne betriebliche Reorganisationsprojekte ohne viel theoretisches Zutun zum Beispiel einer allgemeinen Tendenz stilisiert werden. Fischers (1993) Arbeit stellt bezüglich dieses Problems eine der wenigen Ausnahmen dar. Konzeptionell kann er jedenfalls gegenläufige Tendenzen der Stärkung wie der Schwächung der Meisterfunktion fassen. Allerdings macht sich auch bei Fischer die Beschränkung auf die direkte Fertigungsarbeit betreffende Innovationen bemerkbar. So thematisiert er vor allem die Möglichkeit, daß die "Aufwertung der lebendigen Arbeit" in der Produktion auch auf die Meister "abfärben" könne. Eine Dezentralisierung, die unmittelbar auf die Stärkung der Meisterfunktion abzielt, kann ihm nicht in den Blick geraten. Eine Stärkung der Meister kann er sich folglich wesentlich nur unter der Maßgabe einer marktinduzierten deutlichen Steigerung der Flexibilitätserfordernisse vorstellen. Dann, so sein Credo, werde der Kuchen - die zu erfüllenden Aufgaben und Anforderungen - insgesamt größer. Entsprechend ließen sich dann nicht nur für die operativ Beschäftigten ganzheitlichere Aufgabenstellungen realisieren. Auch für die unteren Führungskräfte fiele unter dieser Bedingung ein größeres Stück vom Kuchen ab, ihre Funktion würde gestärkt.

Aufbauend auf einem noch näher zu explizierenden Verständnis über den Grundzug des gegenwärtigen Rationalisierungsprozesses, demzufolge die Verbreitung strukturinnovativer Reorganisationskonzepte Ausdruck eines reflexiven Umschlags industrieller Rationalisierung (Deutschmann 1989) ist, wird hier von der Annahme ausgegangen, daß in den Unternehmen nicht allein die tradierten Strukturen und Arbeitsformen auf der Ebene der unmittelbaren Produktionsarbeit und, damit zusammenhängend, die herkömmlichen Muster der Arbeitsteilung zwischen unteren Vorgesetzten und Mitarbeitern im Fluß sind. Für die Position und das Aufgaben- und Kompetenzprofil von Meistern ist mindestens ebenso bedeutsam, daß nach neuen Formen der Aufgaben- und Kompetenzverteilung innerhalb des Managements gesucht, in Abteilungs- und Bereichsstrukturen kristallisierte Muster der funktionalen Arbeitsteilung überprüft und insbesondere die Grenzziehungen zwischen den operativen Organisationseinheiten und den ihnen vor- und nachgelagerten planenden, vorbereitenden und kontrollierenden Bereichen verändert werden.

Diesen Überlegungen muß in der empirischen Analyse Rechnung getragen werden. Um zu tragfähigen Resultaten zu gelangen, muß die Perspektive breiter angelegt sein. Neben den unmittelbaren Einsatzbereichen müssen zumindest auch übergeordnete Managementebenen sowie angrenzende indirekte Bereiche und Stabsabteilungen in den Blick genommen werden. Wenn, wie der industriesoziologischen Diskussion zu entnehmen ist, im Prozeß industrieller Reorganisation neben neuen, auf die Produktionsarbeit fokussierten "Produktionskonzepten" (bzw. damit verwoben), Neukonzeptionen der übergreifenden Betriebsorganisation eine wichtige Rolle spielen, dann erfordert eine auf die Folgen dieses Prozesses für die Meisterfunktion ausgerichtete Untersuchung, das Augenmerk sowohl auf strukturelle Veränderungen innerhalb der traditionellen Verantwortungsbereiche der Meister zu richten, wie auch auf neue Arrangements der Arbeits- und Kompetenzverteilung zwischen den operativen Einheiten bzw. den dortigen Vorgesetzten und den höheren Managementebenen sowie der technisch-administrativen Industriebürokratie.

Eine solche Untersuchung hat allerdings mit der Schwierigkeit zu kämpfen, daß der organisationsstrukturelle Wandel in den Unternehmen ganz unterschiedliche Gesichter hat. Dieser ist geprägt durch eine Vielfalt von - im konkreten Zuschnitt und in den Schwerpunktsetzungen unterschiedlichen - Reorganisationskonzepten und -maßnahmen, und selbst wenn unter Überschriften wie Centerorganisation, Fertigungsinselorganisation oder Segmentierung vermeintlich ähnliche Veränderungen angestrebt werden, variieren die dahinter sich verbergenden Innovationsprozesse zum Teil erheblich.

Wir versuchen mit diesem Problem umzugehen, indem wir die strukturellen Veränderungen in einer spezifischen Perspektive im Hinblick auf die Fragestellung betrachten: In den Mittelpunkt der Betrachtung werden nicht die im Einzelnen angestrebten neuen Organisationsstrukturen, sondern der Prozeß und die Richtung der Veränderung bisheriger Strukturen gerückt. Die Reorganisationsprozesse werden dabei unter dem Begriff Dezentralisierung thematisiert. Dieser Begriff faßt einen zentralen, gemeinsamen Kern unterschiedlicher neuer Management- und Organisationskonzepte.[23] Dadurch werden letztere vergleichbar, und es lassen sich relevante Differenzen im Hinblick auf die Folgewirkungen für Meister offenlegen. Die Frage lautet also nicht, welche Rolle dem Meister etwa im Kontext von Gruppenarbeit, oder innerhalb selbständiger Produktionssegmente zufällt. Der Blick richtet sich jenseits von Besonderheiten einzelner Organisationskonzepte auf die Veränderungen der betrieblichen Rolle der Meister im Kontext von Dezentralisierungsprozessen. Auch wenn Dezentralisierung eine Gemeinsamkeit unterschiedlichster organisatorischer Innovationen beschreibt: In Form und Inhalt vollzieht sich dieser Prozeß in der Industrie keinesfalls einheitlich. Dem werden wir bei der Darstellung der Auswirkungen auf die Meisterfunktion gebührende Aufmerksamkeit zu schenken versuchen.

Rationalisierung

Da die Industriemeister in dieser Arbeit vornehmlich im Kontext industrieller Rationalisierung untersucht werden sollen, ist es angebracht, das hier zugrunde gelegte Verständnis von Rationalisierung zu explizieren. An dieser Stelle beschränken wir uns auf einige Erläuterungen zum konzeptionellen Grundverständnis industrieller Rationalisierung, das hinsichtlich der Meister sowohl im Rückblick, als auch bei der Analyse der gegenwärtigen Veränderungen nicht unwichtig ist. Die Frage, welchen Charakter der in den neuen Management- bzw. Organisationskonzepten aufscheinende Modernisierungsprozeß aus unserer Sicht hat, und wie wir - im Hinblick auf die retrospektive Frage nach der bisherigen Entwicklung der Meisterfunktion - traditionelle Rationalisierung fassen, wird später behandelt.

Betriebliche Rationalisierung, d.h. all jene Maßnahmen, die auf die Sicherung bzw. Erhöhung technisch-ökonomischer Effizienz abzielen, speist sich aus der Notwendigkeit von Unternehmen, ihr Kapital zu verwerten. Diese Feststellung gehört sozusagen zum industriesoziologischen Grundwortschatz. Sie ist unbestritten und erscheint in dieser allgemeinen Form nachgerade banal. Vertrackter wird es allerdings, wenn man näher danach fragt, in welchem Verhältnis Rentabilitätszwang, Verwertungslogik bzw. allgemeiner formuliert, die harten Anforderungen des ökonomischen Systems und die betriebliche Rationalisierung eigentlich genau stehen. Bei

23 Hirsch-Kreinsen (1995, 423) geht gar davon aus, "daß Dezentralisierung im Begriffe steht, zu einem generellen Leitbild organisatorischer Gestaltung zu gerinnen." Es sei an dieser Stelle dahingestellt, ob, wie Hirsch-Kreinsen (1995) mutmaßt, Dezentralisierung denselben Status einnimmt wie früher der Taylorismus. Nicht zu bezweifeln aber ist, daß Modernisierungsstrategien und Reorganisationsmaßnahmen von Unternehmen seit Jahren nachhaltig von Vorstellungen geprägt sind, denen zufolge dezentrale unternehmens-, betriebs- bzw. arbeitsorganisatorische Strukturen effizienter und zukunftsträchtiger als die bisherigen sind.

allen Unterschieden in den theoretischen Grundpositionen, die es in der Industriesoziologie gab und gibt: Diesbezüglich war sie lange Zeit von Vorstellungen eines mehr oder weniger direkten Entsprechungsverhältnisses beherrscht. Betriebliches Rationalisierungshandeln war demnach unmittelbarer Ausfluß objektiver Anforderungen des ökonomischen Systems, also, zugespitzt gesprochen, die mehr oder weniger gelungene Exekution systemisch konstituierter Gesetzmäßigkeiten. Situative Restriktionen, die Widerständigkeit traditionaler Verhältnisse, Fehlentscheidungen etc. - auf die durchaus hingewiesen wurde - außer acht gelassen, galt Rationalisierungshandeln gewissermaßen als eigentümlich alternativlos. Solche Auffassungen dürften nicht zuletzt dem Umstand zu verdanken sein, daß zu bestimmten Zeiten industrielle Rationalisierung ein durch Kohärenz und Konformität geprägtes Grundmuster aufwies. In dem Maße jedoch, wie sich seit den 70er Jahren die relative Konformität betrieblicher Rationalisierung verflüchtigte, wurde die stillschweigende Prämisse eines deterministischen Zusammenhangs zweifelhaft. Damit stellte sich die Frage neu, wodurch betriebliche Rationalisierung bestimmt ist, wie sich Unterschiede in den konkreten Ansätzen und Verlaufsformen und, nicht zuletzt, wie sich Phasen relativ determiniert erscheinender Rationalisierungsentwicklung und deren Ende erklären lassen. Es waren insbesondere die Arbeiten von Kern/Schumann (1984) und Piore/Sabel (1989), die eine Diskussion hierüber nachhaltig angeregt und vorangebracht haben. Im Anschluß an diese Arbeiten hat ein Rationalisierungsverständnis an Boden gewonnen, in dem Begriffen wie Paradigma, Leitbild und Rationalisierungskonzept zentrale Bedeutung zukommt.[24] Wir knüpfen im folgenden an die durch diese Begriffe indizierte konzeptionelle Neufassung industrieller Rationalisierung und damit an die durch die genannten Autoren maßgeblich beförderte arbeitspolitische Öffnung der Industriesoziologie an (vgl. zum folgenden insb. Faust u.a. 1994, Deutschmann 1994a).

Unser Grundgedanke ist, daß zwischen den abstrakten, objektiv gegebenen ökonomischen Systemanforderungen bzw. -problemen (dem "Verwertungsimperativ") auf der einen, und dem praktischen Rationalisierungshandeln auf der anderen Seite, eine Lücke klafft. Systemprobleme - man denke nur an das Problem der Sicherung einer hinreichenden Rentabilität - geben als solche nicht die Wege ihrer Bearbeitung vor, sondern sie müssen interpretiert und in betriebliche Strategien und nicht zuletzt technisch-organisatorische Strukturen übersetzt werden. Demzufolge ist Rationalisierung zwar an objektive Gesetzmäßigkeiten rückgebunden, sie beruht aber immer auf einer spezifischen Übersetzung dieser Gesetzmäßigkeiten in einer historisch konkreten Situation. Eine solche Übersetzung zu leisten, stellt für die Betriebe - un-

---

24 Kern/Schumann (1984) operieren vor allem mit dem Begriff des Produktionskonzepts, sprechen gleichwohl aber mit Blick auf die 80er Jahre von einem "Paradigmenwechsel" industrieller Rationalisierung. Wittke (1989) hat zurecht auf die problematische Vermischung der Begriffe Paradigma und Produktionskonzept hingewiesen und eine Abgrenzung vorgeschlagen, auf die wir uns im weiteren noch beziehen werden.

ter dem Gesichtspunkt der Bestandserhaltung - nicht nur eine elementare Notwendigkeit, sondern auch ein grundlegendes Problem dar, denn betriebliche Strategien und praktisches Rationalisierungshandeln können die Kontextbedingungen, unter denen betriebliche Kapitalverwertung stattfinden muß, in ihrer Komplexität niemals völlig erfassen. Angesichts der "Inkonsistenz der Organisationsziele, der Unmöglichkeit, alle Kontextbedingungen als Variable zu behandeln, wegen der unvermeidlichen Informationslücken der Akteure" (Faust u.a. 1994, 11) bleibt das System-Umweltverhältnis als Ganzes intransparent. Dennoch müssen die ökonomischen Systemprobleme mit einer komplexen ökonomischen, sozialen und politischen Umwelt vermittelt, d.h. in einer Weise übersetzt werden, die sie betrieblich in Form von Planungen, Entscheidungen und praktischem Rationalisierungshandeln bearbeitbar macht.

Darin besteht die Funktion von technisch-organisatorischen Konzepten, Paradigmen oder Leitbildern. Leitbilder sind "symbolische Konstruktionen" sozialer Wirklichkeit, die eine spezifische Interpretation der ökonomischen Systemprobleme darstellen und die letztlich die betrieblichen System-Umweltbeziehungen so rekonstruieren, "daß sie überhaupt erst den Charakter strategisch bearbeitbarer Probleme gewinnen" (Faust u.a. 1994, 11). Sie reduzieren Komplexität und liefern als kognitives und normatives Konstrukt praktischem Rationalisierungshandeln eine Grundlage; sie ermöglichen Handeln, indem sie dessen Möglichkeitsraum eingrenzen. Leitbilder haben damit aber immer auch einen selektiven Charakter. "Sie versehen bestimmte Ausschnitte des System-Umweltverhältnisses mit Priorität und vernachlässigen andere" (Faust u.a. 1994, 12). Leitbilder repräsentieren gesellschaftliche Konventionen von Rationalität, technisch-ökonomischer Effizienz (vgl. Kern 1989) und der als "rational" geltenden Methoden der Sicherung bzw. Steigerung von Effizienz. Sie legen die Probleme, Ziele, Prinzipien und Mittel der technisch-organisatorischen Gestaltung und Veränderung fest und strukturieren und legitimieren die Beziehungen und Machtverteilungen zwischen den beteiligten Akteuren. Leitbilder konstituieren gewissermaßen ein allgemeines Set von Hintergrundüberzeugungen, einen common sense der Rationalisierungstheoretiker und -praktiker darüber (Wittke 1989), was technisch und organisatorisch "rational" und "effizient", und was "Rationalisierung" ist. Hat sich ein solches Rationalitätsverständnis einmal institutionalisiert, ist es selbst einer rationalen Überprüfung nicht mehr zugänglich; es trägt dann den Charakter eines "rationalisierten Mythos" (Meyer/Rowan 1977), einer sozialen Realitätsdefinition, die von allen Seiten geglaubt, aber nicht mehr überprüft wird. In Zweifel gezogen werden dann nicht mehr die etablierte Problemwahrnehmung und die im Leitbild definierten Pfade, denen Rationalisierung zu folgen hat; das Entscheidungsproblem betrieblicher Rationalisierung besteht dann nur noch darin, wie die "Konventionseffizienz" (Kern 1989) bzw. die Rationalitätsprinzipien unter den je konkreten Bedingungen einzulösen sind. Als komplexitätsreduzierende, idealtypische Konstruktionen des System-Umwelt-Verhältnisses setzen Leitbilder betrieblicher Rationalisierung eine allgemeine Richtschnur bzw. einen Rahmen, innerhalb derer sie "vernünftigerweise" erfolgen kann und zwar unabhängig von den je spezifischen betrieblichen Besonderheiten.

Gerade in einer solchen, Handlung ermöglichenden Zurichtung und Vereinfachung des System-Umwelt-Verhältnisses liegt die Stärke von Leitbildern bzw. Paradigmen. Insofern sie nur elementare Grundsätze betrieblicher Organisation und Umgestaltung formulieren und vom Besonderen abstrahieren, bedürfen sie aber ihrerseits einer Übersetzung. Sie müssen von den betrieblichen Akteuren im Kontext konkreter Bedingungen interpretiert und in Handlungsmuster transformiert werden. "Konzepte" technisch-organisatorischer Rationalisierung, die mit Wittke (1989, 43) begrifflich von Rationalisierungsparadigmen zu unterscheiden sind, stellen eine solche "konkret handlungsorientierte" Interpretation und Übersetzung dar. Rationalisierungskonzepte setzen auf dem Fundament der grundlegenden paradigmatischen Leitsätze auf und operationalisieren diese entlang spezifischer (Branchen- bzw. betrieblicher) Bedingungen. Sie definieren konkrete technisch-organisatorische Gestaltungs- und Rationalisierungsschritte.

Ein solches Verständnis industrieller Rationalisierung kann die relative Gleichförmigkeit wie die Unterschiedlichkeit in der Entwicklung betrieblicher Strukturen erfassen und vermeidet zugleich traditionelle Determinismen. Erklärt sich die in bestimmten historischen Zeitabschnitten identifizierbare relative Gleichförmigkeit im Grundzug betrieblicher Rationalisierung über die gesellschaftliche Institutionalisierung eines Leitbildes, so der Fortbestand struktureller Differenzen u.a. über die unterschiedlichen Bedingungen der Einlösung der paradigmatischen Vorgaben. Ein auf die soziale Konstruktion von Rationalisierungsleitbildern und -konzepten abhebendes Rationalisierungsverständnis öffnet zugleich den Blick für die politische Dimension der Transformation von System- in konkrete Entscheidungs- und Handlungsprobleme. So wie die Konstitution eines Paradigmas ein Prozeß der Auseinandersetzung um die "richtige" Interpretation von Systemimperativen ist, so ist auch die Interpretation eines Leitbildes in Form von Rationalisierungskonzepten und deren Umsetzung ein politischer Prozeß. Die vielfältigen Übersetzungsschritte bilden den Raum aus sowohl für grundsätzliche Auseinandersetzungen um die Richtung industrieller Entwicklung, als auch für die Mikropolitik betrieblicher Akteurskoalitionen auf der Basis eines etablierten Leitbildes. In diesem Sinne ist das praktische Rationalisierungsgeschehen zwangsläufig politikhaltig.

Als soziale Konstruktionen haben Leitbilder industrieller Rationalisierung immer einen historischen, kontextabhängigen Charakter; sie haben eine Entstehungs- und Entwicklungsgeschichte. Nach Piore/Sabel (1989) ist ihre Entstehung an historisch spezifische Konstellationen (Phasen relativer Offenheit der industrieller Entwicklung und die dort bestehenden Markt- bzw. Machtstrukturen) gebunden. Ihre Geschichte läßt sich unter Rekurs auf Faust u.a. (1994) und Deutschmann (1994a) in Form eines vereinfachten Phasenmodells skizzieren: Leitbilder gehen auf beispielgebende

Erfinder und Unternehmer, auf "Gründerheroen" zurück, die mit neuen, später als revolutionär verstandenen Gestaltungskonzepten industrieller Produktion operieren und "um deren Wirken sich Geschichten und Legenden ranken. Die Gründerheroen rufen eine wachsende Zahl von "Jüngern" auf den Plan, die den Ursprungsmythos kodifizieren, verbreiten und popularisieren" (Deutschmann 1994a, 1). Auf die Phase der Entstehung und Kodifizierung folgt die der Institutionalisierung, in der die "neue Lehre" veralltäglicht wird und allgemeine, paradigmatische Geltung erlangt. Institutionalisierte Leitbilder "treten den Akteuren als 'objektive Wirklichkeit' gegenüber, werden zu einem selbstverständlichen Teil des allgemeinen Wissensvorrats" (ebda.), der tradiert und immer wieder neu angeeignet wird und der, zusammen mit den technisch-organisatorischen Artefakten und den dadurch generierten "objektiven" Sachzwängen, in denen er sich niederschlägt, Rationalisierungshandeln präformiert.

Piore/Sabel (1989, 55) bringen dies folgendermaßen auf den Punkt: "Ein neues technologisches Paradigma bringt - wie eine revolutionäre wissenschaftliche Theorie - Ordnung in das konfuse Handeln der vorausgegangenen Periode; und indem es im Widerstreit der Tendenzen die relevanten von den irrelevanten trennt, schafft das Paradigma die Voraussetzungen für eine neue Orthodoxie. Diese neue Orthodoxie kommt in Maschinen und Fabriken zum Ausdruck, die als vorbildlich gelten und deren Hersteller und Besitzer nie müde werden, sie zu preisen, und ihre Prinzipien werden an Gewerbeschulen in Theorie und Praxis propagiert. Techniker und Ingenieure, die sich bestenfalls halb bewußt sind, daß ihre Vorstellungskraft durch Konventionen eingeschränkt ist, ignorieren alle Hinweise auf alternative Möglichkeiten, die bei ihrem Umgang mit Märkten und Maschinen ständig sichtbar werden".

Angesichts des selektiven Charakters von Leitbildern kann deren Institutionalisierung allerdings nie vollkommen und auf unbegrenzte Zeit gelingen. Dies nicht nur, weil sich die Potentiale einer den etablierten Leitlinien folgenden Rationalisierung schrittweise erschöpfen, sondern auch weil ein Leitbild in dem Maße, wie es die Praxis bestimmt, ungeplante, dem selektiven Zugriff auf das System-Umweltverhältnis geschuldete Folgewirkungen hervorruft. "Diese Folgewirkungen können lange Zeit ignoriert werden; ihre Kumulierung kann jedoch nicht grenzenlos fortdauern. Irgendwann erreicht sie ein für die Unternehmen kritisches Ausmaß und erzwingt damit eine Reflexion des zugrundeliegenden Leitbildes durch die Beteiligten" (Deutschmann u.a. 1995, 437). Der Phase der Institutionalisierung folgt also eine des Niedergangs bzw. der Krise des tradierten Leitbildes. Es gerät in die Kritik und alternative Entwürfe drängen sich als "rationale" Antworten auf die in der Ägide des bisherigen Leitbildes entstandenen (ökonomischen) Probleme in den Vordergrund. Mit der Krise öffnet sich ein Feld grundlegender Linienauseinandersetzungen innerhalb und außerhalb der Unternehmen; dabei haben neue "revolutionäre" Ideen über "best practices" Konjunktur . Die Phase der Krise ist also zugleich die einer "Entriegelung" (Ortmann 1995), einer Dekonstruktion bis dahin festgefügter Sichtweisen und einer Ungewißheit über die "richtigen" Entwicklungswege. Die Krise ist eine Phase relativer Offenheit, eine "Wegscheide" (Piore/Sabel 1989), die geprägt ist durch die Suche nach neuen Wegen, die Konkurrenz unterschiedlicher Visionen und Konzepte zukunftsträchtiger Entwicklung; sie ist letztlich die

Geburtsstunde eines neuen Leitbildes. Dieses hat die Hinterlassenschaften am bisherigen Leitbild orientierter Rationalisierung, die technisch-organisatorischen Strukturen, die Formen der betrieblichen und zwischenbetrieblichen Arbeitsteilung und das unter dessen Hegemonie akkumulierte Wissen zum Ausgangspunkt und zum Gegenstand einer neu ausgerichteten Rationalisierung. Die sich etablierende neue "Orthodoxie" (Piore/Sabel 1989) setzt an den Problemen und ungeplanten Nebenfolgen bisheriger Rationalisierung an und ist insofern reflexiv (Deutschmann 1989).

Zum Aufbau der Arbeit

Den aufgeworfenen Fragen folgend, gliedert sich diese Arbeit in vier Teile. Die ersten beiden Teile beschäftigen sich retrospektiv (Abschnitt II) und bezogen auf den gegenwärtigen Strukturwandel (Abschnitt III) mit der Entwicklung von Position und Funktion des Meisters im Industriebetrieb. Im dritten Teil der Arbeit (Abschnitt IV) wird die Frage nach arbeitsmarktinduzierten Rissen in der sozialen Reproduktion dieses Arbeitskrafttypus diskutiert. Den Abschluß bildet eine Zusammenfassung wesentlicher Befunde (Abschnitt V).

Unter der Überschrift *"die Entwicklung der Meisterfunktion im Zeichen des Paradigmas der Massenproduktion"* widmen wir uns also zunächst einer Bestandsaufnahme der bisherigen Entwicklung des betrieblichen Einsatzes von Meistern im Kontext herkömmlicher Formen industrieller Rationalisierung. Auf der Basis einer Auseinandersetzung mit Prämissen und Thesen insbesondere der älteren Meisterdebatte und einer Reflexion traditioneller Linien industrieller Rationalisierung (II.1) erfolgt eine typisierende Rekonstruktion relevanter *Entwicklungslinien* und Formen des betrieblichen Meistereinsatzes (II.2): die *Taylorisierung der Meisterfunktion* (II.2.1) und die Fortexistenz einer *modifizierten Meisterwirtschaft* (II.2.2). Unter der Rubrik *Zuspitzungen und neue Akzente* beschreibt das nachfolgende Kapitel (II.3), inwieweit die auf der Basis von Arbeiten aus den 50er und 60er Jahren herausgearbeiteten Tendenzen bis in die 80er Jahre hinein Bestand hatten.

In Abschnitt III, der den Hauptteil der Arbeit bildet, werden durch Prozesse industrieller Reorganisation induzierte Veränderungstendenzen bzw. Umbrüche auf der Ebene der Meister untersucht. Nach einer Vorbemerkung zum *Charakter des gegenwärtigen Rationalisierungsprozesses* (III.1), die den Stellenwert der untersuchten Reorganisationsprozesse verdeutlichen soll, wird kurz auf den *Begriff der Dezentralisierung und eine Typologie ihrer Formen* (III.2) eingegangen, durch die die Analyse im weiteren angeleitet ist. Kapitel III.3 gibt einen *Überblick über die qualitativ untersuchten Betriebe und Dezentralisierungsprojekte*, der der Orientierung dient. Im darauf folgenden Kapitel (III.4) befassen wir uns in mehreren Unterpunkten im Einzelnen mit Prozessen der *Dezentralisierung und deren Wirkungen auf die Meisterposition*. Diese Analyse wird zum einen strukturiert durch eine Unterscheidung nach Mustern des bisherigen Einsatzes von Meistern, die an die im vorhergehenden Abschnitt (II.) herausgearbeiteten und als relevant gekennzeichneten Formen anschließt. Sie verfolgt damit die Frage nach Veränderungen im Hinblick auf differente vorgängige Meisterprofile oder Ausgangslagen. Zum anderen richtet sie den Blick genauer auf die Konsequenzen unterschiedlicher Formen der Organisationsveränderung, deren Stichworte *Selbstorganisationsmodell* (III.4.1), *Intrapreneurmodell* (III.4.2.) und *Mischformen* (III.4.3) sind. Hierüber können wir unterschiedliche Veränderungsmuster herausarbeiten. In Kapitel III.5 wird versucht, Konsequenzen bzw. Schattenseiten zweier unterschiedlicher, in den Fallbetrieben in Umrissen aufscheinender Konzeptionen der zukünftigen Rolle des Meisters offenzulegen. Im sechsten Kapitel dieses Teils werden Befunde der schriftlichen Befragung (III.6.1) präsentiert. Hier soll gezeigt werden, wie sich die *beruflichen Anforderungen von Meistern* in einem breiteren Kontext und im Vergleich zu anderen Managementebenen gestalten (III.6.2), und welche *Veränderungen im Anforderungsprofil* sich abzeichnen (III.6.3). Das Augenmerk wird dabei insbesondere auf den *Einfluß des Organisationswandels* (III.6.4) gerichtet, auch wird soweit möglich zu klären versucht, welche der qualitativ bestimmten Entwicklungsoptionen größere Verbreitung finden bzw. ob sich ein Trend absehen läßt.

Der vierte Abschnitt schließlich befaßt sich mit der Frage nach einer *Meisterkrise als Resultat von Veränderungen auf dem Arbeitsmarkt*. Wir setzen uns dabei mit den Argumenten der Vertreter dieser These auseinander und überprüfen, ob sich Anzeichen für einen *wachsenden Vorrat und unterwertigen Einsatz von Meistern* (IV.1), ob angesichts ihrer steigenden Zahl *Ingenieure zu Konkurrenten um Meisterstellen* werden (IV.2) und schließlich, ob *Probleme im Nachwuchs an Facharbeitern* die Figur des Meisters in eine Krise bringen (IV.3).

II. Rückblick: Die Entwicklung der Meisterfunktion im Zeichen des Paradigmas der Massenproduktion

Wird in retrospektiver Absicht die Frage nach der Entwicklung und den Merkmalen von Position und Funktion des Meisters im Industriebetrieb gestellt, dann ist man, so haben wir angedeutet, zu einem guten Stück auf Untersuchungen aus den 50er und 60er Jahren verwiesen. Die damals gewonnenen Erkenntnisse und die Sichtweisen über die Grundlinien der Veränderung der Meisterfunktion im Zuge industrieller Rationalisierung haben jedenfalls das industriesoziologische Verständnis bezüglich der Situation der Meister lange Zeit nachhaltig geprägt und sind bis heute ein durchaus gängiger Bezugspunkt. Auch wir werden uns im folgenden erst einmal auf die damalige Diskussion beziehen. Nun kann es in einer vor allem auf den gegenwärtigen Rationalisierungsprozeß abhebenden Arbeit allerdings nicht darum gehen, die ältere Meisterdebatte im Detail nachzuzeichnen und kritisch aufzuarbeiten. Vielmehr müssen wir uns mit einer eher holzschnittartigen Betrachtung begnügen. Im Kern soll es darum gehen, zentrale Grundannahmen und Thesen der älteren Debatte in knapper Form kritisch zu beleuchten und diese, aufbauend auf dem einleitend skizzierten Grundverständnis, mit einem Entwurf bisheriger Rationalisierungslinien zu konfrontieren. Auf dieser Basis werden die frühen Studien reinterpretiert bzw. deren Befunde neu eingeordnet.

Wir fassen die von der Industriesoziologie der 50er und 60er Jahre herausgearbeitete "Meisterkrise" als Ausdruck eines Prozesses der Taylorisierung der Meisterfunktion und beziehen diesen auf einen Strukturwandel, der dem "Paradigma der Massenproduktion" (Piore/Sabel 1989) folgt. Dieses Paradigma bzw. die darauf bezogenen Leitlinien tayloristisch-fordistischer Rationalisierung haben die industrielle Entwicklung in den vergangenen Jahrzehnten in erheblichen Maße bestimmt - allerdings nicht so durchgängig und konsequent, wie es die früheren Analysen nahelegen. Bis in die heutige Zeit haben Formen betrieblicher Arbeitsteilung "überlebt", die sich nicht umstandslos in das durch die großbetriebliche Massenproduktion geprägte Bild industrieller Wirklichkeit einfügen, und denen in der damaligen Debatte ein mehr oder weniger baldiges Ende bescheinigt wurde. "Überlebt" hat damit auch eine Form des Meistereinsatzes, die wir typisierend als modifizierte Meisterwirtschaft fassen. Hierauf gehen wir ebenso ein, wie auf den Prozeß der Taylorisierung. Vor diesem Hintergrund werden wir uns schließlich der Entwicklung bis in die 80er Jahre hinein zuwenden. Anhand neuerer sozialwissenschaftlicher Arbeiten wird versucht zu zeigen, daß der Prozeß der Taylorisierung der Meisterfunktion bis in die jüngste Vergangenheit wirksam war, sich in den 80er Jahren aber auch Anzeichen für eine Abkehr hiervon finden lassen. Formen der Meisterwirtschaft blieben allemal ein relevantes Muster des Einsatzes von Meistern in der Industrie.

1. "Technischer Fortschritt", das Leitbild tayloristisch-fordistischer Rationalisierung und die Diskussion um die "Meisterkrise" der 50er und 60er Jahre

Die theoretischen Konzepte, die nicht nur das Fundament der älteren Meisterstudien, sondern insgesamt der damaligen Betriebs- und Industriesoziologie bildeten - und auf denen zum Teil weitreichende Thesen aufbauten - sind einer detaillierten und hinlänglich bekannten, gleichsam zu Lehrbuchwissen geronnenen Kritik unterzogen worden (vgl. u.a. Lutz/Schmidt 1977, Beckenbach 1991, Wuntsch 1988; speziell zu den Meistern vgl. Springer 1984, Fischer 1993). Wir können daher auf eine ausführliche Erörterung verzichten und uns mit einigen knapp gehaltenen, notwendigen Anmerkungen zum damaligen Verständnis des Verhältnisses von Technik und betrieblicher Arbeitsteilung und des "modernen" oder "rationalisierten" Betriebs begnügen.

Der "technische Fortschritt" - einer der zentralen Begriffe der älteren Industriesoziologie - wurde im wesentlichen als eine gesellschaftlich exogene Größe begriffen, die gewissermaßen von außen auf soziale Gebilde wie den Industriebetrieb Einfluß nimmt. Er galt als ein Prozeß zunehmender Naturbeherrschung, der einer (nicht gesellschaftlich bestimmten) Eigenlogik technischer Effizienzsteigerung folgt. Diesem Verständnis von Technik bzw. technischen Fortschritt entsprachen Vorstellungen einer gerichteten, mehr oder weniger linear verlaufenden Entwicklung, die sich in diversen Stadientheorien niederschlugen. Gefaßt als sukzessiver Ersatz menschlicher Arbeitstätigkeit durch Maschinerie wurde in ihnen die technologische Entwicklung in aufeinander abfolgende Stufen der Mechanisierung des Produktionsprozesses historisch unterteilt.

Grob zusammengefaßt führt danach der technische Fortschritt von der rein handwerklichen über eine mechanisierte hin zur automatisierten Produktion. Die technische Entwicklung verläuft vom reinen Werkzeuggebrauch über die Universalmaschine zur Spezialmaschine, zum Fließband und dann hin zu verketteten automatisierten Großanlagen, für die Transferstraßen in der Automobilindustrie und die großtechnischen Systeme etwa der Stahlindustrie stehen. Die allgemeine Überzeugung dabei war, daß sich die fortgeschrittenen Industrieländer auf dem Weg in das Zeitalter der Automation, also der sukzessiven Verbreitung solcher komplexen Systeme, befinden. Diese auch den Meisterstudien zugrundeliegenden Konzepte behaupten zwar nicht eine Gleichförmigkeit, was das technische Entwicklungsniveau der Betriebe anbelangt. Dem technischen Fortschritt kann sich aber auf Dauer kein Betrieb entziehen, der im Konkurrenzkampf bestehen will. Letztlich gilt die Automatisierung industrieller Produktion als unabwendbarer Prozeß, der eine zunehmende Teilung und Zerlegung menschlicher Arbeitsfunktionen in der Produktion als Voraussetzung ihrer schrittweisen Mechanisierung vorantreibt.

Dem damaligen Verständnis nach ist mithin das Verhältnis von Technik und Arbeitsteilung eindeutig durch erstere bestimmt; die Gestalt industrieller Arbeit und die Strukturen der betrieblichen Arbeitsteilung sind diesen Konzepten zufolge determiniert durch die Technik. Deren Fortentwicklung erzwingt über kurz oder lang eine Anpassung der sozialen Organisation und der Formen der Kooperation im Betrieb.

Diesen Anpassungsprozeß, d.h. die den technischen Sachzwängen entspringenden sozialen Folgen zu untersuchen, war die Aufgabe der Industriesoziologie, und gerade die Meisterstudien stehen für eine solchermaßen orientierte Forschung. Eine der wichtigsten Thesen war die einer grundlegenden Veränderung betrieblicher Herrschaft, die die fortschreitende Technisierung auslöst. Diagnostiziert wurde eine "Krise der Hierarchie", eine "Enthierarchisierung" (Bahrdt 1958) und "Versachlichung" (Weltz 1964) der Kooperationsbeziehungen. Die damals thematisierte Krise des traditionellen Werkmeisters galt als ein Indiz für diese Versachlichung und "Anpassungskrise" (Bahrdt 1958) der Hierarchie an die Bedingungen einer zunehmend automatisierten, technisch vernetzten industriellen Produktion.[25]

Mit dem skizzierten Grundverständnis vom Charakter des technischen Fortschritts waren spezifische Annahmen darüber eng verwoben, was den "modernen", "rationalisierten Betrieb" ausmacht. Dieser Begriff bzw. die dahinter stehenden Annahmen darüber, was den "modernen" vom "traditionellen" oder "weniger rationalisierten" Betrieb unterscheidet, knüpften implizit in vielerlei Hinsicht an die klassische Organisationstheorie an.

Der Betrieb wurde als zweckorientierte, auf größtmögliche Rationalität, d.h. insbesondere technisch-funktionale Effizienz ausgerichtete Organisation aufgefaßt. Die Formalisierung der betrieblichen Arbeitsteilung und die Strukturierung der Organisation gemäß den u.a. durch Taylor formulierten Grundsätzen der wissenschaftlichen Betriebsführung waren als grundständige - mit der Technisierung verknüpfte - Tendenzen identifiziert und mit einer Steigerung der Rationalität und Effizienz gleichgesetzt. Im Begriff des modernen rationalisierten Betriebs drückte sich die idealtypische Vorstellung eines dem Fließprinzip folgenden, in spezifischer Weise technisch, durch vernetzte Spezialmaschinerie integrierten Produktionszusammenhangs aus, der in seinen organisatorischen Strukturen den Prinzipien der funktionalen Differenzierung und Zentralisierung gehorcht und sich durch bürokratisierte und versachlichte Kooperationsbeziehungen auszeichnet. Funktionale Differenzierung, Zentralisierung, Bürokratisierung, fortschreitende Arbeitsteilung bzw. -zerlegung und darauf aufbauende Technisierung standen für "Rationalisierung" schlechthin. Den rationalisierten Betrieb bestimmen dementsprechend formale Regeln und Verfahren und die durch die Technik gesetzte "Produktionslogik" und nicht mehr das "Beweglichkeitsprinzip" und die "Marktlogik", wie es Weltz (1964) formulierte. Er zeichnet sich durch eine ausdifferenzierte Industrieverwaltung und komplexe technische Systeme aus.

---

25 Die hierarchische Über- und Unterordnung, so lautet die These, verliert an Bedeutung; die Hierarchie als Koordinations- und Kontrollmodus und hierarchische Autorität treten gegenüber einer horizontalen, technisch vermittelten Kooperation und "Sachautorität" (Weltz 1964) in den Hintergrund. Die traditionell hierarchisch und durch persönliche Macht bestimmten sozialen Beziehungen verwandeln sich infolge der zunehmenden Durchdringung und Vermittlung durch Technik in sachlich definierte Beziehungen. Macht wird mediatisiert, der Herrschaftscharakter der Beziehungen schwindet. Die Sachzwänge des technischen Systems und die Sachkompetenz der Kooperationspartner werden zu den zentralen Bezugspunkten der sozialen Beziehungen.

Im Zuge der (verhaltenen) Rezeption des "human relations"-Ansatzes und dessen Kritik an der klassischen Organisationstheorie gewann in der Industriesoziologie der 50er und 60er Jahre zwar ein etwas modifiziertes Organisationsverständnis an Gewicht, aber das skizzierte Modell von Rationalisierung wurde dadurch nicht berührt.

Aufgenommen wurde die Unterscheidung von formaler und informeller Organisation und damit die Kritik an der - im Organisationsmodell der klassischen Organisationstheorie enthaltenen - Unterstellung eines rein an der Zwecksetzung der Organisation orientierten Handelns ihrer Mitglieder. Das rationalistische Modell des isolierten "homo oeconomicus" wird relativiert durch den Hinweis auf den nicht zu eskamotierenden sozialen Eigensinn der Organisationsmitglieder - durch den Hinweis auf die Relevanz von Bedürfnissen und Interessen jenseits des rein Materiellen und auf soziale Beziehungen (informelle Gruppen), die nicht durch die formale Organisation konstituiert sind bzw. in ihr nicht aufgehen. Die informellen Beziehungen stehen, so die These, in einem widersprüchlichen Verhältnis zur formalen Organisation, insofern sie einerseits eine essentielle, die Lücken der formalen Organisation überbrückende Ergänzung, andererseits aber auch die Basis für abweichendes Verhalten und für Widerstand gegenüber formal gesetzten Arbeitsnormen darstellen. Auf dieser Modifikation des klassischen Organisationsmodells durch die "human relations"-Forschung beruht die auch in der damaligen bundesdeutschen Industriesoziologie präsente, wenn auch nicht unbedingt dominante Vorstellung, daß die soziale Integration nicht allein durch Technik, formal-bürokratische Regeln und materiellen Anreiz sichergestellt ist. Sie wird als eine Sachaufgabe, als die "soziale Funktion" (Lepsius/Lütge 1954) der Hierarchie definiert. Die Vermittlung zwischen formeller und informeller Organisation bzw. zwischen Subjekt und Organisation drängt sich um so mehr als Funktion der Hierarchie in den Vordergrund, als ihre technisch-organisatorischen Funktionen schwinden. Selbst dann, wenn davon ausgegangen wird, daß die Konstitution informeller Gruppen infolge der unterstellten Verdrängung "teamartiger" durch "gefügeartige" Kooperationsformen systematisch behindert wird (vgl. etwa Lepsius 1960 im Anschluß an Popitz u.a. 1957), gilt die Sicherung der Motivation und freiwilligen Leistungsbereitschaft des (weitgehend isolierten) Arbeiters an komplexen Anlagen als wichtige Führungsaufgabe. Die Hierarchie zieht sich zwar recht weit aus dem Produktionsalltag zurück (Bahrdt 1958), aber sie dient als letzte Sicherung sowohl hinsichtlich der technisch-organisatorischen als auch der sozialen Dimension des Betriebs.

In den konzeptionellen Überlegungen zum technischen Fortschritt und zum rationalisierten Betrieb reflektiert sich letztlich eine allgemeinere, sozusagen grundständige modernisierungstheoretische Annahme einer gerichteten, mehr oder weniger auf Vereinheitlichung drängenden kontinuierlichen industriegesellschaftlichen Entwicklung (vgl. Kern 1989, Lutz 1984).

Diese nur sehr skizzenhaft zusammengefaßten Annahmen und Thesen der früheren Industriesoziologie sind wie gesagt einer eingehenden Kritik unterzogen worden, die hier im Einzelnen nicht wiederholt zu werden braucht. Wir können uns auf einige wenige Anmerkungen beschränken.

Richten wir den Blick zunächst auf die Versachlichungsthese, die eine Gegenüberstellung von rationaler Organisation und traditionaler Herrschaftsform, von einem sich selbst legitimierenden Sachzwang und einer auf Tradition beruhenden Über- und Unterordnung beinhaltet. Diese These verschleiert letztlich den Doppelcharakter des betrieblichen Sozialzusammenhangs als Arbeits- und Verwertungszusammenhang und verkennt, daß Formalisierung und Technisierung eine Fortsetzung von Herrschaft mit anderen Mitteln darstellen. Was sie beschreibt ist der Übergang von einer vornehmlich personal vermittelten zu einer strukturellen, vor allem technisch objektivierten Form von Herrschaft (vgl. Edwards 1981) und nicht eine im technischen Wandel sich materialisierende "List der Vernunft" (Lutz 1975), die - so die bei einem Teil der Industriesoziologen gehegte emanzipatorische Hoffnung - einer Demokratisierung der Betriebe den Weg bereitet.

Der Betrieb gilt gewissermaßen als ein durch rationale, bürokratisch und technisch erzeugte Sachzwänge bestimmbarer Zweckverband, dem zwar noch Elemente eines auf nicht funktional bestimmbarer Machtasymmetrie beruhenden Herrschaftsverbandes anhaften, die aber in dem Maße schwinden, wie Macht durch Technik in Sachzwang transformiert wird und Hierarchie bzw. Bürokratie sich auf ihren "rationalen", technisch-funktionalen Kern der Leitung eines kooperativen Arbeitsprozesses reduziert. Damit gerät aber, so läßt sich kritisch einwenden, der Betrieb als Ort der Reproduktion eines ungleichen Aneignungsverhältnisses systematisch aus dem Blick.

Mit der Versachlichungsthese ist in der Industriesoziologie bekanntlich zugleich auch die nichtsoziologische Fassung des Technikbegriffs und der Technikdeterminismus zurückgewiesen worden. Technik und technologische Entwicklung ist nach dem heutigen Verständnis ein "gesellschaftlich endogenes" (Lutz/Schmidt 1977), sozial bestimmtes Phänomen und dementsprechend wird eine technikimmanente Entwicklungslogik ebenso verworfen wie das skizzierte Konzept des Verhältnisses von technischem Fortschritt und Betrieb bzw. betrieblicher Arbeitsteilung. Die neuere industriesoziologische Forschung hat deutlich gemacht, daß die Betriebs- und Arbeitsorganisation durch Technik nicht eindeutig determiniert, sondern daß betriebliche Arbeitsteilung als relativ unabhängig von ihr zu begreifen ist. Zwischen Technik und Organisation bestehen zwar gewisse Kongruenzen, aber kein eindeutiges Abhängigkeitsverhältnis und auf letztere wirken - ebenso wie auf die Technik selbst - eine Vielzahl gesellschaftlicher Faktoren ein (Absatz- und Arbeitsmarkt, industrielle Beziehungen etc.); der Betrieb steht mit anderen Worten mit verschiedenen Umwelten in einer Wechselbeziehung und ist in seiner Struktur durch diese Beziehung beeinflußt. Die Formen der Technikentwicklung und -nutzung und der betrieblichen Arbeitsteilung lassen sich jedenfalls weder aus einer Eigengesetzlichkeit des technischen Fortschritts noch, was in der stark durch die Rezeption der Marxschen Theorie beeinflußten Industriesoziologie der 70er (vgl. Brandt 1984) vielfach unterstellt wurde, aus einer Logik der Kapitalverwertung heraus erklären. Die Hypostasierung historisch spezifischer Formen der Technisierung und Organisierung durch die Identifikation mit der Logik von Verwertung und "reeller Subsumtion" ist im Rahmen der an Braverman (1985) anschließenden "labour process"-Debatte und durch die von Kern/Schumann (1984) vorgelegte Arbeit und die daran anknüpfende Diskussion ebenfalls zunehmend verworfen worden. Das für den Betrieb konstitutive Prinzip der Kapitalverwertung kann sich in unterschiedlichen technisch-organisatorischen Strukturen realisieren; ein "one best way" läßt sich nicht ableiten. Wie wir in der Einleitung dieser Arbeit ausgeführt haben (vgl. I.4), ist diese Übersetzung kontingent, rückgebunden an historisch konkrete gesellschaftliche (Umwelt-)Bedingungen, und sie ist Ergebnis des sozialen Handelns von Akteuren, das nicht in der Umsetzung von "Systemimperativen" aufgeht bzw. durch sie nicht eindeutig determiniert wird. Diese müssen erst einmal wahrgenommen, interpretiert, in Handlungskonzepte übersetzt und in Rationalisierungshandeln umgesetzt werden. Rationalisierung hat demnach immer auch einen politischen Charakter. In Begriffen wie Produktions- oder Rationalisierungskonzept wird dem in der Industriesoziologie mittlerweile Rechnung getragen, wobei nicht nur auf die mikropolitische Dimension technisch-organisatorischer Veränderungen, sondern zunehmend auch auf den Prozeß der Konventionalisierung bzw. Institutionalisierung übergreifender Rationalitäts- (Effizienz) und darauf bezogener Gestaltungs- und Rationalisierungsvorstellungen insistiert wird (vgl. insb. Piore/Sabel 1989).[26] In Frage gestellt ist damit auch die Kontinuitätsannahme der traditionellen Industriesoziologie. Wie insbesondere die Arbeiten von Piore/Sabel (1989) und Lutz (1984) deutlich gemacht haben, haben Phasen kontinuierlicher industrieller (bzw. industriegesellschaftlicher) Entwicklung und Prosperität Krisen und "Wegscheiden" zur Voraussetzung und Folge, die sich durch den Widerstreit alternativer Entwicklungsoptionen auszeichnen.

Die hier nur sehr grob gehaltene Kritik am zugrundeliegenden Verständnis von Technik, Organisation und Rationalisierung bedeutet allerdings nicht, daß die von der Meisterdebatte bzw. insgesamt von der damaligen industriesoziologischen Forschung identifizierten Prinzipien der Gestaltung der betrieblichen Arbeitsteilung bzw. die Muster der technisch-organisatorischen Rationalisierung - und insbesondere die damit zusammenhängende Entwicklung der Meisterfunktion - bedeutungs-

---

[26] Zu diesem Verständnis der Entwicklung betrieblicher Arbeitsteilung haben die kontingenztheoretischen und institutionalistischen Ansätze der Organisationstheorie in erheblichem Maße beigetragen. Sie brechen recht weitgehend mit dem klassischen und dem Organisationsverständnis des "human relations"-Ansatzes. Die Kontingenztheorie, die die isolierte Betrachtungsweise des Betriebs in den traditionellen Ansätzen als unhaltbar verwirft, hebt auf die Bedeutung der organisationalen Umwelt ab. Sie macht deutlich, daß Organisationen nur als mit einer differenzierten, veränderlichen Umwelt konfrontierte und von dieser abhängige Systeme sinnvoll analysiert werden können, und zeigt den Zusammenhang von Organisationsumwelt und -struktur auf. Ein allgemeingültiges Modell rationaler Organisation kann dementsprechend nicht unterstellt werden. Angesichts der Heterogenität organisationaler Umwelten ist vielmehr von einer Pluralität von - gemessen am Prinzip der Bestandserhaltung als rational identifizierbarer - Organisationsformen auszugehen (vgl. zusammenfassend Mintzberg 1979). Die neueren institutionalistischen Organisationsansätze gehen über die Kritik der Kontingenztheorie insofern noch hinaus, als sie den Betrieb nicht nur als ein an spezifischen ökonomischen Umwelten ausgerichtetes, sondern auch als ein auf gesellschaftlich institutionalisierte Normen bezogenes offenes System fassen (vgl. u.a. Meyer/Rowan 1977). In dieser Perspektive steht die betriebliche Arbeitsteilung in einem sehr weiten Sinne unter dem Einfluß gesellschaftlicher Institutionen, ist die Unterstellung einer organisationsbestimmenden Zweck-Mittel- bzw. einer Systemrationalität zweifelhaft bzw. unterliegen Rationalitäts- bzw. Effizienzkonstrukte einer sozialen bzw. kulturellen Prägung.

los sind. Es handelt sich dabei unbestritten um relevante empirische Phänomene, die die industrielle Entwicklung in diesem Jahrhundert und insbesondere seit dem Zweiten Weltkrieg maßgeblich bestimmt haben. Damit ist auch gesagt, daß die Prozesse der Technisierung und Organisierung, daß Rationalisierung gerade in der Nachkriegszeit durchaus einer gewissen "Logik" folgte.

Dieser, der Rationalisierungsgeschichte der vergangenen Jahrzehnte "innewohnenden Logik" läßt sich u.E. auf der Basis des in der Einleitung (I.4) in allgemeiner Form skizzierten Verständnisses industrieller Rationalisierung beikommen. Wir knüpfen im folgenden an die dort entworfene Perspektive und die Unterscheidung zwischen Paradigmen, Leitbildern und konkretem betrieblichem Rationalisierungshandeln an. Auf dieser Grundlage können wir dann die Befunde der früheren Meisterdebatte sinnvoll einordnen und präsentieren.

In Anlehnung an Piore/Sabel (1989), deren Reinterpretation der industriellen Entwicklung dieses Jahrhunderts den industriesoziologischen common sense mittlerweile sehr stark prägt, gehen wir davon aus, daß die relative Kohärenz bzw. Konformität betrieblicher Rationalisierungsprozesse in einem unmittelbaren Zusammenhang mit dem "Siegeszug" der Massenproduktion in den fortgeschrittenen Industrieländern in Zusammenhang steht. Die historisch spezifischen Entstehungszusammenhänge und der Prozeß der allmählichen Durchsetzung der Massenproduktion als einem generalisierten Muster industrieller Produktion und Entwicklung können hier im Einzelnen nicht dargelegt werden. Wir müssen uns diesbezüglich mit einem Verweis auf die einschlägige Diskussion (vgl. dazu Piore/Sabel 1989, Radkau 1989, Womack u.a. 1991, Kern 1989) begnügen. Die in der Diskussion weithin akzeptierte These lautet, daß sich Massenproduktion als grundlegende "Vision leistungsfähiger Produktion" und als Inbegriff industrieller Rationalität zunächst in den Vereinigten Staaten konsolidiert und seit den 20er Jahren auch in anderen Industrieländern sukzessive als entwicklungsbestimmendes Paradigma etabliert hat. In Deutschland, wo die "amerikanische Produktionsweise" (Radkau 1989) seit dieser Zeit stärker Fuß zu fassen begann und sich wie in anderen Ländern zu einem "Synonym für die Moderne" (Piore/Sabel 1989) verdichtete, hat sich die Massenproduktion in der industriellen Praxis vor allem nach dem Zweiten Weltkrieg dynamisch entfaltet. Bis weit in die 70er Jahre hinein bestimmte dieses Paradigma hierzulande den Grundzug der industriellen Entwicklung. Die großbetrieblich organisierte Massenfertigung standardisierter Güter - das Symbol modernen, effizienten Wirtschaftens schlechthin - hatte sich letztlich jahrzehntelang im "Reich der Ideen" ebenso wie im "Reich der Praxis" durchgesetzt, wie Piore und Sabel formulieren.

Dabei fußt das Produktions- und Organisationsmodell der Massenproduktion auf einer spezifischen Fassung technisch-ökonomischer Effizienz; im Zentrum stehen die "economies of scale" und die "economies of scope". Das Prinzip der Stückkostendegression ist die Leitmaxime der Produktion standardisierter Güter, die Produktionsökonomie - im Gegensatz zur Marktökonomie - der zentrale Orientierungspunkt. Das Produktionssystem muß dementsprechend von Markteinflüssen weitgehend freigehalten bzw. der Markt so "organisiert" werden, daß standardisierte Produktionsabläufe stabile Rahmenbedingungen und standardisierte Produkte langfristig ausreichend Absatz finden. Dem dient gerade auch der Aufbau (vertikal integrierter) großbetrieblicher Strukturen, die Markt durch Organisation bzw. bürokratische Vermittlung ersetzen und schließlich die Senkung von Transaktionskosten versprechen. Als besonders "rationale" Organisationsform hat sich das Großunternehmen vor allem in dem Maße etabliert, wie es eine Einbettung in eine übergreifende "fordistische Regulationsweise", in ein gesellschaftliches Arrangement fand, das Massenproduktion und Massenkonsum als ein kohärentes Entwicklungsmodell stabilisierte (vgl. Lipietz 1985, Lutz 1984, Piore/Sabel 1989).

Institutionalisiert hatten sich damit auch grundlegende Leitvorstellungen der betrieblichen (und zwischenbetrieblichen) Arbeitsteilung und der Formen der Technikanwendung, des technisch-organisatorischen Wandels. Es sind die Prinzipien tayloristisch-fordistischer Rationalisierung, die sich als zentrale Bezugspunkte des zeitgenössischen allgemeinen Rationalisierungsverständnisses etablierten und in Theorie und Praxis den Status unhinterfragter Selbstverständlichkeiten erlangten. Wurde die Massenproduktion gleichsam mit Industrialisierung gleichgesetzt, so das Leitbild tayloristisch-fordistischer Rationalisierung mit industrieller Rationalisierung schlechthin (vgl. Kern/Schumann 1984, Braverman 1985).

Zu den als rational und effizient gesetzten Selbstverständlichkeiten zählten die Anwendung der Prinzipien der wissenschaftlichen Betriebsführung, eine auf funktionale Differenzierung, Zentralisierung und Bürokratisierung abhebende betriebliche Arbeitsteilung, eine am Fließfertigungsprinzip orientierte und stark arbeitsteilig angelegte Strukturierung von Produktionsabläufen und ein spezifisches Prinzip der Technisierung, nämlich die "starre" Mechanisierung der Produktion in Form von Spezialmaschinen und einer technischen Vernetzung von Abläufen (z.B. verkettete Spezialmaschinen bzw. "automatisierte" Anlagen in der Fertigung und Fließbänder in der Montage).

Unter der Ägide des Leitbildes des Taylorismus-Fordismus war für die betrieblichen Rationalisierungspraktiker - die die entsprechenden Grundsätze als Refa-Fachleute, Techniker und Ingenieure gelernt hatten - nicht fraglich, ob z.B. die Trennung von Planung und Ausführung, die Abspaltung "indirekter" Funktionen aus der Produktion und ihre Ausdifferenzierung, ob die bürokratisch und zentralistisch strukturierte Großorganisation "rational" und "effizient" ist - selbst wenn die betrieblichen Verhältnisse keineswegs an das Idealbild der Massenproduktion heranreichten. In Frage stand für sie nur, wie und inwieweit sich dies unter je besonderen Bedingungen realisieren bzw. perfektionieren ließ.

Der Macht des die Wahrnehmungs- und Deutungsmuster strukturierenden Rationalisierungsleitbildes konnte sich auch der zeitgenössische Beobachter nicht entziehen, der sich der Analyse der industriellen Entwicklung verschrieben hatte. Richten wir den Blick wieder auf die Industriesoziologie der 50er und 60er Jahre so lautet die hier vertretene These: In den Chiffren vom "rationalisierten Betrieb" und vom "technischen Fortschritt" und in den dahinter stehenden Annahmen reflektiert sich ein Grundverständnis industrieller Entwicklung und Rationalisierung, das auf den paradigmatisch gesetzten Rationalitätskonventionen, auf den Idealwelten der großbetrieblichen Massenproduktion und des Taylorismus-Fordismus fußt. Die damalige

Industriesoziologie war durch jenes zu der Zeit gesellschaftlich stark institutionalisierte Muster der Wirklichkeitsdeutung bestimmt und wirkte im Ergebnis selbst an dessen institutioneller Befestigung mit; in gewissem Sinne war sie in den theoretischen Konzepten und im methodischen Zugriff ein Abbild des etablierten Leitbilds industrieller Produktion und Rationalisierung: theoretisch, indem sie die Rationalitäts- und Effizienzkalküle der Massenproduktion nicht historisch und als soziale Konvention - zu der auch Alternativen bestehen - interpretierte, sondern ihnen implizit universelle Geltung zuschrieb. Gleiches gilt für die Identifikation von tayloristisch-fordistischer mit industrieller Rationalisierung als solcher. In der Vorstellung von einer Logik des "technischen Fortschritts" und der Sachzwänge finden letztlich die Schematik und der universale Geltungsanspruch des institutionalisierten Leitbildes ihren Ausdruck. Im methodischen Vorgehen reflektiert sich das Rationalisierungsleitbild insofern, als es den Blick auf und den Umgang mit der Empirie bestimmte. In der Bestimmung dessen, was relevante empirische Untersuchungsgegenstände sind, in der Anlage empirischer Vergleiche und in der Generalisierung fallbezogener Befunde folgte empirische Forschung ein gutes Stück der Modernitätsdefinition und dem universalistischen Zug des tayloristischen Rationalisierungsparadigmas.

Faktisch konzentrierte sich industriesoziologische Forschung lange Zeit auf Großbetriebe und dabei im Kern auf solche der Massen- bzw. Prozeßfertigung (etwa der Stahl-, der Automobil- und der Chemieindustrie). Diese standen aus damaliger Sicht für die "typischen Verhältnisse" in der Industrie (Lepsius/Lütge 1954) bzw. repräsentierten im Hinblick auf die Strukturen der betrieblichen Arbeitsteilung und die Muster des Technikeinsatzes - insoweit gerade in ihnen die Technologien des "Automationszeitalters" und "rationale" Prinzipien der Organisation und Kooperation zur Anwendung kamen - den "modernen" Industriebetrieb.[27] Über die Konzentration auf technisch besonders fortgeschrittene Betriebsbereiche und die Methode des Vorher-Nachher-Vergleichs erfaßte die Forschung betriebliche Veränderungsmuster, die recht weit der durch das Rationalisierungsparadigma vorgezeichneten Entwicklungslogik folgten und die dem Verständnis nach den Maßstab für die Zukunft "der" Industrie hergaben. Dies heißt nicht, daß die Welt jenseits der auf Massenproduktion spezialisierten Großbetriebe nicht zur Kenntnis genommen wurde. Nicht selten wurden sie gerade auch mit kleineren Betrieben bzw. mit solchen eines anderen, niedrigeren Rationalisierungs- bzw. "Mechanisierungsniveaus" verglichen. Zumeist führte dies aber nicht zum Entwurf eines differenzierteren Bildes der Entwicklung. Viel eher dienten die Vergleiche dem Ausweis eines allgemeinen Entwicklungstrends, wobei die Betriebe, die den zugrundegelegten Rationalitätsvorstellungen nicht entsprachen, als Beispiele für die (in die Gegenwart hineinreichende) Vergangenheit und jene, die ihnen sehr nahe kamen, als Beispiele für die Gegenwart bzw. Zukunft dienten; der Betrieb, der in seinen Strukturen deutlich von jenen des "rationalisierten" Großbetriebs abwich, wurde als "traditionell", "veraltet" oder "weniger rationalisiert" gefaßt und zur Illustration des Neuen herangezogen. Der Großbetrieb der Massenfertigung war der Maßstab der Beurteilung der kleineren und anders strukturierten Betriebe, die dementsprechend nur als rückständig in den Blick geraten konnten.

---

27 Historisch-sekundäranalytisch orientierte Arbeiten folgten im Kern dem gleichen Muster.

Gewiß gab es für Soziologen gute Gründe für eine Konzentration auf jene Bereiche der Industrie, die sehr weitgehend den Axiomen der ökonomischen und technischen Experten entsprachen bzw. folgten. In den ersten Nachkriegsjahrzehnten expandierten die auf Massenfertigung setzenden Unternehmen und Industriebereiche jedenfalls dynamisch und bildeten erkennbar die entscheidende Basis ökonomischer Prosperität. Angesichts dessen hatte eine Verallgemeinerung der in solchen Unternehmen vorgefundenen Veränderungen durchaus Plausibilität. Der entscheidende Punkt ist nun aber, daß das Paradigma der Massenproduktion und die Grundsätze des Taylorismus-Fordismus die industrielle Wirklichkeit tatsächlich nie so lückenlos und perfekt bestimmt haben, wie dies die ältere industriesoziologische und insbesondere die Diskussion um den Industriemeister mehr oder weniger deutlich erwartet hatte.

Damit ist nicht nur angesprochen, daß selbst in den auf Massenfertigung ausgerichteten Großbetrieben, in denen eigentlich ideale Voraussetzungen für eine strikt an den Grundprinzipien des Taylorismus-Fordismus orientierte Rationalisierung vorhanden waren, entsprechende Rationalisierungskonzepte kaum eine simple Entsprechung der herrschenden Lehre darstellten und solche Konzepte zudem auch nie bruchlos die betriebliche Wirklichkeit bestimmten. Auch dort erweist sich die Entwicklung und die Umsetzung von Rationalisierungskonzepten notwendigerweise als ein auf situative Faktoren bezogener und betriebspolitisch vermittelter Prozeß, in dem die beteiligten Akteure nicht einfach als Exekutoren abstrakter Normen und Funktionen auftreten. Das Ergebnis ist mit bestimmt vom Widerstreit unterschiedlicher Interessen, von Machtspielen, Statuskämpfen etc.

Von besonderer Bedeutung ist ein anderer Aspekt. Wie stark die großbetrieblich organisierte Massenproduktion die industrielle Entwicklung der vergangenen Jahrzehnte auch geprägt haben mag: Kleine und mittlere Unternehmen und vor allem solche Unternehmen und Branchen, die sich hinsichtlich der Gestaltungsmuster der betrieblichen Arbeitsteilung und des Technikeinsatzes markant von den Idealwelten des modernen Großbetriebes unterscheiden, wurden keineswegs eliminiert oder zu unbedeutenden Randphänomenen degradiert. Obwohl sie lange Zeit im Schatten der Massenproduzenten standen und als in sich widersprüchlich betrachtet wurden, prägten solche Unternehmen - entgegen der "Uniformitätsunterstellung" (Kern 1989) - dennoch die Industrielandschaft der Bundesrepublik in erheblichem Maße mit. In vielen Industrieunternehmen haben - um mit Piore/Sabel (1989) zu sprechen - Formen "handwerklicher Produktion" überlebt und dies hat wesentlich mit den - von der damaligen Industriesoziologie unterbelichteten bzw. für überwindbar gehaltenen - Grenzen der Realisierung etablierter Leitlinien industrieller Rationalisierung zu tun. Auch wenn die elementaren Grundannahmen des etablierten tayloristischen Leitbildes die Problemwahrnehmungs- und Problemlösungsmuster der Rationalisierungsexperten in den meisten Unternehmen lange Zeit strukturierten: Die konkreten Rationalisierungsprozesse waren dadurch keineswegs determiniert. In der betrieblichen Praxis waren immer konkrete Bedingungskonstellationen in Konzepten für praktische Gestaltungsschritte zu berücksichtigen. Dabei stimmten die besonderen betrieblichen Bedingungen vielfach nicht mit den an der Massenproduktion orientierten Voraussetzungen tayloristisch-fordistischer Rationalisierung überein. Soweit es Betrieben - aus welchen Gründen auch immer - nicht gelang, eine standardisierte Massenfertigung aufzubauen, oder davon bewußt abgesehen wurde, waren in konkreten Rationalisierungskonzepten "abweichende" Voraussetzungen etwa hinsichtlich der Produktkomplexität, der Losgrößen, der Variantenvielfalt zu berücksichtigen. Modifikationen der "reinen Lehre" mußten in den Rationalisierungskonzepten umso stärker zum Tragen kommen, je mehr sozusagen die besonderen Bedingungen vom Modell der großbetrieblichen Massenproduktion abwichen. Letztlich waren die technisch-organisatorischen Strukturen und Rationalisierungsformen in solchen Unternehmen geprägt von einem besonderen Pragmatismus, von der schwierigen Suche nach Kompromissen zwischen den von den betrieblichen Rationalisierungsexperten hochgehaltenen, allgemeinen technisch-organisatorischen Gestaltungs- und Effektivierungsnormen und den besonderen betrieblichen Verhältnissen, die als hartnäckige Schranken ihrer einfachen Einlösung entgegenstanden. Wenn bestimmte Bereiche der Industrie von Industriesoziologen und betrieblichen Experten als "rationalisierungssperrig" bezeichnet wurden, dann kommt darin deren besondere Lage und zugleich die praktische Bedeutung des etablierten Leitbildes industrieller Rationalisierung zum Ausdruck.

Letztlich erweist sich die Konzentration auf die Großbetriebe der Prozeß- und Massenfertigung und die besondere Interpretation anders strukturierter Betriebe als Ausdruck eines selektiven Blicks der Industriesoziologie der ersten Nachkriegsjahrzehnte, in dem sich der selektive Charakter des etablierten Leitbildes reflektiert. Der Gefahr, "das Allgemeine im Besonderen zu sehr zu verallgemeinern" (Kern 1989, 259), ist man gerade in der damaligen Debatte um die Entwicklung der Meisterfunktion sichtlich erlegen.

Im Hinblick auf die eingangs aufgeworfene Frage, wie die Erkenntnisse der früheren Debatte um die Veränderung der Meisterfunktion einzuordnen sind, bedeuten die bisherigen Überlegungen vor allem zweierlei:

Erstens stehen die Analysen und empirischen Befunde der 50er und 60er Jahre nicht für die Entwicklung in "der" Industrie. Die Meisterdebatte thematisierte vielmehr in der Hauptsache Veränderungen, die den Einsatz von Meistern in den Großbetrieben der Großserien-, Massen- und Prozeßfertigung betreffen. Sie sind im wesentlichen als wichtige historische Quellen zu lesen, die den Niedergang des Werkmeisters traditioneller Prägung - des "Universalmeisters" (Lepsius/Lütge 1954) - bzw. die Konstitution eines neuen Meistertypus herausarbeiten. Diese als "Meisterkrise" gefaßte Veränderung steht im Kontext eines in Betrieben dieser Art sehr weitgehend den tayloristisch-fordistischen Leitlinien folgenden Prozesses organisatorisch-technischer Rationalisierung. Der Begriff Meister- oder "Anpassungskrise" (Bahrdt 1958) markiert letztlich einen Prozeß der Taylorisierung der Meisterfunktion.

Andere Produktionsformen (v.a. die Einzel- und Kleinserienfertigung komplexer Produkte) und Klein- und Mittelbetriebe haben nun aber wie schon erwähnt bis heute ein großes Gewicht behalten. Damit stellt sich notwendigerweise zweitens die Frage nach den Formen des Meistereinsatzes in der Welt jenseits der großindustriellen Serienfertigung, in den "flexibel spezialisierten" Unternehmen (Piore/Sabel 1989).

Solche Unternehmen, die sich weniger an den Regeln der Produktions- denn an jenen der Marktökonomie orientieren müssen, überlebten wohlgemerkt nicht nur in von den Massenproduzenten eingeräumten Marktnischen. Ein relevanter Teil der auf Einzel- und Kleinserienfertigung nichtstandardisierter Produkte spezialisierten Industrie, der über Jahrzehnte ebenfalls prosperierte, hat sich gerade auch deshalb behaupten können, weil er jene Produktionstechniken herstellte, auf die die Massenproduzenten angewiesen waren. Als Lieferant der "spezialisierten zweckorientierten Maschinerie" der Massenproduktion (Piore/Sabel 1989, 36) konnte sich ein Großteil der Maschinenbauindustrie nicht oder nur sehr bedingt der Produktions- und Organisationskonzepte und der Rationalisierungsmethoden seiner Kunden bedienen. Maschinen und Anlagen, die auf die spezifischen Bedürfnisse und Anforderungen der Abnehmer zugeschnitten sind, können jedenfalls nicht in Massen-, sondern nur kundenauftragsbezogen in Einzel- und Kleinserienfertigung hergestellt werden. Der Maschinenbau ist gewissermaßen das komplementäre Gegenüber der Massenproduktion und hat gerade in der Bundesrepublik über Jahrzehnte als größte Branche der verarbeitenden Industrie eine eminent wichtige Stellung eingenommen. Der hiesige Maschinenbau war weltweit u.a. einer der bedeutendsten Lieferanten komplexer Massenproduktionstechniken und blieb dennoch vornehmlich klein- und mittelbetrieblich strukturiert. Er galt deshalb nicht umsonst immer als ein besonders "rationalisierungssperriger" Industriebereich, in dem sich weder die Prinzipien rationaler Organisationsgestaltung, noch die als besonders modern eingestuften Produktionstechniken richtig durchsetzen konnten. Obwohl Maschinenbaubetriebe die "modernsten" Technologien herstellten, wirkten sie organisatorisch wie technisch, wenn nicht etwas antiquiert, so doch stets vergleichsweise chaotisch und handwerklichen Traditionen verhaftet.

Zugespitzt formuliert ist also auch der Gestalt bzw. Geschichte des Meisters in jener anderen "Hälfte" industrieller Realität nachzuspüren, die in der auf den "rationalisierten" Großbetrieb fixierten Meisterdebatte allenfalls eine untergeordnete Rolle spielte. Auch hierüber kann diese Debatte Auskunft geben, denn gänzlich ausgeblendet wurden die Verhältnisse in kleineren Unternehmen bzw. in der Einzel- und Kleinserienfertigung nicht, wurden sie doch nicht selten zu Vergleichszwecken bzw. zur Illustration der im Vordergrund des Interesses stehenden Veränderungen im Großbetrieb herangezogen. Stets wurden dabei zum Teil markante Unterschiede im Meistereinsatz festgestellt, die dann allerdings, dem grundständigen Entwicklungsverständnis gemäß, entlang der Schematik veraltet/traditionell versus modern, rationalisiert versus nicht rationalisiert behandelt wurden. Auf der Grundlage einer unterstellten Ungleichzeitigkeit im Entwicklungstempo der Betriebe - Bahrdt (1958) etwa verweist in diesem Zusammenhang auf das "Beharrungsvermögen" alter Strukturen - konnte sich der Sozialforscher in der glücklichen Lage sehen, Vergangenheit, Gegenwart und Zukunft des Meisters zu ein und demselben Zeitpunkt betrachten zu können.

Nimmt man die materialen Teile unabhängig von den historisierenden Einordnungen zur Kenntnis bzw. liest die Studien quer zur Schematik traditionell/modern, dann kann auf die älteren Studien allemal als wertvolle Quellen zurückgegriffen werden, wenn es um die Beantwortung der genannten Frage geht. In grob typisierender Form läßt sich dann dem Typus des "taylorisierten" Meisters ein deutlich anderer Meistertypus gegenüberstellen. Gemeint ist eine Form des Einsatzes von Meistern, die in manchem an das Bild des klassischen "Universalmeisters" erinnert und die wir begrifflich als "modifizierte Meisterwirtschaft" fassen. Die hier vertretene These ist, daß dieser Form der Ausgestaltung der Meisterfunktion in den vergangenen Jahrzehnten kaum weniger Gewicht zukam, als dem, was die alte Meisterdebatte und viele der auch heute noch gängigen, mehr oder weniger kursorischen Überblicke über die Entwicklung der Meisterfunktion in den Vordergrund rückten. Zumindest im Maschinenbau, dem Paradefall klein- und mittelbetrieblicher Strukturen und der kundenauftragsbezogenen Einzel- und Kleinserienfertigung, hat sich dieser Typus bis heute breitflächig gehalten. Bezeichnend ist, daß die empirischen wie historisch-sekundäranalytischen Arbeiten der 50er und 60er Jahre - einem roten Faden gleich - mit Hinweisen auf die "etwas andere" Situation in Maschinenbaubetrieben durchzogen sind, die den Kontrast zum "modernen" Meistereinsatz bzw. die Illustration für traditionelle Verhältnisse liefert.

"Ende der Meisterwirtschaft?": Diese von Mickler 1983 aufgeworfene Frage signalisiert jedenfalls, daß "technischer Fortschritt" und Rationalisierung keineswegs so schnell und gründlich mit vermeintlich überfälligen Strukturen aufgeräumt haben, wie dies so manche der früheren Diagnosen nahelegte. Je mehr sich der industriesoziologische Blick auf die kleinen und mittelständischen Unternehmen richtet, umso mehr kommt eine soziale Welt zum Vorschein, die sich auch und gerade bezüglich der Rolle des Meisters gründlich von der des Großbetriebs unterscheidet (vgl. u.a. Kotthoff/Reindl 1990).

Im folgenden wird es nun darum gehen, im Anschluß vor allem an die Befunde der früheren Meisterdebatte einerseits die erste "Meisterkrise", also den Prozeß der Taylorisierung des Universalmeisters und andererseits die modifizierte Meisterwirtschaft in groben Strichen zu skizzieren.

2. Entwicklungslinien

2.1 Die Taylorisierung der Meisterfunktion

Viele Studien, die sich mit dem Wandel der Meisterfunktion beschäftigen, nehmen auf einen Meistertypus Bezug, dem, in vielem noch historischen, insbesondere handwerklichen Wurzeln verhaftet, im 19. Jahrhundert offenbar große Bedeutung zukam.[28] Es handelt sich um den klassischen "Werkmeister", der auch, um seine Bedeutung herauszustreichen, "Universalmeister" (Lepsuis/Lütge 1954) genannt wurde. Auf ihm und seiner "Empirie", so formulierte es Sombart (1928, 836), ruhte "der ganze Betrieb". Dieser "ursprüngliche" Meister (Croner 1954) ist gleichsam zu einem Synonym für eine bestimmte Form der Betriebsorganisation, für das "Werkmeistersystem" (Sombart 1928) geworden; er ist es, so Briefs (1959b, 43), "an den man meistens denkt, wenn man von der alten Meisterwirtschaft" im Betrieb spricht. Damit ist typisierend eine Organisation bezeichnet, in der der Werkmeister, einem "kleinen Fabrikanten" (Kocka 1969) gleich, das Zentrum der betrieblichen Fertigungsleitung bildete.

Resümiert man die vielfältigen Hinweise auf diesen klassischen Typus, dann war der Werkmeister die entscheidende betriebliche Instanz der Organisation und Koordination des Arbeitsprozesses. Er hatte einen bestimmenden Einfluß auf die Arbeitsteilung innerhalb seines Verantwortungsbereichs, er strukturierte, steuerte und kontrollierte den Produktionsablauf sachlich wie zeitlich. Die abteilungsübergreifende Prozeßkoordination erfolgte im wesentlichen über eine Kooperation der Meister, die selbst in Konstruktionsfragen und in Aufgaben des betrieblichen Rechnungswesens einbezogen waren (vgl. hierzu Kocka 1969, 226ff., Croner 1954, 66). All das, was heute unter Funktionen wie Arbeitsvorbereitung, Fertigungsplanung- und -steuerung, unter Wartung, Instandhaltung und Qualitätskontrolle subsumiert wird, fiel weitgehend in den Definitionsbereich der Meister.[29]

Technisch wie organisatorisch der "Fachmann schlechthin" (Weltz 1964), war auf den Werkmeister auch die Fach- und Personalführung konzentriert. Anlernung, Ausbildung und Fachaufsicht oblagen ihm ebenso wie die Beurteilung, Bewertung und Kontrolle der Arbeitsleistung und des Verhaltens der unterstellten Arbeitskräfte. Mit weitreichenden disziplinarischen Vollmachten, dem Recht zur Einstellung und Entlassung von Mitarbeitern und der Kompetenz zur Definition von Leistungsstandards, von Akkordzeiten, Stücklöhnen oder Tagespensen versehen, trat dieser Universalmeister den Arbeitskräften gegenüber (vgl. u.a. Schmiede/Schudlich 1981, Daenzer 1961). In gewisser Weise monopolisierte dieser Typus in fast allen Bereichen die wichtigen Dispositions- und Entscheidungsbefugnisse. Sicherlich übten die Werkmeister die besagten Funktionen nicht allein und den heutigen Vorstellungen einer systematischen Arbeitsweise gemäß aus. Viele Aufgaben überließen sie der selbständigen Regulierung der ihnen unterstellten Arbeitskräfte, und ihr Arbeitsverständnis und ihre Arbeitsweise waren noch sehr stark handwerklichen Traditionen verhaf-

---

28 Vgl. zu frühen Formen des Meistereinsatzes im Manufaktur- und Verlagswesen und in der sich entfaltenden industriellen Produktion u.a. Aehnelt 1982, Edwards 1981, Kocka 1969, 1981, Lappe 1986a, Littler 1982, Schmiede/Schudlich 1981, Thompson 1983.

29 Vgl. hierzu u.a. Aufschnaiter 1968, Barnes 1968, Croner 1962, Daenzer 1961, Fröhner/Wiesner 1980, Schildberger 1937, Siepe 1968, Weltz 1964.

tet. Die technisch-organisatorische Leitung wie Personalführung waren bestimmt durch Erfahrung, Schätzwerte und Improvisation (vgl. u.a. Aufschnaiter 1968, Croner 1954, Hoffmann 1962).

Bis ins 20. Jahrhundert hinein war der Betrieb, um einen Begriff Radkaus (1989) aufzugreifen, eine Ansammlung "selbständiger Meisterrepubliken". Die Werkmeister, innerhalb der Hierarchie weithin das Zentrum des Produktionswissens, hatten gegenüber höheren Ebenen eine recht starke Machtposition. Subalterne Weisungsempfänger waren sie nicht und in den Werkstätten, in denen sie als "Statthalter" (Briefs 1959b) des Unternehmers fungierten, waren sie die unmißverständliche Verkörperung des betrieblichen Macht- und Herrschaftsanspruchs; fachlich wie disziplinarisch implizierte die Meisterposition den "Anspruch grundsätzlicher Überlegenheit" (Weltz 1964, vgl. auch Kocka 1969).

Das Verhältnis zwischen Meister und Arbeiter war im Kern patriarchalisch strukturiert und kam der überkommenen Beziehung zwischen Meister und Geselle/Lehrling häufig näher als einem über den Arbeitsvertrag konstituierten "sachlichen" Führungsverhältnis. In dieser Beziehung reflektierten sich u.a. die Wert- und Normstrukturen und die traditionellen Autoritätserwartungen der ersten Industriearbeitergenerationen. Es war ein Verhältnis, das die Meister selbst verpflichtete und ihnen eine Verantwortung für "ihre" Arbeiter auferlegte und insofern eines, das "die Verbindung zwischen handwerklicher (und feudaler, Anm. d. Verf.) Tradition und industrieller Entwicklung" (Briefs 1959a, 53) herstellte. Befördert durch die weitgehende Handlungsautonomie der Werkmeister trug deren Führungsverhalten sehr häufig aber auch den Charakter einer despotischen Willkürherrschaft (vgl. etwa Edwards 1981, 34-46). Für die Arbeiter, so Kocka (1969, 225), galt meist der Spruch: "Meisters Wille ist Gottes Wille"; dem Universalmeister waren, wie Briefs (1959a) meint, die Züge eines "kleinen Paschas" eigen.

Die einschlägigen Analysen insbesondere der 50er und 60er Jahre arbeiten mit Blick auf diese, hier nur in groben Stichworten umrissene klassische Meisterwirtschaft Entwicklungstendenzen heraus, die, um mit Croner (1954) zu sprechen, einer Revolution gleichkommen. Diese Revolution steht wie erwähnt in einem engen Zusammenhang mit der Etablierung und Verbreitung von Formen der Großserien- und Massenproduktion und von Prinzipien industrieller Rationalisierung, die wir als tayloristisch-fordistisch gekennzeichnet haben.[30] Worauf die Meisterstudien aufmerksam machen, ist eine dramatische Erosion des Aufgaben- und Kompetenzprofils und eine deutliche Minderung des betrieblichen Status des Meisters. Sie zeigen

---

30 Bereits in der Zeit der Weimarer Republik, wo die industrielle Massenfertigung erstmals in größerem Stil Fuß fassen konnte, fanden die Taylorschen Prinzipien der Trennung zwischen Planung und Ausführung sowie Arbeits- und Zeitstudien allmählich Eingang in die Betriebe, während eine Umgestaltung der Produktion analog dem Fordschen Vorbild eher selten konsequent gelang (vgl. Radkau 1989, Freyberg 1989). Aufsetzend auf den im Zeichen der nationalsozialistischen Wirtschafts- und Rüstungspolitik stehenden Modernisierungsschub (vgl. Abelshauser 1983), haben Massenproduktion und die damit verbundenen technisch-organisatorischen Prinzipien vor allem in der Nachkriegszeit eine herausragende Bedeutung erlangt. In dieser Zeit, in die ja ein großer Teil der Meisterstudien fallen, erhalten denn auch viele Unternehmen erst ein "modernes" Gepräge (vgl. Kern 1979, Radkau 1989).

auf, daß der Prozeß industrieller Rationalisierung den traditionellen Werkmeister in die Krise und zur Herausbildung einer Form des Meistereinsatzes führt, die wir als tayloristisch kennzeichnen. Dieser Prozeß bereitet sozusagen einem Industriemeister den Weg, dessen fachliche wie hierarchische Autoritätsgrundlage labil ist und der sich als ein problematischer, gefährdeter Vorgesetztentypus erweist. Die Meisterkrise begleitet den "Siegeszug" der Massenproduktion und beinhaltet im Kern den Untergang der Meisterwirtschaft und die Herausbildung "des" Massenproduktionsmeisters. Die hauptsächlichen Veränderungslinien und die Merkmale des taylorisierten Meisters, wie sie die Meisterdebatte herausgearbeitet hat, seien im folgenden grob typisierend und unter Absehung von vielen Differenzierungen zusammengefaßt.[31]

Die einschlägige Literatur macht im Kern auf zwei miteinander verwobene Prozesse aufmerksam: Danach läßt sich die Geschichte der "Demontage" der Meisterwirtschaft zunächst als ein Prozeß der funktionalen "Auflösung der Werkmeisterfunktion" (Croner 1954) und der Zentralisierung wichtiger Funktionen und Kompetenzen beschreiben. Es ist dies das Ergebnis einer Rationalisierung, die sich weitgehend der organisatorischen Gestaltungsprinzipien und der Methoden der wissenschaftlichen Betriebsführung bediente. Ergänzt und überformt wird dieser auf der (u.a. durch Fayol modifizierten) Taylorschen Betriebskritik fußende Prozeß organisatorischer Rationalisierung durch eine an die Fordsche Produktionskritik anknüpfende Gestaltung und Technisierung von Produktionsabläufen. Beides zusammen prägt die Veränderung der Meisterfunktion in den Großbetrieben der Massenproduktion und bereitete dem klassischen Werkmeister ein Ende. Es handelt sich um einen Prozeß, den man in Anlehnung an Wray (1949) als einen der "Marginalisierung" einer Figur fassen kann, die ehedem gewissermaßen das Rückgrat der Betriebsorganisation bildete. Dem Meister der großbetrieblichen Massenproduktion gehen mit anderen Worten Stück für Stück Aufgaben und Kompetenzen verloren, die für den klassischen Werkmeister konstitutiv waren.

Allem voran ist die Krise des "ganzheitlichen" Aufgaben- und Kompetenzprofils und der herausgehobenen Stellung des Meisters die Folge der praktischen Wirksamkeit einer Rationalisierung der Betriebsorganisation, die sich als sukzessive Vertiefung der horizontalen und vertikalen Arbeitsteilung, als Prozeß der funktionalen Differenzierung und Zentralisierung und als schrittweise Formalisierung und Bürokratisierung betrieblicher Kooperationsbeziehungen beschreiben läßt.

---

31 Mit der Betonung der groben Linien sind zwangsläufig Zuspitzungen verbunden, die bei differenzierterer Betrachtung - die wir hier allein schon um diese Arbeit nicht zu sprengen nicht leisten können - zu relativieren wären. Letztlich kennt das, was wir mit dem Begriff "Taylorisierung" bzw. "tayloristischem" Meistereinsatz belegen, in der Realität vielfältige Schattierungen, und in so mancher Frage haben sich Meister trotz des formalen Entzugs an Zuständigkeiten und Entscheidungsbefugnissen einigen Einfluß bewahrt (ein kleines Beispiel dafür könnte die Eingruppierungspraxis abgeben; vgl. dazu Jauch/Schmidt 1995).

Als Zentrum der Produktionsleitung tritt der Meister in dem Maße ab, wie Funktionen der Planung, Vorbereitung und Steuerung und andere "indirekte" Aufgabenfelder von den "direkten", auf die Ausführung konzentrierten Produktionsfunktionen abgetrennt werden, d.h. wie sich der Aufbau und die Ausdifferenzierung einer Funktionalorganisation - von organisatorisch gesonderten Stabsabteilungen und indirekten Bereichen, die der "eigentlichen" Produktion vor- bzw. nachgelagert oder übergeordnet sind - durchsetzt. Diese als Ablösung der Meister- durch die "Stabsstellen-" oder "Ingenieurswirtschaft" (Bahrdt 1958, Croner 1954, Weltz 1964) bezeichnete Entwicklung treibt zum einen eine funktionale Arbeitsteilung auf der Meisterebene voran. Mit der Abtrennung der Wartung und Instandhaltung, der Qualitätskontrolle etc. von der Produktion und dem Aufbau entsprechender betrieblicher "Fach"abteilungen löst sich der Universalmeister bildlich gesprochen in unterschiedliche "Funktionsmeister" (Produktions- und Instandhaltungsmeister, Meister der Qualitätskontrolle, Ausbildungsmeister etc.) auf. Zum anderen werden wesentliche organisatorische bzw. prozeßbezogene Funktionen und Kompetenzen zentralisiert, d.h. auf übergeordnete produktionsnahe indirekte Bereiche bzw. Stäbe übertragen. Es ist insbesondere die Etablierung der Arbeitsvorbereitung, in der das Prinzip der Trennung von Planung und Ausführung und damit auch der Bruch mit der alten "Meisterherrschaft" zum Ausdruck kommt.[32] Die unter diesem allgemeinen Begriff subsumierbaren, betrieblich in unterschiedlicher Weise ausdifferenzierten Fachabteilungen verdrängen den Meister als denjenigen, der die Strukturen, Prozesse und Arbeitsweisen in den Produktionsabteilungen bestimmt. Die Abteilungen der Fabrik- und Betriebsmittelplanung, der Arbeitsplanung und Zeitwirtschaft, der Produktionsplanung und -steuerung stehen für die Entfaltung eines komplexen zentralistischen Systems der Gestaltung, Steuerung und Kontrolle der "direkten" Produktionsbereiche, durch das die Meister einen Großteil ihrer ehemaligen technisch-organisatorischen Funktionen bzw. Handlungs- und Entscheidungsfreiheiten verloren haben. Die Grundstrukturen der Arbeitsorganisation, die Fertigungsverfahren, die technische Ausstattung der Werkstätten, die sachliche, kapazitive und zeitliche Planung und Koordinierung der Arbeitsprozesse, die Personalplanung, die Fertigungsvorbereitung im engeren Sinne etc.: All dies fällt im "rationalisierten Betrieb" nicht mehr in den Zuständigkeits- und Entscheidungsbereich eines Meisters. Dem "Anweisungsbereich eines Meisters völlig entzogen" ist, wie Bahrdt (1958, 31) es knapp zusammenfaßt, "welche Arbeitsplätze besetzt sind, was an einem Arbeitsplatz getan wird, welche Stückzahl in einer bestimmten Zeit an einem bestimmten Platz erreicht werden soll". Der Meister ist nicht mehr derjenige, der in technisch-organisatorischen Dingen entscheidet, sondern derjenige, der umsetzt, ausführt und kontrolliert, was die technische Bürokratie geplant und entschieden hat. Im Zuge der

[32] Vgl. u.a. Amsler 1969, Aufschnaiter 1968, Croner 1954, Daenzer 1961, Dauner 1955, Lepsius/Lütge 1954, Siepe 1968, Weltz 1964, Wiedemann 1964; vgl. auch Aehnelt 1982, Weyrich 1984, Bayer 1985.

tayloristischen Reorganisation der Betriebe verlagert sich das Zentrum der Planung, Organisation und Steuerung der Produktion letztlich aus den Werkstätten heraus auf höheren Ebenen der Hierarchie, wird die ehemals dezentral und empirisch gehaltene Gestaltung des Arbeitsprozesses zu einer institutionalisierten Stabsfunktion. Nicht mehr die Meister, die arbeitsvorbereitenden Abteilungen sind jetzt der "Kopf" der Produktion.

Bereits in den 30er Jahren hat Briefs (1959b, 44) diese Veränderungen in einem Bild eindrücklich zugespitzt: "Der Arbeiter dreht sich gleich einem Rade in der einheitlichen Maschinerie des Betriebes ... zugleich aber hängen alle diese »Menschenräder« (über die »organisatorische Transmission« des Funktionsmeister-, Zettel- usw. Wesens) allesamt an der gemeinsamen »Triebwelle« des Arbeitsbüros".

Die Spezialisten der übergeordneten Fachabteilungen, die Ingenieure und Techniker, die die Profiteure und die Betreiber dieser Art der betrieblichen Modernisierung sind, verkörpern nun den technisch-organisatorischen Sachverstand schlechthin. Ein Sachverstand, der kaum mehr etwas mit dem erfahrungsgeleiteten Wissen und der empirisch-praktischen Herangehensweise der Meister gemein hat. Diese Experten tragen nicht unwesentlich zu einer Formalisierung der betrieblichen Kooperations- und Kommunikationsstrukturen bei, die die Autonomie der Meister jenseits des Entzugs relevanter Kompetenzen weiter beschränkt (vgl. insb. Weltz 1964).

Gemeint sind damit Tendenzen einer systematischen Festschreibung der Rechte und Pflichten einzelner betrieblicher Positionen, der Weisungsbefugnisse und -abhängigkeiten, der formalen Fixierung der Kooperationsbeziehungen - der Dienstwege-, der Festlegung und Systematisierung von Verfahrensregeln (z.B. Regeln der schriftlichen Information, Beschwerdeverfahren etc.) und von konkreten Arbeitsweisen bzw. Arbeitsvollzügen (z.B. über Arbeits- bzw. Fertigungspläne, Qualitäts-, Sicherheitsvorschriften).

Der Meister neuen Typs, der kaum mehr etwas mit dem alten "Techniker und Organisator" der Produktion gemein hat, ist auch nicht mehr der alles beherrschende Vorgesetzte. So wie im Bereich technisch-organisatorischer Aufgaben durch die Arbeitsvorbereitung, sind ihm im Hinblick auf die Personalführung u.a. durch den Auf- und Ausbau des betrieblichen Personalwesens, durch die Zentralisierung von Kompetenzen innerhalb einer sich ausdifferenzierenden Hierarchie und durch die Verregelung und institutionelle Befestigung der Arbeitsbeziehungen wesentliche Kompetenzen entzogen worden.

Der Produktionsmeister bleibt zwar der untere Vorgesetzte in der Produktion, besondere disziplinarische Entscheidungsbefugnisse etwa im Hinblick auf die Einstellung und Entlassung von Mitarbeitern oder relevante Sanktionsmittel, über die er nach eigenem Ermessen verfügen kann, besitzt er aber nicht mehr. Wesentliche disziplinarische Kompetenzen halten nun höhere Ebenen bzw. das Personalwesen inne und der Meister selbst ist auf ein Regelwerk etablierter Disziplinarordnungen und -verfahren verpflichtet (vgl. Aufschnaiter 1968, Bahrdt 1958, Dauner 1955, Lepsius/ Lütge 1954, Weltz 1964). Auch die traditionelle meisterorientierte Lohnpolitik wird durch die genannten Entwicklungstendenzen untergraben.

Dabei sind es nicht nur die Tarifverbände, die Personalabteilungen und Betriebsräte und entsprechende Aushandlungsprozesse bzw. Verhandlungsergebnisse (Tarifverträge, Betriebsvereinbarungen), die anstelle der Meister nun die Lohnsituation der Beschäftigten (über Eingruppierungsrichtlinien und -verfahren, Leistungslohnsysteme und entsprechende Bewertungsverfahren etc.) prägen. Es sind vor allem auch die Abteilungen der Zeit- oder Arbeitswirtschaft, die nun auf der Basis "anerkannter" Methoden (Refa, MTM etc.) die Leistungsstandards (Normalleistung) definieren, die Arbeitsstudien durchführen und Vorgabezeiten, Akkordsätze etc. ermitteln und die die Einhaltung von Leistungsvorgaben kontrollieren (vgl. u.a. Amsler 1969) und damit den traditionellen lohnpolitischen Einfluß des Meisters minimieren.

Die skizzierte Engführung der Meisterfunktion durch die organisatorischen Umwälzungen wird im Gefolge einer, die fordistischen Prinzipien der Produktionsstrukturierung und Technisierung integrierenden Rationalisierung in gewisser Weise radikalisiert. Soweit sich Rationalisierung auf eine Umsetzung tayloristischer Organisationsprinzipien konzentrierte, bedurfte die praktische Transformation der Planung der technischen Bürokratie in der Produktion Überbrückungs-, Ergänzungs- und Interpretationsleistungen durch eine mit den konkreten Werkstattgegebenheiten vertrauten Stelle. Der zunächst nur im Plan vorliegende, von Hindernissen freie Arbeitsprozeß muß hier durch personelle Vermittlungsleistungen in einen konkreten Arbeitsprozeß umgesetzt werden - und hier sind die Meister dann weiterhin gefordert. (vgl. Lepsius/Lütge 1954). Im Rahmen eines auf Fließfertigung, technischer Vernetzung und produktspezifischer Automation ausgerichteten Produktionssystems werden solche organisatorischen Vermittlungsnotwendigkeiten zurückgedrängt; Koordination wird hier sukzessive technisch objektiviert.

In die technisch integrierten Produktionssysteme (Fließbänder, automatisierte Großanlagen etc.) sind mit anderen Worten die wesentlichen Parameter des Produktionsablaufs und der einzelnen Arbeits"stationen" "eingebaut". Den Arbeitskräften vermittelt sich die Arbeitsaufgabe wesentlich über die konkrete Funktionsweise eines technischen Systems, sie bedarf keiner permanenten Neudefinition in Form planender oder vorbereitender Tätigkeiten. Der einzelne Arbeitsvollzug wird nach einer kurzen Anlernphase sinnfällig durch die Maschinerie selbst vermittelt und bedarf keiner gesonderten Organisationsleistung der Meister mehr (vgl. Bahrdt 1958, Studienkreis 1964). Fertigungsnahe Koordination geschieht sozusagen vorgängig, bei der Festlegung der technischen Struktur des dem Meister unterstellten Fertigungsabschnitts.

Im Kern reduzieren sich damit die technisch-organisatorischen Aufgaben des Meisters auf die Überwachung einer technisch integrierten Produktion und die Sicherstellung eines kontinuierlichen Produktionsablaufs (vgl. u.a. Aufschnaiter 1968, Bahrdt 1958, Studienkreis 1964). Obwohl wesentliche Elemente des Produktionsprozesses also nicht mehr die Handschrift des Meisters tragen, bleibt er doch für die Produktion verantwortlich. Und diese Verantwortung wiegt angesichts der Kostenintensität und der gravierenden Folgeeffekte selbst kleiner Prozeßstörungen schwerer denn je.

Zur Hauptaufgabe des "modernen" (Massen-)Produktionsmeisters wird es, prozeßbeeinträchtigende Kontingenzen innerhalb seines eng definierten Verantwortungsbereichs zu regulieren bzw. zu bewältigen. Überall dort - und dies kennzeichnet die

Modifikation oder Radikalisierung der "Transformationsleistung" - wo im Normallauf der Produktion Probleme auftreten, die nicht ex ante durch Stäbe berechenbar, sondern nur im nachhinein zu bewältigen sind, sind die Meister als werkstattinterne Koordinatoren gefordert (Maschinen- und Anlagenstörungen, Probleme in der Materialversorgung, Inbetriebnahme von Anlagen etc.) (vgl. Bahrdt 1958, Studienkreis 1964).

"Jedoch ist es in der Regel nicht der Meister, der diese Situationen »meistert«, sondern der Spezialist. Der Meister ist lediglich ein Assistent des Spezialisten, freilich ein unentbehrlicher, weil er den Überblick über den Betrieb hat, der dem Spezialisten fehlt." (Bahrdt 1958, 30) (vgl. auch Mohr 1964, 31; Claessens u.a. 1960, 98; Weltz 1964, 12)

Im Normalverlauf der Produktion dagegen kommt den Meistern kaum mehr eine Steuerungsfunktion zu. So transformiert sich beispielsweise die Aufgabe der Arbeitsverteilung in eine der Verteilung von Arbeitskräften auf feststehende Arbeitsstationen in einem technisch integrierten, standardisierten Fertigungsgefüge. Durch vorgelagerte Stellen und die technische Struktur weitgehend strukturiert, liegt der Schwerpunkt auch der Steuerung des Personaleinsatzes in der Bewältigung problematischer Situationen (kurzfristige Personalengpässe durch Krankheit, Unfälle etc.; Studienkreis 1961, Siepe 1968, Fuhrmann 1971). Eine fachliche Anleitung und die Durchsetzung bzw. Kontrolle leistungsbezogener Standards seitens der Meister ist ebenfalls kaum mehr erforderlich.

In tayloristischen Arbeitsstrukturen bedarf es nurmehr eines kurzen Anlernens und die technischen Systeme minimieren den "Spielraum für »Anweisungen«. Was zu tun ist, weiß der Arbeiter selbst, es ergibt sich aus den Gesetzlichkeiten der technischen Anlage. Wie er es tut, wird entweder durch automatische Schreibgeräte kontrolliert oder braucht überhaupt nicht kontrolliert zu werden, denn jeder Fehler würde zu einer allgemein sichtbaren Störung führen. Zur Ermahnung und Belehrung ist - außer in der Anlernzeit - wenig Gelegenheit." (Bahrdt 1958, 29f.) Die Maschinen, so Landwehrmann (1970, 79), laufen "selbsttätig, niemand braucht sie nach den Anweisungen seiner Vorgesetzten zu bedienen"; die Arbeit liegt fest und braucht "nicht mehr gesondert angeordnet" zu werden. Der "künstliche Arbeitsführer" übernimmt auch die "unmittelbare Aufsicht über die Arbeitsleistung" (Lepsius 1960, 34), d.h. die Technik selbst diszipliniert, sie determiniert nun anstelle des Meisters die Arbeitsvollzüge und die Leistungsverausgabung der Produktionsarbeit (vgl. hierzu Landwehrmann 1970, Fuhrmann 1971, Mohr 1964, Studienkreis 1964, Arlt 1961).

Auch im Hinblick auf das unterstellte Personal besteht also in der zunehmend technisch mediatisierten Produktion die Hauptaufgabe des Meisters darin, einen reibungslosen Fertigungsprozeß sicherzustellen, und das heißt insbesondere, auftretende Probleme und Störungen zu bewältigen. Er ist in jeder Hinsicht stets gefordert, wenn im standardisierten und routinisierten Arbeitsprozeß Situationen auftreten, die nicht routinisiert, die Ausnahmesituationen sind. Die "Tücken des Objektes", so Dauner (1955, 13), sind sein hauptsächliches Metier.

In diesem Zusammenhang gewinnt der Meister in seiner Eigenschaft als Knotenpunkt des formalisierten betrieblichen Informationsflusses an Bedeutung. Insbesondere durch die funktionale Differenzierung und die wechselseitige Abhängigkeit technisch vernetzter Teilprozesse werden Informations- und Kommunikationsprozesse zu einem entscheidenden Medium der Integration der

Teilbereiche und der Sicherung des Gesamtprozesses. Die Meister sind dabei vor allem eine Schaltstelle der Versorgung vorgelagerter Stellen mit wichtigen werkstattspezifischen Informationen (Vgl. u.a. Siepe 1968, 114ff.). Die Meisterposition verwandelt sich quasi zu einer produktionsnahen Verwaltungsstelle; dem Meister werden "bürokratische Pflichten" (Bahrdt 1958, 30), Serviceaufgaben für die Vorgesetzten und indirekten Bereiche auferlegt (Aufbereitung von Personalunterlagen wie Urlaubs-, Krankmeldungen, Personalstatistiken, Dokumentation von Produktionskennziffern, Ausschußzahlen etc.; vgl. Lepsius/Lütge 1954, 25f.).

Der Meister neuen Typs deckt letztlich all jene Aufgaben ab, die nicht umstandslos aus den Fertigungsbereichen abgezogen und höheren, produktionsferneren Stellen übertragen, oder in die technischen Systeme eingeschrieben werden können. Im Gefolge einer am Leitbild des Taylorismus-Fordismus orientierten Rationalisierung in den Massenproduktionsbetrieben ist so aus dem einst weitgehend autonomen Produktionsleiter ein unterer Vorgesetzter geworden, der gewissermaßen die letzte Sicherung der Hierarchie in einem organisatorisch und technisch weitgehend determinierten und integrierten Produktionsgeschehen abgibt. Er steht in der Verantwortung für einen reibungslosen Produktionsablauf und muß bei technischen und organisatorischen Problemen wie bei Schwierigkeiten im Personaleinsatz koordinativ, unterstützend und beratend eingreifen. Bahrdt (1967), der diesen neuen Vorgesetztentypus begrifflich auf den Punkt gebracht hat, spricht vom "Spezialist der Unspezialisiertheit", der für die besonderen, abseits des Routinelaufs der Produktion liegenden Situationen zuständig ist. Aus dem Vorgesetzten wird der Tendenz nach ein "Berater", der in allen Nichtroutinesituationen als profunder Kenner der Werkstattgegebenheiten den Spezialisten - den unterstellten Mitarbeitern wie den Experten der diversen Stäbe und indirekten Bereiche - zur Seite steht. Als letzte Sicherung dient er auch im Hinblick auf die soziale Integration der Produktionsbelegschaften, denn die Gewährleistung der Motivation und freiwilligen Kooperationsbereitschaft der Mitarbeiter, die Vermittlung zwischen den "Produktionserfordernissen" und dem sozialen Eigensinn der Produktionsarbeit bleibt eine weder umfassend zentralisierbare noch technisch objektivierbare Notwendigkeit.

Damit, so haben es Lepsius/Lütge (1954, 52) formuliert, aus dem "organisatorischen Zusammenschluß" von Menschen ein "kooperierendes soziales Gebilde wird, bedarf es der individuellen Anpassung" und einer Beeinflussung der sozialen Beziehungen und hierbei spielt der Meister eine "entscheidende Rolle".

Neben seiner Funktion als "Spezialist der Unspezialisiertheit" verbleibt dem Meister mithin eine wichtige "soziale Funktion". Aus dem traditionellen Disziplinarvorgesetzten der befiehlt und vormacht, wird der Mittler und "Menschenführer", der pädagogisch bzw. psychologisch möglichst geschickt "führt" und berät (Lepsius 1960).[33]

---

[33] Vgl. u.a. Croner 1962, Lepsius/Lütge 1954, Ghiselli/Lodahl 1958, Atteslander 1959, Weltz 1964; zur angelsächsischen Diskussion vgl. exemplarisch Roehtlisberger 1945, Whyte/Gardner 1945, Foa 1955. Er bleibt dies zumindest solange, wie ausführende Arbeit im

Mit der Neuausrichtung seines Aufgaben- und Kompetenzprofils verändert sich die betriebliche Position des Meisters grundlegend. Sie wird in vielerlei Hinsicht eigentümlich prekär. Zwar bleibt der Meister auf der einen Seite trotz des skizzierten Funktions- und Kompetenzverlustes innerbetrieblich weiterhin eine wichtige Figur. Er kann aufgrund seiner spezifischen Kenntnis der technisch-organisatorischen wie personellen Besonderheiten in seinem Verantwortungsbereich und als Spezialist für die Regulierung von Ausnahmesituationen in begrenztem Umfang einen gewissen eigenen Expertenstatus bzw. "Sachautorität" (Weltz 1964) gegenüber der technischen Administration bzw. höheren Instanzen wie den Mitarbeitern gewinnen. Und innerhalb der Hierarchie sind sie diejenigen, die qua Herkunft und langer Zugehörigkeit zur Arbeiterschaft prädestiniert sind zur Ausfüllung der besagten "sozialen Funktion". Sie sind intime Kenner der Denk- und Verhaltensweisen ihrer Untergebenen und vertraut mit dem Dickicht an ungeschriebenen Regeln, Normen und Beziehungen in den Werkstätten, die anderen betrieblichen Entscheidungsträgern häufig bereits aufgrund einer andersartigen beruflichen Sozialisation fremd bleiben.

Integration und Vermittlung zwischen "oben" und "unten" kann dieser Meister umso mehr gewährleisten, als er durch den Kompetenzverlust zugleich strukturell von wesentlichen Konflikten entlastet wird. Zahlreiche Konflikte, die sich z.B. an der Entlohnung, den Arbeitsbedingungen oder an disziplinarischen Maßnahmen entzünden können, werden nicht mehr durch den Meister "ausgetragen"; "sie werden an die zuständigen Stellen überwiesen, z.B. an den Betriebsrat, das Personalbüro, die höheren Vorgesetzten. Der unmittelbare Vorgesetzte wird dabei zum Vermittler, nicht so sehr zur Partei in einem Konflikt" (Lepsius 1960, 30).

Auf der anderen Seite aber hat dieser neue Vorgesetztentypus im Vergleich zum traditionellen Werkmeister erheblich an Status verloren und ist in eine problematische Zwischenstellung geraten. Aus dem "Statthalter" des Unternehmers ist im Zuge der funktionalen und hierarchischen Ausdifferenzierung der Betriebsorganisation eine nachgeordnete Führungskraft geworden, eine subalterne "Außenstelle der Betriebsbürokratie" (Lepsius 1960). In der bürokratisch-zentralistischen Organisation stellt der Meister das letzte Glied einer langen Kette von Führungspositionen dar, das nicht nur in eine deutliche Distanz zur Betriebsleitung (vgl. insb. Lepsius/Lütge 1954, 111-128), sondern, zugespitzt formuliert, zwischen alle Stühle geraten ist und entsprechend vielfältigen Einflußnahmen von Vorgesetzten und Experten der Stabsabteilungen und indirekten Bereiche unterliegt. Zwischen Planung und

---

klassischen Sinne infolge der Automatisierung nicht ganz aus dem Arbeitsprozeß verdrängt wird. Verbleiben in der industriellen Produktion nurmehr Überwacher und Regulatoren automatisierter Anlagen, dann, so die gängige These der damaligen Studien, verschwindet der Meister entweder ganz, oder er wird zum bloßen Überwacher integrierter Produktionssysteme. Im "Endstadium der Entwicklung", im "vollautomatisierten Produktionsbetrieb", wird der Meister laut Fuhrmann (1971), zu einem "Betriebsmechaniker neuen Stils" ohne Führungsfunktion. "Die Aufgaben der Arbeiter übernimmt die Anlage. Damit werden die Untergebenen des Meisters freigesetzt. Der Meister wird zum Anlagenaufseher." (Landwehrmann 1970, 126)

Ausführung, Management und Produktionsarbeit stehend, von letzterer gesondert aber doch auch nicht völlig dem Management zugehörig, bewegt sich der Meister in einer "sozialen Grenzsituation" (Lepsius/Lütge 1954) und nimmt eine eigentümlich unbestimmte Position ein; eine Position die "weder unten noch oben" und "verkannt von oben und unten" (Arlt 1961, 18f.) ist. Er ist, so die klassische Formulierung von Roethlisberger (1945, 284), der "go-betweener", den nicht nur von den Kompetenzen her gesehen, sondern auch sozial und qualifikatorisch einiges von den unmittelbaren Vorgesetzten und den verschiedenen betrieblichen Experten trennt und der sich zugleich sichtbar von der Arbeiterschaft entfernt hat.

Die prekäre Lage dieser Meister ist insbesondere durch ein Verantwortungs-Kompetenz-Dilemma, d.h. dadurch bestimmt, daß sie einerseits für alle Vorgänge in ihrem Bereich unmittelbar verantwortlich sind, aber andererseits doch kaum mehr Gestaltungsmacht und Durchsetzungschancen besitzen, um das, wofür sie Verantwortung tragen, in relevanter Weise zu beeinflussen. Sie sind vielmehr der Brennpunkt, in dem die Vorgaben und Ansprüche verschiedenster externer Stellen - von Vorgesetzten wie von quasi weisungsbefugten Experten der diversen Abteilungen der Industrieverwaltung - zusammenlaufen, und sie müssen mit unterschiedlichsten und sich zum Teil widersprechenden Gestaltungs- und Eingriffsversuchen vorgelagerter Stellen zurecht kommen. Angesichts der Ungleichverteilung von Kompetenzen und des geballten, über die besondere Sachverständigkeit legitimierten Überlegenheitsanspruchs der Experten läßt sich deren Anforderungen und Eingriffen seitens der Meister nur schwer etwas entgegensetzen. Sie stehen für die Realisierung der vielfältigen Vorgaben, Planzahlen, Kostenprogramme, Innovationen etc. gerade, ohne hierfür zugleich über ausreichende eigene Handlungsspielräume zu verfügen (vgl. u.a. Hofer 1961, Mohr 1964).

Informieren, vorschlagen, weiterleiten - dies sind Kompetenzen, die die eher passiven und reaktiven Wirkungsmöglichkeiten des Meisters umschreiben. Bestenfalls kann er noch beratend an der Entscheidungsfindung anderer Organe mitwirken. Aus dem Befehlenden ist der Befehlsempfänger, aus dem Gestalter der Überwacher und Regulierer feststehender Größen geworden.

Die Meister, die immer darum bemüht sein müssen, unter Berücksichtigung zentraler Parameter (Mengen-, Zeit-, Qualitätsvorgaben etc.) eine kontinuierliche Produktion aufrechtzuerhalten - schließlich werden sie seitens ihrer Vorgesetzten gerade daran gemessen -, sehen sich diesbezüglich immer latent gefährdet durch das Innovationsstreben und die Eingriffsversuche werkstattexterner Experten. Es besteht anders formuliert ein quasi institutionell verankertes Spannungsverhältnis zwischen den Meistern und den Experten der technischen Büros, in dem erstere eine strukturell bedingt benachteiligte Position einnehmen.

Sein Nährboden ist der Widerspruch zwischen Plan und Realität bzw. Theorie und Praxis, sind die unterschiedlichen Interessen und Sichtweisen der betrieblichen Akteure hinsichtlich des Produktionsprozesses. Im Gegensatz zu den Stäben etwa richtet sich das primäre Interesse der Meister auf eine Konservierung einmal bewährter Strukturen und Abläufe. Je stabiler die Bedingungen in der Fertigung, d.h. auch, je geringer die modifizierenden Eingriffe werkstattexterner Stellen, desto eher sind sie in der Lage, zentralen Produktionsanforderungen gerecht zu werden. Die Stäbe sind demgegenüber sehr stark Optimierungskalkülen verpflichtet und legitimieren sich u.a. über Innovationen, über das Aufdecken von Schwachstellen, kurz über eine Rationalisierung des Produktionsbereichs (vgl. Dauner 1955, 61ff.). Die betrieblichen Rationalisierungsexperten verändern also immer wieder die Rahmenbedingungen der Arbeit von Meistern und sie sind zugleich, indem sie Problemzonen der Werkstätten zu definieren und "aufzudecken" suchen, sozusagen die beständigen Kritiker der bestehenden Werkstattverhältnisse und damit auch der Arbeit der unteren Vorgesetzten. Die Meister finden sich faktisch in einer Position mit großer Angriffsfläche wieder. Ohne ernstzunehmenden Einfluß auf die Planungen und Entscheidungen übergeordneter Stellen, ohne große Spielräume zur eigenständigen Entscheidung in der Realisierung gesetzter Ziele und doch für alles letztlich verantwortlich, stehen die Produktionsmeister unter einem ständigen Legitimationsdruck gegenüber den Technikern, Ingenieuren und Betriebswirten, deren Fachkompetenz und Entscheidungen sie kaum ernsthaft in Zweifel ziehen können.

Deutlich relativiert hat sich schließlich auch die Position des Meisters gegenüber den unterstellten Arbeitskräften. Das breite Fundament, auf das sich die Macht und Autorität des klassischen Werkmeisters gründete, ist dem Meister des "rationalisierten Betriebs" größtenteils abhanden gekommen. Die beherrschende Stellung erodierte in dem Maße, wie dem Meister die autonome Verfügungsgewalt über wichtige Sanktionsmittel (Entlohnung, Einstellung, Entlassung etc.) entzogen und sein Einfluß auf deren Anwendung begrenzt wurde. Gewiß verfügt auch dieser Meister noch über gewisse Machtressourcen, aber seine Autorität qua Amt ist dennoch brüchig. Als Repräsentant des Betriebs hat er in begrenztem Umfang Einfluß auf die Arbeitssituation seiner Mitarbeiter, zentrale Dimensionen des Arbeitsverhältnisses werden aber nicht mehr durch ihn bestimmt; die Insignien von Macht und Einfluß halten - für die Untergebenen unmittelbar einsichtig - höhere Vorgesetzte und Stabsabteilungen in der Hand. Auf sie konzentriert sich die Definitionsmacht über die Arbeitsbedingungen, die Leistungsstandards, die Lohnbestimmung und die harten disziplinarischen Maßnahmen - und die Institutionalisierung der betrieblichen Interessenvertretung hat ein übriges zur Veränderung des Verhältnisses zwischen Meistern und Belegschaften beigetragen. Relevanter Machtressourcen entledigt, bleibt der Vorgesetzte von einer Belegschaft abhängig, deren Verhalten und Leistungsbereitschaft für den Produktionserfolg maßgeblich ist und die hinsichtlich seines Führungsverhaltens auf den Betriebsrat als einer kritischen Kontroll- und Beschwerdeinstanz zurückgreifen kann, die jederzeit und unter Umgehung des Meisters Zugang zu höheren Managementebenen hat (vgl. hierzu insb. Lepsius/Lütge 1954, 99ff.; Weltz 1964, 44f.).

Erschwerend kommt hinzu, daß auch der zweite Pfeiler seiner Autorität, seine besondere Fachkompetenz zusehends relativiert worden ist. Zum einen stellte der Übergang zum "Stabsstellenbetrieb" und, damit zusammenhängend, die wachsende Beschäftigung höherqualifizierter technischer Angestellter einen - auch für die Mitarbeiter in den Produktionsabteilungen alltäglich erfahrbaren - Bruch mit dem Bild vom Meister als "dem" betrieblichen Fachmann schlechthin dar. In der bürokratisch-zentralistischen Großorganisation gibt es tendenziell für alle wesentlichen Fragen

Spezialisten, die dem Meister fachlich nicht nur Konkurrenz machen, sondern ihn weithin sichtbar hinter sich lassen. Er bleibt bestenfalls - wir erinnern an den Bahrdtschen Begriff vom "Spezialist der Unspezialisiertheit" - ein nachgeordneter Fachmann unter vielen, dem keineswegs mehr jene frühere Aura prinzipieller Überlegenheit anhaftet. Seine Fachautorität ist zum anderen dadurch ständig der Gefahr einer Erosion ausgesetzt, daß er in einer hocharbeitsteiligen und technisch differenzierten Fertigung immer weniger alle Tätigkeiten und Maschinen unmittelbar "beherrschen" und etwas "vormachen", d.h. Fachkompetenz praktisch unter Beweis stellen kann und die Rationalisierung und Verwissenschaftlichung der Produktion eine entscheidende Basis seiner Fachkompetenz, sein betrieblich gewonnenes Erfahrungswissen, immer wieder angreift und veralten läßt.

Insgesamt gesehen führen die früheren Meisterstudien eindrücklich vor Augen, wie die Meisterwirtschaft im Großbetrieb der Massenproduktion den Rationalisierungsanstrengungen zum Opfer fällt und einer tayloristischen Form des Meistereinsatzes weicht. Der "Industriemeister[34] neuen Typs" (Hoffmann 1962), den sie in organisatorisch wie technisch besonders fortgeschrittenen Betrieben entdecken, ist nurmehr ein schwaches Abbild des alten Universalmeisters. Es handelt sich um einen entmachteten Vorgesetzten, der der Kontrolle verschiedener Instanzen - vom eigenen Vorgesetzten über die technische Verwaltung, die Personalabteilung bis hin zum Betriebsrat - unterworfen ist und der in seiner Arbeit die vielfältigen und häufig widersprüchlichen, von den Vorgesetzten und den übergeordneten betrieblichen Experten kommenden Vorgaben und Anforderungen und die artikulierten Interessen und Anforderungen der Mitarbeiter zu integrieren hat. Hier eingekeilt zwischen den Anforderungen der Linie und der Stäbe, dort im Spannungsfeld der Interessen von Betriebsleitung und Untergebenen markiert der taylorisierte Industriemeister eine ebenso wichtige wie auch kritische Position im Industriebetrieb (vgl. u.a. Roethlisberger 1945, 290ff.; Whyte/Gardner 1945; Flechter 1969; Holm 1970). Verantwortung ohne Gestaltungsmacht ist ihr Kennzeichen; von allen Seiten für die Werkstattverhältnisse verantwortlich gemacht, verfügt dieser Meister im idealtypischen Fall kaum mehr über die erforderlichen Ressourcen, den objektiven und subjektiven Momenten des Arbeitsprozesses seinen Stempel aufzudrücken.

---

[34] Der Begriff Industriemeister wird bezeichnenderweise erst in den 50er Jahren, im Zuge der skizzierten Veränderungen und der Systematisierung der Meisterausbildung, gebräuchlicher und verdrängt allmählich die Bezeichnung Werkmeister.

2.2 Die modifizierte Meisterwirtschaft

Die deutsche industrielle Entwicklung dieses Jahrhunderts geht nun aber, wir haben dies schon angemerkt, keineswegs in der Geschichte der Herausbildung und der "Landgewinne" eines Systems der großbetrieblich organisierten Massenproduktion auf. Sie ist auch und gerade die Geschichte des Überlebens und der Prosperität von "handwerklichen" Produktionsformen (vgl. u.a. Piore/Sabel 1989, Freyberg 1989, Radkau 1989). Vor allem in einem der zentralen Sektoren der bundesdeutschen Wirtschaft, der Investitionsgüterindustrie und dort insbesondere im Maschinenbau hat die auftragsgebundene Einzel- und Kleinserienfertigung ihre zentrale Bedeutung nie verloren. Dort haben sich, wie man historisch-sekundäranalytischen wie empirischen Arbeiten[35] immer wieder entnehmen kann, Verhältnisse gehalten, die sich schwerlich dem Bild einer radikalen Ablösung des "Meisterbetriebs" durch den "Stabsstellenbetrieb" subsumieren lassen. Die bisherige Entwicklung geht mit anderen Worten nicht in einer konsequenten Taylorisierung der unteren Vorgesetztenfunktion auf. Es gibt idealtypisch gesprochen eine zweite - allein schon gemessen am Gewicht des Maschinenbaus nicht unbedeutende - Realität, eine Form des Meistereinsatzes, die in manchem an historische Vorläufer erinnert.

Gewiß blieb auch der Maschinenbau trotz der besonderen Bedingungen nicht von Rationalisierungsansätzen frei, die sich am etablierten Grundverständnis orientieren. Im Gegenteil: Die Ingenieure, Techniker etc. - die "Portalsfiguren" (Croner 1962) der "herrschenden Lehre" - waren auch hier der "'historischen Mission' der Arbeitsvorbereitung, nämlich dem Ziel einer Verwissenschaftlichung der Fertigungstechnik und der Betriebsführung, um so eine effektivere Kontrolle des Managements über den Arbeitsprozeß zu ermöglichen" verpflichtet; d.h. als "Syndrom von Einstellungen, in dem sich positionsspezifische Interessen, technokratische Denkweisen und professionelles Expertenwissen unentwirrbar miteinander vermengen und wechselseitig stützen" (Hirsch-Kreinsen/Wolf 1987, 186), waren die etablierten Leitmaximen allemal präsent. Dennoch mußten sich die konkreten Konzepte und die Praxis der Rationalisierung aus der Perspektive der "reinen Lehre" im Ergebnis als sehr behelfsmäßig, inkonsistent und als ein widersprüchlicher Pragmatismus erweisen. Denn insgesamt gesehen brach sich die Übernahme der Prinzipien und Methoden perfekter Produktionsökonomie, wie sie zum Allgemeingut aller Rationalisie-

---

35 Zu historisch-sekundäranalytischen Arbeiten vgl. u.a. Aehnelt 1982, Aufschnaiter 1968, Croner 1954, Faensen 1935, Kocka 1969, Schildberger 1937, Siepe 1968, Siegrist 1981. Hinsichtlich empirischer Studien vgl. u.a. Amsler 1969, Arlt 1961, Atteslander 1959, Bahrdt 1958, Freund 1955, Landwehrmann 1965, 1970, Studienkreis 1961, 1964, Weltz 1964, Wiedemann 1964, Zumstein 1951. Vgl. auch die Hinweise in neueren Arbeiten, die sich mit der Einführung von computergestützten Produktionsplanungs- und -steuerungssystemen vor allem im Maschinenbau befaßt haben. So z.B. Brödner 1986, Hirsch-Kreinsen 1984, Hirsch-Kreinsen/Schultz-Wild 1986, Hildebrandt/Seltz 1989, Manske/Wobbe-Ohlenburg/Mickler 1984, Mickler 1983.

rungspraktiker gehörten, immer wieder vor allem an den durch die Marktverhältnisse gesetzten Bedingungen einer flexiblen Produktion.

Die besonderen Verhältnisse des Maschinenbaus sind mittlerweile in vielen Studien ausführlich behandelt worden und bedürfen daher keiner eingehenden Darlegung. Verwiesen sei hier nur auf den im Unterschied zur Situation klassischer Massenproduzenten hohen Stellenwert der Marktökonomie. Typisch ist hier der Betrieb, der bei einer hohen Weltmarktintegration auf z.T. hart umkämpften und instabilen Absatzmärkten agiert und für den die Zeit- (Lieferflexibilität, Termintreue) und Produktkonkurrenz - und damit die Produktinnovation - von großer Bedeutung sind. In dieser Branche ist, wie Brödner (1986) schreibt, der "Kunde König" und entsprechend sind Bestandserhalt und ökonomische Prosperität der Betriebe an ihre Fähigkeit gebunden, höchst flexibel und schnell auf Marktanforderungen zu reagieren. Die dem auftragsgebundenen Maschinenbaubetrieb sich aufdrängenden Effizienzparameter sind damit nicht allein Kostenreduktion oder Mengenleistung, sondern insbesondere Innovationsfähigkeit und maßgeschneiderte, qualitativ hochwertige "Problemlösungen" bei hoher Liefertreue und optimalen Serviceleistungen. All dies bedingt letztlich eine enge Anbindung des Produktionsprozesses an den Absatzmarkt, d.h. eine Situation, in der die »Variabilität der Nachfrage relativ unvermittelt auf den Fertigungsprozeß durchschlägt« (Hirsch-Kreinsen 1984). Damit sind den betrieblichen Formen der Strukturierung und Rationalisierung besondere Bedingungen gesetzt. Sie sind geprägt durch die Suche nach einer Balance zwischen der "Skylla der marktökonomischen Anforderungen an Zeit, Qualität und Lieferbereitschaft und der Charybdis produktionsökonomischer Forderungen nach verkürzten Durchlaufzeiten und verringerten Kosten" (Brödner 1986, 67).

Im Ergebnis der Anwendungsversuche der genannten Rationalisierungsprinzipien findet sich denn auch eine für diese Betriebe "typische zwitterhafte Produktionsstruktur": Sie sind "halb schon taylorisierte Fabrik, halb noch maschinisierte Werkstatt" (Brödner 1986, 44).

Die Standardisierung der Produktionsstrukturen und -abläufe blieb angesichts der kurzen Produktzyklen, kleinen Losgrößen und des auftragsgebundenen Charakters der Produktion zumeist ein frommer Wunsch; dem klassischen Fließfertigungssystem und einer fordistischen Technisierung (produktspezifische Einzweckmechanisierung und technische Vernetzung des Produktionsflusses) waren damit hartnäckige Widerstände entgegengestellt. Das vorherrschende Organisationsprinzip blieb in den Produktionsbereichen die verrichtungsorientierte Werkstättenfertigung und Mechanisierungs- bzw. Automatisierungsschritte bauten im Kern auf eine Fortentwicklung universeller einsetzbarer Produktionsmittel.[36]

Die technische Determination des Produktionsprozesses blieb insgesamt gesehen sehr beschränkt und auch der tayloristischen "Organisationsphilosophie" war nur begrenzt Erfolg beschieden. Gewiß haben im Maschinenbau Versuche eine lange Tradition, die horizontale und vertikale Arbeitsteilung voranzutreiben, eine klare Trennung zwischen Planung und Ausführung zu erreichen und die Facharbeit als Produktionsarbeit zurückzudrängen. Wenn schon nicht über den Weg der Technisierung, so schien eine zentralistische Determination des Werkstattgeschehens doch wenigstens über die Abspaltung der in der Arbeitsvorbereitung zusammengefaßten Aufgabenbereiche

---

36 Im Gegensatz zum scheinbar historischen Trend hin zur "gefügeartigen Kooperation" (Popitz u.a. 1957) dominierte im Maschinenbau jahrzehntelang in der Teilefertigung die Einzelarbeit an "Universalmaschinen" und in der Montage eine mehr oder weniger lose strukturierte Gruppenarbeit. Eine fordistische Rationalisierung scheiterte letztlich an den komplexen Prozeßeigenschaften.

und unter Anwendung der Methoden der wissenschaftlichen Betriebsführung möglich (Vgl. u.a. Wiedemann 1964, Manske/Wobbe-Ohlenburg/Mickler 1984, Hirsch-Kreinsen/Wolf 1987) - und in den formalen organisatorischen Strukturen, insbesondere in der Gestalt der Arbeitsvorbereitung, hat das etablierte Leitbild in mancherlei Hinsicht deutliche Spuren hinterlassen. Ein genauer Blick zeigt allerdings, daß bis weit in die 70er Jahre hinein das Ergebnis entsprechender Rationalisierungsanstrengungen trotzdem eher dürftig blieb. Letztlich blieb der Produktionsprozeß für die Betriebe ein schwer beherrschbares Problem. Eine weitreichende zentralistische Prozeßdetermination (Planung, Steuerung und Kontrolle) scheiterte regelmäßig an den "Grenzen der Modellbildung" bzw. an den alltäglichen Verwerfungen zwischen den 'aus dem Modell hergeleiteten Plänen und den tatsächlichen Arbeitsabläufen'(Brödner 1986, 81). Die in den arbeitsvorbereitenden Abteilungen erstellten Pläne dienten angesichts der vielschichtigen Störquellen im Produktionsalltag zumeist nur als grober Rahmen. Der Fertigungsverlauf selbst blieb weitgehend diskontinuierlich und einem engmaschigen Zugriff der Arbeitsvorbereitung verschlossen.[37]

Die tayloristischen Strategien zur "Offenlegung des Kerns des Arbeitsprozesses" (Manske 1987) haben real weit mehr zu einer faktischen, denn zu einer ideellen Verdoppelung des Arbeitsprozesses geführt: Ausgedehnte Arbeitsvorbereitungen und Facharbeit in der Produktion; zentrale Planungs-, Steuerungs- und Kontrollinstrumente und weitgehende Intransparenz des Werkstattgeschehens; Arbeits- und Terminplaner und Arbeitsverteiler in der zentralen Arbeitsvorbereitung (bzw. zusätzlich in werkstattgestützten Leitständen) einerseits und Formen der Meisterwirtschaft andererseits. Letztlich entstand ein unverhältnismäßig großer "Wasserkopf" an indirekt produktiven Bereichen, ohne daß Produktionsfacharbeit und Meisterwirtschaft wirklich abgeschafft worden wären.

Facharbeiter und Meister haben sich letztlich als zentrale Figuren im Produktionsgeschehen jahrzehntelang behaupten können. Trotz aller tayloristisch inspirierter Versuche sie zurückzudrängen, blieben sie die entscheidenden Akteure, die als "Brücke zum unverstandenen Produktionsprozeß" (Brödner 1986, 44) jenes Maß an Flexibilität garantierten und für jene Improvisationsleistungen sorgten, die zur Aufrechterhaltung der Produktion erforderlich waren. Die Produktionsarbeit behielt einen "spezifisch empirisch-experimentellen Gehalt" (Manske 1987, 171) und die Meister

37 In vielem beruht selbst die Arbeitsplanung im engeren Sinne nur auf "Faustregeln und Schätzung" (Brödner 1986, 44). Nicht nur, daß intensivste Arbeits- und Zeitstudien angesichts der doch großen Produkt- und Teilevielfalt an Grenzen des ökonomisch Sinnhaften stoßen; die Abstraktion von den Maschinenzuständen und Materialbesonderheiten schafft bei den geringen Losgrößen eben auch kaum zu überbrückende Lücken zwischen dem Versuch einer detailgenauen Determination der Arbeitsgänge und den realen Bedingungen vor Ort. Wo in der Großserienproduktion vor dem Hintergrund längerer Laufzeiten der Teilefertigung empirisch die besten Wege und Zeiten der Bearbeitung mehr oder weniger exakt ermittelbar sind, ist man in der Einzel- und Kleinserienfertigung auf Schätzverfahren zurückgeworfen. Und auch die Produktionsplanung- und -steuerung ist so komplex und mit Unwägbarkeiten konfrontiert, daß ein zentralistischer Zugriff immer wieder an Grenzen stößt und selbst die ausgefeiltesten Planvorgaben recht schnell zur Makulatur werden (vgl. u.a. Mickler 1983). Bei konventionellen Hilfsmitteln jedenfalls bleiben eine "Vorausplanung und systematische Steuerung des Fertigungsablaufs unzureichend und ungenau. Improvisationen und kurzfristige, oft erneut zu revidierende Entscheidungen über Termine und Arbeitsverteilung sind daher noch immer Dauerprobleme bei der Planung und Steuerung der Fertigung." (Hirsch-Kreinsen 1984, 32)

standen für jenen "kräftigen Schuß an Empirie" ein, der hinsichtlich eines sachlich wie ökonomisch einigermaßen tragfähigen Produktionsprozesses notwendig blieb.

Die Feststellung, Formen der Meisterwirtschaft hätten sich im Maschinenbau trotz des Auf- und Ausbaus zentraler technischer Büros der Planung und Steuerung gehalten, erscheint zunächst in sich widersprüchlich. Der Begriff Meisterwirtschaft impliziert relativ autonome Gestaltungschancen der Werkstattvorgesetzten und eine durch die Kooperation der Meister getragene Koordination des Gesamtprozesses, während Abteilungen der Arbeitsvorbereitung eigentlich das Aufbrechen dieser "Meisterherrschaft" signalisieren.

Sicherlich sind auch dem Produktionsmeister im Maschinenbau, wie dem Meister in der Massenproduktionsindustrie, im Verlauf der Entwicklung formal eine ganze Reihe von Aufgaben und Kompetenzen entzogen worden. Die Einführung der Arbeitsvorbereitung als gesonderter Instanz ging keineswegs spurlos an ihm vorbei und auch nicht die häufig zu findende organisatorische Trennung von Produktion, Instandhaltung, Qualitätskontrolle und zum Teil anderer Bereiche (z.B. Werkzeugbau). Ebensowenig verfügt er noch über die formalen Rechte zur Einstellung und Entlassung, zur Maßregelung und Entlohnung, die den klassischen Universalmeister auszeichneten. Im Zuge der "Institutionalisierung des Klassenkonflikts" hat sich seine Rolle eindeutig verändert; mit den Personalbüros und dem Betriebsrat sind in diesen Dingen andere in den Mittelpunkt getreten. Kurz gesagt: Auch im Maschinenbau ist der Meister längst nicht mehr die alles beherrschende Figur in der Produktion. Die Situation wäre aber nicht richtig erfaßt, hielte man sich nur an bestehende formale Strukturen und verstünde dementsprechend den Meister als denjenigen, dem allein die Aufgabe zufällt, die in der Arbeitsvorbereitung erfolgte Planung und Vorbereitung in der Praxis zu exekutieren (vgl. Wiedemann 1964).[38] Faktisch geht er nämlich nicht in der Rolle eines Mittlers auf, der - die Möglichkeiten der technischen Objektivation fehlen weitgehend - die Vorgaben, Anweisungen und Aufträge der (technischen) Bürokratie entgegenzunehmen, entlang deren Vorschriften weiterzureichen und deren Umsetzung zu überwachen hat.

Bemerkenswert ist erst einmal, daß in vielen Maschinenbaubetrieben "erst in den fünfziger Jahren von erfahrenen Meistern kleine Abteilungen aufgebaut (wurden), deren Aufgabe eine grobe Koordination des Auftragsdurchlaufs in enger Zusammenarbeit mit der Werkstatt war. Dominant blieb die Eigensteuerung der Werkstatt bezüglich der Arbeitsreihenfolge und der Bearbeitung, sie mußte sich Arbeit und Werkzeuge weithin selbst organisieren." (Hildebrandt/Seltz 1989, 414) Zumindest in der Zeit herrschte in vielen Fällen also insofern noch eine "reine" Meisterwirtschaft, als "arbeitsvorbereitende Meister" für die übergreifende Grobkoordination zuständig waren und

---

[38] Wenn nun im folgenden der Versuch unternommen wird, der Frage nachzugehen, was im Konkreten mit der häufig nur kursorischen Umschreibung Meisterwirtschaft im Maschinenbau bezeichnet wird, so muß betont werden, daß es hierbei nicht um eine umfassende Aufarbeitung gehen kann. Die Hinweise in der Literatur sind keineswegs so "dicht", wie im Fall des "allgemeinen" Typus des Massenproduktionsmeisters.

die Werkstattmeister das interne Werkstattgeschehen weitgehend selbständig regulierten. Erst in späteren Jahren entstanden größere Abteilungen der Arbeitsvorbereitung, die die Fertigung in sachlicher und terminlicher Hinsicht stärker vorplanen, strukturieren und kontrollieren sollten. Dabei blieb es eines der Kennzeichen des Maschinenbaus, daß in der Arbeitsvorbereitung aus der Produktion aufgestiegene Facharbeiter und Meister eine erhebliche Bedeutung spielen. Auf ihren praktischen Erfahrungshorizont konnte und wollte man offensichtlich nicht verzichten.

Hiervon abgesehen führten die besonderen Schwierigkeiten, denen die Arbeitsvorbereitung als vorgelagerte Instanz im Dickicht der auftragsgebundenen Werkstättenfertigung gegenübergestellt ist, zu der zwar kaum intendierten, gleichwohl aber anhaltenden Situation, daß die Meister das Werkstattgeschehen weitgehend in eigener Regie leiteten. Insofern selbst mit ausgefeilten konventionellen Planungsinstrumenten die komplexe Produktionsrealität allenfalls beschränkt strukturiert und abgebildet werden konnte, blieb man auf eine kontextnahe Regulierung der Produktionsprozesse, auf Vor-Ort-Entscheidungen und "Improvisationen" angewiesen - eine Regulierung, die einerseits den prozeß- und arbeitsökonomischen Ansprüchen nach bestmöglicher Kapazitätsauslastung und (im arbeitsintensiven Maschinenbau besonders wichtig) optimaler Leistungserbringung der Arbeitskräfte ebenso gerecht wird, wie andererseits den marktökonomischen Anforderungen nach Einhaltung von Qualitätsstandards und Lieferverpflichtungen (vgl. Hildebrandt/Seltz 1989, 296). Anders formuliert hat sich im Maschinenbau trotz des umfassenden Gestaltungsanspruchs der betrieblichen Agenturen der wissenschaftlichen Betriebsführung, gleichsam unter der Hand und in den Augen des Managements als ein ständiges Ärgernis (Brödner 1986, 45), eine lose und eher unverbindliche vertikale Arbeitsteilung und Kompetenzverteilung zwischen den Meistern und der Arbeitsvorbereitung eingespielt.

Die Arbeitsvorbereitung strukturiert die Produktion zwar insofern, als sie auf der Basis der Kundenaufträge und der Vorgaben der Konstruktion Produktionsaufträge und Arbeitsunterlagen erstellt, grobe Vorkalkulationen (Produktionszeiten, Vorgabezeiten etc.) vornimmt, Materialbeschaffungen veranlaßt und Rahmenpläne entwirft, in denen Aufträge und Produktionskapazitäten zeitlich und sachlich aufeinander abgestimmt, Fertigungsreihenfolgen festgelegt, und sie schließlich eine zentrale Fertigungssteuerung vornimmt (vgl. hierzu v.a. Brödner 1986, Hirsch-Kreinsen 1984). Dieses System der zentralen Auftragserstellung, Produktionsplanung und -steuerung ist jedoch unmittelbar gepaart mit einer überwiegend "dezentralen Werkstattsteuerung" (Manske/Wobbe-Ohlenburg/Mickler 1984) durch die Meister. Sie müssen die Planungslücken schließen und die groben Vorgaben der zentralen Abteilungen (Reihenfolgenplanung, Zeithorizont der Auftragsfreigabe, Fertigungstermine) mit den konkreten Produktionsbedingungen in Einklang bringen. Angesichts des Problems eines zentral letztlich nicht zureichend antizipierbaren Fertigungsablaufs hat im Maschinenbaubetrieb mit konventioneller Planung und Steuerung die Bündelsteuerung lange Zeit weite Verbreitung gefunden. Dabei erhalten die Werkstattvorgesetzten einen Vorrat an Aufträgen, für dessen Abarbeitung innerhalb eines bestimmten Zeitrahmens (je nach Betrieb ein Mehrtages-, Wochen- oder gar Monatsprogramm) sie eigenständig sorgen müssen (vgl. hierzu etwa Studienkreis 1961, 64 und Manske/Wobbe-Ohlenburg/Mickler 1984). Sie sind damit unter anderem zuständig für die Festlegung der Reihenfolge der Auftragsbearbeitung und die unmittelbare Prozeßsteuerung (die konkrete Auftragsverteilung bzw. Arbeitseinteilung) und damit für Aufgaben, die "eigentlich immer schon in den Bereich der Arbeitsvorbereitung gefallen sind" (Springer 1984, 549). D.h. fast der gesamte Bereich der *unmittelbaren* Organisation, der zeitlich-sachlichen Planung und Koordination des Werkstattgeschehens - die eigentliche Feinplanung und -steuerung der Produktion - fällt in dieser Aufgabenverteilung in das "Hoheitsgebiet des Meisters" (Hildebrandt/Seltz 1989, 270). Die Meister erfüllen also in gewisser Weise die Funktion einer Art werkstattinterner Arbeitsvorbereitung und sind damit Schlüsselfiguren, wenn es um den Personaleinsatz (mit der Verteilung der Werkstattaufträge bestimmen sie, wer welche Arbeit an welcher Maschine, oder wer welche Aufgaben innerhalb einer Montagegruppe zu leisten hat; vgl. Mickler 1983, Fröhner/Wiesner 1980), die Gestaltung der Auftragsbearbeitung, die "Lenkung des Materialflusses" (Wiedemann 1964, 89) etc. geht. Mit anderen Worten: Was sich in Maschinenbaubetrieben letztlich findet, ist eine relativ "ganzheitliche" Zuständigkeit und Verantwortung für die Produktion auf der Ebene der Meister.

Diese Art der arbeitsteiligen Kooperation zwischen Arbeitsvorbereitung und Werkstattvorgesetzten entspricht keineswegs den tayloristischen Prinzipien der eindeutigen Trennung zwischen Planung und Ausführung. Sie fußt auf den, der auftragsgebundenen Einzel- und Kleinserienfertigung eigentümlichen, Grenzen einer zentralistischen Beherrschung des Produktionsprozesses, auf den instabilen Rahmenbedingungen und den vielfältigen Störquellen, die das komplexe Produktionsgefüge bereithält. Fehlerhafte Zeitkalkulationen, von Kunden kurzfristig angeforderte Ersatzteile, nachträgliche Auftragsabänderungen (Terminänderungen, Konstruktionsänderungen), Konstruktionsmängel, Eilauträge, Maschinenausfälle, Materialfehler, Personalengpässe usw. schaffen immer wieder Ausnahmesituationen, die durch vorherige Planung kaum auszuschalten sind; es sei denn, unter Inkaufnahme eines kostspieligen und überdimensionierten Apparats. Deshalb beschreiben sie durchaus den Produktionsalltag. Die vielfältigen Unwägbarkeiten führen in einer Werkstattfertigung, in der unzählige Einzelteile für verschiedenste Endprodukte hergestellt werden, relativ schnell zu einem mehr oder weniger undurchsichtigen Fertigungsprozeß in den einzelnen Abteilungen.

In diesem "immer wieder zerfließenden Situationsgefüge der Werkstatt" können zentral erstellte Termin- und Reihenfolgepläne zumeist nur grobe Orientierungsdaten für die Auftragsabwicklung liefern. Unverzichtbar bleibt daher eine werkstattinterne Instanz, die das zu leisten vermag, was man als "geplante Improvisation" eines Arbeitsprozesses bezeichnen könnte, der immer wieder ins Chaos abzugleiten droht (vgl. Brödner 1986, 82f.).[39] Diese "Planung" und Steuerung aus den situativen

---

[39] Ähnlich Barnes am Beispiel eines amerikanischen Betriebs: "In one firm, there was a great deal of variability in the production plan. Batches were small, the operations involved in producing the product were complex, and were rush orders which were given priority over nor-

Gegebenheiten des Werkstattgeschehens heraus, das ist die Domäne der Maschinenbaumeister. Die Basis hierfür sind ihre fachliche Qualifikation, ihre empirische Erfahrung und Kenntnis der örtlichen Gegebenheiten, die Vertrautheit mit dem sozialen Feld Werkstatt und mit den dortigen Arbeitsabläufen.

Mit der Arbeitsverteilung, der Bündelsteuerung und der (faktischen) Kompetenz zur situativen Interpretation und Anpassung von Planungsvorgaben, besitzen diese Meister Dispositionsspielräume, die sie zur flexiblen Koordination von Produktionsaufträgen und den zeitlichen, technischen und qualifikatorischen Gegebenheiten in der Werkstatt nutzen können (vgl. u.a. Landwehrmann 1970, 107; Studienkreis 1961, 55, 65; Hildebrandt/Seltz 1989). Die Integration von auftragsbezogenen Anforderungen (Termine, Qualität) und produktionsökonomischen Interessen (Maschinenauslastung etc.) ist dabei zu einem nicht unwesentlichen Teil ihre Aufgabe. Voraussetzung hierfür ist nicht nur ihre fachliche Kompetenz, Erfahrung und Routine, sondern auch eine weithin praktizierte, besondere Art der Arbeitsverteilung.

Die Meister üben ihrerseits eine Art Bündelsteuerung aus. Der Vorteil hinsichtlich der Maschinennutzungszeiten ist dabei, daß die Facharbeiter unter dem Akkordlohnsystem darauf bedacht sind, die ihnen zugewiesenen Aufträge in eigener Regie so abzuarbeiten, daß sich die notwendigen Rüstzeiten so gering wie möglich halten lassen (vgl. u.a. Manske/Wobbe-Ohlenburg/Mickler 1984, Wiedemann 1964). Kurze Rüstzeiten bedeuten aus der Sicht der Arbeiter weniger Zeitverlust, schnellere Auftragsabwicklung und damit Fertigungszeiten, die ihnen das Erreichen eines guten Akkorddurchschnitts, eines "angemessenen" Lohns erleichtern. Aus der Sicht der Meister oder des Betriebs resultieren aus dieser "eigenen Zeitwirtschaft" der Facharbeiter unter den gegebenen Bedingungen Vorteile hinsichtlich der Maschinenauslastung und einer zeitökonomischen Abwicklung von Aufträgen.

Die Werkstattsteuerung ist mithin durch die Auftragsvergabepolitik zwischen Meistern und Facharbeitern aufgeteilt. Der Effekt ist eine werkstattinterne Regulation des Fertigungsablaufs, die gewissermaßen eine Art Balance herstellt zwischen den Flexibilitätsanforderungen und einer auslastungsorientierten "Zurichtung" des Auftragsvorrats.[40] Die weitgehende Eigensteuerung der Werkstätten durch Meister und Facharbeiter bedeutet anders herum betrachtet zugleich auch, daß werkstattexterne Stellen sich kaum einen eigenständigen Überblick über die aktuelle Fertigungssituation verschaffen können. Allein die Meister sind aufgrund ihrer ständigen Präsenz in den Werkstätten über den Fertigungsfortschritt grob auf dem Laufenden. Dementsprechend hat sich in Maschinenbaubetrieben jenseits der formalen, hierarchisch

mal production. There was a production control department which planned in some detail, but in practice supervisors found that they had continually to re-plan from one day to another when the jobs came into the department." (Barnes 1968, 49)

40 Vgl. Brödner (1986, 82f.). Meister und Facharbeiter sind die tragenden Akteure, die die Effektivität der Werkstattprozesse sichern. Es herrscht eine weitgehende "Einverständlichkeit über die Notwendigkeit rationeller Ressourcenanwendung" (Hildebrandt/Seltz 1985, 101).

definierten Strukturen ein mehr oder weniger entfaltetes horizontales Kooperationsnetz zwischen den angrenzenden Abteilungen auf der Meisterebene erhalten.[41]

Vor dem Hintergrund dieser, mit hohen Interventionschancen verbundenen Organisations- und Koordinationsfunktion der Meister wird verständlich, daß gerade hinsichtlich des Maschinenbaus immer wieder von meisterbetrieblichen Zuständen die Rede ist. Wie auch immer die unmittelbare Abstimmung und mit welchen genauen Inhalten sie zwischen den Werkstätten erfolgt: Es zeigen sich immer wieder Hinweise darauf, daß abseits der zentralen Koordinationsbemühungen es gerade die Meister sind, die durch eine enge, persönliche Koordination dem weitgehend "strukturlosen Produktionsprozeß" (Springer 1984) einen Zusammenhalt geben und ihn zu einem einigermaßen erfolgsträchtigen Unterfangen machen (Termine, Kosten). Die spezifische Einsicht in die Werkstattvorgänge und ihre Rolle als "dezentrale" Organisatoren verschafft den Meistern die Grundlage für eine Art Meisternebenregierung - eine Art Kooperation unter Gleichen neben der Arbeitsvorbereitung.[42]

---

41 Diese horizontale Kooperation erweist sich bei allen Mängeln im Detail als durchaus funktional. Wann immer z.B. in den Montagewerkstätten festgestellt wird, daß Teile fehlen oder aufgrund von Terminverschiebungen schneller als vorgesehen benötigt werden: Ein direkter Informationsaustausch und eine Abstimmung zwischen den Meistern, die die Teile benötigen und jenen, die für die "Zulieferung" zuständig sind, ist allemal zweckmäßiger, als dies die Einschaltung von Linienvorgesetzten oder Stabsstellen sein könnte. Diese müßten ebenfalls zunächst Rücksprache mit den in Frage kommenden Meistern halten, denn diese wissen meist besser als andere betriebliche Stellen, ob und in welchem voraussichtlichen Zeithorizont die zusätzlichen Aufträge in den Arbeitsfluß integriert werden können. Abgesehen von der Behandlung der alltäglichen "Sonderfälle" spielt eine solche Kooperation zwischen den Meistereien auch hinsichtlich der Abwicklung des normalen Fertigungsprogramms eine Rolle. Vor allem die Montagemeister haben ein Interesse an Vorabinformationen über den Fortschritt der Teilefertigung und nicht selten wird quasi eine Art improvisierter ziehender Fertigung praktiziert, setzen die Meister "ihre persönlichen Beziehungen zu den Meistereien der Zulieferwerkstätten ein, um schneller an die erforderlichen Teile zu kommen" (Studienkreis 1961, 66). Es handelt sich letztlich um das, was Weltz die "informelle Lösung" der Kooperation genannt, aber als zukünftig zu vernachlässigend hintangestellt hat. Er zeigt an einem "metallverarbeitenden" Betrieb, wie die hierarchische Struktur nur einen relativ lockeren Rahmen abgibt, "durch den die Funktionsteilung und das Zusammenwirken nur zum Teil bestimmt sind; wesentliches spielt sich informell ab, ohne Berücksichtigung hierarchischer Wege" (Weltz 1964, 7), und zwar in Form einer direkten Kooperation der Meister untereinander.

42 Weltz (1964, 10) fand in einem der untersuchten Unternehmen einen ausgesprochenen "Korpsgeist" unter den Meistern, die auf die Frage, von wem sie Arbeitsanweisungen erhalten, zur Hälfte angeben, "selbst zu entscheiden oder ihre Anweisungen von Meisterkollegen zu bekommen". Auch Springer (1984, 548) stellt fest, daß für den Maschinenbaumeister viel "wichtiger als formalisierte und standardisierte Vorgaben ... der ständige Kontakt und die Absprache mit Meistern aus anderen Abteilungen und Werkstätten (war). Dieser Kontakt ermöglichte ihm die Steuerung eines weitgehend diskontinuierlichen Teileflusses durch den Produktionsbereich in terminlicher und arbeitstechnischer Hinsicht."

Trotz vielfältiger, tayloristisch inspirierter Versuche in den Betrieben des auftragsgebundenen Maschinenbaus, Strukturen und Abläufe "rationaler" zu gestalten, kam das technische Management also selten über eine grobe Vorstrukturierung der Arbeitsprozesse hinaus. So "undurchsichtig" und "irrational" die Verhältnisse der Meisterwirtschaft aus der Sicht der technischen Bürokratie auch blieben, sie konnten doch kaum "Ordnung" in sie bringen (Hirsch-Kreinsen/Wolf 1987, 187); die Werkstatt und der Fertigungsprozeß blieben weithin eine, von den Meistern und den Facharbeitern beherrschte "black box" (Manske 1987). Die Betriebe blieben auf einen Vorgesetzten angewiesen, von dessen Organisationswissen und erfahrungsgeleiteten Improvisationsfähigkeiten die Bewältigung des "Chaos" der Maschinenherstellung abhängt. Jenseits der zentralistischen Bemühungen, Licht ins Dunkel der Werkstätten zu bringen, hat sich letztlich die "improvisierte Meisterwirtschaft" (Mickler 1983) als eine Organisationsform der Bearbeitung der spezifischen Probleme und Flexibilitätsanforderungen des Maschinenbaubetriebs erhalten.

Die spezifische Arbeitsteilung zwischen Meistern und Arbeitsvorbereitung hat ersteren nicht nur eine recht große Selbständigkeit in der Gestaltung der Werkstattprozesse verliehen. Auf ihrer Handlungsautonomie beruht eine relative Eigenständigkeit und Machtstellung gegenüber den Linienvorgesetzten und den indirekten Bereichen, die zwar nicht mehr jener des alten Universalmeisters entspricht, die dessen Position aber im Vergleich zum Massenproduktionsmeister allemal näherkommt. Als besondere "disturbance handler" (Zündorf 1987, Sp. 393), ohne die ein einigermaßen kontinuierlicher Fertigungsprozeß nicht möglich ist, behielten die Meister im Maschinenbau jahrzehntelang sowohl gegenüber den Fertigungsstäben als auch gegenüber den unmittelbaren Vorgesetzten eine Stellung, die kaum mit dem Begriff der Subalternität belegt werden kann.

Bestes Indiz für deren starke Position innerhalb des Führungssystems sind denn auch die ständigen Besprechungen zwischen Arbeitsvorbereitungspersonal, Produktionsmanagern und Abteilungsmeistern, die einerseits eine Lagebesprechung über die aktuelle Fertigungssituation und andererseits eine Abstimmung über das anstehende Fertigungsprogramm und dessen Realisierungschancen darstellen. Hier planen und entscheiden die Meister mit und nehmen nicht nur Weisungen in Empfang.

Auch im Verhältnis zu den unterstellten Mitarbeitern unterscheidet sich der hier skizzierte Meistertypus vom Prototyp des taylorisierten Meisters. Von einer Erosion der fachlichen Autorität, die als ein wichtiger Aspekt der Meisterkrise thematisiert wurde, scheint der Meister im Maschinenbau nicht im selben Ausmaß betroffen (vgl. u.a. Claessens u.a. 1960, 97f.; Wiedemann 1964, 92). Daß mit dem aus den eigenen Reihen aufgestiegenen Meister bzw. mit dessen Organisationswissen und -fähigkeiten die Produktion gewissermaßen steht und fällt, ist eine Alltagserfahrung der Facharbeiter unter den Bedingungen der Einzel- und Kleinserienfertigung. Seine Eigenständigkeit gegenüber der Arbeitsvorbereitung unterstreicht zudem sichtbar seine fachliche Kompetenz und seine technischen Kenntnisse sind hinreichend genug, der Facharbeit in schwierigen (bearbeitungstechnischen) Fragen zur Seite zu stehen. Dem "Meister im Facharbeiterbetrieb", so bemerkt Mickler (1983, 334), "haftet noch etwas von jenen alten Handwerksmeistern an, die ihre Autorität als 'Erste' unter den Professionalisten wesentlich auf ihr meisterliches Können stützten, das gerade bei Sonderfällen und unerwarteten Vorkommnissen seine fachliche Überlegenheit demonstrierte."

Die Meister, die wohlgemerkt auf die Fähigkeiten und die Selbständigkeit der Facharbeiter in der Arbeitsausführung angewiesen sind, haben zudem über ihre zentrale Funktion in der Werkstattsteuerung eine erhebliche Durchsetzungsmacht gegenüber den unterstellten Mitarbeitern. Mit der Zuständigkeit für die Arbeitsverteilung gewinnen die Meister insbesondere im Rahmen des im Maschinenbau traditionell verbreiteten Akkordlohnsystems eine eminente lohnpolitische Bedeutung (vgl. hierzu v.a. Wiedemann 1964).

Meister wie Facharbeiter wissen aus Erfahrung um "gute" und "schlechte", d.h. Aufträge mit großzügig und solchen mit sehr eng bemessenen Vorgabezeiten. Da die Meister mit der Arbeitsverteilung (Auftragsbündel) auch die Verteilung guter und schlechter Aufträge vornehmen, bestimmen sie nicht unwesentlich, wie leicht die Arbeiter ihr Akkordniveau erreichen, inwieweit diese über "gute" Aufträge verdeckt gehaltene Zeitreserven ("Vorderwasser") erwirtschaften können, die sie zum Ausgleich für aus ihrer Sicht "schlecht" kalkulierte Aufträge einsetzen können. Von der Auftragsvergabepolitik der Meister hängt damit in nicht unbeträchtlichem Maß direkt die relative Arbeitsmühe und der Lohn der Facharbeiter ab.[43]

Die Meister bewerkstelligen mit ihrer Politik der Arbeitsverteilung im Spannungsfeld zwischen den Lohninteressen der Beschäftigten und deren Streben nach einem autonomen Arbeitshandeln (Springer 1984) einerseits und den betrieblichen Erfordernissen nach einer kostenoptimalen und sach- wie termingerechten Auftragsabarbeitung andererseits faktisch eine wichtige arbeitspolitische Funktion. Die kompensatorische Vermittlung zwischen beiden Seiten (Durand/Touraine 1979) versetzt sie einerseits in der Lage, die Potentiale eines selbständigen Arbeitshandelns als Ressource präziser Aufgabenerfüllung, flexiblen Arbeitseinsatzes wie auch kostenoptimierender Eigensteuerung zu nutzen. Sie gewinnen über den Abgleich widersprüchlicher Interessen eine wichtige Voraussetzung für die Aufrechterhaltung einer Produktion, die von allen Seiten ein Höchstmaß an Flexibilität einfordert. Nicht nur

---

43 Ihnen ist mit der Auftragsverteilung ein wichtiges Sanktionspotential an die Hand gegeben, das noch durch andere Einflußchancen verstärkt wird. So sind sie unterhalb der Schwelle formaler Entscheidungsbefugnis in letzter Instanz z.B. auch diejenigen, die über Personaleinstellung u.ä. entscheiden (Fröhner/Wiesner 1980, 16). Da es bei Einstellungsfragen (nach Probezeiten) vor allem auch darum geht, wie fähig eine Arbeitskraft ist, den qualitativen Anforderungen zu entsprechen, die die Herstellung und Montage komplexer Produkte höchster Präzision stellen, fällt dem unmittelbaren Vorgesetzten das entscheidende Urteil zu. Der Meister kann innerhalb des Leitungssystems am besten beurteilen, ob eine Arbeitskraft die erforderliche Eignung aufweist.

durch ihren eigenen improvisierenden Einsatz, sondern auch durch die alltäglichen "Zusatzleistungen" der Facharbeiter gewinnen die Werkstattprozesse jenen "Schuß an Empirie", der es erlaubt, die vielfältigen Anforderungen einigermaßen effektiv umzusetzen. Andererseits verhindern die Meister durch ihre "ausgleichenden Maßnahmen", daß sich die - über die großen Handlungsspielräume und die Abhängigkeit des Betriebs von ihrer freiwilligen Kooperationsbereitschaft konstituierte - "Primärmachtposition" (Jürgens 1983) der Facharbeiter als ein permanentes Widerstandspotential bemerkbar macht.[44] Ihre technisch-organisatorische Fachkompetenz als Erste unter den Professionalisten ebenso wie ihre arbeitspolitischen Regulierungsleistungen verschaffen ihnen eine Autorität, die sie in der schwierigen Koordination des Werkstattgeschehens zur Geltung bringen können. Die Meister sind damit eine zentrale Instanz, die die soziale Integration der Beschäftigten auf der Basis eines werkstattinternen Kompromisses, der gegenseitigen Anerkennung von Ansprüchen, sicherstellen.

Letztlich bildet sich auf dem Fundament der besonderen Produktionsbedingungen und der damit in Verbindung stehenden Verteilung von Machtressourcen zwischen Meistern und Facharbeitern ein Gefüge beiderseitig anerkannter Normen aus, in dem unterschiedliche Interessen Eingang finden (vgl. insb. Wiedemann 1964, 97ff.). Im Rahmen der wechselseitigen Beachtung "ungeschriebener Gesetze" oder Verhaltensanforderungen kann der Meister einerseits mit der Unterstützung der Beschäftigten auch und gerade dann rechnen, wenn Stockungen im Fertigungsablauf oder Engpässe auftreten. Auf der anderen Seite respektiert der Meister innerhalb gewisser Grenzen das "Vorderwasser"prinzip, bemüht sich um eine ausgeglichene Bündelung guter und schlechter Aufträge und verteidigt die Untergebenen im Rahmen seiner Möglichkeiten gegen "ungerechtfertigte" Eingriffe von oben, etwa seitens der Zeitwirtschaft. Zugleich gilt zwischen beiden Seiten ein informelles Gerüst an Regeln und Normen des "fairen Wettkampfs" (Wiedemann 1964, 106), das sowohl die Strategien der Bewahrung von Leistungsreserven wie jene der Meister nach Offenlegung der "Poren des Arbeitstages" informell legitimiert. Die durch das Lohnverhältnis konstituierten, widersprechenden sozialen Interessen reproduzieren sich hier als Widerspruch zwischen dem Streben nach Arbeitsautonomie und "gerechtem Lohn" einerseits und den über die Meister vermittelten Betriebsinteressen andererseits. Sie reproduzieren sich jedoch nicht als ein ständiger und offener Kampf zweier Seiten, als Element eines "contested terrain" (Edwards 1981), sondern innerhalb eines informell etablierten Geflechts von Regeln, die einen gewissen Kompromiß kodifizieren. Innerhalb dieses Rahmens geben die eingespielten Regeln des "fairen Wettkampfs" und des gegenseitigen Kompensationsgeschäfts letztlich den sozialen Beziehungen eine mehr oder weniger innere Stabilität.

Mit ihrer hohen fachlich-technischen Qualifikation und ihren vielschichtigen Organisations- und Improvisationsleistungen sind diese Meister in der Tat die "Techniker und Organisatoren" (Durand/Touraine 1979) der Einzel- und Kleinserienfertigung. Dabei regulieren sie nicht nur die vielfältigen Kontingenzen eines häufig diskontinuierlichen Prozesses. Sie erweisen sich unterhalb der Ebene der Austauschbeziehun-

---

44 Gerade über die Vermittlungsleistungen zwischen den sozialen Interessen und Ansprüchen, die die Meister in der Ausübung ihrer Koordinationsfunktion vollbringen, tragen sie zur Sicherung betrieblicher Herrschaft bei. Vgl. Dörr (1985a, 133ff.).

gen zwischen Betriebsrat und Management auch als zentrale Instanzen der Regulierung widersprüchlicher sozialer Interessen. Die Funktion der Arbeitsverteilung ebenso wie die ihnen unterhalb der Schwelle formaler Rechte verbliebenen Entlohnungskompetenzen und disziplinarischen Sanktionsmittel zeigen einen Meister, der nicht nur gegenüber werkstattexternen Stellen eine relative Autonomie behaupten konnte. Die großen Dispositionsspielräume, die er hier besitzt, verleihen ihm auch gegenüber den unterstellten Facharbeitern eine durchaus eigenständige, starke Stellung. Anders als "der" Meister der Massenfertigung, weisen "den" Meister in der auftragsgebundenen Einzel- und Kleinserienfertigung des bundesdeutschen Maschinenbaus sowohl seine technisch-organisatorischen Funktionen als auch seine Personalführungsfunktionen als eine prägende Kraft des Werkstattgeschehens aus.

Dennoch ist er nicht mehr der alte Universalmeister. Was Brödner (1986) hinsichtlich der Maschinenbaubetriebe formuliert hat, kann auch auf die Meister angewandt werden: Halb noch autonomer Leiter des Betriebsgeschehens und doch auch mit einer wissenschaftlichen Betriebsführung konfrontiert, ist er eine Art Zwittergestalt.

Die vielfältigen Strukturierungsversuche der betrieblichen Verfechter der Methoden wissenschaftlicher Betriebsführung haben weniger zu einer Abschaffung, denn zu einer modifizierten Form von Meisterwirtschaft im Maschinenbau geführt. Sie ist durch Bürokratisierungs- und Zentralisierungstendenzen, namentlich durch die Arbeitsvorbereitung strukturiert, aber nicht gänzlich aufgebrochen worden. Immer wieder gab es Versuche, sie zurückzudrängen und aufzulösen und doch blieben die Erfolge beschränkt und ihre Folgeprobleme offensichtlich.[45] Über Jahrzehnte hat es sich offenkundig als nicht angemessen bzw. praktikabel erwiesen, auf Facharbeit und eine eigenständige, fertigungsnahe Organisations- und Steuerungsinstanz, auf die "Betriebspraktiker mit langer Werkstatterfahrung" (Bergmann u.a. 1986, 143) zu verzichten. So sehr die Meisterwirtschaft in den Augen der Rationalisierungspraktiker im Maschinenbau ein stetes Ärgernis sein mochte: Das dezentrale "Management" und die empirisch-praktische Herangehensweise der Meister hat sich

---

45 Interessanterweise führten alle Konzepte, die Fertigung enger mit der Arbeitsvorbereitung zu verkoppeln zu dem Umstand, daß die Planung und Steuerung nicht aus den Werkstätten verlagert wurde, sondern, im Gegenteil, die Arbeitsvorbereitung mit eigenen Stellen in die Fertigung hineinging. Ob Teileverfolger, Terminbeamte, Arbeitsverteiler oder insbesondere die in den 70er Jahren Verbreitung findenden Leitstandkonzepte: Immer drang die Arbeitsvorbereitung personell in die Werkstätten ein, mußte aber mit dem Umstand leben, daß das dort eingesetzte Personal eine der dezentralen Steuerung der Meister vergleichbare Koordination des Fertigungsprozesses betrieb. Innerhalb kürzester Zeit verwenden auch die Arbeitsverteiler in den Leitständen die Planvorgaben der Zentrale wiederum nur als grobe Orientierungsraster und improvisieren mehr oder weniger ähnlich, wie dies die Meister bisher taten. Das Resultat ist wenig schmeichelhaft: Statt *einer* Steuerungsinstanz finden sich bei diesen Konzepten mit den Meistern und Leitständen *zwei* Organe der Koordination. Der Fortschritt besteht nun kurioserweise auch in den Werkstätten in einer - konfliktträchtigen - Verdoppelung.

dort als Korrektiv zum "Planprinzip" (Weltz 1964) bis in die 80er Jahre hinein als unverzichtbar erwiesen.

3. Zuspitzungen und neue Akzente: Entwicklungen in den 80er Jahren

Das Profil des klassischen unteren Vorgesetzten in der Industrie hat sich, wie wir gezeigt haben, gründlich gewandelt. Zentrale Ursache war ein an den Leitideen des Taylorismus-Fordismus orientierter Prozeß der Rationalisierung, der sich in bundesdeutschen Industriebetrieben vor allem nach dem zweiten Weltkrieg dynamisch vollzog. Dieser Befund gründet sich im wesentlichen auf eine kritische Würdigung der Meisterstudien der 50er und 60er Jahre, die eine wichtige Basis zur Bestimmung der Situation der Meister in der Bundesrepublik sind; sie sind dies nicht zuletzt auch deshalb, weil das Thema in der Folgezeit von der industriesoziologischen Forschung eher randständig behandelt wurde. Die Meister geraten erst im Verlauf der 80er Jahre wieder etwas stärker ins Blickfeld. Gleichwohl läßt sich anhand einer Reihe von Untersuchungen - die wohlgemerkt meist nicht die Meister als zentralen Untersuchungsgegenstand hatten - und nicht zuletzt auf der Basis der Forschungsprojekte zu "Dezentralisierungsprozessen in der Industrie" und zu "Interessenorientierungen unterer und mittlerer Führungskräfte" festhalten, daß bis in die 80er Jahre hinein die von den älteren Studien herausgearbeiteten und unter dem Stichwort "Meisterkrise" zusammengefaßten Entwicklungstendenzen wirksam waren. In gewisser Weise kann für die 70er und 80er Jahre sogar von einer Zuspitzung der Situation aufgrund der benannten Trends gesprochen werden. Mehrere Faktoren spielen hier eine Rolle:

(1) Erstens sind es in vielen Unternehmen nicht zuletzt der Großserien- bzw. Massenproduktion die 70er Jahre, in denen die Prinzipien wissenschaftlicher Betriebsführung voll greifen, in denen die Industriebürokratie perfektioniert wird. Der Prozeß der Beschneidung des Funktions- und Kompetenzprofils auf der Meisterebene gelangte mithin vielfach erst in diesem Zeitraum zur vollen Entfaltung. Die Konkurrenz und der anhaltende Kleinkrieg um Kompetenzen, nicht zuletzt zwischen der Ebene der Meister und den Stäben wie etwa der Arbeitsvorbereitung, die die Kehrseite des bereits benannten Verantwortungs-Entscheidungs-Dilemmas darstellen, wurde oftmals erst jetzt virulent.

Das Beispiel eines großen Automobilwerkes mag diesen Prozeß veranschaulichen. Dort hatten sich die Meister den übereinstimmenden Aussagen von befragten Experten zufolge (Betriebsräte, Personalmanager) sehr lange große Handlungsspielräume und einen vergleichsweise hohen Status bewahren können. Noch Mitte der 70er Jahre habe man faktisch einen "Meisterbetrieb" im Werk gehabt, betont ein altgedienter hoher Personalmanager. Ein Betriebsrat macht das Gewicht, das die Meister damals noch genossen, beispielhaft deutlich, indem er hervorhebt, daß es sogar in deren Macht stand, während der Arbeitszeit Fußballspiele zuzulassen "abends um 9 in der Halle 9, zum Beispiel. Da war der Werkmeister, der hat gesagt, das läuft". Die weit gesteckten Kompetenzen und Handlungsspielräume gingen den Meistern dieses Unternehmens ernsthaft erst in der Folgezeit sukzessive verloren. Parallel dazu sank ihr Ansehen und stieg die Frustration unter den Meistern. Eine bis in die 80er Jahre hineinreichende "spezialisierte, tayloristische, gerade auch im Personalbereich, aber auch in den technischen Bereichen extrem übertriebene Entwicklung" zwängte dann, so der befragte Personalverantwortliche, die Linienmanager und unter ihnen insbesondere die Meister in ein immer enger werdendes Korsett.

Exemplarisch macht er dies zunächst an der Rolle des eigenen, des Personalbereichs fest, welcher den Wandel entlang den Leitlinien tayloristisch-fordistischer Provenienz nach Kräften protegierte: Angeleitet durch eine sozial-technokratische Modernisierungsvision bedurfte es (nicht nur) aus der Sicht des Personalwesens für alles Spezialisten. "Und wir hatten für alles und für jedes ein Modell, ein System, einen Fall. Und für alle Fälle, eben den Spezialisten. ... Die Führungskraft ... vor Ort in irgendeinem Bereich, wurde durch die professionelle Art Tarifverträge, Gesetze und positiv gemeinte Bestimmungen umzusetzen, entmündigt, denn sie hat es nicht mehr verstanden. Wir als Spezialisten gefielen uns in unserer Guru-Rolle als Personaler! Ich sag immer als Unternehmen, als Personaler, als Organisator, oder als Bildungsmann, das ist also ein Geklüngel. Aus dem Club heraus war eine Entmündigung der Führungskräfte (vorangetrieben worden)... Wir hatten damals (d.h. in den 60er Jahren) vier, wir hatten zwischenzeitlich sechs ... Hierarchiestufen, wir hatten die Arbeitsteilung bis zum Exzeß. Ein ... Fachbereichsleiter, das war die oberste Stufe unter der Direktion. Der wurde vom Personalbereich und vom Budgetbereich gegängelt. Alle anderen haben ihm beigebracht, wie er führen soll, wie er produzieren soll, wie er die Kosten in der Hand hat, nur er selbst durfte fast nichts mehr machen. ... Wir haben immer mehr Eierköpfe engagiert, weil der Markt sie ja auch hergab, so daß zum Schluß der normale, mit Kompetenz grundsätzlich versehene Abteilungsleiter in der Produktion der Depp vom Dienst war. Damit gleichzeitig ging einher, daß dessen ihm unterstellter Meister auch nicht mehr viel wert war. Er war eben der Termin- und der Materialjäger. Die Qualität mußte er auch nicht produzieren, die wurde hineinkontrolliert. Geplant hat er nichts, weil die Planung als solche ja der große Planungsstab machte. ... Die neueste Maschinenanlage, die hat ihn eigentlich überrascht, wenn eine Zulieferfirma sie in seiner Produktion installierte, er wußte gar nicht, daß sie kommt, denn er war an der Auswahl dieser Maschine eigentlich nicht beteiligt. Das hat eine andere Spezialabteilung für ihn gemacht. Deswegen war die Maschine nicht schlecht, nur er hat sie nicht gekannt. Das hat ihn massiv verunsichert. Er war urplötzlich nicht mehr Meister im Sinne des alten Wortes meisterhaft. Er war verunsichert, und er stand daneben, wenn Profis und Spezialisten die Anlage installierten und er eigentlich sichtbar vor seinen Arbeitern fragen mußte, wie geht denn das Ding. Dann sitzen die Meister halt fassungslos in der Ecke drin." Die Beschränkung der Rolle und der Entscheidungsbefugnisse der Meister zeige sich gerade auch bei Neuplanungen so ein Betriebsrat. Der Meister wisse zwar über die Situation und die Probleme in seinem Bereich Bescheid, "er aber wird nicht gefragt, wo muß der Planer aufpassen. Also der Planer plant ganz autonom in seinem Büro drin".

Der forcierte Auf- bzw. Ausbau von Stabsstellen und indirekten Bereichen - mittlerweile wird dies auch von Managern aus Stabsbereichen kritisch als Aufbau bzw. Perfektionierung einer problematischen "Planwirtschaft" reflektiert - degradierte einen Teil der Meister regelrecht zu "Laufbuben für die Mannschaft", die kaum noch eigenständig entscheiden können, wie ein Betriebsrat ebenfalls kritisch anmerkt. Frustration sei die Folge und ein "Ohnmachtsgefühl", den vorbereitenden Stellen "im Grunde ausgeliefert zu sein". "Vorher hatten sie die Kompetenz, am

Band wirklich richtig frei zu entscheiden, es war auch ein größerer Spielraum da. Und heute haben sie da Null Spielraum, oder der wird immer geringer" (Betriebsrat). "Der Meister wird immer mehr entmeistert", lautet das Resümee eines Betriebsrats zur Entwicklung im Werk. Mitverantwortlich dafür sind auch die Betriebsräte, da sie durch die von ihnen (mit-)getragene Verregelung der Arbeitsbeziehungen in den Verantwortungsbereich der Meister "mehr eingreifen".[46]

Die eingeschlagene Richtung im Unternehmen, die Meister sukzessive zu entmachten, schlug sich in einer Rekrutierungspolitik nieder, die durch die Krise Mitte der 70er Jahre und die Situation auf dem Arbeitsmarkt unterstützt wurde: Die Besetzung von Führungspositionen oberhalb der Meisterebene und von produktionsnahen Stabsstellen mit akademisch ausgebildetem Personal.

Nachdem das Automobilunternehmen, das im Gefolge der ersten Ölkrise einen strikten Einstellungsstop verordnet hatte, wieder Personal auf dem externen Arbeitsmarkt nachfragte, war der bereits zitierte Manager "überrascht, nach rund zweijähriger Abstinenz einen Arbeitsmarkt vorzufinden, wo es vor Ingenieuren wimmelte. Und da sagte ich damals: Mein Gott, wir greifen zu. Wir waren ein Meisterbetrieb. Wir hatten wenig Ingenieure. Her mit Ingenieuren. Wir haben jede Chance genutzt, jede freie dazu passende Stelle, ... mit dem Fachingenieur aufwärts einheitlich zu besetzen. Damit war ein massiver Verdrängungswettbewerb im Gange zulasten des Meisters. Der Meister bekam Betriebsingenieure, und der Betriebsingenieur hatte andere Schwerpunkte in seiner Arbeit. Er hat sich ein Netzwerk aufgebaut, und gleichzeitig haben wir viele Ingenieure in der Produktionsvorbereitung, in der Planung, in der Produktionssteuerung, in der Entwicklung sowieso, und urplötzlich haben eigentlich die Ingenieure miteinander verhandelt und der Meister blieb außen vor. ... Jetzt stand der Meister auch noch daneben, wenn es um technologische Entwicklungen ging, er hat es nicht mehr verstanden. Er zog sich schmollend zurück, agierte nicht mehr kompetent ... Er resignierte. ... Das hat uns noch mehr bestärkt - dummerweise, heute in der Rückschau sehe ich das - nicht zu integrieren, sondern noch stärker zu differenzieren. Und wenn ich dann einfach die Stäbe professionell aufmotze, dann konnte ich resignative Führung wieder kompensieren, und die Hochkonjunktur half das ihre, um Geschwüre zu überlagern und zu über-

46 Die Interessenvertretungspolitik der Betriebsräte verstärkte offensichtlich den durch die Reduzierung der Entscheidungskompetenzen induzierten Autoritätsverlust der Meister. Ein Betriebsrat macht dies exemplarisch deutlich: "Das fängt an bei der Urlaubsplanung. Der (Meister) macht seine Urlaubsplanung für seine 70 Leute ... und dann gibt es natürlich Konflikte. ... (Der Meister) weiß soundsoviel Autos muß er in der Zeit fertigen, und daraus resultiert eine ganz bestimmte Zahl von Beschäftigten, und die Urlaubsplanung läßt es zunächst einmal nicht zu. Also jetzt muß er die Teilung des Urlaubs durchsetzen. So und dann gibt es eben Kollegen, die aus persönlichen Gründen sagen, ich brauche mindestens soundsolange Urlaub, ... und der Gruppenmeister sagt: "Den kriegst du nicht!". Der Meister sagt: "Den kriegst du nicht!" Dann geht er zum Betriebsrat. Der Betriebsrat geht zum Abteilungsleiter. Der Abteilungsleiter ruft an: "Wieso gibst du dem den Urlaub nicht? Er kriegt ihn!". Punktum. Da sitzt der Meister ... natürlich vor den Mitarbeitern wie der Beutel da. Die sagen: "Dem haben sie es gegeben" ... Da sind dann noch andere Punkte. Da gibt es Rundschläge auf der Betriebsversammlung: "Die Meister, die Gruppenmeister, was das für Lumpen sind!", usw. ... Es gab Meister, die haben gesagt, daß sie mit ... ihrem Arbeitsmantel, nicht mehr in die Betriebsversammlung gehen, weil, wenn das Stichwort Meister fiel, es sofort hieß: "Aha da ist auch so einer!" ... Auch das Lohnsystem läßt hier keinen Spielraum mehr. Früher konnten Meister sagen, der bekommt 20 Pfennig mehr. Das geht jetzt nicht mehr ... Da haben die Meister gar keine Möglichkeiten mehr." (Betriebsrat)

deckeln. ... wir haben uns über zehn Jahre, nach 1974/75 ... bis Mitte der achtziger Jahre ausschließlich darin gefallen ... schön die Anteile zu verändern zugunsten der Akademiker ... Wir haben zehn Jahre gebraucht, um vom Meisterbetrieb zu einem überdimensionierten Ingenieurbetrieb zu werden. ... Das zu verändern und wieder eigentlich missionarisch das Gegenteil von dem zu implantieren, was ich zehn Jahre predigte, da brauche ich Jahre Zeit" (Personalmanager). Akademisierung und Entmündigung der Linie gegenüber den Stäben bzw. indirekten Bereichen gingen also Hand in Hand.

(2) Das Ende der Prosperitätsphase seit Mitte der 70er Jahre, spätestens aber nach der Krise Anfang der 80er Jahre, resultierte zweitens in einem zunehmenden Ökonomisierungs- und Flexibilisierungsdruck. Dies setzte die Anforderungen der den Meistern unterstellten Produktionsmannschaften vielfach hoch. Leistungs- und Qualitätsstandards, die Erwartungen an die Termin- und Liefertreue stiegen, während die in den Werkstätten noch vorhandenen Puffer zur Bewältigung der Mengen- und Flexibilitätsansprüche, nicht zuletzt die "Reservemannschaften" abgebaut wurden. Dadurch verminderten sich vor allem dort, wo bürokratisch-zentralistische Strukturen beibehalten wurden, die Entscheidungsspielräume der Meister weiter, während Anforderungen und Verantwortung stiegen. Die den Meistern vielfach verbliebenen Möglichkeiten, das Verantwortungs-Kompetenz-Dilemma dadurch ein Stück weit zu entschärfen, daß sie die (stillen) Reserven geschickt nutzten und sich so einen Restbestand an eigenständigen Handlungs- und Entscheidungsspielräumen sicherten, sind damit deutlich gesunken.

So betont ein Betriebsrat des schon erwähnten Automobilwerkes, daß die Meister "unter einem Druck (stehen), mit im Grunde einer fast Null-Reservemannschaft das Programm trotzdem zu bringen. Also das schafft Fakten. Der hat keinen Einfluß auf die Stückzahl der Autos, die produziert werden, und der hat auch keinen Einfluß auf die Zahl der Leute, die er hat, aber er muß das Programm garantieren. Dieser Spielraum der Reserve, den er früher hatte, den nimmt man ihm zentral immer mehr."

Ergebnis dieser Entwicklung waren u.a. deutliche Belastungserhöhungen bei Industriemeistern, die sich in "Streßbelastung" und "gesundheitlichen Risiken" ausdrückten (vgl. Friczewski 1989, 15; Fischer 1990).

(3) Drittens erodierte die - angesichts der Tendenz der Verdrängung des "Meisterbetriebs" durch den "Ingenieurbetrieb" ohnehin angegriffene - Fachautorität der Meister durch Veränderungen in den Belegschaftsstrukturen vielfach weiter. In vielen Industriebereichen, in denen in den Produktionswerkstätten lange Zeit die Beschäftigung von Un- und Angelernten vorherrschte, wandelte sich im Zuge der wirtschaftlichen Krisen der 70er und 80er Jahre, der wachsenden Ausbildungszahlen und der sich verändernden Rekrutierungspolitik der Unternehmen die Qualifikation der den Meistern unterstellten Produktionsbelegschaften deutlich. Die spätestens in den 80er Jahren zu beobachtende zunehmende Rekrutierung von einschlägig qualifizierten Facharbeitern untergrub zunehmend die Autorität solcher Meister, die über einen längeren Zeitraum gewohnt waren, primär ungelernte Kräfte zu führen. In dem Maße, wie Facharbeiter in Arbeitssystemen, die eigentlich auf angelernte Arbeits-

kräfte zugeschnitten waren, eingesetzt wurden, schwand der fachliche Vorsprung der "alten" Meister, die vielfach selbst aus den Reihen der angelernten Arbeiterbelegschaft aufgestiegen waren und nicht über Industriemeisterabschlüsse verfügten. Gerade in manchen Massenproduktionsindustrien verschärfte so der Zustrom der Facharbeiter in die Produktion die Autoritätsprobleme der (taylorisierten) Meister.

Die Relevanz dieser Entwicklung mag wiederum der Automobilbau deutlich machen. Dort hat sich insbesondere in den 80er Jahren der Anteil an einschlägig qualifizierten Facharbeitern in der direkten Produktion stark erhöht, wie ein befragter Manager eines zentralen Stabsbereichs eines Automobilunternehmens feststellte.[47] Die Betriebsräte des erwähnten Automobilwerkes machen deutlich, daß der technisch-fachliche Kompetenzvorsprung vieler Meister dadurch deutlich verringert, wenn nicht gar völlig aufgehoben wurde - mit dem Ergebnis, daß die Autoritätsprobleme wuchsen. Man habe in der Produktion letztlich "ein anderes Bildungsniveau hereinbekommen": Mittlere Reife und eine gute Facharbeiterausbildung seien im Gegensatz zu den 60er und 70er Jahren mittlerweile etwas ganz Normales. Trotz dieser Veränderungen in den Qualifikationsstrukturen "war man nicht in der Lage und hat sich nicht darum gekümmert, die Meister weiterzubilden. Das gibt schon Auseinandersetzungen." Die hiermit angesprochenen Probleme, die aus einer Nivellierung der Fachqualifikationsdifferenz resultieren, gelten sicherlich nicht für alle Meister. Hier sind zumindest Differenzierungen nach Alters- bzw. Rekrutierungskohorten angebracht. Zu bedenken ist, daß erst seit Ende der 70er, Anfang der 80er Jahre in der Firma der Industrie- bzw. Handwerksmeisterabschluß als Voraussetzung bei der Besetzung von Gruppenmeisterstellen gilt. Zuvor war allenfalls ein Facharbeiterabschluß und eine halbjährige interne Qualifizierung, ein "Psychokurs", als Basis zur Übernahme einer Gruppenmeisterposition verlangt; unter den Gruppenmeistern befinden sich zudem zahlreiche (ältere) Meister, die über keine einschlägige Facharbeiterausbildung verfügen. Bei jüngeren Meistern, die über einschlägige Facharbeiterqualifikationen und qualifizierte Meisterabschlüsse verfügen, dürfte die angesprochene Facharbeiterreserve weit weniger in Autoritätsverlusten resultieren, als bei älteren Meistern. Für letztere ist dies zumindest dann weit eher ein Problem, wenn sie lediglich "angelernte" Meister oder solche mit teilweise veralteten Fachqualifikationen sind. In jedem Fall beförderte die in den 80er Jahren erfolgte stärkere Rekrutierung von Facharbeitern veränderte Anforderungen an den Führungsstil der Meister. Der Kasernenton, den die traditionellen Massenarbeiter vielleicht noch hingenommen haben mögen, wird seitens der Facharbeiter jedenfalls so nicht mehr einfach akzeptiert. Sprüche wie "sei still, halt die Schnauze, du bist hier zum Arbeiten und das Denken mache ich ... die sind hier nicht mehr zu halten", so ein Betriebsrat. Eine Veränderung der Arbeits- und Führungs"kultur" wird nach Managementangaben gerade von den qualifizierten Produktionsmannschaften eingefordert. Der häufig postulierte Wertewandel hält, wenn man so will, vor allem vermittels einer veränderten Personalrekrutierung Einzug in jene Fabrikhallen, die ehedem dem klassischen Massenarbeiter vorbehalten waren.

---

47 Springer (1991b, 51) quantifiziert die in den 80er Jahren in den Produktionsbereichen der Automobilindustrie aufgebaute Facharbeiterreserve folgendermaßen: "Stellt man dem Stellenangebot an qualifizierten Facharbeiterplätzen das Angebot an einschlägig qualifizierten Mitarbeitern gegenüber, dann zeigt sich, daß derzeit nur etwa 30% aller in der Produktion eingesetzten Facharbeiter auf einem vollwertigen Facharbeiterplatz im Einsatz sind. Fast 70% der einschlägigen Facharbeiter arbeiten auf Arbeitsplätzen, die nicht in vollem Umfang eine branchenübliche Ausbildung erfordern. Diese statistische Facharbeiterreserve bewegt sich prozeßspezifisch zwischen 40% und 80%." Vgl. auch Springer (1993).

(4) Einen wesentlichen Einfluß auf die Situation der Meister übte insbesondere der rasante technologische Wandel aus. Die weitreichenden Erwartungen, die an die Flexibilisierungs- und Ökonomisierungspotentiale neuer Technologien geknüpft wurden, beförderten gerade in den 80er Jahren betriebliche Rationalisierungsanstrengungen, durch die die "langjährige Meisterkrise zunächst verschärft" (Bungard 1990, 212) wurde. Von Bedeutung für die Meister war neben produkttechnologischen Innovationen vor allem die forcierte Einführung und Nutzung mikroelektronisch gestützter Fertigungs- und moderner Informations- und Kommunikationstechnologien.[48]

Allein schon durch die Dynamik des Wandels wurde die (Fach-)Autorität der Meister einer starken Belastungsprobe ausgesetzt. Der technologische Sprung, den die Mikroelektronik implizierte und die Geschwindigkeit, mit der hierauf basierende Fertigungs- und Organisationstechnologien eingeführt wurden, überforderten vielfach die technisch-fachlichen Kompetenzen der Meister bzw. die traditionellen, auf Erfahrung basierenden qualifikatorischen Anpassungsprozesse (Fröhlich/Hild 1987; Selka 1987). Vor allem ältere Meister sahen sich vor große Probleme gestellt und wurden insbesondere von den Entwicklungen im Bereich der Fertigungstechnologien teilweise sozusagen "überrollt" (Freimuth 1988). Der technische Strukturwandel, nicht zuletzt vorangetrieben durch die Spezialisten in den technischen Büros, stärkte gleichzeitig deren Position und die Abhängigkeit der Meister von ihnen (vgl. Bungard 1990). Die Entwertung ihrer Fachkompetenz, insbesondere die Entwertung ihres Erfahrungswissens trug nicht unwesentlich zur Erosion ihrer Autorität gegenüber den ihnen unterstellten Arbeitern bei. Letztere erwarben sich im täglichen Umgang mit neuen Fertigungstechnologien Kompetenzen, die den technisch-fachlichen Vorsprung der Meister oftmals dramatisch zusammenschmelzen ließ.

Beispielhaft sei hier der Hinweis eines befragten Betriebsrates des Automobilwerks angeführt, der mit Blick auf moderne Maschinensteuerungen festhält, daß selbst ein Instandhaltungsmeister - traditionell fachlich wesentlich versierter und stärker gefordert als die Produktionsmeister - den Wartungsmonteuren "technisch nicht mehr das Wasser reichen kann".

Entschärft wird diese Problematik sicherlich durch Verbesserungen in der Industriemeisterausbildung, durch betriebliche Qualifizierungsprozesse und durch den Umstand, daß diejenigen Meistergenerationen, die seit einigen Jahren in entsprechende Positionen gelangen, über eigene, langjährige Arbeitserfahrungen als Facharbeiter mit entsprechenden Technologien verfügen.

---

48 Zum Überblick über die Entwicklung rechnergestützter Technologien vgl. Hirsch-Kreinsen (1986), zur Verbreitung neuer Technologien vgl. u.a. Hirsch-Kreinsen/Springer (1984), Martin (1985). Zur Diffusion von Computertechniken in der Investitionsgüterindustrie, insbesondere von NC-/CNC-Maschinen und von Produktionsplanungs- und -steuerungssystemen vgl. Schultz-Wild u.a. (1989). Speziell für den Maschinenbau vgl. vor allem die Mitteilungen für den Maschinenbau 1991, Nr.1, 1992, Nr. 3 und 1994, Nr. 8.

Stärker ins Gewicht fällt denn auch, daß die genannten technologischen Innovationsprozesse weitgehend auf der Grundlage traditioneller Rationalisierungsleitlinien erfolgten. Lange Zeit beruhte der technologische Wandel wesentlich auf der allseits propagierten Verheißung, marktinduzierte Anforderungen, die zusehends mit den traditionellen unternehmensinternen Bedingungen kollidierten, ließen sich durch "flexible Automation" - ein Stichwort das gleichermaßen für CNC-Fertigungstechnologien wie für übergreifende CIM-Visionen Verwendung fand - bewältigen. Die grundlegenden Muster vor allem der funktionalen und hierarchischen Arbeitsteilung blieben jedoch noch bis in die zweite Hälfte der 80er Jahre hinein zumeist unangetastet und reflektierten sich etwa in der Architektur der EDV-Systeme. In der Konsequenz spitzte sich gerade im Prozeß der Diffusion neuer Technologien gewissermaßen die Situation auf der Meisterebene zu. D.h. die "technozentrischen" Konzepte (Brödner 1986) leisteten in manchen Bereichen einer Vervollkommnung der "ersten Meisterkrise" Vorschub - und gerade dort, wo, wie im Maschinenbau, noch vielfach meisterwirtschaftsähnliche Strukturen überlebt hatten, kamen diese durch die Einführung moderner EDV-Systeme unter Druck.

Im letzten Jahrzehnt wurde aber zugleich auch sichtbar, daß dem traditionellen Leitbild verpflichtete Rationalisierungsstrategien an Grenzen stießen. Vielfach hatten sich die in die neuen Technologien gesetzten großen Erwartungen nicht oder nur partiell erfüllt. Spätestens in der zweiten Hälfte der 80er Jahre ließ sich an den betrieblichen Nutzungsformen neuer Technologien ablesen, daß in einer wachsenden Zahl von Betrieben Modernisierungsvorstellungen Platz gegriffen hatten, die - teilweise recht grundsätzlich - von dem bis dahin vorherrschenden zentralistisch-strukturkonservativen Rationalisierungsgrundzug abwichen.[49] Im Vergleich zum bisherigen Prozeß der sukzessiven Taylorisierung der Meisterfunktion wurden damit auch neue Akzente gesetzt.

Diese Bewegung aus Zuspitzungen und neuen Akzentsetzungen zeigt sich etwa bei der Nutzung neuer Fertigungstechnologien. In vielen Unternehmen folgte man z.B. bei der Einführung von CNC-Maschinen dem schon länger von der Nutzung älterer NC-Maschinengenerationen bekannten Muster einer Zentralisierung der Programmierfunktionen, die nicht nur das Tätigkeitsprofil der operativ Beschäftigten, sondern, da damit der Werkstatt insgesamt relevante Kompetenzen entzogen wurden, auch die Meister betraf. Daneben hob in den 80er Jahren aber auch eine Diskussion

---

[49] Solche zeitliche Einordnungen sind nicht unproblematisch. Zwar lassen sich hierfür in der Literatur Belege finden und auch eigene empirische Befunde stützen eine solche Einteilung. Allerdings zeigt die Studie von Kern/Schumann (1984), daß die Suche nach neuen Wegen in vielen Unternehmen durchaus schon früher Platz griff. Vielleicht wichtiger noch: Diese Studie hat die empirische Forschung in der Folgezeit dazu angeregt, dem behaupteten "Paradigmenwechsel" nachzuspüren. In gewisser Weise ist es auch diesem Blickwechsel innerhalb der Industriesoziologie geschuldet, daß in der zweiten Hälfte der 80er Jahre alternative Entwicklungstendenzen stärker zur Kenntnis gelangten.

um alternative Formen der Nutzung von CNC-Maschinen an. Hier gibt das Stichwort der werkstattorientierten Programmierung die neue Richtung an (vgl. u.a. Lay/Lemmermeier 1984, Hirsch-Kreinsen/Springer 1984, Lauenstein 1985). Facharbeiter, aber auch Meister, wurden nicht nur in Fachzeitschriften, sondern auch in einer wachsenden Zahl von Betrieben als diejenigen sozusagen neu entdeckt, die hier eine zentrale Rolle übernehmen könnten (vgl u.a. Hekeler 1989, Nuber/Schultz-Wild 1989). Schien es also aus der Sicht betrieblicher Experten in den 70er und beginnenden 80er Jahren noch ökonomisch rational und technisch endlich möglich, den Kern der Maschinensteuerungsfunktionen zu zentralisieren, wich diese Sichtweise zusehends einer pluralistischeren, derzufolge verschiedene Lösungen in der Frage der organisatorischen Zuordnung der Maschinenprogrammierung denkbare und ökonomisch sich rechnende Alternativen sind. Gerade im Maschinenbau mit seinen facharbeiterdominierten Produktionsbereichen wurde die Frage, ob die Programmierung Spezialisten oder Meistern und/oder Facharbeitern zuzuordnen ist, zusehends offener und "unideologisch-pragmatisch" (Manske/Wolf 1987, 18) behandelt.[50]

Zuspitzung und neue Akzentsetzung: Diese gegenläufige Bewegung zeigt sich in besonderer Weise beim im vergangenen Jahrzehnt stark forcierten Einsatz von computergestützten Produktionsplanungs- und Steuerungssystemen, die als neue Organisationstechnologien unmittelbar das Funktions- und Kompetenzprofil der Meister berühren. Den Implikationen der PPS-Systeme für die Meisterfunktion soll hier aus zweierlei Gründen etwas ausführlicher nachgegangen werden. Erstens war es zu einem guten Teil empirischen Studien, die sich mit PPS-Systemen befaßten, zuzurechnen, daß aktuellere industriesoziologische Erkenntnisse bezüglich der Meister wieder zahlreicher wurden. Zum zweiten läßt sich hieran besonders prägnant zeigen, wie bestehende Formen des Meistereinsatzes und hier insbesondere meisterwirtschaftsähnliche Strukturen bedroht, in gewisser Weise aber auch durch spezifische Nutzungsformen von PPS-Systemen gefestigt wurden.

---

50 Den Mitteilungen für den Maschinenbau (1992, Nr.3, S. 4f.) ist zu entnehmen, wie sich die Entwicklung in den letzten Jahren gestaltete: Bezogen auf die Programmierung an computergestützten Bearbeitungsmaschinen oder Handhabungsgeräten waren es 1986/87 "... 71,2% der Maschinenbaubetriebe, die Werkstattprogrammierung mindestens zum Teil praktizierten ... dieser Anteil (stieg) 1991 bereits auf 86,5% an. Auch eine Dominanz der Werkstattprogrammierung scheint sich mehr und mehr durchzusetzen. Während 1986/87 durchschnittlich 38,5% der Betriebe angaben, mindestens 80% ihres Programmieraufwandes in der Werkstatt durchzuführen, gehörte die NC-Programmerstellung 1991 schon bei 52,3% der Betriebe zum großen Teil oder vollständig zum Aufgabenbereich der Werkstatt."

Der Einsatz von computergestützten PPS-Systemen und die Meisterfrage

Im vergangenen Jahrzehnt nahmen sich eine Reihe industriesoziologischer Untersuchungen den Formen und Konsequenzen der Nutzung computergestützter Systeme der Planung und Steuerung industrieller Produktionsprozesse an, die in den 70er, vor allem aber in den 80er Jahren verstärkt zur Anwendung kamen. Das Augenmerk galt dabei in besonderem Maße der Einführung und Nutzung solcher Systeme im Maschinenbau.[51] Dieser Industriezweig, dessen "Sperrigkeit" gegenüber herkömmlichen (tayloristisch-fordistischen) Rationalisierungsbemühungen angesprochen wurde, war ein prominentes Feld der Anwendung solcher EDV-Systeme, an die hier seitens vieler Unternehmen besondere (Rationalisierungs-)Erwartungen geknüpft wurden.

Die Zielsetzungen, die dem Urteil einschlägiger industriesoziologischer Untersuchungen zufolge die Computerisierung der Planungs- und Steuerungsabläufe im Maschinenbau vorantrieben, lassen erkennen, um welche Erwartungen bzw. Verheißungen es dabei ging: Gerade im Fall des von kundenspezifischer Einzel- und Kleinserienfertigung geprägten Maschinenbaus sollen computergestützte PPS-Systeme dazu verhelfen, die spezifischen 'Rationalisierungsbarrieren hinauszuschieben, wenn nicht gar zu überwinden' (Hirsch-Kreinsen/Wolf 1987, S. 182). Sie gelten (in Verbindung mit Systemen der Betriebsdatenerfassung) als Medien einer "systemischen Rationalisierung", die dem Management einen neuartigen Zugriff auf die "black box" Werkstatt eröffnen und letztlich entscheidend zur Lösung des 'Rationalisierungs- und Kontrolldilemmas des Maschinenbaus' beitragen (Manske 1987c, 1991, Hildebrandt/Seltz 1989; vgl. auch Schultz-Wild u.a. 1989); die Rationalisierungsbemühungen zielen auf die stärkere Strukturierung der Produktion und auf eine Integration, Kontinuisierung und Optimierung des Gesamtprozesses (Manske 1987b, Hirsch-Kreinsen 1982). Es geht, so der Tenor verschiedenster Studien, darum, die "chaotischen" Produktionsabläufe von oben stärker in den Griff zu bekommen, sie einer zeitökonomischen Logik zugänglich zu machen, ja generell darum, die Beherrschung des Produktionsprozesses durch das Management zu steigern (vgl. Hirsch-Kreinsen 1984, Hildebrandt/Seltz 1989, Manske/Wobbe-Ohlenburg/Mickler 1984, Manske 1987c, Mickler 1983, Schultz-Wild u.a. 1989).

Angesichts der den neuen Planungs- und Steuerungsinstrumenten zugeschriebenen Potentiale stellt sich zwangsläufig die Frage nach den Konsequenzen hinsichtlich traditionell besonders typischer Merkmale von Maschinenbaubetrieben. Zu diesen zählt auch und gerade die "Zählebigkeit" von Formen der Meisterwirtschaft und entsprechend ist zu fragen, ob im Zuge der betrieblichen Einführung und Nutzung solcher Systeme eine Bastion der Meisterwirtschaft geschleift wird? Um dies zu klären, ist es zunächst sinnvoll, sich den von den einschlägigen Studien herausgearbeiteten Konsequenzen und Einsatzformen von PPS-Systemen auf einer allgemeinen Ebene zuzuwenden.

Mehr oder weniger einhellig werden von den in den 80er Jahren durchgeführten PPS-Studien zumindest zwei Tendenzen hervorgehoben, die im Zuge der Einfüh-

---

51 Zur Situation der Meister in der Gießereiindustrie im Kontext moderner EDV-Systeme vgl. Fickenscher 1993. Bezüglich der Elektroindustrie vgl. die Hinweise von Düll/Bechtle (1991, 245).

rung von PPS-Systemen befördert werden. Auf der einen Seite erhöht sich für das Management bzw. die Arbeitsvorbereitung die Transparenz des Produktionsgeschehens. Eine Tendenz hin zum "gläsernen Arbeitsprozeß" (Schultz-Wild u.a. 1989), zur Aufhellung der "Grauzonen" der Werkstatt (Manske/Wobbe-Ohlenburg/Mickler 1984, 273) und zu einem neuen Niveau der elektronisch gestützten Kontrolle des Produktionsgeschehens und der Arbeitsvollzüge gilt als evident; die Rationalisierungsakteure, so Hildebrandt/Seltz (1989, 256) "wollen ohne Wenn und Aber 'Transparenz' über das Werkstattgeschehen, 'die kollektive Überwachung' der Fertigung". Die "kontrollierte Facharbeit" (Manske 1991, ähnlich Hildebrandt/Seltz 1989) bzw. die kontrollierte Werkstatt sind das Ergebnis einer im Aufbau befindlichen "systemischen Kontrolle" (Manske 1987c, Hildebrandt/Seltz 1989).[52] Auf der anderen Seite sehen alle Studien die Tendenz, daß im Gefolge der Implementierung von PPS-Systemen der Werkstatt als "Ganzem" Kompetenzen entzogen werden. Zentralisiert, so der Tenor, wird dabei im Feld der Planung und Steuerung der Produktion in jedem Fall.[53]

Differenzen bestehen allerdings in der Frage, wie tiefgreifend der Entzug von Planungs- und Steuerungskompetenzen aus der Werkstatt und die zentrale Determinierung des Produktionsprozesses ist. Dies resultiert wesentlich aus dem Umstand, welchen Nutzungsformen von PPS-Systemen besondere Durchsetzungschancen eingeräumt werden. Im wesentlichen hat die empirische Forschung zwei (idealtypisch gefaßte) Varianten oder Konzeptionen hinsichtlich der Auslegung bzw. des Einsatzes von PPS-Systemen herausgearbeitet (vgl. insb. Manske/Wobbe-Ohlenburg/Mickler 1984). Die eine Konzeption läßt sich mit dem Begriff der "zentralistischen" bzw. "starr-deterministischen" "Totalplanung" umschreiben. Diese baut darauf, die Produktion "von oben zentral und total vorzuplanen und die Planungen rigide in die Praxis umzusetzen" (Manske/Wobbe-Ohlenburg/Mickler 1984, I). Die "Gegenkonzeption" ist die einer "zentralen Rahmenplanung". Hier konzentriert sich das Produktionsvorfeld auf eine Grobplanung und -steuerung der

---

[52] "Kontrollierte Facharbeit" umschreibt eine neuartige Lage, in der eine qualifizierte, mit Dispositionsrechten ausgestattete Facharbeit zwar Bestand hat, sie gleichzeitig aber ihre bislang große Autonomie im Feld der Leistungsregulation verliert, da Leistungsreserven und -verhalten durch eine neue Form der Zeitermittlung ("Surrogatzeitermittlung") zentral transparent und dem Zugriff des Managements ausgesetzt werden (Manske 1987c, 1991). Den Arbeitern "... wird jetzt ständig klargemacht, daß sie dem Management mit "gläsernen Taschen" gegenüberstehen, der informelle Rückzug in die "Mauschelei" der traditionellen Meisterwirtschaft ist endgültig verstellt." (Mickler 1983, 338)

[53] PPS-Systeme, so Manske (1991), erlauben den Betrieben einen neuartigen Zugriff auf die zeitlich-sachliche Dimension der Produktion, indem durch sie die "symbolische Abbildung" der Produktionsprozesse und damit deren Simulation "auf der Ebene abstrakter Daten" gelingt. Die ideelle Verdoppelung des Produktionsprozesses ist für ihn und auch andere Autoren - anders als etwa für Brödner (1986) - letztlich eine durch PPS- und BDE-Systeme prinzipiell lösbare Herausforderung geworden.

Produktion, während ansonsten die Feinplanungs- und -steuerungskompetenzen "bewußt dezentral" (ebda.), d.h. in der Werkstatt belassen werden.[54] Zwei Positionen lassen sich auf dieser Grundlage nun grob unterscheiden: Die eine Position lautet, daß die Situation im Maschinenbau geprägt ist durch eine Konkurrenz dieser unterschiedlichen Gestaltungskonzeptionen, wobei dem Konzept zentral und dezentral verteilter Kompetenzen (Rahmenplanungskonzept) eine wachsende (Manske/Wobbe-Ohlenburg/Mickler; Manske 1987c, 1991) bzw. eine die betriebliche Praxis dominierende Bedeutung (Hildebrandt/Seltz 1989; vgl. ähnlich Heidenreich 1991) zuerkannt wird. Die andere Position ist hinsichtlich der Chancen eines Erhalts dezentraler Planungs- und Steuerungsleistungen eher skeptisch (vgl. Hirsch-Kreinsen 1984, Hirsch-Kreinsen u.a. 1990, Schultz-Wild u.a. 1989, Springer 1984). Hier wird davon ausgegangen, daß der Grundzug des Rationalisierungsprozesses auf zentralistische Totalplanungssysteme zuläuft.[55]

Für Hirsch-Kreinsen (1982, 1984), der Ende der 70er Jahre Unternehmen des Werkzeugmaschinenbaus untersuchte, ist die Nutzung der neuen Prozeßtechnologie letztlich noch ganz bestimmt vom traditionellen "Gravitationszentrum" (Manske 1987a) industrieller Rationalisierung, dem Taylorismus. Mit der Einführung der computergestützten Steuerungssysteme, so Hirsch-Kreinsen (1982, 201), "... zeichnet sich im Maschinenbau der Einzel- und Kleinserienfertigung eine Entwicklung ab, die in anderen Industriezweigen mit anderen Fertigungstypen sich schon früher weitgehend durchsetzen konnte". Die Arbeitsvorbereitung, die bislang allenfalls eine grobe und ungenaue Planung und Steuerung der Produktion erreichte, wird nun, mit Hilfe der neuen Steuerungssysteme "... zum Träger der Organisierung des Fertigungsprozesses; sie entwickelt sich gewissermaßen zur betrieblichen Instanz der Zeitökonomie der unmittelbaren Produktion" (Hirsch-Kreinsen 1984, 80). Obwohl Hirsch-Kreinsen (1984) feststellt, daß Arbeitsteilung, Kooperationsformen und Dispositionschancen der betroffenen Arbeitskräfte von der EDV nicht determiniert werden, gilt ihm die eigentliche Entwicklungsrichtung dennoch als ausgemacht: Zentralisierung von Planungs- und Steuerungskompetenzen und Determinierung und Kontrolle der Werkstatt von oben

---

54 "Diese Konzeption geht gleichsam von den Planungsbarrieren der Maschinenproduktion als Datum aus und versucht gar nicht mehr erst, eine vollständige Vorplanung des Fertigungsprozesses zu erstellen." (Manske/Wobbe-Ohlenburg 1984, 73) "Die Zentrale konzediert damit, daß der Produktionsprozeß nicht zur Gänze "zentral beherrschbar" ist: Das "Erfahrungswissen" der Beschäftigten vor Ort soll mobilisiert werden, damit der Produktionsprozeß läuft. Nach dem Ansatz der Rahmenplanung ist die Planung ein Prozeß, der nicht allein zentral und mit Hilfe der EDV durchgeführt werden kann, sondern der die Kompetenzen der Werkstatt miteinzubeziehen hat. Der Plan existiert nicht schon zur Gänze vor der Fertigung, er entsteht vielmehr sukzessiv und niemals so vollständig, daß er eine völlig verbindliche Handlungsanleitung für die Werkstatt sein könnte. Fertigungssteuerung ist nach diesem Ansatz eine Synthese aus EDV-Leistung und personeller Leistung - die personelle Leistung ist gerade nicht als bloße Ausführung eines mittels EDV erstellten Plans charakterisierbar." (Manske 1987c, 6f.) Die 'Modernität' dieser Struktur wird in einem Beitrag von Nullmeier/Rödiger (1986) in gewisser Weise unterstrichen, wenn auf die Parallelen zwischen Rahmenplanungssystemen und dem japanischen Kanban-System verwiesen wird.

55 Eine Konzeptionskonkurrenz wird hier entweder gar nicht identifiziert (Hirsch-Kreisen 1984, Springer 1984) oder es werden zu Totalplanungssystemen alternative Konzeptionen als wenig durchsetzungsfähig eingeschätzt (Schultz-Wild u.a. 1989, Hirsch-Kreinsen u.a. 1990).

durch das Management bzw. die Arbeitsvorbereitung (vgl. auch Hirsch-Kreinsen/Wolf 1987, 183). Springer (1984), der sich in seiner Analyse der Entwicklung der Meisterfunktion auf dieselbe empirische Basis wie Hirsch-Kreinsen (1984) stützt, kommt zum gleichen Ergebnis hinsichtlich der Stoßrichtung der Rationalisierung wie auch der Konsequenzen für die Meister.[56] Die computergestützten Fertigungssteuerungssysteme stehen für Springer in der Logik einer Entwicklung, die im Aufbau arbeitsvorbereitender Büros im Maschinenbau gewissermaßen ihren Anfang nahm und hinter der das "Autonomiestreben des Managements" steht. Eine Zentralisierung von Kompetenzen und eine verstärkte Determinierung und Kontrolle des Produktionsprozesses durch das Management gilt auch ihm als vorherrschende Tendenz. Hirsch-Kreinsen (1984) und Springer (1984) gehen gewissermaßen von einem zentralistisch-deterministischen Grundzug bei der Entwicklung und beim Einsatz von PPS-Systemen aus, der in der betrieblichen Praxis allenfalls durch restringierende Faktoren - im besonderen durch die Fertigungskomplexität bzw. betriebspolitische Vermittlungsprozesse - modifiziert wird.

Im Gegensatz zu diesen frühen Arbeiten unterscheiden Hirsch-Kreinsen u.a. (1990) zwar prinzipiell zwischen "strukturinnovativen" und "strukturkonservativen" Strategien technisch-organisatorischer Rationalisierung. Letztlich weist ihr Urteil aber in dieselbe Richtung. Sie gehen auf der Basis ihrer Fallstudien davon aus, daß die "modernen und hochleistungsfähigen Werkstattsteuerungssysteme" eine (Teil-)Automatisierung von Steuerungsfunktionen erlauben und die Betriebe dazu "verführen", auf die zentralistische Option zu setzen. Ihre Befunde, so Hirsch-Kreinsen u.a. (1990, 171) sprechen dafür, daß sich eine "neue Form der Totalplanung mit dezentralen Regelkreisen" durchsetzt. Dem "mittleren Weg" (Manske 1987c) der Verteilung der Planungs- und Steuerungskompetenzen zwischen zentralen Abteilungen und der Werkstatt wird demgegenüber keine besondere Verbreitungschance eingeräumt. Eine andere Untersuchung des ISF München (vgl. Schultz-Wild u.a. 1989) interpretiert die Entwicklung in der Investitionsgüterindustrie im Prinzip in dieselbe Richtung. Nur eine Minderheit der Betriebe, so resümieren Schultz-Wild u.a. (1989) ihre auf Fallstudien und eine standardisierte Breitenerhebung gestützten Befunde, prüfe alternative Konzepte, bei denen die traditionellen Planungs- und Steuerungskompetenzen der Werkstatt "bewußt und systematisch in die Planungskonzeption einbezogen" (Schultz-Wild u.a. 1989, 180) werde.[57]

---

56 Springers Analyse der Bestimmungsfaktoren der Meisterrolle ist deutlich differenzierter als diejenige Hirsch-Kreinsens, der neben den Rationalisierungsstrategien des Managements im wesentlichen die marktinduzierte Fertigungskomplexität als modifizierenden Faktor behandelt. Springer hat, worauf Fischer (1993) zurecht hingewiesen hat, die arbeitspolitische Dimension der Bestimmung der Meisterrolle hervorgehoben, indem er unter Rekurs auf Durand/Touraine das Profil des Meisters bestimmt sieht durch ein Spannungsfeld, das durch das - sich in Technik und Organisation reflektierende - Autonomiestreben des Managements auf der einen und demjenigen der Arbeiter auf der anderen Seite konstituiert werde.

57 Schultz-Wild u.a. (1989, 173) unterscheiden zwischen drei Varianten des Einsatzes von PPS-Systemen: Bei der "betrieblichen Zentralsteuerung" liegt die Grob- und Feinplanung bei einer der Fertigung übergeordneten "Zentralinstanz", die auf der Basis ihrer Planungen der Werkstatt "dezidierte Steuerungsanweisungen mit bindendem Charakter" vorgibt und den Auftragsfortschritt überwacht. Die "zentrale Werkstattsteuerung" bezeichnet ein System der organisatorischen Differenzierung der der Fertigung übergeordneten Abteilung in eine Zentralabteilung und einen Leitstand. Während der Zentrale in der Regel die Grobplanung und -steuerung obliegt, ist der werkstattnahe Leitstand für die Feinplanung und die Überwachung des Auftragsfortschritts zuständig. Von "dezentraler Werkstattsteuerung" sprechen sie, wenn "das Führungspersonal der Werkstatt, also Meister und Vorarbeiter, die Verantwortung für

Die am SOFI durchgeführten Untersuchungen zum Einsatz von PPS-Systemen in größeren (Manske/Wobbe-Ohlenburg/Mickler 1984) bzw. Klein- und Mittelbetrieben (Manske 1987c) des Maschinenbaus verweisen demgegenüber auf eine wesentlich offenere Entwicklung. Zwar gehen auch die Göttinger Forscher davon aus, daß im Gefolge der Einrichtung von PPS-Systemen die Werkstatt insgesamt an Autonomie verliert (vgl. auch Mickler 1983). Allerdings messen sie der Existenz "divergierender Managementkonzeptionen" (Manske/Wobbe-Ohlenburg/Mickler 1984) des Einsatzes von PPS-Systemen besonderes Gewicht zu und weisen der weniger zentralistischen Konzeption eine realistische Durchsetzungschance zu.[58] Ihr Befund lautet, daß jede der konkurrierenden PPS-Lösungen "für sich behaupten kann, die optimale zu sein" (Manske/Wobbe-Ohlenburg 1984). Zwar hebt Manske (1987c, II) als das wesentliche Ergebnis der beiden SOFI-Studien hervor, daß PPS-Systeme nicht dazu "taugen ..., die Produktion zentral und 'von oben' vollständig vorzuplanen und zu determinieren". Die deterministische Totalplanungskonzeption wird als ein "der Komplexität der Maschinenproduktion nicht gerecht werdender Irrweg" (Manske 1987c, II) gekennzeichnet und das "Konzept der dezentralen Kompetenznutzung" (Manske/Wobbe-Ohlenburg 1984) gleichsam als eine Antwort auf mißlungene Versuche ihrer Anwendung identifiziert. Sie halten daher zumindest im kleinserigen Maschinenbau die Nutzung weniger zentralistischer Systeme für die wahrscheinlichere Entwicklungsrichtung (vgl. Manske 1987b). Allerdings heben sie auch die fortwirkende Relevanz zentralistischer Visionen hervor. "Durchstarten ist die Devise der Vertreter dieser Konzeption." (Manske/Wobbe-Ohlenburg 1984, 71)

---

die Feinplanung und Auftragsfortschrittskontrolle" hat. Für Schultz-Wild u.a. (1989) zeigen die untersuchten Fälle einen "deutlichen Trend", der auf die ersten beiden Einsatzvarianten zuläuft, wobei die organisatorische Zentralisierung der in Frage stehenden Funktionen in Leitständen "teilweise nur eine Vorstufe zur betrieblichen Zentralplanung auf Basis ausgefeilter Totalplanungssysteme" sei (Schultz-Wild u.a. 1989, 179).

58 Vgl. ähnlich Wittkowsky/Gottschalch (1990). Manske/Wobbe-Ohlenburg/Mickler (1984, 154ff.) identifizieren faktisch drei relevante "Steuerungssysteme" im Maschinenbau, die vor der Nutzung von PPS-Systemen Bedeutung hatten: die "reine Meisterwirtschaft" bzw. die "strukturierte Meisterwirtschaft" als dezentrale Formen und die "organisatorische Werkstattzentralsteuerung" als zentralistisches Steuerungssystem. Liegt im ersten Fall die Planung und Steuerung (einschließlich der werkstattübergreifenden Koordination der Meistereien) primär in den Händen der Meister, denen lediglich ein Obermeister oder ein Terminbüro als Hilfsinstanz zur Seite steht, so sind bei der "strukturierten Meisterwirtschaft" bereits zentralisierte Steuerungsinstanzen ausgebaut worden und die Meister nur noch "eingeschränkt selbständig". Bei den Meistern liegt hier noch die Arbeitszuteilung und die Bestimmung der Bearbeitungsreihenfolgen, das Steuerungspersonal hat aber schon Kompetenzen des Meisters übernommen und lenkt ihn in seiner Arbeit "ohne sie jedoch festzulegen". Beim System der "organisatorischen Werkstattzentralsteuerung" werden alle wesentlichen Aufgaben der Planung und Steuerung einer gesonderten Steuerungsinstanz (Leitstand) übertragen (vgl. auch Mickler 1983). Die Meister haben hier "alle Steuerungsfunktionen verloren". Die Autoren gehen davon aus, daß das System der "reinen Meisterwirtschaft" infolge des Einsatzes der neuen Steuerungstechnologien keine Zukunft mehr haben wird. Die Grundstruktur der beiden anderen Systeme finden sie allerdings auch beim Einsatz von PPS-Systemen wieder. Im System der "EDV-Zentralsteuerung" (Totalplanungskonzeption) reflektiere sich der Grundzug der "organisatorischen Werkstattzentralsteuerung". Der Unterschied gilt als eher graduell. Beim System der "EDV-geleiteten Dezentralisierung" (Konzeption der zentralen Rahmenplanung) wird ein neues Mischungsverhältnis von zentraler und dezentraler Steuerungskompetenz etabliert. Für die Werkstatt sind hier aber die Grenzen etwas enger gesetzt als im Fall der "strukturierten Meisterwirtschaft". Sie erhält Vorgaben mit "Umsetzungsgebot".

Hildebrandt und Seltz (1989) sehen demgegenüber zentralistische, "starr-deterministische Steuerungssysteme" eindeutig auf dem Rückzug.[59] Sie heben einen "dominanten Entwicklungspfad" im Feld mittlerer bis großer Maschinenbauunternehmen hervor, der von Totalplanungssystemen hin zu einer "dezentral-dispositiven Öffnung der PPS-Systeme" führt. Der von Manske (1987c, 164) so bezeichnete "neue Realismus", der "bewußt" auf eine Verteilung der Planungs- und Steuerungskompetenzen zwischen zentralen Abteilungen und Werkstatt baut - zentral erfolgt die Grobplanung und -steuerung, dezentral die Feinplanung und -steuerung - beherrscht Hildebrandt/Seltz (1989) zufolge die Sichtweise in mittleren bis großen Maschinenbaubetrieben. Allerdings identifizieren sie eine weitere Entwicklungsphase, in der die im Gefolge der Öffnung der "starr-deterministischen" Steuerungssysteme entstandenen "Steuerungs- und Kontrollücken" insbesondere durch die Nutzung von Systemen zur Betriebsdatenerfassung geschlossen werden.[60]

Auf der Grundlage der vorstehenden Skizze lassen sich nun die von der empirischen Forschung hervorgehobenen Veränderungen der Meisterrolle im Gefolge des Einsatzes computergestützter PPS-Systeme herausarbeiten und einordnen. Die (z.T. di-

---

59 In ihrer Untersuchung standen solche (mittlere bis große) Maschinenbauunternehmen im Mittelpunkt, in denen eine Modernisierung vorhandener PPS-Systeme angestrebt wurde. Die Sicht der betrieblichen Entscheidungsträger in der Frage des Zuschnitts der neuen PPS-Systeme ist geprägt durch die enttäuschenden Erfahrungen mit den vorhandenen, zentral-deterministischen Systemen: "Aus dieser Erfahrung resultierte bei der Mehrheit der Manager eine hohe Sensibilität bezüglich der Voraussetzungen sozialer Produktivität, d.h. der Kosten zu enger und starrer Steuerung und Kontrolle. Sie wurde in der Mehrzahl der Betriebe umgesetzt in dezentral-dispositive Steuerungskonzepte der zweiten Generation, bei denen die Werkstatt unterhalb einer starken Grobplanung und im Rahmen weiterer, aber harter Ecktermine über einen definierten Dispositionsraum verfügt, der durch eine breite Informationsbereitstellung unterstützt wird" (Hildebrandt/Seltz 1989, 198) Dieser "Strategiewechsel" wird als "Rückbesinnung auf die besonderen Fähigkeiten des handwerklich geprägten Maschinenbaus interpretiert" (ebda.). Zwar erkennen auch sie, daß der "Traum von der zentralisierten Totalplanung" für manchen Manager nach wie vor attraktiv ist, die entscheidende Grundhaltung sei aber mittlerweile, "wieder mehr auf die Trumpfkarte alter, feinkörniger Steuerungsleistungen der Werkstatt selbst " zu setzen (Hildebrandt/Seltz 1989, 257)

60 Der dominante Entwicklungspfad wird von Hildebrandt/Seltz (1989, 414ff.) letztlich durch vier aufeinanderfolgende Phasen charakterisiert: Die erste ist jene der beginnenden Trennung von Planung und Ausführung, des allmählichen Aufbaus einer Arbeitsvorbereitung. In dieser Frühphase blieb die Eigensteuerung der Werkstatt dominant. Hierauf folgt eine Phase der "Ausdifferenzierung und Systematisierung der Planung und Steuerung oberhalb der Werkstatt". "Es entstehen größere Abteilungen für Produktionsplanung, Arbeitsvorbereitung und Fertigungssteuerung, die nach zunehmend standardisierten Verfahren die Fertigung vorbereiten ... und in der Zielperspektive die Fertigung ... eng steuern und auf Einhaltung dieser Vorgaben kontrollieren. ... Die flexible Steuerung und Kontrolle in der Werkstatt ... wird abgelöst durch den Versuch der starren Durchsetzung von Vorgaben durch die Exekutive der Fertigungssteuerung ... In diese Phase fallen auch die ersten Schritte der Mechanisierung der Bearbeitung und Speicherung von Daten in der Arbeitsvorbereitung (z.B. Ormig-Verfahren, erste EDV-Anwendungen)." Die dritte, zum Untersuchungszeitpunkt vorherrschende Phase ist jene des Aufbrechens der "starr-deterministischen" PPS-Systeme und die vierte die der "System- und Sozialintegration auf dem Niveau integrierter EDV-Durchdringung". Hildebrandt/Seltz (1989) sprechen in diesem Zusammenhang von einer Phase des Aufbaus einer "systemischen Kontrolle" (vgl ähnlich Manske 1990).

vergierenden) Befunde bzw. Thesen können in folgenden Punkten zusammengefaßt werden:

(1) Weitgehend einig sind sich die Studien in der Beurteilung der bisherigen Lage im Maschinenbau: Danach herrschte bis in die 70er bzw. 80er Jahre hinein die "dezentrale Werkstattsteuerung" mit den Meistern als ihren entscheidenden Trägern vor.

Zwar wird in der Rückschau auf die vergangenen Jahrzehnte bereits ein "Zug zur Zentralisierung" (Manske/Wobbe-Ohlenburg/Mickler 1984) erkannt. Insbesondere in den die Branche dominierenden (Klein- und Mittel-)Betrieben mit vorwiegender Einzel- und Kleinserienfertigung war entsprechenden Rationalisierungsbemühungen allerdings wenig Erfolg beschieden. Wenn sich dort auch vielfach eine "reine Meisterwirtschaft" mit "autonomen Meistern" nicht hielt, so doch meist zumindest eine "strukturierte Meisterwirtschaft", in der die Meister "eingeschränkte Eigenständigkeit" bewahren konnten (Manske/Wobbe-Ohlenburg/Mickler 1984).[61]

(2) Die computergestützten PPS-Systeme schaffen auch dort, wo bis dahin Formen der Meisterwirtschaft überlebt hatten, eine neue Situation. Sie implizieren - zumindest dann, wenn die "reine Meisterwirtschaft" als logischer Ausgangspunkt gesetzt wird, was recht häufig geschieht - auf jeden Fall, d.h. gleichgültig, welches Konzept die EDV-Architektur und die Nutzungsform bestimmt, eine Zentralisierungstendenz (vgl. auch Dörr 1985b). Diese Tendenz und die (gemeinsam geteilte und durch die beobachtete Dynamik im Feld der Entwicklung und Nutzung solcher Systeme begründete) Annahme einer breiten Diffusion dieser Organisationstechnologie im Maschinenbau begründet die Schlußfolgerung, daß die traditionellen Formen der Meisterwirtschaft und damit die bisherige (Teil-)Autonomie der Meister der Vergangenheit angehören werden. Hierin stimmen die PPS-Studien weitgehend überein, wenngleich sie, wie erwähnt, auch auf restringierende Faktoren (Grad der Beherrschbarkeit von Markteinflüssen, Betriebspolitik) aufmerksam machen (vgl. u.a. Hirsch-Kreinsen 1984, Springer 1984, Mickler 1983, Hildebrandt/Seltz 1989).

(3) Wie tiefgreifend sich die Rolle der Meister verändert, hängt nicht zuletzt davon ab, welche Konzeptionen die Maschinenbaubetriebe bezüglich der Modernisierung ihrer Planungs- und Steuerungssysteme verfolgen. Mit Blick auf die Meister lassen sich grob zwei Entwicklungspfade unterscheiden. Während der eine Weg gewissermaßen der "historischen Mission der Arbeitsvorbereitung" (Hirsch-Kreinsen/Wolf 1987), d.h. dem Ziel der Verwissenschaftlichung der Betriebsführung verpflichtet bleibt, bedeutet der andere ein Aufweichen, wenn nicht gar eine partielle Abkehr vom "technozentrischen Entwicklungspfad" (Brödner 1986).

(a) Sofern die Unternehmen den Weg der "zentralisierten Totalplanung" einschlagen, droht der Typus des taylorisierten Meisters zum Fluchtpunkt der Entwicklung

---

61 Bemerkenswerterweise fanden etwa Manske/Wobbe-Ohlenburg/Mickler (1984; vgl. Übersicht S. 144) bei vier von sechs untersuchten Betrieben eine "reine Meisterwirtschaft" vor der PPS-Einführung vor.

zu werden. Im Ergebnis steht dann den Werkstätten nicht mehr der (eingeschränkt) "eigenständige" Meister, sondern der "teilentmachtete" oder "randständige" Meister vor (Manske 1987b). Es ist dies das "Bahnhofsvorsteher-Modell": Der Meister "darf wohl noch das Abfahrtssignal geben, den Zeitplan der Zugfolge aber nicht mehr bestimmen" (Mickler 1983, 338; vgl auch Hildebrandt/Seltz 1989, 284).

In diesem Fall hat die Rolle der Meister als relativ autonome Organisatoren, als zentrale Planungs- und Steuerungsinstanz des Produktionsprozesses kaum Bestand (Hirsch-Kreinsen 1984). Sie werden, wie Springer (1984, 549) vermerkt, "von der Wahrnehmung jener Aufgaben ausgeschlossen, die eigentlich schon immer in den Bereich der Arbeitsvorbereitung gefallen, gleichwohl dem Meister aber überlassen worden sind". Seine Kompetenzen werden radikal beschnitten, entscheidende Elemente seiner bisherigen Planungs- und Steuerungsaufgaben - von der werkstattübergreifenden Koordination über die zeitliche Abstimmung und Verteilung von Aufträgen im eigenen Verantwortungsbereich bis hin zu sachlichen Koordinationsaufgaben (z.B. Sicherung der Materialversorgung) - werden entweder technisch objektiviert oder zentralisiert (Hirsch-Kreinsen 1984, Manske/Wobbe-Ohlenburg/Mickler 1984; vgl. auch Breisig 1987). Der Zugriff der Arbeitsvorbereitung dringt hier bis in die Feinplanung und -steuerung des Werkstattgeschehens vor - mit der Konsequenz einer "Entmachtung" der Meister (Schultz-Wild u.a. 1989). In ihrer reinen Form", so Manske (1987b, 37) "führt diese Konzeption dazu, daß Meister und Arbeiter keinerlei Steuerungsbefugnisse mehr besitzen; es wird sogar die Arbeitsverteilung vorweggenommen". Der Meister hat in diesem Bereich also nicht mehr autonome Normsetzungsmacht, sondern im wesentlichen nur noch Aufgaben der "Realisation vorgegebener Arbeitsnormen" (Hirsch-Kreinsen 1984). Er wird zum "Vollstrecker" (Manske/Wobbe-Ohlenburg 1983) bzw. "Vermittler" zwischen unabhängig von ihm erstellten Planungsvorgaben auf der einen und den Gegebenheiten der Produktion auf der anderen Seite. Dem Meister bleiben damit nur solche Kompetenzen "welche im wesentlichen der Ergänzung und Modifikation der zentralen Planung und Steuerung auf der Basis seiner langjährigen, betrieblichen Erfahrung und spezifischen Kenntnisse dienen." (Hirsch-Kreinsen 1984, 126)

In letzter Konsequenz beschert dieser Entwicklungspfad dem bis dahin mächtigen Maschinenbaumeister also ein ähnliches Schicksal wie seinen Kollegen in den Massenproduktionsindustrien. Entsprechend werden auch spezifische Problemlagen akzentuiert: Auf der einen Seite etabliert bzw. verschärft sich das Kompetenz-Verantwortungs-Dilemma. Den an die Meister gerichteten Anforderungen - sie sind ja weiterhin für ihre Werkstatt verantwortlich und haben für die korrekte Abarbeitung von Aufträgen und die Einhaltung von Terminen einzustehen - stehen nun keine wirklichen Dispositionsspielräume mehr gegenüber (vgl. u.a. Schultz-Wild u.a. 1989). Der Stab-Linie-Konflikt zwischen Meistern und Steuerungspersonal (vgl. hierzu etwa Mickler 1983), der mit Blick auf die Meister nicht zuletzt durch dieses Dilemma Nahrung erhält, gewinnt durch einen anderen Aspekt an zusätzlicher Schärfe. Auf der anderen Seite nämlich beraubt der Rollenwandel hin zum eher subalternen Weisungsempfänger und "Vermittler zwischen Management und Belegschaft" (Springer 1984) den Meister um wichtige Machtquellen. Ihre bis dahin starke Stellung gegenüber den Arbeitern resultierte nicht zuletzt aus ihrer Kompetenz der Arbeitsverteilung, durch die sie angesichts des Akkordsystems einen gewichtigen Einfluß auf deren Lohn-Leistungsrelation gewannen. Mit dem Verlust der Arbeitsverteilungskompetenz geht den Meistern dieser Einfluß verloren - ihnen sind hinsichtlich des tradierten "Lohn- und Akkordspiels" (Wiedemann 1967) die bisherigen Trümpfe aus der Hand genommen. Dadurch büßen sie gegenüber der unterstellten Produktionsbelegschaft zunächst einmal an Autorität ein (vgl. insb. Manske 1987b,c; Mickler

1983).[62] Der Meister ist, wie Mickler (1983, 339) feststellt, "... dem Arbeiter ein Stück nähergerückt. "Meister" bleibt er für die Arbeiter aber vor allem auf der fachlichen Ebene." Den technisch-fachlichen Aufgaben wird neben den Personalführungsaufgaben stärkeres Gewicht zukommen und, so die Erwartung, die Autoritätsverluste zumindest partiell kompensieren und die Rolle des Meisters im Facharbeiterbetrieb stabilisieren helfen (vgl. Manske/Wobbe-Ohlenburg/Mickler 1984; Mickler 1983, Hirsch-Kreinsen 1984; kritisch hierzu Fischer 1993).

(b) Der Pfad der "zentralisierten Rahmenplanung", bei dem eine Verteilung der Planungs- und Steuerungskompetenzen zwischen Zentralinstanzen und Werkstatt die Zielrichtung ist, knüpft dezidiert an der traditionellen Rolle der Meister an. Das Erfahrungswissen der Meister wird hier "bewußt und systematisch" in die Systemkonzeption einbezogen (Schultz-Wild u.a. 1989). Zwar wird ihre Bedeutung im Planungs- und Steuerungsgeschäft im Vergleich zur herkömmlichen Meisterwirtschaft beschränkt und ihre Handlungsautonomie begrenzt; die betriebliche Stellung der Meister, so Manske/Wobbe-Ohlenburg/Mickler (1984, 185), ähnelt gleichwohl jener in der "strukturierten Meisterwirtschaft".[63] Im Ergebnis steht hier der "EDV-geleitete" Meister (Manske/Wobbe-Ohlenburg/Mickler 1984; Hildebrandt/Seltz 1989). Die Definition der Rolle der Meister folgt sozusagen einem Modell der organisationstechnologisch modernisierten und modifizierten Meisterwirtschaft.

Bei diesem "mittleren Weg" (Manske 1987c) beschränkt sich die Zentrale auf eine grobe Rahmenplanung. Diese wird in der Werkstatt, und dort ganz zentral von den Meistern konkretisiert. Die Meister (und die Arbeiter) behalten in diesem Fall relevante, die Organisation des Produktionsprozesses betreffende Kompetenzen. Sie setzen nicht allein und primär von oben gesetzte Vorgaben um, sondern sie sind, mit Handlungs- und Entscheidungsspielräumen ausgestattet, am Planungs- und Steuerungsgeschäft direkt beteiligt. Die Feinsteuerung, insbesondere die Kompetenz der Arbeitsverteilung, liegt unmittelbar in den Händen der Meister. Hildebrandt/Seltz (1989, 270) fassen die Sichtweise derjenigen, die in den Maschinenbaubetrieben die Möglichkeiten der neuen Organisationstechnologien mit Kernelementen der tradierten Meisterwirtschaft zu einem neuen Steuerungssystem zu verbinden suchen, zusammen und skizzieren zugleich die Rolle, die den Meistern zugedacht ist: "Ein PPS-System steht und fällt letztlich mit dem Meister - seine Sensibilität wird für die alltägliche Auftragsabwicklung gebraucht - und Kernpunkte seiner Tätigkeit sollen informationstechnisch unterstützt werden ('visuelle Stützen'). Der Meister soll ... (wieder) erste Wahl werden und 'Entscheidungen' treffen. Der wichtigste Grund: Der Betrieb, die Werkstatt braucht weiterhin einen 'Schuß Empirie' (Kern/Schumann), d.h. ein Stück Meistersensibilität und -erfahrung für die alltägliche Bewältigung des Auftragsgeschehens, damit die Formel

---

62 "Mit dem Verlust der Sanktionsmöglichkeiten über die Zuteilung guter oder schlechter Arbeiten, dem einstigen Herzstück der Meister-Arbeiter-Beziehung, hat sich allerdings der Zugang der Meister zu den Arbeitern grundlegend verändert. Er erhält ihn nicht mehr über das tägliche Bargaining zwischen dem von ihm durchzusetzenden betrieblichen Leistungsanspruch und den Reproduktionsinteressen der Arbeiter, das eingespielten ungeschriebenen Gesetzen folgte und bei aller Verdecktheit ihm ausreichenden Einblick in Leistungsgrad und Leistungsverhalten "seiner" Arbeiter gewährte." (Mickler 1983, 338)

63 Mickler (1983, 342) spricht denn auch angesichts der hier angelegten Tendenz, die Meister wieder stärker in das Organisationsgeschäft einzubeziehen, von einem Indiz für "erste Schritte auf dem Weg zur Reetablierung der Meisterherrschaft in der Werkstatt".

'im Mittelpunkt steht der Auftrag' eingelöst werden kann. Allerdings soll sich der neue Meister nicht mehr um die gesamte Situation der Werkstatt kümmern, weil dann wieder das 'Management bei Bierflasche' hochkommt. Der Horizont der alltäglichen Auftragsbewältigung müsse enger gezogen und strikter an die informationstechnologisch vermittelten Vorgaben gebunden werden. ... Man braucht den Meister, damit dieser über das immer wieder zerfließende Situationsgefüge der Werkstatt Durchblick erhält, auf dem laufenden bleibt, andererseits aber sein Arbeitshandeln in Richtung auf zielgerichtete Erfüllung der Eckvorgaben ('zentrale Rahmenbedingungen') für seine Kostenstelle ausrichten kann. ... Die Feinsteuerung ist jedenfalls, so wird fast durchgängig betont, nicht mehr im 'Büro' zu machen. Feinsteuerung müsse wieder Hoheitsgebiet des Meisters werden". Letztlich zielt dieser Entwicklungspfad darauf, "alle für einen technologisch geschlossenen Bereich zur Anleitung der Arbeitsabwicklung wesentlichen Aufgabenkomplexe auf eine Person, die des Meisters" (Manske/Wobbe-Ohlenburg/Mickler 1984, 181) zu vereinigen. Dieser hat innerhalb eines - im Vergleich zur reinen Meisterwirtschaft - sehr eng gesetzten Rahmens an Vorgaben eine "umfassende Kompetenz" (Manske/Wobbe-Ohlenburg/Mickler 1984) und "freie Wahl" (Hildebrandt/Seltz 1989).

Resümiert man die Befunde einschlägiger Studien, so wird folgendes deutlich: Zwar geriet mit dem Einsatz von PPS-Systemen die herkömmliche Meisterwirtschaft im Maschinenbau unter Veränderungsdruck und es zeichnete sich in vielen Fällen ein Prozeß der Zentralisierung von Kompetenzen und der Beschneidung der Autonomie der Meister ab, der sich in anderen Branchen bereits viel früher vollzogen hatte; es zeigt sich zugleich aber auch, daß gerade im Zusammenhang mit der Nutzung und Modernisierung solcher Systeme Konzepte Anwendung fanden, die eine neue Sicht auf die Leistungen herkömmlicher Strukturen beinhalten.

(4) Kontrovers wird jedoch die Frage behandelt, welcher Typus von Meister sich im Maschinenbau als vorherrschender durchsetzt. Dies fußt unmittelbar auf den bereits skizzierten Unterschieden in der Einschätzung, welchen PPS-Konzeptionen die Maschinenbaubetriebe überwiegend folgen.[64]

---

[64] Die Ursache dieser Differenz liegt sicherlich nicht allein darin, daß die Untersuchungen zu unterschiedlichen Zeitpunkten durchgeführt wurden, oder an der fallstudienorientierten Methode. Wesentlich dafür sind auch die Unterschiede in der theoretischen "Voreinstellung", die den Untersuchungen jeweils zugrunde lagen und die Sicht auf den Untersuchungsgegenstand prägten. Dem kann an dieser Stelle allerdings nicht nachgegangen werden. Ebensowenig kann hier eine Diskussion eines gemeinsam geteilten theoretischen "Vor"urteils der PPS-Studien der 80er Jahre, nämlich dem der fraglosen ökonomischen Rationalität und des prinzipiell ordnungsstiftenden Charakters des Einsatzes dieser Prozeßtechnologie, erfolgen. Mit Blick auf diese kaum hinterfragte Annahme sei lediglich folgendes vermerkt: Zum einen reproduzieren die PPS-Studien in gewisser Weise den "Traum von der absoluten Ordnung" (Weltz 1991) der betrieblichen Protagonisten in der nicht problematisierten Feststellung eines den Computersystemen inhärenten Potentials, die Werkstatt in der einen oder anderen Form zentral beherrschbar zu machen. Selbst in den arbeitspolitisch aufgeklärten Fassungen und dort, wo auf das besondere Gewicht tradierter Sozialverfassungen hingewiesen wird, steht doch außer Frage, daß diese Systeme der entscheidende Schritt zur "systemischen Kontrolle" darstellen. Außer Zweifel stehen auch ökonomische Zwecksetzung und Effekte des Computereinsatzes. Solcherlei Gewißheiten bzw. Rationalitätsunterstellungen sind, wie Ortmann

Diejenigen Autoren, die von der Durchsetzung zentralistischer Totalplanungskonzepte (Hirsch-Kreinsen 1984, Springer 1984, Schultz-Wild 1989, vgl. auch Hirsch-Kreinsen 1990) ausgehen, sehen bezüglich der Meisterrolle einen Prozeß in Gang gesetzt, der auf das "Bahnhofsvorsteher-Modell" zusteuert.[65] Manske/Wobbe-Ohlenburg/Mickler (1984; vgl. auch Manske 1987a,c) und Hildebrandt/Seltz (1989) schätzen die Verbreitungschancen dieses "Meister-Modells" zumindest im mittelbetrieblich strukturierten kleinserigen Maschinenbau demgegenüber deutlich geringer ein. Sie identifizieren das Bahnhofsvorsteher-Schicksal eher als Übergangsphänomen. So wie die deterministischen Totalplanungskonzepte zunehmend offeneren Planungssystemen weichen, werde auch der Meister wieder gestärkt. Die Erwartung ist hier die einer breiten Diffusion des Modells eines "EDV-geleiteten Meisters", dessen Bezüge zur Tradition der Meisterwirtschaft unverkennbar sind.[66]

(1995) zeigt, keineswegs selbstverständlich. Sie sind letztlich selbst Ausdruck eines "Computermythos" (vgl. Faust 1992).

65 Hirsch-Kreinsen (1984) und Springer (1984) kommt eigentlich gar kein "Gegenmodell" in den Blick. Zwar wird die Meisterrolle nicht technikdeterministisch, sondern über die gegenläufigen Autonomiebestrebungen von Management und Arbeitern bestimmt (Springer 1984). Auch werden Marktkontingenzen und Fertigungskomplexität als restringierende Faktoren benannt. Über die Einheitlichkeit von Charakter und Form managerieller Autonomiestrebens gibt es jedoch keinen Zweifel. Von Managementseite favorisierte Alternativen zum Weg in den "versteinerten Taylorismus" (Brödner 1986) kommen daher nicht in den Blick. Die Sichtweise ist, wie Hirsch-Kreinsen (1984) zeigt, präformiert durch einen subsumtionstheoretischen Ansatz. Eine Perspektive, die von Hirsch-Kreinsen in einer späteren Veröffentlichung (vgl. Hirsch-Kreinsen u.a. 1990) gleichsam als "Reflex" lange Zeit dominanter tayloristischer Rationalisierungsstrategien bezeichnet wird. Da hier dem Eigensinn von Akteuren konzeptionell kaum Gewicht beigemessen wird, wird die Abhängigkeit der Gestaltungs- und Nutzungsformen der EDV von subjektiven Interpretationsleistungen "objektiver" Anforderungen (des "Marktes" oder der "Kapitalverwertung") und deren Transformation in konkrete Handlungskonzepte nicht deutlich. Ein solcher Blick erfaßt Entwicklungsalternativen allenfalls als situativ bedingte Begrenzungen einer eigentlich eindeutigen (Kapital-)Entwicklungslogik. Die Sicht von Schultz-Wild u.a. (1989) ist konzeptionell von vornherein auf "alternative Entwicklungspfade" ausgerichtet. Ihre Skepsis bezüglich der Verbreitungschancen "strukturinnovativer" Formen des PPS-Einsatzes und damit ganzheitlicherer Formen des Meistereinsatzes resultiert, neben den empirischen Befunden der Breitenerhebung, wesentlich daraus, daß sie nicht nur von einer hohen Verbreitungsdynamik der Rechnerintegration ausgehen, sondern auch unterstellen, daß bestehende Probleme der rechnergestützten, detaillierten Modellbildung technisch überwunden werden können. Eine auf den Gesamtprozeß ausgerichtete und dessen funktionale Zusammenhänge zu integrieren suchende "systemische Rationalisierung" scheint zudem, so ließe sich hinzufügen, eher auf Formen zentraler Werkstattsteuerung zu drängen.

66 Diese Studien gehen zwar wie Schultz-Wild u.a. (1989) und Hirsch-Kreinsen u.a. (1990) konzeptionell davon aus, daß sich industrielle Rationalisierung (historisch) in unterschiedlichen Mustern konkretisiert und also keineswegs mit tayloristischer Rationalisierung gleichzusetzen ist. Während etwa Hirsch-Kreinsen u.a. (1990) die "Offenheit künftiger Entwicklungen von Technik und Arbeit" betonen, aber schließlich strukturkonservativen Rationalisierungsmustern die größeren Durchsetzungschancen einräumen (vgl. Hirsch-Kreisen u.a. 1990,

Die Frage, welche Bedeutung den ganz der Tradition überkommener Rationalisierungsleitlinien folgenden PPS-Konzeptionen auf der einen und den Konzepten des "neuen Pragmatismus" auf der anderen Seite in den 80er Jahren zukommt, ist angesichts dieser Kontroverse zunächst schwer zu beantworten.

Den einzigen Hinweis auf die quantitative Bedeutung alternativer Konzepte liefert die Mitte der 80er Jahre durchgeführte Breitenerhebung von Schultz-Wild u.a. (1989). Sie macht deutlich, daß zentralistische PPS-Einsatzvarianten in den in die Befragung einbezogenen Betrieben der Investitionsgüterindustrie dominieren (vgl Schultz-Wild 1989, 174f.): In knapp 40% der Betriebe finden Systeme der "betrieblichen Zentralsteuerung" und bei einem etwa gleich großen Prozentsatz Systeme der "zentralen Werkstattsteuerung" (Leitstandkonzepte) Anwendung. Lediglich in etwa 20% der Betriebe existieren Formen "dezentraler Werkstattsteuerung". Allerdings handelt es sich bei der ersten Gruppe von Betrieben vorrangig um solche der Elektrotechnischen Industrie und um Maschinenbaufirmen mit vornehmlicher Großserienproduktion. Die "zentrale Werkstattsteuerung" kommt vor allem bei Maschinenbaubetrieben der Einzel-, Klein- und Mittelserienfertigung vor. Auch Betriebe mit "dezentraler Werkstattsteuerung" sind bezeichnenderweise vornehmlich Maschinenbaubetriebe mit Einzel- bis Kleinserienfertigung. Diesen kommt im Maschinenbau bekanntermaßen ein besonderes Gewicht zu.

Es gibt jedoch eine Reihe von Argumenten, die die These einer anhaltenden Bedeutung bzw. (Re-)Stabilisierung meisterwirtschaftsähnlicher Strukturen - und zwar nicht nur der reduzierten Fassung des "EDV-geleiteten Meisters" - erhärten:

Das wichtigste Argument liefert in gewisser Weise die Panel-Untersuchung des Sonderforschungsbereichs 187 der Universität Bochum, die auch der Frage der Struktur der Produktionsplanung und -steuerung im Maschinenbau nachging. Die Befunde sind eindrücklich:

"In ca. 38 Prozent der Maschinenbaubetriebe sind Produktionsplanungskompetenzen ausschließlich oder überwiegend in zentralen Abteilungen angesiedelt. Ungefähr genauso groß ist die Gruppe der Betriebe, bei denen die Planungskompetenzen etwa gleichgewichtig zwischen einer zentralen Abteilung und den Meistern verteilt sind. Bei etwa einem Viertel der Betriebe ist die Produktionsplanung fast vollständig in die Werkstatt integriert, wobei auch hier bei der überwiegenden Mehrheit die Meisterebene eine dominierende Rolle spielt. Weitreichende Dispositionskompetenzen für Facharbeiter finden sich nur in einer kleinen Minderheit von Betrieben. Insgesamt ergibt sich daraus, daß in rund 60 Prozent aller Maschinenbaubetriebe ein wesentlicher Teil der Produktionsplanung von den Meistern ausgeübt wird" (Mitteilungen für den Maschinenbau (1995)10, 7).

207ff.), vertreten sie jedoch eher die Gegenposition. Sie sind, wie Hirsch-Kreinsen u.a. (1990) zurecht betonen, eher die Vertreter der These eines "Paradigmenwechsels" industrieller Rationalisierung, wobei diese durch den kontrolltheoretischen Zugang von Manske (1987c) und Hildebrandt/Seltz (1989) eine besondere Fassung erhält. Autonomisierung des Managements und qualifizierte Produktionsarbeit (und ganzheitlicherer Meistereinsatz, so ließe sich ergänzen) sind insbesondere für Manske (1987c) nicht mehr unvereinbar. Die Werkstatt wird mittels Computerisierung transparent und dem direkten Zugriff des Managements geöffnet (systemische Kontrolle). Gleichzeitig bleibt die technisch-fachliche Dimension der Produktionsarbeit unverändert. Eine "informationstechnisch gesteuerte 'heile Welt'" entsteht, wie Hildebrandt/Seltz (1989, 268) mit Blick auf die Meister konstatieren.

Vergleicht man die Daten mit den oben angeführten Daten von Schultz-Wild u.a. (1989), dann läßt sich folgender Schluß ziehen: Während eines Zeitraums von fast zehn Jahren hat sich im Maschinenbau bezüglich der Meisterebene kein nennenswerter Prozeß des Entzugs von Planungs- und Steuerungskompetenzen vollzogen. Ganz im Gegenteil:

"Generell zeichnet sich im NIFA-Panel die Tendenz ab, daß ... kontinuierlich Kompetenzen in die Werkstatt verlagert werden ... Die Verlagerung von Kompetenzen scheint zu einer Stärkung der Position von Vorgesetzten in der Werkstatt, d.h. in der Regel der Meister, zu führen." (Mitteilungen für den Maschinenbau (1995)10, 6f.)[67] In welche Richtung eine solche Tendenz weisen kann, machen Heidenreich (1991) bzw. Schmidt/Heidenreich (1991) deutlich, die allerdings andere Branchen international vergleichend untersuchten.[68] Sie verweisen auf einen neuen Weg der "stärkeren Integrierung von informatisierter und erfahrungsgestützer Produktionssteuerung". Das ihrer Einschätzung nach quantitativ vorherrschende Nebeneinander von zentraler und dezentraler Steuerungskompetenz (zentrale Rahmenplanung) wird in diesem Fall zugunsten einer Stärkung der dezentralen Einheiten aufgelöst. Das Ziel einer solchen Konzeption sei eine "informationstechnologische und organisatorische Aufwertung der Meister" (Heidenreich 1991, 191). Die Autoren identifizieren damit eine Entwicklung, der wir uns noch näher zuwenden werden.

Für die in den 80er Jahren anhaltende Bedeutung meisterwirtschaftlicher Strukturen sprechen zumindest noch drei andere Gesichtspunkte. So ist erstens auf den Umstand zu verweisen, daß die skizzierten Entwicklungsszenarien vor allem auf einen bestimmten Produktionsbereich mittlerer bis großer Maschinenbaubetriebe bezogen sind. Die PPS-Studien konzentrieren sich, wenn sie die Konsequenzen der PPS-Anwendung für die Werkstatt thematisieren, zumeist auf die mechanische Fertigung, wobei sie damit der Logik der untersuchten PPS-Anwendungen folgen. Eine Analyse der Montagebereiche fand kaum statt. Die wenigen vorhandenen Befunde deuten jedoch darauf hin, daß die Montagewerkstatt eine Domäne der Meisterwirtschaft blieb (vgl. Hirsch-Kreinsen 1984, 140ff.). Nicht zuletzt findet sich immer wieder auch die Feststellung, daß in Mittel- und Kleinbetrieben "personell dominierte Steuerungseinheiten mit marginaler EDV-Unterstützung" (Hildebrandt/Seltz 1989, 413) und damit der Meister als "Techniker und Organisator" der Produktion großes Gewicht behalten (vgl. etwa Hirsch-Kreinsen 1984, Springer 1984, Schultz-Wild u.a. 1989). Zweitens ist entgegen der in den 80er Jahren vielfach geäußerten Erwar-

---

67 Entsprechend eindeutig ist denn auch das Urteil bezüglich der These, mit der Einführung von PPS-Systemen würden zentrale Abteilungen gestärkt. "Diese These läßt sich (zumindest in vereinfachter Form) mit den Daten des NIFA-Panels nicht bestätigen. Zwischen Betrieben mit und ohne PPS-System zeigen sich keine systematischen Unterschiede bei der Bedeutung der zentralen Abteilungen für die Produktionsplanung. Es besteht also kein direkter Zusammenhang zwischen der Nutzung von PPS-Systemen und weitgehenden Planungskompetenzen für eine zentrale Abteilung" (Mitteilungen für den Maschinenbau (1995)10, 7).

68 Heidenreich (1991, 190) gilt die "Koexistenz" zwischen einer zentralen EDV-unterstützten Rahmensteuerung und einer Feinsteuerung der Fertigung durch die Meister als die gegenwärtig "quantitativ bedeutsamste Form betrieblicher Steuerung".

tung einer raschen Diffusion der neuen Organisationstechnologie gerade im Maschinenbau, deren quantitative Bedeutung deutlich zu relativieren. Eine umfassende Verbreitung vergleichbar der der CNC-Technologie hat nicht stattgefunden.

Dies zeigt gerade die Mitte der 80er Jahre durchgeführte schriftliche Befragung in rund 1300 Betrieben der Investitionsgüterindustrie von Schultz-Wild u.a. (1989, 60). Danach war zum Untersuchungszeitpunkt der realisierte und der geplante Einsatz von PPS-Systemen vor allem in Betrieben mit Massen- bzw. Prozeßfertigung und in solchen der Mittel- bis Großserienfertigung weit fortgeschritten. In beiden Fällen hatten jeweils etwa 20% PPS-Systeme bereits eingeführt und bei weiteren 20% war dies in der Planung. In Betrieben mit Einzel- und Kleinserienfertigung hatten lediglich etwas über 30% der Betriebe solche Systeme eingeführt (ca. 13%) bzw. dies geplant. Die Gruppe der "Einmalfertiger" bildet mit 9% PPS-Anwendern und einem Anteil von 13% an Betrieben, die eine Anwendung planen, das Schlußlicht. Da im Maschinenbau vor allem die beiden zuletzt genannten Fertigungsarten eine besondere Rolle spielen, liegt es nahe, davon auszugehen, daß für einen großen Teil der dort beschäftigten Meister die skizzierten Veränderungen eher nachgeordnet sind.[69] Zudem gibt es hier einen deutlichen Betriebsgrößeneffekt (vgl. Schultz-Wild u.a. 1989, 43). Die mehrere Jahre später vom Bochumer Sonderforschungsbereich 187 durchgeführte Erhebung unterstreicht die begrenzte Bedeutung der PPS-Systeme. Danach erfolgt Mitte der 90er Jahre in zwei Drittel der Maschinenbaubetriebe die Produktionsplanung nach wie vor ohne Rechnerunterstützung (vgl. Mitteilungen für den Maschinenbau (1995)10, 8). In dieser Branche dominieren nach wie vor tradierte Systeme der Produktionsplanung und -steuerung.

Im übrigen ist drittens darauf hinzuweisen, daß die Existenz eines PPS-Systems noch nichts über dessen Nutzung aussagt. Angeschafft, installiert aber nicht oder nur rudimentär genutzt: so ließe sich eine durchaus häufige Nutzungsform umschreiben.

Hildebrandt/Seltz (1989, 15) verweisen in diesem Zusammenhang auf Schätzungen von Unternehmensberatern, die davon ausgehen, "daß nur 20% der gekauften PPS-Software auch wirklich angewendet werden ... Das Schlagwort von "PPS- und CIM-Ruinen" geht inzwischen auch den Systementwicklern von den Lippen" (vgl. auch Hildebrandt 1991). Die bereits zitierte Erhebung des Bochumer Sonderforschungsbereichs hat zum Ergebnis, daß bei immerhin knapp 20% der PPS-Anwender im Maschinenbau die Produktionsplanung trotzdem ganz oder überwiegend manuell erfolgt (Mitteilungen für den Maschinenbau (1995)10, 7).

Resümiert man die vorliegenden Arbeiten zum Einsatz von PPS-Systemen im Maschinenbau so läßt sich die Entwicklung in den 70er bzw. 80er Jahren folgendermaßen zusammenfassen:

Die hochfliegenden Visionen einer "flexiblen Automation", die sich vielerorts an die Potentiale gerade auch der computergestützten Prozeßtechnologien knüpften und die dem Management eine weitgehende Beherrschung und Determinierung der Produktionsprozesse erlauben sollten, haben sich vielfach als wenig realistisch erwiesen. Die ernüchternden Erfahrungen, die in den Betrieben mit computergestützten PPS-Systemen gesammelt worden sind, die die traditionellen Leitlinien wissenschaftlicher Betriebsführung inkorporierten, haben im Verlauf der 80er Jahre offensichtlich

---

69 In den Mitteilungen für den Maschinenbau (1994, Nr. 8, 4) wird auf einen Anteil der Einzel- und Kleinserienfertigung von 80% hingewiesen.

einer "Konzeptionskonkurrenz" Vorschub geleistet (Heidenreich 1991). Zwar blieben nicht wenige derjenigen, die in den Betrieben die Computerisierung der Produktionsplanung und -steuerung vorantrieben, der "historischen Mission" der Arbeitsvorbereitung (Hirsch-Kreinsen/Wolf 1987) weiterhin verpflichtet. Gleichzeitig gewannen aber Konzepte der PPS-Nutzung, die eine neue Sicht auf die Leistungen herkömmlicher Strukturen und Steuerungsinstanzen beinhalteten, als legitimierte Alternativen an Bedeutung. Insgesamt scheint es, so ließe sich mit Heidenreich (1991, 193) schließen, "... als ob die globalen, bereichsübergreifenden, "systemischen" und oftmals technokratischen Visionen der 70er und 80er Jahre ... gegenüber weniger perfektionistischen und totalintegrierten Visionen, die auch Raum für partikulare, einfache Lösungen lassen, an Boden verlieren".

III. Der Stilwechsel industrieller Rationalisierung und seine Folgen - "new Twists in the Foreman's World"

Sicherlich ist die Meisterfrage in den 80er Jahren vor allem noch bestimmt von der Dynamik des technologischen Wandels und von anhaltenden Zentralisierungsbestrebungen, die nicht zuletzt im Rahmen "technozentrischer" Modernisierungskonzepte vorangetrieben wurden. In manchen Bereichen der Industrie schien der Trend dementsprechend auf eine Vervollkommnung der ersten Meisterkrise hinauszulaufen. Wir haben dies hinreichend deutlich gemacht. Allerdings mehrten sich in diesem Jahrzehnt auch Innovationsbestrebungen in eine andere Richtung.

Die gegenläufige Bewegung von Zuspitzung und neuer Akzentsetzung hinsichtlich der Meisterfunktion wurde im vorstehenden Kapitel am technologischen Wandel festgemacht. Dort lautete das Argument, daß sich im Kontext der Diffusion computergestützter Produktions- und Prozeßtechnologien einerseits Tendenzen einer Fortführung bzw. Verschärfung der Taylorisierung der Meisterfunktion, andererseits aber auch alternative, in wichtigen Aspekten von den Grundsätzen tayloristischer Rationalisierung abweichende Formen im Umgang mit "Produktionsintelligenz", mit Personal und Vorgesetzten der Werkstätten erkennen lassen. Wir haben dies an einem besonders prominenten Beispiel, dem Einsatz von PPS-Systemen im Maschinenbau zu verdeutlichen versucht.

Was hier in Bezug auf die organisatorische "Einbettung" neuer Technologien in Ansätzen erkennbar wurde, gewann in der bundesdeutschen Industrie generell wachsendes Gewicht. Neben die Rationalisierung durch Technik traten Rationalisierungsansätze, die die bestehenden Arbeits- und Organisationsstrukturen zum unmittelbaren Gegenstand nahmen. Dabei schoben sich Versuche, in der Gestaltung der horizontalen und vertikalen Arbeitsteilung neue Wege zu gehen, allmählich in den Vordergrund. Es waren nicht zuletzt die Grenzen und Folgen herkömmlicher Rationalisierung, die in den Unternehmen Experimente mit Arbeitsformen beförderten, die nicht mehr umstandslos mit den tradierten Axiomen einer weitestgehenden fachlichen, funktionalen und hierarchischen Arbeitsteilung in Einklang zu bringen sind. Rücknahme von weit getriebener horizontaler Arbeitsteilung, Reprofessionalisierungstendenzen im Bereich unmittelbarer Produktionsarbeit, neue Beteiligungskonzepte wie Qualitätszirkel oder Lernstattkonzepte, Formen der Gruppen- bzw. Teamarbeit, Fertigungsinseln, profit center, selbständige Geschäftseinheiten sind Stichworte, die hier die Richtung weisen.

Folgten die Unternehmen anfangs der 80er Jahre nur vereinzelt Entwicklungspfaden, die nicht durch die Leitlinien tayloristisch-fordistischer Technik- und Organisationsentwicklung bestimmt waren, fanden entsprechende Bemühungen in der Folgezeit weite Verbreitung. Mittlerweile spielen übergreifende Konzepte der Reorganisation der Unternehmen, in die viele Ansätze der 80er Jahre integriert sind, eine herausragende Rolle. Sie gelten mittlerweile in der Industrie weithin als entscheidende Elemente, die zur Bearbeitung wirtschaftlicher Problemlagen der Unternehmen beitragen. Dies dokumentiert und befördert die kaum noch zu überblickende Debatte um die Wettbewerbsprobleme der hiesigen Industrie bzw. um Konzepte wie lean production und business reengineering als ernstzunehmende Ansätze zur Behebung dieser Probleme. Die überkommenen Arbeits- und Organisationsstrukturen sind dementsprechend zu einem zentralen Gegenstand der Modernisierungsbestrebungen vieler Unternehmen geworden.

Zu Beginn dieser Arbeit (vgl. I.3) wurde bereits darauf hingewiesen, daß die Konsequenzen neuer Beteiligungsformen und Arbeits- und Organisationskonzepte für die Meister lange Zeit nicht im Zentrum der (empirischen) industriesoziologischen Forschung standen. Deren Fokus war die unmittelbare Produktionsarbeit. Soweit allerdings der Blick dennoch auf die Meister fiel, wurde allemal deutlich, daß diese von den Reorganisationsversuchen letztlich vor grundsätzlich neue Herausforderungen gestellt werden - vor Herausforderungen, die sich faktisch in mehreren Entwicklungsschüben, beginnend mit den Ansätzen zur Humanisierung der Arbeit akzentuierten.[70] Spätestens in den 90er Jahren, seitdem strukturinnovative Reorganisationsmaßnahmen als zentraler Rationalisierungsansatz gehandelt werden und Verbreitung finden, wurde zusehends erkennbar, daß der Meister an einen neuerlichen Wendepunkt seiner Entwicklung geraten ist. Die in diesem Zusammenhang sich aufdrängende Frage ist: Erfährt die Figur des Meisters eine "Renaissance" im Betrieb, oder werden wir Zeuge einer neuerlichen "Meisterkrise"? Dieser Frage werden wir uns im folgenden eingehender zuwenden.

Wir nähern uns den Veränderungstendenzen, denen die Meister ausgesetzt sind, indem wir zunächst in knapper Form Hintergrund und Charakter der aktuellen Rationalisierungsbewegung thematisieren (Kap. 1). Insbesondere der Rückgriff auf das Konzept der reflexiven Rationalisierung soll verdeutlichen, welcher Stellenwert den

---

70 Wesentlich angestoßen durch die problematischen Auswirkungen klassischer Rationalisierungsanstrengungen v.a. auf die unmittelbare Produktionsarbeit, förderte das Programm "Humanisierung des Arbeitslebens" Projekte, die auf "menschengerechtere" Arbeitsbedingungen und größere Entfaltungschancen für die operativ Beschäftigten abzielten. Im Rahmen dieser Humanisierungsprojekte wurde immer wieder deutlich, daß die Neuerungen z.T. gravierende Folgen für die Rolle der Meister implizierten. Entsprechende Anzeichen verdichteten sich dann vor allem im Zusammenhang mit Entwicklungen, die weniger einer 'Kritik des industriellen Alltags' (Springer 1993) entsprangen, sondern die vielmehr unmittelbar auf eine Verbesserung der Leistungsfähigkeit der Unternehmen zielten, dabei aber tendenziell der Devise "Mehr Produktivität durch weniger Arbeitsteilung" (Moll 1983) folgten; der Aspekt der Humanisierung der Arbeit hatte dabei eher den Status einer (Legitimation erheischenden) Begleitmusik. Angesprochen ist hiermit zunächst der seit Ende der 70er Jahre erkennbare, ganz im Zeichen der ersten Welle der Japan-Rezeption stehende Trend, neue Beteiligungsformen (Qualitätszirkel) einzuführen, um die Leistungs- und Problemlösungskapazitäten der Mitarbeiter stärker als bisher für den Betrieb nutzbar zu machen. Angesprochen sind damit aber insbesondere auch die in der zweiten Hälfte der 80er Jahre forcierten Bemühungen in vielen Unternehmen, grundsätzlich neue Arbeits- und Organisationsstrukturen zu implementieren.

in den folgenden Kapiteln darzulegenden Rationalisierungsprozessen und deren Konsequenzen für Meister zukommt. Vor diesem Hintergrund werden dann vor allen Dingen dem Prozeß der Veränderung von Organisationsstrukturen und der Richtung, auf die dieser Prozeß zusteuert, Aufmerksamkeit geschenkt. Wir rücken dabei den Aspekt der Dezentralisierung in den Mittelpunkt, und greifen auf eine Typologie von Formen der Dezentralisierung zurück (Kap. 2).

Daran anschließend werden - unter Rückgriff auf Erkenntnisse und Falluntersuchungen der eingangs dieser Arbeit genannten Forschungsprojekte - konkrete Dezentralisierungsfälle und deren erkennbare Folgen für die Meister in den Blick genommen. Zunächst werden die Innovationsprojekte der qualitativ untersuchten Unternehmen und deren Hintergründe im Überblick präsentiert (Kap. 3). Sodann werden die Muster der Veränderung bezüglich der Ebene der Meister behandelt (Kap. 4). Dies geschieht in spezifischer Form: Die Wirkungen der Dezentralisierung werden einerseits analysiert entlang den Fluchtpunkten, auf die sie jeweils zusteuert. Genauer beziehen wir uns auf zwei unterscheidbare Formen der Dezentralisierung und untersuchen deren Implikationen im Hinblick auf die Meisterposition. Andererseits wird Differenzen in den bisherigen Formen des Meistereinsatzes Rechnung getragen. Dabei greifen wir auf die im vorigen Abschnitt getroffene Unterscheidung von bislang in der bundesdeutschen Industrie relevanten Positions- bzw. Funktionsprofilen zurück. Die Frage nach den Folgen von Formen der Dezentralisierung orientiert sich mithin an unterschiedlichen - tayloristischen bzw. meisterwirtschaftsförmigen - Ausgangslagen. Im folgenden fünften Kapitel werden einige Implikationen der unterschiedlichen neuen Rollenbestimmungen von Meistern, die sich in den untersuchten Betrieben identifizieren lassen, dargestellt und diskutiert.

Die Konsequenzen dezentraler Organisationsstrukturen für die betriebliche Funktion der Meister werden aus betrieblichen Veränderungskonzepten, sichtbaren Realisierungsschritten und aus Einschätzungen der Befragten über die weitere Entwicklung erschlossen. Sie bezeichnen mithin nicht immer schon zur Gänze die Realität in den untersuchten Betrieben, sondern auch Erwartungen der an der Veränderung beteiligten Akteure. Der Aufbau neuer Strukturen ist vielfach noch im Fluß und er ist ein nicht selten langwieriger betriebspolitischer Prozeß mit ungewissem Ausgang (vgl. hierzu insb. Brünnecke u.a. 1992, Faust u.a. 1994). Die betriebspolitische Seite der Dezentralisierung muß hier im Interesse einer präzisen Herausarbeitung ihrer strukturellen Folgen weitgehend außer Betracht bleiben.

Bezüglich der absehbaren Folgen industrieller Reorganisation wird zu zeigen versucht, daß Chancen und Risiken für den Meister eng beieinander liegen. Es finden sich einerseits Indizien dafür, daß diese klassische Vorgesetztenfigur grundsätzlich in Frage gestellt wird. Es zeigen sich andererseits aber auch Anzeichen dafür, daß sie in gewisser Weise von der Fessel einer engen "Bevormundung" durch die in Jahrzehnten aufgebaute und perfektionierte Industriebürokratie befreit und in eine Situation entlassen wird, in der sie als "kleiner" Manager recht weitgehend selbständig handeln und entscheiden kann. Auslaufmodell oder "Keimzelle der Lean Production" (Kraft 1991): Beides, so die hier vertretene These, ist im Prozeß reflexiver Rationalisierung der Möglichkeit nach angelegt.

Fallstudien sind ein probates Verfahren, um tiefergehende Aufschlüsse über interessierende Problemfelder zu gewinnen. Welchen Stellenwert die so gewonnenen Erkenntnisse in Bezug auf die Verhältnisse in der Industrie haben, bleibt erst einmal offen. Gewiß lassen sich aus Fallstudien Schlußfolgerungen dergestalt ziehen, daß unter ähnlichen Bedingungen auch in anderen Unternehmen mit vergleichbaren Ergebnissen zu rechnen ist. Bei weitergehenderen Überlegungen insbesondere hinsichtlich der Verbreitung qualitativ ermittelter Entwicklungen ist man letztlich aber auf Annahmen und Plausibilitätsüberlegungen angewiesen. Wir können uns, indem wir auf Material einer größeren schriftlichen Befragung von Führungskräften zugreifen, der Frage der Verbreitung bestimmter Entwicklungen auf einem anderen Weg nähern. Im abschließenden Kapitel dieses Abschnitts werden wir mit anderen Worten darlegen, wie sich bestimmte Aspekte der Arbeitssituation von Meistern in einer größeren Zahl von Unternehmen gestalten und welche Veränderungstendenzen sich - insbesondere unter dem Einfluß von Reorganisationsmaßnahmen -abzeichnen.

1. Zum Charakter des gegenwärtigen Rationalisierungsprozesses

In der industriesoziologischen Diskussion besteht mittlerweile ein weitgehender, durch eine Reihe wichtiger Arbeiten maßgeblich beförderter (vgl. insb. Altmann u.a. 1986, Kern/Schumann 1984, Piore/Sabel 1989) Konsens darüber, daß die angesprochenen Tendenzen in den Unternehmen, neue Wege in der Gestaltung der Arbeits- und Organisationsstrukturen zu gehen, Ausdruck einer beginnenden "neuen Etappe in der Geschichte industriell-großbetrieblicher Rationalisierung" (Bechtle/Lutz 1989, 12) sind. Unstrittig ist ungeachtet der Differenzen in den analytischen Konzepten und den zukunftsbezogenen Deutungsangeboten, daß wir es - vor dem Hintergrund manifester ökonomischer Probleme - mit einem "Zerfall der tayloristischen Syndromatik" (ebda.) zu tun haben.

In der Perspektive des in der Einleitung (I.4) skizzierten Konzeptes industrieller Rationalisierung reflektiert sich in den gegenwärtigen strukturellen Umbrüchen letztlich der Niedergang und die Krise des "Paradigmas der Massenproduktion" (Piore/Sabel 1989) bzw. des daran anschließenden Leitbilds tayloristisch-fordistischer Rationalisierung. Eine solche Krise, so hatten wir unter Rekurs auf Deutschmann (1994a) und Faust u.a. (1994) in generalisierter Form argumentiert, entspringt im Kern dem zwieschlächtigen Charakter etablierter Leitbilder industrieller Produktion und Rationalisierung. Indem sie das System-Umwelt-Verhältnis in einer spezifischen Weise zuschneiden und die Komplexität dieses Verhältnisses reduzieren, liefern sie zwar praktischem Rationalisierungshandeln ein unabdingbares

Fundament. Zugleich erzeugen sie aber aufgrund ihres selektiven Charakters in dem Maße, wie sie sich institutionell verfestigen und praktisches Rationalisierungshandeln anleiten, ungeplante Folgen und Nebenwirkungen, die auf lange Sicht zu einer Bedrohung dessen werden, was die etablierten Prinzipien verheißen, d.h. des ökonomischen Erfolgs der Unternehmen. Die am Taylorismus-Fordismus orientierte Rationalisierungspraxis der vergangenen Jahrzehnte war mit anderen Worten begleitet von der sukzessiven Entfaltung und Kumulation von Nebenfolgen, die in den Unternehmen seit geraumer Zeit zu einem wachsenden Problemdruck geführt haben. Sie haben im Kontext der sich seit längerem drastisch wandelnden Markt- und Wettbewerbsbedingungen (stagnierende, zerfasernde und instabil gewordene Massenmärkte und entsprechend verschärfte Konkurrenz, Globalisierung etc.) und der zurückliegenden wirtschaftlichen Krisen offenkundig den Status hinnehmbarer Begleiterscheinungen ökonomisch sinnvollen Handelns verloren und werden mittlerweile als Quelle von die Rentabilität beeinträchtigenden Problemen identifiziert.

Zu den lange Zeit ausgeblendeten Folgen tayloristisch-fordistischer Rationalisierung zählt insbesondere das Anwachsen der administrativen und arbeitsvorbereitenden Unternehmensbereiche, der indirekten und Stabsabteilungen, die den technischen Kern der Organisation planen, steuern, kontrollieren und ihn so weit wie möglich von störenden Umwelteinflüssen frei halten. Die diversen Dienstleistungsbereiche der Industrieunternehmen, die nötig sind, um die "atomisierten" und technisch objektivierten Arbeitsprozesse wieder zusammenzufügen und mit den vielfältigen Unsicherheiten der betrieblichen Umwelt zu vermitteln, lassen sich ihrerseits nicht in derselben strikten Weise den tayloristisch-fordistischen Rationalisierungsprinzipien unterwerfen (Deutschmann 1989). Dementsprechend wirkt tayloristische Rationalisierung "zu einem erheblichen Teil gar nicht arbeitssparend, sondern nur arbeitsverschiebend, indem sie zwar Personaleinsparungen in der Fertigung ermöglicht, dafür aber eine Expansion der indirekt produktiven Beschäftigung ... erzwingt" (Brünnecke u.a. 1992, 5). So unproblematisch dieses Wachstum der Industrieverwaltung für die Unternehmen lange Zeit sein mochte, weil es eine Verbesserung der Produktivität in der Produktion sicherte: Auf Dauer ließ es sich angesichts der Expansion der Gemeinkosten nicht ignorieren, zumal eine Rationalisierung des technischen Kerns sukzessive weniger in der Lage war, diese Expansion wenn nicht zu übertreffen, so doch wenigstens zu kompensieren. Nebeneffekt tayloristisch-fordistischer Rationalisierung sind aber nicht allein die Zunahme fixer Personalkosten, sondern auch die mit dem Auf- und Ausbau funktional und hierarchisch tief gegliederter Strukturen einhergehenden Tendenzen der Entfaltung funktionaler Bornierungen und Bereichsegoismen, der Verselbständigung und Abschottung funktionaler Bereiche, der bürokratischen Verkrustung von Kooperations- und Kommunikationsstrukturen. Lange Informations- und Entscheidungswege, wachsende Abstimmungsnotwendigkeiten und Reibungsverluste an den vielfältigen Schnittstellen, die Entfaltung einer zu einem guten Teil mit sich selbst beschäftigten Industriebürokratie sind die Folge. Dies bindet Zeit und Personal und beeinträchtigt letztlich die Fähigkeit der Organisation zur Innovation und zur flexiblen Reaktion auf externe (Markt-)Einflüsse. Schließlich generiert die auf Zerstückelung, Eliminierung und technischer Objektivation direkt produktiver menschlicher Arbeitsfunktionen ausgerichtete Rationalisierung kapitalintensive Strukturen, deren Logik und immanente Rigiditäten die Profitabilität negativ beeinflussen (unproduktive Kapitalbindung durch hohe Lagerbestände etc.; vgl. Deutschmann 1989).

Diesen problematischen Seiten tayloristisch-fordistischer Rationalisierung wurde in den Unternehmen bereits in der Vergangenheit durchaus Aufmerksamkeit geschenkt, und spätestens seit der Krise Mitte der siebziger Jahre intensivierten sich die Bemühungen, sie zu bearbeiten. Die Rationalisierung der Angestelltenbereiche und der Führungsorganisation ist also kein besonders neues Phänomen. Sie folgte aber bis weit in die achtziger Jahre hinein vornehmlich den etablierten Rationalisierungsprinzipien und hatte insofern einen strukturkonservativen Grundzug. Der Anwendung von Konzepten wie der Gemeinkostenwertanalyse zur Kostenreduzierung, oder der verstärkten Nutzung von - zumeist den bürokratisch-zentralistischen Strukturen angepaßten Varianten - moderner Informations- und Kommunikationstechnologie war allerdings entgegen den weitreichenden Ökonomisierungserwartungen zumeist nur begrenzter Erfolg beschieden. Grundsätzlich wurden die negativen Seiten bisheriger Rationalisierung damit nicht beseitigt, sondern teilweise sogar noch akzentuiert.

Letztlich hat die Kumulation solcher nichtintendierten Folgen entscheidend dazu beigetragen, daß die tradierten Leitprinzipien industrieller Organisation und Rationalisierung zusehends ihre entwicklungsbestimmende Orientierungskraft verloren. In dem Maße, wie sie in den Unternehmen faktisch immer weniger zu tragfähigen Antworten verhelfen konnten, wie die durch das bisherige Entwicklungsmuster selbst generierten Probleme berarbeitet und ökonomischer Erfolg in einem Kontext gesichert werden kann, in dem es zunehmend auf Marktnähe und Flexibilität, auf das schnelle Reagieren bei Marktveränderungen etc. ankommt, sind sie der Kritik unterzogen worden und haben den Charakter selbstevidenter Rationalität eingebüßt. Die Konjunktur neuer, mit den althergebrachten Prinzipien mehr oder weniger stark brechenden Konzepte industrieller Organisation und Produktion wie lean production, business reengineering oder das Konzept fraktaler Unternehmen sind Indizien für diese Situation. Das bisherige Leitbild hat unter dem Druck seiner eigenen Folgeprobleme an Dominanz eingebüßt; die tradierten Effizienzdefinitionen und Muster der Gestaltung und Entwicklung von Arbeitsteilung gelten nurmehr als Möglichkeiten unter anderen und zusehends als wenig tauglich zur Bewältigung der Zukunft. In der Diskreditierung der bisherigen Rationalisierungstradition und im Aufkommen und der Konkurrenz neuer "best practices" bzw. neuer "Visionen leistungsfähiger Produktion" (Piore/Sabel 1989) findet der von Kern/Schumann (1984) diagnostizierte "Paradigmenwechsel" seinen sinnfälligen Ausdruck. Dies bedeutet nicht, daß Rationalisierungstendenzen entlang der "altbewährten" Bahnen bedeutungslos geworden sind. Aber sie haben gegenüber Rationalisierungsansätzen, die neue Wege beschreiten, zweifellos an Boden verloren. Letztere bestimmen mittlerweile weithin die Diskussion um die Zukunft der Industrie und zunehmend auch die Modernisierungspraxis.

Wenngleich die Heterogenität und die wechselvolle Attraktivität neuer Organisations- und Managementkonzepte verdeutlicht, daß die Konturen eines neuen, konsistenten und entwicklungsbestimmenden Paradigmas noch keineswegs festgefügt und auszumachen sind, so ist das gegenwärtige Rationalisierungsgeschehen dennoch durch einen spezifischen Grundzug bestimmt. Der gemeinsame Kern der unterschiedlichen Restrukturierungskonzepte und der auf diesen beruhenden betrieblichen Rationalisierungsbemühungen ist die Bearbeitung der "strukturellen Hinterlassenschaften" (Faust u.a. 1994) jahrzehntelanger tayloristisch-fordistischer Rationalisierung und die kritische Reflexion und praktische Infragestellung bisheriger Rationalisierungsprinzipien. Die gegenwärtigen industriellen Reorganisationsprozesse stehen mit anderen Worten für einen Prozeß "reflexiver Rationalisierung" (Deutschmann 1989), für ein neues Rationalisierungsmuster, das sich mit den nichtintendierten Folgen und Wirkungen der bisherigen Rationalisierungstradition auseinandersetzt und das mehr oder weniger grundsätzlich mit den bislang etablierten Leitlinien bricht.[71] Reflexive Rationalisierung erschöpft sich nicht in einer Problematisierung der Folgeprobleme bisheriger Rationalisierung und der Verbesserung bestehender Strukturen, wie dies für viele strukturkonservative Modernisierungsbestrebungen in den achtziger Jahren noch typisch war. Sie richtet sich vielmehr gegen die, den alten Leitmaximen verhafteten technisch-organisatorischen Grundstrukturen der Unternehmen selbst. Dem neuen Rationalisierungsverständnis zufolge sind die tradierten arbeits-, betriebs- und unternehmensorganisatorischen Strukturen eine zentrale Ursache ökonomischer Probleme. Sie gelten als revisionsbedürftig und deren Um- bzw. Rückbau charakterisiert den veränderten Rationalisierungszugriff, der sich in der Industrie verbreitet. Thematisiert werden dementsprechend nicht nur Veränderungen der Arbeitsstrukturen, des Arbeitseinsatzes und der Abläufe in den unmittelbaren Produktionsbereichen. Das neue Rationalisierungsverständnis "richtet sich auch gegen das bislang weithin gültige Prinzip der funktionalen Gliederung von Organisationen, gegen die Prinzipien der zentralen Planung und Steuerung, gegen den Primat der Hierarchie, gegen bürokratische Regelung und gegen ausufernde Dienstleistungsbereiche" (Deutschmann u.a. 1995, 439). Fluchtpunkte des reflexiven Rationalisierungsprogramms sind die flexible und marktnahe, anstelle der in ihrem Kern weitgehend von Umwelteinflüssen abgeschotteten Organisation, sind an der Wertschöpfungskette ausgerichtete, prozeßorientierte, anstelle primär funktional definierter Strukturen, sind flache Hierarchien und marktförmige statt bürokratische Steuerungsmechanismen (vgl. Faust u.a. 1994).

Ins Fadenkreuz strukturinnovativer Modernisierungsbestrebungen geraten mithin nicht zuletzt gerade auch diejenigen Stellen und Bereiche in den Unternehmen, die in der Vergangenheit die maßgeblichen Agenturen der (traditionellen) Rationalisierung waren bzw. von dieser profitierten. So vielgestaltig die Suchprozesse nach neuen organisatorischen Strukturen und die konkreten Formen der Veränderung sind, die sich in den Unternehmen beobachten lassen, ihre zentralen Orientierungspunkte sind u.a. die Überprüfung der Fertigungs- und Dienstleistungstiefe, der Abbau produktionsnaher indirekter Bereiche, technisch-administrativer Stäbe und Dienstleistungsfunktionen, die Reorganisation der Führungsorganisation (Abbau von

[71] Dieses neue Verständnis beruht auf der sich verbreitenden Überzeugung, daß ökonomische Prosperität unter den sich verändernden Markt- und Wettbewerbsbedingungen "mit den herkömmlichen Formen standardisierter Massenproduktion und den darauf gerichteten Prinzipien industrieller Rationalisierung kaum mehr zu vereinbaren" ist (Hirsch-Kreinsen 1995, 422).

Führungsebenen bzw. Ausdünnung von Führungspositionen), eine prozeßorientierte Restrukturierung und die Autonomisierung der (wertschöpfenden) Subeinheiten der Organisation, die auf den Wertschöpfungsprozeß konzentrierte Neuausrichtung der Kooperationsbeziehungen zwischen fortbestehenden Funktionsbereichen als Kunden-Lieferantenbeziehung und - als zentrale Voraussetzung - die Dezentralisierung von Kompetenzen und Verantwortung auf unterschiedlichen Ebenen (Faust u.a. 1994; vgl. auch Hirsch-Kreinsen 1995).

Die auf Dezentralisierung abhebende Veränderung verfestigter Strukturen der horizontalen und vertikalen Arbeitsteilung steht letztlich im Zentrum gegenwärtiger Rationalisierungsanstrengungen. Damit geraten mehr oder weniger festgefügte Aufgabenverteilungen und Positionsprofile ins Wanken und werden überkommene betriebliche Machtverteilungen und Statusordnungen in Frage gestellt.

2. Dezentralisierung: Begriff und Typologie der Formen[72]

Wir thematisieren die untersuchten betrieblichen Reorganisationsfälle unter dem Aspekt der Dezentralisierung. Damit lenken wir den Blick auf eine zentrale Gemeinsamkeit sehr unterschiedlicher Innovationsvorhaben und stellen den Prozeß der Veränderung von Organisationsstrukturen und den Fluchtpunkt der Veränderung ins Zentrum. Dies eröffnet Differenzierungsmöglichkeiten, die über den Einzelfall, das einzelne Dezentralisierungsprojekt hinausweisen. Der Einzelfall verliert gewissermaßen etwas vom Anekdotischen, das ihm zwangsläufig umso mehr anhaftet, je mehr das überkommene Leitbild industriebetrieblicher Organisation und Rationalisierung an strukturierender Kraft verliert und die Etablierung eines neuen Leitbildes sich gerade erst zu vollziehen scheint.

Der Begriff Dezentralisierung beschreibt zunächst einmal allgemein den unterschiedlichsten Organisationsveränderungen gemeinsamen Prozeß der Verlagerung von Funktionen und Aufgaben, von Kompetenzen und Verantwortlichkeiten von höheren auf nachgelagerte Ebenen. Diese allgemeine Bestimmung läßt sich unter Rückgriff auf eine an anderer Stelle entwickelte, empirisch angeleitete Typologie von Formen der Dezentralisierung präzisieren (vgl. Faust u.a. 1994):

Wir konzentrieren uns im folgenden auf Formen operativer Dezentralisierung, die sich systematisch von solchen strategischer Art unterscheiden lassen.[73] Im besonde-

---

[72] Zum Begriff der Dezentralisierung und zur Typologie der Dezentralisierungsformen vgl. Faust u.a. 1994.

[73] Strategische Dezentralisierung umfaßt solche Veränderungsvorhaben, welche die Gesamtkonfiguration von Unternehmen oder Unternehmensteilen zum Gegenstand haben. Hier geht es um Reorganisationen, bei denen Aufgaben, Kompetenzen und Verantwortlichkeiten auf neudefinierte Unternehmenseinheiten oder im Rahmen der bestehenden Unternehmensgliederung auf marktnahe Organisationseinheiten verlagert oder gar externalisiert werden

ren richten wir unser Augenmerk auf Prozesse operativer Dezentralisierung in der Produktion.[74] Es geht hier allgemein gesprochen um Reorganisationsprozesse von Unternehmen, die auf eine Stärkung der operativen Bereiche abheben. Operative Dezentralisierung umfaßt also solche Veränderungsversuche, bei denen Aufgaben, Kompetenzen und Verantwortlichkeiten aus der Hierarchie bzw. aus indirekten Abteilungen und Stäben nach "unten", in operative Einheiten bzw. auf die Ebene der ausführend Beschäftigten verlagert werden. Begrifflich werden damit all diejenigen Veränderungskonzepte zusammengefaßt, die in der Diskussion um die Veränderung der Meisterfunktion bzw. allgemein in der Diskussion um lean production eine Rolle spielen (Formen von Gruppenarbeit, Bildung "selbständiger" Produktionseinheiten, Qualitätszirkel, Etablierung kontinuierlicher Verbesserungsprozesse).

Verlagerungen von Aufgaben, Kompetenzen und Verantwortlichkeiten auf operative Einheiten bzw. direkt auf die Ebene der ausführend Beschäftigten implizieren zwangsläufig Eingriffe in das Aufgaben- und Kompetenzprofil der hiervon betroffenen Hierarchieebenen bzw. fertigungsnahen indirekten Abteilungen. Operative Dezentralisierung zieht die Neugestaltung fertigungsnaher Dienste und der Hierarchie und veränderte Anforderungsprofile von Führungspositionen nach sich. Sind die auf die operativen Bereiche konzentrierten strukturellen Veränderungen eingebettet in übergreifende, auf die Gesamtorganisation abzielende Bemühungen, "Bürokratismus", starre Grenzziehungen der Funktionalorganisation und Overhead zu reduzieren, verstärken sich solche Tendenzen.

Für eine präzisere Bestimmung der Folgewirkungen operativer Dezentralisierung ist es notwendig, eine durch die untersuchten Fälle angeleitete idealtypische Unterscheidung verschiedener Formen vorzunehmen. Entsprechend dem Grad bzw. der Dauerhaftigkeit des Eingriffs in die bisherige formale Organisationsstruktur ist zunächst zwischen zwei Grundformen operativer Dezentralisierung zu unterscheiden (vgl. zum folgenden Faust u.a. 1994).

Die eine Form, begrifflich gefaßt als strukturbegleitende, *parallele Dezentralisierung*, umschreibt solche organisatorischen Innovationen, die auf einen definierten Zweck und Zeitraum hin begrenzt sind und die die bestehenden formalen Organisationsstrukturen und die bisherigen Kompetenz- und Verantwortungsverteilungen in ihrer Grundstruktur und im "normalen Betriebsalltag" unverändert lassen. Quali-

---

(Outsourcing). Die Divisionalisierung von Unternehmen, die Bildung selbständiger Geschäftsbereiche, die Verringerung der Fertigungs-, oder der Dienstleistungstiefe (etwa im Bereich des Marketing) und veränderte Hersteller-Zuliefererbeziehungen sind Beispiele einer strategischen Dezentralisierung. Da solche Formen nicht im Zentrum der dieser Abhandlung zugrundeliegenden empirischen Untersuchungen standen, werden sie im weiteren nicht näher behandelt.

74 Solche Prozesse müssen nicht auf die Produktion beschränkt bleiben. Sie lassen sich auch in anderen Unternehmensbereichen beobachten (vgl. Faust u.a. 1994). Darauf wird allerdings nur eingegangen, soweit es für das behandelte Thema sinnvoll erscheint.

tätszirkel, Werkstattkreise, Projektorganisation unter Einbeziehung der ausführenden Arbeit, KVP und sonstige, auf die Ebene der ausführenden Arbeit zielende Beteiligungsformen sind damit umschrieben.

Obwohl sie sozusagen die Grundarchitektur, die funktionale und hierarchische Gliederung und die Grundmuster der Kompetenzzuweisung unangetastet lassen, greifen Veränderungen, die dem Muster paralleler Dezentralisierung folgen, in bislang bestehende Kompetenzverteilungen ein. Was bislang weitgehend den Vorgesetzten und Experten spezieller Abteilungen vorbehalten war, etwa die Reflexion von Qualitäts- oder Produktivitätsfragen und die darauf bezogene Suche nach Verbesserungen, wird hier zur Aufgabe auch der ausführend Beschäftigten gemacht. Sachlich bzw. zeitlich begrenzt werden Elemente von Verantwortung und Kompetenz nach unten delegiert. Dies erfolgt gewissermaßen parallel zu den weiter bestehenden Strukturen der Hierarchie und funktionalen Organisation. Diese werden nicht grundlegend verändert, sie werden lediglich ergänzt.

Parallele Dezentralisierung zielt letztlich darauf, strukturell begründete Informations- und Kommunikationslücken zwischen der Produktion und den indirekten Bereichen, die eine Optimierung der Produktionsprozesse behindern, durch die organisierte Beteiligung der ausführenden Arbeit an der Lösung spezifischer Fragen, durch die Mobilisierung der "Produktionsintelligenz" der ausführend Tätigen zu überbrücken. Die auch in tayloristischen Arbeitssystemen in das alltägliche Arbeitshandeln einfließenden Optimierungsleistungen der ausführenden Arbeit und deren Wissen und Fähigkeiten im Umgang mit Fehlern bzw. Begrenzungen von Planungen und einer detaillierten Vorstrukturierung der Arbeitsprozesse sollen zugänglich und in neuer Form nutzbar gemacht werden. Es geht um den Versuch einer effektiven Rückkopplung zwischen unten und oben im Hinblick auf Fehler, Fehlerursachen und Verbesserungspotentiale, die innerhalb der bestehenden Strukturen und festen Kompetenzzuweisungen nur begrenzt zum Tragen kam.

Mit dem Begriff *echte Dezentralisierung* werden solche organisatorischen Innovationen belegt, bei denen die Verlagerung von Kompetenzen und Verantwortlichkeiten zeitlich unbefristet ist und sie generell in die bisherige formale Organisation eingreift. In diesem Fall geht es um Veränderungen, bei denen die vertikale Arbeitsteilung reduziert wird. Kompetenzen, die bisher auf bestimmten Vorgesetztenebenen und/oder in indirekten Bereichen konzentriert waren, werden auf operative Einheiten verlagert. Dies kann mit einer Verringerung der horizontalen Arbeitsteilung auf der operativen Ebene einhergehen, ist damit jedoch nicht gleichzusetzen. Beispiele für echte Dezentralisierung sind der Aufbau von Fertigungsinseln, Fertigungssegmenten oder teilautonome Gruppenarbeit.

Im Fall der echten Dezentralisierung lassen sich wiederum zwei Formen - Dezentralisierung nach dem Selbstorganisationsmodell und Dezentralisierung nach dem Intrapreneurmodell - idealtypisch unterscheiden. Unterscheidende Kriterien sind hier die Ebene, auf die die Verlagerung von Kompetenzen in operative Einheiten erfolgt, der Grad der internen Arbeitsteilung und der neue Integrationsmodus der operativen Einheit. Es ist vor allem diese Unterscheidung, die zu einer Annäherung an die Frage nach den Konsequenzen von Dezentralisierungsprozessen für die Meister führt. Sie legt Differenzen in den Fluchtpunkten von Prozessen echter Dezentralisierung offen, die für die Bestimmung der Meisterfunktion von großer Bedeutung sind.

Bei der *Dezentralisierung nach dem Selbstorganisationsmodell* werden Aufgaben, Kompetenzen und Verantwortung, die bislang Vorgesetzten oder indirekten Abteilungen vorbehalten waren, unmittelbar auf die Ebene der ausführenden Arbeit verlagert und dort einer oft qualifikatorisch homogenen Gruppe zugewiesen. Die so entstehende teilautonome Gruppe nimmt die ihr übertragenen Aufgaben in "Selbstorganisation", ohne formal festgeschriebene, funktionale Arbeitsteilung wahr. Allenfalls wird sie durch einen Gruppensprecher bzw. -koordinator, der keine Vorgesetztenfunktion innehat, koordiniert.

Bei der *Dezentralisierung nach dem Intrapreneurmodell* werden Funktionen, Kompetenzen und Verantwortung auf die Ebene der Vorgesetzten der operativen Einheiten verlagert, die damit eine neue Gestalt gewinnen. Sie erhalten das Profil eines "Intrapreneurs", eines "Unternehmers im Unternehmen". Dieser kann ihm zugewiesene Aufgaben wiederum an Spezialisten in seinem Verantwortungsbereich delegieren. Bei dieser Dezentralisierungsform, die auch als "neue Meisterwirtschaft" umschrieben werden kann, bleibt die Arbeitsteilung zwischen direkten und indirekten Funktionen innerhalb der operativen Einheit weitgehend erhalten. Die ehemals in indirekten Abteilungen funktional ausdifferenzierten Tätigkeiten (z.B. Instandhaltung/ Arbeitsplanung/ Fertigungssteuerung) sind hier unter einheitlicher Leitung und auf ein (Teil-)Produkt oder einen Prozeßabschnitt hin bezogen zusammengeführt. Im Unterschied zum Selbstorganisationsmodell ist die Vorstellung eines starken betrieblichen Linienvorgesetzten, der im Vergleich zu früher mit größerer, quasi-unternehmerischer Verantwortung für das Betriebsgeschehen in allen relevanten Dimensionen (Personal, Kosten, Termine, Qualität, Bestände) ausgestattet ist, prägend. Dezentralisierung nach dem Intrapreneurmodell hat also einen Typus von Vorgesetzten zum Fluchtpunkt, der einige Anklänge an den (Universal-)Meister der vortayloristischen Zeit hat. Dezentralisierung dieses Typs reduziert vertikale und funktionale Arbeitsteilung also nicht in erster Linie zugunsten der unmittelbar operativ Beschäftigten. Sie stärkt vielmehr die Linie gegenüber den indirekten Funktionen und Stäben, auf die sich die "unternehmerische" Aufgabe früher verteilte. Die neue Position kann in einer abgeflachten Hierarchie und bei deutlich reduzierten indirekten Abteilungen statusmäßig deutlich angehoben sein.

Das Selbstorganisations- und das Intrapreneurmodell sind zunächst einmal idealtypische Konstruktionen. Sie dienen zur Einordnung und Charakterisierung der Stoßrichtung der realen Dezentralisierungsfälle. Letztere können ferner anhand des Grades der Dezentralisierung differenziert werden. Der Dezentralisierungsgrad bezieht sich darauf, welche Verantwortung und welche Kompetenzen verlagert werden und in welchem Umfang dies geschieht (vgl. hierzu Faust u.a. 1994, 39ff.).

Die Dezentralisierung kann sich u.a. beziehen auf die Kosten-, Mengen-, Termin- und die Qualitätsverantwortung. Bezugspunkte des Kompetenzzuwachses der dezentralen Einheiten können eine ganze Reihe von Feldern sein. Nach unten wandern können Aufgaben und Kompetenzen u.a. aus den Feldern Einrichten und Programmieren von Maschinen und Anlagen, Qualitätskontrolle, Instandhaltung, Arbeitsvorbereitung im engeren Sinne (Zeitwirtschaft, Arbeitsplanung), Produktionsplanung und -steuerung, Materialwirtschaft bzw. Logistik, prozeßbezogenes Ingenieurwesen und Personalwesen.

3. Die Untersuchungsbetriebe und Dezentralisierungsprojekte im Überblick

Die Basis der in Kapitel 4 zu behandelnden Konsequenzen reflexiver Rationalisierung bezüglich der Meister stellen zwölf Fallstudien in mittleren und großen Unternehmen der Metall- und Elektroindustrie dar.[75] Es handelt sich hierbei sämtlich um Unternehmen, in denen zum Untersuchungszeitpunkt bzw. zuvor Dezentralisierungsmaßnahmen durchgeführt wurden, die der hier zugrundegelegten Typologie folgend Formen echter Dezentralisierung - teilweise kombiniert mit Formen paralleler bzw. strategischer Art - darstellen. Zum besseren Verständnis wird an dieser Stelle ein knapp gehaltener Überblick über die Hintergründe der in den untersuchten Unternehmen aufgelegten Dezentralisierungsprojekte und über die Unternehmensfälle selbst gegeben.

Hintergründe der Dezentralisierungsmaßnahmen

Grundlegende Eingriffe in die bestehenden Strukturen der vertikalen und horizontalen Arbeitsteilung sind voraussetzungsvoll. Sie sind riskant und allemal mit Umsetzungs- und Durchsetzungsschwierigkeiten verbunden. Solange ein Unternehmen in den Augen der relevanten Entscheidungsträger floriert und sich keine gravierenden Probleme auftun, wird kaum Anlaß gesehen, am Status Quo zu rütteln. Im Spektrum der untersuchten Unternehmen ist es daher zumeist eine Krise, die bezüglich der Entwicklung und Durchsetzung neuer Organisationskonzepte, zumal dann, wenn es sich um solche des Typs echter Dezentralisierung handelt, entscheidende Impulse gibt. Die Interpretation einer konkreten Unternehmenssituationen als krisenhaft kann sich auf unterschiedliche Bedingungen beziehen: auf eine das Unternehmen existentiell gefährdende negative Umsatz- bzw. Ertragsentwicklung, auf die Infragestellung des Standortes im Rahmen unternehmenspolitischer Strategien eines Konzerns, auf eine abnehmende Wettbewerbsfähigkeit im Vergleich zu relevanten Konkurrenten,

---

[75] Acht der zwölf Fallstudien wurden im Rahmen des Projektes "Dezentralisierung von Unternehmen", vier von ihnen im Projekt "Interessenorientierungen mittlerer und unterer Vorgesetzter in der Industrie" durchgeführt. Ein Werk eines Großunternehmens war in beide Projekte einbezogen. Die Untersuchungen konzentrierten sich in größeren Unternehmen auf einzelne Werke bzw. Werksbereiche und in der überwiegenden Zahl der Fälle auf Innovationsprojekte in den Produktionsbereichen. Der Gesamtzusammenhang organisatorischer Veränderungen, in dem diese Projekte standen, wurde jedoch erfaßt.

oder auch auf wachsende Probleme hinsichtlich eines für das Unternehmen zentralen Wettbewerbsfaktors. In allen untersuchten Unternehmen sind es veränderte Wahrnehmungen der Wettbewerbslage, die zu einer Auflage von Dezentralisierungsprojekten geführt haben. Deren entscheidende Voraussetzung ist das Bewußtsein über eine problematische Wettbewerbssituation und darüber, daß dieser mit traditionellen Mitteln allein nicht beizukommen ist.[76]

Ein solches Bewußtsein hat sich in den vergangenen Jahren verallgemeinert und bezieht sich zunehmend auf die Industrie als Ganzes. Diese, nicht zuletzt im Gefolge der jüngsten Rezession und durch die Diskussion um die Gründe der Wettbewerbsstärke der japanischen bzw. die Wettbewerbsprobleme der deutschen Industrie akzentuierte Sicht schärft wiederum die Problemwahrnehmung in den Unternehmen. Die gerade in dieser breit geführten Diskussion sich verdichtenden Interpretationsmuster bezüglich der Gründe nachlassender Wettbewerbsfähigkeit und Vorstellungen der Problemlösung strukturieren mittlerweile in beträchtlichem Maß kognitiv und normativ die Wahrnehmungs-, Interpretations- und Handlungsmuster der betrieblichen Akteure. Der sich gegenwärtig vollziehende und mit wechselnden Labels konnotierte Suchprozeß nach neuen Leitbildern industrieller Modernisierung befördert sichtlich die Reorganisationsprojekte in den Unternehmen, die im Rahmen des Projektes "Interessenorientierungen unterer und mittlerer Vorgesetzter" untersucht wurden. Bei jenen Unternehmen, die im Rahmen des Projektes "Dezentralisierung von Unternehmen" untersucht wurden, war dies noch nicht der Fall. In ihrer Mehrzahl hatten diese sich bereits vor der intensiven Diskussion um lean production Dezentralisierungsvorhaben zugewandt. Hier waren es visionäre Promotoren der Veränderung im Management, die unternehmensintern, ohne die Möglichkeit des Rekurses auf Selbstverständlichkeiten eines verallgemeinerten Leitbildes, wohl aber mitunter mit Verweisen auf "vorbildliche Unternehmen", neue Maßstäbe hinsichtlich der Wahrnehmung und Deutung von Problemen wie auch hinsichtlich den Grundzügen ihrer Lösung setzten. Verglichen mit der Situation sol-

---

[76] Auf die problematischen Effekte bisheriger Rationalisierung, die in einer sich verändernden bzw. in einer durch die Unternehmen selbst veränderten Umwelt (vgl. Piore/Sabel 1989) immer stärker zu Buche schlagen, hat sich natürlich traditionelle Rationalisierung immer auch schon bezogen. Auch sie war in diesem Sinne reflexiv, daß sie sich auf die Ergebnisse vorheriger Rationalisierung bezog. Sie folgte jedoch geflissentlich den Axiomen des Taylorismus-Fordismus und war insofern von der Anlage her strukturkonservativ. So war die Industriebürokratie einerseits Quelle etwa von Schnittstellen- bzw. Koordinationsproblemen und von langwierigen Abläufen, und andererseits galt ihr weiterer Ausbau und ihre Perfektionierung auch als ein Mittel zur Bearbeitung solcher Probleme. Auch die PPS-Welle ist in weiten Teilen ein prominentes Beispiel strukturkonservativer Modernisierungsanstrengungen. Zur Bewältigung von wachsenden Planungs- und Steuerungsproblemen, die nicht zuletzt ihre Ursache in der mangelnden Kohärenz von veränderten bzw. verschärften äußeren Anforderungen und bestehenden internen Strukturen hatten, kommen PPS-Systeme als neue Mittel zum Einsatz, die zumeist aber überkommene betriebs- und arbeitsorganisatorische Strukturen und damit eine der Ursachen der zu bearbeitenden Probleme zementierten.

cher "Pioniere" dezentraler Strukturen, hat sich die Großwetterlage deutlich verändert.

Ob unterstützt durch die öffentliche Debatte um die Notwendigkeit der Verschlankung von Unternehmen, oder allein getragen vom Vorbild einzelner Unternehmen und den Visionen der Promotoren: Die jeweiligen Dezentralisierungsbestrebungen fanden ihre Begründung immer in den konkreten Wettbewerbsproblemen des Unternehmens und im allgemeinen Ziel, diese zu beheben.

Ganzheitlichere Arbeit, Mitarbeiterbeteiligung, Stärkung der wertschöpfenden Bereiche: Solche mit dezentralen Organisationskonzepten häufig verbundenen Aspekte resultieren in den untersuchten Unternehmen also nicht aus der Zielsetzung einer "Humanisierung" oder gar "Demokratisierung der Arbeit"; sie sind vielmehr unmittelbarer Bestandteil von manageriellen Konzepten zur Verbesserung der Wettbewerbsfähigkeit der Unternehmen. Gleichwohl wird im Management auf Humanisierungsziele, gewissermaßen als Mittel zum Zweck, positiv Bezug genommen. Bessere Arbeitsbedingungen, mehr Gestaltungsspielräume und mehr Beteiligung sind zentrale Aspekte, die eine Duldung bzw. eine Unterstützung der Dezentralisierungsvorhaben durch Betriebsräte, Gewerkschaften und relevante Belegschaftsteile befördern.

Die problematische Wettbewerbssituation bezieht sich in den untersuchten Unternehmen auf ein Set von Gesichtspunkten, die wir hier nur im Überblick andeuten können. Diese finden sich jenseits aller Unterschiede immer wieder: Eine Verschärfung der Kostenkonkurrenz, von der vor allem Unternehmen mit arbeitsintensiver Großserien- und Massenproduktion betroffen sind. Sie trifft aber auch Unternehmen, deren bisherige zentrale Wettbewerbsdimensionen Zeit, Innovationsfähigkeit und Qualität waren, die diesbezüglich aber gegenüber Konkurrenten an Boden verloren haben; eine Erhöhung der vom Markt eingeforderten Qualitätsstandards, die vor allem von Großkunden abhängige Zulieferfirmen trifft; erhöhte Anforderungen bezüglich der Produktinnovation, der Flexibilität der Kundenbedienung (Sonderwünsche, Variantenvielfalt) und wachsende Ansprüche bezüglich kürzerer und flexiblerer Lieferfristen und der Termintreue; hohe Fixkapitalkosten vor allem in Hochautomationsbereichen durch Stillstandszeiten und unzureichende Nutzungsgrade der Betriebsmittel; problematische Kostenbelastung durch hohe Lagerbestände (Material, Halb- und Fertigprodukte) als Ergebnis der bisherigen Versuche, innerhalb der bestehenden Strukturen den Forderungen nach Lieferflexibilität nachzukommen; nicht zuletzt wachsende Probleme im Feld der Nutzung von Arbeitskraft innerhalb traditioneller Organisationsstrukturen (Motivationsprobleme, Unterauslastung).

Die angeführten, oft gleichzeitig wirksamen Gesichtspunkte stehen in der Sicht derjenigen, die auf grundlegende Veränderungen in den Unternehmen drängen, im Widerspruch zu den organisationsstrukturellen Hinterlassenschaften bislang gängiger, tayloristisch inspirierter Rationalisierung bzw. sind durch diese wesentlich hervorgerufen. In ihren Augen sind die genannten Anforderungen jedenfalls nicht unter Festhalten am Bestehenden und durch eine schlichte Fortführung bisheriger Rationalisierungspolitik bearbeitbar. Die von den Betreibern organisatorischer Veränderung in die Unternehmen getragenen neuen Leitbilder dezentraler Organisationsstrukturen strukturieren letztlich die Problemwahrnehmung in spezifischer Weise und bilden

den Bezugspunkt für Lösungsansätze. Sie lenken den Blick nicht allein auf einzelne Problemdimensionen, sondern tendenziell auf die gesamte Organisation. Dementsprechend beziehen sich die offiziellen Ziele der Dezentralisierungsbestrebungen auf die einzelnen Problemdimensionen und auch auf die Beseitigung bürokratischer Hemmnisse, Overheadkosten und der tiefgestaffelten Hierarchien.

Die auf die Stärkung der Wettbewerbsfähigkeit bezogenen operationalisierten Zielgrößen der Dezentralisierungsprojekte lauten (vgl. hierzu ausführlicher Faust u.a. 1994): Verbesserung des Sachkapitaleinsatzes (z.B. Optimierung der Nutzungsgrade hochautomatisierter Anlagen, Verringerung der Bestände in der Fertigung), Erhöhung der Motivation der Beschäftigten, Nutzung des Wissens und der Fähigkeiten der Mitarbeiter zur besseren Bewältigung von Störungen und ungeplanten Situationen in der Produktion und zur Erschließung von Produktivitätsreserven, Verringerung des Personalaufwandes und problematischer Personalkosten (Fluktuationskosten, Krankenstand), Verbesserung der Qualität der Produkte und Verkürzung der Durchlaufzeiten (Lieferzeiten), Erhöhung der Reaktionsfähigkeit und Flexibilität.[77]

Eingelöst werden sollen diese Zielgrößen durch Projekte, die in unterschiedlicher Weise auf die Erhöhung der Selbststeuerungskapazität dezentraler Einheiten (Arbeitsteams etc.), auf eine veränderte Fertigungsorganisation (Abkehr vom Verrichtungsprinzip, prozeß- bzw. objektorientierte Fertigungsstrukturen, just-in-time- bzw. ziehende Fertigung) bzw. auf eine Verringerung von organisatorischen Schnittstellen durch Integration indirekter Tätigkeiten bzw. Funktionen in dezentrale Einheiten abzielen.

Die Dezentralisierungsfälle im Überblick

Die weiter oben skizzierten Formen echter Dezentralisierung - das Selbstorganisationsmodell und das Intrapreneurmodell ("neue Meisterwirtschaft") - stellen idealtypische Konstrukte dar. In keinem der untersuchten Unternehmen decken sich die Dezentralisierungsvorhaben völlig mit einem der reinen Typen. In einer Reihe von Fällen sind sie gleichwohl in deutlicher Ausprägung Fluchtpunkte der Innovationskonzepte und -maßnahmen. Vier Fälle folgen mehr oder weniger deutlich dem Mo-

---

77 Die angeführten Zielgrößen sind nicht in allen Fällen gleichzeitig bzw. in gleicher Weise handlungsbestimmend. Sie variieren zum Teil jedenfalls entlang situativer Faktoren wie den konkreten Wettbewerbsbedingungen, den technologischen Bedingungen oder vorgängigen Organisationsstrukturen. Die Zielgrößen sind auch nicht unverrückbar. Es ist vielmehr davon auszugehen, daß sich Ziele bzw. die Gewichtung einzelner Ziele im Zeitablauf verändern. Dies kann der betriebspolitischen Seite der Dezentralisierung, dies kann aber auch dem Einfluß von neuen Leitbildern geschuldet sein. Es muß an dieser Stelle genügen, auf die Grenzen zweck-mittel-rationaler Erklärungen nicht nur von Dezentralisierungsprozessen, sondern insgesamt von Managementhandeln hinzuweisen. Vgl. hierzu ausführlich Faust u.a. 1994, 76ff.

dell der Selbstorganisation, bei sechs Unternehmen weist die Stoßrichtung der Dezentralisierung auf das Intrapreneurmodell. Bei zwei Unternehmensfällen laufen beide Bewegungen, Stärkung der Ebene der ausführenden Arbeit und Stärkung der Linienvorgesetzten gegenüber den indirekten Bereichen, Stäben bzw. höheren Hierarchieebenen, gewissermaßen ineinander.

Selbstorganisationsfälle

Zu den Selbstorganisationsfällen zählen zwei Maschinenbauunternehmen, ein Automobilwerk und ein Automobilzulieferer.

Der *Verpackungsanlagenhersteller A*, von der Eigentümerfamilie in dritter Generation geführt, stellt Wäge- und Dosiermaschinen sowie Verpackungsmaschinen und -anlagen her. A ist einer der international führenden Hersteller und darauf spezialisiert, kundenspezifische Lösungen von Einzelmaschinen bis hin zu kompletten Verpackungsanlagen für die chemisch-pharmazeutische und die Konsumgüterindustrie (v.a. Papierhygieneartikel, Nahrungs- und Genußmittel) zu liefern.[78] Entsprechend ist für den Maschinenbauer A die kundenauftragsbezogene Kleinserien- und Einzelfertigung prägend. Er hat rund 350 Beschäftigte, wovon weniger als die Hälfte gewerbliche Mitarbeiter sind. Letztere sind nahezu ausschließlich einschlägig qualifizierte Facharbeiter.

Der *Pumpenhersteller B*, ebenfalls zur Maschinenbaubranche gehörig, ist ein weitgehend selbständig operierendes Tochterunternehmen (GmbH) eines großen ausländischen Konzerns. Es handelt sich um einen Hersteller von Industriepumpen (Einsatzfelder: z.B. Energieerzeugung, Flüssigkeitstransport).[79] Die Produktpalette des Pumpenherstellers ist durch eine große Typen- und Variantenvielfalt gekennzeichnet, wobei die Produkte zusätzlich kundenspezifischen Anforderungen angepaßt werden. Dementsprechend ist B durch eine kundenauftragsbezogene Einzel- bzw. Kleinserienproduktion geprägt. Der Betrieb beschäftigt rund 500 Mitarbeiter, wovon weni-

---

78 Zum Untersuchungszeitpunkt hatte das Unternehmen ein Jahrzehnt stetigen Wachstums hinter sich. Das zeigt nicht zuletzt der Anstieg der Mitarbeiterzahlen von 200 auf 350 an. Aber auch für diese Firma, die auf Teilmärkten sogar "Weltmarktführer" ist, hat sich die Wettbewerbssituation in den letzten Jahren merklich verschärft. Die heimische und die internationale Konkurrenz hat aufgeholt und die Anforderungen der Kunden sind gestiegen. Diese beziehen sich vor allem auf die bislang schon zentralen Wettbewerbsfaktoren: Die Fähigkeit den Anforderungen der Kunden an die Produkte und die Lieferbedingungen zu entsprechen. Der Preiswettbewerb ist demgegenüber für das Unternehmen von nachgeordneter Bedeutung.

79 Das Unternehmen bietet ein technisch ausgereiftes Produkt an und bewegt sich auf eher gesättigten und dementsprechend hart umkämpften Käufermärkten. Die entscheidenden Wettbewerbsfaktoren sind hier Preis, kurze Lieferzeiten, Terminbonität, sowie Service und Produktqualität. Kernproblem des Unternehmens ist, daß es lange selbst bei steigenden Umsätzen keine ausreichenden Erträge erwirtschaften konnte. Über Jahre hinweg schrieb man rote Zahlen - ein Sanierungsfall, bei dem in den zurückliegenden Jahren rund hundert Stellen abgebaut wurden. In jüngster Zeit verbesserte sich die Lage und man rechnet für die kommenden Jahre mit einer positiven Bilanz. Das Management des Unternehmens steht in dieser Frage unter starkem Druck seitens des Konzerns. B ist faktisch eine Art Ultimatum gestellt, bis wann schwarze Zahlen zu schreiben sind. Andernfalls steht das Unternehmen zur Disposition.

ger als die Hälfte Arbeiter sind. Bei letzteren handelt es sich nahezu ausschließlich um einschlägig ausgebildete Facharbeiter.

Der *Automobilzulieferer C*, ein von einem angestellten Management geführtes Unternehmen, produziert Industriebedarfsartikel, insbesondere Dichtungen und Dichtungsmaterialien für Motoren und Maschinen. C ist ein klassischer Automobilzulieferer mit Mittel- bis Großserienfertigung. Die forschungs- und entwicklungsintensiven Produkte gehen jeweils zur Hälfte an die Automobilhersteller und in das Vertriebsnetz (Ersatzteilgeschäft). Der Automobilzulieferer C ist zwar einer der größten europäischen Hersteller solcher Dichtungen, aber stark abhängig von den Abnehmern in der Automobilindustrie und deren Ansprüchen an Preiskonditionen, Termintreue und Lieferflexibilität.[80] Die Firma, die im untersuchten Stammwerk etwa 1.000 Mitarbeiter beschäftigt, verfügt über weitere Standorte und Tochterunternehmen im Ausland und hat insgesamt 2.600 Beschäftigte. Von den Mitarbeitern am Stammsitz sind etwa drei Viertel im gewerblichen Bereich beschäftigt. Rund 80% von diesen sind angelernte Kräfte. Facharbeiter sind lediglich in Schlüsselpositionen eingesetzt (in der alten Organisation: Werkzeugbau, Instandhaltung, Einrichter- und Vorarbeiterpositionen).

Im *Automobilunternehmen D*, das über zahlreiche Werke im In- und Ausland verfügt, wurden zu unterschiedlichen Zeitpunkten Erhebungen durchgeführt, die sich neben Expertengesprächen zur Entwicklung im Unternehmen auf zwei Werke konzentrierten. Diese beiden Werke werden im weiteren als zwei Fälle (D1 und D2) behandelt, was sich nicht zuletzt durch Unterschiede im Erhebungszeitraum und durch die relative Autonomie der Werke hinsichtlich der Gestaltung ihrer Strukturen begründet.
Das lange Zeit wirtschaftlich sehr erfolgreiche Unternehmen produziert Fahrzeuge des gehobenen Marktsegments. Seit geraumer Zeit sind auch hier Wettbewerbsprobleme deutlich zutage getreten.[81] Die Verschlechterung der Wettbewerbsposition und der zeitgleich erfolgende Aufstieg des neuen Leitbilds "lean production" prägten die Entwicklung neuer Arbeits- und Organisationsstrukturen in den Produktionsbereichen der Werke und die sie begleitenden bzw. von ihnen ausgelösten Veränderungen in der Managementorganisation.

---

80 Er steht zudem in einem starken Verdrängungswettbewerb mit anderen Zulieferern. Traditionell ist dabei der Preis einer der wichtigsten Faktoren, zumal die Hersteller versuchen, ihren Kostendruck auf die Zulieferer abzuwälzen. Durch die Produktentwicklungen (Motorenentwicklung), den (Qualitäts-)Wettbewerb und die just-in-time-Strategien bei den Abnehmern in der Automobilbranche und durch gesetzliche Anforderungen (etwa asbestfreie Materialien) kommen aber neue Anforderungen an die Innovationsfähigkeit und an die Qualität der Produkte hinzu. Wer hier den Forderungen der Hersteller nicht folgen kann bzw. nicht rechtzeitig Initiativen ergreift, ist aus dem Rennen. Insbesondere beim Direktgeschäft mit den Herstellern spielt die termingerechte Lieferung kurzfristig definierter Produktmengen eine große Rolle.

81 Schon Mitte der 80er Jahre realisierte man an der Unternehmensspitze Produktivitätsprobleme. Nach außen aber und wohl auch weithin innerhalb des Unternehmens wurden die Probleme der Wettbewerbsposition kaum wahrgenommen. Nicht zuletzt mit den Erfolgen japanischer Hersteller, die sich auf dem amerikanischen Markt anschickten, in das Segment der gehobenen Fahrzeugklassen einzubrechen, wurden die Wettbewerbsprobleme offenbar. Auch gegenüber dem inländischen Hauptkonkurrenten verlor man an Boden. Reduzierte Produktionszahlen, Kurzarbeit und Personalabbau sind die sichtbaren Zeichen einer veränderten Situation. Inzwischen thematisiert das Unternehmen offiziell die Produktivitäts- und Wettbewerbsprobleme und versucht diese durch ein weitreichendes Krisenprogramm zu beseitigen.

Das *Automobilwerk D1*, mit mehreren zehntausend Mitarbeitern der mit Abstand größte Standort des Unternehmens, ist ein Karosserie- und Montagewerk. Preßwerk, Rohbau, Lackiererei und Fahrzeugendmontage sind dort integriert. Das Werk ist geprägt durch Großserien- bzw. Massenproduktion, die allerdings durch eine deutlich gestiegene (Ausstattungs-)Variantenvielfalt nachhaltig modifiziert wird. Rund 80% der Belegschaft des Werks sind Arbeiter, die bislang zu etwa drei Vierteln direkt in der Produktion und zu einem Viertel in indirekten Bereichen tätig waren. In letzteren hat qualifizierte Facharbeit ein großes Gewicht, während in den direkten Produktionsbereichen traditionell angelernte Kräfte zum Einsatz kamen. Seit den 80er Jahren hat sich dort allerdings eine beachtliche Facharbeiterreserve aufgebaut (zu D2 vgl. weiter unten).

Das Dezentralisierungsprojekt, das im Fall des *Verpackungsanlagenbauers A* im Mittelpunkt des Interesses steht, hat die Reorganisation des die Produktion beherrschenden Montagebereichs zum Gegenstand. Zentraler Kern der Dezentralisierungsbestrebungen ist der Versuch, flächendeckend teilautonome Montagegruppen aufzubauen. Ähnliche Ansätze finden sich auch für die Teilefertigung.

Diese Innovation ist eingebunden in ein auf die Gesamtorganisation des Unternehmens bezogenes Reorganisationsvorhaben, bei dem es um eine neue Form der Verzahnung der wichtigsten Unternehmensbereiche und - damit zusammenhängend - um deren interne Reorganisation geht. Im Interesse einer schnelleren Auftragsbearbeitung ist angestrebt, eine produktorientierte Organisationsstruktur über die Bereiche Vertrieb, Entwicklung/Konstruktion und Produktion hinweg aufzubauen und innerhalb der Bereiche funktionale Spezialisierungen zu reduzieren. Diesem Ziel dient auch der Aufbau einer zentralen Planungs- und Koordinierungsabteilung (Auftragsleitstelle), die die bessere Verzahnung der Bereiche gewährleisten soll sowie die Reorganisation der produktionsseitigen Planungs- und Steuerungsprozesse. Neben den teilautonomen Gruppen spielt hier die Stärkung der Arbeitsvorbereitung eine zentrale Rolle. Die genannten Vorhaben finden insbesondere in einer in die Organisation einzuschreibenden stärkeren Auftragsorientierung ihren Zusammenhang und sind insofern aufeinander bezogen. Hinsichtlich des Produktionsbereichs sind der Aufbau teilautonomer Gruppen, einer starken Arbeitsvorbereitung und ein neues Entlohnungssystem für die Gruppen zentrale Elemente der Reorganisation.

Im Fall des *Pumpenherstellers B* beziehen sich die Restrukturierungsversuche darauf, die gesamte Produktion (mechanische Fertigung und Montage) nach dem Inselprinzip neu zu organisieren. Von der Anlage her handelt es sich um ein ambitioniertes Projekt, bei dem die Facharbeiterebene deutlich gestärkt werden soll. Aufgebaut werden soll eine Struktur, in der die Inselmannschaften weitreichende Autonomie erhalten sollen. Dieses auf die Produktion beschränkte Dezentralisierungsprojekt zieht im Verlauf der Umsetzung weitere Kreise. Ausgehend von auftretenden Umsetzungsproblemen rücken in vermittelter Weise die übergreifenden Organisationsstrukturen des Unternehmens als Problem ins Blickfeld und werden zum Gegenstand von weiteren Veränderungsbemühungen.

Auch der *Automobilzulieferer C* startete den Versuch, eine Fertigungsinselorganisation in der Produktion aufzubauen. Zielsetzung in diesem Fall ist es, zumindest die Hälfte der Arbeitsplätze nach diesem Prinzip zu organisieren. Die Dezentralisierung läuft auch hier auf eine Aufwertung der Produktionsarbeit hinaus. Allerdings wird hinsichtlich der neuen dezentralen Struktur - auf der Basis des Qualifikationsgefälles zwischen Facharbeitern und angelernten Kräften - eine arbeitsteiligere Variante verfolgt, als dies bei den beiden erwähnten Maschinenbauern der Fall ist.

Im *Automobilmontagewerk D1* standen zum Zeitpunkt der Erhebungen Projekte zur Etablierung unterschiedlicher Formen von Gruppenarbeit, Innovationen, die dem Muster paralleler Dezentralisierung folgen - Qualitätszirkel und KVP - und nicht zuletzt der Abbau von Hierarchieebenen im Vordergrund. Bezogen auf höhere Ebenen des Werksmanagements fanden sich allerdings auch Indizien für Veränderungen, die auf eine Stärkung der Linienvorgesetzten hinauslaufen. Die Bedeutung weiterer Innovationskonzepte, die im Unternehmen mittlerweile eine Rolle spielen, konnte in diesem Werk zum Untersuchungszeitpunkt nicht erfaßt werden.

Selbstorganisation und Intrapreneurship: Mischfälle

Im Sample finden sich zwei Fälle, bei denen die Aufwertung der Produktionsbelegschaft und die Aufwertung der Linienvorgesetzten ineinander laufen. Es handelt sich hierbei um ein Werk des schon erwähnten Automobilunternehmens und um ein Unternehmen der Elektroindustrie.

Werk D2, einer der kleinen Standorte des Automobilunternehmens D, ist ein klassisches Komponentenwerk. Es fertigt eine große und in sich sehr heterogene Palette von Fahrgestellteilen und Kleinaggregaten für Personen- und Nutzfahrzeuge, die im Rahmen des Werksverbundes an andere Werke des Unternehmens geliefert werden.[82] Von den rund 2000 Beschäftigten sind mehr als zwei Drittel im gewerblichen Bereich tätig. Etwas mehr als zwei Drittel der Arbeiter sind in den Produktionsbereichen, nicht ganz ein Drittel in indirekten Bereichen beschäftigt. Die Qualifikationsstruktur der Arbeiterbelegschaft ist faktisch der des Montagewerks vergleichbar: Angelernte und Facharbeiter in den Produktions- und vorherrschend Facharbeiter in den indirekten Bereichen.

Das im Bereich Elektrotechnik bzw. Elektronik tätige und von einem angestellten Management geführte *Unternehmen E* stellt in der Hauptsache elektronische Meßgeräte für die Daten- und Nachrichtenübermittlung her. Der Meßtechnikhersteller E bietet ein diversifiziertes Programm hochwertiger Produkte an und beliefert einen von Großkunden (u.a. Telecom, Rechenzentren) geprägten Markt (Exportquote ca. 70%). Die Produkte sind forschungs- und entwicklungsintensiv und müssen laufend an veränderte Markt- bzw. Kundenanforderungen angepaßt werden.[83] Es werden überwiegend mittlere bis kleine Serien aufgelegt, teilweise findet aber auch Einzelferti-

---

[82] Die Wettbewerbsprobleme des Gesamtunternehmens artikulieren sich für das Komponentenwerk in spezifischer Weise: Hier stehen die Standortfrage bzw. Überlegungen im Raum, das Komponentenwerk als eigenständiges (Zulieferer)Unternehmen auszugliedern, das dann auch nach anderen Abnehmern Ausschau halten bzw. sich direkt am Markt beweisen müßte.

[83] E hat mit der Anforderung zu kämpfen, rasch auf veränderte Produktanforderungen des Marktes zu reagieren bzw. diese zu antizipieren und flexibel mit einer schwankenden Nachfrage umgehen zu können. Die Konkurrenz ist schärfer geworden, ein Verdrängungswettbewerb im Gange. Nach einer Phase stetigen Umsatzwachstums bis Mitte der 80er Jahre, verschlechterten sich die wirtschaftlichen Daten in den folgenden Jahren. Vor diesem Hintergrund ist im Unternehmen die Einsicht gewachsen, daß grundlegende Veränderungen eine Überlebensfrage sind.

gung statt. Der Meßgerätehersteller beschäftigt an mehreren Standorten weltweit etwa 2.400, am untersuchten Stammsitz rund 1.900 Mitarbeiter. Knapp zwei Drittel der dort Beschäftigten sind Angestellte. Im gewerblichen Bereich dominieren im wesentlichen Un- bzw. Angelernte; unter diesen ist der Frauenanteil hoch.

Im *Fahrzeugkomponentenwerk D2* stößt man geradezu auf eine Flut von Innovationskonzepten: Neben dem Aufbau von Gruppenarbeit in der Produktion, dem Abbau von Hierarchieebenen und dem Versuch, einen kontinuierlichen Verbesserungsprozeß in Gang zu setzen, finden wir hier auch deutliche Versuche der Dezentralisierung von Kompetenzen auf die Ebene der mittleren und unteren Vorgesetzten. Das Komponentenwerk D2 stellt insofern einen Fall dar, bei dem sich Selbstorganisation und unternehmerischer Zuschnitt von Führungsrollen parallel herausbilden.

Beim *Meßtechnikhersteller E* zeigt sich ein mehrstufiger Dezentralisierungsprozeß. Auf eine produktlinienorientierte Divisionalisierung des Unternehmens, bei der die bisherige Funktionalstruktur des Unternehmens zugunsten einer Struktur weitgehend selbständiger, produkt- und ergebnisverantwortlicher Unternehmenseinheiten aufgelöst wird, folgt innerhalb der neu gebildeten Divisions ein Prozeß operativer Dezentralisierung. Produktorientierte Fertigungssegmentierung heißt hier das Stichwort der Reorganisation. Im Zuge der Segmentierung werden gleichzeitig Aufgaben und Kompetenzen auf die Ebene der unteren Vorgesetzten und auf die Ebene der ausführenden Arbeit verlagert. In Grenzen selbstregulierte Gruppenarbeit *und* kompetenzmäßig gestärkte Linienvorgesetzte sind die Elemente der entstehenden teilautonomen operativen Einheiten (Segmente).

Fluchtpunkt Intrapreneurmodell

Sechs Dezentralisierungsfälle folgen in unterschiedlicher Weise dem Muster des Intrapreneurmodells. Vier dieser Fälle zählen zur Elektro- bzw. Elektronikindustrie, die beiden anderen Unternehmen stammen aus der Stahlindustrie bzw. dem Maschinenbau.

Die *Fälle F1 und F2* gehören zu einem weitgehend verselbständigten Unternehmensteil (F) eines Konzerns der Elektroindustrie, der sich bereits vor einigen Jahren mit der Bildung selbständiger Geschäftsbereiche eine konsequente divisionale Struktur gab. F wurde erst vor wenigen Jahren durch die Zusammenfassung vergleichbarer, bislang aber unter der Regie unterschiedlicher Unternehmensbereiche hergestellter Produkte gebildet. Es handelt sich um einen der kleinen der verselbständigten Geschäftsbereiche des Konzerns.[84] F produziert ein breites Spektrum elektromechanischer Komponenten und beschäftigt an unterschiedlichen Standorten im In- und Ausland

84 Dieser Bereich zählt nicht zu jenen, die aus der Sicht des Konzerns strategisch wichtige Geschäftsfelder bearbeiten. Während andere Geschäftsbereiche durchaus damit rechnen können, daß eventuell auflaufende Verluste angesichts ihrer unternehmensstrategischen Bedeutung durch den Konzern ausgeglichen werden, ist dieser kleine Geschäftsbereich auf ökonomischen Erfolg zwingend angewiesen. Bei größeren wirtschaftlichen Problemen besteht die reale Gefahr, daß der gesamte Bereich abgestoßen wird.

rund 7.500 Mitarbeiter. F, ein Vorreiter der auch innerhalb der Geschäftsbereiche vorangetriebenen produktorientierten Restrukturierung und Dezentralisierung, ist in weitgehend verselbständigte, für spezifische Produktspektren verantwortliche Geschäftszweige aufgegliedert. Bei F1 und F2 handelt es sich um zwei dieser selbständigen Geschäftszweige mit jeweils mehreren Standorten.

Der selbständige *Elektrobauteile-Geschäftszweig F1* stellt elektromechanische Bauteile wie Steckverbinder und Wickelgüter für industrielle Abnehmer und Telekommunikationsunternehmen her. F1 ist von Großkunden abhängig. Man bewegt sich auf einem hart umkämpften Markt, bei dem Produktinnovation, die Erfüllung spezifischer Kundenanforderungen, Lieferflexibilität und die Preiskonkurrenz eine große Rolle spielen. Gleichwohl handelt es sich hier vornehmlich um eine Großserien- bzw. Massenproduktion. Geschäftszweig F1 beschäftigt an zwei Standorten etwa 1.800, am untersuchten Standort rund 900 Mitarbeiter. Von letzteren sind etwa 60% im gewerblichen Bereich tätig. Un- und Angelernte und unter diesen wiederum Frauen prägen dort das Bild.

Der *Relais-Geschäftszweig F2*, mit vergleichbaren Anforderungen konfrontiert, produziert und vertreibt Relais und elektrotechnische Kleingeräte. Auf mehrere Standorte verteilt hat F2 etwa gleich viel Beschäftigte wie F1. Großserien- bzw. Massenproduktion beherrscht auch hier die Produktion. Am untersuchten Standort ist die Beschäftigtenzahl von ehemals 1.400, die man noch vor einigen Jahren dort vorweisen konnte, auf nur noch 500 zusammengeschmolzen. Die Hauptverluste trug der gewerbliche Bereich, der früher über 1.000 Mitarbeiter umfaßte. Mittlerweile ist das Zahlenverhältnis zwischen Arbeitern und Angestellten ausgeglichen. Waren die Produktionsbereiche vor Jahren noch eine Domäne der Un- und Angelernten (hoher Frauenanteil), so prägen dort jetzt qualifizierte Facharbeiter das Bild.

Unternehmen G ist die Tochtergesellschaft eines großen internationalen Computerherstellers. G produziert und vertreibt Produkte und Dienstleistungen der Informations- und Kommunikationstechnik. Der untersuchte Teil des Unternehmens ist ein Komponentenwerk, das Leiterplatten, Mehrschichtkeramik und Halbleiter fertigt. Diese in Großserien gefertigten Produkte liefert das Werk, das in den Produktionsverbund des Konzerns integriert ist, europaweit an andere Konzernteile.[85] In besagtem Werk beschäftigt das Unternehmen rund 4.200 Mitarbeiter. Vor der Restrukturierung waren weniger als die Hälfte der Mitarbeiter in den direkten Produktionsbereichen beschäftigt. Ein Teil der Produktionsmannschaften sind qualifizierte Fachkräfte, deutlicher ins Gewicht fallen in vielen Abteilungen allerdings angelernte Arbeiter. In unterschiedlichem Ausmaß

---

85 Auch dieses Unternehmen hat mit Wettbewerbsproblemen zu kämpfen. Zu Beginn der 90er Jahre brechen Umsatz und Gewinn des Konzerns ein. Dies tangiert auch die deutsche Tochtergesellschaft, obwohl deren Bilanzen besser aussehen. Der Konzern legt ein umfassendes Krisenbewältigungsprogramm auf, das u.a. auf Kostenreduzierung durch Personalabbau in allen Bereichen setzt. Für das Komponentenwerk, das sich im Konzernverbund in einer unmittelbaren Konkurrenzsituation mit anderen Werken außerhalb Deutschlands befindet, rückt in diesem Zusammenhang das Problem der zumindest mittelfristig drohenden Standortgefährdung in den Vordergrund. Das untersuchte Werk ist in Wettbewerbsvergleichen ins Hintertreffen geraten. Da die bisherigen Abnehmer innerhalb des Konzerns mittlerweile nicht mehr verpflichtet sind, Komponenten innerhalb des Konzernverbundes zu beziehen, steht das Werk nun auch in einer direkten Konkurrenz zu externen Anbietern. Deren Preispolitik macht dem Werk zu schaffen. Es ist vor allem die eigene Kostenstruktur, die die Wettbewerbsfähigkeit belastet, während man hinsichtlich anderer Faktoren durchaus mithalten kann, wenn nicht gar die Nase vorn hat (z.B. gleichbleibende Produktqualität, schnelle Lieferung hoher Stückzahlen).

greift das Werk bezüglich der angelernten Arbeitskräfte auf das Instrument befristeter Arbeitsverträge zurück. In einigen Fertigungsbereichen liegt der Anteil der befristet Beschäftigten bei über 50% der Produktionsmannschaften.

Das seit einiger Zeit von einem angestellten Management geführte mittelständische *Unternehmen H* produziert forschungs- und entwicklungsintensive elektronische Anlagen und Geräte zur zerstörungsfreien Werkstoffprüfung. Das Unternehmen ist weltweit nahezu der einzige Anbieter dieser Produkte, die vornehmlich in der Stahlindustrie (der Hauptabsatzmarkt für Prüfanlagen) und in der Flugzeugwartung zum Einsatz kommen. Die Prüfgeräte, die kundenspezifischen Anforderungen angepaßt werden müssen, werden überwiegend in kleinen Serien, die Prüfanlagen auf Auftrag und den spezifischen Anforderungen des jeweiligen Kunden gemäß in Einzelfertigung hergestellt.[86] Zum Untersuchungszeitpunkt beschäftigt das Unternehmen fast 400 Mitarbeiter, in der Mehrzahl Angestellte. Im zentralen Produktionsbereich sind rund 120, im wesentlichen qualifizierte Arbeitskräfte (Facharbeiter, Techniker) tätig.

Das in der Stahlbranche beheimatete *Unternehmen I* produziert aus Metallschrott unterschiedliche Arten von Baustahl auf zwei parallel arbeitenden, unmittelbar an die Hochöfen angegliederten Walzstraßen. Die Stahlerzeugnisse werden vor allem in zwei Drahtwerken weiterverarbeitet, die zum Unternehmen gehören. Das Unternehmen ist sehr innovativ in der Verfahrensentwicklung und Stahlverarbeitung und seit Jahren wirtschaftlich auf Erfolgskurs. Es kann auf eine auch im internationalen Vergleich imposante Produktivitätsentwicklung bei der Stahlerzeugung verweisen. Die Beschäftigtenzahl des Unternehmens beträgt etwa 1.200.[87] Über drei Viertel der Mitarbeiter sind im gewerblichen Bereich beschäftigt. I hat in den 80er Jahren mit sehr großem, auch finanziellem Aufwand ein Qualifizierungsprogramm für die vorhandene, in der Hauptsache un- und angelernte Belegschaft an den Hochöfen und Walzstraßen aufgelegt. Mittlerweile kann von einer recht weitgehend qualifizierten Belegschaft gesprochen werden. Auch von deren Vorgesetzten wurde der Besuch einschlägiger Fortbildungsmaßnahmen und die Meisterprüfung verlangt, aber auch finanziert. Geburtshelfer des Unternehmens war gewissermaßen die Krise eines in dieser Branche tätigen Konzerns, dessen Teil das jetzt selbständige Unternehmen einmal war. I ist aus

---

86 Das Unternehmen, das lange Zeit expandierte, ist stark von der Stahlindustrie abhängig. Mitte der 80er Jahre gerät es im Zuge des Einbruchs der Stahlkonjunktur in eine Krise. Die oft millionenschweren Stahlaufträge haben eine manchmal mehrmonatige Durchlaufzeit. Dadurch ergibt sich ein hoher Vorfinanzierungsbedarf. Traditionell wurde dies ausgeglichen durch Vorauszahlungen bei neuen Aufträgen. Mit der Stahlkrise und dem damit verbundenen Auftragseinbruch zerbricht dieses Finanzierungsmodell. H steckt in einem Liquiditätsengpaß. Dadurch rückt erstmals die Frage nach der Gewinnträchtigkeit einzelner Geschäftsfelder ins Blickfeld. Die äußere Krise deckt gewissermaßen die innere Krise auf: Insbesondere das Anlagengeschäft im Stahlbereich, bislang wesentlicher Umsatzträger, erweist sich als nicht gewinnträchtig. Die Chancen, im Rahmen der gegebenen Strukturen eine Wende zu erreichen, stehen schlecht. Der Liquiditätsengpaß, die strikten aber immer schwerer erfüllbaren Terminanforderungen und die dadurch drohenden hohen Konventionalstrafen im Anlagengeschäft kennzeichnen eine Krise, die ihre Ursache auch in der bisherigen Aufbau- und Ablauforganisation haben. Dies ist zumindest die Wahrnehmung einer neuen, durch die Krise ins Amt gehobenen Geschäftsführung. Auf Druck der Banken mußte sich die Eigentümerfamilie aus der direkten Geschäftsführung zurückziehen und einem von außen rekrutierten Geschäftsführer Platz machen.

87 Im speziell in den Blick genommenen Stahlwerk arbeiten rund 900 (überwiegend gewerbliche) Mitarbeiter.

dem Konkurs dieses Konzerns hervorgegangen, der die Großen der Branche mit Ministahlwerken herausgefordert hatte, dann aber an der Stahlkrise zerbrach.

Das von einem angestellten Management geführte mittelständische *Werkzeugmaschinenunternehmen J* stellt in der Hauptsache Schleifmaschinen her. Zum Produktionsprogramm gehören aber auch Lederbearbeitungsmaschinen, Werkzeuge (z.B. Schleifwerkzeuge) und Getriebeteile. Bei den Maschinen handelt es sich überwiegend um kundenspezifische Produkte, die auf Auftrag einzeln oder in kleineren Serien hergestellt werden. Hauptabnehmer der Schleifmaschinen ist die Automobilindustrie, für die auch die Getriebeteile bestimmt sind. Letztere werden in großen Serien gefertigt.[88] Der Maschinenbauer beschäftigt ca. 750 Mitarbeiter und davon rund 450 im gewerblichen Bereich. Bis auf den kleinen Bereich der Automobilteileproduktion (Getriebeteile) sind in den Produktionsbereichen weit überwiegend Facharbeiter beschäftigt.

Im Fall des *Relaisfertigers F1* und des *Elektrobauteileproduzenten F2* wurde ein Dezentralisierungsprozeß fortgesetzt, der im Konzern mit der Bildung selbständiger, geschäftsverantwortlicher Einheiten unterhalb der Vorstandsebene und innerhalb der Geschäftsbereiche mit der Schaffung selbständiger Geschäftszweige startete. Die Geschäftszweige werden produktbezogen in Form relativ selbständig operierender Segmente und diese wiederum nach Produktlinien strukturiert. Der zentrale Kern des Prozesses, die produkt(gruppen)orientierte Restrukturierung des Unternehmens (Segmentierung) bei gleichzeitiger Dezentralisierung unternehmerischer Kompetenzen und Verantwortlichkeiten reicht bis in die operativen Einheiten. Die Fälle F1 und F2 folgen recht weitgehend dem Typus des Intrapreneurmodells. Ein hinsichtlich der Meisterfrage wichtiger Unterschied zwischen den beiden Geschäftszweigen liegt darin, daß F2 quasi parallel zur Segmentierung in den Produktionsbereichen des untersuchten Standorts einen grundlegenden Wandel des Arbeitssystems vollzog. Die lange Zeit durch manuelle Fertigungsarbeit bestimmte Produktion ist mittlerweile hochautomatisiert.

Das Grundkonzept der Dezentralisierung im *Leiterplattenwerk G* ist mit dem des Elektrobauteileproduzenten F1 und des Relaisfertigers F2 vergleichbar. Es sieht die Bildung selbständiger Produktionseinheiten entlang definierter Produktspektren und innerhalb dieser Produktionseinheiten die Schaffung "autarker" Subeinheiten (Prozeßabschnitte) vor. Der Dezentralisierungsprozeß bezieht sich auf die Verlagerung von Kompetenzen, Verantwortung und Personal aus indirekten Bereichen auf diese Einheiten. Verantwortung und Entscheidungskompetenzen für die integrierten neuen Einheiten konzentrieren sich bei den Linienvorgesetzten: Dezentralisierung nach dem Intrapreneurmodell auch hier.

---

88 Das Unternehmen, dem es nicht gelungen ist, auf dem Markt für Serienschleifmaschinen Fuß zu fassen, steht in einem scharfen Wettbewerb mit in- und ausländischen Konkurrenten. Für die marktmächtigen Abnehmer in der Automobilindustrie zählen vor allem der Preis, kurze Lieferzeiten und Termintreue. Mit diesen Anforderungen hatte J zusehends Probleme und geriet Ende der 80er Jahre in eine wirtschaftliche Krise. Die Geschäftsleitung reagierte hierauf mit einem Sanierungsprogramm, zu dem nicht zuletzt ein größerer Personalabbau sowie die Einführung eines neuen Entlohnungssystems für die gewerblich Beschäftigten zählte.

Auch in dem beim *Prüfgerätebauer H* zu beobachtenden Strukturwandel verschränken sich Dezentralisierungsmaßnahmen strategischer und operativer Art. Die Bildung einer divisionalisierten Struktur ist der erste Dezentralisierungsschritt, auf den innerhalb neu geschaffener Einheiten dann ein Prozeß operativer Dezentralisierung folgt. Das Unternehmen faßt entlang von Produktlinien die spezifischen Marketing-, Entwicklungs- und Fertigungsressourcen in zwei verselbständigten Divisions zusammen. Außerhalb der Divisions verbleiben unter dem Dach des Unternehmens die Teilefertigung und der Vertrieb. Sie erhalten den Status von Dienstleistern der Divisions. Die Teilefertigung (ebenso der Vertrieb) wird in einem zweiten Dezentralisierungsschritt in Form der Bildung von Fertigungsinseln reorganisiert. Die Aufgaben- und Kompetenzverlagerung innerhalb der Managementhierarchie bzw. aus indirekten Bereichen erfolgt hier in Richtung auf die Linienvorgesetzten in den neuen Fertigungsinseln.

Im *Stahlunternehmen I* haben sich nicht bzw. nur in kleinen Ansätzen jene Strukturen und Arbeitsformen herausgebildet, denen man andernorts nun mit Hilfe von Verschlankungskonzepten versucht zu Leibe zu rücken. Das Stahlunternehmen hat recht früh, lange vor der lean- und reengineering-Welle, auf dezentrale Strukturen gesetzt. Es wird in der Öffentlichkeit mittlerweile auch als Vorbild eines schlanken Unternehmens gehandelt. Hier sind nicht nur die (Management)Strukturen äußerst schlank. Auf praktisch allen Führungsebenen finden sich Stellenprofile und Anforderungen, die dem Intrapreneurmodell folgen. Das Intrapreneurship wird weiter genährt durch zwei beobachtbare Prozesse. Zum einen werden unter dem Dach des Unternehmens immer wieder Dienstleistungen in eigenständige GmbH's ausgegliedert.[89] Zum anderen werden durch eine sukzessive Ausdünnung indirekter Funktionen und Führungsebenen die Verantwortungsbereiche der einzelnen Vorgesetzten größer.

Im *Werkzeugmaschinenunternehmen J* ist die Errichtung von Fertigungsinseln in der Produktion von Schleifmaschinen ein zentraler Bestandteil eines vor dem Hintergrund einer wirtschaftlichen Krise aufgelegten Sanierungsprogramms. Neben einer gewissen Aufwertung der Produktionsfacharbeit stärken die Fertigungsinseln in erster Linie die Position der Linienvorgesetzten gegenüber den bisherigen produktionsvorbereitenden Stellen. Auch hier finden wir der Tendenz nach eine Form der "neuen Meisterwirtschaft".

Anhand der Skizze der Unternehmensprofile dürfte erkennbar geworden sein, daß die Hinwendung zu neuen Organisationskonzepten Unternehmen ganz unterschiedlicher Art vereint. Groß- und Mittelbetriebe, Familienunternehmen und Konzerntöchter, Einzel- bzw. Kleinserienfertiger und Massenproduzenten, Unternehmen mit

---

89 Diese erbringen Leistungen für das Stahlwerk, sollen sich aber auch neue Märkte erschließen. Beispiele sind die Ausgründungen der Verfahrensentwicklung, des Ausbildungsbereichs und der zentralen Instandhaltung als selbständige Gesellschaften.

qualifizierter und solche mit überwiegend un- und angelernter Arbeiterbelegschaft: Was sie eint ist der - wenn auch unterschiedlich ausgeprägte - Druck, vorhandene Wettbewerbsprobleme zu beheben und das Bewußtsein relevanter Entscheidungsträger, daß nur mit neuen, von bisherigen Maximen abweichenden Konzepten ein Kurswechsel zu erreichen ist.[90]

Die Schwerpunktsetzungen sind allerdings, wie die Zuordnung der Fälle zu den Idealtypen echter Dezentralisierung zeigt, unterschiedlich.[91] Bisher wurden die Reorganisationskonzepte bzw. -maßnahmen im Fallspektrum nur im Überblick und plakativ benannt und den beiden Typen oder Entwicklungsrichtungen Selbstorganisation und Intrapreneurmodell zugeordnet (Vgl. zur Übersicht Schaubild 3.1). Ihre Konturen sind noch genauer herauszuarbeiten. Dies soll im nächsten Kapitel im Zusammenhang mit der Thematisierung der Implikationen für die Meisterebene erfolgen.

Bevor wir auf diese Frage eingehen ist allerdings noch darauf hinzuweisen, daß die in Rede stehenden Veränderungen nicht allein die Rolle der Meister berühren. Hierarchieabbau, Ausdünnung von Führungsebenen, Veränderungen der Aufgaben- und Kompetenzprofile und der an die Führungskräfte gestellten Anforderungen: Wie in den untersuchten Unternehmen zu beobachten ist, betreffen solche Entwicklungen Führungskräfte der unterschiedlichsten Ebenen (Faust/Jauch 1993, 1995; Faust u.a. 1994, 85ff.). Von den Dezentralisierungsbemühungen betroffen sind zudem nicht allein die Linienvorgesetzten der Produktion, sondern auch und gerade die (produktionsnahen) indirekten Bereiche und deren Führungspersonal. Die indirekten Bereiche, die bisher von einer vornehmlich auf die Produktion konzentrierten tayloristisch-fordistischen Rationalisierung profitierten, sind mit verschiedenen, in einzelnen Unternehmen teilweise miteinander verschränkten Veränderungen konfrontiert. Die Abspaltung und Verlagerung von Funktionen in neue, autonomere opera-

---

[90] Dieses Bewußtsein und die konkreten Innovationskonzepte werden getragen von individuellen Leitvorstellungen der Promotoren, von der Überzeugungskraft als vorbildlich wahrgenommener Unternehmen oder seit geraumer Zeit von sich etablierenden übergreifenden neuen Leitbildern dessen, was eine moderne, effiziente industrielle Organisation und Produktion ist.

[91] Bemerkenswert ist, daß es keinen engen Zusammenhang zwischen dieser Schwerpunktsetzung und bestimmten Strukturmerkmalen gibt. So verfolgen sowohl Großserien- als auch Kleinserienfertiger dieselbe und Kleinserienfertiger wiederum, wie die Maschinenbaufälle B und J zeigen, unter demselben Label (Fertigungsinseln) unterschiedliche Entwicklungsrichtungen. Gängige Parameter (z.B. Fertigungstyp, Markteinflüsse, Belegschaftsstruktur und Qualifikationsprofil etc.) sind hinsichtlich der Akzentsetzung im Dezentralisierungsprozeß offenbar weniger bedeutsam als andere Faktoren. Wo eine qualifizierte Facharbeit vorhanden ist, mag das Selbstorganisationsmodell größere Chancen einer Verwirklichung haben. Zwingend ist dies allerdings nicht und auch die Dominanz angelernter Arbeitskräfte schließt dessen Verfolgung, wie etwa Fall C zeigt, nicht aus. Von größerer Bedeutung für die Grundausrichtung der konkreten Reorganisationskonzepte sind hier eher die Leitvorstellungen der Promotoren.

tive Einheiten und damit einhergehend der Abbau von Personal in den indirekten Bereichen bzw. die Versetzung von Personal in die neuen dezentralen Einheiten sind beobachtbare bzw. antizipierbare Folgen. Von den verbleibenden (ausgedünnten) indirekten Bereichen wird zudem ein neues Aufgabenverständnis als Dienstleister der produktiven Bereiche eingefordert. Das sich konstituierende Kunden-Lieferanten-Verhältnis zwischen wertschöpfenden und indirekten Bereichen setzt letztere unter einen bislang so nicht gekannten Rechtfertigungsdruck (vgl. hierzu Faust u.a. 1994). Im Zuge der Etablierung neuer Strukturen gerät jedenfalls die alte Statusordnung ins Rutschen. Gegenüber den aufgewerteten, durch Dezentralisierung "intelligenter" gewordenen wertschöpfenden Bereichen hat der exklusive Expertenstatus, den die indirekten Bereiche bislang für sich reklamieren konnten und der ihre hervorgehobene Stellung begründete, deutlich an Glanz verloren.

Für diese Entwicklungstendenzen ließen sich eine Fülle von Belegen aus dem Fallspektrum anführen. Einige wenige mögen hier genügen: Beim Pumpenhersteller B hat der Aufbau der Fertigungsinseln zur Konsequenz, daß die Planungs- und Steuerungsabteilung ihre Vorposten in der Produktion, die Teile- bzw. Terminverfolger, zurückzog. Deren Aufgabe entfällt im Rahmen der Inselorganisation. Vergleichbares gilt für die Qualitätskontrolle. Im Unternehmen G verlor die einstmals mächtige Instandhaltung einen großen Teil der Instandhalter an die neuen teilautonomen Segmente. Von ihr ist nur eine vergleichsweise kleine Zentralabteilung mit ausgesuchten Spezialisten übrig geblieben. Beim Schleifmaschinenhersteller J war man bezüglich der Arbeitsvorbereitung noch radikaler. Sie wurde im Zuge des Aufbaus von Fertigungsinseln nach dem Intrapreneurmodell schlicht aufgelöst. Ein Teil des bisher dort vorhandenen Personals wurde abgebaut (Kalkulatoren der Zeitwirtschaft), der andere Teil (Arbeitsplaner, Programmierer) in die Inseln integriert.

Echte Dezentralisierung greift - betrieblich in je unterschiedlichem Maße - in die bestehenden Strukturen der hierarchischen und der funktionalen Arbeitsteilung ein und setzt damit Führungsebenen wie indirekte Bereiche einem Veränderungsimpuls aus. Die Entwicklungen auf der Meisterebene sind also eingebettet in einen tendenziell umfassenderen Veränderungsprozeß. Dies gilt es zu beachten, wenn im folgenden die Meisterposition ins Zentrum der Betrachtung gerückt wird.

Schaubild 3.1
Übersicht zu den untersuchten Unternehmen

Untersuchungsfälle	Strukturmerkmale				Stoßrichtung der Dezentralisierung
	Branche	Größe	Produktionsbelegschaft	Fertigungstyp	
1) Verpackungsanlagenbauer A	Maschinenbau	500	Facharbeiter	auftragsbezogene Einzel- u. Kleinserienfertigung	Selbstorganisationsmodell
2) Pumpenhersteller B	Maschinenbau	350	Facharbeiter	auftragsbezogene Einzel- u. Kleinserienfertigung	
3) Automobilzulieferer C	Automobilind.	2.600	Angelernte	(Groß-)Serienfertigung	
4) Automobilmontagewerk D1	Automobilind.	46.000	Angelernte u. erheblicher Anteil an Facharbeitern	Großserien-/Massenfertigung	
5) Elektrobauteileproduzent F1	Elektroindustrie	2.000	Angelernte u. erheblicher Anteil an Facharbeitern	Großserien-/Massenfertigung	Intrapreneurmodell
6) Relaisfertiger F2	Elektroindustrie	2.000	bislang Angelernte, jetzt Facharbeiter	Großserien-/Massenfertigung	
7) Leiterplattenwerk G	Elektronikind.	4.200	Angelernte u. erheblicher Anteil an Facharbeitern	Großserien-/Prozeßfertigung	
8) Prüfgerätebauer H	Elektronikind.	400	Facharbeiter u. Techniker	auftragsbezogene Einzel- u. Kleinserienfertigung	
9) Stahlunternehmen I	Stahlindustrie	1.000	qual. Angelernte	Prozeßfertigung	
10) Werkzeugmaschinenbauer J	Maschinenbau	650	Facharbeiter	auftragsbezogene Einzel- u. Kleinserienfertigung	
11) Fahrzeugkomponentenwerk D2	Automobilind.	2.000	Angelernte u. erheblicher Anteil an Facharbeitern	Großserien-/Massenfertigung	Dezentralisierung als Kombination von Selbstorganisation und Intrapreneurship
12) Meßtechnikhersteller E	Elektronikind.	1.900	Angelernte	Serienfertigung	

4. Dezentralisierung und ihre Wirkungen auf die Meisterposition

Die Feststellung, das Aufgaben- und Kompetenzprofil der Meister werde im Gefolge des Aufbaus dezentraler Organisationsstrukturen in der industriellen Produktion Veränderungen unterworfen, erscheint angesichts der bisherigen Überlegungen mehr oder weniger banal. Werden - mit Blick auf die klassischen Einsatzgebiete der Meister und deren unmittelbares Umfeld - die bestehenden Strukturen der funktionalen und hierarchischen Arbeitsteilung in Frage gestellt und dezentralisierend verändert, bleibt die Meisterposition von einem Wandel zwangsläufig nicht verschont; und zwar gleichviel, welchem Muster (echter Dezentralisierung) der Restrukturierungsprozeß folgt. Strukturinnovative reflexive Rationalisierung impliziert also in jedem Fall[92] Folgen für die Meisterebene. Und diese Folgen sind weitreichender Art.

Gegenstand von Rationalisierungsmaßnahmen zu sein, ist für die Gruppe der Meister sicherlich nicht neu. Diesbezüglich ist sie - eingedenk der jahrzehntelang wirksamen Tendenzen der Taylorisierung der Meisterfunktion - reich an Erfahrung. Neu ist allerdings der Umstand, daß sie nicht mehr vornehmlich Tendenzen der Zentralisierung, Spezialisierung und Bürokratisierung, sondern einem gegenläufigen Prozeß unmittelbar ausgesetzt sind (Dezentralisierung, Funktionsintegration und Entbürokratisierung), der bisherige Haltepunkte der Meisterposition in Frage stellt; die überkommenen, mehr oder weniger festgefügten Zuschreibungen an Aufgaben, Kompetenzen und Verantwortlichkeiten werden brüchig und die betrieblichen Erwartungsmuster hinsichtlich der subjektiven Voraussetzungen von Stelleninhabern bzw. -aspiranten verändern sich.

In den Unternehmen, in denen strukturinnovative Organisationskonzepte verwirklicht werden, zeichnen sich in der Tat Umbrüche im Einsatz von Meistern ab. Hiervon ist, so steht allein schon angesichts der Meldungen der Wirtschaftspresse zu vermuten, mittlerweile nicht mehr nur ein kleiner, sondern ein wachsender Teil der Meister betroffen. Umso mehr gewinnt für die Sozialfigur Meister das an Gewicht, was mit dem Begriff Umbruch bezeichnet und in den folgenden Kapiteln näher bestimmt werden soll.

Welche Konsequenzen hat nun der Aufbau dezentraler Organisationsstrukturen für das Aufgabenprofil, die Position des Meisters im Industriebetrieb? Wir gehen dieser Frage nach, indem wir der Unterscheidung zwischen dem Selbstorganisations- und dem Intrapreneurmodell folgen und dementsprechend Ergebnisse aus den Fallstudien zusammenführen.[93] Die Fragen lauten mithin: Welche Folgewirkungen zeitigt

---

92 Dies gilt, sofern sie die Produktion und produktionsnahe indirekte Bereiche zum (wenigstens mittelbaren) Gegenstand hat.

93 Wir konzentrieren uns also auf Prozesse echter Dezentralisierung, die weit stärker und dauerhafter als Formen paralleler Dezentralisierung die Meisterposition beeinflussen. Anzumerken ist außerdem: Es wird, um dieses Kapitel überschaubar zu halten, nicht jedem Fall gleiche Aufmerksamkeit geschenkt werden können. Im konkreten - d.h. etwa hinsichtlich der Reichweite (auf einzelne Bereiche begrenzte oder flächendeckende Reorganisation), des Ausmaßes

eine Dezentralisierung nach dem Modell der Selbstorganisation, welche eine Dezentralisierung nach dem Intrapreneurmodell? Kapitel 4.1 folgt der ersten, Kapitel 4.2 der zweiten Frage. Im nachfolgenden Kapitel (4.3) widmen wir uns Fällen, in denen beide Bewegungen ineinander fließen. In der Betrachtung der Folgewirkungen werden wir uns allerdings nicht allein auf die jeweiligen Formen operativer Dezentralisierung konzentrieren. Auch den bisherigen - meisterwirtschaftsähnlichen oder tayloristischen - Formen des Einsatzes von Meistern in den Unternehmen ist Aufmerksamkeit zu schenken, da sie den Ausgangspunkt bilden, an dem die jeweiligen Veränderungen ansetzen. Die Berücksichtigung der Ausgangslagen reflektiert sich in der inneren Gliederung der Kapitel 4.1 und 4.2. In der Behandlung der Folgen des Aufbaus dezentraler Strukturen für die Meisterposition wird mithin differenziert nach dem Fluchtpunkt der Dezentralisierung *und* nach der bisherigen Form des Meistereinsatzes.

In den genannten Kapiteln wird zu zeigen sein, daß sich, je nachdem, welchem Fluchtpunkt betriebliche Reorganisationsversuche folgen, für die Meister unterschiedliche Entwicklungsoptionen auftun. "Zweite Meisterkrise" oder "neue Meisterwirtschaft": Dies sind die Alternativen, die sich im Prozeß reflexiver Rationalisierung für die Meister eröffnen. Wenngleich der Begriff "neue Meisterwirtschaft" die Chance der Renaissance einer starken Meisterfigur signalisiert: Beide Pfade bergen Risiken für die Meisterebene. Diese werden ebenso herauszuarbeiten sein, wie die jeweiligen Leitvorstellungen über die neue Rolle der Meister.

Die entsprechenden Definitionsprozesse sind, dies zeigt sich in den untersuchten Unternehmen, (noch) nicht abgeschlossen. Die Situation ist geprägt durch eher undeutliche, durchaus auch widersprüchliche und oft nur sehr vermittelt formulierte Erwartungen und Selbstzuschreibungen. Die Neudefinition der Meisterrolle ist, wie die Dezentralisierungsprozesse insgesamt, ein politischer Prozeß, der viele Mitspieler kennt.[94] Dies sollte im Bewußtsein bleiben, wenn wir uns den Konturen der veränderten Rolle der Meister zuwenden.

Deutlich zu machen ist des weiteren, daß Risiken und Chancen, die die Dezentralisierungsprozesse bereithalten, in spezifischer Weise ungleich verteilt sind. Es hängt nicht zuletzt von den bisherigen Formen des Meistereinsatzes ab, welcher Zukunft die unteren Vorgesetzten der Arbeiterbelegschaften entgegengehen (für einen

---

der Integration von indirekten Funktionen und des Grades der Autonomie innerhalb der neuen Strukturen - sind die Reorganisationskonzepte und -maßnahmen recht verschieden. Soweit sie sich in den Grundtendenzen entsprechen, wird es vielfach genügen, anhand besonders prägnanter Fälle diese Grundtendenz und ihre Folgewirkung deutlich zu machen und den Ausweis anderer Fälle auf spezifische, bezüglich der Meister relevante Besonderheiten zu beschränken.

94 Selbst in den wenigen Fällen, in denen - ausweislich neuer, schriftlich fixierter Stellenbeschreibungen bzw. Anforderungsprofile - der Prozeß der Rollendefinition formal abgeschlossen erscheint, verweisen die Abweichungen in der Selbstdefinition und in der Aufgabenwahrnehmung der Meister und das Verhalten und die abweichenden Zuschreibungen anderer Akteure auf einen noch unabgeschlossenen Definitionsprozeß.

Überblick über die untersuchten Dezentralisierungsfälle und die Entwicklungstendenzen auf der Meisterebene vgl. Schaubild 4.1 auf Seite 219).

4.1 Eine neue Meisterkrise durch Selbstorganisation?

Wenn die These von einer neuen, einer "zweiten Meisterkrise" ihre Berechtigung hat, dann dort, wo der Prozeß der Dezentralisierung darauf hinausläuft, die unmittelbare Produktionsarbeit hinsichtlich der Arbeitsinhalte, der Kompetenzen und der Verantwortlichkeiten zu stärken.

Ob im Rahmen der Verwirklichung von Inselkonzepten im Bereich der mechanischen Fertigung, von Teamarbeit an hochautomatisierten Anlagen, bei der Einführung von teilautonomer Gruppenarbeit in der Maschinenmontage oder an den Endmontagebändern in Automobilwerken: Überall dort, wo Kompetenzen und Verantwortung auf die Mitarbeiterebene verlagert werden und neu gebildete Inselmannschaften, Arbeitsteams oder Gruppen die ihnen zugewiesenen (alten wie neuen) Aufgaben - innerhalb eines gesetzten Rahmens - in Eigenregie erledigen, wird die Meisterebene einem - je nach Breite und Tiefgang der Dezentralisierung variierenden - Prozeß der Aushöhlung ihres Aufgaben- und Kompetenzprofils ausgesetzt. Ein Aufgaben- und Kompetenzabzug nach unten droht - gewissermaßen die Verkehrung des bis in die jüngste Zeit hinein wirksamen Trends.

Durch eine auf die Selbstorganisationskapazitäten der Produktionsbelegschaften abhebende Dezentralisierung werden die Meister faktisch aus Aufgabenbereichen verdrängt, die in der bisherigen Fremd- und Selbsteinschätzung zum Kern der Meisterfunktion gerechnet wurden. Zur Disposition gestellt werden insbesondere solche Aufgaben und darauf bezogene Kompetenzen, die sich um die (wie auch immer begrenzte) Gestaltung und Steuerung des Werkstattgeschehens gruppieren, die sich auf die Felder der Planung, Koordination, Durchführung und Überwachung der zu verantwortenden Produktionsprozesse beziehen.

Problematisiert wird damit der spezifische Beitrag dieser Gruppe von Vorgesetzten zum praktischen, alltäglichen Gelingen der Produktion. Wie begrenzt auch immer ihr Spielraum gewesen sein mag: Bislang trugen die Meister - eingedenk ihrer Rolle im Feld der Anleitung, Anweisung und Kontrolle der alltäglichen Arbeitsvollzüge, der Strukturierung, Steuerung und Sicherstellung des Gesamtgeschehens im unterstellten Bereich - wesentlich und für alle Beteiligten sichtbar dazu bei, daß die Produktion "lief". Es ist nicht zuletzt diese "produktive" (Leitungs-)Arbeit des Meisters, die ihn gegenüber den Mitarbeitern, aber auch gegenüber außenstehenden Kooperationspartnern legitimierte. Die Steuerung des Werkstattgeschehens ist seitens der Mitarbeiter als eine produktive, auf den eigenen Arbeitszusammenhang bezogene *Arbeit* unmittelbar erfahrbar. In ihr artikulierte und aktualisierte sich immer wieder aufs Neue die Notwendigkeit der Position und die (Fach- und Organisations-)

Kompetenz des Stelleninhabers. Dies begründete die funktionale bzw. Fachautorität des Meisters.

Mit der Dezentralisierung von Zuständigkeiten in diesem Feld verlieren die Meister wichtige, ja konstitutive Elemente ihrer auf den Arbeitsprozeß bezogenen Leitungsfunktion. Nicht nur aus der Sicht der unterstellten Belegschaften verwischen die Konturen des arbeitsprozeßbezogenen Beitrags, der sozusagen produktiven Funktion der Meisterebene. Damit schwindet eine wichtige Legitimationsbasis.

Mit dem Verdrängen der Meister aus dem Geschäft der Steuerung des Werkstattgeschehens verlieren sie zugleich wichtige Mittel der Einflußnahme auf die ihnen unterstellten Belegschaften. Die Regulierung der sozialen Beziehungen innerhalb ihres Verantwortungsbereichs und ihre Möglichkeiten der Sanktionierung waren eng an die Erfüllung der genannten Aufgabenfelder gebunden. Mit deren Dezentralisierung droht den Meistern ihre eigentliche Machtbasis abhanden zu kommen.

Wie tief die Veränderungen auf der Meisterebene greifen, hängt davon ab, wie umfassend das Aufgabenbündel und die Selbstorganisationskompetenz der teilautonomen Produktionsmannschaften geschnürt werden - oder, aus der Sicht der Meister, wie breit die Aufgabenverlagerung und das Ausmaß des Kompetenzverlustes ist. Die denkbare Spannbreite reicht jedenfalls vom begrenzten Eingriff in das bisherige Meisterprofil bis hin zu einem auf die Abschaffung der Meisterposition zulaufenden Kompetenzverlust.

Angesichts der beherrschenden Rolle, die seit geraumer Zeit die Leitlinien der Verschlankung und des business reengineering und die hierunter häufig subsumierten Konzepte teilautonomer Gruppenarbeit im Diskurs über erfolgversprechende neue Rationalisierungswege spielen, dürften die Weichen eher in Richtung "beherzterer" Dezentralisierungsversuche stehen.

In den untersuchten, dem Selbstorganisationsmodell folgenden Unternehmen zeigen sich, obwohl die Dezentralisierungsgrade durchaus unterschiedlich sind, durchweg Anzeichen für eine "Meisterkrise von unten". Diese "Meisterkrise von unten" hat allerdings spezifische Ausprägungen. In prägnanter Weise kennzeichnet dieser Begriff die Situation in solchen Unternehmen, in denen das Aufgaben- und Kompetenzprofil des Meisters bereits in der Vergangenheit insbesondere durch Prozesse der Zentralisierung, der funktionalen Spezialisierung und durch bürokratische Reglementierung systematisch verengt wurde. Die klassische Meisterkrise und die Meisterkrise von unten fließen hier ineinander. Mit anderen Worten: Dort wo die Substanz der Meisterposition durch den vorgängigen Abzug vieler Funktionen nach oben in indirekte Bereiche, in technisch-administrative Büros bereits recht dünn ist, rückt eine Dezentralisierung nach dem Selbstorganisationsmodell die Existenzfrage in greifbare Nähe. Die Ausdünnung der Meisterebene, bei einer mehrstufigen Meisterhierarchie, die Abschaffung einzelner Meisterebenen oder die gänzliche Abschaffung der Meisterebene: Solche Konsequenzen liegen auf der Hand.

Der Begriff Krise ist aber auch dort angebracht, wo sich bislang meisterwirtschaftsähnliche Strukturen hatten halten können. Hier bezeichnet er - soweit nicht andere Entwicklungen hinzutreten - weniger eine prinzipielle Gefährdung der Meisterebene, als vielmehr den Umstand, daß Selbstorganisation das zuwege bringt, was andernorts im Zuge der ersten Meisterkrise erreicht wurde: Das Ende der Meisterwirtschaft.

Im folgenden soll die These einer durch Selbstorganisation induzierten zweiten Meisterkrise anhand von Unternehmensbeispielen illustriert und präzisiert werden.

4.1.1 Veränderungsmuster I: Stärkung der Produktionsarbeit und Krise der Meisterwirtschaft

Soweit der industriesoziologische Blick über die Idealwelten der großbetrieblichen, standardisierten Massenproduktion hinausging, wurde immer wieder die Existenz meisterwirtschaftsförmiger Strukturen erkannt. Von vielen Beobachtern - sei es im Rahmen der älteren Meisterdebatte oder sei es im Kontext der Diskussion um PPS-Systeme - wurden zugleich jedoch Zweifel hinsichtlich ihrer Zukunftsträchtigkeit formuliert. Die Zweifel an der (Über-)Lebensfähigkeit von Meisterwirtschaftsstrukturen waren nicht unbegründet angesichts der jahrzehntelangen Wirksamkeit eines Leitbildes und hierauf fußender technisch-organisatorischer Rationalisierungsbewegungen, die nicht zuletzt die Beseitigung solcher Strukturen implizierten. Sicherlich strukturierte aber auch die "Orthodoxie" des herrschenden Paradigmas (Piore/Sabel 1989) von vornherein die Wahrnehmung, wenn gewichtige Abweichungen vom Modell eines "modernen" Unternehmens vorlagen. Was Kotthoff/Reindl (1990) hinsichtlich der industriesoziologischen Thematisierung der Klein- und Mittelbetriebe formulierten, läßt sich auch auf die Behandlung von Formen der Meisterwirtschaft anwenden: "Gelegentliche Aussagen von Soziologen über Einzelaspekte der Arbeitsbedingungen in Klein- und Mittelbetrieben wurden fast immer vom Modell des Großbetriebes aus getroffen. Abtaxiert an dieser Meßlatte erschienen die Kleinen als unvollkommen, rückständig, vorläufig und chaotisch" (Kotthoff/Reindl 1990, 8).

Nichtsdestotrotz haben sich Formen der Meisterwirtschaft, dies zeigen die über mehr als drei Jahrzehnte verteilten Beiträge, vielfach als recht zählebig erwiesen (vgl. nicht zuletzt Maschinenbaunachrichten, Kotthoff/Reindl 1990).

Im hier betrachteten Fallspektrum finden sich eine Reihe von Unternehmen, in denen solche Strukturen ebenfalls "überlebt" haben. In zwei Fällen läuft die Dezentralisierung auf eine Stärkung der Produktionsarbeit hinaus. Diesen, dem Verpackungsanlagenbauer A und dem Pumpenhersteller B, wollen wir uns jetzt zuwenden. An ihnen läßt sich die These einer durch Selbstorganisation induzierten Krise der Meisterwirtschaft entfalten.

Die beiden Einzel- und Kleinserienfertiger sind relativ typische Maschinenbauunternehmen mittlerer Größe. Dies gilt auch im Hinblick auf die Strukturen, wie sie vor Beginn der Dezentralisierungsmaßnahmen bestanden. Eine relativ flache Hierarchie, eine mehr oder weniger entfaltete Funktionalorganisation, eine durch das Werkstätten- bzw. Verrichtungsprinzip geprägte Fertigungsorganisation, und eine auf Produktionsfacharbeit abgestellte Arbeitsorganisation sind einige der den beiden Fällen gemeinsamen Merkmale.

Beim Pumpenhersteller B, der in die Großbereiche Personal, Vertrieb/Marketing, Konstruktion/Entwicklung, Materialwirtschaft, Qualitätssicherung und Produktion gegliedert ist, existierten als unmittelbar auf die Produktionsabteilungen bezogene indirekte Abteilungen die Fertigungsplanung und -steuerung, die Arbeitsvorbereitung (Arbeitsplanung, Zeitwirtschaft, Programmierung) und die Qualitätskontrolle. Direkt unterhalb der Produktionsleitung angesiedelt, leiteten ein Meister und zwei Schichtmeister die mechanische Fertigung und ein Meister und ein Vizemeister die Montage. Die Arbeitsorganisation war bestimmt durch eine maschinengebundene Einzelarbeit in der vom Verrichtungsprinzip bestimmten mechanischen Fertigung und durch auftragsbezogene Gruppenarbeit in der Montage.

Die Struktur im Verpackungsmaschinenbetrieb A ist der eben skizzierten vergleichbar. Auch hier bestanden entsprechende indirekte Abteilungen, allerdings war eine organisatorische Trennung zwischen der Arbeitsvorbereitung im engeren Sinne und der Fertigungssteuerung nicht vollzogen. Die Teilefertigung war organisatorisch getrennt in eine mechanische und eine Blechfertigung. Die Montage wiederum bestand aus mehreren getrennten Abteilungen. Die Arbeitsorganisation entsprach der in Unternehmen B. Jeder Produktionsabteilung stand ein Meister vor.

Meisterwirtschaft

Wenig deutet angesichts der formalen (Aufbau-)Organisation zunächst darauf hin, daß in den beiden Fällen Meisterwirtschaft ein Rolle spielte. Die personell relativ stark besetzten produktionsvorbereitenden Abteilungen lassen erwarten, daß die Produktionsprozesse vor allem von diesen strukturiert und gesteuert wurden und den Meistern diesbezüglich eher eine geringe Bedeutung zukam. Faktisch aber waren die Meister vor der Dezentralisierung in beiden Unternehmen zentrale Figuren im Feld der Koordination der von ihnen zu verantwortenden Arbeitsprozesse und der Abwicklung von Aufträgen.[95] In ihren Händen lag ein relevanter Teil der Planung,

---

95 Schon an der relativen Autonomie der Produktionsfacharbeit läßt sich ablesen, daß das Produktionsvorfeld nur in begrenztem Rahmen das Produktionsgeschehen determiniert. In Unternehmen B etwa erstellt die Arbeitsvorbereitung zwar Arbeitspläne und Zeitvorgaben für die Facharbeiter der mechanischen Fertigung. Deren Eigenständigkeit im konkreten Arbeitshandeln ist dennoch hoch. Für die Facharbeiter, die ihre Maschinen selbst einrichten, sind die Arbeitspapiere nur ein grobes Hilfsmittel. Wesentliche Unterlagen sind die Konstruktionszeichnungen. Die Anforderungen lassen sich daran ermessen, daß neue Mitarbeiter bis zu zwei Jahre benötigen, bis sie mit erfahrenen Arbeitern mithalten können. Der niedrige Grad an Vorstrukturierung zeigt sich auch daran, daß nur etwa die Hälfte der Mitarbeiter im Einzelakkord arbeitet. Die andere Hälfte arbeitet im Zeitlohn. In der Montage sind die Freiheitsgrade im Arbeitsvollzug noch größer als in der Teilefertigung. Ganzheitliche, "handwerkliche"

Steuerung und Überwachung der Auftragsabwicklung und der Arbeitsvollzüge. Sowohl in der mechanischen Fertigung als auch in der Montage gruppierten sich die meisten Einzeltätigkeiten um diesen Kern: Festlegung der Auftragsreihenfolge und Einplanen der Arbeit bezüglich der verschiedenen Arbeitsplätze entsprechend den Kapazitätsbedingungen und Terminanforderungen, mithin Steuerung und Terminüberwachung der Werkstattaufträge, Arbeitsverteilung, Sicherung der Materialverfügbarkeit und des Arbeitsablaufs etc.. Gegenüber diesen organisatorischen Arbeitsfeldern waren die rein personalpolitischen Aufgaben - u.a. Mitarbeiterführung, Leistungsbeurteilung, Qualifizierung - von eher nachgeordneter Bedeutung bzw. unmittelbar an erstere gebunden.

Beim Pumpenbauer B beispielsweise war formal die Abteilung Fertigungsplanung und -steuerung für die kapazitäts- und termingerechte Abwicklung des durch die kundenspezifische Einzel- und Kleinserienfertigung situativ sehr variablen Bündels von Produktionsaufträgen zuständig. Eigentlich hätte sich die Rolle der Meister im Abwicklungsprozeß auf die Umsetzung von Vorgaben dieser Abteilung und der Arbeitsvorbereitung beschränken müssen. Die reale Praxis aber wies eine funktionsorientierte Arbeitsteilung, die dem Meister vor allem Ausführungs- und Überwachungsaufgaben zuweist, ins Reich des schönen Scheins.

Abgesehen von einer Grobplanung und -steuerung - deren Brüchigkeit angesichts von Abstimmungsproblemen im Vorfeld und den Unwägbarkeiten, die die Werkstätten bereithielten, notorisch war - konnten die indirekten Abteilungen das Produktionsgeschehen sichtlich nicht exakt "vor"bereiten. Eine konsistente Detailstrukturierung aus dem Vorfeld heraus erfolgte nicht bzw. hat "nicht funktioniert", wie ein Manager anmerkt. Dies drückt sich bereits in der Existenz von "Vorposten" der Fertigungsplanung aus. Die sogenannten "Terminjäger" - Mitarbeiter der Steuerungsabteilung, aber in der Produktion angesiedelt - sollten die notwendige Feinplanung und -steuerung von Werkstattaufträgen mit Blick auf Kapazitäten und Termine vornehmen. Faktisch waren damit aber in erster Linie die Meister - betriebsintern werden sie auch schon mal als "oberste Terminjäger" bezeichnet - betraut. Zu großen Teilen lag es in ihren Händen, entsprechend den Werkstattbedingungen und anhand gegebener Prioritäten die Reihenfolge der Auftragsabarbeitung und die Arbeitsverteilung zu bestimmen, den Arbeitsprozeß und die Durchschleusung des Auftragsbestandes zu organisieren. Allerdings hatte die Steuerungsabteilung in Gestalt der Terminjäger in unterschiedlichem Maß unmittelbar Einfluß in den Meistereien.

Dies galt vor allem bezüglich der mechanischen Fertigung. Hier war die Meisterwirtschaft in der Tat ein Stück weit - wenn auch sehr begrenzt und lückenhaft - überformt bzw. strukturiert durch die Arbeit der vorbereitenden Abteilung.[96] In der Montage fand sich die Meisterwirtschaft dagegen fast in klassischer Form. Die Montage, so der Geschäftsführer, sei "eigentlich nie" vom Vorfeld aus "gesteuert" worden, sondern "auf Zuruf" durch die Meister. Was dies heißt, beschreibt ein Meister folgendermaßen: Wenn man einen größeren Auftrag, etwa die Montage von 6 Maschinen bekam, mußte man als Meister "einen groben Terminplan" machen. "Das ist sehr schwer. ... die Pumpe an und für sich ist nicht viel - das sind Größenordnung 100 Arbeitsstunden, da 120,

Arbeit prägt dort das Geschehen. Die Arbeit erfolgt anhand von Zeichnungen und Stücklisten. Detaillierte Arbeitspläne mit systematischer Zeitvorgabe werden nicht erstellt.

96 Diese Doppelsteuerung konstituierte ein mitunter spannungsreiches Konfliktverhältnis. Je nach Lage der Dinge mit- oder gegeneinander disponierten beide Seiten und überwachten anhand von Auftragslisten die Einhaltung der Grobplanung und der Auftragstermine.

aber dann kommt noch eine Riesenverrohrung dran ..., dann Kühlleitungen, Kühlwasser, Öl. Und das abzuwägen, wie lang braucht man da wirklich und so, das ist also schon Arbeit". Solche Planungen machten die Meister entweder allein oder mit Unterstützung von außen: "Das hat er gemacht, das war an und für sich nicht seine Aufgabe, aber das hat er gemacht" (Meister). Teilweise waren die Meister sogar in Terminabsprachen mit Kunden einbezogen.

Die faktische Kompetenzverteilung zwischen Vorfeld und Werkstatt wurde noch überformt durch Zugriffsversuche der für die Abwicklung einzelner Kundenaufträge zuständigen Vertriebsmitarbeiter. An der Fertigungssteuerung vorbei haben sie sich, so der Produktionsleiter, in den Meistereien "die Klinke aus der Hand genommen" und versucht, dort eine bevorzugte Behandlung "ihrer" Aufträge (Maschinenmontage, Fertigung von Ersatz- oder Fehlteilen) zu erreichen. Meisterwirtschaft und "Trollingersteuerung", wie der Geschäftsführer die Situation umschreibt, gingen Hand in Hand: "wer eine Flasche Trollinger gebracht hat, der ist (vom Meister) bedient worden".

In Unternehmen B wurde die Planung und Steuerung der Produktion also arbeitsteilig zentral und dezentral erledigt. Im Zentrum der dezentralen Werkstattsteuerung standen die Meister. Auf der Basis der Vor- und Ergänzungsleistungen (Terminverfolger) zuständiger Abteilungen (Steuerung, Arbeitsvorbereitung) bestimmten sie das Werkstattgeschehen, waren sie die Organisatoren mehr oder weniger "chaotischer" Produktionsprozesse. Kennzeichnend für diese Meistersteuerung waren situative Entscheidungen auf der Basis der Werkstattbedingungen und von außen hereingetragener Prioritätsansprüche. Grundlage für die Funktionsfähigkeit dieses "Steuerungssystems" war das Erfahrungswissen der Meister, auf das man, so der Produktionsleiter, elementar angewiesen war.

Auch beim Verpackungsanlagenhersteller A war die Vorstrukturierung der Produktion - der "Organisationsgrad", wie der Eigentümer meint - traditionell gering. Planung und Steuerung der durch "handwerkliche Arbeit" geprägten Produktion war hier vor allem Sache des Produktionsleiters (der zugleich Leiter der Arbeitsvorbereitung ist) und, noch ausgeprägter als in Unternehmen B, der Meister. Die Grobplanung und -steuerung des Auftragsdurchlaufs lag, allerdings in enger Abstimmung mit den Montagemeistern, traditionell in den Händen des Produktionsleiters.[97] Die Abwicklung des je Situation variablen Bündels an Werkstattaufträgen erfolgte dann faktisch weitgehend unter der alleinigen Regie und Verantwortung der Meister. Bezüglich ihrer Meistereien galten sie als die "Herren des Geschehens", deren Freiheitsgrad in der Bestimmung der Werkstattabläufe recht groß war. Ihr Metier war vor allem anderen die Feinplanung und -steuerung.[98]

---

97 Keiner der Befragten läßt einen Zweifel daran, daß die Meister vor der Reorganisation nicht nur das Geschehen in ihren Abteilungen dominierten, sondern auch in bedeutendem Umfang in den vorgelagerten Planungs- und Steuerungsprozeß eingebunden waren. In der engen Kooperation mit dem Produktionsleiter gestalteten vor allem die Montagemeister die Einplanung und Abwicklung der Kundenaufträge. In welchen Abteilungen können eingehende Kundenaufträge zu den festgelegten Terminen bearbeitet werden, inwieweit lassen sich angesichts der gegebenen Auslastung ihrer Abteilung und den Lieferterminen der in Bearbeitung befindlichen Aufträge die gewünschten Liefertermine neuer Aufträge realisieren, wie können kurzfristig eingehende Montageaufträge etwa durch Veränderungen in der Abarbeitung anderer Aufträge termingerecht umgesetzt werden, wie ist bei Änderungen oder Ablaufstörungen vorzugehen: In die Klärung solcher und ähnliche Fragen waren die Montagemeister normalerweise eingeschaltet.

98 Dies gilt in besonderer Weise für die Montageabteilungen. Sie organisierten den Montageprozeß, legten Bearbeitungsreihenfolgen fest, stellten Facharbeitergruppen zusammen, nah-

Das Personal der Arbeitsvorbereitung, obwohl formal zuständig für Arbeitsplanung und Produktionsplanung und -steuerung, war im Vergleich zum Produktionsmanagement (Produktionsleiter, Meister) eher von untergeordneter Bedeutung. Die Arbeitsvorbereiter hatten in diesem "System", soweit eingebunden, eher eine zuarbeitende Funktion ohne relevante Entscheidungskompetenzen. Eine entfaltete Zeitwirtschaft fehlte. Der technische Leiter umschreibt die traditionelle Bedeutung der Arbeitsvorbereitung so: "Wir hatten überhaupt keine, bisher keine Arbeitsvorbereitung, die das Wort verdient. Das war eine Unterlagen-Weitergeben-Truppe." In Unternehmen A kann man angesichts der realen Verhältnisse von einer AV-unterstützten (Betriebsleiter- und) Meisterwirtschaft sprechen.

Was letztlich in den überkommenen Strukturen der beiden Unternehmen zum Ausdruck kommt, ist der Umstand, daß die zurückliegenden Versuche einer effektiven und detaillierten Vorstrukturierung der Produktion - produktions- bzw. arbeitsvorbereitende Abteilungen sind ihr organisatorischer Ausdruck - auf halbem Wege stekkengeblieben sind. Die vorhandenen Lücken einer zentralen Bestimmung des Produktionsgeschehens wurden von den Meistern besetzt. Wissenschaftliche Betriebsführung und Meisterwirtschaft flossen hier - nicht unbedingt unproblematisch und durchaus konfliktträchtig - ineinander. Dies verlieh der Organisation nicht nur den Charakter einer Doppelstruktur, sondern den Meistern selbst ein breites Aufgaben- und Kompetenzprofil und damit eine nicht zu unterschätzende Stellung. Nach Lage der Dinge und den meisten Befragten zufolge waren die Meister alles andere als subalterne Befehlsempfänger und Vollzugsbeamte einer Industriebürokratie. Sie waren *die* Organisatoren des Produktionsgeschehens und hatten als solche in Sachfragen auch gegenüber anderen Stellen - sei es die Arbeitsvorbereitung, sei es die Konstruktion, sei es der Vertrieb - ein gewichtiges Wort mitzureden. Für die Arbeiter stellten sie hinsichtlich der konkreten Bedingungen der Arbeitssituation Schlüsselfiguren dar. Der Begriff Meisterwirtschaft fängt diese Lage einigermaßen treffend ein.

---

men die Arbeits- bzw. Auftragsverteilung vor und überwachten die Maschinenmontage. Selbst in die Abarbeitung eines Montageauftrages griffen sie fast täglich ein. Personaleinsatz, Arbeitsverteilung, prozeßbegleitende Qualitätskontrolle und Endabnahme, Auftragssteuerung und Terminüberwachung - all das war auf die Meister konzentriert. Entsprechend groß war ihr Handlungsspielraum, ihre Machtposition gegenüber den Facharbeitern wie im Produktionsbereich insgesamt. Selbst abteilungsübergreifende Koordinationsaufgaben nahmen die Meister untereinander, meist ohne Einschaltung der Arbeitsvorbereitung wahr. Ähnlich wichtig waren sie auch bei Abstimmungsnotwendigkeiten mit anderen Abteilungen, insbesondere mit der Konstruktion.

"Dieser qualifizierte Facharbeiter kann denken": Produktionsarbeit auf dem Weg in die Selbstorganisation

Die in den beiden Maschinenbaubetrieben entwickelten Konzepte zur Reorganisation der Produktionsbereiche[99] sind ambitioniert und folgen sehr weitgehend dem Modell der Selbstorganisation.[100] Die Umsetzung dieser Konzepte gestaltete und gestaltet sich langwierig und konfliktträchtig. In Unternehmen B galt das dort favorisierte Innovationsprojekt schon einmal als gescheitert, wurde dann aber doch, nachdem im organisatorischen Umfeld verschiedene Veränderungen vorgenommen wurden, vorangetrieben; und auch im anderen Betrieb ist der Umsetzungserfolg noch nicht gesichert. Die Dezentralisierungsprozesse sind, wie auch in den anderen untersuchten Unternehmen noch im Fluß. Gleichwohl: In den beiden hier betrachteten Fällen ist der Aufbau dezentraler, auf die Produktionsfacharbeit abgestellter Strukturen bereits recht weit vorangeschritten. Im Unternehmen B handelt es sich um den Versuch, in der Produktion flächendeckend Fertigungs- und Montageinseln einzuführen. Beim Maschinenbauer A steht die Montage im Zentrum. Dort sollen entlang definierter Produktspektren teilautonome Montagegruppen etabliert werden. Von vergleichbaren Innovationen werden sukzessive aber auch die Fertigungsabteilungen erfaßt.

Zur Verdeutlichung von Form und Ausmaß der Selbstorganisation der neuen dezentralen Einheiten seien diese kurz skizziert. Wir konzentrieren uns dabei auf die mechanische Fertigung in Unternehmen B und die Montage in Unternehmen A als den jeweiligen Zentren der Veränderung.

In der mechanischen Fertigung des Betriebes B tritt an die Stelle der verrichtungsorientierten Werkstattfertigung die objektorientierte, auf die Bearbeitung definierter Teilefamilien abgestellte Inselfertigung. In den insgesamt vier sogenannten "autonomen" Fertigungsinseln werden Maschinen und sonstige Betriebsmittel, die zu einer vollständigen Bearbeitung des jeweiligen Teilespektrums notwendig sind,

---

99 Sie sind entweder von Beginn an, wie beim Verpackungsmaschinenhersteller A, in ein das gesamte Unternehmen erfassendes Restrukturierungsprogramm eingebunden, oder sie sind, wie im Fall des Pumpenherstellers B, der Ausgangspunkt für ein solches Programm.

100 Für diejenigen, die in den beiden Maschinenbaubetrieben organisatorische Veränderungen auf den Weg brachten und vorantreiben, sind die Mitarbeiter, insbesondere die in der Produktion, die "wichtigste Ressource", deren Potentiale es durch Übertragung von Verantwortung und Erweiterung von Handlungsspielräumen auszuschöpfen gilt. Der formulierte Leitgedanke ist, das qualifizierte Personal so selbständig wie möglich arbeiten zu lassen, da ihr professionelles Wissen die beste Grundlage einer sachgerechten Aufgabenerledigung ist - der qualifizierte Facharbeiter, so heißt es, "kann denken" und braucht keinen "Vorsager oder Besserwisser". Die Hierarchie hat sich, soweit möglich, aus der konkreten Arbeitsausführung herauszuhalten.

räumlich und organisatorisch zusammengefaßt.[101] In jeder der Inseln arbeiten im Zweischichtbetrieb Arbeitsgruppen, die 6 bis 10 Personen umfassen.

In den Inseln ist eine weitgehende Selbststeuerung der Kooperations- und Arbeitsprozesse durch die Inselmannschaften vorgesehen. Das Aufgabenspektrum der Inselmannschaften umfaßt neben der eigentlichen Maschinenbedienung an konventionellen und computergesteuerten Werkzeugmaschinen und Hilfstätigkeiten (z.B. Vormontieren) fertigungsvorbereitende Funktionen wie Werkzeugvoreinstellung, Einrichten, Umrüsten und teilweise die Programmierung bzw. Programmoptimierung der CNC-Werkzeugmaschinen.[102] Mit Blick auf die Betriebsmittel sollen Fehlerdiagnose, Wartung, Pflege und kleine Instandhaltungen zum Aufgabenprofil der Inselmannschaft gehören. Auch Qualitätskontrollaufgaben werden gemäß dem Prinzip der "Selbstkontrolle" in die Insel verlagert. Die Integration von Programmierungs-, Instandhaltungs-, und Qualitätskontrollfunktionen kennzeichnet nur zum Teil das erweiterte Handlungsfeld der Facharbeiter. Stärker noch fällt hier ins Gewicht, daß die Inselmannschaften die Feinplanung und -steuerung der Fertigungsaufträge, die Auftrags- und Terminüberwachung und die Materialbeschaffung im Rahmen des übertragenen Auftragsbündels (Wochenpool) übernehmen. Hierzu gehören eine eigenständige Reihenfolgenplanung und Arbeitsverteilung. In den Inseln müssen innerhalb des gesteckten Rahmens produktionsökonomische Zielgrößen (Minimierung von Bearbeitungs-, Rüst- und Liegezeiten) mit marktökonomischen Zielgrößen (Durchlaufzeit, Termine) eigenständig ausbalanciert werden. Eine optimale Maschinenauslastung und die Einhaltung der Termine sind gleichgewichtige Anforderungen. Grundlage der Inselsteuerung ist ein dezentrales EDV-System, über das ein für eine sinnvolle Feinsteuerung ausreichend großer Auftragspool und Steuerungs-

---

101 Als Beispiel mag die Fertigungsinsel für die Kleinteileproduktion dienen. Hier befinden sich folgende Maschinen bzw. Arbeitsplätze: 2 NC-Drehmaschinen, 1 NC-Bohr- und Fräsmaschine, 1 konventionelle Drehmaschine, ein Arbeitsplatz für kleinere Montagearbeiten sowie eine Art Leitstand. Die Komplettbearbeitung des Werkstückspektrums in den einzelnen Inseln wurde nicht vollständig erreicht. Bezüglich bestimmter Bearbeitungsvorgänge bzw. Teile ist eine Kooperation zwischen den Inseln notwendig. Fertigungs- und Montageinseln sollen in Zukunft nach dem just-in-time Prinzip verkoppelt werden. Parallel zum Aufbau der Inseln wurde mit großem finanziellen Aufwand die technische Ausstattung (computergesteuerte Werkzeugmaschinen, EDV) modernisiert.

102 Die ursprünglich anvisierte vollständige Werkstattprogrammierung der CNC-Maschinen wurde nicht realisiert. Im Unternehmen hält man noch an den Spezialisten im Programmierbüro fest. Als Orientierungspunkt ist die dezentrale Programmierung aber nicht gänzlich vom Tisch. Haupthinderungsgrund sind die Arbeitskapazitäten der Inselmitarbeiter und nicht etwa fehlende technische oder qualifikatorische Voraussetzungen. Schon jetzt sind die Trennlinien zwischen Programmierbüro und Fertigungsinseln nicht mehr scharf gezogen. Die Programmoptimierung erfolgt in den Inseln selbst bzw. in enger Kooperation zwischen Werkern und Programmierern. Außerdem erstellen die Werker in Engpaßsituationen - etwa bei einem Eilauftrag, oder wenn Programmierer in der Schicht nicht verfügbar sind - die Programme selbst.

hilfsmittel bereitgestellt werden. Den Inselaufgaben zurechenbare Verwaltungstätigkeiten sind ebenfalls der Gruppe überantwortet (Verwaltung von Arbeitspapieren, Zeichnungen, Programmen, Werkzeugen, Spannmitteln und Meßwerkzeugen etc.).

Die Arbeitsteilung innerhalb der Inseln ist gering, eine Spaltung in gering und hochqualifizierte Arbeitsfunktionen existiert nicht. Ziel ist, daß jeder Facharbeiter alle anfallenden Arbeiten ausführen und alle Maschinen bedienen kann. Die bisherige, tayloristisch inspirierte Spezialisierung der Facharbeiter auf unterschiedliche Bearbeitungsverfahren (Drehen, Fräsen etc.) ist aufgehoben, die interne Arbeitsteilung der selbständigen Koordination der Facharbeiter überlassen.[103]

Auch für die indirekten Tätigkeiten und Tätigkeitselemente (Instandhaltungs-, Wartungs-, Programmierungs- und Qualitätskontrollfunktionen) sind alle Facharbeiter zuständig. Vom homogenen Zuschnitt der Arbeitsanforderungen hebt sich die neu geschaffene Position des "Inselkoordinators" ab. In dieser Position sind die Aufgaben der Koordination innerhalb der Fertigungsinsel (Reihenfolgeplanung, Arbeitsverteilung, Fortschrittsüberwachung, Personaleinsatz) und des Ansprechpartners für Außenstehende zusammengefaßt. Es handelt sich hier nicht um eine hierarchisch übergeordnete Position innerhalb der Inseln. Der Koordinator ist "Erster unter Gleichen" (Meister);[104] die Inselmannschaft selbst entscheidet über die Besetzung der Position und sie wird im Wechsel (mehrwöchiger Turnus) von jedem Gruppenmitglied übernommen. Zudem sind regelmäßige Gruppenbesprechungen als ein Forum etabliert, in dem anstehende Fragen und Probleme intern diskutiert werden können.

Insgesamt gesehen kann hier angesichts der Kompetenz- und Verantwortungszuweisungen und der gegebenen (EDV-)technischen Voraussetzungen in der Tat von einem Modellfall weitgehender Selbstregulation gesprochen werden. Die übergeordnete Produktionssteuerungsabteilung nimmt allein die Grobplanung und -steuerung vor. Ansonsten bewältigen die Inseln im Idealfall die Werkstattprozesse in eigener Regie. Dies verläuft nicht ohne Probleme. Insbesondere die Konstitution grundlegend neuer Kooperationsformen zwischen den Facharbeitern, die eine entscheidende Bedingung einer auf Dauer gestellten relativen Autonomie der Inseln sind, hat sich

---

103 Zwar wurde die Einsatzflexibilität deutlich erhöht. Mittlerweile beherrschen die Inselmitarbeiter im Durchschnitt drei Maschinen. Die durchgängige Qualifizierung für alle Maschinen in einer Insel wurde aber nicht erreicht und wird auch nicht mehr für notwendig erachtet.

104 Vom Abruf der Aufträge über die Veranlassung der Materialbereitstellung, die interne Arbeitsverteilung bis hin zur Terminüberwachung steuert er nun - in Kooperation mit der Gruppe - vom Leitstand der Insel aus den Arbeitsprozeß. Er gilt mittlerweile nicht nur als "Ansprechpartner" "für jeden, der in die Insel reinkommt" (Meister), sondern kann in anstehenden Fragen auch die Kooperation mit externen Stellen suchen. In der Praxis scheint aber die Arbeitsteilung zwischen Gruppe und Koordinator fließend zu sein. So entscheidet faktisch die Gruppe, wer an welchen Maschinen arbeitet.

als voraussetzungsvoll erwiesen.[105] Die im Unternehmen aufgetretenen "Anlaufschwierigkeiten" werden aber mehrheitlich als überwindbar präsentiert.

Vom Grundmuster her decken sich die Veränderungen in der Montage des Verpackungsanlagenbauers A mit den soeben skizzierten beim Pumpenhersteller B. Auch hier geht es zentral um den Aufbau fester, "selbststeuernder Arbeitsgruppen", denen die Montage bestimmter Produktlinien zugewiesen wird.[106] Dazu wird die bisherige organisatorische Trennung zwischen mechanischer und Elektromontage aufgehoben und gemischte Teams aus Elektromonteuren und Mechanikern gebildet. Zwar bleibt zwischen diesen Facharbeitern innerhalb der Teams eine gewisse Arbeitsteilung weiter bestehen, die ehemaligen Demarkationslinien haben sich jedoch deutlich verwischt. Dezentralisiert wird auch beim Anlagenbauer A die Qualitätskontrolle und die Feinplanungs- und Steuerungskompetenz. Arbeitsverteilung, Personaleinsatz, die sachliche und zeitliche Koordination der Maschinenmontage: all dies wird auf die Ebene der Montagegruppen verlagert, die von der Arbeitsvorbereitung einen Vorrat an Montageaufträgen erhalten. Anders als im obigen Fall bündeln sich allerdings diese Aufgaben bei einem "Gruppenführer", einer Art Vorarbeiter, der vom Management fest eingesetzt wird und dem auch gewisse Kompetenzen in Personal-

---

105 Angesichts vielfältiger Anlaufschwierigkeiten wurde im Unternehmen realisiert, daß mit der Etikettierung einer bestimmten Anzahl von Arbeitskräften als Gruppe noch keine neuen Kooperationsformen etabliert sind. Tradierte Verhaltens- und Handlungsmuster behalten erst einmal ihre Bedeutung und stellen eine merkliche Barriere auf dem Weg zu teilautonomer Gruppenarbeit dar. Die Facharbeiter waren bislang in der Mehrzahl gewohnt, im Einzelakkord für sich und auf eigene Rechnung zu arbeiten. Sie müssen Teamarbeit erst einmal lernen und die traditionelle Fixierung auf die "eigene" Arbeit abstreifen. Teamarbeit, direkte Kooperation, Orientierung an der Gruppe und der gemeinsamen Aufgabe - die in solchen Stichworten zum Ausdruck kommende neue Qualität der Beziehungen, so hat man in Betrieb B erkannt, läßt sich weder verordnen, noch erwächst sie einfach aus den strukturellen Veränderungen. Teamarbeit setzt Teamfähigkeit voraus. Eine "soziale Qualifizierung" soll "neuen Denk- und Verhaltensweisen" den Boden bereiten und dazu verhelfen, daß die Einzelkämpfermentalität der Facharbeiter jener eines Teamarbeiters weicht. Workshops, "Schulungen", die sich der Förderung der Kommunikationsfähigkeit und dem sozialen Verhalten in Gruppen widmen, sind der Ausgangspunkt dieses Qualifizierungsprozesses. Dieser ist keine "Einmalpolitur", sondern als mehrjähriger Prozeß angelegt, in dem betriebliche Moderatoren den "Gruppenbildungsprozeß steuern und voranbringen sollen und in dem die Gruppenbesprechungen ein wesentliches Element sind. Alle Anstrengungen werden aber nach dem Dafürhalten vieler im Betrieb zum Scheitern verurteilt sein, wenn sich die neuen Verhältnisse nicht auch in der Lohn- und Leistungspolitik reflektieren. Denn bei allem Interesse an neuen Arbeitsstrukturen, an größerer Zufriedenheit in der Arbeit, gilt für die Facharbeiter weiterhin: Der Lohn und die Lohn-Leistungsrelation müssen stimmen.

106 Auch bisher gab es hier schon Gruppenarbeit. Die Zusammenstellung der Arbeitsgruppen war aber auftragsbezogen befristet und erfolgte durch die Meister. Die produktgruppenorientierte Reorganisation findet ihre Fortsetzung in anderen Unternehmensbereichen. Auch in der Konstruktion und Entwicklung und im Vertrieb gibt es entsprechende Veränderungsbemühungen. Ziel ist eine durchgängige, auf Produktlinien abgestellte Struktur vom Vertrieb über Entwicklung/Konstruktion bis zur Produktion.

fragen übertragen sind. Die Gruppenführer, erfahrene Facharbeiter, die unmittelbar an der Maschinenmontage mitwirken, bekleiden eine hierarchisch herausgehobenere Position als der "Inselkoordinator" im Fall des Pumpenherstellers B. Die ausgeprägtere horizontale und hierarchische Arbeitsteilung innerhalb der "teilautonomen" Einheiten ist nicht der einzige, im Hinblick auf die Meister relevante Unterschied. Ins Gewicht fällt darüber hinaus, daß das Reorganisationskonzept in diesem Betrieb auch darauf abzielt, die bislang "schwache" Arbeitsvorbereitung zu einem Zentrum des Planungs- und Steuerungsgeschehens im Produktionsbereich auszubauen. Hierzu dient u.a. die Einführung eines PPS-Systems.[107] Die Arbeitsvorbereitung soll endlich zu dem werden, was sie in den Augen der Initiatoren der Veränderungen schon lange hätte sein sollen: Der Kopf des Produktionsgeschehens. Abweichend von klassischen Entwicklungsmustern wird ihr aber allein das Feld der Grobplanung und -steuerung zugewiesen. Man will und kann angesichts der besonderen Bedingungen im Sondermaschinenbau die Produktionsprozesse nicht "exakt beschreiben" und detailliert vorstrukturieren.

Unmittelbar verwoben mit beiden Veränderungen - Aufbau von teilautonomen Montagegruppen und Stärkung der Arbeitsvorbereitung - ist ein Wechsel im Lohnsystem. Anstelle des in der Montage üblichen Zeitlohns soll ein gruppenbezogenes Prämienlohnsystem eingeführt werden. Hierzu wird in der Arbeitsvorbereitung eine Zeitwirtschaft aufgebaut.[108]

Die Kombination dieser Elemente - starke Arbeitsvorbereitung, teilautonome Gruppen und ein neues Leistungslohnsystem - verweist auf einen gleichzeitigen Prozeß von Zentralisierung und Dezentralisierung. In den neuen Strukturen fließen Elemente einer wissenschaftlichen Betriebsführung und die signifikante Ausdehnung der Handlungsspielräume der Facharbeit ineinander.

Das skizzierte Projekt beim Anlagenbauer A befand sich zum Untersuchungszeitpunkt in einer kritischen Phase. Zwar waren die "selbststeuernden Arbeitsgruppen" in der Montage flächendeckend realisiert. Der Ausbau der Arbeitsvorbereitung blieb jedoch auf halbem Wege stecken und das Leistungslohnsystem konnte bis dahin nicht über einen Modellversuch hinaus ausgeweitet werden (Umfang: drei Gruppen in einer der vier Meistereien). Die Umsetzung dieses, vom techni-

---

107 Das Unternehmen gab die Entwicklung einer PPS-Software in Auftrag, die die Kriterien eines entscheidungsoffenen, auf eine Grobplanung und -steuerung konzentrierten Planungssystems erfüllt.

108 Die Zeitwirtschaft konzentriert sich mittels eine Verfahrens des "Schätzens und Vergleichens" auf die Ermittlung "grober" Daten für die Planung und Steuerung der Maschinenmontage und die Zeitvorgabe der Prämienlohngruppen. Arbeitspläne werden für diese nicht erstellt. Die Gruppen arbeiten allein auf der Basis von Konstruktionsunterlagen (z.B. Stücklisten, Baupläne) und den Vorgabezeiten für komplette Maschinen bzw. Anlagen. Die Aufträge, die von der Arbeitsvorbereitung in die Montagegruppen gehen, haben folgende Gestalt: "Komplette Vor- und Endmontage, Anlage 4711 einschließlich Probelauf = 1150 Stunden Vorgabe".

schen Leiter favorisierten Modells aus "starker" Arbeitsvorbereitung und "starken" Facharbeitergruppen hat sich sichtlich festgefahren.

Zum Untersuchungszeitpunkt erhält es in gewisser Weise Konkurrenz durch ein anderes, insbesondere vom Produktionsleiter ins Spiel gebrachtes Modell. Dieses setzt ebenfalls auf die dezentrale Grundstruktur (teilautonome Facharbeitergruppen), nicht aber auf eine Stärkung der Arbeitsvorbereitung. Im Gegenteil wird hier eine dezentrale Ansiedlung der oberhalb der Facharbeitergruppen erforderlichen Planungs- und Steuerungsleistungen angestrebt. Nach diesem Modell sollte zukünftig jedem Meisterbereich ein Arbeitsvorbereiter zugeordnet und dorthin versetzt werden. Arbeitsvorbereiter und Meister säßen dann in einem Büro. Statt auf den Ausbau bzw. die Verselbständigung einer zentralen Stabsabteilung zu Lasten der Produktionshierarchie, setzt dieses (dezentrale) Modell darauf, nicht nur die Facharbeit, sondern auch das untere Produktionsmanagement in neuer Weise zu stärken. Meister und Arbeitsvorbereiter sollen in dieser Konzeption in einer engen Kooperation das Werkstattgeschehen strukturieren und überwachen. Die Vereinigung der Verantwortung für Planung und Durchführung ist hier das Ziel. Fluchtpunkt dieses Modells ist der "teilautonome Fertigungsbereich", an dessen Spitze eine "unternehmerisch" denkende Führungskraft steht. Die beschriebenen Merkmale der Gruppenarbeit sollen dabei nicht berührt werden. Faktisch läuft dieses Modell auf eine Mischform dessen hinaus, was wir als Intrapreneur- und Selbstorganisationsmodell bezeichnet haben. Wie bei dieser direkten Verzahnung von Arbeitsvorbereitung und Werkstattleitung das Unterstellungsverhältnis auszusehen hätte, ist nicht geklärt. Ob das Modell gegenüber dem bisherigen eine Durchsetzungschance hat, war zum Untersuchungszeitpunkt noch offen. Betriebspolitisch spielt es jedenfalls eine Rolle.[109]

Von den "Herren des Geschehens" zu den "Moderatoren" teilautonomer Gruppen: Das Ende der Meisterwirtschaft durch Selbstorganisation

Die skizzierten Reorganisationsprojekte in den beiden Maschinenbauunternehmen tangieren die Meisterebene in elementarer Weise. Zwar war eine Ausdünnung oder

---

109 Der technische Leiter, einer der Promotoren des Wandels, setzt zwar nach wie vor auf eine zentrale Arbeitsvorbereitung und versucht, deren stockenden Aufbau voranzubringen, indem er versucht, einen erfahrenen Montagemeister zum Wechsel in die Arbeitsvorbereitung zu bewegen. Er muß sich aber verstärkt mit den alternativen Gestaltungsüberlegungen seines Produktionsleiters auseinandersetzen. Einfach beiseite schieben kann er dessen Konzept nicht, zeigt sich aber skeptisch: Entweder, so betont er, verlegt man die "Regie" in die Arbeitsvorbereitung, oder man gibt sie ganz in die Produktion, "und dann haben sie das, was sie überall nachlesen können, die selbständige Insel. Ich verlagere die AV-Tätigkeit in den Bereich rein, das ist egal. Da bin ich aber noch ein bißchen altmodisch. Das würde ich nicht so schnell machen. Da ist der Betriebsleiter in großen Schritten dabei, wär ich auch dabei. Bloß, stellen sie sich mal vor, ich könnte doch jetzt nicht diesen [AV-Mitarbeiter], den ich angeworben hab als Fachmann, dem [Montagemeister] unterstellen ... Ich kann also nicht einen Meister ... plötzlich zum Inselgeneral ernennen, das geht nicht." Das vom technischen Leiter ins Feld geführte Statusproblem, das seines Erachtens bei einer entsprechenden Unterstellung des AV-Personals erwächst, spielt im Hintergrund mit, wenn der Produktionsleiter als Gedankenspiel festhält, daß die Meister Ingenieuren weichen könnten. In diesem Fall wäre einem Ingenieur eine dezentrale Stabsstelle (Arbeitsvorbereiter) disziplinarisch unterstellt, die für die Planung und Steuerung der zugehörigen Produktionsgruppen zuständig wäre. Dann wäre, so war zu hören, auch die Übernahme der Gruppenführerfunktion durch Meister denkbar.

gar Abschaffung der Meisterebene konzeptionell nicht vorgesehen und stand auch zum Untersuchungszeitpunkt nicht unmittelbar zur Debatte. Während im Fall des Pumpenherstellers B solche Einschnitte auch für die Zukunft vom oberen Management und vom Betriebsrat zurückgewiesen werden, sind sie im Fall des Verpakkungsmaschinenbauers A dagegen nicht ausgeschlossen.

Im gleichzeitigen Prozeß von Zentralisierung und Dezentralisierung vereinigt sich dort gewissermaßen die alte und die neue Meisterkrise und rückt die Existenzfrage in greifbare Nähe. Im oberen Management gibt es jedenfalls vereinzelt Stimmen, die eine Abschaffung der Meisterebene nicht prinzipiell ausschließen. Wie tief im Unternehmen A der parallele Prozeß von Zentralisierung und Dezentralisierung die Meisterposition erfaßt, bringt der Eigentümer zum Ausdruck: Er betont, daß insbesondere die fachliche Anleitung und die "menschliche Betreuung" als Meisteraufgaben an Bedeutung gewinnen, fügt aber sofort hinzu, "wenn der Meister bleibt ... wenn es überhaupt notwendig ist, daß er bleibt ... Ich mein, ich muß eben diese Qualifikation haben", Leute mit dem "Erfahrungsschatz" eines Meisters. "Es gibt ja kein Menschenrecht auf Chefsein, es muß ja immer eine Funktion erfüllen. Das gilt für den Meister und gilt für mich. Wenn die Voraussetzung wegfällt, steht die Position zur Disposition, keine Frage". Am Schluß seiner Überlegungen zur Zukunft der Meister formuliert er dann dezidiert, daß es, wenn alle Voraussetzungen gegeben seien, "wünschenswert" wäre, "die komplette Meisterebene auszugraben" bzw. die Meister zu Gruppenführern zu machen.[110] Bei diesen Überlegungen orientiert er sich sichtlich an dem, was der Promotor der Reorganisation in einem anderen Unternehmen durchführte. Bei einem ähnlichen Projekt hatte dieser dort im Verlauf der Entwicklung die Meisterebene abgeschafft.

Noch mag aber niemand auf die Meister verzichten, zumal die Arbeitsvorbereitung als neues Zentrum der Planung und Steuerung nur partiell funktioniert und deren Rolle, wie angedeutet, noch umkämpft ist. Diejenigen, die dem Zentralisierungsprozeß durchschlagende Erfolgsaussichten bescheinigen, sind jedenfalls deutlich in der Minderheit.

Resümiert man die Erkenntnisse aus den beiden Fällen, so spricht einiges dafür, daß dort, wo bislang Meisterwirtschaft vorherrschte, die Dezentralisierung allein - selbst wenn die auf Selbstorganisation setzenden Projekte ambitioniert sind - die Meisterebene nicht grundsätzlich in Frage stellt. Das was an Aufgaben übrigbleibt, hat in den Augen der Beteiligten erst einmal Substanz genug, um die Ebene als solche zu legitimieren. Mindestens ebenso wichtig und typisch erscheint, daß gerade in diesen Unternehmen nicht nur das "Potential" der Facharbeiter, sondern auch das der Meister als hoch und nutzenswert veranschlagt wird. In den vergangenen Jahrzehnten hat sich diese Gruppe unbeschadet aller Kritik als eminent wichtig für die Unternehmen erwiesen. "Keiner hat gemerkt, daß da jemand fehlt": Dieser Satz, mit dem in einem anderen Unternehmen die Abschaffung der Abteilungsleiterebene kommentiert wurde, würde hier kaum jemand über die Lippen kommen. Die Meister gelten als Fachleute und Experten eigener Art, die man nicht so einfach beiseite

110 Dies wäre eine Art Vorarbeitermodell: Der Meister als mitarbeitender Vorgesetzter kleinerer Gruppen.

schieben mag.[111] Die Qualifikation und das spezifische Erfahrungswissen eines Meisters werden auch für die Zukunft als unverzichtbar begriffen. Darauf mag im Fall des Anlagenbauers A selbst der nicht verzichten, der die Abschaffung der Abteilungsmeisterstruktur für denkbar hält. Erst dann, wenn andere, zusätzliche Entwicklungen hinzutreten, wird die Fortexistenz einer gesonderten Meisterebene gefährdet.[112]

Unabhängig von dieser Frage ist man sich in den beiden Unternehmen, auch wenn die Reorganisation noch im Fluß ist, allerdings über eines sehr sicher: Der Meister als "Herr des Geschehens" in seinem Verantwortungsbereich und, insbesondere hinsichtlich der Auftragsabwicklung, mit gewichtigem Einfluß ins Produktionsvorfeld hinein, ist ein Auslaufmodell; "der Meister alter Struktur wird ... aussterben", weil "die Inseln diese Aufgaben autark erledigen sollen" (Manager, A).

---

[111] Sie sind keine Ingenieure und sie sind auch nicht diejenigen, die ihren Arbeitern in allen Dingen etwas "vormachen" können. Aber sie besitzen eine intime Kenntnis des Sozialraums Werkstatt und vereinigen auf sich Wissen und Erfahrung bezüglich sehr verschiedener, für den Produktionsprozeß relevanter Dimensionen. Nicht so sehr die Kenntnisse in einem einzelnen Feld, sondern die spezifische Bündelung und Zuspitzung auf unmittelbar produktionsrelevante Aspekte macht ihre besondere Qualität aus.

[112] Anzumerken gilt, daß im Unternehmen A nicht allein die gleichzeitige Stärkung der Arbeitsvorbereitung dafür verantwortlich ist, daß die bisherige Meisterstruktur fragwürdig geworden ist. Dies muß vielmehr im Zusammenhang mit einem Generationswechsel an der Unternehmensspitze bzw. dem damit verbundenen Wandel der "sozialen Ordnung des Betriebes" (Kotthoff/Reindl 1990) gesehen werden. Der jetzige Eigentümer hat erst vor wenigen Jahren die Geschäftsführung vom Vater übernommen. Letzterer, ganz Patriarch, hatte einen engen "Draht" zur Produktion, in der dessen "management by walking around" ebenso gefürchtet wie geschätzt war. Seine zentralen Ansprechpersonen waren, wenn es um die Informationsbeschaffung oder die Diskussion von Produktions- und Personalfragen ging, die Meister. Einige Anzeichen sprechen dafür, daß unter diesem Eigentümer bis vor wenigen Jahren eine eher "gemeinschaftliche Sozialordnung" (Kotthoff/Reindl 1990) existierte. Sie geriet mit dem Wechsel an der Spitze in die Krise. Der "junge" Chef hat ein distanziertes Verhältnis zur Produktion; sein selbstgewählter Arbeitsschwerpunkt ist der Vertrieb. Die Beziehungspflege und Kontaktsuche des alten Chefs ist nicht sein Fall, schon gar nicht, wenn es um die Produktion geht. Er hat eigens die Position eines technischen Leiters geschaffen, um von technischen und Produktionsfragen möglichst unbehelligt zu bleiben. Der jetzige Eigentümer und sein technischer Leiter sind beherrscht von der Idee, endlich die "handwerklichen" Strukturen und Traditionen abzustreifen und den Betrieb zu einem "echten Industriebetrieb" zu machen. Für den Eigentümer - der nur wenig Einblick in die realen Verhältnisse der Produktion hat, und sie eher abstrakt, im Sinne von Zahlen, Produktionsfaktoren, Potentialen etc. wahrnimmt - sind dabei die Meister, unabhängig von den hier zur Diskussion stehenden strukturellen Veränderungen, vor allem Symbole des alten Handwerksbetriebs. Für den Industriebetrieb stehen stattdessen REFA-Methoden, Arbeitsvorbereitung und moderne Steuerungstechnologien. Da ist, so resümiert der technische Leiter diese Veränderungen, "also eine ganze Schicht [gemeint ist der Juniorchef und er selbst] auf den Betrieb zugekommen. Wir sprechen immer von einer alten [Firma] und von einer neuen [Firma]. Ich sage dann gelegentlich zu den Leuten, Mensch, die alte [Firma] ist tot."

Was da "ausstirbt" ist eine Gestalt, die in beiden Unternehmen lange Zeit zumindest von den Produktionsleitungen, aber auch darüber hinaus hoch angesehen war und "sehr herausgehoben" (Arbeitsvorbereiter, A) wurde. Mit der Dezentralisierung weicht der Respekt vor der Arbeit der Meister einer anderen Wahrnehmung und Deutung der Meisterwirtschaft. In den Vordergrund schiebt sich die Konstruktion eines konsistenten (negativen) Bildes von der Vergangenheit, das den Veränderungen ein Stück weit Legitimation verschafft. Die bisherige Rolle der Meister ist nicht mehr positiv besetzt. Ihre Organisationsleistung wird zum "Chaos total" (Manager, A) stilisiert, die Meister selbst wahlweise als "Mädchen für alles", "Erfüllungsgehilfe der Bürokratie", "Papierlieferer", oder als besserer "Terminverfolger und Hilfsarbeiter" charakterisiert (versch. Manager des Unternehmens B). Der Meister hatte, so das Resümee eines Managers des Pumpenherstellers B, eine "falsche Aufgabenstellung", die ein "organisatorisch begabter Friseur" auch hätte erfüllen können. Letztlich werden so die problematischen Seiten einer Position, in der sich die produktionsbezogenen Organisationsleistungen bisher wesentlich bündelten, herausgegriffen und in plakativen Begriffen zu ihrer ausschließlichen Beschreibung. Selbst die Meister, die ganz unter dem Eindruck der aus dem Steuerungsgeschäft erwachsenden starken Belastungen, aber auch der unternehmensinternen Stigmatisierung ihrer bisherigen Rolle stehen, thematisieren dies in ähnlicher, gleichwohl widersprüchlicher Weise.[113]

---

[113] Die Vereinfachung und Vereinseitigung im Bild vom Meister als einem Teile- und Terminverfolger liegt auf der Hand. Die reale Zuständigkeit für die Koordinierung des Werkstattgeschehens, als deren Teilelement die Terminverfolgung zu gelten hat, erweist sich demgegenüber als Schlüssel zum Verständnis der Bedeutung der Meister in der bisherigen Organisation. Hierfür mögen folgende Überlegungen als Beispiel dienen: Selbst wenn z.B. der Arbeitsvorbereitung in Unternehmen B die Maschinenbelegungsplanung leidlich gelang, waren die für die Steuerung des Auftragsdurchlaufs mit zuständigen Fertigungsmeister in gewissen Grenzen in der Lage, für die Maschinenarbeiter die Art und Weise der Auftragsbearbeitung zu bestimmen. Da es sich in der Fertigung zumeist um Aufträge handelt, deren reine Bearbeitungszeiten relativ kurz sind, war die Einzelzuweisung von Aufträgen für die Meister wenig praktikabel. In der Regel praktizierten sie stattdessen eine Bündelsteuerung. Gerade dies - die spezifische Zusammenstellung von Auftragsbündeln - war für die Facharbeiter von besonderer Bedeutung, denn von der Mischung "guter" und "schlechter" Aufträge und den zugestandenen Spielräumen bei der Bearbeitungsreihenfolge hing nicht zuletzt ihre Arbeitsmühe und ihr Verdienstgrad ab. So konnte ein Meister über die Frage der Auftragsreihung zulassen oder unterbinden, daß die Facharbeiter eine individuelle, an minimalen Rüstzeiten orientierte Auftragsreihung vornehmen, und so einen möglichst hohen Leistungsgrad erzielen können. Dieser nur angedeutete Zusammenhang wirft einerseits ein Licht auf die versteckten Machtmittel der Meister, andererseits ließe sich hieran die wechselseitige Abhängigkeit von Meistern und Facharbeitern verdeutlichen. Erstere müssen sich der Kooperationsbereitschaft der Facharbeiter etwa in Terminfragen dadurch versichern, daß sie in gewissem Rahmen eine eigenständige Reihung von Aufträgen entlang deren subjektiven Effizienzkriterien zulassen. Die Facharbeiter ihrerseits haben die Terminansprüche und kurzfristigen Eingriffe der Meister zu akzeptieren, um a la longue ihre akkordrelevanten Dispositionsspielräume bei der Auftragsabarbeitung nicht aufs Spiel zu setzen. Unseres Erachtens sind dies zentrale Elemente, auf

Vom Zentrum an den Rand: Kompetenzverluste

In den Unternehmen bestehen relativ klare Vorstellungen darüber, was nicht mehr in den Kompetenzbereich der Meister fallen soll - Vorstellungen, die im Dezentralisierungsprozeß sukzessive Wirklichkeit werden. Die Beschreibung der neuen dezentralen Einheiten (Fertigungsinseln, Montagegruppen) signalisiert bereits, was den Meistern bevorsteht. Sie verlieren - und hierin besteht die wesentliche direkte Folge - ihre bislang zentrale Rolle als Organisatoren des Produktionsgeschehens. Die Strukturierung der Arbeitsprozesse geht über in die Hände der zuständigen Stabsbereiche (Arbeitsvorbereitung, Planung/Steuerung) und der teilautonomen Facharbeitergruppen.

Faktisch geben die Meister in beiden Unternehmen alle wesentlichen Organisations- und Koordinationsaufgaben, die die gruppeninternen Vorgänge unmittelbar betreffen, nach unten ab. Der Personaleinsatz (z.B.: wer arbeitet an welcher Maschine), die Arbeitsverteilung, die Sicherung des Materialflusses, insgesamt die sachliche und terminliche Feinplanung und -steuerung der Aufträge, sowie die Qualitätskontrollaufgaben: Die Zuständigkeiten und Kompetenzen in diesen Feldern müssen sie an ihre Facharbeiter abtreten.

Auch hinsichtlich der Grobplanung und -steuerung der Produktion spielen sie künftig keine relevante Rolle mehr. Dies betrifft in erster Linie die Montagemeister in beiden Unternehmen, da sie stärker noch als die Fertigungsmeister in die Abwicklung von Kundenaufträgen eingebunden waren. Im Unternehmen A, wo die Meister faktisch durch den gleichzeitigen Prozeß von Dezentralisierung und Stärkung der Arbeitsvorbereitung in die "Zange" genommen werden, ist dies in besonderer Weise augenfällig. Die Festlegung realisierungsfähiger Liefertermine, die Abwicklungs- und Auslastungsplanung: Zuständigkeiten dieser Art sind zur Gänze ins Vorfeld gewandert.

Was früher zwischen Betriebsleiter und Meister geregelt wurde, meint ein Montagemeister aus Betrieb A, "wird heute ausschließlich nur noch von der AV gemacht ... Die sagen, wann der Auftrag kommt und wie der durchgezogen wird ... der Meister wird jetzt also nicht mehr dazugehört, welche Gruppe welche Maschine macht".

Insgesamt sind die Meister in das Abwicklungsgeschäft nur noch insofern eingebunden, als sie bei kurzfristigen Änderungen im geplanten Ablauf beratend hinzugezogen werden. Ansonsten sind sie darauf zurückgedrängt, die von oben kommenden Vorgaben umzusetzen, die Einhaltung von Terminen zu überwachen und Ablaufprobleme zu bereinigen.

---

denen die soziale Ordnung der Werkstatt fußt. Angesichts der Einzel- und Kleinserienfertigung wohnt der Auftragsdisposition jenseits der rein organisatorischen eine eminent arbeitspolitische Funktion inne. Um das, was in den Aussagen lapidar als Terminverfolgung umschrieben ist, ranken sich informelle Kompromisse und Werkstattnormen, die eine halbwegs kapazitäts- und termingerechte Fertigung ebenso sichern, wie die soziale Integration.

In beiden Unternehmen weisen im Normalfall die Steuerungsabteilungen den Facharbeitergruppen (Inseln bzw. Montagegruppen) direkt ihre Aufträge zu. Und diese werden von den Gruppen dann in Eigenregie erledigt. Die teilautonomen Gruppen und innerhalb dieser die Koordinatoren bzw. Gruppenführer und die Arbeitsvorbereitung sind die (neuen) Zentren der Auftrags- und Werkstattsteuerung. Die Meister sehen sich in diesen Dingen an den Rand gedrängt; die Organisations- und Koordinationsaufgaben, die sich bisher auf dieser Ebene bündelten und den Schwerpunkt der Arbeit darstellten, werden nun von anderer Seite wahrgenommen.

Auf den "Arbeitsprozeß", so ein Geschäftsleitungsmitglied des Unternehmens B, "hat eigentlich der Meister keinen direkten Einfluß mehr". Die Inseln erhalten ihren "Wochenpool" (Fertigungsauftragsbündel) direkt von der Fertigungssteuerung via EDV "und die Feinsteuerung machen die Leute selber."

Bester Ausdruck für den Tiefgang der Veränderung ist, daß die Meister mittlerweile Mühe haben, hinsichtlich der Abläufe innerhalb ihrer Abteilungen auf dem Laufenden zu bleiben. "Das passiert mir also immer wieder", so ein Meister aus Unternehmen A, "daß ich sagen muß, ... das läuft an mir vorbei." Dies wird auch von anderen so wahrgenommen. Ein Arbeitsvorbereiter macht deutlich, daß sich die Gruppenführer bei Problemen mittlerweile eher an die Arbeitsvorbereitung wenden als an die Meister und er dafür sorgen müsse, daß die Facharbeiter ihre Vorgesetzten noch informieren. "Das darf eben nicht einreißen, das muß man auch sagen, gut, du sagst es deinem Meister noch".

Mit ihren prozeßbezogenen Kompetenzen verlieren die Meister schließlich auch deutlich an arbeitspolitischem Einfluß innerhalb der Werkstätten. Mit der Arbeitsein- und -verteilung gerät ihnen das traditionelle Instrumentarium, mit dem sie die Arbeitssituation der Facharbeiter und insbesondere deren Verdienstmöglichkeiten beeinflußten, aus der Hand. Ihre "Verhandlungskompetenz" sinkt. Für die Facharbeiter sind die Meister nicht mehr notwendigerweise die erste Adresse, wenn es um angemessene Arbeitsbedingungen und um einen "gerechten" Lohn geht. In der Definition der Normalleistung, der Leistungskompromißbildung gewinnen anstelle der Meister werkstattexterne Stellen an Gewicht.[114]

Diejenigen, die aus dem Vorfeld heraus den Rahmen vorgeben, sind seitens der Inseln bzw. Gruppen direkter denn je gefordert, "machbare Termine" und "realisierbare Zeiten" zu setzen (Unternehmen A). Aus Sicht der nun im Prämienlohn arbeitenden Facharbeitergruppen in Betrieb A hat die Arbeitsvorbereitung ihre Aufgaben so zu erfüllen, daß die Produktion reibungslos erfolgen kann und sich in den Gruppen ein angemessener Verdienst realisieren läßt. Das Verhältnis von Lohn und Leistung, traditionell Gegenstand gerade auch der Austauschbeziehungen zwischen Meistern und Arbeitern, ist jetzt ein Thema vor allem zwischen den Gruppen und der Arbeitsvorbereitung. Konflikte sind da nicht ausgeschlossen. Wenn Maschinen, so ein Gruppenführer, "von vorneherein schlecht kalkuliert sind ... dann knallt es halt, dann gibt's halt Reibereien".

---

114 Eine wichtige Rolle spielt natürlich auch, wenn, wie im Unternehmen A, ein Wechsel vom Zeitlohn zu einem Gruppenprämienlohn erfolgt. Hier hatten die Meister früher über die periodischen Bewertungen einen direkten Einfluß auf die Entlohnung ihrer Mitarbeiter. Dieser

Was bleibt? - Merkmale eines neuen Profils

Angesichts des Ausmaßes der Verdrängung der Meister aus dem Organisationsgeschäft bleibt vom traditionellen Profil nurmehr wenig übrig. Eigenständige Gestalter und Koordinatoren des Werkstattgeschehens sind sie jedenfalls nicht mehr. Hinsichtlich des Arbeitsprozesses beschränkt sich ihre Rolle in den neuen Strukturen auf die Überwachung des Produktionsprozesses und darauf, all die Lücken, Probleme, Abweichungen und Störungen zu bearbeiten bzw. zu beseitigen, die einem "normalen" und effektiven Produktionsablauf im Wege stehen und die den Handlungsrahmen der unterstellten Gruppen übersteigen bzw. nicht im Vorfeld erledigt werden können.

Ihre Aufgabe ist es, überall dort einzugreifen, wo entweder die teilautonomen Einheiten oder höhere Stellen ergänzende Informations-, Klärungs- und Organisationsleistungen benötigen. Der Meister gilt einmal als "Verbindungsmann" zwischen den teilautonomen Gruppen, in dessen Verantwortung all das fällt, was nicht in direkter Kooperation zwischen den Inselkoordinatoren bzw. Gruppenführern erledigt werden kann. Im Unternehmen B etwa sind aus Kostengründen nicht in jeder Fertigungsinsel alle zur Bearbeitung des Teilespektrums erforderlichen Maschinen verfügbar. Bezüglich eines kleinen Spektrums der zu fertigenden Teile müssen manche Inseln jeweils auf die Kapazitäten (personelle und maschinelle) einer anderen zurückgreifen. Eine Kooperation zwischen den Gruppen ist also unmittelbar notwendig. Die Meister sind unmittelbar gefordert, dies zu koordinieren, da die einzelnen Inseln bestrebt sind, dem eigenen Auftragsbestand immer Priorität zu geben. In den Kompetenzbereich der Meister fallen auch gruppenübergreifende Personaleinsatzfragen (z.B. kurzfristige Versetzung von Personal zwischen den Gruppen, um Engpässe auszugleichen).

Zum anderen sollen die Meister für ein reibungsloses Zusammenwirken zwischen dem Vorfeld und den teilautonomen Gruppen sorgen. Neben der Bearbeitung sozusagen akuter Probleme[115] liegt es (auch) an den Meistern, die Anforderungen an eine produktionsgerechtere Arbeit der arbeitsvorbereitenden Abteilungen zu formulieren und zu vertreten. Bezüglich der Terminplanung und der Vorgabezeiten, meint ein Meister aus Unternehmen B, werde das Vorfeld "von uns angeschossen nach Strich und Faden" und auch hinsichtlich einer besseren sachlichen Vorbereitung der Produktionsaufträge (korrekte Materialbereitstellung, Auftragsunterlagen etc.) sind die Meister aktiv. "Ordentliche Arbeit": in beiden Unternehmen wird diese Anforderung stärker denn je - sei-

wird mit dem Übergang zur Leistungsentlohnung bei gleichzeitiger Stärkung der Arbeitsvorbereitung in Frage gestellt.

115 So sollen sie in Unternehmen B bei Termin- oder Kapazitätsproblemen zusammen mit den betroffenen Inseln und der Fertigungssteuerung kooperativ Lösungen finden. Auch im Unternehmen A sind sie in den Prozeß der Auftragsabwicklung v.a. dann eingebunden, wenn kurzfristige Änderungen im geplanten Ablauf vorgenommen werden müssen. Gerade in solchen Fällen gilt ihr Erfahrungswissen als unverzichtbar und sie werden dann beratend hinzugezogen. Müssen etwa kurzfristig bestimmte Montageaufträge vorgezogen werden, dann trete die Arbeitsvorbereitung an die Meister heran, "aber nur dann in solchen Fällen, wenn also geschoben werden muß, und wenn es hin und her geht, dann kommen sie" (Montagemeister, A). Ansonsten sind die Meister darauf zurückgedrängt, die von oben kommenden Vorgaben umzusetzen, die Einhaltung der Termine zu überwachen und Ablaufprobleme zu bereinigen.

tens der Meister aber auch der Gruppen selbst - an die Arbeitsvorbereiter und das Steuerungspersonal herangetragen.

Auch die bessere Verzahnung zwischen Produktion und Konstruktion - das Stichwort lautet hier fertigungsgerechtere Konstruktion - gehört zur Aufgabe der Meister. Im Unternehmen A etwa haben die Meister mittlerweile einen wesentlich engeren Kontakt zu den Konstrukteuren. Vor allem bei grundlegenderen Fragen wie der Vereinheitlichung von Bauteilen, der Bereinigung von Konstruktionsfehlern, der Verbesserung von Unterlagen, die in der Produktion benötigt werden, sind sie es, die versuchen, den Ansprüchen der Produktion im Vorfeld Geltung zu verschaffen. Der Konstruktion, so ein Meister, werde schon "Beine gemacht". Anders als früher werde sie gezwungen, ihre Arbeit "in Ordnung zu bringen". Die Ursachen von Produktionsproblemen bekämen die Konstrukteure mittlerweile "knallhart auf den Tisch" und sie werden angegangen, wenn etwas "billiger" oder "auf andere Weise" gemacht werden kann. Gerade durch die Meister wird die Konstruktion stärker als bisher auf die Mängel ihrer Arbeit aufmerksam und haftbar gemacht.

Die Meister sind gewissermaßen die Sachwalter der Produktionserfordernisse gegenüber anderen Abteilungen, von denen korrekte "Dienstleistungen" eingefordert werden. Sie widmen sich den in der Produktion auftretenden Problemen, eruieren deren Ursachen und haben, soweit diese in die Zuständigkeit anderer Bereiche fallen, deren Beseitigung zu sichern.

Bezogen auf den Arbeitsprozeß ist das Metier der Meister im Kern, an der Optimierung der bereichsübergreifenden Kooperation (der Prozeßkette) mitzuwirken und Störfälle und Abstimmungsprobleme im eigenen Verantwortungsbereich zu regulieren, während der Produktionsprozeß im Normalfall an ihnen vorbei zentral und dezentral organisiert wird.

Aus ihrem angestammten Arbeitsfeld der Koordination des Werkstattgeschehens werden die Meister also nicht völlig verdrängt. In beiden Unternehmen gelten sie als wichtige Experten der Praxis, auf die man angesichts ihrer Qualifikation, ihrer Erfahrung und ihres Organisationswissens nicht umstandslos verzichten kann und will.[116]

In den Betrieben zeichnet sich allerdings ab, daß es weniger diese als andere Aufgaben sind, die künftig im Vordergrund stehen werden. Der Weg führt weg von auftragsbezogenen hin zu personalzentrierten ("sozialen") Funktionen; nicht mehr der Arbeitsprozeß als solcher, sondern die unterstellten Arbeitskräfte sollen zum unmittelbaren und zentralen Gegenstand im Arbeitshandeln der Meister werden. Die Mitarbeiterführung lag selbstverständlich auch bisher schon in der Hand der Meister, aber sie war vornehmlich vermittelt über ihr direktes, auftragsbezogenes Koordinierungshandeln. In dem Maße, wie die Koordinierung des Arbeitshandelns der Facharbeiter dezentralisiert wird, tritt Führung als gesonderte Aufgabe stärker in den Vordergrund. Die teilautonome Gruppe als besonderer sozialer Zusammenhang, ihr

---

116 Selbst im Unternehmen A, wo die Frage des Erhalts der Meisterebene immerhin von einem Teil der Akteure aufgeworfen wird, mag niemand auf die spezifischen Fähigkeiten der Meister verzichten.

Eigenleben, wird zu einem eigenen Gegenstand der Beobachtung und des Handelns der Vorgesetzten. Gemessen am bisherigen Anforderungsprofil, an den Konturen des Technikers und Organisators der Produktion, ist der Meister neuen Zuschnitts nur noch ein Schatten früherer Tage. Im Vordergrund steht nun die soziale Integration der unterstellten Belegschaft. Sie ist ein wesentlicher Bezugspunkt der Neudefinition seiner betrieblichen Rolle. Der Charakter der "Führungsaufgabe", die in den Unternehmen zur "eigentlichen" Meisterfunktion erklärt wird, wird durch das insbesondere in Unternehmen B kursierende Bild vom Meister als "Berater und Moderator" seiner Mitarbeiter versinnbildlicht.

Moderation, ein schillernder Begriff, hebt letztlich auf mehrere Aspekte ab. Zum einen wird damit der Organisationswandel selbst als Aufgabe gerade auch der Meister thematisiert. Sie sollen ihn aktiv begleiten und der Etablierung dezentraler Strukturen zum Erfolg verhelfen. Gewissermaßen als Manager des Organisationswandels ist es mit Aufgabe der Meister, das Konzept selbstorganisierter Gruppen in der betrieblichen Praxis Wirklichkeit werden zu lassen. Sie sind als Manager des sozialen Wandels, der Konstitution selbststeuernder Gruppen gefordert. Sie sollen die Gruppenbildung vorantreiben und Träger einer "sozialen Qualifizierung" sein. Die Förderung "neuer Denk- und Verhaltensweisen", von Teamfähigkeit, insgesamt der Selbstregulierungsfähigkeiten der erst einmal nur formal konstituierten Gruppen kennzeichnet ihre Aufgabe.

In Unternehmen B zeigt sich dies in ausgeprägter Form. Dort hat man die Abweichungen zwischen der formalen Verantwortungs- und Kompetenzzuweisung und den faktischen Arbeitsweisen in den Fertigungsinseln als ein Problem erkannt, das im Bild von der "Hardware" und der "Software" zusammengefaßt wird. Der Aufbau der "Hardware" der Fertigungsinseln, d.h. die Zusammenfassung von Maschinengruppen, die Zuordnung von Teilespektren zu Inseln und die formale Übertragung von Verantwortung und Kompetenzen ging zügig voran. Mit der Abgabe von Kompetenzen, der tatsächlichen Übernahme von Verantwortung und Kompetenzen durch die Facharbeiter und mit dem Arbeiten in der und als eine Gruppe gab es demgegenüber Schwierigkeiten. Es sei hier nur an die "Einzelkämpfermentalität" der Akkordarbeiter erinnert, die kooperativen Arbeitsformen im Wege steht. In den neuen Strukturen lebten die alten Aufgabenteilungen und Arbeits- und Verhaltensweisen unter der Hand weiter - Anspruch und Wirklichkeit klafften weit auseinander. Die insbesondere den Meistern zugewiesene Aufgabe besteht nun darin, diese Kluft zu schließen. Sie, die in Workshops mit "neuen Denk- und Verhaltensweisen" vertraut gemacht und als Moderatoren "ausgebildet" werden, sollen die wesentlichen Träger der "sozialen Qualifizierung", der "Ausbildung" zur Teamfähigkeit werden und die Inselmannschaften zur Selbstorganisation befähigen. Der Lernprozeß wird als ein mehrjähriger begriffen, den die Meister nicht nur durch eine sozusagen arbeitsbegleitende "Qualifizierung", sondern auch durch regelrechte "Schulungen" vorantreiben sollen.

Der Begriff Moderation hebt zum anderen auf die Regulierung der mit den neuen Arbeits- und Kooperationsformen entstehenden sozialen Beziehungen ab. Eine Aufgabe, die sich, nun losgelöst vom traditionellen Organisationsgeschäft, mit der Formierung stabiler sozialer Gruppen akzentuiert. Als eine der wichtigen, wenn nicht vorrangigen Aufgaben der Meister bei Selbstorganisation schält sich die Stabilisierung der neuen Strukturen, die Beeinflussung der gruppeninternen Prozesse und die Bearbeitung sozialer Probleme heraus, die im Rahmen einer teilautonomen Gruppenarbeit entstehen können. "Reibereien" innerhalb der Gruppen, Gruppendruck, Abgrenzungs- bzw. Ausgrenzungsphänomene etwa gegenüber Gruppenneulingen oder weniger leistungsfähigen Gruppenmitgliedern - Folgeerscheinungen dieser Art werden zu einem wichtigen "Arbeitsfeld" der Meister.[117] An ihnen liegt es, desintegrativen Tendenzen zu begegnen, entstehende Spannungen oder Divergenzen innerhalb der Gruppen auszugleichen, zu schlichten und die sozialen Beziehungen der Gruppenmitglieder im Hinblick auf Leistungsziele ergebnisorientiert zu beeinflussen (motivieren).

In Unternehmen A sind die Meister sichtlich mit gruppeninternen Konflikten, Gruppendruck und Versuchen sozialer Schließung konfrontiert. Sie haben damit zu kämpfen, daß die Gruppen versuchen, »sich selbst zu reinigen«, Schwächere hinauszudrängen und nur solche Personen in die Gruppe neu aufzunehmen, die als passend erscheinen und ein als angemessen interpretiertes Leistungsprofil aufweisen. Solche konfliktbehafteten Ausgrenzungsprozesse in den Griff zu bekommen, ist für die Meister zu einer wichtigen Aufgabe geworden.

Sache der Meister ist es aber auch, darauf zu achten, daß die Autonomie der Gruppen nicht in Entwicklungen mündet, die im Hinblick auf den Gesamtprozeß problematisch sind. Sie haben gewissermaßen die Entstehung eines neuen, durch die Autonomie der Gruppen geförderten Egoismus in Grenzen zu halten.

An zwei Beispielen läßt sich dies verdeutlichen: Ein Meister aus Unternehmen B hebt das Problem "guter und schlechter Arbeiten" hervor. Hatte es früher noch der Meister in der Hand, den Facharbeitern gute und schlechte Arbeiten zuzuweisen, ist es jetzt Sache der Gruppen, wie sie die Arbeiten verteilen. Einsichtig sei, daß die Facharbeiter versuchen, "schlechte" Aufträge zu ignorieren. Einzelne Fertigungsinseln gingen sogar soweit, "schlechte" Aufträge regelmäßig in die Lehrwerkstatt abzuschieben. Hier müsse man als Meister immer wieder eingreifen, um Terminverzüge zu verhindern. Im Unternehmen A hat die gestiegene Selbständigkeit der Gruppen dazu geführt, daß sich Spezialisierungstendenzen in den Gruppen breit machen, die die Montagemeister bislang durch ihre Personaleinsatzpolitik vermieden hatten. Die Tendenz der Gruppen eine Arbeitsteilung zu etablieren, die die je besonderen Fähigkeiten ihrer Mitglieder mit Blick auf das Gruppenergebnis (Prämie) voll zum Tragen kommen läßt, birgt die latente Gefahr, die für die Einzel- und Kleinserienfertigung notwendige Einsatzflexibilität zu reduzieren. Hier müssen die Meister immer wieder versuchen, eine Balance zwischen den Interessen der Gruppen und jenen des Betriebes herzustellen.

Beim Begriff Beratung wird vor allem auf die Fachkompetenz der Meister und die Notwendigkeit einer fachlichen Unterstützung der Gruppen abgehoben. Für diese Aufgabe waren die Meister zwar auch bisher schon zuständig, angesichts ihrer Rolle

---

[117] Probleme dieser Art tauchen insbesondere im Unternehmen A auf, wo bereits mit einem gruppenbezogenen Lohnsystem operiert wird. Aber auch beim Pumpenhersteller B sind sie ein Thema. Dort übernehmen die Meister die "Moderation" der Inselbesprechungen. Sie sollen u.a. die von einzelnen Gruppenmitgliedern thematisierten oder von ihnen selbst erkannten Probleme zur Sprache bringen, Diskussionsprozesse steuern und benannte Probleme beseitigen (helfen).

in der Werkstattsteuerung fehlten ihnen aber zumeist - wie die befragten Meister selbst betonen - die erforderlichen Zeitreserven, um ihr wirklich gerecht zu werden. Dies soll sich nun ändern. Die explizite Erwartung in den Unternehmen ist, daß der Meister zukünftig als jederzeit ansprechbarer und praxisnaher technisch-fachlicher Berater agiert, der den teilautonomen Gruppen in Fertigungs- oder Steuerungsfragen zur Seite steht, und der auch für die fachliche Qualifizierung insbesondere von neuen Mitarbeitern sorgt und diese an das Anforderungs- und Leistungsniveau der Gruppen heranführt.[118]

Im Bild vom Meister als dem Moderator und Berater der teilautonomen Gruppen drückt sich eine durch den Dezentralisierungsprozeß veränderte Artikulationsform des Verhältnisses zwischen Meister und unterstelltem Personal aus. In dem Maße, wie die Gruppen selbständig werden, wird die bisherige Form der Kommunikation zwischen Meistern und Arbeitern, wird der traditionelle Führungsstil dysfunktional. Solange die Meister im Zentrum des Steuerungsgeschäftes standen und auch als die "Herren des Geschehens" galten, hatte ein Respekt erheischender, teilweise autokratischer Verhaltensstil, in dem sich gegenüber den Facharbeitern ein überlegenes Organisationswissen und paternalistische Vorstellungen von Folgsamkeit und Fürsorge Ausdruck verliehen, noch ein gewisses Fundament.

Früher, so kennzeichnet der technische Leiter des Maschinenbaubetriebs A den Führungsstil der Meister, haben diese "per order di mufti ... täglich die Leute versetzt. Und da konnten wir nichts dagegen machen, sonst gab es eine über die Rübe - also verbal".

In dem Maße, wie dieses Fundament erodiert, läßt sich auch der bisherige Führungsstil nicht mehr halten. Untergebene, die innerhalb eines gegebenen Rahmens weitgehend selbstverantwortlich agieren, treten mit anderen Erwartungen hinsichtlich der Kommunikationsformen an die Vorgesetzten heran. Die Facharbeiter in den beiden Unternehmen sind nach dem Dafürhalten aller Befragten sichtlich selbstbewußter im Verhalten und Auftreten - gerade gegenüber den Vorgesetzten - geworden.

Die Anforderungen an die "Menschenführung", die wie erwähnt ohnehin unmittelbarer wahrgenommen wird, akzentuieren sich dementsprechend in spezifischer Weise. Statt mit schlichten Anweisungen zu "regieren", ist in den neuen Strukturen seitens der Meister mehr denn je der von den Arbeitern eingeforderten Begrün-

---

118 Es bedarf offenbar einigen Aufwandes, um etwa Jungfacharbeiter soweit zu qualifizieren, daß sie, wie ein Meister betont, "mit jedem Teil zurechtkommen". Nach Meinung eines Personalmanagers des Pumpenherstellers B wird es angesichts der Entlastung vom Steuerungsgeschäft nun möglich, daß ein Meister mit neuen Mitarbeitern "Tage und Wochen lang praktisch eben arbeitet und ihnen Tricks verrät, oder auch die Feinheiten", auf die es ankommt. Beim Verpackungsanlagenbauer A sind die Meister unmittelbar damit betraut, Weiterbildungspläne für die Mitarbeiter ihres Verantwortungsbereichs aufzustellen. Sie müssen den "Schulungs"bedarf feststellen und mit dem Ausbildungsmeister, der die Weiterbildung koordiniert, entsprechende Maßnahmen vorbereiten.

dungspflichtigkeit von Vorgaben Rechnung zu tragen und Überzeugungsarbeit anstelle blanker Durchsetzung zu leisten. Bevormundende Umgangsformen werden abgelehnt, 'zivilisiertere' eingeklagt. Von den Meistern erwartet man pädagogisches Geschick und eine Orientierung am Dialog im Umgang mit den Mitarbeitern.

Als Meister müsse man sich, wenn es etwa um den Arbeitsablauf in den Gruppen geht, mittlerweile "zurückhalten", sagt ein Montagemeister des Verpackungsmaschinenbetriebs A. Der Meister "kann da Einfluß nehmen, er kann das aber nicht unbedingt bestimmen, nur dann, wenn also ein Termin oder die Qualität in Gefahr ist oder so ... Aber ansonsten muß man das der Gruppe überlassen ... Da wird sie sich auch wehren und hat sich auch gewehrt, ja. Wenn man also versuchen würde, das stark zu beeinflussen, dann wehren die sich, wenn man nicht Gründe hat und sagt: Hört mal, das müssen wir aber so machen, weil der Termin oder die Qualität entsprechend leidet." Mit Blick auf das größere Selbstbewußtsein der Gruppen wird betont, mittlerweile müsse "man alles begründen, und die Gründe müssen stichhaltig sein, sonst werden sie nicht akzeptiert".

Die Meister bleiben Vorgesetzte, aber sie müssen in neuer Weise den unterstellten Mitarbeitern als selbständig handelnden Personen Rechnung tragen.

Die Dezentralisierungsprozesse in den beiden Maschinenbauunternehmen haben einen tiefgreifenden Wandel der Meisterfunktion angestoßen. Das Schwergewicht der Meistertätigkeit verlagert sich weg von der Organisation eines komplexen Arbeitsprozesses hin zur sozialen und fachlichen Betreuung teilautonomer Gruppen. Von dem, was die alte Meisterwirtschaft auszeichnete, hat praktisch kaum mehr etwas Bestand. Daß den Meistern im dezentralisierten Betrieb - sieht man von recht abstrakt bleibenden Überlegungen in Unternehmen A ab - hier noch eine Rolle zugedacht wird, hat verschiedene Gründe. Der Schritt von einer Meisterwirtschaft zu selbststeuernden Gruppen, die gänzlich ohne Meister auskommen, ist sehr groß und mit vielen Scheiternsrisiken behaftet. Wichtiger noch ist aber, daß selbst dann, wenn die Arbeitsgruppen optimal "funktionieren", eine personale "Führung" - sozusagen als letzte Sicherung - für notwendig erachtet wird. Die Hierarchie war schon vor der Dezentralisierung relativ flach und angesichts der vielfältigen Ablaufprobleme, die man in den Unternehmen bei der Einzel- und Kleinserienfertigung auch in Zukunft nicht ausschließen mag, wäre eine direkte Anbindung der Gruppen an die Produktionsleitung problematisch. Eine Zwischenebene zwischen Produktionsleitung und Gruppen erscheint auch zukünftig erforderlich und dabei setzt man in diesen Fällen auf die Meister. Bei aller, die Veränderung legitimierenden Kritik am traditionellen Anforderungsprofil auf der Meisterebene ist offensichtlich: In den Unternehmen mit bisheriger Meisterwirtschaft hat sich ein Bewußtsein von den besonderen Qualitäten der Meister erhalten. Mehr oder weniger diffus artikuliert sich in der Bestimmung seiner Rolle die Vorstellung einer arbeitsprozeßbezogenen und sozialintegrativen Potenz des Meisters, die auch in den neuen Strukturen zu nutzen sei.

Festgefügt ist die neue Rolle, die den Meistern im nach dem Selbstorganisationsmodell dezentralisierten Betrieb zufällt, noch nicht. In den beiden Unternehmen können die Meister nach dem Verlust bisheriger Aufgaben aber nicht damit rechnen, bestimmte "neue" Aufgaben zu monopolisieren. Die Verteilung von Zuständigkeiten ist zwar noch im Fluß, es zeichnet sich jedoch ab, daß die Gruppen bzw. die Gruppenführer und Inselkoordinatoren auch in den den Meistern zugewiesenen Feldern eine gewisse Rolle spielen werden.

In Unternehmen B etwa wird darüber nachgedacht, auch die Inselkoordinatoren bei gruppeninternen Konfliktsituationen in die Pflicht zu nehmen, weil, so der Personalchef, diese "auch die Akzeptanz" hätten. Voraussetzung sei jedoch, daß Inselmitarbeiter u.a. durch die Meister für die "Moderatorentätigkeit" qualifiziert werden können.

Auch "Fachfunktionen" könnten "auf die Insel übergehen". Was Maschinenkenntnisse und bearbeitungstechnische Fragen anbelangt, haben die Meister zumindest gegenüber den erfahrenen Facharbeitern keinen nennenswerten fachlichen Kompetenzvorsprung. Jedenfalls werden die Meister nicht - etwa im Hinblick auf die Mehrmaschinenbedienung - als die Qualifizierer der erfahrenen Facharbeiter gehandelt. Der für eine Mehrmaschinenbedienung erforderliche Qualifikationserwerb kann selbst nach Einschätzung der Meister nur innerhalb der Gruppen selbst erfolgen. Er wird durch sie im wesentlichen nur koordiniert und unterstützt. Was die Meister in solche Qualifizierungsprozesse einbringen können, ist vor allem ihr "Generalistenwissen". Gefordert bleiben die Meister vor allem bei der fachlichen Unterstützung im Steuerungsgeschäft. Hier haben sie gegenüber den Inseln einen markanten Vorsprung an Organisationskompetenz.

Hinsichtlich der ihnen zugedachten Koordinierungsaufgabe zwischen den Inseln und zwischen diesen und dem Produktionsvorfeld ist zudem eine Konkurrenz durch die Inselkoordinatoren nicht ausgeschlossen. Die Meister sollen sich auf das beschränken, was "auf dem kurzen Dienstweg zwischen den Inseln nicht gelöst werden kann" und auch ein direkter Kontakt etwa zwischen den Koordinatoren und Konstrukteuren zur Klärung von Problemen sei etwas, "was wir erreichen sollten" (höherer Manager). Auch in Unternehmen A verläuft zumindest die Klärung einfacher Probleme mit anderen Abteilungen ein Stück weit an den Meistern vorbei und wird von den Gruppenführern übernommen.[119] Die Klärung grundlegender Fragen bleibt demgegenüber Sache der Meister. Die Gruppen "beherrschen den direkten Kontakt zum technischen Büro", wenn etwa ein erforderliches "Blechle" in der Konstruktionszeichnung fehlt. "Wenn es aber um größere Sachen geht, etwa die Vereinheitlichung von Baugruppen, von Bauteilen, die man an verschiedenen Maschinen einsetzen möchte", stehen die Meister im Vordergrund. Mit "solchen Aufgaben hat es der Meister heute mehr zu tun" (Meister, A).

Was sich in beiden Unternehmen letztlich beobachten läßt, ist eine gravierende Einengung der Meisterfunktion. Die Meister tragen zwar weiterhin als Vorgesetzte die Verantwortung für all das, was in ihren Werkstätten geschieht. Dem stehen aber nur mehr sehr reduzierte Kompetenzen gegenüber. Die Dezentralisierung nach dem Selbstorganisationsmodell hat für die Meister eine Einengung des eigenen Handlungsspielraums, einen Verlust an Autonomie zur Konsequenz. Das Kompetenz-Verantwortungs-Dilemma, das in den bisherigen Strukturen relativ schwach ausgeprägt war, verschärft sich deutlich. Die Meister befinden sich hier auf einer für sie

[119] "Durch die Einführung der Gruppenarbeit hat man einen sehr engen Kontakt mit den Leuten draußen ... Man kommt bestimmt am Tag zwei- dreimal raus dann, spricht mit den Leuten, naja klappt's oder habt ihr Schwierigkeiten oder so. ... Man will aber dann den Meister nicht umgehen, weil die alte Hierarchie ist so eingestellt, daß die eben sagen, ich muß alles wissen, bevor der das weiß. Da muß man aufpassen, da muß man viel Gefühl entwickeln" (Arbeitsvorbereiter, A).

neuen Gratwanderung, einerseits die Entwicklung selbststeuernder Gruppen zu ermöglichen und nicht zu behindern, andererseits aber auch ihrer Verantwortung gerecht zu werden.

Die Durchsetzungsmacht der Meister gegenüber dem unterstellten Personal, bisher wesentlich geknüpft an die Kompetenz der Arbeitsein- bzw. -verteilung schwindet merklich. Gegenüber den Gruppen sind ihnen nun in vielen Dingen die "Hände gebunden", fehlen ihnen die herkömmlichen Mittel, mit denen sie bislang betriebliche Belange und Mitarbeiterinteressen auszubalancieren versuchten. Über die (mehr oder weniger) subtilen Sanktionsmöglichkeiten, die ihnen mit der Kompetenz der Personaleinteilung und Arbeitsverteilung an die Hand gegeben waren, verfügen sie jedenfalls nicht mehr.

Mit der Dezentralisierung wird es für die Meister zugleich schwieriger - gegenüber den unterstellten Mitarbeitern wie gegenüber ihren bisherigen werkstattexternen Kooperationspartnern - kenntlich zu machen, worin ihr spezifischer Beitrag im Produktionsprozeß liegt. Den Facharbeitern gegenüber aktualisierte sich die Tätigkeit eines Meisters als unmittelbar produktive Arbeit. Sie »wußten« um den Wert nicht nur der eigenen, sondern auch der Arbeit des Meisters hinsichtlich des Gelingens der Produktion. Die je spezifischen Arbeitsleistungen und die gemeinsame Kooperation waren die einsehbaren Voraussetzungen eines gelingenden Arbeitsprozesses und schärften das Verständnis, daß man wechselseitig aufeinander angewiesen war. Der sehr stark auf die "Sache" (die Montage, die Fertigung von Teilen) orientierte Austausch zwischen beiden Seiten, die ständige Kommunikation über Bearbeitungsstand, Termine, Vorgabezeiten etc. hielt dieses Bewußtsein am Leben. Vor dem nicht nur im Facharbeiterbetrieb lebendig gebliebenen Produzenten- und Produktivitätsbewußtsein der Arbeiter (Kotthoff/Reindl 1990) hatte die Arbeit eines Meister in den alten Strukturen - bei aller immer vorhandenen Kritik - Bestand. Mit der Verlagerung der Steuerungskompetenzen wird dies fragwürdig.

Die Meister registrieren, daß eine Facharbeitergruppe hinsichtlich der zu erledigenden Arbeit im Normalfall "selten noch einen Meister braucht"; "wenn die Werker ihren kompletten Auftrag haben, sämtliche Teile, dann brauchen die uns so gut wie gar nicht, dann läuft das mehr oder weniger automatisch. Erst wenn Fehler auftauchen, müssen wir ran." (Montagemeister, B). Und genau wegen dieses (partiellen und erzwungenen) Rückzugs sehen sie sich in beiden Unternehmen mittlerweile einem Rechtfertigungsdruck v.a. seitens ihrer Mitarbeiter ausgesetzt. Die Meister werden von den Facharbeitern "schon angesprochen", daß sie jetzt "mehr Zeit" hätten und auch gefragt, was sie denn eigentlich noch machen (Fertigungsmeister, B). "Weiß der Meister nichts mehr" und "was macht der da" (Montagemeister, B): Solche Vorstellungen und Fragen, die aus dem Unterstellungsbereich und dem Vorfeld kommen, sind für die Meister ein großes Problem. Die Frage nach dem, was er noch "macht", ist zentral die nach seiner produktiven Funktion in den neuen Strukturen. Für die Mitarbeiter, aber auch für sich selbst, müssen sie hier befriedigende Antworten finden, denn sonst läßt das Produzenten- und Produktivitätsbewußtsein, die arbeitsökonomische Orientierung der Facharbeiter die Frage nach dem "was" umkippen in die Frage nach dem "wozu" einer Meistertätigkeit. Daß dies eine Rolle spielt, lassen die Meister durchaus anklingen, betonen aber, daß es ihnen nicht "langweilig wird" und daß die Gruppen "einen nach wie vor" brauchen (Fertigungsmeister, B).

Das spezifische normative Gefüge der Werkstatt, das den Arbeits- und Leistungsbedingungen und den sozialen Beziehungen einen Rahmen gab und für dessen Zustandekommen und Reproduktion die "ganzheitliche" Kompetenz eines Meisters ein konstitutives Element war, gerät ins Rutschen. Traditionelle Legitimationsgrundlagen der Meisterposition brechen weg. Inwieweit an ihre Stelle andere treten, ist noch offen.

Die festgefügten Beziehungsmuster innerhalb der Werkstatt, die Normen und Regeln der Austauschbeziehungen und Machtspiele zwischen Vorgesetzten und Untergebenen: All das, was auf der Grundlage der bisherigen Strukturen des Arbeitssystems (Kompetenzverteilung, Arbeitsteilung etc.) entstand, gerät mit der Veränderung des Arbeitssystems auf den Prüfstand. Zumindest können alte Gewißheiten hinsichtlich dessen, was in einer Werkstatt "geht und nicht geht" und was von jedem Einzelnen an Verhalten und Leistung legitimerweise erwartet werden kann, nicht einfach fortgeschrieben werden. Die Meister haben es mit Arbeitern zu tun, denen mehr und anderes zugetraut wird, und sie wissen nicht, wie sich das Verhältnis zwischen ihnen und den Arbeitern ausbalancieren wird. Abgesehen von harten Disziplinarmaßnahmen haben sie jedenfalls im Vergleich zu früher nur noch eingeschränkte Möglichkeiten, sich eigenständig auch gegen Widerstreben durchzusetzen.[120]

Um es in einem Bild zusammenzufassen: Dem Meister wird der Taktstock aus der Hand genommen, der ihm legitimerweise immer auch dazu verhalf, diejenigen zur Raison zu bringen, die "aus dem Takt" gerieten, die falsch, zu langsam oder zu wenig mannschaftsdienlich spielten. Er steht bei Selbstorganisation gewissermaßen nicht mehr vor, sondern neben einem Orchester, das sich selbst (nach vorgegebenen Noten) dirigiert.

4.1.2 Veränderungsmuster II: Stärkung der Produktionsarbeit - Bestandsgefährdungen bei bisher tayloristischem Meistereinsatz

Die Aufwertung der Produktionsarbeit durch Dezentralisierung zeitigt für die Meister gravierende Folgen. Im vorigen Kapitel wurde dies schon anhand solcher Fälle gezeigt, in denen vor der Dezentralisierung ein eher "ganzheitlicher" Aufgabenzuschnitt auf der Meisterebene Bestand hatte. Hier zeichnete sich vornehmlich ein Prozeß ab, der auf eine Beschränkung der Meisterfunktion und einen Rollenwandel zuläuft. Obwohl die Aufgaben- und Kompetenzverlagerung in eine andere Richtung weist, finden sich hier Parallelen zu jenem Prozeß, der im Begriff der "ersten Meisterkrise" zusammengefaßt ist. Wie gestaltet sich nun aber die Lage in solchen Unternehmen, in denen durch vorhergehende Rationalisierungsprozesse bereits eine Beschneidung der Zuständigkeiten und der Autonomie der Meisterebene erfolgt

---

120 Man denke an die mit der Regelung von Urlaubsfragen, der Arbeitsverteilung, oder der Zuordnung begehrter Arbeitsplätze verbundenen Sanktionsmöglichkeiten.

war? Die empirischen Befunde deuten darauf hin, daß die neuen Organisationskonzepte dort noch schärferen Krisenerscheinungen den Boden bereiten. Diese sollen im folgenden am Fall des Automobilzulieferers C und dem des Automobilmontagewerks D1 verdeutlicht werden.

Tayloristischer Meistereinsatz

Beim Automobilzulieferer C und noch ausgeprägter beim Automobilwerk D1 herrschte bislang eine Form des Meistereinsatzes vor, die nur wenig mit der in den zuvor behandelten Maschinenbaubetrieben gemein hat. Alle wesentlichen indirekten Funktionen waren hier von den unmittelbaren Produktionsbereichen getrennt und speziellen Abteilungen überantwortet. Anders als in den Maschinenbaubetrieben füllten diese die ihnen zugewiesenen Aufgaben auch tatsächlich aus. Dementsprechend war hier - dies gilt insbesondere für das Automobilwerk D1 - die Taylorisierung der Meisterposition, die erste Meisterkrise, sprichwörtlich. Verantwortlich für die Unterstellungsbereiche und rechenschaftspflichtig für alle entstehenden Probleme, aber ohne vergleichbare Kompetenzen ausgestattet, sind die Meister vornehmlich in die Rolle von Überwachern und Problembewältigern eines durch wissenschaftliche Betriebsführung determinierten Produktionsprozesses[121] gedrängt und letztlich zu ausführenden Organen der Industriebürokratie degradiert worden. Sie stehen vor der schwierigen Aufgabe der Vermittlung zwischen "oben und unten", während ihre Autoritätsgrundlagen vergleichsweise prekär geworden sind.

Exemplarisch sei an dieser Stelle die Situation im Werk D1 skizziert: In besagtem Werk wie im Unternehmen D insgesamt existierte eine zweistufige Meisterebene (Meister, Gruppenmeister), die gleichzeitig - entlang der eigenständigen "Fachsäulen" Produktion, Instandhaltung und Qualitätswesen - in Form eines Funktionsmeistersystems ausdifferenziert war. Engte diese Struktur die Zuständigkeit der Meister (rund 1200 Meister im Werk D1) auf ein jeweils spezifisches Aufgabenfeld ein, so war durch das ausdifferenzierte System vorgelagerter Bereiche - allen voran die Arbeitswirtschaft (Arbeitsplanung, Zeitwirtschaft), die Produktionsplanung und -steuerung, die Fabrikplanung und das Personalwesen - und eine tiefgestaffelte Hierarchie die Autonomie der Meister drastisch beschnitten.[122] Am deutlichsten zeigte sich dies bei den Produktionsmeistern. Diese

---

[121] Die Determinierung durch wissenschaftliche Betriebsführung zeigt sich einmal im - von Produktionsbereich zu Produktionsbereich selbstverständlich unterschiedlich stark - ausgeprägten Grad der technischen Integration der Produktionsprozesse, die insofern deren Materialisierung ist, als die technologische Struktur, die "Herrschaft" der Technik, das wirksame Resultat der Arbeit der Rationalisierungsexperten ist. Sie zeigt sich zum anderen in der Struktur und den Leistungen der produktionsvorbereitenden Abteilungen. Im Automobilmontagewerk D1, wo Fließfertigung vorherrscht, ist die technologische Determinierung weitaus entfalteter als im Fall des Automobilzulieferers C, wo eine verrichtungsorientierte Werkstattfertigung das Bild prägt.

[122] Zwar bestanden je nach Arbeitssystem bzw. Einsatzgebiet - also etwa zwischen Instandhaltung und Produktion, oder zwischen hochautomatisierter Teilefertigung und durch Handar-

trugen zwar die Verantwortung insbesondere für die Produktionszahlen und die Einhaltung von Qualitätsstandards, sie waren aber zugleich in ein enges Korsett von Vorgaben, Anweisungen und Kontrollen gezwängt, das ihnen nur wenig eigenständige Spielräume ließ. Die Freiräume, die den Produktionsmeistern noch bis weit in die 70er Jahre hinein hinsichtlich der Erfüllung der Produktionsvorgaben verblieben waren, wurden durch den Abbau von Personalreserven und den Ausbau von Betriebsingenieursstellen sukzessive beschnitten.[123] Selbst im Bereich der Personalführung wurden die Meister in ein immer dichteres Netz an Vorgaben eingewoben. Die starke Stellung, die im Werk dem Personalwesen, aber auch dem Betriebsrat zukam und die Regelungsdichte der Arbeitsbeziehungen zeitigten hier ihre Wirkung. Die Personalabteilung strukturierte Personalangelegenheiten immer stärker vor und reduzierte systematisch die Spielräume der Meister in der Personalführung. Das Entlohnungssystem tat ein übriges dazu. Es gab den Meistern keine Möglichkeiten an die Hand, durch Lohnanreize Einfluß auf die Mitarbeiter zu nehmen. Sogar die disziplinarische Personalführung nahmen die Meister teilweise nicht mehr selbst wahr. "Personalbetreuer" übernahmen oftmals diese Aufgabe und im Vergleich zu den Betriebsräten hatten die Meister allenfalls beschränkte Möglichkeiten, Belange "ihrer" Mitarbeiter zu vertreten. Für alles verantwortlich zu sein, aber nicht über entsprechende Kompetenzen zu verfügen: Dies kennzeichnete hier die Situation der Meister. Die ungleiche Verteilung von Verantwortung und Kompetenzen war eine Quelle für Konflikte zwischen Meistern und den betrieblichen "Experten" und unterminierte zugleich deren Autorität gegenüber den Mitarbeitern. Sie waren kaum mehr an der Definition der Arbeitsbedingungen und des Produktionsgeschehens beteiligt. Die Führungskräfte in der Produktion, allen voran die Meister, in den zurückliegenden Jahrzehnten Stück für Stück "entmündigt", waren in den Worten eines Personalmanagers des Werks D1 letztlich die "Deppen vom Dienst" und "nicht mehr viel wert". Nicht nur in der Perspektive der unterstellten Arbeiter war der Meister "nicht mehr Meister im Sinne des alten Wortes". Der Meister degenerierte zum "Laufbub für die Mannschaft" (Betriebsrat, D1).[124] Seine professionelle Autorität hatte sichtlich gelitten. Dieser Autoritätsverlust verschärfte sich in dem Maße, wie massive Technisierungsprozesse Qualifikationslücken bei den Meistern aufrissen, diese sich in technologischen Fragen aber nicht so wie die technischen Experten auf dem Laufenden halten konnten und zugleich die zunehmende Rekrutierung von Facharbeitern in der unmittelbaren Produktion die Qualifikationsdifferenz zwischen Meistern und unterstellten Mitarbeitern zusammenschmelzen ließ. Seine positionale Autorität wurde nicht zuletzt durch die Vertretungspraxis der Betriebsräte häufig in Frage gestellt. Durch den Zustrom einschlägig ausgebildeter Facharbeiter wurden die Meister zudem mit veränderten Anforderungen an ihren Führungsstil konfrontiert. Die oftmals vorherrschenden autoritären Führungsmethoden der Meister, die der klassische Massenarbeiter noch hingenommen haben mochte, stieß bei den neuen Produktionsarbeitern auf Ablehnung. Wachsende Spannungen waren die Konsequenz.[125]

---

beit und Fließband geprägter Fahrzeugmontage - durchaus Unterschiede. Im Kern war die Arbeitssituation der Meister aber ähnlich.

123 Im Zuge der Verwissenschaftlichung der Produktion und der Akademisierung des Managements wurden zusehends auch die bisher vorhandenen Aufstiegschancen der Meister vermindert.

124 "Wenn da ein Schrauber kaputt geht, dann muß der Gruppenmeister den austauschen. Also der geht dann weg, holt einen Schrauber oder sonstige Teile. Er ist ein Servicemann, wenn man so will." (Betriebsrat, D1)

125 Zur Lage der Meister in diesem Werk vor der Dezentralisierung vgl. auch die Ausführungen in Kapitel II.2.1.

Das Unternehmen sah sich angesichts der skizzierten Situation zusehends mit einem "Meisterproblem" konfrontiert. Im Verlauf der 80er Jahre wurde offen von einem "Autoritätsverlust der Meister" und einer "Meisterkrise" gesprochen und auftretende Probleme wie ein sich verschlechterndes Betriebsklima und wachsende Fluktuationsraten, Krankenstände und Qualitätsprobleme damit in Verbindung gebracht. Unter den Meistern selbst wuchs angesichts ihrer Arbeitssituation die Unzufriedenheit, und Motivationsprobleme machten sich in einem Ausmaß breit, daß man sich gezwungen sah, eine "Situationsanalyse" durchzuführen und "Meisterentwicklungsprojekte" aufzulegen.[126]

Auch seitens der Betriebsräte nahm man sich im Montagewerk D1 der Lage der Meister, die zu etwa 90% gewerkschaftlich organisiert sind, an. Erkennbar wurde, daß angesichts der bestehenden Probleme eine Vetretungspraxis, die die gewerblichen Mitarbeiter ins Zentrum stellte, die Interessen der Meister allenfalls nachrangig behandelte und Vertretungskonflikte vornehmlich zugunsten der Arbeiter auflöste, die Meister in eine wachsende Distanz zur betrieblichen und gewerkschaftlichen Interessenvertretung brachte. Die Meister, so Betriebsräte selbstkritisch, wurden von ihnen oftmals "in die Pfanne" gehauen und auf Betriebsversammlungen diffamiert. Die logische Konsequenz war, daß sie sich in zunehmendem Maße von niemandem mehr vertreten fühlten. Dem begegnete der Betriebsrat mit der Gründung eines Meisterkreises, der sich mit den Problemlagen der Meister konstruktiv auseinandersetzen sollte.

---

[126] Im Automobilunternehmen D widmete sich in diesem Zusammenhang eine hierarchisch hoch angesiedelte Arbeitsgruppe u.a. Gehalts- und Ausbildungsfragen, Weiterbildungsnotwendigkeiten und insbesondere der Überarbeitung des unternehmensinternen "Funktionsbildes Meister". Das Signal, das von den verschiedenen Meisterprojekten und vor allem vom schließlich entwickelten neuen "Funktionsbild" ausgehen sollte, war, daß man auf die Meister als fachkompetente Führungskräfte weiterhin setzt. Die Botschaft lautete, die Position der Meister zu stärken, sie in ihrer Rolle als Führungskraft und gegenüber indirekten Bereichen aufzuwerten. Die Fachkompetenz suchte man durch die nun ausschließliche Rekrutierung von qualifizierten Industriemeistern und durch unternehmensinterne Weiterbildungsmaßnahmen, die zugleich das "Selbstbewußtsein" der Meister heben sollten, zu verbessern. Die angezielte Stärkung der Meisterfunktion wurde allerdings nicht durch organisatorische Veränderungen gestützt. Die prinzipielle Zuständigkeits- und Kompetenzverteilung, wie sie bisher zwischen Meistern und dem Umfeld bestand, blieb faktisch erhalten. Der Versuch einer Aufwertung verharrte damit zu einem Gutteil auf der symbolischen Ebene und schuf allenfalls eine Grauzone hinsichtlich der tatsächlichen Kompetenzteilung zwischen den Meistern und den Spezialisten im Produktionsvorfeld. In gewisser Weise konterkariert wurden die mit großem Aufwand entwickelten Leitsätze zur Aufwertung der Meisterebene zunächst auch durch Bestrebungen einer operativen Dezentralisierung. Das "Meisterentwicklungsprojekt" wurde noch begonnen zu einer Zeit, als solche Bestrebungen im Unternehmen keine oder bestenfalls eine untergeordnete Rolle spielten. Entsprechend zielte es auf eine Stärkung der Meister in den bestehenden Strukturen einer funktional differenzierten Organisation. Im Verlauf des Meisterprojektes kam den treibenden Kräften allerdings, so ein Personalmanager der Unternehmenszentrale, "diese Entwicklung zur Gruppenarbeit etwas in die Quere", da diese die traditionellen Aufgaben der Meister unmittelbar berührt. In Ansätzen fand dies bereits im neuen "Funktionsprofil Meister" seinen Niederschlag; es signalisierte nicht nur eine Aufwertung der Meisterebene, sondern ließ zugleich erkennen, daß im Falle von Gruppenarbeit die bestehenden Aufgabenprofile und insbesondere die zweigliedrige Meisterhierarchie in Zweifel gezogen sind.

Die Dezentralisierungsprojekte: "Mündige Produktionsarbeiter" als Ziel

In der Grundtendenz folgen die Dezentralisierungsprojekte in den Fällen C und D1 jenen des Verpackungsanlagenherstellers A und des Pumpenbauers B. Zum besseren Verständnis der Wirkungen und um deutlich zu machen, daß Selbstorganisation nicht nur im Facharbeiter-, sondern auch im Angelerntenbetrieb eine Rolle spielt, sollen sie knapp skizziert werden.

Im Zuliefererunternehmen C, in dem man die Gunst einer grundlegenden Produktinnovation (Entwicklung und Produktionseinführung asbestfreier Dichtungen) und damit verbundener fertigungstechnologischer Neuerungen nutzt, setzt man wie in Unternehmen B auf ein Fertigungsinselkonzept.

Hier geht man davon aus, daß zukünftig etwa die Hälfte bis zwei Drittel der bestehenden Fertigungseinheiten nach dem Inselprinzip reorganisiert sein werden. Zum Untersuchungszeitpunkt war eine Fertigungsinsel - ein Fertigungsabschnitt der auch technisch neu gestalteten Zylinderkopffertigung - realisiert, die das Modell für die weitere Restrukturierung abgeben soll.
In der Insel integriert sind alle, für eine bestimmte Sequenz der Fertigung einer Zylinderkopfdichtung notwendigen Arbeitsgänge und Beschäftigte, die bislang unterschiedlichen Werkstätten zugeordnet waren.[127] Die maschinengebundenen Arbeitsgänge sind teilweise technisch verkettet, Teilschritte sind automatisiert. In bestimmten Abschnitten ist der inselinterne Arbeitsprozeß also durch die Anlage vorgegeben (Arbeitstempo und -reihenfolge).

Aufbauend auf dem vorhandenen Qualifikationsprofil der Produktionsbelegschaft[128] setzt man beim Automobilzulieferer C auf eine arbeitsteilige Variante des Inselkonzeptes. Die Mannschaften der im Dreischichtbetrieb betriebenen Insel bestehen aus angelernten Maschinenbediener/innen und, je Schicht, einem Anlagenführer mit qualifizierter Ausbildung (Facharbeiterbrief und Zusatzqualifizierung).

Das Anforderungsprofil der Maschinenbediener/innen bleibt zwar auch in den neuen Strukturen unterhalb des Niveaus einer Facharbeit, ist aber im Vergleich zur bisherigen Anlerntätigkeit signifikant angehoben.[129] Waren die Angelernten bislang vornehmlich auf die Ausführung eines Ar-

---

[127] In der bereits aufgebauten Insel sind u.a. die Herstellung und Weiterverarbeitung des Dichtungsgrundmaterials, das Stanzen, Pressen, Siebdrucken und die Montage integriert.

[128] Rund 80% sind Un- und Angelernte (darunter viele Frauen). Facharbeiter wurden bisher nur als Einsteller, Vorarbeiter, im Werkzeugbau und in Instandhaltungswerkstätten eingesetzt.

[129] Die Anhebung im Anforderungs- und Kompetenzzuschnitt der Maschinenbediener/innen dokumentiert sich in einer deutlich verbesserten Eingruppierung. Das Personal für die neuen Arbeitsstrukturen wurde aus der vorhandenen Belegschaft rekrutiert und dies soll auch beim Aufbau der anderen Fertigungsinseln so geschehen. Angesichts des angestrebten Anforderungsprofils und den gegebenen fachlichen Kompetenzen war deren Qualifizierung unabdingbar. Diese war und ist vor allem bezüglich der Angelernten nicht unproblematisch. Die meisten der (ausländischen) Maschinenbediener/innen sind lernentwöhnt. Viele haben Sprachprobleme; die schulische Vorbildung ist sehr unterschiedlich, teilweise allenfalls rudimentär vorhanden. Gleichwohl versucht man über das Weiterbildungsprogramm ein einheitliches Niveau herzustellen. Die Qualifizierung, die mit einer Prüfung abgeschlossen und zertifiziert wird, hat Erfolge gezeitigt. Überrascht war man im Unternehmen über die Bereitschaft vieler (gerade auch ausländischer) Frauen, sich für die neuen Arbeitsstrukturen zu qualifizieren. Der

beitsganges fixiert, so sollen sie nun mehrere in der Insel anfallende Tätigkeiten beherrschen, damit sie je nach Arbeitsanfall und Personalverfügbarkeit flexibel eingesetzt werden können. Auch anfallende einfachere Umrüstarbeiten und Qualitätskontrollen gehören zu ihren Aufgaben. Komplexere Einricht- und Umrüstarbeiten und die verantwortliche Qualitätsabnahme sind dagegen dem Anlagenführer vorbehalten. Diese Position, auf die sich die Verantwortung für die Anlage konzentriert, ist gegenüber der übrigen Inselmannschaft deutlich herausgehoben. Beim "mitarbeitenden" Anlagenführer bündeln sich gewissermaßen eine technische Experten- und eine Fachführungsfunktion. Gegenüber den Maschinenbedienern hat er in fachlicher Hinsicht Weisungs- und Kontrollbefugnis. Er ist für den Betrieb der Anlage, die Materialversorgung und den Personaleinsatz zuständig und übernimmt Wartungs- und Instandhaltungsaufgaben. Die Koordination des inselinternen Produktionsprozesses und die Steuerung des Auftragsdurchlaufs im Rahmen eines vorgegebenen Auftragspools gehören zu seinen Aufgaben. Teile der Auftragsfeinsteuerung wurden also in den Verantwortungsbereich der Insel dezentralisiert.[130] Die Kompetenzen des Anlagenführers liegen über denen der alten Einrichter bzw. Vorarbeiter und reichen nahe an das Niveau des bisherigen Meisters heran. Sein arbeitsvertraglicher Status ist aber weiterhin der eines Arbeiters. Er erhält keine disziplinarischen Vollmachten und ist, anders als ein Vorgesetzter, unmittelbar mit ausführenden Arbeitstätigkeiten betraut. Geleitet wird die Insel von einem sogenannten Inselleiter, der zukünftig für mehrere Inseln zuständig sein wird. Der Inselleiter übernimmt übergeordnete Koordinierungsaufgaben und ist für die eigentliche Personalführung verantwortlich. Insgesamt gesehen bleibt also die Anreicherung des Aufgabenzuschnitts der Maschinenbediener/innen erst einmal begrenzt. Die Dezentralisierung konzentriert sich wesentlich auf den neuen "Kopf" der Arbeitsgruppe, den Anlagenführer.[131]

Anreiz lag neben der besseren Bezahlung vor allem in der Aussicht auf eine weniger monotone Arbeit. Ein auf die zukünftigen Anlagenführer (Facharbeiter) zugeschnittenes Vollzeit-Qualifizierungsprogramm dauert ein halbes Jahr. Hier spielen u.a. Instandhaltungskenntnisse eine große Rolle. Die Anlagenführer werden außerdem beim Aufbau der Anlagen eingesetzt, damit sie sich spezifisches Anlagenwissen aneignen können.

130 Dem Management zufolge sollen die dispositiven Kompetenzen noch ausgeweitet werden. Zwar wird der Insel bereits jetzt über ein PPS-System ein Arbeitsvorrat zur eigenständigen Abwicklung freigegeben. Der Spielraum in der Fertigungsfeinsteuerung und in der Materialdisposition soll aber sukzessive auf mindestens drei bis vier Tage erweitert werden.

131 Die genaue Arbeitsteilung und Kompetenzabgrenzung zwischen Anlagenführer und Maschinenbedienern ist aber noch nicht endgültig festgelegt und eine weitere Delegation von Aufgaben an die Maschinenbediener/innen nicht ausgeschlossen. Die Inselmannschaft steht jedenfalls in der Verantwortung, die ihnen zugewiesene Produktionsaufgabe weitgehend selbständig zu erledigen. Hierfür ist eine enge Kooperation zwischen Anlagenführer und Maschinenbedienern die Voraussetzung. Dies gilt insbesondere hinsichtlich der Einhaltung der Produktionszahlen und Terminvorgaben des zugewiesenen Auftragsvorrats, der Qualitätsstandards und der Durchführung kleinerer Reparaturen und Wartungsarbeiten. Dafür, daß die Grenzziehung noch im Fluß ist, spricht auch die angezielte neue Entlohnungsform. In den neuen Strukturen hat der stückzahlorientierte Akkordlohn ausgedient. Tritt an seine Stelle wie geplant ein gruppenbezogener Prämienlohn, wird allein schon das Lohninteresse der Gruppenmitglieder einen entsprechenden Druck entfalten.

Im Automobilmontagewerk D1, wie im Unternehmen D insgesamt, werden eine ganze Reihe von Maßnahmen aufgelegt, die auf eine operative Dezentralisierung abzielen.[132]

Bereits in den 80er Jahren beginnt man beim Automobilbauer D in unterschiedlichen Werken und Produktionsbereichen mit Formen "echter" und "paralleler" Dezentralisierung zu experimentieren. Gruppen-, Teamarbeit, Projektorganisation und Qualitätszirkel ("Werkstattkreise") sind die entsprechenden Stichworte. Bis Anfang der 90er Jahre handelte es sich dabei um Pilotprojekte, denen allerdings nicht von vornherein Modellstatus für zukünftige Arbeitsstrukturen zukam. Sie galten als Experimente, deren Ausdehnung in den einzelnen Bereichen offen stand. Mit Beginn der 90er Jahre vollzog sich im Unternehmen D in dieser Frage ein deutlicher Wandel. Angesichts der nun deutlicher wahrgenommenen Wettbewerbsprobleme und der Ergebnisse der MIT-Studie (vgl. Womack u.a. 1991), in die das Unternehmen selbst einbezogen war, wurden organisatorische Veränderungen in den Werken zu einem zentralen Mittel der Problemlösung erklärt.
Die Etablierung von Gruppenarbeit galt dabei fortan als ein wichtiges Element. Eine gewissermaßen zweite Phase beginnt, in der eine breitflächige Umsetzung von Gruppenarbeitsformen und von Formen paralleler Dezentralisierung eingeläutet wird. 50 bis 60% der Produktionsarbeitsplätze, so das ambitionierte Ziel, sollen im Unternehmen D bis in der zweiten Hälfte der 90er Jahre in Gruppenarbeit organisiert werden. Auf breiter Front werden nun, nicht zuletzt aufbauend auf den in den 80er Jahren gemachten Erfahrungen, auch im Werk D1 entsprechende Projekte begonnen. Die Erweiterung von Arbeitsumfängen, die "Integration direkter und indirekter Tätigkeiten" (v.a. Instandhaltungs- und Qualitätskontrolltätigkeiten, Materialversorgung) und "mehr Dispositionsspielräume und mehr Verantwortung" (selbständige Regelung der Arbeitsverteilung und des Tätigkeitswechsels in der Gruppe) werden als Prinzipien formuliert, an denen sich der Aufbau von Gruppenarbeit orientieren soll. Die Gruppen tragen die Verantwortung für die Arbeitsergebnisse in den Dimensionen Menge, Qualität, Termine, Kosten und Kapazitätsausnutzung. Die Gruppenarbeit soll durch Aktivitäten, die über die alltäglichen Arbeitsvollzüge hinausgehen, ergänzt werden. Regelmäßige Gruppenbesprechungen werden etabliert, die der Planung und Organisation dienen und zu einer "verbesserten Kooperation", zur Bereinigung von Problemen in der Zusammenarbeit in den Gruppen verhelfen sollen. Sie geben zugleich den Rahmen ab für die den Gruppen zugewiesene Aufgabe, selbst zur (Ergebnis- und Prozeß-)Optimierung der Arbeitssysteme beizutragen. Die Gruppen sollen über die Gruppengespräche zu Trägern eines kontinuierlichen Verbesserungsprozesses werden.[133]

Festgelegt ist auch die Wahl von Gruppensprechern durch die Gruppe. Beim Gruppensprecher liegt die Moderation der Gruppenbesprechungen und in Abstimmung mit den Gruppenmitgliedern die Koordinierung des Arbeitseinsatzes. Er vertritt zudem die Belange der Gruppe nach außen und ist Ansprechpartner für die Vorgesetzten und andere Stellen.

Im Zuge der grundlegenden Neuorientierung werden gleichzeitig Entwicklungstendenzen wie der Abbau von Hierarchieebenen, die sich im Rahmen der Experimentierphase der 80er Jahre als mögliche Konsequenz dezentralerer Organisationsstrukturen eröffnet hatten, ebenfalls zum Programm erhoben. Die Managementorganisation selbst wird zum Gegenstand der Reorganisation und die übergeordnete Organisation nach dem Prinzip der Profit-/Cost-Center neu strukturiert.

---

132 Im Werk D1 wurden zu unterschiedlichen Zeitpunkten Erhebungen durchgeführt. Die Befunde sind hier, soweit es zur Einsicht in den Fall verhilft, zusammengezogen.

133 Ein Manager spricht in diesem Zusammenhang offen von der Anforderung zur "Selbstrationalisierung".

Der Hierarchieabbau (Die neue Führungsorganisation sieht anstelle von sieben nur noch vier Ebenen unterhalb der Werksleitung vor) und der Aufbau einer Centerorganisation sind Teil einer Neugestaltung und "Straffung" der "gesamten Führungsorganisation" die, wie es in offiziellen Verlautbarungen heißt, darauf abzielt, "die Eigenverantwortlichkeit zu stärken und den 'Unternehmer im Unternehmen' zu fördern". Darüber hinaus kündigen sich Veränderungen im Bereich der Zeitwirtschaft und der Lohnfindung und Lohngestaltung an.

An dieser Stelle können die einzelnen Dezentralisierungsbestrebungen im Automobilmontagewerk D1, die den eben aufgezeigten Linien folgen und dementsprechend auf eine Stärkung der Produktionsarbeit (Gruppenarbeit, KVP) und auf einen Hierarchieabbau zulaufen, nicht ausreichend skizziert werden. Die Center-Organisation war hier zum Untersuchungszeitpunkt im Aufbau befindlich. Einzelheiten konnten aber nicht erhoben werden.[134] Der Hierarchieabbau und die Einführung der Gruppenarbeit waren in vollem Gange. Im Montagewerk D1 wurden zum Untersuchungszeitpunkt über 50 (Arbeitsstrukturierungs-)Projekte in den verschiedenen Produktionsbereichen (Preßwerk, Lackiererei, Endmontage etc.) vorangetrieben, die im einzelnen nicht untersucht werden konnten. An dieser Stelle muß eine knappe Anmerkung insbesondere zur Gruppenarbeit genügen.

Diese hat bei D1 ganz unterschiedliche Gesichter. Von Gruppenarbeitsformen in hochtechnisierten bzw. automatisierten Produktionsbereichen, mit Facharbeitergruppen, die hinsichtlich Qualifikation und Arbeitseinsatz weitgehend homogen sind und bei denen der Grad der Funktionsintegration und der Selbststeuerung hoch ist, über Gruppenarbeitsvarianten mit einer stärkeren internen Arbeitsteilung und Qualifikationspolarisierung bis hin zur bandentkoppelten Gruppenarbeit in der Montage und der Gruppenarbeit am Montageband, wo der Grad der Funktionsintegration und der Selbststeuerung geringer ausgeprägt ist, reicht die Spannbreite. In allen Varianten ist die Einrichtung eines gewählten Gruppensprechers verankert.

Exemplarisch seien folgende, bereits in der Experimentierphase begonnene Projekte im Werk D1 zur Illustration herausgegriffen: Kennzeichnend für die Gruppenarbeitsformen an den Montagebändern ist, daß entlang definierter Bandabschnitte Arbeitsgruppen gebildet werden, die innerhalb des durch die zentrale Bandsteuerung gesetzten Rahmens ihre Arbeit selbständig zu organisieren haben. Neben einer Erweiterung der Einsatzflexibilität - die Anzahl der zu beherrschenden Arbeitsstationen wird deutlich erhöht - und teilweise auch der Ausdehnung der einzelnen Arbeitsumfänge ist für die Gruppen typisch, daß sie in Eigenregie Aufgaben zu erfüllen haben, die bislang insbesondere bei den Gruppenmeistern lagen. Dies betrifft solche Dinge wie den Wechsel defekter Werkzeuge, insbesondere aber auch die gruppeninterne Arbeitsverteilung. Insgesamt kennzeichnen Arbeitswechsel, Arbeitserweiterung und eine begrenzte Arbeitsanreicherung die Veränderung.

---

[134] Deutlich wird aber, daß mit der neu geschaffenen Figur des Centerleiters das Prinzip der einheitlichen Leitung und ungeteilten Verantwortung verwirklicht werden soll. Diese Figur, die auf der Ebene der bisherigen Bereichsleitung (z.B. Leiter des Preßwerks) angesiedelt ist, wird einen deutlich "unternehmerischen" Zuschnitt haben. Bislang zentrale Bereiche wie Anlagen- und Fabrikplanung und die Arbeitsplanung werden unter das einheitliche Kommando der (Center-)Leiter größerer Produktionsbereiche gestellt, die Produktion gegenüber den zentralen Stabsbereichen gestärkt - gewissermaßen ein Intrapreneurmodell auf höherer Ebene.

In einem hochtechnisierten Bereich stand die Realisierung eines Projektes an (Gruppenarbeit an einer Großanlage im Preßwerk), bei dem die Aufgabenintegration und Selbstorganisation umfassender konzipiert ist, als in den Endmontagebereichen. Zum Aufgabenprofil der Anlagenmannschaft, die ein gleichmäßig hohes Qualifikationsniveau aufweist und in der jeder "alles können" muß, gehören Qualitätssicherungs-, Wartungs- und Instandhaltungsaufgaben. Integriert sind hier Pressenführer, Werkzeugmacher und Instandhalter. Der angestrebte Autonomiegrad der Arbeitsgruppe ist hoch; "keiner von draußen, der nicht in diesen Prozeß eingebunden ist", wird der Gruppe "irgendwas sagen" können, so ein Betriebsrat. Auf der Basis eines definierten Bruttopersonalbedarfs kann die Gruppe selbst den Personaleinsatz regeln und die Arbeitseinteilung vornehmen. Hierzu gehört die eigenständige Schichteinteilung, die Regelung von Krankheitsvertretungen und die Urlaubsplanung. Der Gruppensprecher sorgt für die interne Koordinierung und ist Kontaktperson nach außen.

Wirkungen: Meister sind ersetzbar

In den Fällen C und D1, wo eine tayloristische Engführung des Meistereinsatzes die Ausgangssituation markiert, wiegen Bestrebungen einer Aufwertung der Produktionsarbeit ungleich schwerer als in den Fällen A und B. Auch hier fußt der Aufbau funktionsintegrierter, sich in Grenzen selbst steuernder Einheiten auf der Ebene der ausführend Beschäftigten - neben der Dezentralisierung aus indirekten Bereichen wie der Fertigungssteuerung oder der Qualitätskontrolle - auf der Dezentralisierung bisheriger Aufgaben und Kompetenzen der Meisterebene. Anders als in den "Meisterwirtschaftsfällen" läuft dies jedoch nicht "nur" auf eine Einengung bzw. einen Wandel der Meisterfunktion hinaus. Die Zukunft des Meisters wird in einem grundsätzlichen Sinne ungewiß.

Beim Automobilzulieferer C stellt sich die Frage nach der Zukunft der Meister kaum mehr. Anstelle der alten hierarchischen Gliederung in Betriebsleiter-, Fertigungsleiter-, Abteilungsleiter-, Meister- und Vorarbeiter-/Einrichterebene existiert in den neuen Strukturen unterhalb der Fertigungsleiterebene nur noch die Ebene des Inselleiters und die des Anlagenführers. Eine Vorgesetztenebene entfällt und es ist symptomatisch, daß der Begriff Meister nicht mehr zur Kennzeichnung einer der neuen Ebenen herangezogen wird. Die Pilotinsel kennt den Meister als Vorgesetzten nicht mehr. Beim Automobilzulieferer C geht man davon aus, daß im Zuge des weiteren Aufbaus von Fertigungsinseln die flachere Hierarchie verallgemeinert wird. Dann, so wird betont, "gibt es die traditionelle Funktion des Meisters nicht mehr"; die Inselleiter werden "den bisherigen Meister ersetzen" (Betriebsrat).

Keine der neuen Ebenen entspricht der des alten Meisters. Auf den Anlagenführer sind zwar eine ganze Reihe von Kompetenzen und Verantwortlichkeiten übergegangen, die bislang beim Meister lagen. Von diesem hat er nicht zuletzt die Koordinations- und Fachführungsfunktion übernommen. Ein Disziplinarvorgesetzter wie dieser ist er aber nicht. Die Inselleiterebene wiederum ist "oberhalb der Meisterebene" (Betriebsrat) angesiedelt und entspricht eher der alten Abteilungsleiterebene.

Als Konsequenz einer Dezentralisierung nach dem Selbstorganisationsmodell wird hier also die Meisterebene schlicht abgeschafft.

Weder von Managementseite noch vom Betriebsrat wird dieser Abbau grundsätzlich problematisiert. Anders als in den beiden Maschinenbaubetrieben wird auch nicht darauf abgehoben, daß die spezifischen Qualifikationen und Erfahrungen eines Meisters unverzichtbar seien. Es liegt nahe, dies darauf zurückzuführen, daß deren Bedeutung im betrieblichen Kooperationsgefüge nicht allzu hoch angesetzt wird und dementsprechend die problematischen Folgewirkungen einer Abschaffung der Meisterebene für die Aufrechterhaltung des Produktionsprozesses, wenn überhaupt erkannt, dann als bewältigbar eingeschätzt werden. Wichtiger nimmt man demgegenüber, daß die Reorganisation als "soziale Geschichte nicht entgleitet". Über eine Betriebsvereinbarung wurden Entlassungen und Abgruppierungen als mögliche Folgen ausgeschlossen. Hinsichtlich des Einsatzes der zukünftig in den neuen Strukturen zunächst einmal überflüssigen Meister gibt es im Unternehmen aber noch keine klaren Vorstellungen.[135]

Im Fall des Automobilmontagewerks D1 ist hinsichtlich der Meisterfrage ebenfalls vieles in Bewegung geraten.[136] Wie erwähnt wurde zwar noch in den 80er Jahren unter dem Eindruck der problematischen Folgeeffekte der "ersten" Meisterkrise, die sich in Autoritätsverfall und in weitverbreiteten Frustrationen und Motivationsproblemen auf der Meisterebene artikulierten, ein Meisterentwicklungsprogramm aufgelegt. Die damit angezielte Stärkung der Position des Meisters verblieb aber, abgesehen von fachlichen Qualifizierungsmaßnahmen, weitgehend auf einer symbolischen Ebene, da das Verantwortungs-Kompetenz-Dilemma der Meister nicht durch veränderte Kompetenzzuweisungen entschärft wurde. Zudem wurde bereits im Rahmen dieses Projektes deutlich, daß die dann in den 90er Jahren forcierten Arbeitsstrukturierungs- und Beteiligungsmaßnahmen die Meisterebene tangierten. Vor allem die auf die Selbstorganisation von Arbeitsgruppen zielenden Neuerungen kamen den Versuchen, dem klassischen Meisterproblem zu begegnen, in die "Quere". Sie untergraben die Meisterposition weiter.

---

135 Der Betriebsrat will generell verhindern, daß die Opfer der Dezentralisierung "auf eine sozial niedrigere Stufe wie bisher" absinken. Mehr als die Hoffnung, bei der Besetzung der Inselleiterpositionen wenigstens einem Teil der Meister eine Chance offenzuhalten, kann er nicht wecken. Als aufgewertete Meisterebene ist diese Position nicht im Gespräch.

136 Hier zielen die zum Untersuchungszeitpunkt beobachtbaren und die Meister unmittelbar berührenden Veränderungen wie gezeigt in erster Linie auf die Schaffung (in unterschiedlichen Graden) selbstorganisierter Einheiten auf der ausführenden Ebene und parallel hierzu auf eine Reduktion der Führungsebenen. Andere Entwicklungen wie die Umstellung auf eine Centerorganisation und die Förderung eines "internen Unternehmertums" wurden im Werk D1 allenfalls schemenhaft deutlich und ließen zu diesem Zeitpunkt bezüglich der Meister keine Konsequenzen erkennen.

Im Montagewerk D1 zeichnete sich schon in den ersten Pilotprojekten und unabhängig vom konkreten Zuschnitt der Gruppenarbeitsprojekte ab, daß insbesondere die Gruppenmeisterebene, bei der die unmittelbare Mitarbeiterführung liegt, unterminiert wird. Ihr Arbeitsschwerpunkt, betrieblich als "fachliche Koordination" umschrieben, lag vor allem in der Koordination des Personaleinsatzes, in der Sicherung des Produktionsflusses[137] und der Überwachung der Produktion. In dem Maße, wie Arbeitsverteilung, Schichteinteilung und Urlaubsplanung den Gruppen überantwortet und deren Zuständigkeit z.B. in Qualitäts-, Wartungs- und Materialversorgungsfragen ausgeweitet wird, verlieren die Gruppenmeister relevante, ihnen bislang noch verbliebene Aufgaben. Vor allem der gewählte Gruppensprecher übernimmt einiges von dem, was bisher in die Zuständigkeit des Gruppenmeisters fiel.

Für Betriebsräte ist mit Blick auf avancierte Gruppenarbeitsmodelle, wo, wie im Preßwerk, eine hochqualifizierte Mannschaft eine Pressenstraße weitgehend selbständig "führt", eines ausgemacht: "Da kann ein Meister der herkömmlichen Struktur nichts mehr ausrichten, der Gruppenmeister nicht mehr". Wenn "die Gruppe so autonom wird, daß sie sich selbst führt mit einem Gruppensprecher, brauch ich in dem Moment keinen Gruppenmeister mehr, der sagt: "Morgen kannst du Urlaub machen". Selbst in den Montagebereichen, wo der Umfang der in den Projekten angestrebten Arbeitserweiterung und -anreicherung begrenzter ist, registriert man "dieses Gruppenmeisterproblem". Früher hat dort der Gruppenmeister "alles verteilt. Der Meister hat gesagt: "Du gehst dahin, du gehst dahin, du gehst dahin!" Und die haben ein bis zwei Tätigkeiten im Prinzip gehabt". Jetzt, wo die Arbeitsumfänge erweitert und die Einsatzflexibilität gesteigert werden und "die Gruppe sich selbst steuert", braucht die Gruppe "im Moment nur noch den Gruppenmeister, wenn es um Urlaub geht." Der Gruppenmeister bleibt ansonsten "außen vor. Den kann ich irgendwann einmal von weitem grüßen und das war es dann am Tag".

Die hieran deutlich werdende weitere Destabilisierung der untersten Vorgesetztenposition zeitigte drastische Konsequenzen: Bereits im Kontext des genannten Meisterprojektes wurden mit Blick auf die Teamkonzepte die bestehenden Strukturen der betrieblichen Führung, die "Meistertradition", in Frage gestellt. Hatte man im Meisterprojekt anfänglich eine Reduzierung der Führungsspannen und damit eine Erhöhung der Zahl der Meister ins Auge gefaßt, so nahm man davon angesichts der aufkommenden Reorganisationskonzepte Abstand und stellte Überlegungen in eine ganz andere Richtung an.

Im Raum stand u.a. die Frage, ob man "überhaupt noch einen Meister" braucht; "meisterlose" Modelle betrieblicher Führung spielten in den unternehmensinternen Überlegungen jedenfalls eine Rolle (Betriebsrat, D1). Realisiert wurden solche Modelle zwar nicht. Bereits dem neuen Funktionsprofil für die Meister aber war zu entnehmen, daß die Möglichkeit einer Reduktion der zweistufigen Meisterhierarchie auf eine einzige Ebene bestand. Insgesamt gesehen vermittelte also bereits das "Meisterprojekt" eine widersprüchliche Botschaft. Darüber war man sich auch im Personalmanagement des Unternehmens bewußt, wie folgendes Zitat zeigt: "Wir machen eine Broschüre (für die Meister/Gruppenmeister), die da lautet: Wir werten Euch auf! Und am Schluß

[137] Unter anderem die Beschaffung fehlenden Materials, die Behebung kleinerer Störungen wie der Wechsel defekter Werkzeuge und die Koordination der Störungsbeseitigung bei komplexeren Problemen.

steht dann: Wahrscheinlich gibt's Euch nimmer! Das muß man dann auch irgendwie rüberbringen, daß das ein gewisser Anpassungsprozeß über eine gewisse Zeitdauer ist."

Der Abbau zumindest einer der beiden Meisterebenen stand im Gefolge der Einführung neuer Arbeitsstrukturen zur Debatte. Im Zuge der im Unternehmen anhebenden Verschlankungsdiskussion wurde dieser Hierarchieabbau zu einem integralen Bestandteil der parallel zur Einführung neuer Arbeitsstrukturen in der Produktion betriebenen Reorganisation der gesamten Führungsorganisation. Bezogen auf die Meister heißt dies: Auf die Aufspaltung der Meisterfunktion in eine Gruppenmeisterebene, die für die unmittelbaren "fachlichen Koordinationsaufgaben" und die direkte Mitarbeiterführung zuständig ist, und eine Meisterebene, bei der die "Koordination übergeordneter Vorgänge" liegt, wird verzichtet. Zukünftig gibt es nur noch eine *Meister*ebene.

Während in Werk D1 die Gruppenarbeit zum Untersuchungszeitpunkt noch nicht in der Fläche realisiert wird, ist die Umsetzung der neuen Führungsorganisation bereits in vollem Gange. Meisterstellen werden in relevantem Umfang (mindestens 10%) abgebaut.

Faktisch, so ist von befragten Meistern zu hören, läuft dieser Verschmelzungsprozeß auf eine Anreicherung der früheren Gruppenmeisterposition um die übergreifenden Koordinierungsaufgaben der bisherigen Meister hinaus. Folgt man den Befragten, so kommt die neue Struktur einer "Degradierung der Meister" gleich, die nun auf einer Stufe mit ehemaligen Gruppenmeistern stehen. Letzteren eröffnet sich immerhin die Chance, einen "Meister"titel zu ergattern - sofern sie Vorgesetzte bleiben.

Ein Personalmanager von D1 drückt dies folgendermaßen aus: Die Meister und Gruppenmeister, "die wurden verschmolzen. Man beachte die Sprache. Ein Meister echter Prägung ... empfand die Verschmelzung als Vergewaltigung. Denn er hat seither Gruppenmeister geführt ... Dann sagt der Gruppenmeister, jetzt sind wir auch Meister. Der Meister alter Prägung sagt, ihr seid Kriegsgewinnler. Ihr seid Profiteure der Währungsreform.... Derjenige, der verlor, findet das alles gar nicht lustig."[138]

---

138 Im Zuge der Umsetzung der neuen, insgesamt flacheren Führungsorganisation wurden im Fall D1 die Zugangswege in höhere Positionen, die lange Zeit durch die sukzessive Akademisierung für Meister versperrt waren, wieder geöffnet. Parallel zur Abschaffung einer Meisterebene erfolgt die Verschmelzung der beiden nächsthöheren Ebenen (Gruppenleiter und Hauptgruppenleiter) zur Teamleiterebene. Im Automobilmontagewerk D1 haben in diesem Zusammenhang einige ehemalige Meister den Aufstieg zum Teamleiter geschafft. Allerdings: Die Meister stehen diesbezüglich in einer scharfen Konkurrenz zu den Ingenieuren. Nicht zuletzt deshalb ist es nur wenigen Meistern gelungen, eine Teamleiterstelle zu erhalten. Wenn diese altershalber ausscheiden, werde das nach Meinung der befragten Meister (und Betriebsräte) keiner aus ihren Reihen mehr schaffen. Zukünftig werde diese Position wieder ausschließlich Ingenieuren vorbehalten sein. Selbst diejenigen, denen der Sprung auf diese Ebene gelang, haben Schwierigkeiten, sich dort zu etablieren. Die Führungs- und Akzeptanzprobleme lassen sich leicht ausmalen, wenn, wie bei einem Befragten der Fall, einem zum Teamleiter beförderten Meister plötzlich 16 Ingenieure unterstehen. Das Spannungsfeld, das hier entsteht, kann ein Meister offensichtlich nur mit einer sehr großen Erfahrung einigermaßen

Mit der Abschaffung einer Meisterebene sind die Veränderungen noch nicht abgeschlossen. Folgt man den befragten Betriebsräten und Meistern, so stehen der unteren Vorgesetztenebene bei einer breitflächigen Umsetzung der in Erprobung befindlichen Gruppenarbeitskonzepte weitere Einschnitte ins Haus. Die Erfahrungen in den Pilotprojekten geben hier die Richtschnur vor. Für den Meister heißt dies nicht nur, daß er insgesamt Kompetenzen an die Gruppen und die Gruppensprecher verliert und sich die Aufgabenstellung verändert. Absehbar und zu befürchten ist aus der Sicht der interviewten Betriebsräte und Meister zudem, daß ein weiterer Stellenabbau folgen wird. Um zwei Aspekte geht es dabei. Zum einen werden in produktionsnahen indirekten Bereichen (u.a. Wartung/Instandhaltung) in dem Maße Meisterstellen überflüssig, wie Personal aus diesen Bereichen in integrierte, teilautonome Anlagenteams versetzt wird bzw. entsprechende Teilfunktionen in die Verantwortung der Produktionsmannschaften übergehen. Zum anderen werden die bestehenden Führungsspannen, die im Rahmen des Hierarchieabbaus praktisch nicht angetastet wurden, in Frage gestellt und die Meisterebene ausgedünnt.

So schätzt ein Instandhaltungsmeister mit Blick auf den Rohbau, daß man etwa im Wartungsbereich durch Aufgabendelegation bzw. Integration von Wartungstätigkeiten nochmal die Hälfte der Meister einsparen will.

Die Konsequenzen der im Unternehmen und insbesondere im Montagewerk D1 aufgelegten Dezentralisierungsmaßnahmen sind alles in allem weitreichender Art. Der Organisationswandel hat auf der Ebene der Meister bereits einiges an Opfern gefordert und wird dies weiter tun. Die Abschaffung einer ganzen Ebene und die Tendenz, die Besetzungsdichte zu reduzieren, sind der sinnfälligste Ausdruck. Anders als beim Automobilzulieferer C mag man aber seitens des verantwortlichen Managements im Unternehmen D auch in Zukunft nicht auf die Meister verzichten.[139] Bei ihnen soll weiterhin die unmittelbare Führung der gewerblichen Mitarbeiter liegen und von ihnen wird erwartet, daß sie in die Aufgabe der Beratung, Moderation und Motivierung der Gruppen hineinwachsen. Der Meister soll die Selbstorganisation begleiten und gewährleisten sowie die Ergebnisse kontrollieren.

Es liegen mithin deutliche Parallelen zur Rollenbestimmung des Meisters in den Maschinenbaubetrieben A und B vor und auch in diesem Fall zeigt sich, daß Selbstorganisation der Tendenz nach ein anderes Führungsverhalten der Vorgesetzten verlangt. Selbst an den Montagebändern, wo die Autonomisierung der Arbeitsgruppen auf bescheidenem Niveau verbleibt, läßt sich ein autoritärer Führungsstil und rauher Umgangston, den früher nicht wenige Meister pflegten, nicht mehr halten. "Für den aufrechten Gang", so ein Betriebsrat, bringen die arbeitsorganisatorischen Veränderungen etwas. Die Meister sind mehr denn je gefordert, mit "Fingerspitzengefühl" zu führen. Für die

---

bewältigen. Im Werk haben die Spannungen zwischen Meistern und Ingenieuren im Zuge der Reorganisation der Führungsstruktur zugenommen. Um die Teamleiterebene ist in gewisser Weise ein Kampf zwischen beiden Seiten entstanden, bei dem die Meister aber nach eigener Einschätzung mittelfristig den Kürzeren ziehen werden.

139 Auch die Haltung des Betriebsrats ist in dieser Frage eindeutig.

älteren Meister, die gewohnt sind, nach der Devise "hier greif ich durch" zu führen, bedeute dies ein "großes Identifikationsproblem".

Angesichts der bisher schon problematischen "Entmündigung" der Meister und den zusätzlichen Einschnitten durch die Selbstorganisationsbestrebungen, handelt es sich insgesamt gesehen um einen merklich geschwächten Vorgesetzten. Stärker noch als in den Maschinenbaufällen A und B ist daher fraglich, ob die dem Meister zugedachte Rolle tatsächlich neuen Halt bieten kann. Der angesprochene Organisationswandel hat der Aushöhlung der Meisterposition jedenfalls nicht Einhalt geboten, sondern sie eher befördert. Bezeichnend hierfür ist, daß dort, wo Gruppenarbeit bereits praktiziert wird, von unten die kritische Frage aufgeworfen wird, wozu man nun noch einen Meister braucht.

Im Unternehmen ist man sich dieser Problemlage bewußt und sucht nach Wegen, insbesondere die Führungskompetenz der Meister zu stärken. Stabilisiert und auf eine neue Grundlage gestellt werden kann die Position und die Autorität des Meisters offenbar nur, wenn die sich abzeichnenden Kompetenzverluste zumindest partiell kompensiert werden, d.h. "von oben" etwas dazukommt. Im Montagewerk D1 zeichnete sich diesbezüglich zum Zeitpunkt der Untersuchung noch nichts Konkretes ab.[140] Soweit erkennbar bezog sich die Stärkung der "Linie" vor allem auf die neugeschaffene Ebene der Centerleiter. Im Komponentenwerk D2, das zu einem späteren Zeitpunkt untersucht wurde, ließ sich dagegen eine Dezentralisierungsbewegung erfassen, in der Selbstorganisation und die Stärkung der Führungsrollen gleichermaßen Bedeutung haben. Neben der Einführung von selbststeuernden Gruppen findet hier auch eine faktische Aufwertung der Meister statt.

Insgesamt gesehen führen der Fall des Automobilzulieferers C und der des Automobilmontagewerks D1 vor Augen, welche einschneidenden Wirkungen eine auf Selbstorganisation zielende Dezentralisierung hat, wenn in den zurückliegenden Jahrzehnten die Rationalisierung recht weitgehend tayloristisch-fordistischen Leitlinien folgte. Wo der Meister in ein durch die technische und Personaladministration eng geknüpftes Netz eingezwängt wurde und sich einem (technisch und administrativ) weitgehend determinierten Produktionsprozeß gegenübergestellt sah, hatte seine Position bereits zuvor prekäre Züge.[141] Verzichtbar waren die Meister allerdings

---

140 Gleichwohl gibt es Überlegungen, einiges an Kompetenzen wieder auf die Ebene der Meister zurückzuverlagern. So wird im Zusammenhang mit Bestrebungen, ein auf Gruppenarbeit zugeschnittenes Lohnssystem einzuführen, darüber nachgedacht, die Kompetenz der Meister in Leistungs- und Entlohnungsfragen wieder zu stärken - und wenn die Mitarbeiter "wissen, von ihm kommt die warme Milch, das Geld, dann wird er also automatisch mehr anerkannt. ... Also da gibt es so einen Punkt, wo er dann auch objektives Gewicht kriegt, wenn das Lohnsystem diesen Spielraum läßt" (Betriebsrat, D1)

141 Im betrieblichen Alltag konnte er sich nicht als ein Zentrum der Strukturierung des Arbeitsprozesses und der Definition zentraler Momente der Arbeitsbedingungen der Unterstellten präsentieren. Andere Stellen hatten hier deutlich mehr Gewicht. Nicht nur in technisch-orga-

nicht. Die Industriebürokratie und das technisches System waren nie perfekt. Zur Aufrechterhaltung eines funktionierenden Produktionsprozesses bedurfte es auch hier nicht allein ausführender, sondern zusätzlicher, gewährleistender Arbeit des Personals *in* der Produktion, die häufig nicht den formalen Aufgaben- und Kompetenzzuweisungen entsprach. Die Lücken im "System" und die Besonderheiten und Probleme der "Praxis" - gerade in hochfragmentierten und störungsempfindlichen Produktionsprozessen - waren das Metier der Meister. Das über den besonderen Zugangsweg in eine Meisterposition sich herausbildende (soziale und technisch-fachliche) Wissen und die Praxiserfahrung konstituieren deren besondere Befähigung für diese Aufgabe. Die spezifischen Fähigkeiten des Meisters bilden gewissermaßen den Klebstoff, der notwendig ist, um selbst technisch-organisatorisch determinierte Prozesse zusammenzuhalten. Voraussetzung dafür, daß die Meister hinsichtlich des Arbeitsprozesses nicht verzichtbar waren, war aber zugleich, daß die unmittelbare Produktionsarbeit weitgehend auf die Rolle eines rein ausführenden Organs zurückgedrängt blieb. In dem Maße, in dem nun hiervon abgegangen und der Produktionsarbeit Freiräume zur Selbstorganisation eröffnet werden, wird die Position des Meisters prekärer denn je, greifen die erste und die zweite Meisterkrise ineinander.

Meisterkrise durch Dezentralisierung bezeichnet in diesem Fall nicht allein einen neuartigen Funktions- und Kompetenzverlust und eine Neudefinition der Rolle. Krise meint hier auch "Krise der Zahl" - d.h. Abbau von Stellen und einzelner Meisterebenen - und, im Extremfall, die Abschaffung des Meisters. Weitaus stärker als dort, wo vor der Dezentralisierung meisterwirtschaftsförmige Strukturen vorlagen, steht bei vorgängiger tayloristischer Engführung im Einsatz von Meistern nicht nur ein Formwandel, sondern der Einsatz selbst zur Disposition.

Sicherlich ist nicht ganz auszuschließen, daß die Krise der Meisterwirtschaft sich zu einer tiefergehenderen Krise auswächst und die Meister sich, so die Selbstorganisation "funktioniert", mittelfristig überflüssig machen. Dagegen spricht auf der anderen Seite zum einen, daß die Dezentralisierung zunächst nur das zuwege bringt, was in anderen Fällen im Zuge der ersten Meisterkrise erfolgte: tiefe Einschnitte in eine bis dahin relativ ganzheitlich zugeschnittene Meisterfunktion. Sie wird tendenziell auf das zurückgeführt, was in anderen Fällen die Lage vor der Dezentralisierung kennzeichnete - eine Entwicklung, die spezifische Dilemmata (Autoritätsprobleme, Verantwortungs-Kompetenz-Ungleichgewicht) generiert, die der Meisterposition aber nicht völlig die Grundlagen entzieht. Zum anderen hat sich in den Betrieben mit vorgängiger Meisterwirtschaft die Überzeugung von den besonderen Qualitäten eines Meisters eher erhalten. Auch wenn die Meisterwirtschaft in den Betrieben kritisch betrachtet wurde: Man mißt dem technischen und organisatorischen Sachverstand eines Meisters und seinen spezifischen Beiträgen zur sozialen Integration der Belegschaften weiterhin Bedeutung zu.

---

nisatorischen, sondern auch in Personalfragen waren die Meister nicht zuletzt für ihre Mitarbeiter dort, wo die Personalwirtschaft professionalisiert und die betriebliche Interessenvertretung stark war, allenfalls "zweite Wahl". Frustrationen und Motivationsprobleme unter den Meistern und Autoritätsprobleme gegenüber den Mitarbeitern sind Ausdruck dieser problematischen Situation.

Die bisherigen Ausführungen dürften verdeutlicht haben, daß Restrukturierungskonzepte, die auf eine Dezentralisierung nach dem Selbstorganisationsmodell setzen, die Gefahr einer neuen Meisterkrise bergen. Unter bestimmten Bedingungen ist die Abschaffung der traditionsreichen Vorgesetztenschicht eine reale Entwicklungsoption geworden. Zwangsläufig ist die zweite Meisterkrise allerdings nicht.

Dezentralisierungsprozesse gehen nicht in der Umsetzung einmal festgelegter Konzepte auf. Sie sind betriebspolitisch hoch aufgeladen und die faktischen Ergebnisse können deutlich von dem abweichen, was einmal konzeptionell angelegt war. Das Feld der betriebspolitischen Auseinandersetzung (die neuen Organisationsstrukturen) ist zwar wesentlich bestimmt durch die zentralen Promotoren und die durch sie gestützten Leitbilder der Veränderung. Im Hinblick auf Erfolg und Mißerfolg und die letztendliche Gestalt des Organisationswandels haben aber die Gegenwarts- und Zukunftsdeutungen und das hierauf aufbauende Interessenhandeln anderer Akteure bzw. Akteursgruppen Gewicht. Auf die Neudefinition ihrer Rolle nehmen nicht zuletzt die Meister selbst Einfluß.[142] Sie sind gleichermaßen Objekte und Akteure im Dezentralisierungsprozeß, die versuchen, ihre Position zu erhalten, Zuständigkeiten und Ressourcen zur Einflußnahme zu bewahren bzw. die danach trachten, Kompetenzverluste nach unten durch Kompetenzzugewinne von oben zu kompensieren.

Exemplarisch zu nennen wären dabei die Einbeziehung in übergreifende Planungsprozesse (Fabrik-, Prozeß-, Betriebsmittelplanung), die Ausweitung des Einflusses bei der Sicherstellung fertigungsgerechter Konstruktionen oder der Verbesserung von Produktionsabläufen und die Entbürokratisierung der Personalverantwortung bzw. die Delegation von personalpolitischer Kompetenz auf die Meisterebene.

Dafür, daß die Etablierung selbststeuernder Einheiten auf der Ebene der Produktionsarbeit durch eine Stärkung der Linie und dabei auch des Meisters gegenüber den indirekten Bereichen ergänzt werden kann, finden sich im Fallspektrum Beispiele.

---

142 Einmal davon abgesehen, daß auch andere Akteure aus unterschiedlichen Motiven heraus ihren Einfluß für den Erhalt eines tragfähigen Stellenzuschnitts, bzw. der Meisterebene überhaupt, geltend machen. Dort beispielsweise, wo die Gruppe der Meister recht groß und gewerkschaftlich hoch organisiert ist, stellt sie für Betriebsräte eine nicht zu vernachlässigenden Größe dar. Ihre Interessen müssen in der Vertretungspraxis zumindest partiell berücksichtigt werden, will man nicht auf Dauer einen wichtigen Teil der organisierten Angestellten verlieren. Das Motiv einer betrieblichen Interessenvertretung mag in diesem Zusammenhang aber auch nur sein, für ein Kernklientel, die qualifizierten Arbeiter, Aufstiegswege zu erhalten. Letzteres kann auch für das höhere Produktions- bzw. Personalmanagement ein Grund sein, an der Meisterebene prinzipiell festzuhalten und die Aufgaben so zuzuschneiden, daß die Position eines Meisters auch in Zukunft attraktiv bleibt.

4.2 "Renaissance" der "Meister"wirtschaft? - Dezentralisierung nach dem Intrapreneurmodell

Läßt man die in den vorangegangenen Kapiteln aufgezeigten Entwicklungstendenzen Revue passieren, so liegt es unmittelbar nahe, von einer zweiten Meisterkrise zu sprechen. Dies bezieht sich aber wohlgemerkt erst einmal auf einen Organisationswandel, der darauf abzielt, den operativ Beschäftigten mehr Kompetenzen und Verantwortung zu übertragen, und der eine neuartige Beschneidung der Rolle des Meisters, wenn nicht gar Problematisierung der Zukunft des Meisters als "dem" Vorgesetzten der Industriearbeiterschaft zur Folge hat.

In den folgenden Kapiteln wird zu klären sein, wie es um die Konsequenzen solcher organisatorischer Veränderungen bestellt ist, die einem deutlich anderen Muster folgen. Genauer geht es um die Frage, welche Entwicklung sich abzeichnet, wenn Reorganisationsprozesse in Unternehmen auf eine Dezentralisierung von Kompetenzen und Verantwortung vornehmlich innerhalb der Managementhierarchie, von höheren Managementebenen bzw. Stäben auf untere Vorgesetztenebenen, abzielen. Eine größere Kosten- bzw. Budgetverantwortung, erweiterte Kompetenzen hinsichtlich der Bestimmung organisatorischer Strukturen und Abläufe, die Ausdehnung der Zuständigkeiten und Verantwortung durch funktionale Entdifferenzierung und die Reduzierung bürokratischer Reglementierungen: Dies sind Stichworte, die den Wandel von Führungspositionen auf den unteren Ebenen der Managementhierarchie und damit zugleich den spezifischen Zugriff einer operativen Dezentralisierung charakterisieren, die wir mit den Begriffen "Intrapreneurmodell" bzw. "neue Meisterwirtschaft" belegt haben. Dezentralisierungsprozesse laufen also in diesem Fall nicht - zumindest was das Produktionsmanagement anbelangt - auf einen Funktions-, Macht- und Statusverlust der unteren Vorgesetztenebenen hinaus, sondern zielen im Gegenteil unmittelbar auf deren Aufwertung ab.

Richtet man den Blick auf Dezentralisierungsprozesse dieser Art, so spricht demzufolge zunächst einmal wenig für die These einer neuerlichen Meisterkrise. Naheliegender ist in diesem Fall viel eher die Annahme, daß der bisher vorherrschende Entwicklungstrend einer Aushöhlung der Meisterfunktion ein Ende findet bzw. in seine Umkehrung mündet. Folgt also auf eine Entwicklung, in der die Meisterwirtschaft sukzessive zugunsten einer ausdifferenzierten Hierarchie und perfektionierten Stabsstellenwirtschaft aufgelöst, oder zumindest einer steten Konkurrenz und Herausforderung durch "rationalere" Alternativen ausgesetzt wurde, die Herausbildung einer "neuen" Meisterwirtschaft im Sinne einer (Re-)Etablierung des Meisters als "starke" Führungskraft? Wird der Meister, zugespitzt gesprochen, zum "Unternehmer im Unternehmen"? Zumindest dann, wenn der am Bild des internen "Unternehmers" orientierte Neuzuschnitt von Führungsrollen (auch) die unterste Vorgesetztenebene einbezieht oder doch zumindest auf diese ausstrahlt, sich also nicht auf darüberliegende Managementebenen beschränkt, scheint dies auf der Hand zu liegen. Faktisch, so die hier vertretene These, eröffnen sich im Hinblick auf den Einsatz von Meistern jedoch ganz unterschiedliche Entwicklungswege.

Der eine Weg weist in der Tat in Richtung auf eine Aufwertung (bzw. in bestimmten Fällen auf eine Bestärkung) der Rolle des Meisters im Industriebetrieb. Das sicherlich überzeichnete Bild vom Meister als "Unternehmer im Unternehmen" versinnbildlicht, zumal wenn man es dem (oftmals ebenso überzeichneten) Bild vom Meister als einem "subalternen Weisungsempfänger" gegenüberstellt, die Richtung, um die es hier geht. Eine Trendwende in der Entwicklung des Aufgaben- und Kompetenzprofils und des Status des Meisters ist also in der Tat eine reale Möglichkeit.

Dem steht eine diametral entgegengesetzte, gleichwohl ebenso reale Option gegenüber: Die Abschaffung eines klassischen Vorgesetztentypus. War der Meister bislang unbestritten "der" Vorgesetzte der Industriearbeiter, so kann im Rahmen der Bildung dezentraler, teilautonomer Produktionseinheiten, die sich auf eine Stärkung der Führungspositionen konzentriert, genau dieses in Zweifel gezogen werden. Hintergrund dieser "Krisen"option ist die Gefahr einer Verdrängung des Meisters durch Führungskräfte mit formal höherer Qualifikation. Die Aufwertung jener Position, der der Meister bisher den Namen gab, kann den "Seiteneinsteiger", kann den Ingenieur zu einem bedrohlichen Konkurrenten des "Aufsteigers" werden lassen.

Chance und Risiko einer Aufwertung der unteren Führungspositionen liegen für den Meister also eng beieinander. Welche der beiden Optionen in den Industriebetrieben letztlich zum Tragen kommt, hängt von vielerlei Faktoren ab. Der konkrete Zuschnitt der Dezentralisierungskonzepte selbst, die betriebspolitischen Konstellationen aber auch personalpolitische Grundsätze etwa in der Frage des Erhalts von (innerbetrieblichen) Aufstiegswegen für Arbeiter wären hier zu nennen. In welche Richtung das Pendel ausschlägt, hängt nicht zuletzt von zweierlei ab.

Zum einen spielt eine Rolle, wie umfassend die Reorganisationskonzepte angelegt sind und wie weitgehend diese umgesetzt werden. Die Spannweite der Dezentralisierung kann von einer auf spezifische Aspekte begrenzten Anreicherung der Funktion des unteren Vorgesetzten bis hin zur Schaffung einer relativ weitreichenden Autonomie in der Führung eines definierten Zuständigkeitsbereichs reichen. Je mehr Aufgaben der unteren, bisher meist als Meisterebene gekennzeichneten Führungsebene zugewiesen werden, je umfassender deren Verantwortung und Entscheidungsspielräume hinsichtlich der jeweils zu leitenden Produktionsprozesse bzw. Produktionseinheiten konzipiert werden, um so mehr sprengt das so konstituierte Anforderungsprofil die Grenzen des bisher vom Meister gegenüber anderen Qualifikationstypen beherrschten Raums. Die tradierten betrieblichen Grenzziehungen zwischen Meister und Ingenieur verschwimmen. Der Tendenz nach wird die traditionelle Position des Meisters selbst, soweit sie sich in relevantem Maße in das legitimierte Betätigungs- bzw. Kompetenzfeld des Ingenieurs hinein ausdehnt, zum umkämpften Terrain. Mit anderen Worten: Je höher der Dezentralisierungsgrad, umso mehr gerät der Meister in Konkurrenz zum Ingenieur und umso größer wird das Risiko der Verdrängung des Aufsteigers und damit einer Infragestellung des Einsatzes von Meistern in ihrem "angestammten" Feld. Das bestehende (Kooperations-)Gefüge unterschiedlicher Arbeitskrafttypen (Un-/Angelernte, Facharbeiter, Meister, Ingenieure) gerät durcheinander, weil die relative Homologie zwischen grundlegenden betrieblichen Mustern der Arbeitsteilung - der Bündelung von Aufgaben zu "typischen" Arbeitsplätzen - und gesellschaftlich konstituierten Qualifikationstypen brüchig wird bzw. sich tendenziell auflöst. Die Parallele zur Dezentralisierung nach dem Selbstorganisationsmodell ist unverkennbar. Geraten dort, sofern die operativ Beschäftigten sehr weitgehende Autonomie erlangen, die Grenzziehungen zwischen Meistern und (Fach-)Arbeitern ins Wanken, so bei einer sehr weitgehenden Dezentralisierung nach dem Intrapreneurmodell (bezüglich der Meisterebene) diejenigen zwischen Meistern und Ingenieuren.

Ob der Meister vom Neuzuschnitt von Führungsrollen profitiert oder diesem zum Opfer fällt, wird zum anderen auch von der bisherigen Form des Einsatzes von Meistern beeinflußt. Dort, wo sich meisterwirtschaftsförmige Strukturen erhalten haben, stehen die Chancen nicht schlecht, daß der Meister weiterhin "der" Werkstattvorgesetzte bleibt und gestärkt aus dem Dezentralisierungsprozeß hervorgeht. Anders dagegen verhält es sich in solchen Fällen, wo die Meisterfunktion traditionell sehr eng gefaßt ist. Hier ist die Wahrscheinlichkeit deutlich größer, daß der Meister auf die Verliererstraße gerät.

Bei einer Dezentralisierung nach dem Intrapreneurmodell kommt den subjektiven Voraussetzungen der Führungskräfte und deren Wahrnehmung durch die Betreiber der Veränderung eine besondere Bedeutung zu. Gesellschaftlich standardisierte Typen von Arbeitskraft wie "der" Facharbeiter, "der" Meister oder "der" Ingenieur spielen als allgemeine Konstrukte in betrieblichen Reorganisationskonzepten zumindest insofern eine Rolle, als sie die Vorstellungen der Akteure davon, was von einem bestimmten Typ von Arbeitskraft erwartet werden kann und welche Potentiale in diesem schlummern, beeinflussen. Als Bezugspunkt von Veränderungskonzepten entscheidend ist aber das vorhandene Personal, das je spezifische Ausprägungen der allgemeinen Kategorien verkörpert. Es sind, bezogen auf den hier behandelten Gegenstand, die konkreten Meister und nicht so sehr der Meister "an sich", die das Kalkül derer beeinflussen, die für die Veränderungskonzepte und deren Realisierung verantwortlich zeichnen.

So wie die Konzepte selbstorganisierter Produktionsarbeit von der Überzeugung der Promotoren in die (und der Erfolg dieser Konzepte u.a. von der) Fähigkeit und Bereitschaft der operativ Beschäftigten zur Übernahme von Aufgaben und Verantwortung abhängen, so basieren Konzepte einer Dezentralisierung innerhalb der Managementhierarchie auf den realen bzw. antizipierten Potentialen der betreffenden Führungskräfte bzw. -gruppen, dezentrale Produktionseinheiten weitgehend eigenverantwortlich zu leiten. In Betrieben mit tayloristischem Meistereinsatz sind die entsprechenden Voraussetzungen andere, als in Betrieben mit "ganzheitlicherem" Meistereinsatz.

Wo letzteres der Fall ist, bedeuten Reorganisationsversuche, die die Konstitution "unternehmerischer" Führungsrollen auf der unteren Hierarchieebene implizieren, keinen grundlegenden Bruch mit den bestehenden Verhältnissen. Vielmehr kann hier an eine - zwar immer auch in unterschiedlichem Maße durch Agenturen der wissenschaftlichen Betriebsführung eingeschränkte - Führungspraxis angeknüpft werden, in der die faktische (nicht unbedingt so gewollte) dezentrale Bündelung von Verantwortung und Kompetenz in den Händen der Meister immer schon eine Rolle gespielt hat. Anders formuliert: In diesen Betrieben bestehen Erfahrungen mit einem Typ von unterem Vorgesetztem - dem Meister -, der seinen Verantwortungsbereich in je spezifischen Grenzen eigenverantwortlich *managt* und in vielfältiger Weise in die Arbeit anderer Bereiche einbezogen ist; und dieser Vorgesetzte genießt ein vergleichsweise hohes Ansehen. Auf diese Erfahrungen kann bei der Etablierung relativ selbständiger dezentraler Organisationseinheiten aufgebaut werden. Dementsprechend stehen die Chancen, daß bestehende Formen der Meisterwirtschaft gestärkt werden und dem Meister in diesen neuen Organisationsstrukturen ein zentraler Platz eingeräumt wird, relativ gut. Jedenfalls sind - auch in der Perzeption der Betreiber der Dezentralisierung - angesichts der bisherigen Aufgabenstellung die Risiken, daß zwischen dem neuen Anforderungsprofil und den subjektiven, insbesondere qualifikatorischen Voraussetzungen auf Seiten der Meister eine derartige Lücke entsteht, die den Erfolg der Reorganisation gefährdet, niedriger als im anderen Fall. Diese spezifische Ausgangslage, so die These, ist ein wichtiges Unterfutter, das den Meister zu einem "Gewinner" der Dezentralisierung machen kann. Eine andere Option ist damit gleichwohl nicht ausgeschlossen.

In Betrieben mit tayloristischem Meistereinsatz stellt sich die Lage anders dar. Wo die Aushöhlung der Meisterfunktion weit fortgeschritten ist, besitzen die Meister kaum das Ansehen und die qualifikatorischen Voraussetzungen, die sie zu Anwärtern ersten Ranges für eine aufgewertete untere Führungsposition machen. Durch eine relativ eng begrenzte Verlagerung von Kompetenzen muß hier der Einsatz von Meistern sicherlich noch nicht gefährdet, sondern er mag dadurch vielmehr neu stabilisiert werden. Je mehr Aufgaben und Verantwortung allerdings auf die untere Führungsebene zukommt, desto fragwürdiger wird, inwieweit das Qualifikationsprofil und das Entwicklungspotential des vorhandenen Bestands an Meistern den gestiegenen Anforderungen noch entspricht.

Vor allem "angelernte" Meister - d.h. Statusmeister ohne spezifische Ausbildung und mit häufig bereichsbezogen eng spezialisierten Qualifikationen - und ältere Meister, die in ihrem Berufsverlauf wesentlich durch die tayloristische Engführung ihrer betrieblichen Aufgabe geprägt wurden, sind es, die in erster Linie einer Reorganisation zum Opfer fallen. Jüngeren Industriemeistern mag dagegen, da formal relativ gut qualifiziert und noch nicht so geformt durch die bisherigen betrieblichen

Verhältnisse, noch eine Zukunft als Vorgesetzte beschieden sein. Naheliegend ist, daß bei Dezentralisierungsprojekten nach dem Intrapreneurmodell die Abschaffung der traditionellen Meisterebene um so eher in den Bereich des Möglichen rückt, je mehr Aufgaben, Verantwortung und Befugnisse in der unteren Führungsposition vereinigt werden und je höher der Anteil derjenigen unter den Meistern ist, der in starkem Maße durch die überkommenen tayloristischen Strukturen geprägt ist.

Die "neue Meisterwirtschaft" als Fluchtpunkt betrieblicher Reorganisationsbestrebungen verheißt im Hinblick auf die Zukunft des Meisters also nicht nur Gutes. Gleichwohl wird die Möglichkeit einer "Renaissance" des Meisters, anders als im Fall einer auf die Stärkung der unmittelbaren Produktionsarbeit fokussierten Dezentralisierung, eröffnet.

Der Aufbau dezentraler Strukturen in den Industriebetrieben ist demnach nicht in jedem Fall der Ausgangspunkt einer neuen, einer zweiten Meisterkrise. In den folgenden Kapiteln werden die angesprochenen Tendenzen anhand von Fallstudienbefunden genauer darzulegen sein. Die Fallstudien liefern zwar keine Indizien bezüglich der Verbreitung der einen oder der anderen Entwicklungsoption, aber Hinweise, die deren Relevanz untermauern.

4.2.1 Veränderungsmuster III: Stärkung der Linie als Chance für eine neue Meisterwirtschaft

Der Aufbau dezentraler Organisationsstrukturen als Chance für den klassischen Vorgesetzten der Arbeiterschaft, als Ausgangspunkt einer Wiederbelebung von Formen der Meisterwirtschaft? Der Meister gar als kleiner "Unternehmer im Unternehmen"? Solche Thesen muten angesichts der gängigen industriesoziologischen Diskussion etwas befremdlich an, wird hier doch der Meister - sei es im Rahmen der HdA-Diskussion, sei es im Kontext der Diskussion um neue Produktions- und Beteiligungskonzepte - vornehmlich als Opfer und Widersacher des Aufbaus dezentraler Organisationsstrukturen reflektiert. Zumindest teilweise dürfte hierfür die traditionelle Werkstattfixierung der hiesigen Industriesoziologie verantwortlich sein. Soweit die Meister in den Blick genommen werden, lautet die Frage jedenfalls zumeist, inwiefern diese von Veränderungen auf der Ebene der Produktionsarbeit (Gruppenarbeit etc.) betroffen sind. Die Relevanz dieser Perspektive steht, wie die vorangegangenen Kapitel deutlich machen, außer Zweifel. Veränderungen, die sich vornehmlich auf das Linienmanagement konzentrieren und die eine Neuverteilung von Zuständigkeiten, von Verantwortlichkeiten und Kompetenzen zwischen diesen und den produktionsnahen indirekten Bereichen und Stäben sowie höheren Managementebenen zum Inhalt haben, geraten angesichts dieser Fixierung dagegen weniger ins Blickfeld. Bedeutung kommt einer solchen Entwicklung aber gleichwohl zu (vgl. Faust u.a. 1994, Faust u.a. 1995) und der Meister kann, wie zu zeigen sein wird, zu ihren Profiteuren gehören.

Fischer (1993) hat bereits auf die Möglichkeit einer Rückverlagerung von Funktionen und Kompetenzen auf die Ebene der Meister hingewiesen, sie zugleich aber zurückhaltend bzw. skeptisch beurteilt. Betriebliche Innovationskonzepte und die realen Veränderungsprozesse bzw. Ergebnisse sind, worauf er zurecht aufmerksam macht, nicht deckungsgleich. Ablesen läßt sich dies nicht nur an den betriebs- und arbeitsorganisatorischen Ergebnissen traditioneller, am Leitbild des Taylorismus-Fordismus geschulter Rationalisierungsanstrengungen, sondern auch und gerade an den sich hiervon abhebenden aktuellen betrieblichen Restrukturierungsprozessen. In diesen kommt, wie schon mehrfach angemerkt, der betriebspolitischen Seite eine besondere Bedeutung zu. So wie sich u.a. die Meister einer ihre Position beeinträchtigenden Verselbständigung der Produktionsarbeit in den Weg stellen können, kann etwa das mittlere Management zum Widersacher bzw. zur wirksamen Barriere einer Stärkung der Position des Meisters werden. Letzteres kann, ebenso wie die Etablierung selbstorganisierter Produktionsarbeit, immer auch scheitern. Gemessen an der bislang vorherrschenden Tendenz der Taylorisierung der Meisterfunktion eröffnen Bestrebungen, bestehende Formen der funktionalen und hierarchischen Arbeitsteilung in einer Weise zu revidieren, die den unteren Ebenen des Linienmanagements neues Gewicht verleiht, gleichwohl die Option eines Stilwechsels im Einsatz von Meistern.

Indizien für solch einen Wandel lassen sich vor allem in jenen Unternehmen des Fallspektrums finden, in denen in unterschiedlichem Maße eine relative Autonomie der unmittelbaren Produktion, der Werkstatt, Bestand hatte - wo also der Zugriff der Stäbe und höherer Managementebenen begrenzt bzw. in besonderer Weise unvollkommen blieb und dementsprechend dem Meister eine gewichtige Rolle bei der Gestaltung und Koordination des Produktionsprozesses und der Führung der Mitarbeiter zufiel.

Dort haben dem Intrapreneurmodell folgende Dezentralisierungsprojekte eine Bestärkung bzw. Aufwertung von Funktion und Status des Meisters zur Folge. Die konkreten Formen sind zwar unterschiedlich, die Tendenz jedoch ist unverkennbar. Die in der bisherigen faktischen Kompetenzverteilung geronnene Erfahrung, daß auf einen Werkstattvorgesetzten, der den ihm zugeordneten Produktionsabschnitt relativ eigenständig organisiert, koordiniert und überwacht, nicht verzichtet werden kann, wird positiv gewendet. Was in den Augen der Verfechter der wissenschaftlichen Betriebsführung in diesen Betrieben ein stetes Ärgernis und durchaus umkämpft war, erhält nun durch die Promotoren der Dezentralisierung gewissermaßen die höheren Weihen: die Meisterwirtschaft. Der Meister gilt als eine wichtige, als eine Führungskraft mit Zukunft. "Meister"wirtschaft erhält faktisch, anders als dies früher zumindest in einem Teil dieser Betriebe der Fall war, eine Art offizielle Legitimation. Davon, daß die "eigentliche" Aufgabe eines Meisters in der (fachlichen) Beratung und Führung der Mitarbeiter liege und er sich darauf zu beschränken habe - wie dies in den Selbstorganisationsfällen häufig geschieht - mag man in diesen

Unternehmen nichts wissen. Derlei wird auch hier allemal als wichtig erachtet und zu seinem "klassischen" Aufgabenkanon gerechnet, keinesfalls aber will man auf seine auf den Produktionsprozeß bezogenen Leistungen verzichten. Die dezentrale Bündelung von Kompetenzen (der Planung, Steuerung, Mitarbeiterführung etc.), wie sie bislang in begrenztem Maße existierte, gilt als Lösung und nicht (mehr) als Ursache von Problemen. Delegitimiert ist stattdessen eher die bisherige Rolle der Agenturen der wissenschaftlichen Betriebsführung. Dort, wo Rationalisierungsanstrengungen herkömmlicher Art zum Aufbau "fehlgeleiteter" Strukturen (Brödner 1985), zur mehr oder weniger prekären Koexistenz bzw. Verschränkung von Stabsstellen- und Meisterwirtschaft geführt haben, werden diese zu Lasten der produktionsnahen Stabsabteilungen und nicht der Meisterebene korrigiert.

In drei der untersuchten Unternehmen (H,I,J), denen wir uns nun zuwenden wollen, läuft die Dezentralisierung in der Tat direkt oder indirekt auf eine Befestigung bzw. eine Aufwertung der Position des Meisters zu. Sie stehen für die Chancen, die sich dem Meister bei einer Dezentralisierung nach dem Intrapreneurmodell eröffnen.

In allen drei Fällen findet sich eine Ausgangssituation, die der in den beiden bereits behandelten Maschinenbaufirmen - dem Verpackungsanlagenbauer A und dem Pumpenproduzenten B - mehr oder weniger nahe kommt. Wir verzichten daher auf eine ausführliche Beschreibung der Situation der Meister vor der Dezentralisierung und beschränken uns auf einige wenige Anmerkungen: Die Lage im Stahlunternehmen I[143] unterscheidet sich zwar in vielen Aspekten von der in den besagten Maschinenbaubetrieben. Arbeit an Großanlagen (Hochöfen, Walzstraßen) und Prozeßfertigung prägen hier das Bild. Die Produktionsprozesse sind also stark technisch determiniert. Die Abarbeitung variabler Bündel von Einzelaufträgen steht nicht, wie bei den Meistern der Fälle A und B, im Zentrum des Arbeitshandelns des Meisters. Dennoch sieht sich ein Meister auch hier komplexen Anforderungen gegenübergestellt und verfügt über relativ große Handlungsspielräume. Innerhalb der durch bestimmte zentrale Vorgaben (etwa dem Produktionssoll) gesetzten Grenzen führt ein Meister im Stahlunternehmen seinen Verantwortungsbereich letztlich sogar etwas eigenständiger als die Maschinenbaumeister.

Beim Werkzeugmaschinenbauer J und beim Prüfgerätehersteller H herrschten für Einzel- und Kleinserienfertiger komplexer Güter recht typische Verhältnisse vor: Obwohl in beiden Fällen personell stark besetzte Abteilungen der Arbeitsvorbereitung (Arbeitsplanung, Zeitwirtschaft, Produktionsplanung und -steuerung) bestanden - im Fall H etwa kam auf vier Arbeiter ein Arbeitsvorbereiter -, konnte eine zentralistische Determination des Produktionsprozesses nie wirklich erreicht werden. Die

---

143 Das Unternehmen besteht aus mehreren selbständig operierenden Unternehmensteilen. Wir betrachten im folgenden im Kern die Situation im eigentlichen Stahl- und Walzwerk. Die Lage der Meister in anderen Unternehmensbereichen, etwa im ebenfalls untersuchten Drahtwerk, ist weitgehend identisch.

Trennung von Planung und Ausführung blieb sozusagen auf halbem Wege stecken. Das typische Ergebnis bestand in einem konfliktträchtigen Nebeneinander von zentraler und dezentraler Planung und Steuerung der Produktion und damit in der Fortexistenz einer wenn auch modifizierten, d.h. in je spezifischer Weise strukturierten Meisterwirtschaft. In diesem Punkt entspricht die Ausgangslage beim Werkzeugmaschinenbauer J weitgehend jener im Verpackungsmaschinenbetrieb A und beim Pumpenproduzent B. Verglichen mit der Autonomie der Maschinenbaumeister ist diejenige der Meister beim Prüfgerätehersteller H zwar eingeschränkter. Die Verhältnisse sind aber durchaus vergleichbar.[144]

---

[144] Am Fall H kann ein Stück Entwicklungsgeschichte des Meisters sozusagen im Zeitraffer nachvollzogen werden: Bis Anfang der 70er Jahre prägte das Unternehmen eine klassische Meisterwirtschaft. Eine gesonderte Arbeitsvorbereitung existierte nicht. Gefertigt wurde "ohne Arbeitspapiere" und ohne eine werkstattexterne Steuerung. In seiner Werkstatt war der Meister "für alles verantwortlich"; die Organisation und die Steuerung der Produktion und selbst der Materialeinkauf lagen allein in seinen Händen. Die Facharbeiter arbeiteten ausschließlich nach Konstruktionszeichnungen. In den 70er Jahren wurde dem Produktionsleiter zufolge dann damit begonnen, die "Fertigung etwas nach industriellem Maßstab zu organisieren". Und das hieß, die Werkstätten verrichtungsorientiert zu organisieren und eine Arbeitsvorbereitung aufzubauen. Der Produktionsleiter, damals eigens zum Aufbau der Arbeitsvorbereitung eingestellt, bemerkt dazu, daß man damit "eigentlich das Gegenteil von dem gemacht (habe), was man heute wieder tut, wir haben nämlich zentralisiert". Zu Beginn der 80er Jahre existierte dann eine organisatorisch separierte, intern ausdifferenzierte und personell stark "aufgeblähte" Arbeitsvorbereitung, die für Arbeitsplanung, Zeitkalkulation und Produktionsplanungs und -steuerung zuständig war, aber noch konventionell arbeitete. In den 80er Jahren setzte man, angesichts der notorischen Mängel des bisherigen Versuchs, Planung und Ausführung strikt zu trennen, auf den Einsatz der EDV. Eingeführt wurde ein zentralistisches PPS-System, das letztlich ein getreues Abbild der fehlgeleiteten Arbeitsstrukturen und der vorherrschenden Orientierung im oberen Produktionsmanagement und in der Arbeitsvorbereitung war: "Wir waren damals eigentlich immer noch, wenn sie so wollen, Zentralisten. Wir haben damals immer noch den Ehrgeiz gehabt mit einem Fertigungsplanungs- und -steuerungssystem den gesamten Organismus zu steuern" (Produktionsleiter, H). Die Hoffnung, den "Gesamtorganismus von einer Zentrale aus" zu steuern, erfüllte sich allerdings nie. Sowohl die Zeitkalkulationen und Arbeitspapiere der Arbeitsplaner als auch die Werkstattsteuerung durch das PPS-System bzw. das Steuerungspersonal waren so lückenhaft bzw. revisionsbedürftig, daß ein relevanter Teil der entsprechenden Aufgaben weiterhin durch die Meister erfüllt werden mußten. "Theoretisch hatte er (der Meister) eigentlich keine Verantwortung für das, was geplant war, sondern nur für die Ausführung. Und wenn alles richtig geplant war, dann brauchte er ja eigentlich nur sich entsprechend dem Arbeitsplan zu verhalten und die Standards einzuhalten, und dann war seine Arbeit gut getan. Da es aber immer unheimlich schwierig war, alle Voraussetzungen wirklich so hinzukriegen, war er immer in der Bredouille. Er mußte also ... AV spielen gewissermaßen" (Produktionsleiter, H). "Eigentlich", so ein Meister, konnte das Personal der Arbeitsvorbereitung nicht in seine Arbeit hineinregieren. Ein Meister ließ sich weder wirksam "kontrollieren", noch konnten ihm faktisch Vorgaben "diktiert" werden. Letztlich trugen die verschiedenen Vorgaben der Arbeitsvorbereitung (Arbeitspläne, Terminvorgaben) für die Meister den Charakter von "Wunschvorstellungen", über deren Realisierung sie selbst maßgeblich zu befinden hatten.

Weitgehend autarke Produktionseinheiten als Ziel: die Dezentralisierungsprojekte

Die Veränderungsprozesse in den genannten Unternehmen haben unterschiedliche Gesichter, aber eine gemeinsame Zielrichtung: relativ autarke Produktionseinheiten, die Reduktion indirekter Bereiche, flachere Hierarchien und Führungskräfte mit weitreichenden Befugnissen in der Leitung dieser Einheiten. Bei den beiden Einzel- und Kleinserienfertigern H und J strebt man dies durch die Realisierung spezifisch zugeschnittener Fertigungsinselkonzepte an. Im Fall des Prüfgeräteherstellers H ist dies überformt durch eine Divisionalisierung des Unternehmens. Hierin ähnelt er dem Stahlunternehmen I, das sich sukzessive in eine Holding rechtlich selbständiger Gesellschaften "auflöst". Die die unmittelbaren Produktionsbereiche berührenden Veränderungen unterscheiden sich dagegen von denen der beiden zuerst genannten Unternehmen. Bevor wir diese kurz skizzieren, wenden wir uns zunächst den Fertigungsinselprojekten zu.

Zentrum der Veränderung ist beim Werkzeugmaschinenbauer J die mechanische Teilefertigung, beim Prüfgerätehersteller H die gesamte sogenannte zentrale Fertigung.

Letztere ist aus der Divisionalisierung des Unternehmens hervorgegangen. Vor der operativen Dezentralisierung wurde das Unternehmen in zwei Divisions neu untergliedert, die jeweils für bestimmte Produktlinien (Anlagen und Geräte) ergebnisverantwortlich sind und in die produktspezifische Entwicklungs- und Fertigungsressourcen einschließlich der Produktendmontage integriert wurden. Die zentrale Teilefertigung, in der die Endprodukttteile gefertigt werden und die Komponentenmontage erfolgt, wurde nicht in die Divisions integriert, sondern erhielt den Status eines Dienstleisters bzw. Zulieferers der Divisions. Als solcher steht sie in direkter Konkurrenz zu externen Zulieferern. Die Divisions können, sofern der interne Zulieferer die geforderten (Preis- bzw. Termin-)Konditionen nicht erfüllen kann, auf externe Anbieter zurückgreifen.

Hinsichtlich zentraler Merkmale sind die Fertigungsinselkonzepte der Firmen H und J weitgehend identisch. In beiden Fällen wird das Werkstätten- bzw. Verrichtungsprinzip entweder ganz (Werkzeugmaschinenbetrieb J) oder teilweise (Prüfgeräteproduzent H) zugunsten einer objektorientierten Struktur aufgegeben. Beim Werkzeugmaschinenbauer J entstehen fünf Fertigungsinseln mit jeweils etwa 15-30 Mitarbeitern nach diesem Prinzip. Im anderen Fall stellt man den Produktionsbereich auf drei größere Inseln um, die intern nochmals in einzelne Meistereien unterteilt sind.[145]

Anders als beim Pumpenhersteller B erfolgt in diesen beiden Fällen jedoch keine nennenswerte Verlagerung etwa von Meisteraufgaben auf die Facharbeiterebene. Das Anforderungsprofil auf dieser Ebene bleibt, abgesehen z.B. von einer partiellen

---

[145] Die objektorientierte Abgrenzung der Inseln konnte hier aus Kostengründen nicht vollständig realisiert werden. In einer der Inseln sind relevante Ressourcen zur zerspanenden Metallbearbeitung zusammengefaßt. Diese Insel besitzt einerseits die alleinige Zuständigkeit für ein kleineres Produktspektrum, hat aber andererseits die anderen Inseln mit Teilen zu versorgen.

Erweiterung der Einsatzflexibilität, weitgehend unverändert. Die Dezentralisierung folgt stattdessen dem Muster der Bündelung von Produktions- und indirekten Funktionen in der Insel unter der einheitlichen Leitung einer Führungskraft, die die Gesamtverantwortung für die sach-, zeit- und kostenoptimale Erstellung eines je spezifischen Produkt- bzw. Teilespektrums trägt. In beiden Unternehmen wird dazu die neue Position eines Inselleiters geschaffen. Dem Inselleiter sind je nach Größe der Insel ein oder mehrere Meister zugeordnet. Ferner werden beidesmal bislang in zentralen Abteilungen zusammengefaßte Gemeinkostenfunktionen in der Weise integriert, daß entsprechendes Personal in die Inseln versetzt und den Inselleitern unterstellt wird. In der Insel bleibt damit eine arbeitsteilige Struktur aus Planung bzw. Vorbereitung und Ausführung bestehen. Schematisch gesprochen setzt sich in beiden Fällen - wo wir es sozusagen mit dem Aufbau kleinbetrieblicher Verhältnisse innerhalb eines größeren Zusammenhangs zu tun haben - eine Insel aus einem Inselleiter und Meistern als den Führungskräften, einem kleinen Expertenstab und den jeweiligen Produktionsmannschaften zusammen.

Im Werkzeugmaschinenunternehmen J gehören zu diesem "Inselstab" Arbeitsplaner und Programmierer. Die Qualitätskontrolleure wurden ebenfalls auf die Inseln verteilt. Personal aus der Produktionsplanung und -steuerung wird hier zwar nicht versetzt, die Insel (Inselleiter und Meister) gewinnt aber verglichen mit der bisherigen Situation größere Kompetenzen im Feld der Terminplanung und Auftragssteuerung.[146] Beim Prüfgerätehersteller H zählen Arbeitsplaner, Fertigungssteuerungspersonal und Qualitätskontrolleure zum Spezialistenstab der Insel.[147]

Durch die Umstellung auf Fertigungsinseln gewinnen die unteren Führungskräfte der Linie deutlich an Statur. Die neue starke Figur in den Produktionsbereichen dieser Unternehmen ist der Inselleiter. Er ist, eingedenk der in den Inseln zusammengefaßten Funktionen und den entsprechenden Entscheidungsbefugnissen, die ihm zufließen, Leiter einer relativ autarken dezentralen Einheit mit deutlich "unternehmerischerem" Aufgabenzuschnitt, als dies bei vergleichbaren bisherigen Führungsfunktionen der Fall war.

Im Unternehmen H etwa wird direkt von einem "Subunternehmer" gesprochen, um das angestrebte Profil eines Inselleiters zu benennen. Er vereinbart mit den verbleibenden zentralen Stabsstellen Liefertermine und ist verantwortlich für die "Preise" und die Qualität "seiner" Produkte. Innerhalb des durch Termin-, Mengen- und Preisabsprachen gesetzten Rahmens ist der Inselleiter weitgehend frei in der Leitung seines Verantwortungsbereichs. Angesichts des Zuliefererstatus der Produktion gegenüber den Divisions und deren Möglichkeit, auch auf externe Zulieferer zurück-

---

146 Dort vereinbart die Insel mit der zuständigen übergeordneten Abteilung Endtermine bezüglich der eingehenden Aufträge. Für die Einhaltung dieser Termine, die Termin- und Kapazitätsfeinplanung und die Auftragssteuerung in der Insel sind die Führungskräfte (Inselleiter und Meister) selbst verantwortlich.

147 Die Maschinenprogrammierung erfolgte in diesem Unternehmen immer schon in der Werkstatt. Sie wurde vom Meister und von den Facharbeitern vorgenommen.

zugreifen, werden die Produktionsinseln quasi in eine direkte Konkurrenzsituation versetzt. Dem müssen die Inselleiter Rechnung tragen und für Kostenoptimierung, Verkürzung von Lieferzeiten und Terminsicherheit sorgen. Um die Anforderungen seiner "Kunden", der Divisions, erfüllen zu können, hat der Inselleiter hier sogar die Kompetenz, bei Kapazitäts- oder Terminengpässen eigenständig Aufträge an externe Unterlieferanten zu vergeben und mit diesen über die Konditionen zu verhandeln.

Auch die Meister profitieren, wenn auch, wie noch zu zeigen sein wird, nicht in dem Maße wie die Inselleiter, von der Inselbildung und der damit verbundenen Stärkung der Linienfunktionen. Demgegenüber verlieren die indirekten Abteilungen und unter diesen vor allem die Arbeitsvorbereitungen ihre bisher zentrale Stellung.

Beim Werkzeugmaschinenbauer J, wo die Inselbildung mit einem Wechsel von der Akkordentlohnung zum Zeitlohn einherging, wurde die Abteilung Arbeitsvorbereitung, die die Arbeitsplanung, Zeitwirtschaft und Programmierung umfaßte, schlicht aufgelöst. Die Kalkulatoren, die zur Akkordberechnung benötigt wurden, wurden gänzlich überflüssig, die Arbeitsplaner und Programmierer wurden auf die einzelnen Inseln verteilt. Die Produktionsplanung und -steuerung wird zwar nicht personell reduziert, muß sich aber künftig eindeutig auf eine grobe Rahmenplanung der Inseln beschränken. Im Fall des Prüfgerätebauers H waren in der Arbeitsvorbereitung sowohl die Arbeitsplanung als auch die Produktionsplanung und -steuerung angesiedelt. Hier wird die Arbeitsvorbereitung personell stark ausgedünnt. Die Arbeitsplaner werden vollständig und die Auftragssteuerer zum größten Teil in die Inseln versetzt. Als gesonderte "Rumpf"-Arbeitsvorbereitung bleibt lediglich die Grobplanung und -steuerung erhalten. Ergänzt wird der Dezentralisierungsprozeß durch einen Wechsel des PPS-Systems. Zum Untersuchungszeitpunkt ist man dabei, anstelle des bisherigen zentralistischen Systems ein dezentraleres PPS-System einzuführen. Aufgelöst wird in beiden Fällen auch die Abteilung Qualitätskontrolle. Nur die übergreifende Qualitätssicherungsfunktion bleibt erhalten.

Beim Prüfgerätehersteller H hat die Dezentralisierung zudem die Abflachung der Hierarchie zur Folge. Die Hauptabteilungsleiterebene wurde abgeschafft. Zwischen Inselleitung (früher die Abteilungsleiterebene) und Produktionsleitung existiert nun keine weitere Führungsebene mehr.

In beiden Betrieben wird die Veränderung von denjenigen, die auf eine lange Firmenzugehörigkeit zurückblicken können, als eine Art Rückkehr zu Verhältnissen reflektiert, wie sie in den frühen 70er Jahren bestanden. Auf die klassische Meisterwirtschaft, die damals noch in beiden Fällen die Produktion beherrschte, folgten die eineinhalb Jahrzehnte der "Zentralisten" (Produktionsleiter, H), der Verfechter der Strukturprinzipien und Methoden der wissenschaftlichen Betriebsführung. Nun kehrt man in etwas modifizierter Form zu einer Meisterwirtschaft zurück.

Im Stahlunternehmen I verlief die bisherige Firmenentwicklung etwas anders. Zwar hatte es hier, unter der Ägide des früheren Eigentümers, eine gewisse Bürokratisierungstendenz gegeben. Damit hatte aber die jetzige Geschäftsführung bereits vor einem Jahrzehnt gebrochen. Im übrigen setzte schon der Aufbau des Stahlwerkes einen Kontrapunkt zu den vorherrschenden Verhältnissen in der Branche: Es war bewußt als "Mini"stahlwerk konzipiert, in dem sich nie die Strukturen und Verhältnisse herausbildeten, wie sie in den anders dimensionierten Stahlwerken des Ruhrgebiets herrschten. Funktionale Spezialisierung und Zentralisierung haben sich im Stahlunternehmen I jedenfalls schon immer in engen Grenzen gehalten. Flache Hierarchien und ein relativ breiter Verantwortungs- und Kompetenzzuschnitt auf den unteren Führungsebenen gehören sozusagen zum Traditionsbestand. Die Dezentralisierungsschritte der zurückliegenden Jahre sind denn auch, zumindest was den operativen Bereich anbelangt, weniger spektakulär als in den beiden Fällen H und J. Die Gesamtveränderung im Unternehmen folgt letztlich zwei miteinander verschränkten Prinzipien. Das eine lautet "unternehmerischer" Zuschnitt von Führungspositionen, das andere Verschlankung von Produktion und Management.

Die Orientierung am "internen Unternehmertum" zeigt sich auf zwei Ebenen. Zum einen dokumentiert sich dies im Wandel des Unternehmens in eine Holding rechtlich selbständiger Unternehmen. In dem mehrjährigen Prozeß strategischer Dezentralisierung werden aus einer ganzen Reihe angestellter Manager mit begrenzter Handlungsfreiheit eigenständige Geschäftsführer.[148]

Das Intrapreneurprinzip reflektiert sich zum anderen in der weitgehenden Verantwortungsdelegation innerhalb einer ohnehin flachen Hierarchie - im Stahlwerk (Stahl- und Walzwerk) bestehen unterhalb der geschäftsführenden Ebene lediglich drei, in den Drahtwerken sogar nur zwei Ebenen - und in dem Bestreben indirekte Funktionen soweit als möglich in die Produktion zu integrieren. Im Stahlwerk, auf das wir uns im weiteren beziehen werden, konzentriert sich dies im wesentlichen auf die Instandhaltung als dem wichtigsten indirekten Bereich. "Handlungskompetenz muß vor Ort": So läßt sich auf dieser Ebene das Entwicklungsziel beschreiben.

Eng verbunden hiermit ist der im Unternehmensverbund verfolgte Weg einer weitestgehenden Verschlankung. Im Stahlwerk etwa werden auf nahezu allen Ebenen - mit Schwerpunkt im gewerblichen Bereich, auf der Meisterebene und bei den Betriebsingenieuren - Stellen reduziert. Die Ausdünnungsstrategie hat im Hinblick auf die Führungsorganisation bzw. die Führungskräfte - nicht zuletzt die Meister - zweierlei zur Konsequenz: Sie impliziert zum einen die Zusammenlegung von Verantwortungsbereichen auf horizontaler Ebene und damit eine Erhöhung der Anforderungen an die verbleibenden Führungskräfte. Zum anderen wächst dadurch der Druck zur Delegation von Verantwortung. Die Meister, wie auszuführen sein wird, sind von Funktionsintegration, Verantwortungsdelegation und der Ausdehnung von Verantwortungsbereichen gleichermaßen "betroffen".

Die Skizze der Dezentralisierungsprojekte in den drei Unternehmen läßt bereits erkennen, daß es hier nicht die Meisterposition ist, die von einer Aushöhlung bedroht ist. Vielmehr trifft dies, wie gerade der Fall des Prüfgeräteherstellers H und der des Werkzeugmaschinenbauers J zeigen, in besonderer Weise auf die produktionsnahen

---

[148] Zur Verdeutlichung: Das Stahl- und Walzwerk und die weiterverarbeitenden Drahtwerke wurden in eigenständige GmbH's umgewandelt. Aus dem Stahlwerk wiederum wurden die Entwicklung, die Ausbildung und zuletzt die zentrale Werksinstandhaltung als eigenständige Dienstleistungsgesellschaften ausgegliedert. Diese Gesellschaften haben eigene, unternehmensintern rekrutierte Geschäftsführer, die die volle unternehmerische Verantwortung tragen. Die Gesellschaften bieten ihre Dienstleistungen sowohl im Unternehmensverbund als auch auf dem Markt an. Die Ausbildungsgesellschaft etwa bildet Facharbeiter nicht nur für das Stahlwerk und die Drahtwerke aus, sondern auch für andere Unternehmen der Region. Die Entwicklungsgesellschaft offeriert ihr technisches Know How im Bereich der Stahlproduktion weltweit.

Stäbe bzw. indirekten Bereiche zu. Dezentrale Organisationsstrukturen als Ursache einer neuen Meisterkrise? - davon ist in diesen Unternehmen nichts zu spüren. Weit eher trifft hier das Gegenteil zu.

Der Meister und seine Kompetenzen - "das muß man sich jetzt mal wirklich auf der Zunge zergehen lassen"

Anhand der folgenden Aussagen, die von Befragten aus dem oberen Management der hier behandelten Unternehmen getroffen wurden, läßt sich in einem ersten Zugriff beleuchten, welches Gewicht den Meistern in den auf starke Führungspositionen abgestellten dezentralen Organisationsstrukturen zukommt:

Der Geschäftsführer und Initiator der Dezentralisierung in Unternehmen H, für den der skizzierte Fertigungsinselaufbau ein richtungsweisender Schritt ist, dem weitere gemeinkostenreduzierende Schritte folgen sollen, setzt darauf, daß unter dem Druck des simulierten Marktverhältnisses zwischen Produktion und Divisions, u.a. folgende Frage aufgeworfen und positiv beantwortet wird: "Könnte nicht mein Meister, der ja die Mitarbeiter in der Werkstatt überwacht, das bißchen Steuern auch noch übernehmen, dann brauch ich nicht eine Extraperson?". Bemerkenswert ist an dieser Äußerung nicht nur die aufgeworfene Entwicklungsoption, sondern auch die Selbstverständlichkeit, mit der der Meister ins Spiel gebracht wird, wenn es um die Übernahme von Aufgaben der dezentralisierten Stabsspezialisten (Terminsteuerer) geht.

Auf die Handlungsspielräume der Führungskräfte angesprochen, antwortet ein Personalmanager des Stahlunternehmens I mit folgendem Beispiel: Ein Vorstandsmitglied eines ungleich größeren Stahlunternehmens, das sich im Unternehmen kundig machte, hat "mir folgendes gesagt und das meinte der ernst. Und zwar bezüglich der Möglichkeit Geld auszugeben, hat bei uns ein Meister mehr Kompetenzen als er. Und das muß man sich auf der Zunge zergehen lassen." Daran lasse sich ermessen, welchen "Stellenwert" ein Meister im Unternehmen habe, während auf "der anderen Seite ... auf einen Doktortitel oder sowas wenig Wert gelegt" wird.

Daß der Meister zu einem weitgehend selbständig agierenden Leiter funktionsintegrierter dezentraler Organisationseinheiten avancieren kann, läßt sich am eindrucksvollsten im Stahlunternehmen I beobachten. Die Meisterfunktion ist hier, wie angedeutet, direkt vom verschränkten Prozeß der Funktionsintegration, der Verantwortungsdelegation innerhalb der Linienhierarchie und der Reduzierung der Stellendichte betroffen.

Folgende Aspekte sind exemplarisch hervorzuheben: Der in den letzten Jahren erfolgte Abbau von Betriebsingenieuren - die Zahl dieser produktionsnahen Stabsexperten wurde z.B. im Stahlwerk von ca. acht auf zwei verringert - hat dazu geführt, daß die Meister nur noch sehr begrenzt, etwa bei großen Produktionsstörungen, auf die Unterstützung dieser Fachleute zurückgreifen können. Im Produktionsalltag müssen sie weitestgehend ohne sie auskommen. Auch durch einen Abbau von Führungspositionen auf der nächsthöheren Ebene werden die Verantwortung und die Entscheidungsbefugnisse des Meisters sukzessive erweitert. Im Drahtwerk etwa wurde die Leitung des Produktions- und des Instandhaltungsbereichs zusammengefaßt. Der mit der Führung der beiden Bereiche betraute Betriebsleiter "kann natürlich nicht zwei Jobs gleichzeitig vernünftig machen, infolgedessen wird nach unten delegiert" (Geschäftsführer) - und zwar auf die darunterliegende Meisterebene. Veränderungen erfuhr zudem die Arbeitsteilung zwischen der zentralen

Werksinstandhaltung und dem Stahl- bzw. dem Walzwerk. In der Zentrale war bislang die Routinewartung der Großanlagen und die gesamte Elektroinstandhaltung konzentriert. Teile der Elektroinstandhaltung (einfache Wartungs- und Instandsetzungsaufgaben) bzw. entsprechendes Personal wurden vor geraumer Zeit in die beiden Werke verlagert und dort Meistern zugewiesen. Im Stahlwerk, wo ein Produktionsmeister seit längerem neben seiner Produktions- auch eine Instandhaltungsmannschaft führt, wird dieser hierfür direkt verantwortlich. Im Walzwerk dagegen, wo die Trennung von Produktion und "Vor-Ort-Instandhaltung" gewahrt bleibt und eine Arbeitsteilung zwischen Produktions- und Instandhaltungsmeistern besteht, dehnt sich der Verantwortungsbereich der Instandhaltungsmeister entsprechend aus.

In besonderer Weise fällt für die Produktions- wie Instandhaltungsmeister die Zusammenlegung von Verantwortungsbereichen ins Gewicht. Der Zuständigkeitsbereich eines Meisters dehnt sich erheblich aus. "Mehr Arbeit, mehr Verantwortung, mehr Mitarbeiter": So benennt ein Meister die Veränderung. In der Instandhaltung des Walzwerks beispielsweise werden die bisherigen drei Meisterbereiche auf zwei reduziert. Ein Meister führt dort mittlerweile nicht nur die Instandhaltungsmannschaft an einer Walzstraße, sondern auch die gesonderte Walzenwerkstatt. Im Stahlwerk wird die bisherige Arbeitsteilung innerhalb einer Schicht zwischen Schmelzofen- und Stranggußanlagenmeistern beseitigt. Ein Meister ist nun für den gesamten Prozeßabschnitt, von der Aufbereitung und der Zuführung des Rohmaterials (Metallschrott) über den Schmelzofen bis zur Gußanlage verantwortlich.

Die auf der Basis eines traditionell relativ "ganzheitlichen" Meistereinsatzes erfolgenden Veränderungen haben zu einem Ausmaß an Aufgabenerweiterung, Autonomie und ungeteilter Verantwortung auf der Meisterebene geführt, die an eine Meisterwirtschaft alter Prägung erinnert. Auf die Frage nach den Vorgaben und Richtlinien, die einem Meister im Unternehmen gesetzt werden, antwortet ein Produktionsmeister aus dem Stahlwerk lapidar: "Er kriegt keine". Das einzige "Ziel", das er habe, sei "so gut, so billig und so schnell wie möglich Tonnen (zu) machen". Ein Meister müsse eben "mit seiner Mannschaft selber alles auf Vordermann bringen", wobei seine Entscheidungsspielräume sehr groß sind, wie Befragte aller Ebenen unisono versichern.

"Also, das ist wirklich Spitze hier drin! Also wir haben keine Vorschriften. Uns sagt praktisch niemand was ... Das kann man auch nur machen, wenn man gute Leute hat", meint ein Produktionsmeister aus dem Stahlwerk. Ein Instandhaltungsmeister des Walzwerkes stimmt dem weitgehend zu, wenn er betont, er sehe seinen "Handlungsspielraum ... als sehr groß an. Ich kann also einige Sachen entscheiden und frei entscheiden und sehe mich da nicht irgendwie unter einem Zwang". Eine relativ freie Hand zu haben etwa bezüglich notwendiger Anschaffungen (Ersatzteile etc.) oder bei der Vergabe von Reparaturaufträgen an Fremdfirmen ist für Instandhaltungsmeister selbstverständlich. Wenn es dabei um größere Summen geht, werden zwar die Vorgesetzten informiert, die Entscheidungen der Meister aber selten korrigiert. Und von den Vorgesetzten "wird schon toleriert", daß "wenn man Entscheidungsgewalt hat, ... man auch falsche Entscheidungen treffen" kann (Walzwerksmeister). Die Meister haben nicht nur eine Kostenverantwortung, sondern auch die Kompetenz, kostenwirksame Entscheidungen eigenständig zu treffen.

Für die Produktions- wie die Instandhaltungsmeister gilt, daß sie unter der Maßgabe lediglich grober und allgemein gehaltener Vorgaben ihren Bereich eigenständig managen, wobei der Produktionsprozeß und die Mitarbeiter gleichermaßen Bezugspunkte ihres Arbeitshandelns sind.

Die Regelung technischer und organisatorischer Fragen zur Sicherstellung des Produktionsablaufs, die Überwachung der technischen Abläufe und die Koordination des Arbeitsprozesses insbesondere an den Schnittstellen der einzelnen Prozeßabschnitte (etwa zwischen Rohmaterialaufbereitung, Schmelzofen und Stranggußanlage im Stahlwerk), die fachliche Betreuung und Koordination bei Störfällen, die Planung und Steuerung des Personaleinsatzes: Das sind Kernelemente der komplexen, auf den zu verantwortenden Produktionsprozeß bezogenen Aufgabe eines Produktionsmeisters, dem zumindest bislang wohlgemerkt keine Vorarbeiter zur Seite stehen. Vergleichbar groß hinsichtlich ihres Zuständigkeitsbereichs ist auch der Einfluß der Instandhaltungsmeister. "Arbeitsplanung" und "Arbeitsvorbereitung", die "Planung" der Anlagenwartung, die Arbeitseinteilung und die Koordination des Arbeitseinsatzes der Instandhalter bei Anlagenstillständen und vorbeugenden Reparaturen, sind nach Darstellung von Instandhaltungsmeistern Schwerpunkte ihrer Arbeit. Von den technischen und organisatorischen Fähigkeiten und Entscheidungen der Produktions- und Instandhaltungsmeister hängt es letztlich ab, wie reibungslos die Produktion "funktioniert"; ihre Koordinationsleistungen und Prioritätensetzungen beeinflussen maßgeblich, wie schnell die häufigen Produktionsstörungen beseitigt werden und damit, wie hoch die Produktionsausfälle sind und sich der Ausstoß gestaltet.[149] Auch die Koordination der verschiedenen Meisterbereiche wird zu einem erheblichen Teil durch die horizontale Kooperation auf Meisterebene sichergestellt. Bezeichnend ist, daß ein Instandhaltungsmeister auf die Frage, was er von Gruppenarbeit halte, gerade hierauf abhebt. "Gruppenarbeit haben wir ja an und für sich schon", stellt er fest und bezieht dies unmittelbar auf die Zusammenarbeit der (Produktions- und Instandhaltungs-)Meister.[150] Was die Organisation und Steuerung der Produktion anbelangt, treten ihnen gegenüber die Betriebsleiter und -ingenieure in den Hintergrund.[151] Die Produktion ist, wie die Meister darlegen, ihr Revier. In den Nachtschichten sind sie ohnehin ganz auf sich gestellt. Von den Vorgesetzten und Betriebsingenieuren "hören sie und sehen sie (dann) eine Woche lang keinen Menschen" (Produktionsmeister). Aber auch in den anderen Schichten, versichern die befragten Meister, seien sie sehr stark auf sich allein gestellt. Nicht engmaschige Vorgaben werden von ihnen zum Thema gemacht, sondern es wird im Gegenteil der

---

149 Wenn, so ein Stahlwerksmeister, "jetzt der Ofen eine Störung hat, dann geht's ja weiter, an der Stranggußanlage oder dem Pfannenofen haben sie ja dann praktisch nicht kontinuierlich ihr Material." In solchen Situationen muß ein Meister entscheiden, in welchem Maß die Produktion an der nachfolgenden Anlage gedrosselt wird, oder ob diese ganz stillgelegt wird, um die Zeit für ohnehin notwendige Anlagenreparaturen zu nutzen, oder ob aus demselben Grund die Produktion eher an einer anderen Stranggußanlage eingestellt wird.

150 Die Meisterbesprechungen sind das Forum, auf dem die Produktion insgesamt betreffende Probleme und Lösungsstrategien diskutiert werden.

151 Deren Eingriffe in den Verantwortungsbereich der Meister beschränken sich auf wenige Felder. Die Betriebsingenieure etwa werden von den Meistern im Regelfall nur bei größeren Störungen verständigt.

Umstand hervorgehoben, daß sie nicht mit ausreichender Hilfestellung bzw. Entlastung durch den Vorgesetzten bzw. die Stabsexperten rechnen können: "Wo wollen sie da hin? Unser Betriebschef hat genug zu tun, der Betriebsingenieur auch", und, was "das Beste" sei, die jungen Betriebsingenieure, "die wollen ja von uns lernen", meint ein Produktionsmeister. Letztlich sehe man die Vorgesetzten "höchstens abends"; da "machen sie ihre Runde, wollen in zwei Minuten allen guten Tag sagen und verschwinden wieder".

Auch in der Personalführung ist ein Meister keinen engen Restriktionen unterworfen. Mangelnde Kompetenzen in diesem Feld und hieraus resultierende Autoritätsprobleme sind im Unternehmen kein Thema. Wie der Personalleiter hervorhebt, spielen diesbezüglich die Führungskräfte "vor Ort", die Betriebsleiter und Meister, "die erste Geige". Selbst bei Einstellungen tragen diejenigen, die "tagtäglich" mit Mitarbeitern zu tun haben, die "Hauptentscheidung". Das Personalwesen bescheidet sich in eine dienstleistende Funktion für die Führungskräfte der Linie.

In den beiden anderen Unternehmen - dem Prüfgerätebetrieb H und dem Werkzeugmaschinenbetrieb J -, wo hinsichtlich der dezentralen Bündelung von Kompetenzen nicht unmittelbar die Meisterebene, sondern die neue Position des Inselleiters im Zentrum steht, lassen sich folgende Tendenzen beobachten:

Hervorstechendes Resultat der Dezentralisierung ist dort zunächst, daß die Aufgabenstellung des Meisters keinem *grundlegenden* Wandel unterzogen wird. Dem Meister kommt in den Vorstellungen relevanter Akteure und ausweislich der Struktur und der Arbeitsweise in den Fertigungsinseln eine zentrale Rolle in der Leitung des komplexen Produktionszusammenhangs zu. Wohnte in den beiden Unternehmen dem in der Vergangenheit betriebenen Ausbau der Arbeitsvorbereitung und den steten Versuchen der "Zentralisten" (Produktionsleiter, H), die Produktion zentral und en détail zu beherrschen, die Tendenz inne, den Meister diesbezüglich zu verdrängen, so wird er nun als ein zentraler Akteur auf diesem Feld bestätigt. Die Dezentralisierung bedeutet letztlich das Ende der nur wenig erfolgreichen Versuche, die Meisterwirtschaft abzuschaffen. Im Veränderungsprozeß ist sie vielmehr ein positiver Bezugspunkt. Der Beibehalt eines relativ "ganzheitlichen" Zuschnitts der Meisterposition und dessen neue Bewertung ist, so paradox es klingt, die wichtigste Veränderung, die die Reorganisationskonzepte implizieren. Anders als zu den Hochzeiten der betrieblichen Protagonisten der wissenschaftlichen Betriebsführung, der Modernisierer der 70er und frühen 80er Jahre, wo gerade diesen das komplexe Anforderungsprofil des Meisters als antiquiert und revisionsbedürftig, aber - angesichts der Schwierigkeiten einer zentralen Lenkung der Produktion - als vorläufig unvermeidlich galt, wird ein "starker" Meister nun als integraler Bestandteil und Pfeiler "moderner", "flexibler" industrieller Fertigungsstrukturen gewertet. Als Werkstattvorgesetzter steht er außer Zweifel; Alternativen bei der Besetzung der unteren Führungsposition stehen nicht zur Debatte.

Nur diejenigen Befragten, die schon Jahrzehnte in den beiden Unternehmen beschäftigt sind, reflektieren den Umschlag in dieser Weise. Andere betonen demgegenüber die Kontinuität der Aufgabenstellung auf der Meisterebene. "Wesentliches" hat sich danach für die Meister durch den Aufbau der Fertigungsinseln nicht verändert. Die "größte Veränderung", so ist auch von den Meistern (Unternehmen H) selbst zu hören, "ist eher auf die Leute von der AV zugekommen".

Die Effekte der Reorganisation beschränken sich bezüglich der Meister aber nicht allein auf eine Bestätigung des Bestehenden. In den dezentralen Einheiten zeichnet sich eine neue Arbeitsteilung und ein neues Verhältnis zwischen den Werkstattvorgesetzten, den Inselleitern und den dezentralen "Inselstäben" ab. Zwischen den drei Seiten, die gewissermaßen den Kopf der Insel bilden, weichen tradierte Demarkationslinien auf und es etabliert sich ein teamartiges Kooperationsgefüge.

Der Meister gewinnt dabei insbesondere gegenüber den verlagerten Spezialisten der Arbeitsvorbereitung ein "höheres Gewicht". Die bisherige "Doppelherrschaft" über die Werkstatt, die die spezifische Verschränkung von Meisterwirtschaft und wissenschaftlicher Betriebsführung bedeutete, reproduziert sich in den Inseln nicht einfach in neuer Form. Im Zuge der Dezentralisierung arbeitsvorbereitender Funktionen verändert sie sich zumindest partiell zugunsten des Meisters. Sein Handlungsfeld dehnt sich in das Aufgabengebiet des arbeitsvorbereitenden Personals aus.

Betrachten wir hierzu kurz die Situation im Unternehmen H. Dort wird die Veränderung besonders deutlich, wenn man den Blick auf die Arbeitsplaner richtet. Der Arbeitsplaner, bemerkt ein Meister, "der wird von uns unterstützt, auch in der Tätigkeit. Da ist natürlich schon was dazugekommen." Praktisch bedeutet dies, daß in den Inseln Arbeitspläne mittlerweile in direkter Kooperation zwischen den Meistern und dem Arbeitsplaner erstellt werden; die Meister haben aber auch die Kompetenz, eigenständig Arbeitspläne zu erstellen und Änderungen an vorhandenen vorzunehmen. Wie ein Teil zu fertigen ist, welcher Maschinengruppe es zugewiesen wird und welche Fertigungszeiten benötigt werden: In solchen "Planungsfragen" hat der Meister gegenüber früher deutlich an Einfluß gewonnen. Nicht "Vorgaben", sondern "ständige Absprachen" (Meister, H) bestimmen das Verhältnis. Folgt man den Einschätzungen von Befragten, so hat sich die stärkere Einbeziehung der Meister in diesem Feld - ablesbar an der Qualität der Arbeitspläne und insbesondere an den "realistischeren Fertigungszeiten" - bewährt.

Die Arbeitsteilung zwischen den Disponenten (Auftragssteuerer) der Inseln und den Meistern ist im Vergleich dazu noch im Fluß.[152] Zwar hat sich in der Mehrzahl der Inseln an der Einbeziehung des Meisters in die Produktionsplanung und -steuerung

---

[152] Dies hängt teilweise damit zusammen, daß die Umstellung auf ein weniger zentralistisch angelegtes PPS-System noch nicht abgeschlossen ist und die Inselsteuerer zwar den Inseln zugewiesen sind, aber noch nicht alle den Weg in die Produktion beschritten haben. Ein wichtiger Hintergrund sind aber auch die anhaltenden Versuche der alten "Zentralisten", soviel wie möglich vom bisherigen Status quo zu retten.

formal nichts Grundlegendes geändert. Innerhalb eines je Insel leicht variierenden Rahmens - in der Regel handelt es sich um einen Auftragsvorrat für eine Woche - liegt die werkstattbezogene Planung und Steuerung der Auftragsbearbeitung und die Überwachung der Termineinhaltung in den Händen der Meister (Bündelsteuerung). Vorstrukturiert wird die "Feinsteuerung" der Meister durch die Inselsteuerer, die über einen größeren Planungshorizont verfügen können.[153] Verändert hat sich allerdings auch hier die Art und Weise der Kooperation zwischen Meistern und Terminsteuerern. In den neuen Strukturen schmieden die in der Einzel- und Kleinserienfertigung notorischen Unsicherheiten der Planung beide Seiten enger aneinander. Permanente Absprachen zwischen beiden Seiten über die Realisierbarkeit von Terminen, über die mit Hilfe des PPS-Systems erstellten Auftragslisten (die sogenannte "Meisterliste"), über Bearbeitungsprioritäten, Terminänderungen und Eilaufträge ersetzen die bisherige Form der Zusammenarbeit, bei der die Arbeitsvorbereitung einseitig Terminvorgaben und Prioritäten zu setzen versuchte. Bei der Auftragsplanung und -steuerung kommen nicht mehr nur die "Wunschvorstellungen" (Meister, H) der Arbeitsvorbereiter zum Tragen, sondern bereits im Vorfeld auch die Erfahrung und das Wissen der Meister hinsichtlich der Möglichkeiten ihrer Umsetzung. Die Einflußmöglichkeiten der Meister dehnen sich letztlich auf die Terminplanung und -findung aus. Bei dieser partiellen Erweiterung der Kompetenzen der Meister muß es allerdings nicht bleiben. Wie der eingangs zitierte Promotor der Reorganisation im Prüfgeräteunternehmen H betont, ist eine noch stärkere Verschmelzung der Aufgabengebiete durchaus intendiert. Auf längere Sicht könnte demnach die Position des Steuerers abgeschafft und die Inselsteuerung gänzlich den Meistern übertragen werden.[154]

Auf der Grundlage des neuen Unterstellungsverhältnisses und der gewandelten Kompetenzzuweisungen erodieren herkömmliche Statusunterschiede und entschärft sich die in der Vergangenheit stets prekäre und konfliktträchtige Kooperation zwischen Stabsleuten und Meistern.

Früher, so wird von verschiedener Seite versichert, war die Arbeitsleistung der jeweiligen Seite "immer umstritten". Kritisierten die Meister die mangelhafte Qualität der Arbeitspläne - "das war für mich kein Arbeitsplan, das war ein Transportplan" (Meister, H) - und der Auftragsplanung, so haben sich die Mitarbeiter der Arbeitsvorbereitung "immer als die Kontrolleure von denen da draußen aufgespielt, wenn die längere Zeiten gebraucht haben" (Manager, H). "Streit" und "Unverständnis" prägte das Verhältnis und oft, so der Produktionsleiter, haben sich beide Seiten "regelrecht zerfleischt". In den Fertigungsinseln ist davon kaum noch etwas zu spüren. Dort sind beide Seiten mittlerweile bemüht, "am gleichen Strang" zu ziehen.

---

153 Diesen wird wiederum durch die zentrale Arbeitsvorbereitung, die die Rahmenplanung und die Grobsteuerung vornimmt, ein Rahmen gesetzt.

154 Daß dies nicht ausgeschlossen ist, läßt sich an entsprechenden Bestrebungen in einer der Inseln beobachten. Die Intention des zuständigen Inselleiters ist es, die "Steuerung vor Ort" zur Aufgabe der Meister zu machen, was aber, wie ein Arbeitsplaner einer anderen Insel bemerkt, "nicht optimal klappt".

Das größere Gewicht, das der Meister genießt, reflektiert sich auch im enger gewordenen Verhältnis zu den jeweiligen Inselleitern. Letztere sind bemüht, "Stellvertreter" aufzubauen und delegieren faktisch einen Teil ihrer Verantwortung auf die Meister, aber auch auf das Stabspersonal. Zumindest das operative Geschäft wird ihnen weitgehend überlassen. Ein Meister, stellt der Betriebsrat fest, "braucht eigentlich den direkt vorgesetzten Abteilungsleiter schon gar nicht mehr, um jetzt zu disponieren und zu planen." Das erledige er weitgehend selbst bzw. in Kooperation mit den dezentralen Stabsleuten.

Insgesamt gesehen ist mit der Aufhebung der funktional definierten Abteilungsgrenzen ein wichtiger Stützpfeiler der bisherigen Arbeitsteilung zwischen Werkstattvorgesetzten und Arbeitsvorbereitern entfallen, und in den Fertigungsinseln entfaltet sich ein unmittelbarer Druck, die alte Trennlinien aufzulösen. Da die dezentralen Organisationseinheiten nicht auf einen größeren Pool von Spezialisten zurückgreifen können, lassen sich der Ausfall eines Arbeitsplaners oder Steuerers (Urlaub, Krankheit, sonstige arbeitsbedingte Abwesenheit) und Schwankungen im Arbeitsaufkommen nicht bewältigen, wenn eine strikte funktionale Arbeitsteilung beibehalten wird. Unter diesen Bedingungen sind gerade die Inselleiter bestrebt, die Voraussetzungen für hinreichende Vertretungsmöglichkeiten zu schaffen und auf eine Entgrenzung der Zuständigkeiten und eine engere Zusammenarbeit zwischen dem dezentralen Stab und den Werkstattvorgesetzten zu setzen, zumal sie sich höheren und verbindlicher formulierten Termin- und Kostenanforderungen ihrer Kunden (den Divisions) ausgesetzt sehen. Letztlich sind sie auf ein Führungsteam angewiesen, das sich nicht an tradierten Kompetenzzuweisungen, sondern an den Erfordernissen der Insel orientiert und auf das sie Verantwortung delegieren können. Dies kommt in besonderer Weise der unteren Vorgesetztenposition zugute. Mehr Freiheit", aber auch "mehr Verantwortung" (Betriebsrat, H) im Hinblick auf die Organisation und die Steuerung der Produktion kennzeichnet dementsprechend die Lage des Meisters in den neuen Strukturen.

Zugleich bleibt er gegenüber den unterstellten Werkern "der Mann, der das Sagen hat" (Betriebsrat, J). Mehr denn je wird die Arbeitssituation der Facharbeiter durch das Arbeitshandeln des Meisters strukturiert. Über seine gewachsene Bedeutung bei der Arbeitsplanung, insbesondere bei der Kalkulation von Fertigungszeiten und über die Praxis der Arbeitsverteilung beeinflußt er in erheblichem Maße, wie sich für die einzelnen Arbeitskräfte die Handlungsspielräume, die Verteilung "guter" und "schlechter" Aufträge bzw., allgemeiner formuliert, die Leistungsanforderungen gestalten. Aus der Sicht der operativ Beschäftigten nimmt der Meister daher, nicht zuletzt aber auch aufgrund seines einsehbaren und besonderen - sich auf die Organisation und die technisch-fachliche Unterstützung des Arbeitsprozesses beziehenden - "produktiven" Beitrags einen zentralen Platz im Produktionsgeschehen ein. Wie ihre Arbeit und die Produktion insgesamt "läuft", das lehrt sie die Erfahrung, hängt wesentlich von ihrem Vorgesetzten ab. Im Fall J akzentuiert sich zusätzlich noch die

Entlohnungskompetenz des Meisters durch die Abschaffung des Akkords und den Übergang zum Zeitlohn. Zwar hatte der Meister schon früher, über die Praxis der Auftragsverteilung, einen unmittelbaren Einfluß auf den Lohn, d.h. den Verdienstgrad (Akkordschnitt) seiner Mitarbeiter. Eine große Rolle hierbei spielte aber auch die Arbeitsvorbereitung, legte sie doch mit den Zeiten zur Fertigung einzelner Teile zugleich auch die Normalleistung als Basis der Akkordberechnung fest. Mit dem Übergang zum Zeitlohn sind die Mitarbeiter ausschließlicher als bisher vom Meister abhängig. Mit seinen regelmäßigen Beurteilungen des Leistungsverhaltens der einzelnen Mitarbeiter, die er bei dieser Lohnform vorzunehmen hat, bestimmt der direkte Vorgesetzte unmittelbar die Höhe des leistungsabhängigen Entgelts eines Facharbeiters. Bedenkt man zudem, daß der Meister traditionell auch in Fragen der Eingruppierung eine wichtige Rolle spielt, so wird deutlich, daß er aus der Sicht der Mitarbeiter in Lohnfragen eine zentrale Instanz ist.

Die Leistungsbeurteilung ist, wie der Betriebsrat des Unternehmens H hervorhebt, "ein hervorragendes Druckmittel für die Meister", mit dem sie höhere Leistungen erreichen bzw. einen Leistungsabfall sanktionieren können. Da zudem die Kriterien der Leistungsbeurteilung durch die Meister "sehr willkürlich" interpretiert werden und der "Nasenfaktor" eine große Rolle spiele, nehme der Meister "ohne Zweifel" eine sehr starke Position gegenüber den Mitarbeitern ein.

In den beiden Unternehmen werden die skizzierten Veränderungen der Meisterfunktion zwar als bemerkenswert, nicht jedoch als umwälzend reflektiert. Das, was den Kern des Arbeitshandelns eines Meisters ausmachte, bleibt mit den benannten Erweiterungen auch in den dezentralen Strukturen erhalten. Allerdings, und darin liegt wie erwähnt ein entscheidender Wandel, verlieren die tradierten kritischen Bewertungen eines "ganzheitlichen" Anforderungsprofils an Boden. Die strukturierte Meisterwirtschaft, die wir in den beiden Fällen vor der Dezentralisierung vorfinden, erhält dort als Grundelement der neuen organisatorischen Strukturen eine neue Legitimation. Angesichts des Umstands, daß sich die Grenzen zwischen dem "Produktionsvorfeld" und dem Verantwortungsbereich des Meisters zugunsten letzterem verwischen, kann sogar von einer Tendenz hin zu einer weniger strukturierten Meisterwirtschaft gesprochen werden.

Resümiert man die Entwicklung im Prüfgeräteunternehmen H, im Stahlunternehmen I und beim Werkzeugmaschinenhersteller J, so scheint die Bilanz für die Meisterebene weithin positiv auszufallen. Unter der Bedingung eines vorgängig nicht-tayloristischen Anforderungsprofils und einer dem Intrapreneurmodell verpflichteten Reorganisation stehen die Chancen wie gezeigt gut, daß dem Meister auch zukünftig eine wichtige Rolle zugewiesen wird. Anzeichen für eine Krise, eine Aushöhlung oder gar Abschaffung der Meisterposition, lassen sich hier nicht finden; im Gegenteil genießt der Meister in den dezentralen Organisationseinheiten einen hohen Stellenwert; er gilt als eine der entscheidenden Führungskräfte.

Letztlich drückt sich in der Komplexität der Aufgabenstellung zugleich die Anerkennung der besonderen Qualitäten eines Meisters in diesen Unternehmen aus. Auf sie hält man "große Stücke" (Manager, I). "Die Würdigung", so ist von Meistern selbst zu hören, "die war vorher da und ist jetzt auch da" (Meister, H). Ein Meister "kann ja nicht noch mehr wollen", denn "das ist ja schon ein Aufgabengebiet, was er hier hat"; da "gibt es keine Steigerung mehr", stellt ein Stahlwerksmeister fest.

Die Stärkung der Position des Meisters - seine gewachsene Autonomie und Verantwortung, die eine vergleichsweise umfassende Zuständigkeit für wesentliche Dimensionen der unmittelbaren Produktion bedeuten - hat aber auch ihre Schattenseiten. Damit ist nicht nur und in erster Linie die Tatsache gemeint, daß die Aufwertung der Meisterebene mit einem Abbau von Meisterstellen einhergehen kann, wie im Stahlunternehmen I zu beobachten ist.[155] Die Kehrseite der Medaille liegt vielmehr vor allem darin, daß ungeteilte Verantwortung zugleich auch immer ungeteilte Belastung bedeutet. In den besagten Unternehmen ist für die Meister das Problem angewachsen, den vielfältigen Anforderungen auch tatsächlich gerecht werden zu können. Die Herausforderung, die mit einer an das Vorbild des internen Unternehmers angelegten Führungsposition verbunden ist, kann sich unter der Hand zu einer Überforderung der Vorgesetzten auswachsen. In Gefahr geraten kann nicht zuletzt mit Blick auf das unterstellte Personal die spezifische Integrationsleistung des Meisters. Hierauf wird zurückzukommen sein.

Gerade im Stahlunternehmen I, wo die Verantwortungsbereiche und die Selbständigkeit der Meister besonders groß sind, wächst die Gefahr einer Überforderung der Meister. Aus der Sicht der Meister hat die Verschlankung dort die Grenze des Vertretbaren fast schon überschritten. Der Meister, so heißt es, sei auch "nur Mensch", "der kann nicht überall sein". Mit der Handlungsfreiheit des Meisters verbunden ist der Druck, ständig und in der Regel ohne Unterstützung durch externe Stellen Entscheidungen treffen zu müssen, womit zugleich das Risiko von und die Verantwortung für (kostenintensive) Fehlentscheidungen steigt.[156] Die Belastung der Meister wächst, zumal sie in diesem Fall nicht zuletzt wegen der ebenfalls spürbaren Reduktion der Mitarbeiterzahlen nur begrenzte Chancen für eine Delegation von Verantwortung sehen.

Zu einem neuralgischen Punkt entwickelt sich dort insbesondere auch die Mitarbeiterführung. Der "Draht" zwischen Mitarbeitern und Meistern droht zu reißen. Angesichts der Größe der Verantwortungsbereiche und der Vielfalt der zu erfüllenden Aufgaben haben die Meister Mühe, den täglichen, regelmäßigen Kontakt zu den Mitarbeitern und eine Kommunikation, die über den unmittelbaren Arbeitskontext hinausgeht, aufrechtzuerhalten. Ein Hochseilakt mit ungewissem Ausgang: So stellt sich für die Meister v.a. mit Blick auf die Aufrechterhaltung der Motivation und der freiwilligen Leistungsbereitschaft der Mitarbeiter die Situation dar.

---

155 Die Ausdünnungstendenzen sind dort wie erwähnt kein spezifisches Problem der Meister, sondern betreffen fast alle Ebenen im Unternehmen.

156 Ein Walzwerksmeister faßt diesen Sachverhalt in folgendes Bild: "Das ist ja ganz klar, ob sie im Monat 15 000 km mit dem Auto fahren oder nur 500, da ist eben das Risiko größer. Das ist hier genau das gleiche."

4.2.2 Veränderungsmuster IV: neue "Meister"wirtschaft ohne Meister?

Wie wir an den eben behandelten Fallbeispielen ablesen können, bergen dem Intrapreneurmodell verpflichtete Prozesse operativer Dezentralisierung die reale Chance einer Revitalisierung der Meisterfunktion. Solche Prozesse sind aber nicht in jedem Fall Geburtshelfer einer - im engeren Sinne des Wortes - neuen Form der "Meister"wirtschaft. Eindrücklich dokumentieren dies die Untersuchungsfälle, denen wir uns im folgenden widmen wollen. Nimmt man die dort vorfindliche Entwicklung zum Maßstab, so ist eine Aufwertung der Rolle des Meisters vor allem in solchen Unternehmen zweifelhaft, in denen eine tayloristische Engführung im Meistereinsatz Tradition hat. Mehr noch: In Unternehmen dieses Typs besteht das Risiko, daß eine den Leitvorstellungen des Intrapreneurship folgende Neudefinition der Führungsrollen auf den mittleren und den unteren Ebenen des Linienmanagements *und* eine Infragestellung des Einsatzes von Meistern als untere Produktionsvorgesetzte sozusagen Hand in Hand gehen, daß also im Rahmen der Bildung dezentraler "autarker" Unternehmenseinheiten der Meister selbst zur Debatte gestellt wird. Die Verdrängung des Aufsteigers aus der Arbeiterschaft durch den "Seiteneinsteiger" (den Ingenieur), eine neue Meisterwirtschaft ohne Meister: Das ist eine Option, die in Unternehmen mit vorgängig tayloristischem Meistereinsatz im Zuge der Stärkung der Rolle des Linienvorgesetzten reale Bedeutung erlangt.

Für die These, daß sich bei der genannten Konstellation die historisch herausgebildete Entsprechung von Position und Arbeitskraft, der Zusammenhang zwischen der unteren Vorgesetztenposition und der Sozialfigur Meister aufzulösen beginnt, liefern die untersuchten Fälle F1, F2 und G in unterschiedlichem Maße Anhaltspunkte. Bevor wir hierauf und einige andere Aspekte eingehen, wenden wir uns zunächst den Untersuchungsfällen und den Dezentralisierungsprojekten selbst zu.

Die Ausgangslage im Leiterplattenwerk G und an den untersuchten Standorten der zum Elektrokonzern F gehörenden Geschäftszweige - dem Geschäftszweig "elektromechanische Bauteile" F1 und dem Relaisgeschäftszweig F2 - unterscheidet sich, was die Grundkonstellation anbelangt, kaum von der des bereits skizzierten Automobilmontagewerks D1. Sie läßt sich daher in wenigen Sätzen umreißen.

Bei diesen Großserien- bzw- Massenproduzenten elektrotechnischer Güter ist die eigentliche Produktion - in der das Fließfertigungsprinzip und das verrichtungsorientierte Werkstättenprinzip in unterschiedlichem Maße eine Verbindung eingehen - nachgerade umzingelt von einer Vielzahl indirekter Bereiche. Mehr oder weniger auf reine Ausführungsfunktionen beschränkt und eingewoben in ein Netz bürokratischer Reglementierungen, genießt der Produktionsbereich einen zweifelhaften Status.

Allein schon die Sprachregelung, wie etwa im Fall des Elektrobauteileproduzenten F1, wirft hierauf ein Licht. Dort hießen, was Erinnerungen an die staatliche Bürokratie weckt, die fertigungsvorbereitenden und -begleitenden Abteilungen "Dienststellen" und der Produktionsbereich wurde "Fertigungs*durchführung*" genannt. Emblematisch für die Verhältnisse vor der Dezentralisierung ist die Situation im Leiterplattenwerk G, wo Mitte der 80er Jahre von damals noch rund 5000 Beschäftigten etwa 3000 in indirekten Funktionen tätig waren. Die Produktion umringt von einem dichten Netz indirekter Bereiche: Die Lage im Fall F1 mag hierfür als weiteres Beispiel dienen. Dort ist die eigentliche Produktion von den folgenden, organisatorisch gesonderten und hierarchisch zumeist wenigstens gleichrangigen Bereichen umgeben: die "Technik", welche die Fertigungsplanung, die Konstruktion und die Instandhaltung umfaßt, die Arbeitswirtschaft, zu der auch das Verbesserungsvorschlagswesen zählt, die Qualitätssicherung, die Abwicklung, zu der u.a. die Disposition, die Steuerung und die technische Betreuung gehört, ein gesondertes Auftragszentrum, die Abteilung Organisation und Informationsverarbeitung, das Personalwesen und nicht zuletzt das Lager und die Standortdienste (Werkserhaltung etc.).

"Produktion nach Anweisung": So werden die Kompetenzen der Fertigung im Leiterplattenwerk G beschrieben. Die Fertigung war "dumm", wie vom dortigen Promotor des Strukturwandels zu hören ist, und wurde "bewußt dumm gehalten"; "quasi alles" wurde "extern gesteuert" (Produktionsmanager, G). Eine "extreme Ausprägung tayloristischen Denkens" und eine ins Detail gehende Reglementierung und Kontrolle prägten die Situation in der Produktion. Getreu den Vorschriftenhandbüchern des Konzerns wurde jedem in der Fertigung vorgeschrieben, was er zu tun und vor allem auch, was er zu lassen hatte. Die Fertigung galt als die Domäne derer "mit dem großen Hammer". Die "Elite" des Werks, so etwa das Selbstverständnis des Instandhaltungspersonals, befand sich nicht in der Produktion.

Die Situation auf der Meisterebene bedarf angesichts der soeben skizzierten Bedingungen keiner eingehenden Beschreibung. Die Feststellung, daß wir es in diesen Fällen, zumindest wenn man den Blick auf die Produktionsmeister richtet, mit einer Vorgesetztengruppe mit bescheidenem Ansehen und mit einem tayloristisch-restriktiv definierten Aufgaben- und Kompetenzprofil zu tun haben, dürfte hinreichend plausibel sein.[157]

Im Leiterplattenwerk G, wo wir anders als beim Elektrobauteilehersteller F1 und beim Relaisfertiger F2 eine zweistufige "Meister"hierarchie vorfinden, gilt dies in besonderer Weise für die unterste Ebene. Die Produktionsvorgesetzten werden dort nicht Meister, sondern Sachgebietsleiter und Abteilungsleiter genannt. Erstere sind den Gruppenmeistern, letztere den Meistern des Automobilmontagewerks D1 vergleichbar. Auf beiden Ebenen wurden praktisch ausschließlich Aufsteiger aus der Fertigung eingesetzt.

"Autarke" Produktionseinheiten und "unternehmerische" Führung: Die Dezentralisierungsprojekte

Die Grundkonzepte der Reorganisation, die in den drei Fällen praktisch flächendekkend realisiert werden, sind weitgehend identisch und folgen den bereits aus dem vorigen Kapitel bekannten Prinzipien. An die Stelle der alten, zentralistisch gehaltenen und auf Funktionsteilung beruhenden Organisation, treten weitgehend verselbständigte Produktionseinheiten. In diese Produktionseinheiten, die jeweils für ein

---

[157] In den anderen Einsatzfeldern, d.h. vor allem in den Instandhaltungsbereichen, war das Anforderungsprofil dagegen komplexer. Dort färbte auch etwas vom "Elite"-Status des Bereichs auf die Meister ab.

definiertes Produktspektrum voll verantwortlich sind, werden die relevanten indirekten Funktionen integriert. Innerhalb der neuen Einheiten, die produktorientiert (Elektrobauteilehersteller F1, Relaisfertiger F2) bzw. entlang des Prinzips des "kontinuierlichen Fertigungsflusses" nach Prozeßabschnitten (Leiterplattenwerk G) weiter unterteilt sind - bleibt die Trennung zwischen direkten und indirekten Funktionen erhalten; die Klammer bilden Führungskräfte der Linie. Im Vergleich zur alten Organisation hat sich das Verantwortungs- und Kompetenzprofil des mittleren und des unteren Linienmanagements grundlegend verändert. In allen drei Fällen gibt der interne "Unternehmer" erklärtermaßen den Orientierungspunkt ab; "Verantwortung in einer Hand vor Ort" (Leiterplattenwerk G) umfassende Zuständigkeit und quasi-unternehmerische Handlungsfreiheit sind die Leitmaximen bei der Neudefinition der Führungsrollen.[158]

Im Leiterplattenwerk G wird die alte Organisation - die verrichtungsorientierte Abteilungsstruktur der Fertigung und die Trennung zwischen Fertigung und indirekten Bereichen - zugunsten sogenannter "selbständiger Produktionseinheiten" aufgelöst, die sich intern wiederum aus "autarken" "Business-Units" zusammensetzen. Während bei ersteren die Gesamtverantwortung für ein Produktspektrum liegt (z.B. Mehrschichtleiterplatten), tragen die Business-Units die Verantwortung für einen definierten Abschnitt des Produktionsprozesses. In diesen dezentralen Einheiten ist die Verantwortung für die Ausbringung, für Qualität, Termine, Kosten, Prozeßsicherheit, Anlagennutzung, Materialbeschaffung und -einsatz sowie für Prozeßinnovationen gebündelt.

In die Produktion integriert werden die indirekten Funktionen der Instandhaltung, der Grundversorgung[159], der Qualitätskontrolle, der Fertigungssteuerung, der Prozeßkontrolle, des Ingenieursupports und der Arbeitsplanung. Das entsprechende Personal wird in die neuen Einheiten versetzt. Die verantwortliche Leitung der Produktionseinheiten liegt in den Händen von Hauptabteilungsleitern. Sie stehen an der Spitze mehrerer Business-Units und bekommen einen kleinen Expertenstab (Ingenieur, Techniker, Logistiker) zur Seite gestellt. Den Business-Units selbst stehen wiederum Abteilungsleiter vor. Diesen unterstellt sind neben der Fertigungsmannschaft ein Be-

---

[158] Im Leiterplattenwerk G, wie auch an den Standorten von F1 und F2 erhalten die neuen Produktionseinheiten - was ihre interne Struktur anbelangt - nicht einen in allen Einzelheiten identischen Zuschnitt. Dies ist hier ebenso anzumerken wie der Umstand, daß der Dezentralisierungsprozeß teilweise noch Weiterungen erfährt. Nähere Aufmerksamkeit soll den Differenzierungen der Formalstruktur allerdings nicht geschenkt werden, da sich die Skizze der Dezentralisierungsprojekte auf wesentliche Aspekte zu konzentrieren hat und sie im Hinblick auf den eigentlichen Gegenstand der Arbeit keine Bedeutung erlangen.

[159] Die Fertigung von Leiterplatten erfordert in weiten Teilen chemische Prozesse. Das Betreiben, Warten und Instandhalten der entsprechenden "Grundversorgungsanlagen", die Zuführung, das Ansetzen und die Entsorgung von Chemikalien sowie die Überwachung der Chemikalien"bäder", die die Leiterplatten durchlaufen, lag in der Verantwortung des Bereichs Grundversorgung, der von der Fertigung organisatorisch getrennt war.

triebsingenieur, sowie Fertigungstechniker, Anlagentechniker und Prozeßtechniker.[160] In den Business-Units konzentriert sich ein Großteil der bislang organisatorisch getrennt gehaltenen indirekten Funktionen. Die Arbeitsteilung zwischen direkten und indirekten Funktionen bleibt im wesentlichen erhalten. Eine generelle Verlagerung indirekter Tätigkeiten auf Fertigungsmitarbeiter unterbleibt, wenngleich in einem "sehr individuellen Prozeß" und sachlich begrenzt entsprechende Schritte stattfinden.

Die neuen starken Figuren der dezentralen Einheiten sind die Hauptabteilungs- und die Abteilungsleiter. Diese Linienpositionen, die bereits die alte Organisation kannte, wurden neu definiert. Auf sie konzentriert sich die Verantwortung für die jeweilige Organisationseinheit. Die bisher funktional vielfach geteilten Kompetenzen und Verantwortlichkeiten sind in diesen Linienpositionen zusammengeführt. Der Abteilungsleiterposition werden wir uns später etwas näher zuwenden. Sie war bislang eine klassische Aufstiegsposition für Fertigungsmitarbeiter und auch vom Zuschnitt her das, was in anderen Unternehmen Meisterposition genannt wird. Der Tendenz nach wird diese Position in ähnlicher Weise aufgewertet wie die des Hauptabteilungsleiters, auf die wir an dieser Stelle kurz eingehen. Beschränkte sich dessen Verantwortung früher allein auf die Dimension Ausbringung, so trägt er nun die volle Verantwortung für alle relevanten Dimensionen, wie Qualität, Kosten, Prozeßoptimierung, Steuerung etc.[161] Der Leiter der selbständigen Produktionseinheit ist gefordert, wie ein "Unternehmer im Unternehmen" zu handeln. Sein Handlungsspielraum wird allein durch ein definiertes Budget und eine ihm zugewiesene Mitarbeiterzahl, sowie durch eine Zielvereinbarung, die mit dem Vorgesetzten getroffen wird, begrenzt. Wie er die vereinbarten Ziele (definierte Größen bezüglich Produktivitätssteigerung, Senkung der Ausschußrate etc.) erreicht, ist ihm überlassen. Obwohl dem internen Unternehmertum in der Praxis noch vielfältige Grenzen - nicht zuletzt durch weiterhin bestehende indirekten Bereiche - gesetzt sind, ist der Zuwachs an Kompetenz und Verantwortung groß. Dem entspricht das deutlich gestiegene Prestige, das diese Führungskräfte mittlerweile genießen.

Die Hauptverlierer des Reorganisationsprozesses sind zunächst einmal diejenigen indirekten Bereiche, die von der Bildung integrierter Produktionseinheiten unmittelbar betroffen wurden. Sofern sie nicht gänzlich aufgelöst werden, schrumpfen sie durch Verlagerung von Personal in die

---

160 Beim Betriebsingenieur, der in der Regel aus dem ehemaligen Ingenieursbereich stammt, liegt die Fachverantwortung für den Prozeßabschnitt. Disziplinarisch dem Abteilungsleiter unterstellt, hat er gleichwohl fachliche Weisungsbefugnis innerhalb der Abteilung. Dem Fertigungstechniker werden Aufgaben des Sachgebietsleiters übertragen. Diese Position erfährt insofern eine Aufwertung. Die Anlagentechniker sind sozusagen die Instandhalter der Business-Units und stammen zu einem Gutteil aus dem ehemaligen Instandhaltungsbereich. Das Tätigkeitsprofil des Prozeßtechnikers ist neu. Integriert sind hier Aufgaben der Qualitätskontrolle, der Grundversorgung, der Prozeßunterstützung bzw. des Ingenieurbereichs. Die Prozeßtechniker rekrutieren sich ebenfalls zum Teil aus den bisherigen indirekten Bereichen. Zum Teil handelt es sich aber auch um ehemalige Sachgebietsleiter und, wie bei den Anlagentechnikern, um aus der Fertigung stammende Facharbeiter, die entsprechend qualifiziert wurden.

161 Auf die innerhalb der neuen Strukturen entstehenden Delegationsnotwendigkeiten bzw. auf die Nebenfolgen der ungeteilten Verantwortung für Führungskräfte der mittleren Ebenen können wir an dieser Stelle nicht weiter eingehen (vgl. dazu Faust/Jauch 1993, 1995, Deutschmann u.a. 1995).

Produktion zumeist drastisch zusammen.[162] Zu den Verlierern zählen aber auch die untersten Produktionsvorgesetzten, die Sachgebietsleiter. Hierauf wird zurückzukommen sein.

In den beiden selbständig operierenden Geschäftszweigen F1 (Elektrobauteile) und F2 (Relais) stellt die Bildung dezentraler Organisationseinheiten einen Schritt dar, dem bereits eine Reihe anderer Dezentralisierungsschritte vorangingen. Deren Leitmaximen waren, wie beim nachfolgenden Prozeß operativer Dezentralisierung, die der produktorientierten Reorganisation und der dezentralen Bündelung von Kompetenzen und Verantwortung im Linienmanagement.[163] Segmentierung lautet hier das Prinzip, dem die interne Reorganisation folgt. Über die verschiedenen Standorte der einzelnen Geschäftszweige hinweg werden die funktionalen Organisationsstrukturen zugunsten einer "Bootsstruktur" weitestgehend aufgegeben.

Jeder Geschäftszweig wird in mehrere ebenfalls weitgehend selbständige "Geschäftssegmente", die für bestimmte Produktsortimente verantwortlich sind, aufgespalten (z.B. Segment Automobilteile, Segment Telecom-/Industriebauteile etc.).[164] Die bisherige Organisationsstruktur mit den Produktionsstandorten als Basiseinheiten mit eigener, einheitlicher Leitung und mit von diesen getrennten zentralen Bereichen (z.B. Entwicklung, Forschung) wird damit sukzessive aufgegeben. Die Ressourcen zentraler Bereiche werden zu einem Teil auf die Segmente verteilt und die bisherigen Standortstrukturen weitgehend aufgelöst. Die Produktions- wie die in den indirekten Bereichen konzentrierten Ressourcen der Standorte werden größtenteils auf die Segmente aufgeteilt, die nun teilweise an verschiedenen Orten ein Standbein haben. Die einheitliche Standortleitung wird abgeschafft. Lediglich einige wenige segmentübergreifende Dienstleistungsbereiche (z.B.

---

162 Zur exemplarischen Verdeutlichung: Vom ehemals großen Instandhaltungsbereich bleibt, nach mehreren Veränderungsschritten nur noch eine kleine zentrale Abteilung mit 9 Mitarbeitern übrig. 60 Mitarbeiter wurden an die Produktion abgegeben, der Rest wanderte in andere Unternehmensbereiche ab oder verließ das Unternehmen. Die Grundversorgung schrumpfte von 240 auf nurmehr 40 Mitarbeiter, die Qualitätssicherung wurde von sieben auf drei Abteilungen reduziert. Das Ingenieurwesen, das vor allem für die Prozeßunterstützung zuständig war, verliert den größten Teil seiner Ingenieure; die Mitarbeiterzahl sank von 120 auf ein Viertel.

163 In einem mehrjährigen Prozeß der Divisionalisierung wurde der Konzern F in eine größere Zahl weitgehend eigenständiger Geschäftsbereiche neu gegliedert. In diesem Zusammenhang erst entstand das ergebnisverantwortliche Geschäftsgebiet elektromechanische Komponenten, dem Ressourcen aus unterschiedlichen ehemaligen Konzernteilen zugeordnet wurden und zu dem die beiden untersuchten Geschäftszweige gehören. Der Geschäftsbereich Komponenten wurde intern wiederum produktorientiert, in ebenfalls ergebnisverantwortliche Geschäftszweige, reorganisiert. Die Geschäftszweige verfügen jeweils über mehrere Standorte im In- und Ausland. Das Geschäftsfeld der einzelnen Zweige wurde durch die Zusammenführung der auf verschiedene Bereiche des Konzerns verteilten Produktionen konstituiert. So ist etwa der Geschäftszweig F2 das Ergebnis der Bündelung der Relaisfertigung dreier großer Unternehmensbereiche.

164 Der Geschäftszweig F2 etwa wird in vier Segmente - Automobilrelais, Netzrelais, Schwachstromrelais und Sensoren - unterteilt. Der Geschäftszweigleitung unmittelbar zugeordnet bleiben eine Reihe übergeordneter Bereiche. So verfügt besagter Geschäftszweig u.a. über ein gesondertes Technologiezentrum (Grundlagenentwicklung etc.), einen Marketingbereich und einen Qualitätssicherungsbereich.

Personalwesen, Standortdienste wie Werkserhaltung, Speisebetrieb, Umweltschutz etc.) bleiben an den einzelnen Standorten von den Segmenten organisatorisch getrennt.

Die Segmente selbst wiederum sind intern in kleinere Organisationseinheiten, sogenannte Produktlinien, unterteilt (z.B. Produktlinie Wickelgüter, Industriebauteile etc.). Nur solche Funktionen, die nicht einzelnen Produktlinien zuzuordnen bzw. Querschnittsfunktionen sind, verbleiben in gesonderten Bereichen, die direkt der Segmentleitung zugeordnet sind (v.a. bestimmte kaufmännische und Vetriebsfunktionen). Ansonsten sind alle für ein Produktspektrum relevanten Funktionen in den Produktlinien zusammengefaßt. In einer der zu F1 gehörenden Produktlinien (Industriebauteile) beispielsweise sind folgende Funktionen unter der Leitung des Produktlinienleiters zusammengefaßt: die produktlinienspezifische Entwicklung, die technische Planung, die Arbeitswirtschaft, die Logistik, die Qualitätsprüfung, die Kostenrechnung und schließlich die Fertigung, in die die Instandhaltung integriert wurde.

Mit der Segmentierung verbunden ist eine grundlegende Neudefinition der Führungsaufgaben im Linienmanagement der beiden Geschäftszweige. Der "Unternehmer im Unternehmen" gilt hier explizit als Leitbild der Veränderung, das selbst auf Führungspositionen unterhalb der Produktlinienleitung ausstrahlt. Ein entsprechender Zuschnitt von Führungsfunktionen findet sich in besonderer Weise auf der Ebene der Geschäftszweig- und der Segmentleitung. Der Segmentleiter etwa läßt sich kaum mehr mit einer herkömmlichen Position im Mittelmanagement vergleichen. Obwohl formal betrachtet ein Teil desselben,[165] ist die Bezeichnung "Segmentunternehmerschaft" eher dazu geeignet, das Anforderungsprofil zu kennzeichnen. Der Segmentleiter trägt für sein "Geschäft" - die Entwicklung, die Produktion und den Vertrieb z.B. von Automobilbauteilen - die volle Kosten- und Ergebnisverantwortung.[166] Ganz so "unternehmerisch" ist das Anforderungsprofil auf den nachgeordneten Führungsebenen nicht. Eine markante Aufwertung der "Linie" ist aber allemal feststellbar. In erster Linie gilt dies für die Position des Produktlinienleiters. Ihm sind alle für die Produktion eines Produktspektrums erforderlichen direkten und indirekten Funktionen (Kostenrechnung, anwendungsnahe Entwicklung, Arbeitswirtschaft, Logistik, Qualitätsprüfung, Fertigung) unmittelbar zugeordnet und er hat im Rahmen eines zugewiesenen Budgets und vereinbarter Ziele weitestgehende Handlungsfreiheit in der Leitung "seiner" Produktlinie. Entscheidend, so ein Produktlinienleiter des Elektrobauteilefertigers F1 ist, was "unter dem Strich herauskommt: Ergebnis, Kosten"; das "wie" liegt in der quasi-unternehmerischen Kompetenz des Pro-

---

165 Es handelt sich um die dritte Führungsebene. Darunter befinden sich die Produktlinien- und die Gruppen-/Schichtleiter- bzw. die Meisterebene.

166 Sein "Aufgabengebiet" wird in einer Stellenausschreibung folgendermaßen umschrieben: Er hat die "unternehmerische Gesamtverantwortung für das Geschäftssegment (X) mit einem Umsatz von ca. 170Mio und ca. 500 Mitarbeitern an drei Standorten". Aufgabe ist die "Definition von Geschäftsstrategien", das "Initiieren geeigneter Produktinnovationen und die Verfolgung deren konsequenter Umsetzung in Vertrieb, Entwicklung und Fertigung", die "Definition und Umsetzung von Vertriebsstrategien mit internen und externen Vertriebspartnern", sowie die "Führung zweier Produktlinien". Die Segmente sind vom Zuschnitt her faktisch die "kleinsten geschäftsführenden Einheiten" (Segmentleiter F1) und deren Leiter vergleichen sich selbst, angesichts des Umfangs der Verantwortung und der ihnen eingeräumten Handlungsspielräume, mit Geschäftsführern mittelständischer Unternehmen. Als Segmentleiter fühlt man sich "wie so ein Mittelständler, der auch eine Bank braucht, die ihn finanziert. Meine Bank ist halt ... unser Geschäftszweig" (Segmentleiter F1). Mit dieser "Bank" verhandelt er über ein bestimmtes Budget, mit dem er operieren kann und "natürlich" muß er "ein paar Prämissen" wie Umsatzrendite, Umsatzsteigerung etc. erfüllen, die in Zielvereinbarungen fixiert werden.

duktlinienleiters.[167] Die "starke" Figur der Produktlinien ist zwar, ausweislich seiner Kompetenzen, deren Leiter. Aber auch die nachgeordnete Führungsebene geht aus der Dezentralisierung gestärkt hervor. Die unmittelbaren Produktionsvorgesetzten agieren hinsichtlich ihres Verantwortungsbereichs wiederum weitgehend selbständig. Am untersuchten Standort des Elektrobauteileproduzenten F1 sind dies die Meister. Beim Relaisfertiger F2 wird diese Ebene anders als früher nicht mehr Meister-, sondern Schichtleiterebene genannt. Dieser Namenswechsel kündet eine wichtige Veränderung an, der wir uns noch zuzuwenden haben. Dieser Namenswechsel ist nicht nur ein Ergebnis der Segmentierung, sondern des Zusammenwirkens von Dezentralisierung und Automatisierung.

Am untersuchten Standort des Relaisfertigers F2 werden, parallel zur Segmentierung, zugleich grundlegende technologische Veränderungen vorgenommen. Die Produktion am Standort war geprägt durch die Montagebereiche und dort durch Arbeitsstrukturen, die in der Elektroindustrie für Massengüter recht typisch waren. Taylorismus pur, repetitive Teilarbeit, Handarbeit von Frauen: So könnten die Stichworte zur Charakterisierung des traditionellen Arbeitssystems lauten. Hiervon geht man in radikaler Weise ab. Ein Teil der Montageprozesse wird ins nahe und kostengünstigere Ausland verlagert, der am Standort verbleibende Rest wird weitestgehend automatisiert. An die Stelle der manuellen tritt die hochautomatisierte Montage durch Anlagen. Die Produktionsbelegschaft wird dramatisch reduziert und größtenteils ausgetauscht. Statt ungelernter Frauen stellen jetzt hochqualifizierte Facharbeiter den Kern der Produktionsmannschaft.

Die Reorganisation beim Elektrobauteilehersteller F1 und beim Relaisfertiger F2 zeitigt ähnlich gravierende Konsequenzen wie im Fall des Leiterplattenwerks G. Der Stärkung der Linie stehen weitreichende Folgen für die ehemals starken indirekten Bereiche (nicht nur der Standorte) gegenüber. Sie reichen von der begrenzten Verlagerung von Funktionen und Personal bis hin zu deren völligen Auflösung als eigenständige Bereiche. Der Dezentralisierungsprozeß hat zugleich den Abbau bisheriger Hierarchieebenen zur Folge. Im Fall des Elektrobauteileherstellers F1 etwa wird die Ebene der Betriebsleitung (Standortleitung) ebenso abgeschafft wie die des Betriebsingenieurs, die zwischen der ehemaligen Abteilungsleiter- und der Meisterebene angesiedelt war. Folgen hat der Prozeß operativer Dezentralisierung auch für die Position des Meisters - und zwar in allen drei Fällen. Im folgenden wollen wir uns diesem Sachverhalt nun eingehender zuwenden.

Der untere Vorgesetzte in der Produktion: keine Aufstiegsposition mehr?

Im Zuge der Veränderungen gerät in den drei Reorganisationsfällen G, F1 und F2 der Einsatz von Meistern - von einschlägig qualifizierten ebenso wie von Aufsteigern ohne Meisterbrief - grundlegend auf den Prüfstand. Zwei Aspekte sind hier gesondert zu betrachten: Die Zukunft des bisherigen Funktionsmeistersystems und die Frage, ob die Position des unteren Produktionsvorgesetzten weiterhin die Domäne der Aufsteiger aus der Arbeiterschaft bleibt.

---

[167] Er steht in direktem Kundenkontakt und ist von den "Preisgesprächen" beim Kunden bis hin zur Fertigung und Auslieferung für alles verantwortlich.

Wenden wir uns zunächst der funktionalen Arbeitsteilung auf der Meisterebene zu. Wie in anderen Unternehmen dieser Größenordnung auch, war in den hier behandelten Untersuchungsbetrieben das Einsatzgebiet des Meisters nicht nur die unmittelbare Produktion. Auch in den produktionsnahen indirekten Bereichen (v.a. Instandhaltung und Qualitätskontrolle), in denen Arbeiter eingesetzt wurden, waren die Disziplinarvorgesetzten aufgestiegene Arbeiter.[168] Historisch betrachtet hatten diese Bereiche und die dort zum Einsatz kommenden Arbeitsvorgesetzten von der traditionellen Form der Rationalisierung industrieller Produktion profitiert. In dem Maße, wie die unmittelbare Produktion den Prinzipien des Taylorismus-Fordismus unterworfen wurde, wuchsen und gediehen diese indirekten Bereiche und entsprechend wuchs auch die Zahl der dort eingesetzten Meister. Auch wenn sie ähnlichen Prozessen wie die Produktionsmeister ausgesetzt waren - die Tendenzen der Bürokratisierung und der Reglementierung der Arbeit des Meisters machten sich durchaus auch in den indirekten Bereichen bemerkbar -, so profitierten sie doch (gemessen am Stellenwachstum und der Statusdifferenzierung) u.a. von der Taylorisierung der Meisterfunktion in der Produktion.

Mit der Integration produktionsnaher indirekter Funktionen in die neu geschaffenen Produktionseinheiten kehrt sich der Trend des Ausbaus eines modifizierten Funktionsmeisterssystems gewissermaßen um - ein Umstand, für den wir, wenngleich in schwächerer Form, bereits in anderen Fällen Indizien fanden.[169] Die etablierte funktionale Arbeitsteilung zwischen "indirekten" Meistern und den Arbeitsvorgesetzten in der Produktion wird zugunsten der Produktionsvorgesetzten reduziert, wenn nicht ganz aufgegeben.

Mit dem Rückbau der separaten produktionsnahen indirekten Bereiche und der Verlagerung des entsprechenden Personals in die Produktion gehen dort in großem Umfang Meisterstellen verloren.

Beim Elektrobauteilehersteller F2 waren z.B. allein in der Werkzeugbauabteilung der Instandhaltung einmal sechs Meister beschäftigt. Im Zuge der Segmentierung wurde ein Teil der Meister in den Vorruhestand geschickt, ein Teil wechselte mit den Instandhaltungsmannschaften in die Produktion und übernahm dort eine Produktionsmeisterstelle. Zurück blieben allein zwei Meister, die mit ihren Mitarbeitern für segmentübergreifende Servicefunktionen am Standort zuständig sind. Im Leiterplattenwerk G blieb insgesamt nur ein Arbeitsvorgesetzter übrig, der eine kleine Restmannschaft von neun Instandhaltern führt.

In den "autarken" Produktionseinheiten entstehen aber nicht in gleichem Umfang entsprechende "indirekte" Meisterstellen. Beobachtbar ist vielmehr die Tendenz,

---

[168] Sei es, daß sie aus der jeweiligen Arbeiterbelegschaft ohne größere Weiterbildung zum Arbeitsvorgesetzten ernannt wurden, sei es, daß sie vor der Ernennung mit oder ohne Unterstützung des Unternehmens eine Meisterausbildung oder eine vergleichbare Fortbildung absolvierten, oder sei es, daß sie von außen, dann zumeist mit einem Meisterbrief versehen, auf eine Meisterposition im Unternehmen gelangten.

[169] Vgl. den Fall des Automobilmontagewerks D1 und den des Stahlunternehmens I.

"direkte" und "indirekte" gewerbliche Mitarbeiter unter eine einheitliche Leitung zu bringen. Dort, wo sich in den neuen Strukturen eine funktionale Arbeitsteilung zwischen Funktions"meistern" in rudimentärer Form reproduziert hat, gilt sie eher als eine Entwicklungsetappe, denn als Endzustand. Die Reduktion der funktionalen Arbeitsteilung auf Meisterebene hat daher allemal den Abbau von "indirekten" Meisterstellen zur Konsequenz. So ist im Fall des Elektrobauteileproduzenten F1, wo es innerhalb der Produktlinien noch eine Arbeitsteilung zwischen Fertigungs- und Qualitätsprüfungsmeistern gibt, eine Integration wesentlicher Teile der Qualitätskontrolle in die Produktionseinheiten und damit der entsprechenden Meisterstellen fest anvisiert.

Obwohl die Revision der überkommenen funktionalen Organisation recht weit geht, verbleiben in den Untersuchungsbetrieben Restbestände indirekter Abteilungen, in denen bisher Meister eingesetzt wurden, als separate Einrichtungen erhalten. Im Kern handelt es sich dabei um spezifische Wartungs- und Instandhaltungsressourcen, die sich auf die Basiseinrichtungen (Elektroinstallationen etc.) am Standort beziehen oder die nicht in jeder dezentralen Einheit zu vertretbaren Kosten vorgehalten werden können (z.B. spezifische technische Kompetenzen). Die Meister, die in diesen Restabteilungen verbleiben, sind nicht nur - angesichts der Funktionsverlagerung in die Produktion - mit einem beschränkteren Zuständigkeitsbereich, sondern auch mit einem neuen Verhältnis zur Produktion und den dortigen Vorgesetzten konfrontiert. Mit der Zerschlagung des einheitlichen Instandhaltungsbereichs und der Aufwertung der Produktion hat das in den untersuchten Betrieben früher festgefügte Bewußtsein der Instandhalter, gerade im Vergleich zu den Produktionsbelegschaften die "Elite" darzustellen, seine Haltepunkte verloren.[170] Der bislang herausgehobene Status der indirekten Restabteilungen und der "indirekten" Meister relativiert sich deutlich.

Von der "Elite" zum "Dienstleister" der wertschöpfenden Einheiten: So kann der Wandel im Status und das neue Verhältnis der Restinstandhaltung zu den dezentralen Produktionseinheiten charakterisiert werden. Die separaten Dienstleister geraten unter starken Druck, den Anforderungen ihrer "Kunden" zu genügen und ihre Arbeit zu legitimieren. Letztlich kehrt sich das Machtgefälle ein Stück weit um, werden die dienstleistenden Abteilungen abhängiger von der Produktion. Diese Veränderung trifft auch und gerade die unteren Vorgesetzten der indirekten Abteilungen. Sie

---

170 Von der Produktion in die Instandhaltung zu gelangen, wurde in den Unternehmen traditionell als "Aufstieg" wahrgenommen und entsprechend begehrt waren die dortigen Arbeitsplätze unter den (qualifizierten) Produktionsmitarbeitern. "Dann war man mehr", heißt es im Leiterplattenwerk G: eben Teil eines besonderen "Kulturkreises" und einer "Elite", die sich von den Angelernten wie den Facharbeitern der Produktion abhob. Erst recht galt dies, wenn man den Sprung auf eine Vorgesetztenposition in diesem Bereich schaffte. Der Status eines Instandhaltungsmeisters war ein deutlich anderer, als der eines Arbeitsvorgesetzten in der "dummen" Fertigung.

müssen sich damit arrangieren, daß der Arbeitsvorgesetzte einer Produktionseinheit "heute viel viel mehr Information und auch Möglichkeiten der Einflußnahme (hat), als er früher hatte" (Abteilungsleiter, G).

Die Reduktion der funktionalen Arbeitsteilung auf der Ebene der unteren Vorgesetzten im gewerblichen Bereich läßt sich als eine der Voraussetzungen eines "ganzheitlicheren" Zuschnitts der Positionen im unteren Produktionsmanagement begreifen. Den problematischen Effekten der Dezentralisierung in den indirekten Bereichen steht aber tendenziell keine Stärkung der Rolle des Meisters in der Produktion gegenüber. In den drei untersuchten Fällen ist von der überkommenen "Selbstverständlichkeit", daß der Vorgesetzte im gewerblichen Bereich der Arbeiterschaft zu entstammen hat, nur noch wenig zu spüren. Den Nimbus eines unverzichtbaren Typus von Produktionsvorgesetzten hat der Meister in diesen Unternehmen, ganz anders als in den Fällen mit vorgängig "ganzheitlichem" Meistereinsatz, offensichtlich verloren. Aufstiegsposition für Arbeiter oder Duchgangsstation für Ingenieure: So lauten bezüglich der Position des unteren Produktionsvorgesetzten mittlerweile die Alternativen, wobei die bisher dominante Rekrutierungspraxis - von Fall zu Fall in unterschiedlichem Ausmaß - in Zweifel gezogen ist. Die Aufwertung des unteren Linienmanagements und der Einsatz von Ingenieuren gehen der Tendenz nach Hand in Hand. Selbst wenn der Ingenieur, wie im Fall des Elektrobauteileproduzenten F1, noch nicht zum faktischen Konkurrenten um die Position des Arbeitsvorgesetzten geworden ist, spielt die Verdrängungsoption zumindest im unternehmensinternen Diskurs eine Rolle. Begegnete uns in den Betrieben, die über Erfahrungen mit einer strukturierten Meisterwirtschaft verfügen, eine anhaltende Wertschätzung des in spezifischer Weise qualifizierten Aufsteigers und ein Vertrauen darauf, daß ein Meister einer komplexeren und verantwortungsvolleren Führungsaufgabe gerecht werden kann, so kommen in den Fällen mit bislang tayloristischem Meistereinsatz allenfalls einzelne Meister in den Genuß dieses Vertrauens. Als Gruppe genießen die Aufsteiger diesen Vertrauensvorschuß offenbar nicht; der Aufstieg aus der Arbeiterschaft in Führungsfunktionen und der Meister als Produktionsvorgesetzter stehen in Frage - eine kritische Entwicklung, die beim Relaishersteller F2 offen zutage tritt.

Am untersuchten Standort wurden wie erwähnt nicht nur die Organisationsstrukturen radikal verändert, sondern es wurde zugleich die Relaisproduktion automatisiert, die bislang vorherrschende Handarbeit "in einem klassischen Prozeß" substituiert. Wo früher "Werkbänke" standen und "viele fleißige Frauen" saßen (Personalleiter, F2), stehen heute in den Fertigungsabteilungen der Produktlinien automatisierte Produktionsanlagen (verkettete, rechnergesteuerte "Automatenlinien"), ausgelegt auf ein jährliches Produktionsvolumen von 10 bis 30 Millionen Stück. Innerhalb weniger Jahre schrumpfte im Gefolge des technisch-organisatorischen Strukturwandels die Beschäftigtenzahl dramatisch; von den weit über tausend gewerblichen Arbeitsplätzen blieben am Ende nurmehr rund 250 übrig. Anstelle der ungelernten Frauen, die dem Rationalisierungsprozeß zum Opfer fielen, kommen in der Produktion nun hochqualifizierte Facharbeiter zum

Einsatz.[171] Sie sind in den Produktlinien nicht nur für die Anlagenüberwachung und die Restfunktionen ausführender Arbeit zuständig, sondern, dem Prinzip der Integration direkter und indirekter Funktionen folgend, auch für die Wartung und Instandhaltung der Produktionsanlagen.

Der Vorgesetzte dieser Facharbeiter trägt, anders als dies früher der Fall war, für seinen Zuständigkeitsbereich in der Produktlinie die volle Verantwortung. Die bislang vielfach geteilte Verantwortung für Personal, Anlagenbetreuung, Wartung und Instandhaltung, Qualität, Ausbringung und Kosten bündelt sich bei ihm. Sein Aufgabenspektrum und seine Handlungsspielräume sind im Vergleich zu dem, was bisher für den Fertigungsvorgesetzten üblich war, deutlich größer; hinsichtlich der Umsetzung der mit den Produktlinienleitern vereinbarten Ziele haben sie weitgehend freie Hand.

Dieser Vorgesetzte heißt aber nicht mehr Meister. Dieser Typ Vorgesetzte fällt dem Zusammenwirken von Dezentralisierung und Automatisierung zum Opfer. Die beruflichen Erfahrungen der bisher beschäftigten Meister konzentrierten sich auf die Führung ungelernter Arbeitskräfte und auf eine standardisierte "reine Handfertigung" von Massengütern, die hinsichtlich der maschinellen Ausrüstungen keine besonderen Anforderungen an ihre technisch-fachlichen Kompetenzen stellte. Die hauptsächlichen Anforderungen lagen in der Überwachung des Arbeitsprozesses und der Überbrückung von Organisationslücken. Für diese Meister hätte das Zusammenspiel des Übergangs von der "Werkbank"- zur hochtechnisierten "Roboter"-Fertigung, des Wandels vom Un- bzw. Angelernten- zum Facharbeiterbetrieb und der Dezentralisierung von Kompetenzen und Verantwortung auf die unteren Führungsebenen einen Quantensprung im Anforderungsprofil bedeutet.

Dem konnten - gerade in den Augen der Modernisierer - die vorhandenen Meister nicht gerecht werden. Bis auf wenige Ausnahmen verlieren alle Produktionsmeister ihre Führungspositionen. Eine neue Generation von Industriemeistern wird nicht eingestellt. Stattdessen setzt man auf Vorgesetzte mit akademischer Ausbildung. Die traditionelle Bezeichnung "Meister"ebene wurde aufgegeben; der untere Fertigungsvorgesetzte heißt nun Schichtleiter. Die Abschaffung der Meisterebene basierte vor allem erstens darauf, daß sich die neu definierte Führungsaufgabe in das traditionelle Tätigkeitsfeld u.a. des bisherigen Betriebsingenieurs hinein ausdehnt, während gleichzeitig im Management die Einschätzung des Qualifikations- und Entwicklungspotentials eines Industriemeisters durch den tradierten tayloristischen Meistereinsatz im Unternehmen geprägt blieb. Zweitens sollten die Produktionsvorgesetzten für komplexe und kapitalintensive Produktionsanlagen Verantwortung

---

171 Die Facharbeiter an den Anlagen müssen neben den traditionellen Maschinenkenntnissen über weiterführendes allgemeines wie anlagenspezifisches Wissen im Bereich elektronischer Steuerungen, Pneumatik und Hydraulik verfügen. Auf deren Zusatzqualifizierung hat man viel Energie verwandt, denn die erforderlichen fachlichen Kompetenzen "können sie nicht einkaufen, das bilden sie heran. Solche Leute geben wir ungern weg." (Personalleiter, F2)

übernehmen, die erst noch aufzubauen und in einen effizienten Normalbetrieb zu überführen waren.[172] Den Aufbau und den Betrieb der neuen Fertigungsanlagen und die Gesamtverantwortung für die Produktion: All dies traute man dem Ingenieur, nicht aber dem Meister zu.

Für die entscheidenden Akteure im Management bestand kein Zweifel, daß "mit dem Bestehen oder dem Wegfall der Handfertigung hier bei uns auch die Meisterebene besteht oder auch wegfällt. In der Handfertigung ist es ja so, daß dort atomisiert Arbeiten passieren, die Einrichtung, Betreuung, Materialversorgung und so weiter muß sichergestellt sein nach dem Fließbandprinzip. Und eine gewisse Personalbetreuung, auch eine dispositive Funktion ist damit verbunden. Das ist ja bei unserer Fließfertigung, wenn sie durch Roboter passiert, nicht mehr gegeben". Da man nun Automaten und Instandhalter in der Produktion im Einsatz habe, so der eben zitierte Personalmanager, sei der Meister im Grunde fehl am Platze: "der Meister kann sich hinstellen, die Maschinen anbrüllen, da passiert nichts, ja." "Letztendlich ist die Entscheidung so gefallen, daß wir an dieser Stelle Fachwissen brauchen, Ingenieurwissen, und nicht das dispositive Wissen eines Meisters. Und insoweit sind wir dann auch auf Diplomingenieure bzw. auf promovierte Ingenieure dort gekommen, die dieses hohe Equipment jetzt besser einsetzen können und fachgerechter beurteilen können. Das ist das Entscheidende. Wir würden am falschen Platz sparen, wenn wir dort Meister einsetzten." Die Meister sind daher, wie es dieser Manager formuliert, "mit den Handarbeitsplätzen ... in Pension geschickt worden". Aber nicht nur sie wurden entbehrlich, sondern insgesamt ein großer Teil des alten Managements (Fertigungsleiter, Betriebsingenieure), das "ältere Produktionsmethoden, Managementmethoden vertreten hat". Das alte Management wurde "aufgelöst" und "abgefunden".

Im Unternehmen G, wo kein zusätzlicher Technisierungsschub erfolgte, ist eine vergleichbare, wenngleich nicht ganz so einschneidende Entwicklung zu beobachten. Hier existierten mit dem Abteilungsleiter und dem Sachgebietsleiter zwei untere Vorgesetztenebenen, die traditionell ausschließlich mit "Aufsteigern" aus der Produktion besetzt wurden.[173]

Der Industriemeisterbrief spielte in diesem Unternehmen, das bei der Besetzung von Positionen weniger auf gesellschaftlich normierte Befähigungsnachweise, als vielmehr auf innerbetriebliche Sozialisationsprozesse, auf interne Weiterbildung und Mobilität setzte, keine Rolle. Das heißt: Obwohl sich unter den "Aufsteigern" auch solche mit einem Industriemeisterabschluß befanden, war der Meisterbrief kein zentrales Auswahlkriterium. Wichtiger waren demgegenüber die innerbetriebliche Bewährung und das erfolgreiche Absolvieren interner Auslese- und Weiterbildungsprozesse, die zum Teil durch die Förderung gesetzlich geregelter Aus- bzw. Fortbildungen (etwa zum Techniker) ergänzt wurden.

Im Zuge der Reorganisation wird im Leiterplattenwerk G diese Zweistufigkeit aufgegeben und die unterste Ebene, die der Sachgebietsleiter, abgeschafft. Diese faktisch auf die Aufgaben der unmittelbaren Arbeitsanweisung und -kontrolle nach

---

172 Die Behebung von Anlaufschwierigkeiten, die Optimierung störungsempfindlicher Produktionsanlagen und die schnellstmögliche Erreichung des angezielten "break-even-points" galten als zentrale Aufgaben der Fertigungsvorgesetzten in den Produktlinien.

173 Diese beiden Ebenen sind wie erwähnt der zweigliedrigen Meisterebene des Automobilmontagewerks D1 vergleichbar.

strengen Vorgaben und kleinere administrative Funktionen (z.B. Urlaubsplanung) reduzierte Position gilt sozusagen als Relikt der Hochzeit extrem arbeitsteiliger Strukturen, für die es in der neuen Organisation keinen Bedarf mehr gibt; und einer Anreicherung mit neuen Aufgaben stand nicht nur das erklärte Ziel einer flacheren Hierarchie, sondern auch die über die zumeist langjährige Berufstätigkeit in den alten tayloristischen Strukturen geformten subjektiven Voraussetzungen der vorhandenen Sachgebietsleiter selbst im Wege. Entsprechend wurden die disziplinarischen Kompetenzen vollends beim Abteilungsleiter konzentriert und ein Teil der Aufgaben dieser Vorgesetzten auf die Funktionsspezialisten der Business Units - die Fertigungs- und die Prozeßtechniker - verteilt (z.B. die Arbeitseinteilung). Letztere haben, da sie keine disziplinarischen Vollmachten gegenüber den Fertigungsmannschaften haben, eine Art Vorarbeiterstatus.

Die bisherigen Sachgebietsleiter mußten zu einem nicht unerheblichen Teil den Weg zurück in die Produktionsmannschaften antreten - aus der Sicht der Betroffenen eine "Degradierung", mit der man sich nur schwer abfinden kann. "Früher", so bringt ein Abteilungsleiter die Stimmung der ehemaligen Sachgebietsleitern auf den Punkt, "war ich jemand, früher hab' ich quasi geherrscht über 40 Mitarbeiter, und heute bin ich der Hanswurst, heute kann ich noch entscheiden, ob die Temperatur rauf oder runter geht".

Mit der Sachgebietsleiterposition geht ein wichtiges Terrain des "Ernennungs"aufstiegs für "verdiente" Arbeiter aus der Produktion verloren. Bezüglich der Abteilungsleiterebene zeichnet sich ähnliches ab.

Diese Position ist, was den Aufgaben- und Kompetenzzuschnitt anbelangt, deutlich aufgewertet worden. Als Leiter einer "autarken" Business Unit führt ein Abteilungsleiter wie gezeigt neben den Fertigungsmannschaften nun auch einen Stab von Spezialisten (Betriebsingenieur, Instandhalter etc.) aus den ehemaligen indirekten Bereichen. Er trägt nicht mehr nur die Verantwortung für Personal und Ausstoß, sondern nun auch für die Anlagen, die Prozeßstabilität und -optimierung, die Qualität und die Kosten. Nicht zuletzt wurde dem Abteilungsleiter die "Betreiberverantwortung" übertragen, die mit einer persönlichen Haftung bei Emissionen einhergeht. Im Rahmen eines definierten Budgets und nach Maßgabe definierter Zielgrößen kann und muß der neue Vorgesetzte weitgehend selbständig agieren. Was früher getrennt war, bündelt sich jetzt als "durchgängiges Verantwortungsspektrum" im "Kopf des Managers", erklärt einer der Promotoren der Veränderung: Der Abteilungsleiter "hat jetzt fünf Hüte auf. Mach das mal! Das ist schwierig!" Sie sind nach eigener Einschätzung wie auch nach dem Urteil Dritter als "kleine Unternehmer" gefordert. Der "eigenständige Kleinbetrieb im Gefüge einer großen Firma" und "wir sollten wie ein Unternehmer denken, der jetzt da eigenständig voll verantwortlich ist": Das sind die Bilder, mit denen Abteilungsleiter die neue Qualität der Aufgabenstellung und der Handlungsspielräume umreißen, obwohl ihre "unternehmerischen" Kompetenzen einer Reihe von Restriktionen unterworfen bleiben. Die neue Auslegung der Abteilungsleiterposition, aber auch insgesamt die verbesserte Position der Produktion im Gesamtgefüge des Unternehmens, hat dieser Ebene zu einem Zuwachs an Ansehen verholfen. Die Zeiten, in denen die Fertigung das "Schmuddelkind" war und mitsamt seinen Führungskräften "in der Hackordnung ganz am Schluß kam" (Produktionsmanager, G), sind vorbei. "Die Produktion ist generell mündiger geworden", stellt ein Abteilungsleiter fest.

Für die "gestandenen" Abteilungsleiter, d.h. für diejenigen, die den Produktionsmannschaften entstammen und als "verdiente" Sachgebietsleiter den weiteren Aufstieg schafften, stellt der Zuwachs an Mitarbeitern, Kompetenzen und Verantwortung eine sehr zweifelhafte, ja bedrohliche Entwicklung dar. Zwar zieht die Restrukturierung unmittelbar keinen so radikalen Einschnitt wie im Fall der Sachgebietsleiter nach sich, d.h. eine Reihe der "alten" Abteilungsleiter bleiben auch unter den neuen Bedingungen in dieser Funktion. Dennoch werden im Gefolge der Reorganisation viele, nicht zuletzt ältere, ersetzt.[174] Sie fallen den großen Diskrepanzen zum Opfer, die sich zwischen den maßgeblich durch die bisherigen Aufgabenstellungen geformten Qualifikationen und beruflichen Erfahrungen und dem neuen Anforderungsprofil auftun. Verdrängt werden die "gestandenen" Produktionsvorgesetzten auf der einen Seite durch fachlich qualifizierte ehemalige Mitarbeiter bzw. untere Vorgesetzte indirekter Bereiche. Zum Zuge kommt dabei vor allen Dingen Personal der Instandhaltung, der alten "Elite", der man mehr Vertrauen schenkt, einer komplexeren Führungsaufgabe gerecht zu werden.

Beschränkten sich die Folgen der Reorganisation allein auf einen solchen Prozeß der Auslese - getreu dem Motto des "survival of the fittest" -, so fiele kaum ein Schatten auf die Zukunft des (Fach-)Arbeiteraufstiegs, da es sich bei den "neuen" Abteilungsleitern ebenfalls um ehemalige Arbeiter (mit Techniker- oder Industriemeisterbrief) handelt. Faktisch aber verliert die Position des unteren Fertigungsvorgesetzten den Charakter einer reinen Aufstiegsposition. Im Gefolge der Dezentralisierung gelangen nämlich auf der anderen Seite erstmals und in erheblicher Zahl Ingenieure in diese Positionen.

Die Erweiterung des Rekrutierungsfeldes auf akademisch ausgebildete "Seiteneinsteiger" ist im Leiterplattenwerk G eine personalpolitische Leitlinie, die auch in Zukunft nicht revidiert werden soll. Die bisher dominante Maxime, daß untere Produktionsvorgesetzte aus dem gewerblichen Bereich zu rekrutieren sind, ist einer Personalpolitik gewichen, die darauf setzt, daß "die Wege von beiden Seiten offen sind". Dem wird allerdings von den meisten Befragten wenig Zukunftschancen eingeräumt.

Die der Arbeiterschaft entwachsenen und in der alten Organisation groß gewordenen unteren Vorgesetzten, allen voran die "gestandenen" Fertigungsvorgesetzten, tun sich sichtlich schwerer mit den an sie gestellten neuen Anforderungen als die jungen Ingenieure, für die die Abteilungsleitung in der Produktion oftmals der erste Schritt ins Management darstellte. Bei beiden Gruppen sind Ambivalenzen in der Bewertung der neudefinierten Position des Abteilungsleiters erkennbar. Man ist sich bewußt, daß die Herausforderung, die die neue Führungsaufgabe darstellt, und die Gestaltungschancen, die sie eröffnet, unmittelbar gepaart sind mit neuen Risiken, insbesondere der Gefahr der Überforderung. Während aber die jungen Führungskräfte ihre Aufgabe vor allem als eine Herausforderung betrachten, überwiegen für viele der - zumeist älteren - traditionellen Fertigungsvorgesetzten die Risiken. Die weit verbreitete Sicht im Unternehmen ist, daß gerade sie es sind, die "einfach überfordert" (Abteilungsleiter, G) sind; und das schon allein hinsichtlich der Per-

---

174 Das Problem der überflüssigen Führungskräfte wird über Frühverrentung und das "Abschieben" in "Sonderaufgaben" (Manager, G) bearbeitet.

sonalverantwortung für einen mittlerweile sehr heterogenen Mitarbeiterstamm, ganz zu schweigen von der gestiegenen technischen Verantwortung. Die "alten" Produktionsvorgesetzten, vertraut mit der Führung ihrer Fertigungsmannschaften, haben jedenfalls erhebliche Probleme die hochqualifizierten Instandhalter und Ingenieure, die ihnen unterstellt sind, zu "coachen".

Angesichts der Schwierigkeiten eines erheblichen Teils der "Aufsteiger", mit den Anforderungen in der neu definierten Führungsposition zurechtzukommen, und in Anbetracht des Stellenwerts, den man im oberen Management dem Einsatz von Ingenieuren auf diesen Positionen beimißt, gilt als sicher, daß der traditionelle Zugangsweg von Facharbeitern in untere Führungsfunktionen verbaut wird. Demzufolge trägt die zum Untersuchungszeitpunkt gegebene Zusammensetzung des unteren Produktionsmanagements - gewachsene Produktionsvorgesetzte, "indirekte" Aufsteiger und Ingenieure - den Charakter eines Übergangsphänomens. Auch hier, wie im Fall des Relaisherstellers F2, gilt nicht der Aufsteiger, der Meister, sondern der Ingenieur als der Produktionsmanager mit Zukunft, der vom "allgemeinen Trend zum Meisterbetrieb" (Manager, G) profitiert.

Bei technisch besonders komplexen Anlagen und Prozessen hat man gleich zu Anfang Ingenieure auf die neu zugeschnittene Position rekrutiert. Dies wird sich, nach Ansicht gerade altgedienter Abteilungsleiter, verallgemeinern. Produktionsleute jedenfalls haben keine Chancen mehr: "Leute, die den Werdegang aus der Produktion und ausschließlich aus der Produktion machen, das wird es so gut wie gar nicht mehr geben, weil die können das gar nicht erlernen, was sie da oben brauchen." Ein aufgestiegener Abteilungsleiter gibt zu Protokoll, es sei durchaus damit zu rechnen, "daß wir unter Umständen auch nicht mehr die Führungskräfte der Zukunft sind, in der Fabrik der Zukunft". Es ist aber nicht nur der Neuzuschnitt der Positionen, der zu einem Verdrängungsprozeß führt. Unterstützt wird dies durch die Neukonzeption der Karrierewege für Ingenieure, die einen Einsatz in der Produktion vorschreibt und durch den Umstand, daß in den Ingenieursbereichen Managementpositionen rarer geworden sind. Letztlich drängen dadurch an einer entsprechenden Karriere interessierte Ingenieure verstärkt in die Produktion. Nicht-studierte Fachkräfte konkurrieren damit immer mehr und praktisch chancenlos mit Akademikern.

Beim Bauteilehersteller F1 dagegen ist die Situation auf den ersten Blick kaum problematisch. Der Reorganisationsprozeß hat dort bislang weder zu einer Abschaffung der Meisterebene in der Produktion geführt, noch sehen sich die Meister einer konkreten Konkurrenz durch Ingenieure ausgesetzt - obwohl die Produktion am untersuchten Standort, allerdings schon wesentlich länger, ein ähnliches Automationsniveau aufweist, wie am Standort des Relaisfertigers F2. Stattdessen wurde die Position des Meisters im Zuge der Dezentralisierung von Verantwortung innerhalb der Linienhierarchie und der Integration indirekter Funktionen in die Produktion erst einmal gestärkt.

Meister zählen, zusammen mit den aus den ehemaligen indirekten Bereichen stammenden Fachspezialisten, gewissermaßen zum Führungsstab des Produktlinienleiters. Innerhalb dieses Führungsstabs sind zwar alte Statusunterschiede nicht grundlegend beseitigt und es existiert weiterhin auch eine ungleiche Kompetenzverteilung, aber der Produktionsmeister ist nicht mehr dem relativ engen Reglement und den vielfältigen Zugriffen von Vorgesetzten und indirekten Abteilungen unterworfen, wie das in früheren Zeiten der Fall war. Die Kooperation zwischen Meistern und den Fachspezialisten (Arbeitswirtschaftler, Logistiker etc.) in den Produktlinien ist unmittelbarer und enger geworden und die Werkstattvorgesetzten werden stärker in die Abläufe des Produktionsvorfeldes einbezogen; mit eine Ursache dafür ist, daß mit dem Betriebsingenieur eine zwischengeschaltete Vorgesetztenebene abgeschafft wurde. Vorgaben bzw. Ziele werden dem Meister zwar nach wie vor gesetzt - neben einem bestimmten Produktionssoll hat er sich z.B. an bestimmten Zielgrößen der Produktivitätssteigerung und der Senkung von Gemeinkosten (Instandhaltungskosten etc.) zu orientieren. Vorgaben werden ihm allerdings nurmehr vom Produktlinienleiter gemacht. "Sonst", so ein Meister, "lassen wir uns von keinem dreinreden. Das ist abgestellt." Innerhalb des so gesetzten Rahmens sind die Meister gehalten, ihren Bereich "relativ selbständig" zu führen (Produktlinienleiter, F1).

"Jeden Morgen setzten wir uns ganz kurz zusammen, da machen wir so eine Art Runde, wo eigentlich alle Führungskräfte mehr oder weniger dabei sind. Wobei ich nur ganz kurz die Themen aber anspreche, die entweder im gemeinsamen Interesse sind, oder ... es gibt einige Dinge, wo sie eben Hilfe von außen brauchen, wo man nicht weiterkommt. Aber ansonsten bemühe ich mich, den Herren möglichst in ihrem Bereich völlige Freiheit zu lassen. Da wissen aber alle das Ergebnis [d.h. die in Kennziffern ausgedrückten wirtschaftlichen Ziele, A.d.Verf.]. Sie kennen alle das Ergebnis, sie wissen, wo wir hin müssen, und sie wissen auch jeder einzelne, wo er hin muß." (Produktlinienleiter, F1)

Die Zuständigkeitsbereiche der Produktionsmeister sind im Zuge der Segmentierung neu zugeschnitten und erweitert worden. Die Trennung in unterschiedliche Meisterbereiche ist zum Teil aufgegeben und damit die Verantwortung auf größere Produktionsabschnitte ausgedehnt worden. Zudem unterstehen den Produktionsmeistern neben den Fertigungsmitarbeitern nun auch die in die Produktlinien integrierten Instandhalter; die bisherige Verantwortungsteilung hinsichtlich der Produktion und der Produktionsanlagen wurde also zurückgenommen.

In der Produktlinie hat man, so skizziert ein Meister die Lage, die Verantwortung von der Kunststoffspritzerei über die Stanzerei bis zur Montage. Die Instandhaltung, "mit ein entscheidender Faktor bei der Qualität und auch der Ausbringung", "mache ich so gut wie allein mit meiner Truppe und das war ja auch der große Vorteil der Segmentierung. Wir haben vor zwei Jahren die Instandhaltung integriert in die Produktlinie. Jetzt bin ich nicht mehr abhängig und muß, wenn ich was zum Reparieren habe, in die nächste Abteilung und muß dort anfragen, »was macht man dann«, sondern kann mir selber helfen. Das ist mal ... allgemein das Wichtigste. Die Instandhaltung ist integriert, die ist mir unterstellt. ... Das kann ich jetzt alles organisatorisch bei mir in der Abteilung selbst steuern. Und dann dauert so eine kleine Reparatur unter Umständen zehn Minuten und früher, ohne jetzt jemand am Zeug zu flicken, mußten sie einen Auftrag schreiben ... mußten dem das erst erklären, erst dem Meister (Instandhaltung), dann noch einmal dem Werkzeugmacher, der das gemacht hat, dann wußte der nicht unbedingt hundertprozentig, auf was es ankommt, hat dann repariert und danach war nochmal eine Reparatur notwendig, nicht. Und das ist jetzt nicht mehr so ... ich nehme diese Leute (Instandhalter) auch dann immer mit raus in den Fertigungsprozeß. Der Werkzeugmacher ... der hat auch mal an dem Aggregat gefertigt. Der weiß also definitiv, auf was es ankommt".

Eine Integration anderer indirekter Funktionen (bzw. entsprechenden Personals) erfolgte bislang nicht. So trägt der Produktionsmeister zwar Qualitätsverantwortung, aber die Arbeitsteilung zwischen Produktion und Qualitätsprüfung, zwischen Produktions- und "Qualitäts"meister, hat innerhalb der Produktlinien noch Bestand. Für die Zukunft ist an eine weitergehendere Konzentration der Kompetenzen und der Verantwortung in den Händen des unteren Produktionsvorgesetzten gedacht.[175]

Die skizzierten Veränderungen eröffnen den Meistern allerdings keineswegs nur Chancen. Auch im Fall des Elektrobauteilefertigers F1 gewinnt der Dezentralisierungsprozeß für sie zugleich eine eigene Bedrohungsqualität. In besonderer Weise gilt dies zunächst für die bisherigen Produktionsmeister. Beim Elektrobauteilehersteller F1 finden sich wie im Leiterplattenwerk G Hinweise auf eine Verdrängung von Produktions- durch Instandhaltungsmeister. Der Ausleseprozeß trifft insbesondere altgediente Meister, denen das überkommene Anforderungsprofil sozusagen zur zweiten Natur geworden ist.

Auch für einen "gestandenen" Instandhaltungsmeister bedeutete der Wechsel in die Produktion eine "schwierige Entscheidung"(Meister, F1). Als Instandhalter genoß man besonderes Ansehen und der Arbeitsbereich, die "Technik", sowie die ausgeprägte Expertengemeinschaft - "die gute Truppe" - waren feste Bezugspunkte des eigenen beruflichen Selbstverständnisses. Davon Abstand zu nehmen fiel schwer, aber man konnte, so dieser Meister, "ja gar keinen andern Schritt machen". Mit der Integration der Instandhaltung in die Produktlinien"mußte ich auch mitgehen. Und ich bin dann auch praktisch als Fertigungsmeister in die produzierende Abteilung gegangen."

Ungleich größeres Gewicht hat jedoch der Umstand, daß mit der Stärkung des Aufgaben- und Kompetenzprofils auf Meisterebene zugleich tradierte Rekrutierungsmaximen in Frage gestellt werden. Hierin zeigt sich eine weitere Parallele zum Fall G. Der Einsatz von Meistern hat zwar noch nicht praktisch, wohl aber in der Perspektive relevanter betrieblicher Akteure an Selbstverständlichkeit verloren. Sein Einsatz ist diskutabel, von einer mehr oder weniger unhinterfragten Konstante zur "bloßen" Option unter anderen geworden. Meister oder Ingenieur? - Beim Hersteller elektromechanischer Bauteile F1 steht die Antwort zwar noch aus, aber die Frage ist aufgeworfen.

Sibyllinisch betont ein Personalmanager, daß die Führungsstruktur im Geschäftsbereich "von oben runter" bis hin zur Segment- und Produktlinienleitung "klar ist". "Darunter", so hebt er hervor,

---

175 Dies bezieht sich in erster Linie auf Teile der Qualitätskontrolle. Dabei soll es aber nicht bleiben. Ein Meister deutet an, welche Kompetenzverlagerungen er sich noch vorstellen kann: "Lager und Verkehr zum Beispiel ... das gehört alles rein in die Produktlinie. Ich kann doch meine Teile, die ich produziere, prüfen ... dann verpacke ich sie, jetzt kann ich doch meinen LKW anfordern, mein Stapler, setze die Dinger drauf ... fax dem Buchungsmenschen ... und wie gesagt, kann sie dann direkt (zum Kunden schicken). Und nicht erst da die Teile nochmal dreimal im Gelände herumfahren und dann machen sich drei Leute die Finger nochmal krumm unnötigerweise. Das wäre schon noch drin, das zu machen". Dieser Meister hofft zudem, auch bei der Materialbeschaffung größere Eigenständigkeit zu gewinnen und direkt mit den Lieferanten in Kontakt zu kommen.

"beginnt es ein bißchen unterschiedlich zu werden." Zentrale Vorgaben gebe es diesbezüglich nicht. Welche Lösungen man hinsichtlich der Führungsorganisation innerhalb der Produktlinien - und damit hinsichtlich der Meisterfrage - finde, hänge von ganz pragmatischen Fragen wie dieser ab: "Wo kommt man denn her und wie sehen denn die Fakten jetzt im Einzelnen noch aus?"

Ein Meister wird in dieser Frage deutlicher: Zwar würde ihnen auf Weiterbildungsseminaren der zentralen Personalabteilung des Konzerns immer wieder versichert, man wolle die "Meister in ihrem Platz sichern" und er seien auch in der "lean company" "unumstritten". Aber die Geschäftsbereiche des Konzerns sind "alle ziemlich autark" und die Vorstellungen der Zentrale hätten daher allenfalls noch Vorschlagscharakter. Praktisch verfahre jeder Geschäftsbereich auch in der Meisterfrage so, "wie er es für richtig hält". Der Stellenwert, den der Meister im Unternehmen genießt, sei mittlerweile "schwer zu beurteilen". Man sei "nach wie vor" mit Überlegungen konfrontiert, die da lauten: "Ersetzen wir die Meister durch Werkstattingenieure ... Das ist schon diskutiert worden ... und wird meines Erachtens immer noch diskutiert." Unter den Meistern am untersuchten Standort ist diese Option immer wieder Gesprächsthema, zumal sie von anderen Standorten wissen, daß dies auch realisiert wird: "die fahren ohne Meister". Für sich selbst mag der zitierte Produktionsmeister keine unmittelbare Bedrohung erkennen. Als ehemaliger Instandhaltungsmeister mit jahrzehntelanger Berufserfahrung und vielfältiger Weiterbildung ist er sich sicher: "Die brauchen mich". Als der "Erfahrenste" in der Produktlinie trage er einen "Großteil des Wissens doch in meinem Kopf" und darauf seien die Ingenieure angewiesen. Insbesondere was das "Beherrschen" der Produktionstechnik anbelangt, ist dieser Meister davon überzeugt, "daß wir's an und für sich praktisch bloß allein können, ich und meine Instandhalter. Die anderen reden bloß mit. Die meinen auch, sie haben eine Ahnung, aber das Know How ist in der Werkstatt." Die anderen, das sind die "Chefs", die Ingenieure.

Um den Meister "an sich" macht er sich gleichwohl Sorgen. "Ich glaube schon", so gibt er vorsichtig zu Protokoll, "daß der Meister weiter überlebt, weil man den braucht ganz einfach". Allerdings hegt er Zweifel, ob andere diese Einsicht teilen, und den Sozialforschern gibt er deshalb am Ende des Gesprächs mit auf den Weg: "Und das ist vielleicht das, was ich hervorheben möchte, daß man uns Meister ein bißchen unterstützt".

Fassen wir zusammen: In allen drei Fällen finden sich insgesamt gesehen in unterschiedlichem Ausmaß Anzeichen nicht nur dafür, daß im Zuge der Neudefinition der hierarchischen und funktionalen Arbeitsteilung Meisterstellen abgebaut werden, sondern auch Belege, daß der Ingenieur zu einem bedrohlichen Konkurrenten wird, der sich - bildlich gesprochen - anschickt, den Meister von seinem angestammten Platz zu verdrängen.

Soweit Aufsteiger bzw. Meister bei der Besetzung von unteren Führungspositionen weiterhin bzw. noch zum Zuge kommen, zeichnet sich wie gezeigt zumindest ein Verdrängungsprozeß innerhalb der Gruppe der Meister selbst ab. Eine Chance zur Übernahme komplexerer Führungsaufgaben erhalten der Tendenz nach nur in besonderer Weise qualifizierte Meister. Meister, deren Qualifikations- und Entwicklungspotential als vergleichsweise gering eingeschätzt wird, geraten definitiv auf die Verliererstraße. In erster Linie davon betroffen sind Statusmeister, die allein aufgrund ihrer Bewährung als (Fach-) Arbeiter und ohne eine größere Weiterbildung in ihrem angestammten Betätigungsfeld zum Vorgesetzten ernannt wurden. Aber auch für qualifizierte Meister, die im Rahmen einer längeren Berufspraxis als Produktionsmeister durch die tayloristischen Strukturen geformt wurden, verdüstern sich die Aussichten. Der Rückbau des vor allem in den bürokratisierten Großunternehmen stark entfalteten Funktionsmeistersystems liefert hierzu gleichsam die Voraussetzungen. In dem Maße, wie die horizontale Arbeitsteilung zwischen Produktionsmeistern und Meistern indirekter Abteilungen (Wartung und Instandhaltung, Qualitätsprüfung etc.) reduziert und Meisterstellen in indirekten Bereichen abgebaut werden, werden qualifiziertere Meister (etwa der Instandhaltung) für Positionen im unteren Linienmanagement verfügbar.

Je komplexer das Anforderungsprofil des unteren Produktionsvorgesetzten zugeschnitten wird und je mehr damit die tradierten Demarkationslinien zwischen den Einsatzgebieten von Meistern und Ingenieuren verwischen, umso größer erscheint die Gefahr einer Verdrängung der Aufsteiger. In besonderer Weise ist diese Gefahr dort gegeben, wo eine traditionell eng definierte Aufgabenstellung und ein subalterner Status von Meistern berufliche Sozialisationsprozesse beförderte und zur Konstitution von betrieblichen Wahrnehmungsmustern über "die" Qualifikation und Fähigkeiten "des" Meisters beitrug, die ihn nicht zum "natürlichen" Kandidaten für komplexe Führungsaufgaben werden lassen.

Den subjektiven Voraussetzungen der vorhandenen Meister (Qualifikationen, Dispositionen), insbesondere aber auch den diesbezüglichen Wahrnehmungsmustern der relevanten betrieblichen Akteure - wie in komplementärer Weise denjenigen über "den" Ingenieur -, kommen im Reorganisationsprozeß großes Gewicht zu. Beides hat in den bisherigen Organisationsstrukturen sein Fundament. Nicht nur der konkrete Zuschnitt der neu definierten unteren Vorgesetztenposition - der wohlgemerkt nicht isoliert von historisch konkreten (gesellschaftlich mehr oder weniger standardisierten, betrieblich aber in spezifischer Weise genutzten und geformten) Befähigungsprofilen erfolgt - und damit das Ausmaß der Überschreitung tradierter beruflicher Demarkationslinien, sondern auch das am tayloristischen Meistereinsatz geschulte und praktisch wirksame Bild von "dem" Meister (bezogen auf das neue Anforderungsprofil: das Bild von seinen fachlichen wie "unternehmerischen" Potenzen) entscheidet über das Schicksal des Meisters. Entsprechend groß ist das Risiko in diesem Fall für den Meister, der Konkurrenz des Ingenieurs zu unterliegen. Je komplexer die Führungsaufgabe ausgelegt wird, um so riskanter gilt der Einsatz von Meistern und um so selbstverständlicher und "notwendiger" wird in den Augen der Betreiber der Reorganisation - die selbst in vielen Fällen Ingenieure sind - der Bruch mit der bisherigen Tradition und der Einsatz von "Akademiker"-Meistern.

Selbst wenn sich die "Aufladung" der Position des unteren Vorgesetzten in der Produktion in Grenzen hält, kann sich der Einsatz von Aufsteigern dem Ende nähern - dann nämlich, wenn die Unternehmen in der Neufassung beruflicher Entwicklungswege für Ingenieure einen personalpolitischen Weg entdecken, die Mängel in der Verzahnung von Entwicklung/Konstruktion, Produktion und Vertrieb - ergänzend zur organisatorischen Neuregelung - zu beheben. Es geht konkret um neue Konzeptionen für die Führungskräfterekrutierung und Personalentwicklung, die darauf abzielen, bisher verbreitete "Schornsteinkarrieren" - d.h. ausschließlich bereichsbezogene Karrieren z.B. in der Produktion, in der Entwicklung/Konstruktion etc. - abzuschaffen, Funktions- bzw. Ressortbornierungen von Fach- und Führungskräften aufzubrechen und sie auf funktionsübergreifende Aufgaben (z.B. Projektmanagement) vorzubereiten. Zu beobachten ist eine solche personalpolitische Neuausrichtung im Fall des Relaisfertigers F2 und im Leiterplattenwerk G.[176] Dort steht hinter dem Streben, die untere Vorgesetztenposition in der Produktion zu einem selbstverständlichen Karriereschritt für Ingenieure zu machen - neben den genannten Aspekten - das formulierte Interesse an einem besseren Wissenstransfer von der Produktion in andere Bereiche hinein.

"Das Wissen, das in diesen Produktlinien und bei dem Produktionsprozeß akkumuliert wird, das brauchen wir an ganz anderer Stelle wieder. Wir brauchen das für neue Produkte ... Und die Erfahrungen, die an dieser Produktlinie gemacht worden sind durch diese Ingenieure sind enorm wichtig. Und solch ein Wissen können sie nicht von außen kaufen." Den Schichtleitern stehen "mehrere Karrieremöglichkeiten" in der Produktion, im Vertrieb und in der Entwicklung offen (Personalleiter, F2).

Eine besondere Bedeutung kommt - eingedenk der mittlerweile gängigen Forderung nach simultaneous engineering - der Verbindung von Entwicklung/Konstruktion und Produktion zu. Beide Bereiche waren in den untersuchten Fällen, in denen die betriebs-, fertigungs- und arbeitsorganisatorischen Strukturen den Idealen der vergangenen Rationalisierungsepoche sehr weitgehend entsprochen haben, relativ strikt voneinander getrennt.

Bestes Beispiel sind die Geschäftszweige F1 und F2, wo die Entwicklungsressourcen (aber auch der Vertrieb) am Sitz der Unternehmenszentrale konzentriert waren und die Werke reine "Produktions"standorte waren. Ein Wissenstransfer von der Produktion in die Entwicklung hinein war hier in besonderer Weise voraussetzungsvoll. Für eine direkte Verbindung zur "Basis" hin fehlten allein schon die organisationsstrukturellen Rahmenbedingungen. Die Kooperation und der Informationsaustausch zwischen den Entwicklungsbereichen und der "Fabrik" konzentrierte sich im wesentlichen auf die indirekten Bereiche der Standorte - den "intelligenten" Teilen der Produktion, in denen Ingenieure den Ton angaben. Eine "Kooptation" von (weiterqualifiziertem) Produktionspersonal - auch eine Form der Rückkoppelung bzw. des Transfers von Produktionswissen in die Entwicklung hinein - spielte kaum eine Rolle; d.h. berufsfachlich qualifiziertes Produktionspersonal mit Zusatzausbildung gelangte kaum in anwendungsnahe Entwicklungs- bzw. Konstruktionsbereiche.

Dies setzt Versuchen, etablierte Barrieren zwischen Produktion und Entwicklung/Konstruktion zu überwinden, spezifische Rahmenbedingungen. Neben den organisationsstrukturellen Hindernissen - die ja im Zuge der Dezentralisierung "behandelt" werden - geht es auch darum, die aus verfestigten "Kulturkreisen" (Manager, G) herrührenden Schranken zu überschreiten und zu vermeiden, daß sich in den neuen Organisationsstrukturen Gleiches wiederholt. Allerdings kann hierbei nicht an Traditionen eines (wie auch immer spannungsgeladenen) Austausches zwischen den gewerblichen und den ingenieursdominierten Bereichen, an ein etabliertes Beziehungsnetz angeknüpft werden, in dem der Meister eine relevante Mittlerfunktion von Produktionswissen inne hat. Erfahrungen mit einem entsprechenden Typus

---

[176] Im Fall G ist der Gang der Ingenieure in die Produktion offiziell Voraussetzung für eine Managerkarriere.

der Kooperation und Innovation (vgl. Kalkowski/Manske 1993) - wie sie etwa beim Verpackungsanlagenbauer A oder dem Pumpenhersteller B existieren -, bei dem in technische Fachfunktionen aufgestiegene Facharbeiter und die Meister zentrale Bindeglieder sind, fehlen weitgehend.

In Betrieben mit einer strukturierten Meisterwirtschaft wie den Fällen A und B, in denen die organisatorisch bedingte Abschottung der Bereiche weniger stark entfaltet war und in denen sowohl der aufgestiegene Facharbeiter (in Arbeitsvorbereitung, Konstruktion etc.), als auch die direkte alltägliche Kooperation zwischen "Werkstatt" und Entwicklung/Konstruktion von Bedeutung blieb, ist die (Ausgangs-)Lage anders. Produktionswissen ist hier nicht nur vermittelt über die Personalrekrutierung in vielfältiger Weise vorhanden, sondern kann auch im Rahmen einer unmittelbaren Interaktion verfügbar gemacht werden, die eine geringere fachliche wie soziale Distanz zwischen Produktions- und Konstruktionspersonal zum Fundament hat. Der Meister ist traditionell in der einen oder anderen Weise in Konstruktionsfragen einbezogen und er gilt seines technisch-fachlichen Wissens, seiner Erfahrung und auch seines Status im Betrieb wegen als "natürliche" Vermittlungsinstanz, die im Vorfeld Fertigungsgesichtspunkten Nachdruck verleihen kann.[177] Im Maschinenbau wird Kalkowski/Manske (1993, 70) zufolge das Werkstattpersonal, der Facharbeiter, als "Mit-Innovator" ernst genommen und es herrscht eine intensive Interaktion zwischen den sich "wechselseitig als Experten anerkennenden Fachleuten". "Der Innovationstypus im Maschinenbau", so Kalkowski/Manske (1993, 70), ist "traditionell rekursiv". Eine wesentliche Stütze dieses Typus ist, daß Werkstattpersonal und Entwickler/Konstrukteure mit der Herkunft und der Facharbeiterausbildung eine gemeinsame soziale wie technisch-fachliche Verständigungsbasis haben; d.h. man kann sozial wie fachlich kompetent miteinander kommunizieren. Hirsch-Kreinsen (1994, 99) spricht in diesem Zusammenhang von einer "homogenen und praxisorientierten Struktur des technischen Personals".[178]

Mehr Tradition dagegen hat in den ehemals strikt tayloristisch strukturierten Unternehmen die Kooperation der Ingenieure - die Zusammenarbeit zwischen den "Produktions"ingenieuren (Betriebsingenieure, höhere Linienmanager etc.) und den Ingenieuren der Entwicklung/Konstruktion. Von einem rekursiven Charakter der Produktinnovation wie in den Maschinenbaufällen kann kaum die Rede sein.

Ein Schichtleiter aus dem Relaisgeschäftszweig F2 bringt die andersartige Lage auf den Punkt. Mit ein Grund dafür, daß Ingenieure auf untere Vorgesetztenpositionen gelangen, ist, daß der neue Fertigungsvorgesetzte "auch in der Lage sein muß, auf die Produktentwicklung und die Applikation (d.h. die technische Vertriebsfunktion) so einwirken oder mit denen sich irgendwie verständigen zu können, daß am Produkt sinnvolle Veränderungen vorgenommen werden müs-

---

177 Hier, wo trotz aller auch vorhandenen Spannungen und Beschränkungen die Kooperation zwischen Werkstatt und Konstruktion - mit den aufgestiegenen Facharbeitern und den Meistern als zentralen Brücken der Verständigung - vergleichsweise eng geblieben ist, bestehen zumindest größere Chancen, daß weiterhin auf dieses Modell und damit auch auf den Meister gesetzt wird. Die Feststellung eines Meisters des Selbstorganisationsfalles A - die auch im höheren Management geteilt wird -, er könne sich nun endlich stärker um Konstruktionsdinge, um die Vereinheitlichung von Bauteilen etc. kümmern, wäre in den hier behandelten Fällen alles andere als selbstverständlich.

178 Zu Erosionstendenzen dieser Struktur vgl. Kalkowski/Manske (1993), Hirsch-Kreinsen (1994) und Pitz/Pohl (1994).

sen." Und da müsse ein Schichtleiter "natürlich mit den Entwicklern und auch den Applikateuren, die ja den Kundenkontakt haben, eine Sprache sprechen." Ansonsten bräuchte es einen "Spezialisten" in den Produktlinien, der das "abdeckt".

Insofern liegt es in Betrieben dieser Art - selbst wenn, wie durch die Segmentierung in den Fällen F1 und F2 geschehen, die Entwicklung wieder näher an die Produktion herangeführt wird - nahe, die Verzahnung der Funktionen und den Transfer von Wissen durch eine Neugestaltung der Karrierewege für Ingenieure zu organisieren.[179] Der diesbezügliche Nutzen der Kompetenzen und Erfahrungen eines Meisters, der in gewisser Weise wie die Fertigung "dumm und bewußt dumm gehalten" (Manager, G) wurde, dürfte, zumal seitens derer, die die Reorganisation betreiben, eher gering veranschlagt werden.

Genereller formuliert: Der Einsatz von Ingenieuren auf unteren Vorgesetztenpositionen ist die personalpolitische Flankierung eines Prozesses, der auf die integrierte und prozeßorientierte dezentrale Organisation zielt, und fußt zugleich auf den beschäftigungsstrukturellen und qualifikatorischen Hinterlassenschaften einer tayloristisch-fordistischen Rationalisierungspraxis und auf den tradierten Vorstellungen über die Formen und Träger der Produkt- und Prozeßinnovation, die sich daran knüpfen. Der Tendenz nach reproduziert sich damit die in der alten tayloristischen Organisation beförderte Vorherrschaft der Ingenieure auch in den neuen Organisationseinheiten. Die alten Interaktions- und Karrieremuster und die damit verbundene weitgehende fachliche wie soziale Distanz zwischen dem Produktionspersonal (Arbeiter/Meister) und den ingenieursdominierten Bereichen wird bezüglich des Facharbeiteraufstiegs zu einer problematischen Hürde. Man setzt auf die Führungskraft, die die "Sprache" der Ingenieure spricht, und damit auf den Ingenieur, der, nachdem er ein paar Jahre in der Produktion tätig war, dann in den Vertrieb oder die Entwicklung/Konstruktion wechselt und dort das in der Produktion akkumulierte Wissen als persönliches Kapital einbringt.

Angesichts solcher Konzeptionen ist es daher fraglich, ob es in einem Betrieb wie dem Relaisfertiger F2 so etwas wie eine Rückkehrchance für den Meister gibt. Aus den Reihen der "Akademiker"-Meister wird dies indirekt durchaus als Möglichkeit thematisiert. So streicht einer der neuen Schichtleiter im Fall F2, befragt nach dem Unterschied zwischen seiner und einer klassischen Meisterposition, zunächst die mit der Einführung und Optimierung der automatisierten Produktion verbundenen fachlichen Anforderungen, aber auch die einheitliche Verantwortung für Produktionstechnik, Produktion, Produktqualität und Personal heraus, die für einen Meister unüblich seien.[180] Ansonsten aber, so gibt er zu Protokoll, sei seine Aufgabenstellung "vom inhaltli-

---

179 Sicherlich spielen in dieser Frage Faktoren wie die Größe der Unternehmen ebenfalls eine wichtige Rolle. Allerdings sind auch diese oft nicht gänzlich getrennt zu sehen von bestimmten technisch-organisatorischen Gestaltungsmaximen. So ist das vertikal integrierte und funktional ausdifferenzierte Großunternehmen, folgt man Piore/Sabel (1989), integraler Teil der auf dem Massenproduktionsparadigma sich gründenden Orthodoxie.

180 Dem am Standort gängigen Bild von einem unselbständigen, im Kern nur für die Produktionszahlen Verantwortung tragenden Meister verhaftet, sieht er den Unterschied zu einer

chen Profil" "in der Tat über weite Strecken eine Meistertätigkeit. Das heißt also, man hat Arbeit zu delegieren, man hat Tagesprobleme zu lösen, man hat eben Verantwortung für Produktionszahlen. All die Dinge, die im normalen Produktionsablauf auftreten und das ist also ein Teil, den jeder Meister machen kann." Und dieser "Teil" wird nach Überzeugung des Schichtleiters größeres Gewicht erhalten. Je mehr die Ingenieurs"meister" in den Produktlinien einen Normalbetrieb erreicht haben, desto stärker wird sich ihre Arbeit der eines "normalen" Meisters annähern: Wenn nicht mehr die "Hochlaufphasen" im Vordergrund stehen, sondern alles "technisch richtig funktioniert", d.h. "Serienbedingungen" erreicht sind und es im Kern um "die normale Absicherung einer normalen Produktion" geht, dann "überwiegt auch das Tagesgeschäft" - und "dann ist es eine Meistertätigkeit". Entsprechend meint der "Akademiker"-Meister, daß "diese Art Tätigkeit nicht das sein" wird, was er sich "für die nächsten zehn Jahre perspektivisch wünsche." Reduziert auf eine Meistertätigkeit, sei eine solche Position für einen Ingenieur "nicht mehr attraktiv". Obwohl also aus den Reihen der neuen Fertigungsvorgesetzten des Relaisherstellers F2 Zweifel angemeldet werden, ob ihre jetzige Position für Ingenieure oder ähnlich qualifiziertes Personal auf Dauer attraktiv ist, gilt im oberen Management des Geschäftszweiges F2 die Rekrutierung von Ingenieuren auch auf längere Sicht als der richtige Weg.

4.3 Veränderungsmuster V: Mittellagen - Selbstorganisation und "unternehmerischer" Zuschnitt von Führungsfunktionen

Wir haben in den vorangegangenen Kapiteln die Konsequenzen solcher organisatorischer Innovationen behandelt, die einem der idealtypisch konstruierten Muster folgen. Wie das Fallspektrum zeigt, haben Selbstorganisation und unternehmerischer Zuschnitt von Führungsrollen in der betrieblichen Praxis als Orientierungspunkte des Organisationswandels Gewicht.

Die beiden idealtypisch unterschiedenen Formen der Dezentralisierung sind allerdings nicht sich ausschließende Alternativen, sondern eher Pole einer Bandbreite von Formen mit fließenden Übergängen. Im folgenden sind abschließend die spezifischen Veränderungen herauszuarbeiten, die sich ergeben, wenn beim Aufbau dezentraler Organisationsstrukturen Selbstorganisation und Intrapreneurship - bezüglich der unteren Vorgesetztenebene[181] - gleichermaßen Orientierung abgeben.

"Meistertätigkeit" "tatsächlich darin, daß weiter niemand da ist. Der Meister, wenn er technische Schwierigkeiten hat, wird also zu dem entsprechenden Techniker gehen. Und er wird bei Qualitätsproblemen auch Leute haben, die er da ansprechen kann." Bei ihm sei dies anders gelagert: "Ob ich ein Qualitäts-, oder ein Materialproblem oder ein Prozeßproblem habe. Ist sowieso meines."

181 Es lassen sich ganz verschiedene Formen der Verbindung von Selbstorganisation und der Aufwertung der Linie gegenüber indirekten Bereichen bzw. Stäben denken. Je nachdem, ob letzteres ein Konzept der Reorganisation der gesamten Führungsorganisation ist, oder sich nur auf höhere Managementebenen unterhalb der geschäftsführenden Ebene oder auf das gesamte Mittelmanagement erstreckt, ergeben sich ganz unterschiedliche Folgen für die Meister.

Basis sind hierbei die Fälle D2 und E, in denen sich eine solche Doppelbewegung abzeichnete. Im Fahrzeugkomponentenwerk D2 erfolgt ein komplexer Organisationswandel. Die Einführung von Gruppenarbeit in der Produktion und eines "kontinuierlichen Verbesserungsprozesses" ist hier überformt durch weitere, auf das gesamte Werk ausstrahlende Veränderungen. Wie im Montagewerk D1 erfolgt auch im Komponentenwerk D2 ein - allerdings modifizierter - Abbau von Hierarchieebenen. Dieser geht einher mit der Bildung (teil-)autonomer funktionsintegrierter Einheiten auf unterschiedlichen Ebenen, die gewissermaßen das neue einheitliche Strukturprinzip im Werk abgeben. In der Produktion sind diese Einheiten auf definierte Produktlinien hin orientiert. Integraler Bestandteil der Bildung "autarker" Einheiten ist die Stärkung der Führungsrollen in diesen neuen Einheiten. Innerhalb der Linienhierarchie werden Verantwortlichkeiten und Entscheidungskompetenzen auf untere Führungspositionen delegiert, die zugleich von der Integration indirekter Funktionen profitieren. Arbeitsgruppen sind hier also die untersten Organisationseinheiten und zugleich Teil größerer (teil-)autonomer Organisationseinheiten mit Führungpositionen, die einen "ganzheitlichen" Verantwortungs- und Kompetenzzuschnitt aufweisen.

Im Meßtechnikunternehmen E, das in einem ersten Veränderungsschritt in zwei selbständige Divisions aufgespalten wurde, folgt die operative Dezentralisierung einem ähnlichen Grundmuster. In den Produktionsbereichen der Divisions wird die verrichtungsorientierte Organisation zugunsten einer produktlinien- und damit prozeßorientierten segmentierten Organisationsform aufgegeben. Entlang abgrenzbarer Produktionsabschnitte werden sogenannte Segmente aufgebaut, innerhalb derer sowohl den neu gebildeten Arbeitsgruppen, als auch den Führungskräften größere Verantwortung und Selbständigkeit eingeräumt wird.

Meister und Mitarbeiter: Neue Selbständigkeit für beide Seiten

Die gleichzeitige Aufwertung der Produktionsarbeit und der Führungspositionen in der Produktion setzt die Meister in den untersuchten Betrieben einem widersprüchlichen Veränderungsprozeß aus.

In beiden Fällen bestand eine zweistufige Meisterstruktur (Meister bzw. Abteilungsmeister als übergeordnete und Gruppenmeister als unterste Meisterebene). Der Aufgabenzuschnitt insbesondere der Gruppenmeister in der Produktion war eng gefaßt und die Entscheidungsspielräume relativ gering. Starke indirekte Bereiche (produktionsvorbereitende Abteilungen, Instandhaltung etc.), eine tiefgestaffelte Hierarchie und eine entsprechende Zentralisierung von Entscheidungskompetenzen waren hierfür in beiden Fällen der Hintergrund. Die Produktion, so faßt ein leitender Manager von D2 die allgemeine Situation zusammen, hatte den Status eines Bergwerks und "die Produktionsleute sind die Bergwerksarbeiter, die nur unter Tage arbeiten und nie ans Licht dürfen. Sie dürfen nämlich nur fleißig die Kohle rausbringen, abfördern, und verkaufen tun andere. Und planen, mit welchen Geräten sie im Einsatz sind, tun auch andere." Den Meistern und Gruppenmeistern, eingespannt in eine "strenge Arbeitsteilung", "wurde ja alles vorgegeben, jeder kleine Schritt"; "der Meister war ja mehr oder weniger ein Handlanger und hat halt die Arbeiten ausgeführt, die andere ihm vorgegeben haben. Das war halt so gewollt" (Meister, D2). Auch im Unternehmen E hat das obere Management "bestimmt, was gemacht wird. Und wie das gemacht wird, das war eine Aufgabe der AV"; der Gruppenmeister "hatte im Prinzip nichts anderes zu tun, als die Arbeit zu verteilen" (mittlerer Manager, E), kleinere vorbereitende Arbeiten zu erledigen - wie etwa das Erstellen von Mustern zur Bestückung von Platinen - und die Arbeitsaufsicht zu führen.

Der Aufbau selbstorganisierter Gruppen resultiert, wie in anderen, bereits behandelten Fällen auch, in einer Beschneidung traditioneller Zuständigkeiten. Die Aufgabe der Arbeitsverteilung, -anweisung und Arbeitskontrolle, der Einfluß auf den unmittelbaren Personaleinsatz und die Arbeitsvollzüge geht den Meistern zu einem Gutteil verloren. Die Gruppen sollen die ihnen zugewiesenen Aufgaben weitgehend selbständig erledigen. Eigenregie ersetzt weithin die Anleitung durch den Vorgesetzten. In begrenztem Ausmaß werden dementsprechend bestimmte Gewährleistungsaufgaben (vorbereitende bzw. Koordinations- und Prozeßsicherungsaufgaben), die bisher insbesondere bei den Meistern lagen, in die Verantwortung der Gruppen gelegt.

In den neuen Strukturen ändert sich die Form der Beziehung zwischen den Arbeitsvorgesetzten und den Untergebenen. Sie wird vermittelter. Der Meister tritt nun weniger dem einzelnen Mitarbeiter, als vielmehr der Gruppe als einer Einheit gegenüber; seine Arbeitskontakte konzentrieren sich im Normalfall auf den Gruppenverantwortlichen (Gruppensprecher). Gleichzeitig sind die Meister mehr den je gefordert, einen kooperativen Führungsstil zu pflegen. Ein autoritäres Führungsverhalten, das schon im Rahmen der alten Organisation problematisch war, dort allerdings noch ein gewisses Unterfutter in den Strukturen der hierarchischen Arbeitsteilung hatte, wirkt im Rahmen der neuen Strukturen dysfunktional.

Im Fahrzeugkomponentenwerk D2, in dem zum Untersuchungszeitpunkt bereits ein Viertel der Produktionsarbeitsplätze in Form von Gruppenarbeit organisiert sind und wo eine weitere Ausweitung fest anvisiert ist, variieren wie im Fall des Montagewerks D1 die konkreten Formen der Gruppenarbeit je nach Arbeitssystem.[182] Wenn auch im Grad der Funktionsintegration und der Selbststeuerung Unterschiede bestehen: Innerhalb eines je spezifischen Rahmens organisieren sich die Gruppen selbst. Rüstarbeiten, Materialdisposition, Auftragsfeinsteuerung, Qualitätskontrolle, einfache Wartungstätigkeiten, Arbeitsverteilung und die Urlaubs- und Schichtplanung werden in unterschiedlichem Ausmaß von den Gruppen eigenständig erledigt. Gewählte Gruppensprecher und regelmäßige Gruppenbesprechungen sind auch hier Merkmale der Gruppenarbeit.[183]

---

182 Die Variabilität der Gruppenarbeitsformen läßt sich nicht auf die Spezifika der jeweiligen Arbeitssysteme in dem Sinne zurückführen, daß durch diese die Gestalt der Gruppenarbeit weitgehend festgelegt wird. Eine große Rolle spielen diesbezüglich betriebliche Definitionsprozesses, in die Sichtweisen und Interessen ganz unterschiedlicher Akteure einfließen.

183 Ein Mitglied des oberen Managements skizziert exemplarisch den Aufgabenzuschnitt der Arbeitsgruppen in der Stanzerei: "Der LKW kommt mit Rohmaterial an. Die Mitarbeiter entladen den LKW, lagern das Material ein, holen sich das Material aus dem Lager wieder raus, machen das Rüsten, das Vorrüsten der Maschinen, machen den Werkzeugcheck, alles das ist angesiedelt. Wir machen kleine Wartungsarbeiten ... wir machen die Entsorgung; wir machen die Reinigung. Wir machen die Urlaubs-, die Freischichtplanung der Mitarbeiter. Alles das haben wir in die Gruppen hineingegeben, mit dem Ziel, die Gruppe muß so autark sein, daß sie den Nutzungsgrad der Maschine nach oben bringen kann. ... ganz klar die Kontrolle, die Qualitätssicherung ist drin ... die Materialdisposition; das Einchecken der Aufträge soll von den Mitarbeitern gemacht werden, muß gelebt werden ... Es gibt Gruppensprecher. Es gibt einmal in der Woche eine Stunde, wo die Gruppe sich zusammensetzt und ihre Probleme bespricht." Ein Meister verdeutlicht die neue Selbständigkeit der Gruppen, indem er betont, er komme selbst bei Werkzeugversuchen "jetzt nur noch mit einem Vertreter vor Ort, stelle die Leute dementsprechend vor, und dann sprechen die auch mit den Vertretern selber. Ich bekomme nachher nur noch ein Feedback".

Die in den Divisions des Meßtechnikherstellers E in den Grundstrukturen weitgehend vollzogene Restrukturierung weist einige Unterschiede zum Fall D2 auf. Am Beispiel einer Division seien diese kurz skizziert: Auf der Basis von drei abgrenzbaren Produktlinien werden in den großen, bislang hocharbeitsteilig und verrichtungsorientiert organisierten Produktionsbereichen - der Flachbau (Bestückung von Platinen), die Montage und das Prüffeld - jeweils drei Segmente gebildet. Jeweils ein Flachbau-, ein Montage- und ein Prüffeldsegment bilden einen Produktionszusammenhang und sind in Form einer ziehenden Fertigung miteinander verbunden.[184] Die Segmente, die neuen Basiseinheiten in der Produktion, bestehen aus festen Arbeitsgruppen und einem direkten Vorgesetzten. Anders als bei D2 ist bei E also ein Vorgesetzter nicht für mehrere Arbeitsgruppen, sondern nur für eine einzige zuständig. Der Grad der Funktionsintegration und Selbststeuerung innerhalb der Gruppen ist zudem geringer ausgeprägt. Charakteristisch für die Arbeitsgruppen z.B. der Flachbausegmente ist zunächst einmal die Erweiterung der Einsatzflexibilität.[185] Anstelle der eng spezialisierten, sind jetzt "Allroundkräfte" gefordert. Die Integration indirekter bzw. dispositiver Aufgaben hält sich demgegenüber (noch) in Grenzen. Integriert wurde die Erstellung von Bestückungsmustern (Vorlagen für die Bestückungsaufträge). Diese vorbereitende Tätigkeit, die bislang Aufgabe der Gruppenmeister war, haben die Bestückerinnen mittlerweile ebenso übernommen wie die Qualitätskontrolle und - in ersten Ansätzen - die Materialverantwortung. Die Übernahme der internen Arbeitsverteilung durch die Gruppe bzw. einem verantwortlichen Gruppenmitglied ist erklärtes Ziel, aber erst teilweise realisiert. Gruppenverantwortliche werden hier nicht von der Gruppe gewählt, sondern vom Segmentvorgesetzten bestimmt.

In beiden Fällen impliziert die Umstellung auf Gruppenarbeit Kompetenzverluste auf der untersten, der Gruppenmeisterebene und einen Wandel des Aufgabenprofils des direkten Arbeitsvorgesetzten. Wir verdeutlichen dies in knappen Strichen am Fall des Komponentenwerks D2, da hier, anders als im Fall des Meßtechnikherstellers E - worauf noch einzugehen sein wird - die zweistufige Meisterstruktur in der Produktion bestehen bleibt. Lassen wir hierzu einen Meister aus dem Automobilwerk D2 zu Wort kommen, der die Veränderung folgendermaßen faßt: "Ein ganz großer Teil" von dem, was früher Aufgabe des Gruppenmeisters gewesen sei, haben mittlerweile die Gruppen bzw. deren Sprecher, die "unheimlich selbständig" geworden seien, übernommen. Sich selbst sieht er mittlerweile als "Berater" und "Coach" der Gruppen, der diesen Ziele und Vorgaben steckt, ihnen aber mittlerweile weniger sagt, "wo es lang geht", sondern die Gruppen berät, um sie zu eigenen Entscheidungen zu befähigen.[186] Eine der wichtigsten Aufgaben eines Meisters ist es

---

[184] Wir betrachten im weiteren nur jene Aspekte, die für die traditionellen Einsatzbereiche von Meistern - den Flachbau und die Montage - von Bedeutung sind. Im Prüffeld, in dem vor allem Techniker tätig sind, werden traditionell keine Meister eingesetzt.

[185] In den Flachbausegmenten sind alle Tätigkeiten integriert, die zur kompletten Fertigstellung von Platinen erforderlich sind (Vormontage, Nieten, Bestückung, Löten, Nachlöten). Die überwiegend ungelernten Frauen, die bisher nur einen einzigen Arbeitsgang auszuführen hatten, sollen nun alle innerhalb der Gruppe anfallenden Arbeiten beherrschen.

[186] Wenn man den Mitarbeitern Verantwortung übertrage, so dieser Meister, dann könne man als Vorgesetzter nicht einfach in die Gruppen hineinregieren und Entscheidungen "umschmeißen", auch "wenn das dann mal baden geht". "Ich mache die Leute darauf aufmerksam, was passieren kann, und die letzte Entscheidung, die sollen sie dann auch treffen. Soweit es in ihrem Bereich liegt. Zum Beispiel hatten wir jetzt vor kurzem, grade die Urlaubsplanung, man hat sie mir vorgelegt und ich hab gesagt: Ja, da und da könnte etwas passieren, seid vorsichtig damit! Und es ist auch etwas eingetreten, so daß der eine oder andere Mitarbeiter fehlte und Engpaßmaschinen nicht besetzt werden konnten. Ja, hab ich gesagt, das war Eure Entscheidung! Was machen wir nun? Ja, dann haben sie gesagt: Dann versu-

nun, daß er "diese Gruppe zusammenhält", resümiert ein anderer Meister.[187] Die fachliche Beratung der Gruppen, die Regelung übergreifender Sachfragen und die Regulierung gruppeninterner Konflikte und Probleme kristallisieren sich im Fahrzeugkomponentenwerk D2 als zentrale Anforderungen heraus.

Die Meister verlieren in diesen Fällen also an direktem Einfluß auf das Arbeitshandeln der Mitarbeiter. Mit der Dezentralisierung von Verantwortlichkeiten und Entscheidungskompetenzen aus höheren Hierarchieebenen und indirekten Bereichen auf die Ebene der Meister, wächst aber zugleich deren Bedeutung für das Kooperationsgefüge in der Produktion und zwischen Produktion und angrenzenden Funktionsbereichen. Sie werden ein Stück weit von den Fesseln befreit, die ihnen innerhalb der bisherigen, funktional differenzierten, zentralistischen und bürokratisch reglementierten Organisation angelegt waren. Die untere Vorgesetztenpositionen gewinnen an Einfluß und Gestaltungskompetenz hinsichtlich der Rahmenbedingungen des Arbeitsprozesses und der Arbeitssituation in den Arbeitsgruppen. Es zeichnet sich nicht zuletzt ab, daß in diesen Fällen die Durchsetzung betrieblicher Leistungsnormen wieder stärker in die Hände der Meister gelegt wird. Mehr noch: Innerhalb der durch die Betriebsverfassung und Kollektivvereinbarungen gesetzten Grenzen wird die Leistungskompromißbildung zum Teil dezentralisiert. Dabei wächst den Meistern eine gewichtigere Rolle bei der Regulierung der Lohn-Leistungs-Relation zu. Die Frage der "angemessenen" Leistung wird jedenfalls wieder zu einem Verhandlungsgegenstand zwischen Meistern und Mitarbeitern (bzw. Arbeitsgruppen) und wird nicht mehr wie früher vornehmlich nur zwischen den Experten einschlägiger Stabsabteilungen und des Betriebsrats geregelt.

In von Fall zu Fall unterschiedlichem Ausmaß wird damit die (neu definierte) "Werkstatt" wieder stärker der eigenständigen Gestaltung der Meister überantwortet. Den Meistern werden auch weiterhin Vorgaben gesetzt, aber ihre Spielräume hinsichtlich der Umsetzung werden - bezüglich definierter Dimensionen - deutlich erweitert.

---

chen wir mal mit dem Kollegen X zu sprechen, ob der aus dem Urlaub zurückkommt. Ja, gut, er war bereit und kam zurück. Aber, wie gesagt, das hat die Gruppe selber durchgezogen und das ist ein Lernprozeß". Der Meister sei eine Art "Trainer" der Gruppen, der diesen "Impulse" gibt und "Ziele" steckt, die erfüllt werden müssen. Ansonsten müsse man sich nun "zurückhaltend äußern" und "mehr oder weniger die ganze Sache moderieren". "So wie es mal gewesen ist, daß alles nur noch vorgepowert wird", lassen sich die Gruppen nicht führen.

[187] Hierauf insistiert u.a. der Produktionsleiter. Man müsse, will man "diese Veränderung überhaupt zum Erfolg führen, (mehr) auf der Verhaltensschiene machen ... Der Gruppendruck nimmt zu. Pflaumen will man nicht tragen, die möchte man nicht in der Gruppe mit durchschleppen." Hier müsse der Meister ebenso "Lösungen suchen", wie bei anderen Schwierigkeiten, etwa, wenn Mitarbeiter bei rückläufigen Produktionszahlen aus einer Gruppe herausgenommen werden müssen oder wenn es darum geht, das Leistungsverhalten zu verbessern. "Und auf diesem Gebiet ist in meinen Augen sehr viel zu arbeiten, und deshalb sage ich, müssen wir einfach eine gute Meisterstruktur haben."

Die Stärkung der Funktion des Linienvorgesetzten kompensiert in gewissem Sinne die destabilisierende Wirkung, die der Verselbständigung der Produktionsarbeit inhärent ist. Dies bedeutet jedoch nicht, daß die bestehenden Strukturen auf der Meisterebene unangetastet bleiben und sich allein Verschiebungen im Aufgabenzuschnitt ergeben. Drei Aspekte sind hervorzuheben. Erstens werden mit der Einführung von Gruppenarbeit die bestehenden Führungsspannen hinterfragt. Wie in anderen Selbstorganisationsfällen auch (vgl. etwa den Fall des Automontagewerks D1), zeichnet sich in den beiden Fällen D2 und E eine Ausdünnung auf der untersten Meisterebene ab. Zweitens wird - nicht zuletzt dann, wenn Hierarchieabbau zu einem allgemeinen Ziel erhoben wird - die Mehrstufigkeit der Meisterebene zur Disposition gestellt. Funktionsverlagerungen nach "unten" und die gleichzeitige Stärkung der Meisterfunktion legen es unmittelbar nahe, hierarchische Ausdifferenzierungen zurückzunehmen. Die Aufwertung der untersten Meisterebene, die primär die Kompetenzverluste nach unten zu tragen hat, impliziert u.a. die Übertragung von Aufgaben, die bisher in den Zuständigkeitsbereich der übergeordneten Meisterebene fielen. Nur dann, wenn letztere ebenfalls in relevantem Umfang angereichert wird, bleibt eine solche Struktur erhalten. Allerdings entsteht dann zugleich die Gefahr der Verdrängung des Meisters durch den Ingenieur. Je ganzheitlicher die obere Meisterposition zugeschnitten und je komplexer das Anforderungsprofil wird, desto mehr reicht sie in ein Feld hinein, das herkömmlicherweise dem Qualifikationstyp Ingenieur zugewiesen wird. Drittens gerät mit der Stärkung der Produktionsbereiche und der Integration indirekter Funktionen wie Wartung und Instandhaltung das modifizierte Funktionsmeistersystem ins Wanken. Die Grenzziehungen zwischen Produktions- und Instandhaltungsmeistern verflüssigen sich. Als Folge der Funktionsintegration bzw. der Verlagerung von Instandhaltungspersonal in die Produktion werden Meisterstellen in der Instandhaltung abgebaut und es entsteht der Tendenz nach eine Konkurrenz zwischen Produktions- und Instandhaltungsmeistern um eine insgesamt kleinere Zahl von Meisterstellen.[188]

Die Gruppe der Meister ist in solchen Dezentralisierungsfällen letztlich widerstreitenden Signalen ausgesetzt: Einerseits wird zumindest teilweise ihr Verbleib in Vorgesetztenfunktionen und ihre bisherige Rolle im Betrieb in Frage gestellt, andererseits werden sie mit deutlich höheren Anforderungen konfrontiert. Das Bild vom Meister als "eierlegender Wollmilchsau" - "also vom Meister alles verlangen. Der muß alles können, der muß alles wissen und der soll auch alles tun" - und Überlegungen, "morgen auf uns zu verzichten", sind hier gleichermaßen präsent (Meister, D2).

---

188 Dort, wo die Qualifikation der Produktionsmeister zur fachlichen Unterstützung funktionsintegrierter Teams (z.B. gemischte Teams aus Instandhaltungsspezialisten und Produktionsarbeitern) nicht hinreicht, kann deren Verdrängung durch Instandhaltungsmeister anstehen.

Im Meßtechnikunternehmen E ist eine hervorstechende Konsequenz der Segmentierung der Produktionsbereiche zunächst die Abschaffung einer Meisterebene. Die beiden Ebenen Meister und Gruppenmeister wurden zusammengefaßt zur neuen Funktion des "Segmentmeisters". Da zugleich die Führungsspanne in den Segmenten erhöht wurde, verlor ein erheblicher Teil der bisherigen Gruppenmeister Führungsverantwortung.[189] Dem Urteil des Betriebsrats und des höheren Managements zufolge ließ sich die zweigliedrige Struktur auf der Meisterebene und die extrem niedrige Führungsspanne - teilweise führten die Gruppenmeister lediglich bis zu sieben Mitarbeiter - beim Übergang zu den neuen Strukturen nicht mehr halten. Ein wesentlicher Teil der Aufgaben der Gruppenmeister wurde den Arbeitsgruppen direkt übertragen (z.B. Im Flachbau die Erstellung von Bestückungsmustern, die Materialbeschaffung und teilweise bereits die interne Arbeitsverteilung). Gruppenmeister mit dem bisherigen eng begrenzten Aufgabenzuschnitt wurden dadurch "überflüssig".

Diejenigen Meister, die in die neue Position eines Segmentmeisters gelangen konnten, sind demgegenüber sichtlich gestärkt aus dem Dezentralisierungsprozeß hervorgegangen. Sie gehören, gemessen an der Aufwertung der Meisterposition, zu den "Gewinnern" der Dezentralisierung. Die Segmente sind als "autarke" Produktionseinheiten mit einem starken Vorgesetzten als deren "Kopf" konzipiert. In der Position des Segmentmeisters bündeln sich Aufgaben und Verantwortlichkeiten, die bislang von höheren Managementebenen und insbesondere von der ehemals starken Arbeitsvorbereitung wahrgenommen wurden. Zur Aufwertung der Produktionsarbeit gesellt sich im Fall E letztlich die Revitalisierung einer "Meisterwirtschaft". Ablesen läßt sich dies am vergleichsweise ganzheitlichen Aufgabenzuschnitt, den Handlungsspielräumen und der Gesamtverantwortung des "neuen" Meisters für "sein" Segment und am neuen Verhältnis zwischen dem Meister und der bisher mächtigen Arbeitsvorbereitung: Der Segmentmeister ist anders als der (Gruppen-)Meister bisherigen Zuschnitts für alles in seinem Verantwortungsbereich direkt zuständig. Er trägt die primäre Verantwortung für das Personal und für die Produktion hinsichtlich Kapazitätsauslastung, Durchlaufzeiten, Termineinhaltung, Mengen und Produktqualität und er hat in all diesen Fragen "wesentlich mehr Spielraum, Entscheidungsspielraum" (Geschäftsführungsmitglied, E) als in der alten Struktur. Wenden wir uns zunächst der Personalverantwortung zu. Das Einstellen und Entlassen von Personal, früher eine Sache der Abteilungsleiter, bei der ein Meister "kein Mitspracherecht" hatte ("der hat nicht mal gewußt, wenn überhaupt jemand eingestellt wird"), nehmen heute die Meister vor. Deutlich angewachsen sind auch ihre Einflußmöglichkeiten auf die Entlohnung der Mitarbeiter; sie sind, wie es ein Manager formuliert, "zustimmig" geworden "sowohl für die Beurteilung wie auch für die Bezahlung der Mitarbeiterinnen."[190] Selbst die Qualifizierung der Mitarbeiter ist weitgehend in den Ermessensspielraum der Meister gelegt worden. Erwartet wird von ihnen für die Zukunft eine "strategische"

---

189 In beiden Divisions wurden diese Meister zunächst zu Vorarbeitern in den Segmenten degradiert, die keine Führungsverantwortung mehr tragen und mitarbeiten müssen - eine Übergangslösung, um alle alten Vorgesetzten unterbringen zu können. Als rechte Hand der neuen Segmentmeister nehmen sie insbesondere die Arbeitsverteilung innerhalb der Arbeitsgruppen vor. In einer Division, in der die Selbststeuerung der Arbeitsgruppen bereits entwickelter ist, haben die ehemaligen Gruppenmeister auch diese Funktion verloren und werden, so der Betriebsrat, "einfach im Haus verteilt".

190 In der Praxis sind sie diejenigen, die die Eingruppierung der Mitarbeiter überprüfen und bei der Eingruppierung ein wichtiges Wort mitsprechen. Im Zuge der Dezentralisierung erfolgte zudem ein Wechsel vom Akkord- zum Zeitlohn. Durch diese Umstellung wurden den Meistern Mittel (Mitarbeiterbeurteilung) an die Hand gegeben, den Lohn der Untergebenen direkter mitzubestimmen.

Qualifizierungsplanung ("Was müßten wir tun, damit wir das, was wir morgen können müssen, heute schon lernen") (Fertigungsleiter, E). Bezüglich des Produktionsprozesses in den Segmenten liegen nun Prozeßverantwortung und Gestaltungs- bzw. Entscheidungskompetenzen weitgehend in einer Hand. Bestandteil der Dezentralisierung war die Auflösung der Qualitätskontrolle als gesonderter Abteilung. Das entsprechende Personal wurde in die Segmente versetzt und den Meistern unterstellt. Die Qualitätsverantwortung liegt damit ausschließlich in den Segmenten und die Aufrechterhaltung der Qualitätsstandards wird zu einem wichtigen Arbeitsgebiet der Meister.[191] Eine zentrale Veränderung ist, daß den Segmentmeistern die Feinplanung und -steuerung ihres Segments, die bisher von der Arbeitsvorbereitung aus erfolgte, übertragen wurde.[192] Die Verantwortung und die Kompetenzen für die Auftragssteuerung, die Kapazitätsauslastung und die Termineinhaltung sind für sie gänzlich neu.[193] Die Meister der Montage- und der Flachbausegmente haben "quasi alleinige Terminverantwortung" und koordinieren die Termine innerhalb der Produktlinien untereinander bzw. mit dem Prüffeld weitgehend selbständig. "Und das ist ein wesentlicher Unterschied zu früher ... das bedeutet planen. Ja, ihre eigene Arbeit planen. Die haben sie früher halt eben nicht geplant" (Manager, E). Was früher "Terminplaner" an Planungsaufgaben erledigten, machen jetzt die Segmentmeister eigenständig. "Was gemacht werden muß", resümiert der Fertigungsleiter, das wird den Segmenten vorgegeben. Aber wie sie sich "organisieren, damit das, was gemacht wird, möglichst effektiv gemacht wird", ist die neue "dispositive Aufgabe" vor allem des Meisters. "Ich weiß gar nicht, ob es da überhaupt was gibt, was gleich ist, ich glaube, daß das alles ein kompletter Unterschied ist": So lautet der resümierende Vergleich eines Segmentmeisters zwischen der früheren und der jetzigen Meisterfunktion.

Die Dezentralisierung von Verantwortung und Entscheidungsbefugnissen auf die unterste Führungsebene reflektiert sich unmittelbar in einem neuen Verhältnis zu den verbleibenden indirekten Bereichen. Das alte Bild vom fremdbestimmten Meister ist überholt. Die Meister sind, wie ein Manager hervorhebt, mittlerweile wesentlich selbständiger und selbstbewußter im Auftreten gegenüber den indirekten Abteilungen. Vor allem die Arbeitsvorbereitung sitzt nicht mehr "zwei

---

191 Die Kontrolleure nehmen nach Maßgabe der Meister Stichprobenkontrollen vor, während ansonsten Selbstkontrolle in den Arbeitsgruppen die Regel ist.

192 Die technologische Voraussetzung hierfür war der Übergang von einem deterministischen hin zu einem offeneren PPS-System. Zentral erfolgt weiterhin die Grobplanung und -steuerung. Den Segmentmeistern ist ein PPS-Leitstand zur Verfügung gestellt, über den sie den ihnen zugewiesenen (wöchentlichen) Auftragspool einsehen können und der ihnen als "Planungsinstrument" dient. Das Terminkorsett für die Aufträge ist recht locker; die Spielräume, die das System offenläßt, formieren für den Meister einen eigenen Planungshorizont, den er nutzen kann. Der Leitstand ist "nicht so sehr ein Durchsetzungsinstrument, d.h., das setzt eigene Aktivitäten der Führungskräfte voraus. Die werden also nicht irgendwie angestoßen ... sondern wenn die nicht hingehen und ihre Arbeit selber freigeben, das Material bestellen, dann kriegen sie nichts. Und dann läuft das Segment halt leer." (Manager, E)

193 Früher, so schildert ein Segmentmeister die Lage, habe ein Meister "mehr oder weniger die Arbeit ausgegeben ... aber wirklich nur ausgegeben, nicht eingesteuert. Wir hatten früher Steuerer, die haben die Arbeit eingesteuert ... und hatten gewußt, was jetzt eilt, und das haben die freigegeben ... und der Meister hat's halt den Leuten hingeschoben ... Mit der Auslastung selber, hatte er nichts zu tun. Es war halt was da. Wenn nichts da war, war halt nichts da. D. h. alles, überhaupt, was man sich unter einem Meister vorstellt, das war früher eigentlich nie da." Das "ist natürlich heute alles vorbei. Das machen wir heute selber. D. h. wenn ich jetzt auch sehe, ich habe zu wenig Arbeit, dann muß ich schauen, daß ich irgendwo her was bekomme".

Etagen höher" und kontrolliert die Meister. Zwischen beiden Seiten besteht "Gleichwertigkeit" und ein "partnerschaftliches Kommunikationsverhältnis" (Fertigungsplaner, E). Die neue Rolle, in die die Arbeitsvorbereitung sich einzufinden hat, spitzt ein Segmentmeister so zu: "Die Arbeitsvorbereitung war früher eine Stabsstelle und heute ist sie eine Dienstleistung, das ist der Unterschied. Früher hatten die zu sagen, um was es geht, und heute müssen die halt ausführen, was wir sagen."[194]

Im Fahrzeugkomponentenwerk D2 vollzieht sich eine ähnliche Entwicklung. Dem Hierarchieabbauprogramm des Unternehmens D folgend, wird in der Instandhaltung eine Meisterebene abgeschafft. In der Produktion werden in begrenztem Maße Meisterstellen abgebaut, zugleich aber wird an der Zweistufigkeit der Meisterebene, wenn auch mit neuen Bezeichnungen, festgehalten und stattdessen auf eine darüberliegende "Ingenieur"ebene verzichtet: Die Gruppenmeisterebene wird in Meister- und die ehemalige Meisterebene in Werkstattleiterebene umbenannt. In der Produktion profitieren beide Ebenen von einer Entwicklung, die durchgängig die Führungspositionen in der Linie und den gesamten Produktionsbereich gegenüber den bislang starken, organisatorisch separierten indirekten Bereichen stärkt. Wichtige indirekte Abteilungen (Arbeitswirtschaft, Materialwirtschaft, Produktionsplanung/-steuerung) werden in die Produktion integriert und damit der Zuständigkeitsbereich der Produktionsleitung ausgeweitet. Parallel hierzu werden nach Produktgruppen drei "autarke" Produktionscenter gebildet, in die, unter der Verantwortung eines neu definierten Centerleiters, ein Teil der indirekten Funktionen (z.B. Qualitätskontrolle, Teile der Produktionsvorbereitung und entsprechendes Personal) integriert werden. Der Centerleiter, dem ein "Planungsteam"[195] als Stab zur Seite steht, ist eine Führungsposition mit quasi-unternehmerischem Zuschnitt. Hier liegt, innerhalb eines von der Produktionsleitung gesetzten Rahmens, die alleinige Verantwortung und Kompetenz für die Produktion eines bestimmten Produktspektrums. Innerhalb dieser Center sind wiederum Verantwortlichkeiten und Kompetenzen auf die oberste Meisterebene (Werkstattleiter, D2), aber auch auf die direkt Mitarbeiter führende Meisterebene verlagert. Die neue Meisterebene gewinnt an Kompetenzen, die u.a. den bisherigen Meistern vorbehalten waren und diese gewinnen als neue Werkstattleiter Kompetenzen von oben dazu. Teilautonome Gruppenarbeit ist in D2 Bestandteil der Bildung größerer (teil-)autonomer Produktionseinheiten, an deren Spitze sich jeweils Führungspositionen mit - in unterschiedlichem Maße - relativ "ganzheitlichem" Aufgabenzuschnitt befinden. Selbständiges, quasi-"unternehmerisches" Handeln auf allen Führungsebenen ist eine offizielle Zielmarge. Was sich im Werk D2 erkennen läßt, gilt mittlerweile unternehmensweit als neues Ziel: Die Entwicklung des Meisters vom "anordnenden Vorgabenerfüller" zum "partnerschaftlichen Unternehmer".

Der noch nicht abgeschlossene Prozeß der Aufwertung der beiden Meisterebenen in der Produktion dokumentiert sich in der Rücknahme der Verantwortungsteilung bzw. der Erweiterung der

---

194 Die Arbeitsvorbereitung, meint eine ehemaliger Produktionsmanager, "fühlte sich dann plötzlich mehr als Erfüllungsgehilfe" und mußte "erst lernen, Partner zu sein, während es in der Vergangenheit eher von oben nach unten ging." Mittlerweile kontrollieren die Meister sogar die Arbeit der Arbeitsvorbereitung, indem sie regelmäßig die Vorgabe- bzw. Planzeiten mit den realen Produktionszeiten vergleichen, denn, so ein Segmentmeister, "ich muß ja wissen, wie sieht das überhaupt aus, wie schaff ich ein Gerät, schaff ich das, oder brauch ich die doppelte Zeit. Und solange ich die Vorgabezeiten nicht überprüfe, muß ich sagen, ich weiß nicht, was ich tue." Dies stellt eine interessante Verkehrung des bisherigen Verhältnisses dar.

195 Im Planungsteam sind Funktionen und Personal aus unterschiedlichen Abteilungen zusammengeführt: Technische Serienbetreuungsaufgaben aus einer der Produktion zugeordneten Abteilung, Produktionsablaufplanungsfunktionen aus einer produktionsexternen Abteilung und Funktionen, die bisher bei der Arbeitswirtschaft lagen.

Zuständigkeit und der Handlungsspielräume der Meister. Zwar waren die Meister immer schon verantwortlich für das unterstellte Personal, die Produktionsabläufe, den Ausstoß und die Produktqualität. Sie teilten sich jedoch die Zuständigkeit und die Verantwortung mit höheren Führungsebenen und den diversen Fachabteilungen und waren dabei primär für die reibungslose Umsetzung und präzise Einhaltung von Vorgaben verantwortlich. Mit der Dezentralisierung ändert sich dies. Der jeweilige Verantwortungsbereich wird wieder stärker zum Feld eigenständiger Entscheidungen und Organisationsleistungen des Meisters, der zugleich größere Einflußmöglichkeiten auf vorgelagerte Planungsprozesse erhält. "Operative Funktionen der Produktionssteuerung", d.h. "Fragen der operativen Instandsetzung, Fragen der Auftragssteuerung vor Ort", so charakterisiert der Produktionsleiter die Veränderungsrichtung, versucht man "möglichst nahe an die Meister" heranzuführen. Fachabteilungen und Vorgesetzte stecken den Meistern (Meistern und Werkstattleitern) zunehmend nurmehr einen Rahmen ab. Markantes Zeichen der veränderten Situation ist das im Werk durchgängig angewandte Führungsinstrument der Zielvereinbarungen. Zwischen Centerleitern und Werkstattleitern und zwischen diesen und den Meistern wird jährlich und individuell ein Kanon von Zielen vereinbart, die die jeweils nachgeordneten Führungskräfte einzulösen haben. Festgelegt werden dabei Leistungsziele (in Kennzahlen ausgedrückte Relation von Ausbringung und Mitarbeitern), die Reduktion des Krankenstandes und der Gemeinkosten auf ein bestimmtes Niveau, die Erhöhung des Auslastungsgrades bestimmter Anlagen etc.[196] Wie diese Ziele und insgesamt die an sie herangetragenen Vorgaben (Produktionszahlen etc.) realisiert werden, bleibt weitgehend den Meistern überlassen. Mitarbeiter, Anlagennutzung, Qualität, Ausbringung, Kostenentwicklung und Termineinhaltung: Für all dies sind die Meister und Werkstattleiter direkter als bisher zuständig und verantwortlich.

Aus dem "Handlanger", dem alles Wesentliche "vorgegeben" wurde, wird ein Meister, der "mehr und mehr selber" macht, "mehr und mehr für die Dinge selbst verantwortlich" ist und seine "Dinge zum Teil selber planen" muß (Meister, D2). Neu ist auch, daß die Koordination zwischen den Meistereien zumindest teilweise zur Aufgabe der Meister wird.[197] Während die Mitarbeiter an Selbständigkeit gewinnen, wird die Definition der Rahmenbedingungen der Selbstorganisation zu einem zentralen Metier dieser unmittelbar Mitarbeiter führenden Vorgesetzten. Folgende Aspekte sind hier hervorzuheben: Die Meister schließen - auf der Basis der ihnen selbst gesteckten Zielmargen - mit den einzelnen Gruppen ebenfalls Zielvereinbarungen ab. Produktivität, Kosten, Qualität und die Verbesserung der Produktionsabläufe sind dabei zentrale Parameter. Angestrebt ist letztlich, daß der Meister und die Gruppen im direkten Austausch das konkrete Arbeitspensum und die Bedingungen, unter denen dieses Pensum zu erbringen ist, vereinbaren. Anstelle einer betrieblichen Leistungskompromißbildung, die bislang vor allem auf die Arbeitswirtschaft und den Betriebsrat konzentriert war, sollen nun die Werkstätten wieder direkter zum Ort der Aushand-

---

196 Ein Centerleiter skizziert eine solche Vereinbarung folgendermaßen: "Da geht's um ... die Leistungskennzahl, ... die Sondergutschriften, die verursacht werden. Da geht's um Qualitätskennzahlen, Anzahl der Reklamationen aus den Montagewerken. Da geht's um Nacharbeitsanteile, solche Geschichten. Da geht's um den Abbau indirekter Leistungskapazität ... Staplerfahrer und solche Geschichten ... Dann sind so übergeordnete Dinge vereinbart, wie die Einführung von Betriebsdatenerfassung, die Aktivierung des kontinuierlichen Verbesserungsprozesses der bei uns in der Produktion ja sehr stark läuft, solche Dinge, und Gruppenarbeit".

197 Dies war bislang nicht Aufgabe der Gruppenmeister, sondern der Meister. Ein Produktionsmeister beschreibt die Kooperation auf der Meisterebene als eine Kunden-Lieferanten-Beziehung. Mit dem "internen Kunden" steht man in regem Austausch (Qualitätsprobleme, Terminabsprachen etc). Der Kontakt ist viel "direkter" und wird im Gegensatz zu früher "ernst genommen".

lung und dabei Belegschaften und Meister zu wichtigen Akteuren werden. Die von der Arbeitswirtschaft ermittelten Zeitdaten (Vorgabezeiten), bislang Basis nicht nur der Planung und Steuerung des Produktionsflusses, sondern auch der Leistungsregulierung und Leistungslohnfindung, sollen in Zukunft, so sieht es eine für das Gesamtunternehmen abgeschlossene Betriebsvereinbarung vor, nur noch eine "Fachgrundlage" für Vorgesetzte und Mitarbeiter sein, um ein "Soll-Arbeitspensum" bestimmen zu können. Arbeiter und Meister werden dann direkt über Leistungsgrößen, in denen das Arbeitspensum gemessen wird, verhandeln (z.B. Stückzahlen, Sollbesetzung der Arbeitsgruppen). Der Einfluß der Meister auf die Arbeits- und Leistungsbedingungen der einzelnen Gruppen wächst damit deutlich an. Da die Einhaltung vereinbarter Ziele zukünftig bei der Bemessung des Leistungsentgelts eine Rolle spielen wird, gewinnen die Meister nicht zuletzt in Lohnfragen gegenüber den Gruppen an Statur. Wie die Gruppen die vereinbarten Ziele erreichen, bleibt wesentlich ihnen selbst überlassen. Die Meister stehen ihnen diesbezüglich in erster Linie beratend und unterstützend zur Seite und überprüfen die Zielerreichung. Letztere konzentrieren sich vor allem auf die Schaffung optimaler Produktionsvoraussetzungen und die Verbesserung der Produktions- und Arbeitsabläufe. Dem Ziel nach wird Rationalisierung im Unternehmen D zu einer zentralen Aufgabe der Werkstätten selbst und ist nicht mehr nur Sache produktionsferner Expertenstäbe. Im Rahmen eines auch im Komponentenwerk D2 initiierten kontinuierlichen Verbesserungsprozesses werden die Gruppen und die Meister - nicht zuletzt mittels des Instruments der Zielvereinbarungen - zu Trägern dieser Selbstrationalisierung. Die Meister erhalten gewissermaßen den Status von Rationalisierungsexperten der Praxis, die maßgeblich für den Erfolg des kontinuierlichen Verbesserungsprozesses verantwortlich sind und auch entsprechende Kompetenzen (Beurteilungs- und Umsetzungskompetenz) erhalten.

Noch ausgeprägter dokumentiert sich die Stärkung der Meisterfunktion, wenn man den Blick auf die Werkstattleiterposition richtet. Ein Werkstattleiter, dem - sozusagen ein Symbol der "neuen Meisterwirtschaft" - neben sechs Meistern auch ein Auftragssteuerer direkt unterstellt ist, kennzeichnet die Veränderung der Aufgabenstellung folgendermaßen: "Gedanken haben wir uns ja früher nicht gemacht", sondern Teile geliefert und "die Leute verwaltet". Nun sei man gefordert, wie ein "Unternehmer" zu denken, "und an den Entscheidungen, die ich treffen darf, sehe ich auch, daß das ernst gemeint ist". "Leiten", "planen" "organisieren" und "selbständig entscheiden", "mit dem Blick nach vorne" handeln, sind Stichworte, mit denen dieser Meister das eingeforderte "unternehmerische" Arbeitshandeln umreißt. "Ich wäre vor vier oder fünf Jahren nie auf die Idee gekommen, daß ich da so saniere oder so. Hätte ich immer gesagt, mußt die Maschinen behalten, wer weiß was kommt. Heute nimmt man doch schon so Betriebsergebnisse mit, was ist wirtschaftlich, lohnt sich das überhaupt, und kann da noch was kommen, und dann trifft man schon die Entscheidung. Das haben wir früher nicht gemacht." Auf der Basis zentraler Vorgaben (der "Zahlen" wie z.B. Produktionssoll) kann man als Werkstattleiter "die Dinge" "formen": "wieviele Mitarbeiter brauche ich, muß ich Dreischicht, muß ich Zweischicht fahren, muß ich Maschinen abklemmen, die ich nicht mehr brauch. ... Ich bin in der glücklichen Lage, daß ich außer einer groben Zielvereinbarung mit meinem Chef, das andere Gott sei Dank selbständig machen kann."[198] "Für mich", schlußfolgert dieser Befragte, "ist das Geschäft freier geworden, ich handle hier völlig wie ein Unternehmer."

---

198 "Ich versuche das mal an einem Beispiel zu erläutern: Wir hatten noch 17 Stanzen bei uns, dann wurde das Programm zurückgefahren, jetzt standen immer so acht Stanzen leer (d.h., sie wurden nur sporadisch benutzt). Jetzt kam die Idee, diese Stanzen setzen wir frei, für die gibt es ja Steuervergünstigungen. Das hat man praktisch selbständig gemacht. Da war unser (Produktionsleiter) sehr erstaunt, als er in die Halle kam und sah unsere Stanzen nicht mehr; da hat er darum gebeten, daß er doch endlich mal informiert werden möchte. Ich hatte nur

Die Stärkung der Meisterfunktion impliziert ein neues und direkteres Verhältnis zwischen den indirekten Bereichen bzw. Stabsstellen und den Meistern. Die Mitarbeiter des Planungsteams werden tendenziell zu "Dienstleistern", die die Meister in ihrer Arbeit "beraten" und "unterstützen", wie der Leiter eines Planungsteams hervorhebt. Ein Werkstattleiter verdeutlicht dies am Beispiel des "Planungsteams" seines Produktionscenters: "Wenn ich jetzt reingehe und sage, Mensch, was kostet denn das, wenn wir die Maschinen dort so und so umbauen. Was sparen wir ein. Dann rechnen die das aus und dann hat man immer gleich ein Ergebnis. Wäre früher gar nicht möglich gewesen, wo hätte ich da hinlaufen sollen, da wäre ich ja nur gegen die Wand gelaufen ... dann hätten die (Planungsabteilung) gesagt, was will der denn, will er in unser Geschäft eingreifen. Diese Barrieren waren ja da. Das ist heute eben nicht mehr. Das geht heute Ruck-Zuck. In ein paar Tagen hat man das Ergebnis und kann dann immer gleich weiterarbeiten" - dies nicht zuletzt auch deshalb, weil nun ein "direkter Kontakt" besteht und die Vermittlung durch mehrere Hierarchieebenen entfallen ist.[199] Auch die untere Meisterebene erhält insgesamt einen größeren Einfluß auf die Planungsprozesse und Entscheidungsabläufe im Produktionsvorfeld, wie ein Meister anhand eines anstehenden Modellwechsels erklärt: Als Meister wird man nun in Projektgruppen etwa zur Maschinen- oder Vorrichtungsplanung einbezogen. Die "Erfahrung der Meister" fließt nun in solchen Planungsprozessen mit ein. "Das war vorher überhaupt nicht so. Da wurde irgendeine Maschine bestellt, wurde uns dann hingestellt und gesagt: "So! Und nun mach mal!".

Insgesamt gesehen vollzieht sich im Fahrzeugkomponentenwerk D2 eine Revitalisierung der Meisterfunktion. Zwei Aspekte, die diese Aussage zwar nicht grundsätzlich in Zweifel ziehen, sie gleichwohl relativieren, sind allerdings abschließend noch anzumerken.

Zum einen gewinnt zwar auch im Instandhaltungsbereich die ehemalige Gruppenmeisterposition, v.a. durch die Abschaffung der darüberliegenden Meisterebene, an Profil. Deren "Regieaufgabe", die in der Instandhaltung schon immer anspruchsvoller war als die in der Produktion, wird komplexer. Zugleich wird aber der Instandhaltungsbereich einem neuartigen Zugriff der Produktionsbereiche unterworfen. Die Macht und der Status dieser bisher sehr dominierenden Fachsäule, von denen auch die Meister profitierten, erodieren. Aus der Produktion heraus werden wesentlich direkter und verbindlicher Ansprüche an die "Dienstleister" gerichtet. Dies stellt gerade die Instandhaltungsmeister vor neue Anforderungen, die ihre bisher wohlgehütete und fachlich legitimierte relative Selbständigkeit nicht zuletzt gegenüber den Produktionsmeistern einschränkt. Hinzu kommt, daß die Entwicklung in diesem Bereich noch nicht abgeschlossen ist. Eine Integration wesentlicher Bereiche der Instandhaltung in die Produktion wird angestrebt und es ist nicht ausgeschlossen, daß Teile der Instandhaltung aufgespalten und den Produktionscentern unterstellt

---

(den Centerleiter) informiert. Der sagte, ja, mach es, und das war's dann schon. Ich habe da eine sehr große Freiheit." (Werkstattleiter, D2) Was für Maschinen gilt, gilt auch für das Personal. Ist eine bestimmte Produktivitätssteigerung mit dem Vorgesetzten vereinbart und das Auftragsvolumen wächst nicht in entsprechendem Umfang oder geht sogar zurück, hat der Werkstattleiter auch selbständig personelle Konsequenzen zu ziehen. "Dann", so betont dieser Befragte, "spreche ich mit dem Personalbüro" über "Auflösungsverträge".

[199] In gleicher Weise äußert sich ein Produktionsmeister mit Blick auf das Verhältnis zur Instandhaltung. Er habe mittlerweile eine stärkere Stellung gegenüber dem Instandhaltungsbereich und könne auch selbständiger und direkter, ohne, wie früher häufig der Fall, den Umweg über die Vorgesetzten, auf diesen zugehen und etwas bewegen. Ein Produktionsmeister kann nun "selber Aufträge erstellen" und mit den Meistern aus der Instandhaltung "direkt verhandeln, was nun einzelne Positionen kosten". Die "ganzen Zwischenstellen, die haben wir ja jetzt mehr oder weniger im Griff, so daß wir das auf unserer Basis (d.h. die Meister untereinander) regeln können."

werden. Dann besteht die Gefahr, daß Produktions- und Instandhaltungsmeister in eine direkte Konkurrenzsituation um eine begrenzte Anzahl von Meisterstellen geraten.

Zum anderen ist ungewiß, ob die Werkstattleiterebene langfristig für den Aufstieg von "unten" offen bleibt. Obwohl die zweistufige Meisterstruktur u.a. auch deshalb beibehalten wurde, um für die Meister Aufstiegswege zu erhalten, und weil man "nicht dazu beitragen (will), ... lauter quasi ingenieurslastige Positionen oben drauf (zu) satteln" (Produktionsleiter), gehen gerade die Meister, aber auch der Betriebsrat davon aus, daß die Werkstattleiterposition mittel- bis langfristig zum Einsatzfeld der Ingenieure werden wird. Diese Position wurde vom Anforderungs- und Kompetenzprofil her gesehen soweit angehoben - und sie wird für den Fall einer weiteren Integration von indirekten Funktionen noch an Gewicht gewinnen -, daß dort "nicht unbedingt ein Meister sitzen" muß (Meister, D2). Den Werkstattleiterposten, da ist sich ein befragter Werkstattleiter ganz sicher, "den kriegt keiner mehr mit einer Meisterausbildung", "wenn wir abgehen".

Ein Organisationswandel, bei dem gleichermaßen der Produktionsarbeit Raum zur Selbstorganisation eröffnet und der Zuschnitt von Verantwortlichkeiten und Entscheidungsbefugnissen des unteren (und mittleren) Produktionsmanagements verbreitert werden, verändert das an die Meisterposition geknüpfte Anforderungsprofil einschneidend. Das sicherlich überzeichnete Bild vom Meister als einem "partnerschaftlichen Unternehmer" signalisiert den tiefgreifenden Rollenwandel. Selbstverständlich fehlen dem neuen, gestärkten Meister wesentliche Attribute eines Unternehmers. Es handelt sich um eine symbolische Überhöhung, in der sich begrifflich der Umstand verdichtet, daß das durch die vorgängigen Rationalisierungsprozesse dem Meister angelegte Korsett, das ihn mehr oder weniger in die Rolle eines Weisungsempfängers und Vorgabenerfüllers zwängte, aufgeschnürt wird. "Unternehmerisch" im übertragenen Sinne wird die Rolle des Meisters insofern, als ihm Handlungs- und Gestaltungsspielräume eröffnet werden und ihm die Gesamtverantwortung für einen abgegrenzten Zuständigkeitsbereich zuwächst. Die Meisterposition verliert zumindest etwas von ihrem subalternen Status gegenüber den produktionsnahen Stabsstellen und indirekten Bereichen.

Von der dezentralen Bündelung von Verantwortung und Entscheidungskompetenz profitiert die untere Vorgesetztenebene - aber nicht nur sie. Auf diesen Sachverhalt hebt die - ebenfalls überzeichnete, weil die Fortexistenz des Herrschaftscharakters der Beziehung zwischen Mitarbeitern und Vorgesetzten verschleiernde - Bezeichnung "partnerschaftlich" ab. Mit dem primär anordnenden, die Arbeitsvollzüge der

Schaubild 4.1
Übersicht der Dezentralisierungsfälle

Untersuchungsfälle	Strukturmerkmale		Stoßrichtung der Dezentralisierung und Situation der Meister	
	Branche	Fertigungstyp	Veränderungskonstellation	Meister: Entwicklungstendenzen
1) Verpackungsanlagenbauer A 2) Pumpenhersteller B	Maschinenbau Maschinenbau	auftragsbezogene Einzel- u. Kleinserienfertigung auftragsbezogene Einzel- u. Kleinserienfertigung	I) Meisterwirtschaft als Ausgangs und Selbstorganisation als Fluchtpunkt der Dezentralisierung	Krise der Meisterwirtschaft, aber Festhalten am Meister als Führungskraft
3) Automobilzulieferer C 4) Automobilmontagewerk D1	Automobilbau Automobilbau	(Groß-)Serienfertigung Großserien-/Massenfertigung	II) Fluchtpunkt Selbstorganisation bei vorgängig tayloristischem Meistereinsatz	Bestandsgefährdungen als Ergebnis des Ineinanderfließens von „alter“ und „neuer“ Meisterkrise
5) Elektrobauteileproduzent F1 6) Relaisfertiger F2 7) Leiterplattenwerk G	Elektroind. Elektroind. Elektronikind.	Großserien-/Massenfertigung Großserien-/Massenfertig. Großserien-/Prozeßfertig.	III) Tayloristischer Meistereinsatz als Ausgangs- und Intrapreneurmodell als Fluchtpunkt der Dezentralisierung	Aufwertung der unteren Führungsfunktion und Problematisierung des Einsatzes von Meistern
8) Prüfgerätebauer H 9) Stahlunternehmen I 10) Werkzeugmaschinenbauer J	Elektronikind. Stahlindustrie Maschinenbau	auftragsbezogene Einzel- u. Kleinserienfertigung Prozeßfertigung auftragsbezogene Einzel- u. Kleinserienfertigung	IV) Meisterwirtschaft als Ausgangs- und Intrapreneurship als Orientierungspunkt	Das Alte neu bewertet: Bestärkung der Meisterwirtschaft
11) Fahrzeugkomponentenwerk D2 12) Meßtechnikhersteller E	Automobilbau Elektronikind.	Großserien-/Massenfertigung Serienfertigung	V) Dezentralisierung als Kombination von Selbstorganisation und Intrapreneurship bei vorgängig tayloristischem Meistereinsatz	Abbau von Meisterstellen und Aufwertung der Meisterfunktion

Mitarbeiter reglementierenden und die Arbeitsabläufe überwachenden Vorgesetzten hat der neue Meister nur noch wenig gemein. Sein Einfluß auf den Produktionszusammenhang und die Arbeitsbedingungen des unterstellten Personals wird zwar größer, aber er gibt, was die Regelung der Details des Werkstattgeschehens anbelangt, die Fäden aus der Hand und reicht sie weiter an - in Grenzen verselbständigte - Arbeitsgruppen. Anstelle der unmittelbaren Arbeitsanweisung und -leitung (nach Maßgabe von außen gesetzter Vorgaben), rückt die Definition und Aushandlung der Bedingungen, unter denen selbstorganisierte Produktionsarbeit stattfindet, die Optimierung des Produktionszusammenhangs, die fachliche Unterstützung der Gruppen und die Regulierung des sozialen Zusammenhangs in den Gruppen in den Mittelpunkt.

Dort, wo Selbstorganisation und unternehmerischer Zuschnitt von Führungsrollen im Dezentralisierungsprozeß gleichermaßen eine Rolle spielen, stabilisiert sich die Position des Meisters auf neuem Niveau. Dies führen der Fall des Fahrzeugkomponentenwerks D2 und der Fall des Meßtechnikunternehmens E vor Augen. Die beiden Fälle zeigen, daß auch dort, wo bislang eine tayloristische Form des Einsatzes von Meistern vorlag, der Meister gestärkt aus einem Dezentralisierungsprozeß hervorgehen kann.

5. Der Moderator und der kleine Intrapreneur: die neuen Aufgabenbestimmungen des Meisters und deren Implikationen

Die neuen Organisationskonzepte und die darauf aufbauenden Reorganisationsprozesse in den untersuchten Unternehmen, deren Konsequenzen hinsichtlich der Meisterfunktion wir in den vorhergehenden Kapiteln betrachtet haben, sind gewissermaßen die praktisch gewordene Kritik am bisherigen Leitbild industrieller Rationalisierung und richten sich gegen die Effekte und nichtintendierten Folgewirkungen einer dessen Maximen verpflichteten Rationalisierungspraxis. Sie stellen Lösungsversuche der aus den strukturellen Hinterlassenschaften dieser Praxis erwachsenden Probleme dar, die mit den bisherigen Rationalitätskriterien und Gestaltungsprinzipien mehr oder weniger stark brechen. Letzteres reflektiert sich nicht zuletzt darin, daß die unter dem Signum von lean production oder business reengineering hoch gehandelten neuen Organisationskonzepte gerade für die bisherigen betrieblichen Protagonisten und Profiteure traditioneller Rationalisierung in den Stäben bzw. indirekten Bereichen und die etablierten Managementstrukturen und Rollendefinitionen von Führungskräften gravierende Veränderungen beinhalten. Konzepte operativer Dezentralisierung, die in dieser Arbeit in den Vordergrund der Betrachtung gerückt wurden und die ein zentrales Element reflexiver Rationalisierung darstellen, gehen allerdings nicht in der Behandlung bzw. Beseitigung der problematischen Seiten vorgängiger Rationalisierung auf. Insofern sie ihrerseits auf spezifischen Mustern der Wirklichkeitsdeutung, der komplexitätsreduzierenden Definition und Lösung von Problemen beruhen, sind sie selbst selektiv. Auch die Konzepte operativer Dezentralisierung, die eine neue "Sicht der Dinge" darstellen und die die Schattenseiten bisheriger Rationalisierung erhellen und einer Bearbeitung zugänglich machen, werfen einen Schatten. In dem Maße, wie sie zur Anwendung gelangen, zeitigen sie daher ebenfalls ungeplante Folgen.

Die neue Selektivität, die die Innovationskonzepte und die Deutungsmuster der Promotoren des Organisationswandels auszeichnen, läßt sich an verschiedenen Punkten festmachen (vgl. hierzu Deutschmann u.a. 1995). Sie zeigt sich zunächst schon in der spezifischen Art und Weise, wie die bisherigen betrieblichen Verhältnisse reflektiert werden.

In den Blick und in die Kritik geraten insbesondere die problematischen Seiten der als bürokratisch denunzierten alten Organisation wie Bereichsegoismen, Abschottungspraktiken und funktionale Bornierungen, sowie das ausufernde Wachstum der Dienstleistungsbereiche. Solche Abweichungen vom Idealbild der Bürokratie werden zum Anlaß organisatorischer Veränderungen genommen und legitimieren sie. Laterale und die einzelnen Funktionsbereiche übergreifende Netzwerke, die in den formalen Organisationsstrukturen nicht abgebildet und im idealtypischen Bürokratiemodell ebenfalls nicht vorgesehen waren, sich gleichwohl aber auf den unteren und mittleren Ebenen des Managements etabliert haben, werden demgegenüber systematisch ausgeblendet. Diesen Netzwerken kam in der betrieblichen Praxis allerdings große Bedeutung hinsichtlich einer effektiven Kooperation zu. Über sie wurden die "Lücken des Systems", die Leerstellen und Friktionen im Planungs- und Koordinationsprozeß, insbesondere die durch die formalen Strukturen und Kompetenzzuweisungen generierten vielfältigen Schnittstellenprobleme wirksam überbrückt und bearbeitet. Über die Dezentralisierungsprozesse werden in den Unternehmen nun nicht nur die "Mißstände" der alten Organisation beseitigt, sondern es werden zugleich die mit ihr verbundenen informellen Netzwerke zerstört. Dies macht sich in den neuen Strukturen bemerkbar. Die vielfach von den betrieblichen Akteuren thematisierten Abstimmungs- und Kooperationsprobleme haben nicht zuletzt darin ihre Ursache, daß in der neuen Organisation äquivalente Netzwerke nicht im gleichen Maße entstanden sind, wie die alten zerstört wurden. Mit entscheidend hierfür ist nicht zuletzt, daß die Motivation der mittleren und unteren Führungskräfte - die, wie vor allem jene aus den indirekten Bereichen, in besonderer Weise der Bürokratiekritik ausgesetzt sind - unterminiert wird, die mit einem hohen persönlichen Einsatz verbundenen informellen Anpassungsleistungen wie bisher zu erbringen. Sie sind nicht nur vielfach damit konfrontiert, daß ihre betriebliche Position gefährdet wird und sich ihre beruflichen Entwicklungsoptionen im Gefolge der Erosion der bislang Orientierung abgebenden Karrierewege einengen und unsicherer denn je werden. In dem durch die Promotoren des Organisationswandels erzeugten Strudel der Bürokratiekritik wird auch ihren informellen Beiträgen zur Aufrechterhaltung einer effektiven Kooperation Anerkennung versagt und damit ihre bisherige berufliche Leistung in Frage gestellt.

Die Selektivität der neuen Organisationskonzepte zeigt sich auch in anderer Hinsicht. So entsteht etwa in dem Maße, in dem diese in den Unternehmen verwirklicht werden, als Nebenfolge das Problem, daß in den neuen dezentralen Einheiten zwar viele der traditionellen Schnittstellenprobleme der funktionalen Organisation entfallen, zugleich aber neue Kooperationsnotwendigkeiten und damit auch Koordinationsprobleme entstehen (vgl. u.a. Deutschmann u.a. 1995). Neue Relevanz gewinnt im Zuge der Realisierung von Konzepten, die auf Selbstorganisation der operativ

Beschäftigten oder das Intrapreneurmodell setzen, das Problem der Balance zwischen Autonomie und Integration. Die relative Autonomie der Subeinheiten der Organisation bildet die strukturelle Grundlage für die Herausbildung von Egoismen, deren Schattenseite den aus der Funktionalorganisation erwachsenden Problemen (Herausbildung von "Fürstentümern", Bereichsegoismen etc.) in nichts nachstehen müssen.

Dort zum Beispiel, wo die Selbstorganisation der operativen Ebene als zentrales Mittel zur Lösung bestehender Probleme favorisiert wird, ist keineswegs garantiert, daß die neuen Freiräume, die den Beschäftigten eingeräumt werden, von diesen nur in der von den Promotoren intendierten Weise und den formulierten Betriebsinteressen konform genutzt werden. Selbstorganisationskonzepte, die ja auf die Eigeninitiative und die Selbstverantwortung der ausführend Beschäftigten setzen und diesen neue Handlungsspielräume eröffnen, schaffen zugleich den Rahmen dafür, daß sich Gruppenegoismen herausbilden und entfalten können, die die intendierten Effekte der neuen Strukturen konterkarieren. Dies bezieht sich auf die Gefahr einer größeren Konflikthaftigkeit der sozialen Beziehungen in den teilautonomen Gruppen und der langfristigen Unterminierung der in den alten Strukturen entwickelten Muster freiwilliger, nicht auf unmittelbarer Kompensation beruhender Leistungsbereitschaft[200], die sich aus dem vielfach beobachteten Gruppendruck ergeben können. Die problematischen Seiten des Gruppenegoismus zeigen sich auch in der Konkurrenz und in den Konflikten zwischen Gruppen um gemeinsam genutzte Ressourcen (z.B. bestimmte Maschinen) und in Versuchen, als problematisch erachtete Aufgaben bzw. Aufträge zu externalisieren. Hinter solchen Tendenzen stehen oftmals vitale Gruppeninteressen (z.B. an möglichst hohen Prämien), die sich auf der Basis gesteigerter Autonomie gegenüber betrieblichen Prioritäten (z.B. bezüglich Auftragsreihenfolgen, Terminen etc.) Geltung verschaffen. Ein besonders krasses Beispiel liefert der Betrieb B. Dort hatten die Mannschaften einzelner Fertigungsinseln über längere Zeit fertigungstechnisch problematische und zeitaufwendige Produktionsaufträge immer wieder unter der Hand in die Lehrwerkstatt abgeschoben. Ihre Rechnung, hohe Leistungsgrade zu erzielen, ging zwar auf, das Interesse des Betriebes an einer besseren Termineinhaltung konnte damit allerdings nicht befriedigt werden.

Die am Intrapreneurmodell orientierten Reorganisationskonzepte befördern ebenfalls und bewußt in der Gestalt des Intrapreneurs einen "strukturellen Egoismus". Die betreffenden Unternehmen handeln sich aber mit dem intendierten Effekt einer stärker "unternehmerischen" Orientierung ihrer Führungskräfte u.a. zugleich eine Konkurrenz der Intrapreneure um die Zuteilung und Nutzung von Ressourcen und Probleme der sozialen Kohäsion ein (vgl. dazu detaillierter Faust u.a. 1995).

Mit dem strukturinnovativen Organisationswandel entstehen nicht zuletzt auch Probleme, die unmittelbar den Meister selbst betreffen. Angesprochen sind damit nicht die *Veränderungen* der Meisterfunktion, die wir in den vorangegangenen Kapiteln analysiert haben. Gemeint sind vielmehr die *Implikationen der veränderten Rolle* des Meisters in der dezentralen Organisation. Einige wichtige Implikationen, die

---

200 Die bisher anerkannte Erwartung, daß sich besondere "Leistung" in frühen Phasen der Erwerbsarbeit bei fortschreitendem Alter in Form einer Tolerierung der gewandelten Leistungsfähigkeit und einer weniger belastenden Tätigkeit auszahlt, wird durch "Selbstreinigungs"tendenzen in den Gruppen, leistungsschwache Gruppenmitglieder unter Druck zu setzen bzw. hinauszudrängen, in Frage gestellt.

teilweise bereits an anderer Stelle angeklungen sind, sollen nun etwas eingehender in den Blick genommen werden.

Sieht man von den Besonderheiten der untersuchten Fälle (Situation vor der Dezentralisierung, Reichweite und Tiefgang der Dezentralisierung) einmal ab und konzentriert sich auf die Frage, welche Rolle dem Meister, sofern er als Industrievorgesetzter erhalten bleibt, in der dezentralen Organisation zugedacht ist, dann lassen sich in typisierender Form zwei kontrastierende Leitvorstellungen herausarbeiten. Diese korrespondieren mit den beiden idealtypisch unterschiedenen Formen der Dezentralisierung. Dem Selbstorganisationsmodell entspricht die Leitvorstellung vom neuen Meister als dem "Moderator" und "Berater" selbstorganisierter Arbeitsgruppen. Mit dem Intrapreneurmodell verbindet sich die Leitvorstellung vom Meister als einem "kleinen Unternehmer im Unternehmen"[201], als dem verantwortlichen "Manager" einer weitgehend eigenständigen Produktionseinheit. Auch wenn in den untersuchten Unternehmen die Definition der Aufgaben und Kompetenzen vielfach noch im Fluß ist und sich noch keine endgültigen Konturen herausgebildet haben, so benennen diese Stichworte dennoch den jeweiligen Kern des zukünftigen Kompetenz- und Anforderungsprofils des Meisters, das von relevanten betrieblichen Akteuren favorisiert wird.

Im einen Fall - dem Typ Moderator - konzentrieren sich die an den Meister gerichteten Anforderungen im Kern auf die soziale Dimension der zu verantwortenden Arbeitsprozesse. Zentrale Erwartungen, die mit der zukünftigen Rolle des Meisters bei Selbstorganisation der operativ Beschäftigten verbunden sind, lauten: die Gruppen zur Selbstorganisation befähigen, sie diesbezüglich qualifizieren und beraten; die gruppeninternen sozialen Prozesse "managen"; die Kooperation der Gruppen untereinander sicherstellen usw.. Auf die technisch-organisatorische Dimension des Arbeitsprozesses bezogene Anforderungen spielen demgegenüber allenfalls eine untergeordnete Rolle. Aus der Koordination und technischen Leitung der Arbeitsvollzüge hat er sich weitgehend herauszuhalten. Letztlich ist der Meister gefordert, sich auf die Kontrolle der Erreichung der Ziele zu konzentrieren, die den Gruppen gesetzt werden. Dabei ist er allerdings gehalten, die Selbstorganisation nicht zu untergraben. Als unangemessen gilt der Führungsstil des "Aufpassers" und "Kontrolleurs", gefordert wird stattdessen die partizipationsorientierte Führungskraft. Die konkreten Anforderungen - wie differenziert sie im Einzelfall auch sein mögen - gruppieren sich letztlich um ein Zentrum: das "man management". Stichworte wie Berater, Coach und Moderator selbständiger Gruppen (aber auch jene,

---

201 Der Meister erhält auch in den avanciertesten Konzepten, die dem Intrapreneurmodell folgen, kein "eigenes Geschäft" zugewiesen. Insofern ist die Bezeichnung "kleiner Unternehmer im Unternehmen" sicher überzeichnet. Dennoch bringt sie die hintergründige Orientierung bei der Ausgestaltung der Meisterposition und den Charakter der an diese Position bzw. ihre Inhaber gerichteten Anforderungen und Erwartungen zum Ausdruck.

die den Meister zum Sozialarbeiter oder zum Psychologen erklären) sind die symbolische Repräsentation dieser neuen Akzentsetzung, die zugleich die geforderte spezifische Weise der ins Zentrum gerückten ("Menschen-"/"Mitarbeiter-") Personalführung zum Ausdruck bringen. Die Rolle, die dem Meister zugewiesen wird, ist die des "human relations specialist" (Maurice/Sellier/Silvestre 1986).[202]

Im anderen Fall werden in der Position des Meisters Verantwortlichkeiten und Kompetenzen gebündelt, die diesen zu einem relativ selbständigen und verantwortlichen "Manager" dezentraler Produktionseinheiten machen. Das Anforderungsprofil ist vergleichsweise ganzheitlich. Die technisch-organisatorische Leitung und die Personalführung werden nicht separiert, sondern im Gegenteil stärker in der Position des Meisters integriert. Bei Dezentralisierungsprojekten, die dem Intrapreneurmodell folgen, wird der Meister also als "starke" Führungskraft konzipiert, die gehalten ist, ihren Verantwortungsbereich auf der Basis definierter Ziele relativ selbständig zu führen und die eine ganzheitliche Verantwortung für Personal und Betriebsmittel, für Produktionsmengen, Qualität, Termine und Kosten zu übernehmen hat. Der Meister mit quasi-unternehmerischem Zuschnitt ist "Produktionsmanager", der auch, aber nicht ausschließlich für das "man management" zuständig ist.

In den untersuchten Unternehmen ist die Neudefinition der Rolle des Meisters häufig auf das engste verbunden mit einer Kritik und Delegitimierung des bisherigen Aufgabenprofils und einer Rekonstruktion der eigentlichen Aufgaben eines Meisters - seiner "Bestimmung" gewissermaßen.

Beim Pumpenhersteller B tritt dies besonders deutlich zutage. Die bisherige Arbeit der Meister wird hier, soweit es um die koordinativen und organisatorisch-planerischen Aspekte geht, in zweifacher Weise problematisiert: Auf der einen Seite wird insbesondere von den Promotoren der Veränderung die Effektivität der Aufgabenerfüllung bezweifelt. "Chaos" ist ein häufig gebrauchter Begriff, mit dem gerade die organisatorischen Leistungen der Meister belegt werden. Dies wird aber nicht den Personen selbst angelastet. Problematisiert und als antiquiert denunziert wird die bisherige Organisation und Kompetenzverteilung, über die - und dies ist die andere Seite - den Meistern Aufgaben zugewiesen waren, für die sie "eigentlich" nicht zuständig sind. Eine "falsche Aufgabenstellung" bedingt eine schlechte Aufgabenerledigung lautet das Argument. Der Meister als Organisator der Produktion: Dies gilt als historische Verirrung, die "dem" Meister nicht gerecht wird; ein "organisatorisch begabter Bäcker" oder "Friseur", so lautet das betriebsintern oft kolportierte neue Stereotyp, hätte die Aufgabe auch erledigen können. Hinzu kommt, daß die fachliche Überlegenheit der Meister angezweifelt wird. Sie gilt als Schimäre und es wird darauf abgehoben, daß eine solche Überlegenheit auch gar nicht erforderlich sei. Dies alles gibt das legitimatorische Fundament für eine Veränderung ab und führt gleichsam naturwüchsig auf die "eigentliche" Bestimmung des Meisters hin: die Führung und Betreuung der Mitarbeiter. Dieses Bild hat im Unternehmen eine normative Kraft entfaltet, der sich auch die Meister kaum mehr entziehen können. Wie wenig dieser Definitionsprozeß allein durch "objektive" Faktoren (Technologie, Qualifikation der Mitarbeiter und Meister, Fertigungstyp, Betriebsgröße, Konkur-

---

[202] Maurice/Sellier/Silvestre haben diesen Begriff ursprünglich auf den französischen agent de maîtrise bezogen, dessen "malaise" als "fairly constant feature of French industry" gilt (Maurice/Sellier/Silvestre 1986, 111).

renzsituation) erklärt werden kann, zeigt sich daran, daß in Unternehmen mit vergleichbaren Bedingungen (etwa der Werkzeugmaschinenbetrieb J oder der Prüfgerätebauer H) der Definitionsprozeß in genau die andere Richtung läuft. Dort wird, was beim Pumpenhersteller B als "falsche Aufgabenstellung" thematisiert wird, zum positiven Ausgangspunkt der sozialen Konstruktion der neuen Meisterrolle. Die Fachkompetenz des Meisters mag in solchen Fällen niemand in Zweifel ziehen. Was Fachkompetenz in der Perspektive der Akteure letztlich bedeutet, wird im Reorganisationsprozeß selbst überprüft und validiert. Im Unternehmen B wird Fachkompetenz sehr eng auf Maschinenkenntnisse bezogen und daran gemessen, ob er den Facharbeitern jederzeit auf ihrem eigenen Terrain noch etwas "vormachen" kann. So definiert kann als Ergebnis nur dastehen, daß der Meister eine fachliche Überlegenheit nicht besitzt. In den Intrapreneurfällen dagegen spielt diese Fähigkeit nur eine untergeordnete Rolle - und dort sind die subjektiv erworbenen Kompetenzen, einen Produktionsabschnitt zu "managen", integraler Bestandteil dessen, was als Fachkompetenz des Meisters reflektiert wird - etwas, was im übrigen auch elementarer Bestandteil der Ausbildungsordnungen für die Industriemeister ist.

Diese neuen Leitvorstellungen, von den Promotoren der Veränderung teilweise mit viel Vehemenz propagiert, haben ihre je spezifischen Schattenseiten, die in dem Maße, wie sich die Rolle des Meisters einem der beiden Modelle annähert, praktisch wirksam werden.

In beiden Fällen besteht zunächst einmal das Problem, daß sich zwischen den neuen Rollenanforderungen und den subjektiven Fähigkeiten und Selbstwahrnehmungen der Meister ein teilweise gravierender Graben auftut. Vielfach werden durch die Veränderungen das berufliche Selbstverständnis und die bisherigen beruflichen Leistungen in Frage gestellt, die in langen Jahren erworbene Berufserfahrung, das akkumulierte Organisationswissen entwertet, während die Meister zugleich mit zum Teil erheblichen Lernzumutungen und ungewissen Zukunftsaussichten konfrontiert werden. Dies gilt in besonderer Weise dort, wo die Entwicklung auf den Meister als Moderator zuläuft. Hier muß sich der Meister von vielen traditionellen Aufgaben und dem herkömmlichen Führungsverhalten verabschieden und ist zugleich gehalten, besondere soziale und kommunikative Kompetenzen zu entwickeln. Ähnliche Probleme entstehen aber auch dort, wo Meister, die z.B. bisher mit einem eng definierten Anforderungsprofil vertraut waren, plötzlich mit quasi-unternehmerischen Anforderungen konfrontiert werden. Der Tendenz nach jedenfalls erzeugt der Strukturwandel erst einmal in vielen Fällen eine tiefgreifende Verunsicherung der Meister bezüglich ihrer Rolle, die deren Motivation und Loyalität in für die Unternehmen problematischer Weise untergraben kann. Abnehmende Identifikation mit dem Unternehmen, innere Distanzierung, Verweigerung der informellen Beiträge: Diese problematischen Effekte, die dem Wandel selbst entspringen, sind nicht ein bloßes Übergangsphänomen, das sich in dem Maße, wie das Neue veralltäglicht wird, gewissermaßen einfach "auswächst". Da die Vorgesetzten zumeist nicht einfach austauschbar sind, können sie erheblichen Einfluß auf den Erfolg und die Arbeitsweise in den neuen Organisationseinheiten haben.

Gewichtiger noch und ins Zentrum zu rücken sind die "blinden Flecken" der Anforderungsprofile des neuen Meisters, ihre nicht bedachten Folgen bzw. Probleme. Betrachten wir zunächst die Leitfigur des Moderators, dem der Meister in den Selbstorganisationsfällen nahezukommen hat.

Die Schattenseite des Moderators

Der Meister als "human relations specialist": Dieses im Neuzuschnitt des Aufgaben- und Kompetenzprofils und in den an die Stelleninhaber gerichteten Anforderungen sich niederschlagende Konzept gewinnt für manchen Beobachter nicht zuletzt dadurch eine gewisse Attraktivität, daß viele der Tätigkeiten, die bisher zum Kernbestand der Aufgaben des Meisters zählten und ihm nun durch die Dezentralisierung entzogen werden, mit besonderen Belastungen verbunden waren.

So ist der Meister, der, die Taschen und Hände voll mit Auftragslisten, Eilaufträgen und Fehlteilen durch die Werkstatt hetzt und ständig zwischen der eigenen Abteilung, anderen Meistereien und der Arbeitsvorbereitung hin und her pendelt, in vielen der untersuchten Unternehmen mit vorgängiger Meisterwirtschaft ein wohlbekanntes Bild.

Der Entzug bestimmter Zuständigkeiten wird daher auch als Entlastung eines mit zu vielen Aufgaben beladenen Meisters thematisiert. Eine Sicht, die insbesondere die betrieblichen Promotoren dieses Konzepts unterstützen. Selbst für die betroffenen Meister ist dies ein durchaus gewichtiges Argument. Sie sehen allerdings auch, daß der neuen Rolle spezifische Probleme eigentümlich sind.

Eine der Kehrseiten ist, daß mit dem neuen Kompetenz- und Anforderungsprofil das Verantwortungs-Kompetenz-Dilemma des unteren Arbeitsvorgesetzten reproduziert und zum Teil sogar verschärft wird. Dieses Dilemma hatte sich bekanntlich in besonderer Weise in strikt tayloristisch strukturierten Betrieben entfaltet, wo der Meister durch höhere Ebenen der Hierarchie und durch die technische Bürokratie einem engmaschigen Reglement unterworfen wurde. Die grundsätzliche Verantwortung für den eigenen Unterstellungsbereich zu tragen, während dieser wesentlich durch die Entscheidungen und Eingriffe anderer strukturiert wird, brachte den Meister in eine prekäre Lage. Er sah sich stets der Gefahr ausgesetzt, bei Problemen den "Kopf hinhalten" zu müssen für das, was andere geplant und entschieden hatten. In der Praxis haben die Meister daher immer auch versucht, den Planungen und Entscheidungen, deren Umsetzung sie durchzusetzen hatten, ihren eigenen Stempel aufzudrücken, Kompetenzen an sich zu ziehen und sozusagen "illegale" Macht (Bargmann 1984) auszuüben.

Bei Selbstorganisation erhält dieses Dilemma eine neue Zurichtung. Die dem Meister unterstellten Mannschaften, denen ein höheres Maß an Verantwortung übertragen wird, sollen sich weitgehend selbst steuern, sollen gleichsam von unmittelbaren Eingriffen in ihr Arbeitshandeln und von ständigen Direktiven ihres Vorgesetzten befreit werden. Dieser gibt also Befugnisse und Verantwortlichkeiten nach unten ab, steht aber nach wie vor in der Gesamtverantwortung für den ihm unterstellten Bereich. Auch hier gilt, daß der Meister für den Erfolg (Termine, Qualität, Menge etc.)

seiner Abteilung gerade steht, aber den Weg und die Mittel zum Ziel - die Organisation und Durchführung des Arbeitsprozesses - weder im strengen Sinne vorgeben noch permanent kontrollieren soll. Formal sind die Möglichkeiten des Moderators, unmittelbar Einfluß auf den Arbeitsprozeß zu nehmen, eingeschränkt; er darf die Selbstorganisation nicht unterminieren, wird aber selbstverständlich daran gemessen, wie die selbstregulierten Mannschaften die ihnen gestellten Aufgaben erledigen, und wie diese ihrer neuen Verantwortung gerecht werden. Beidem zu genügen, verleiht der Führungsaufgabe den Charakter eines stets prekären Balanceakts. Der Gefahr ausgesetzt zu sein, entweder der Verantwortung nicht gerecht zu werden, oder den neuen betrieblichen Bedingungen und der Norm, Selbstorganisation zu ermöglichen, zuwiderzuhandeln und dadurch Kompetenzstreitigkeiten und Konflikte heraufzubeschwören: Das ist eine in der Zuschneidung der Rolle des Meisters als Moderator selbstorganisierter Gruppen strukturell angelegte Problematik.

Das Verhältnis von Autonomie und Integration, das wir bereits weiter oben angesprochen haben, kehrt gewissermaßen als Führungsproblem des Meisters zurück. Dem kommt solange keine besondere Brisanz zu, wie der Meister gegenüber den Mitarbeitern Autorität erlangen und erhalten kann - er also in der Erledigung seiner Aufgabe auf ein Minimum an Folgebereitschaft, an freiwilliger Einsatzbereitschaft der Untergebenen zurückgreifen kann. Dies war auch in der Vergangenheit nie ohne weiteres gegeben. Autorität mußte ständig neu gesichert werden und dies war insbesondere dort, wo die Taylorisierung der Meisterrolle sehr weit ging, mit besonderen Problemen behaftet. Die Labilisierung der Autorität des taylorisierten Meisters war eine der Nebenfolgen traditioneller Rationalisierung.

Die Dezentralisierung nach dem Selbstorganisationsmodell und die mit ihr verwobene Neudefinition der Meisterrolle entschärft dieses Problem nicht - im Gegenteil. Die neue Leitvorstellung läßt die Autoritätsfrage vielmehr zu einem besonders neuralgischen Punkt werden, da durch sie mehr denn je relevante Grundlagen, auf denen bisher die Autorität des Meisters fußte, beeinträchtigt werden. Dies ist ein problematischer Nebeneffekt der Restrukturierung, zumal der Meister vom Typ Moderator in besonderer Weise darauf angewiesen ist, daß sich die Mitarbeiter in ihrem Handeln freiwillig an seinen Erwartungen bzw. den betrieblich gesetzten Normen orientieren, da sie sich ja mehr denn je seiner unmittelbaren Kontrolle entziehen.

Eine entscheidende Quelle der Autorität des Meisters waren bislang seine subjektiv erworbenen technisch-fachlichen Kompetenzen. Gewiß wurde die Fachautorität des Meisters auch in der Vergangenheit herausgefordert und die einschlägige bundesdeutsche sozialwissenschaftliche Diskussion hat, zumeist im Zusammenhang mit technologischen Veränderungen, immer wieder auf Erosionstendenzen aufmerksam gemacht. Dennoch galten die Fachkompetenz und die hieraus erwachsende Autorität des bundesdeutschen Meisters bislang als besonders ausgeprägt.

Hierauf haben vor allem international vergleichende Untersuchungen immer wieder insistiert. Insbesondere britische und französische Sozialwissenschaftler (vgl. Daly/Hitchens/Wagner 1985, Lawrence 1980, Lane 1989, Maurice/Sellier/Silvestre 1979, Maurice/Sellier/Silvestre 1986), die deutsche Industrieunternehmen in vergleichender Perspektive untersuchten, strichen die Rolle des Meisters und seine Autorität gegenüber den Mitarbeitern als "kardinalen Unterschied" (Lane 1989) heraus und führten dies auf seine im Vergleich zu den britischen foremen bzw. französischen contremaître ausgeprägten technisch-fachlichen Fähigkeiten zurück.

Die Fachkompetenz des Meisters und ein darauf aufbauender, vergleichsweise ganzheitlicher Zuschnitt der Meisterfunktion gelten manchem dieser Forscher als Charakteristikum des deutschen Produktionssystems und als eines der zentralen Elemente zum Verständnis dessen besonderer Effizienz (vgl. z.B. Daly/Hitchens/Wagner 1985, Lawrence 1980, Lane 1989). "The Meister", so Maurice/Sellier/Silvestre (1986, 97), "exemplifies the incorporation of technical competence into the line of authority, a phenomenon characteristic of German management. As a manager of both men and machines, the Meister is in a special position to mediate between production, technical support, and personell departements. Hence his role in the firm, and in society, is strategic. His training specially prepares him to play this role".[203]

Die Leitvorstellung vom Meister als Moderator und der darauf bezogene betriebliche Neuzuschnitt seines Aufgabenprofils bergen die Gefahr, gerade diese Autoritätsgrundlage, die besondere Fachkompetenz, zu unterhöhlen.

Gegen diese These ließe sich auf einer allgemeinen Ebene unmittelbar einwenden, daß die technisch-fachlichen Fähigkeiten des Meisters nicht allein und in erster Instanz durch konkrete betriebliche Verhältnisse, genauer durch die betrieblich je spezifische Ausgestaltung des Aufgaben- und Kompetenzprofils der Meisterposition, determiniert werden. Vielmehr, so könnte das Gegenargument lauten, konstituiert sich die spezifische Fachkompetenz des Meisters in relativer Unabhängigkeit hiervon, insofern sie an eine institutionalisierte Form des Qualifikationserwerbs, die auf profunde Fachkenntnisse abhebt, gebunden ist. Fundament der Fachautorität des Meisters ist demzufolge seine berufsfachliche Qualifikation. Der *Beruf* des Meisters als institutionell verfestigte Barriere, die einem Autoritätsverfall entgegenwirkt? Diesem Aspekt wurde in der bundesdeutschen Diskussion um die Fachautorität des Meisters sicherlich oftmals zu wenig Aufmerksamkeit geschenkt. Daß dem Gewicht

---

[203] In Großbritannien und in Frankreich etwa zeichnen sich die Meister durch ein grundlegend anderes Qualifikationsprofil aus und ihre betrieblichen Aufgaben und ihr Status differieren deutlich von denen ihres deutschen Kollegen. In Großbritannien verfügen die foremen oft nicht einmal über eine einschlägige berufliche Erstausbildung; eine formal höhere Berufsqualifikation als die unterstellten Mitarbeiter zeichnet sie in den seltensten Fällen aus (vgl. u.a. BIM 1976, Lane 1989). Vergleichbares gilt auch für Frankreich (Maurice/Sellier/Silvestre 1986). In beiden Ländern sind es nicht technisch-fachliche Fähigkeiten, sondern primär "managerial or human skills" (Daly/Hitchens/Wagner 1985) - die in organisationsspezifischen Sozialisationsprozessen ausgebildet werden und die sich auf das "man management" beziehen - die zum Aufstieg aus der Arbeiterschaft befähigen (vgl. insb. Lane 1989).

zukommt, erhellt sich insbesondere, wenn man die Ergebnisse international vergleichender Untersuchungen reflektiert (vgl. zusammenfassend Lane 1989).

Anders als in vielen anderen Industrieländern ist der Meister hierzulande in der Tat nicht nur qua betrieblicher Position übergeordnet, sondern er nimmt, verglichen mit den unterstellten Mitarbeitern, auch einen höheren Rang in der Hierarchie der Qualifikationen ein.

Das "gesellschaftlich standardisierte Fähigkeitsprofil", (Deutschmann 1990) des Meisters ist das einer "berufserfahrenen technischen Führungskraft" (DIHT, o.J.), d.h. es ist auf die spezifische Aufgabe der technisch-fachlichen Leitung zugeschnitten, baut auf der Facharbeiterqualifikation auf und ragt zugleich deutlich über diese hinaus. Die Vermittlung von spezifischen (die Betriebsmittel, Fertigungsverfahren und die technisch und wirtschaftlich effektive Organisation von Arbeitsprozessen betreffenden) Fachkenntnissen steht im Mittelpunkt der Ausbildung zum Industriemeister und das erworbene Wissen findet im Facharbeiter- und im Meisterbrief ihren Ausdruck und ihre gesellschaftliche Anerkennung.[204]

Dies ist in einem Kontext wie dem bundesdeutschen, wo der Institution des Berufs nicht zuletzt in der Zuweisung von sozialem Status große Bedeutung zukommt, in besonderer Weise autoritätsstiftend. Der *Meisterberuf* erhebt diejenigen, die eine Meisterstelle bekleiden, qualifikatorisch über das Gros der (Fach-)Arbeiterschaft, ist symbolischer Ausdruck ihrer besonderen, gesellschaftlich anerkannten Sachverständigkeit und verleiht ihnen eine Art selbstverständliches Anrecht auf einen Vorschuß an "Vertrauen" in ihre fachlichen Fähigkeiten.[205] Dies wird dadurch befördert, daß in deutschen Unternehmen bislang die hierarchische Arbeitsteilung und die Rekrutierungs- und Beförderungspraxis generell einer "professionellen Logik" folgen (Maurice/Sellier/Silvestre 1986, Lane 1989, Warner/Campbell 1993); einer Logik, die auf berufsbezogenen Abgrenzungskriterien bzw. der gesellschaftlich normierten Hierarchie von Fachqualifikationen, von Berufen, fußt und die zugleich zu deren Reproduktion beiträgt. Hierarchische Position und berufliche Qualifikation und Erfahrung sind, zumindest auf den mittleren und unteren Ebenen, durchgängig eng aufeinander bezogen.

---

[204] Eine Meisterstelle zu bekleiden setzt mittlerweile zumeist unabdingbar eine im Regelfall durch die Industrie- und Handelskammern getragene mehrjährige Fortbildung und den Erwerb des Meisterbriefs voraus. Ein Meister ist also im Regelfall ein Vorgesetzter mit besonderer Qualifikation, der zugleich aber den berufsfachlichen Hintergrund des qualifizierten Teils der unterstellten Mitarbeiter teilt und der sich in einer mehrjährigen Berufspraxis als Facharbeiter eine intime Kenntnis der Arbeitstätigkeiten, Arbeitsprozesse und Fertigungsverfahren aneignete, die er zu leiten hat.

[205] Die Bedeutung des Berufstitels zeigt sich u.a. in den feinen Unterscheidungen, die in Unternehmen anzutreffen sind. So wird von Befragten, wenn die Meister und ihre Autorität in Rede stehen, nicht selten zwischen solchen, die "nur eingesetzt" wurden - aufgestiegene "Maler" und "Bäcker", wie mit zumeist abschätzigem Unterton vermerkt wird - und den "richtigen" Meistern, die einen Meisterbrief besitzen, unterschieden. Der "gelernte" Meister, der "etwas von der Sache versteht", erfährt deutlich mehr Respekt und Anerkennung.

D.h. Führung ist hier, anders als in vielen anderen Ländern, mit besonderer Fachkompetenz konnotiert - eine Fachkompetenz, die für sich das Über- und Unterordnungsverhältnis rechtfertigt, insofern sich die individuell erworbenen Kompetenzen von Führungskräften und Mitarbeitern einerseits auf eine gemeinsames Feld - die Produktion bzw. die Technik - beziehen, die Führungskräfte andererseits über formal höhere Qualifikationen und (oder zumindest) über ein spezifisches berufliches Erfahrungswissen bezüglich des eigenen Verantwortungsbereichs verfügen.[206] Dadurch gewinnen die hierarchischen Beziehungen im Betrieb eine besondere, vom organisationalen Kontext in bestimmter Hinsicht unabhängige, funktionale Legitimation. Ihr Bezugspunkt ist die Besonderheit und der "Sachbezug" der Aufgabe und die gesellschaftlich anerkannte besondere Sachverständigkeit desjenigen, der die Aufgabe erfüllt. Ihren Hintergrund findet sie in der, durch das berufsbezogene Bildungssystem beförderten, "tätigkeitsbezogenen Form sozialer Identität" der Subjekte (Deutschmann 1994a).

Der "professionelle" Zuschnitt des Meisters gilt denn auch internationalen Beobachtern als eine zentrale Ursache, weshalb, wie sie feststellen, in "Germany, unlike France and other industrialized countries, foremen do not seem to be suffering from endemic malaise" (Maurice/Sellier/Silvestre 1986, 97). Dieser Zuschnitt ist das "Geheimnis" der starken Stellung des Meisters, wie Lawrence (1980, 159) resümiert: "In becoming a foreman he has completed an apprenticeship and a foreman's course, passed two terminal examinations, aquired two legally protected statuses (Facharbeiter and Meister) and had several years' experience as a skilled worker. He has aquired and demonstrated both craft skill and technical knowledge. All things are attributes of his person, not his location in the hierarchy and as such they cannot be taken away from him. That ist to say, however omnicompetent the Personnel Departement becomes, however many staff specialists the company chooses to employ, however strong the unions are, the *Meister* ist still going to be respected for his demonstrated skill, knowledge and experience. This is the German secret. Personal skill and know-how, put to the test, and in the favourable context of higher management's support, the strengh of the line, the relative standing of production and the influence of the idea of *Technik*. For these reasons there is no »problem of the first line supervisor« in Germany." Die Autorität des Meisters, so Maurice/Sellier/Silvestre (1986, 114), "tends to be regarded als socially legitimate rather than an artifact of his position within the firm." Der Meister ist, mit anderen Worten, nicht nur eine Systemfunktion, sondern auch eine Institution der Lebenswelt.

Die Feststellung, daß in der Bundesrepublik kein "Meisterproblem" existiere, erscheint für den hiesigen Betrachter angesichts der traditionsreichen Debatte, die genau dies zum Inhalt hat, sicherlich befremdlich. Die Unterschiede hinsichtlich des Status und der Autorität von Meistern, die in einer international vergleichenden Perspektive deutlich werden, sind dennoch bemerkenswert.

---

[206] So ist es in der Bundesrepublik eine unhinterfragte Selbstverständlichkeit, daß Positionen im Linienmanagement des Produktionsbereichs grundsätzlich Arbeitskräften mit einschlägigen technisch-naturwissenschaftlichen Qualifikationen - im Metallbereich: Meister, Techniker, Ingenieure - vorbehalten sind. In Großbritannien oder Frankreich ist dies nicht in gleicher Weise selbstverständlich (vgl. Walgenbach 1995, Maurice/Sellier/Silvestre 1986, Lawrence 1980). Daly/Hitchens/Wagner (1985, 56) etwa weisen auf der Grundlage ihrer empirischen Untersuchungen darauf hin, daß im Produktionsmanagement britischer Unternehmen oberhalb der Meisterebene nicht Ingenieure dominieren, sondern vielmehr Führungskräfte mit einem "sales or financial background" oder solche, "who had learnt on the job".

Bemerkenswert sind allerdings zugleich die festgestellten Unterschiede in den Aufgabenstellungen von Führungskräften der mittleren und unteren Ebenen (vgl. zuletzt Walgenbach/Kieser 1995). Charakteristisch für deutsche Industrieunternehmen war bislang - auch dies ist ein Ausdruck der "professionellen Logik" -, daß die technisch-fachliche Leitung und die Personalführung, gerade auch auf der Meisterebene eng verwoben waren (Lawrence 1980, Lane 1989, Maurice/Sellier/Silvestre 1986, Walgenbach 1993, Walgenbach/Kieser 1995, Warner/Campbell 1993). Führungspositionen dieser Ebenen wurden zumeist mit einem direkten inhaltlichen Bezug zum jeweiligen Aufgabengebiet definiert, d.h. die Führungskräfte wurden unmittelbar mit technisch-fachlichen Aufgaben betraut, die in anderen Ländern eher Mitarbeitern bzw. besonderen Experten übertragen sind.[207] Die Meister und das mittlere Produktionsmanagement zeichneten sich also traditionell nicht nur durch einschlägige Fachqualifikationen und berufliche Erfahrungen aus, sondern auch dadurch, daß sie diese benötigten, um ihren Aufgaben gerecht werden zu können. Anders formuliert: Sind die beruflichen Qualifikationen eine der Voraussetzungen der relativen Einheit von "technical and social management" (Maurice/Sellier/Silvestre 1986), so war diese Einheit die Voraussetzung ihrer praktischen Anwendung und praxisbezogenen Reproduktion.

Dieser Zusammenhang wird nun im Fall des Moderators tendenziell aufgelöst. Gerade dadurch aber, so läßt sich dem oben genannten Einwand entgegenhalten, wird die Fachautorität des Meisters prekär. Allgemeiner formuliert besteht das grundsätzliche Problem darin, daß sich funktionale Autorität, wie Hartmann (1964, 57ff.) unterstreicht, nur auf Sachverständigkeit gründet, die in einer sozialen Beziehung als wünschenswert anerkannt und die immer wieder konkret unter Beweis gestellt wird. Berufliche Qualifikationen allein begründen daher auf Dauer keine funktionale Autorität. Anders als Autorität qua Zuschreibung steht "Einfluß dieser Art", wie Hartmann (1964, 59) erläutert, theoretisch "in einer unaufhörlichen Legitimationskrise". Sie ist, anders gesprochen, abhängig von der Situation, der Aufgabe, der Leistung, dem besonderen Beitrag.

Auch wenn also erworbene Fähigkeiten und Kenntnisse, wenn der Meisterbrief, das Symbol der Fachkompetenz des Stelleninhabers, einen Anspruch auf Autorität ver-

---

207 Zuletzt wurde dies von Walgenbach/Kieser (1995, 274ff.) auf der Basis einer deutsch-britischen Vergleichsuntersuchung zu mittleren Managern herausgearbeitet: "Die Erledigung fachlicher Arbeiten nimmt ... eine zentrale Stellung für die deutschen mittleren Manager ein: Sie ist aus ihrer Sicht eine notwendige Voraussetzung, um den Führungsaufgaben überhaupt nachkommen zu können. ... Ganz anders äußern sich die meisten britischen mittleren Manager. Sie wollen so wenig wie möglich in die Erledigung fachlicher Aufgaben einbezogen werden. Im Gegenteil: Für sie bedeutet effektives Management die Fähigkeit, die Arbeitsprozesse in ihren Abteilungen »am Laufen zu halten«, ohne sich mit fachlichen Aufgaben »die Finger schmutzig zu machen«. Für sie ist »Man Management« der wichtigste Aspekt ihrer Tätigkeit." "I'm a manager not a technician": So lautet das Credo britischer Manager.

leiht, so muß dessen Berechtigung dennoch in der Interaktion demonstriert werden können. Dabei ist die konkrete Aufgabenstellung letztlich die Grundlage der Beweisführung wie auch der Reproduktion der einmal erworbenen Fähigkeiten und Kenntnisse. Beides wird durch den Neuzuschnitt der Meisterrolle gemäß der Leitvorstellung des Moderators problematisiert, werden dem Meister doch in relevantem Ausmaß Aufgaben mit technisch-fachlichem Bezug entzogen. Nicht mehr auf die Arbeit der Mitarbeiter bzw. den unmittelbaren Arbeitsprozeß bezogene Aufgaben stehen hier im Mittelpunkt (Anleitung, Einteilung und Kontrolle der Arbeit; Vorbereitung, Koordination und Überwachung der Produktion), sondern solche, die sich auf die Mitarbeiter selbst und ihr Verhalten beziehen. Idealtypisch gesprochen bleiben dem Moderator Aufgaben der Personalführung, während er der "technischen Leitung" (Arbeitsanweisungen, Koordination etc.) durch Selbstorganisation weitgehend enthoben ist. Damit kann er seine technisch-fachliche Sachverständigkeit nicht mehr in seinem alltäglichen Arbeitshandeln und für die Mitarbeiter unmittelbar einsehbar und überprüfbar - von der Zuteilung und Erläuterung von Arbeitsaufträgen bis hin zur Begutachtung der Qualität der Arbeitsergebnisse - unter Beweis stellen.

"Ich bin nicht mehr der Fachmann von gestern vor Ort", der "vorpowert", stellt ein Meister aus einem der untersuchten Automobilwerke fest und bringt damit die Veränderung, die das Führungsmodell des Moderators in der betrieblichen Praxis mit sich bringt, zum Ausdruck. In der alten Organisation, so der Produktionsleiter dieses Werks, waren die Meister "sehr sachorientiert, sehr technisch orientiert" und haben auf dieser Ebene etwas in ihre Verantwortungsbereiche "eingegeben", während sie sich heute mehr der "Verhaltensschiene" und den "Dingen, die die Mitarbeiter selbst betreffen" widmen müssen.

Allenfalls in Ausnahmefällen, d.h. wenn die Mitarbeiter ein Problem nicht selbständig zu lösen vermögen, kann er als "fachlicher Berater" in Aktion treten. Ob der Moderator dem allerdings auf lange Sicht gerecht werden kann, ist keineswegs gewiß. Die Basis hierfür ist ein umfangreiches, im Arbeitsalltag erworbenes und auf die Bedingungen und Anforderungen des Arbeitsprozesses bezogenes technisch-fachliches Erfahrungswissen, das quasi eine organisationsspezifische Zurichtung und Ergänzung des im Prozeß des systematischen Erwerbs von Wissen konstituierten Fachwissens darstellt.

Gerade dieses in der Organisation ausgeformte Wissen sicherte dem Meister einen Expertenstatus im Betrieb.[208] Auch wenn er seinen Mitarbeitern in Detailfragen ihrer Arbeit selten überlegen war,

---

208 Nicht zuletzt angesichts dieses Zusammenhangs ist es wenig verwunderlich, daß unter Meistern die Neigung zum Firmenwechsel nicht sonderlich ausgeprägt ist und sie weit überwiegend einer bestimmten Branche treu bleiben, wie die schriftliche Befragung von Meistern zeigt. Zwei Drittel haben während ihres Erwerbslebens noch nie die Branche gewechselt. Unter dem restlichen Drittel dürfte sich außerdem, wie aufgrund unserer mündlichen Befragung zu vermuten ist, noch ein erheblicher Teil befinden, der aus einschlägigen Handwerksbetrieben in die Industrie wechselte. So finden sich z.B. im Automobilwerk D2 einige Meister, die zuvor in Werkstätten des Automobilhandels tätig waren. Dies sind zumindest kleine Indizien, an denen sich die Bedeutung von Erfahrungswissen ablesen läßt.

so blieb er doch qua Aufgabenstellung und der alltäglichen, auf die Produktion bezogenen Arbeitskontakte unmittelbar vertraut mit deren Arbeit, den Produktionsfragen und den auftretenden fachlichen Problemen. Mit den organisatorisch-koordinierenden Aufgaben verfügte der Meister zudem - wie reglementiert er hierbei durch werkstattexterne Stellen auch gewesen sein mag - über ein Feld, auf dem er sich ein spezifisches Wissen aneignen konnte, über das in der Form weder die Mitarbeiter noch die Vorgesetzten verfügten. Indem er seiner Aufgabe, einen reibungslosen Produktionsprozeß sicherzustellen, erfolgreich nachkam und sein "organisatorisches Wissen" zur Anwendung brachte, zeigte er seine besondere Sachverständigkeit.

Wie dieses Erfahrungswissen die Erfassung und Bewertung von Situationen erleichtert hat, macht ein aufgestiegener Meister des Prüfgeräteunternehmens H deutlich. In der Abteilung, in der er lange Jahre tätig war, kenne er "fast jedes Teil, das gefertigt wird" und wisse um die konkreten Bedingungen ihrer Herstellung. Es sei für ihn daher "absolut einfach", über einen kurzen Werkstattrundgang die gesamte Bearbeitungssituation zu erfassen; "dann weiß ich genau, was läuft", und habe "praktisch in zehn Minuten (Rundgang) mehr erfahren, als über die Liste oder den Rechner in zwei Stunden". Dieses Organisationswissen hat aber nicht nur eine technisch-fachliche Dimension, wie die Aussage eines anderen Industriemeisters (Fahrzeugkomponentenwerk D2) erkennen läßt. Im Rückblick auf seine erste Zeit in einer Meisterposition betont er, er hätte damals "von nichts Ahnung" gehabt; "ich wußte ja gar nicht, wie das läuft. Ich kannte doch hier im Werk keinen Menschen. Heute geh ich hin nach Emil und nach Hugo und sage Mensch Hugo ich bin im Druck, dann kommt Hugo an und macht das." Drei Jahre sei er von seinem Vorgesetzten "durchgeschleppt" worden, bis er "alle Tricks" gelernt und zu den relevanten "Ansprechpartnern" eine tragfähige Beziehung aufgebaut habe, die es ihm erlaubten, seiner Funktion gerecht zu werden.

Die Generierung bzw. Erneuerung eines solchen Erfahrungswissens wird aber in dem Maße erschwert, wie der Meister dem Normallauf und den Alltagsfragen des Arbeitsprozesses "entrückt". Der Moderator der Selbstorganisation steht gewissermaßen strukturell bedingt in der Gefahr, einiges von der intimen Kenntnis der Arbeitszusammenhänge und der Arbeitsvollzüge zu verlieren. Er kann sie nicht mehr in der bisherigen Weise, indem er quasi seiner Arbeit nachkommt, aktualisieren und reproduzieren.

Indem der "fachliche", auf die "Sache" (die technisch-organisatorische Dimension des Arbeitsprozesses) bezogene Charakter seines Arbeitshandelns schwindet, reduzieren sich also der Tendenz nach zugleich auch die Möglichkeiten, "fachlich auf dem Laufenden zu bleiben" und damit wird es für den Moderator schwieriger, "Puffer für fachliche Probleme" (Walgenbach/Kieser 1995) zu sein.

Einige der betroffenen Meister machen deutlich, daß sich dadurch, daß sie nicht mehr mit Aufgaben der unmittelbaren Leitung des Arbeitsprozesses betraut sind, ihr Kontakt zu den Mitarbeitern und ihr Einblick in deren Tätigkeit verändert. Ein Meister des Fahrzeugkomponentenwerks D2 etwa, der sowohl einen Gruppenarbeitsbereich, als auch einen noch konventionell organisierten Bereich führt, erklärt, daß sich im einen Fall seine Arbeitskontakte mittlerweile auf den Gruppensprecher konzentrieren, während er im anderen Bereich "noch mit den einzelnen Mitarbeitern an der Maschine selber spreche". Und sein Kollege aus dem Pumpenunternehmen B berichtet, daß er wegen der herrschenden "Vorstellung", daß ein Meister "nicht mehr jedes kleine Detail wissen muß, das jetzt an einer Maschinen passiert", ein "bißchen Angst" hat. Bisher habe man als Meister, "so ziemlich alle Probleme, die gerade in der Werkstatt sind" mitbekommen. In Zukunft werde das anders sein, weil dann die Werkstattsituation "weiter weg" ist. Von den Mitarbeitern "nur noch selten gebraucht" zu werden und einem Arbeitsprozeß gegenüberzustehen, der ohne ihr Zutun "mehr oder weniger automatisch" abläuft, stellt in den Augen der Meister dieses Unternehmens ein großes Problem dar. Bezogen auf das Produktionsgeschehen sehen sie nicht mehr, "was die Aufgaben sein sollen" und befürchten, daß man sie auf Dauer für inkompetent halten wird: "Wenn die später zu mit herkommen und ich sage, tut mir leid, weiß ich nicht, müßt ihr zu der und der Insel, dann denken die vielleicht, Herrgott, weiß der Meister nichts mehr. Was macht der da. Das ist so meine Befürchtung ein bißchen." Ein Personalmanager dieses Unternehmens bezweifelt denn auch, ob ein Meister in Zukunft in bestimmten Feldern, die fundierte Sachkenntnisse voraussetzen (fachliche Beurteilung bei Eingruppierungsfragen, Mitarbeiterqualifizierung, fachliche Beratung), noch der richtige Ansprechpartner sei, "weil er so direkt mit der täglichen Arbeit gar nichts mehr zu tun hat, wenn es richtig funktioniert".

Durch die Neukonzeption seiner Führungsrolle sind für den Meister also die Chancen geringer geworden, in fachlicher Hinsicht Autorität gegenüber den Mitarbeitern zu erlangen. Dieser Effekt eines auf Selbstorganisation der ausführenden Arbeit abhebenden Organisationswandels ist nicht nur deshalb besonders bedeutsam, weil er mit den tradierten und nach wie vor gewichtigen Bewertungsmustern der Beschäftigten bezüglich der Führungsqualitäten von Vorgesetzten kollidiert, sondern auch, weil dem Meister neuen Typs zugleich der Rückgriff auf andere bislang vorhandene Stützen seiner Autorität erschwert ist. Präziser formuliert: Der Moderator ist mit dem Umstand konfrontiert, daß die aus der Position als Vorgesetzter erwachsenden Chancen, Autorität qua besonderer Befugnis (Amtsautorität) zu erlangen und zu sichern, geringer geworden sind.

Ihm sind durch die Dezentralisierung von Kompetenzen wichtige Mittel aus der Hand genommen, in der sozialen Beziehung gegenüber den Mitarbeitern Einfluß geltend zu machen und abzusichern. Der Moderator zeichnet sich ja gerade dadurch aus, daß er sich aus dem Arbeitsprozeß weitgehend zurückzieht und hinsichtlich des Arbeitshandelns der Untergebenen auf direkte Interventionen ebenso verzichtet wie auf eine enge Kontrolle. Durch die Selbstorganisation haben sich faktisch die von den Untergebenen beherrschten "Ungewißheitszonen" (Jürgens 1983) und damit der "Kontrollschatten" (Popitz 1992) erweitert, d.h. deren Abhängigkeit vom Vorgesetzten und seinem Handeln hat sich vermindert. Dies schwächt den Status des Meisters gegenüber den Mitarbeitern merklich.

Gewiß sind nach wie vor auch dem Moderator qua Position besondere Rechte und Befugnisse übertragen, die ihn in die Lage versetzen, Macht über die unterstellten Arbeitskräfte auszuüben. Er verfügt, wie beschränkt auch immer, über Weisungsrechte und Zwangsmittel, über ein Sanktionspotential (Abmahnung, Versetzung etc.), das es ihm ermöglicht, seinen Ansprüchen auch gegen Widerstreben Nachdruck zu verleihen und diese durchzusetzen. Mit bloßem Zwang und reiner Machtdemonstration läßt sich aber freiwillige Folgebereitschaft nicht herstellen. Eine hierauf sich gründende soziale Beziehung wäre in besonderer Weise konfliktbehaftet und würde den Vorgesetzten kaum in die Lage versetzen, seinen Auftrag zu erfüllen.

Autoritativen Einfluß auf der Basis zugewiesener Befugnisse kann ein Meister insbesondere dadurch erlangen, daß er seine Machtressourcen dazu benutzt, ein Netz gegenseitiger Verpflichtungen zu knüpfen, das die unterstellten Mitarbeiter eng an ihn bindet. Die durch die ungleiche formale Machtverteilung strukturierte soziale Beziehung erhält so den Charakter einer persönlichen Loyalitätsbeziehung. In den ungeschriebenen Gesetzen der Werkstatt, den beiderseitig anerkannten Regeln und Normen, die sich in dieser Beziehung herausbilden, finden nicht nur die jeweiligen Interessen Eingang und werden aufeinander bezogen, sondern die formale hierarchische Überordnung des Meisters erhält in ihnen und durch sie eine spezifische Legitimation. Im Hinblick auf die Konstitution solcher gegenseitig verpflichtender Arrangements zwischen Meister und Mitarbeitern kommt den zugewiesenen Machtressourcen strategisch wichtige Bedeutung zu. Mit den formalen Regeln der Organisation (Arbeits- und Verhaltensvorschriften etc.), seinen Kompetenzen, Vorschriften zu interpretieren und durchzusetzen, seinen Kompetenzen bestimmte Aufgaben zu erledigen und Entscheidungen zu treffen, ist dem Meister etwas an die Hand gegeben, was er verhandeln kann, um freiwillige Kooperation sicherzustellen (vgl. Gouldner 1955, Wiedemann 1967, Schlesinger/Klein 1987). Die zugewiesenen Kompetenzen, die Arbeit und das Verhalten seiner Mitarbeiter zu beeinflussen, sind gewissermaßen sein Einsatz im Wechselspiel mit den Mitarbeitern. Er kann seine Machtressourcen auf unterschiedliche Weise gebrauchen; er kann sie nutzen oder auch von ihrer Anwendung absehen. In der sozialen Beziehung sind sie in jedem Fall wirksam und über die Art und Weise ihrer Nutzung kann er sich in der Interaktion mit den Mitarbeitern Anerkennung verschaffen.

In dieser Perspektive hat die Neuverteilung von Kompetenzen zweierlei zur Konsequenz. Erstens wird das etablierte Regelwerk der Werkstatt, werden die im Beziehungsgefüge geltenden Normen durch die Neuverteilung der Machtressourcen herausgefordert. Indem ein wichtiges Fundament der herrschenden Arrangements zerbröckelt, geraten diese auf den Prüfstand. Damit kann sich die Werkstatt von einer relativ befriedeten Zone in ein "contested terrain" (Edwards 1981) wandeln.[209] Das Verhältnis zwischen Vorgesetzten und Untergebenen muß jedenfalls neu ausbalanciert werden. Für die Meister wird es dabei aber zweitens schwerer, wieder einen dominierenden Einfluß zu gewinnen, da sie, um mit Gouldner (1955, 173) zu sprechen, nun über weniger "chips" verfügen "to which the Company staked the super-

---

209 Ein kleines Beispiel aus dem Verpackungsmaschinenbetrieb A mag dies verdeutlichen. Dort spielten die Meister die ihnen noch verbliebenen Befugnisse gegenüber den teilautonomen Gruppen aus, um die Selbstorganisation zu untergraben und ihre Position zu behaupten. Sie haben, so ein Manager, zahlreiche "Machtdemonstrationen" veranstaltet, um zu zeigen: "Ich bin der Meister". Mitarbeiter wurden plötzlich gemaßregelt, weil sie "mal eine Viertelstunde falsch aufgeschrieben" haben, oder es wurden Nacharbeitszeiten nicht anerkannt, oder man hat sich bei der Endabnahme der Maschinen einer Gruppe gegenüber "stark gezeigt": "Pingelig sein bis zum Gehtnichtmehr ... (Der Meister) hat also mit einem Mal härtere Bandagen bei der Qualitätskontrolle angelegt. Der hat ... Maschinen putzen lassen, also die Schraubenschlitze sollen senkrecht stehen und solche Schikanen. Der hat sich irgendwie gewehrt".

visors and which they could use to play the game". Dadurch, daß der Moderator den Ablauf der Produktion und die Arbeitsvollzüge weniger als bisher direkt bestimmen und kontrollieren kann, sind seine Fähigkeiten, gegenseitig verpflichtende Arrangements zu etablieren und zu kontrollieren eingeschränkt.

Dem Moderator fehlt einiges von jenen traditionellen, subtil wirksamen Mitteln, die ein Meister früher in die Waagschale werfen konnte, um einen reibungslosen Kooperationsprozeß sicherzustellen. Seine Kompetenzen in der alltäglichen Regelung des Personaleinsatzes (Besetzung von Arbeitsstationen, Urlaubs- und Freischichtplanung etc.), der Arbeitsverteilung, der Bestimmung von Arbeitsreihenfolgen oder hinsichtlich der Einhaltung von Qualitätsstandards eröffneten ihm vielfältige Möglichkeiten, das Verhalten der Mitarbeiter positiv oder negativ zu sanktionieren, während seinem Arbeitshandeln in diesem Feld immer eine sachliche Legitimation verliehen werden konnte. Das auf den Arbeitsprozeß und die Arbeitsvollzüge bezogene Handeln hatte für die Mitarbeiter unmittelbares Gewicht (z.B. hinsichtlich der Lohn-Leistungs-Relation, der relativen Arbeitsmühe)[210] und indem der Meister deren Bedürfnisse in seiner Tätigkeit berücksichtigte, konnte er sich Respekt verschaffen und sich ihrer spontanen Einsatzbereitschaft vergewissern. Die sich auf dieser Basis des Gebens und Nehmens etablierenden Leistungs- und Verhaltensnormen waren für beide Seiten selbstverständlicher Bezugspunkt. Die Mitarbeiter konnten legitimerweise erwarten, daß ihre Interessen Anerkennung finden und der Meister durfte mit der freiwilligen Unterstützung rechnen bzw. Zuwiderhandlungen sanktionieren.

Alles in allem ist der Moderator also damit konfrontiert, daß die Möglichkeiten, Autorität auf traditionelle Weise zu erlangen, schwinden, zumal auch tradierte paternalistische gesellschaftliche Autoritätsmuster, die dem hierarchischen Gefüge in den Unternehmen Halt gaben, erodieren (vgl. u.a. Deutschmann 1994b). Angesichts dessen ist der Moderator auf eine Autoritätsbasis verwiesen, die zwar immer schon eine gewisse Rolle spielte, die nun aber zentrale Bedeutung erlangt. Der Moderator, soll er unter den neuen Bedingungen Autorität erlangen, bedarf vornehmlich psychologischer Führungsqualitäten; er muß eine Durchsetzungsfähigkeit entfalten können, die sich weniger auf Fachkenntnis und formale Kompetenz stützt, sondern mehr auf besondere persönliche Ausstrahlungs- und Überzeugungskraft. Pointiert formuliert ist nicht mehr so sehr der Fachmann, sondern die charismatische Führungs"persönlichkeit" gefragt. Der Moderator ist letztlich mehr oder weniger zurückgeworfen auf persönliche Fähigkeiten, auf Attribute seiner Person, die sich nur schwer in Kursen und Führungsseminaren lehren und erlernen lassen.

Die Anforderungen hinsichtlich der "sozialen Kompetenz", der Fähigkeit, das Verhalten von Mitarbeitern und die sozialen Beziehungen psychologisch und kommunikativ geschickt zu beeinflussen und Folgebereitschaft zu sichern, decken sich nicht mit jenen Kriterien, die bislang bei der Ausbildung von Meistern im Vordergrund standen. Zugespitzt formuliert passen der bisherige Typus von Meister, wie er durch die beruflichen Sozialisationsprozesse geformt wird, und die neue Meisterrolle

---

210 Für die Akkordarbeiter des Pumpenherstellers B etwa hatte die Auftragssteuerung durch den Meister (Zusammenstellung der Auftragsbündel, Spielräume hinsichtlich der Bearbeitungsreihenfolge etc.) unmittelbaren Einfluß auf ihren Leistungslohn.

kaum zueinander. Sofern an der bisherigen Praxis der Ausbildung und Auswahl von Meistern festgehalten wird, werden diese letztlich in der Gefahr stehen, deutlich größere Autoritätsprobleme zu bekommen, als dies in der Vergangenheit der Fall war. Ob allerdings andere Formen der Sozialisation und Kriterien der Selektion, die die Leitvorstellung des Moderators nahelegt, die Erosion der traditionellen strukturellen Grundlagen von Autorität kompensieren könnten, steht offen. Der Moderator muß jedenfalls in einem sozialen Kontext Autorität gewinnen, in dem eine "professionelle Logik" und ein auf die technisch-fachliche Dimension abhebendes Verständnis von Arbeit tiefe Spuren hinterlassen hat (vgl. Lane 1989). Die neue Rollendefinition kollidiert mit fest verwurzelten Erwartungen, die von Mitarbeitern und anderen Kooperationspartnern an den Meister herangetragen werden und an deren Erfüllung er gemessen wird.

Die Erwartungen der unterstellten Mitarbeiter beruhen nicht zuletzt auf einem Verständnis von Arbeit als einem primär auf eine Sache, das Produkt bzw. die Produktion bezogenem, unmittelbar technisch bzw. organisatorisch intervenierenden Arbeitshandeln. Produktive Arbeit ist im Verständnis der Werkstatt, das ja auch der traditionelle Meister im wesentlichen teilt, verbunden mit direkter Beteiligung an einem sachbezogenen Gesamtprozeß und steht in Bezug zu einem sachlichen und ökonomischen Ergebnis. Dieser auf sachliches Wissen und produktives Arbeitshandeln abhebende Arbeitsbegriff wird seitens der Untergebenen auch als Maßstab an die Tätigkeit des Meisters angelegt. Er wird demnach unter anderem auch daran gemessen, ob er in diesem Sinne "arbeitet". Er ist Vorgesetzter und als solcher hat er eine besondere Aufgabenstellung, aber von ihm wird auch eine Beteiligung an der "Sache" erwartet.

Die bisherigen Anforderungsprofile der Meisterpositionen - dies gilt in ausgeprägter Form für Betriebe mit meisterwirtschaftsförmigen Strukturen, aber auch für solche mit tayloristischem Meistereinsatz - haben es in der einen oder anderen Form ermöglicht, solchen Erwartungen zu entsprechen und diese haben solche Erwartungen, wie auch die Meister selbst mit ihrem Berufsverständnis, zugleich bestärkt. Mit der Anleitung, Anweisung und Kontrolle der Arbeitsvollzüge der Mitarbeiter und der Strukturierung, Steuerung und Sicherstellung des Gesamtgeschehens in der Abteilung - wie begrenzt auch immer sein Spielraum gewesen sein mag - trug der Meister für alle Beteiligten, d.h. für das unterstellte Personal ebenso wie für Vorgesetzte und werkstattexterne Kooperationspartner, unmittelbar und sichtbar dazu bei, daß die Produktion "lief". Insbesondere die Koordinationsaufgaben (Verteilung von Arbeitsaufträgen, Personaleinteilung, Auftragssteuerung, Sicherung des Materialflusses etc.) waren seitens der Mitarbeiter als eine "produktive Arbeit" unmittelbar erfahrbar. Sie hatten einen direkten Bezug zu ihrer Arbeit bzw. allgemein zur "Sache", zur Produktion. Der Meister war nicht nur Vorgesetzter, sondern er erfüllte auch eine Funktion im Produktionsprozeß, leistete einen "produktiven" Beitrag. In der Perspektive der unterstellten Mitarbeiter wird nun gerade undeutlich, worin der spezifische Beitrag des Moderators zum Gelingen der Produktion liegt. Die diesbezügliche Relevanz der Tätigkeit des Vorgesetzten ist nicht mehr in der bisherigen Form transparent, da der Bezug des Arbeitshandelns auf die Produktion und das Endergebnis vermittelter ist. Den in den Vordergrund gerückten Führungsaufgaben wird seitens der Mitarbeiter durchaus eine funktionale Bedeutung beigemessen.[211] Fraglich ist allerdings, ob der "Spezialist für soziale Fragen" dieselbe Anerkennung gewinnen kann. Ihm fehlt,

---

211 Nicht zuletzt deshalb, weil sie sich des Zusammenhangs von sozialen Problemen und Konflikten und technisch-organisatorischen Problemen bewußt sind.

was aus der Sicht der (Fach-)Arbeiter mit der Führungsaufgabe eng verbunden bleibt: eine besondere technisch-fachliche Aufgabe und damit eine auf den Herstellungsprozeß bezogene produktive Leistung.

Dies zeigt sich unter anderem daran, daß die Meister, die mit einer entsprechenden Neudefinition ihrer Rolle konfrontiert sind, unter einen Rechtfertigungsdruck gegenüber ihren Mitarbeitern geraten sind. In den Maschinenbaubetrieben A und B und im Automobilmontagewerk D1 werden von den selbststeuernden Gruppen dieselben Fragen an sie gerichtet: "Was macht jetzt der Meister noch? Was tut der jetzt noch, wenn wir das jetzt alles machen ... tun sie dann gar nichts mehr?" (Meister, A) Die Mitarbeiter, so ist nicht nur von diesem Befragten zu hören, "erkennen das halt nicht", daß dem Meister nun "Zeit für wichtigere Dinge" bleibt, sondern sehen nur, daß sie "heute das alles machen müssen", was "früher der Meister gemacht" hat. Die Frage, was der Meister "eigentlich" noch mache, zielt auf die Rolle, die er mit Blick auf das Produktionsgeschehen noch spielt. Diese ist für die Mitarbeiter vielfach nicht mehr erfahrbar oder erscheint marginal. Dadurch hat das "Ansehen des Meisters" "gelitten", wie einer der neuen Moderatoren festgestellt, und die Mitarbeiter fragen konsequent: "Wozu brauchen wir noch einen Meister?" (Meister, D1). Der Verweis auf die "Menschenführung" ist offenbar kein ausreichendes Argument. Hier dürfte auch zu Buche schlagen, daß die Stärkung der Produktionsarbeit unter anderem ja gerade an die technischen und organisatorischen Fähigkeiten der ausführenden Arbeit, an den Professionalismus der (Fach-)Arbeiter appelliert und damit grundständige Orientierungs- und Deutungsmuster bedient. Tendenziell wird eine Orientierung an der traditionellen "professionellen Logik" hiesiger Unternehmen bestärkt, in die sich der Moderator nicht einfach einpaßt.

Selbst für Meister ist die "Menschenführung" eine zweifelhafte Basis. Die fachliche Leitung der Produktion gilt ihnen als das eigentliche Fundament ihrer Position. Bricht dieses weg, "dann kann man uns ja entlassen", so die von Managern kolportierte Meinung der Meister des Pumpenherstellers B. Eigentlich, so ist auch von Meistern des Verpackungsmaschinenbauers A zu hören, rückt das "Fachliche" "immer weiter weg" und das, was an Aufgaben verblieben ist, "braucht man nicht mehr ewig". Auch im höheren Management trifft man dort auf ähnliche Überlegungen. Nur sofern die Gruppen "fachlich gesehen den Meister noch brauchen", gilt sein Einsatz als notwendig und gesichert.

Insgesamt gesehen erscheint der Moderator also als eine problembehaftete Figur. Weniger denn je kann sich der Meister dieses Typs auf traditionelle Stützen verlassen, wenn es darum geht, seine Durchsetzungsfähigkeit und die Folgebereitschaft der unterstellten Mitarbeiter sicherzustellen. Zugleich bleibt im Fremd- wie im Selbstbild die übergeordnete Position des Meisters erst einmal an den fachlichen Bezug seiner Aufgabenstellung und an seine Fachkompetenz gebunden. Dies versetzt diejenigen, die dem Bild des Moderators gerecht zu werden haben, in eine schwierige Lage. Die Meister sind gezwungen, ihre Position und ihre "Arbeit" zu rechtfertigen; diese erklären sich weniger denn je von selbst. Sofern die Meister versuchen, sich der Erosion der strukturellen Grundlagen ihrer Autorität entgegenzustemmen, geraten sie zugleich in die Gefahr, die angestrebte Selbstorganisation auf der ausführenden Ebene zu konterkarieren.

Die Schattenseite des Intrapreneurs

Die Leitvorstellung vom Meister als einer Führungskraft mit quasi-unternehmerischem Anforderungsprofil scheint auf den ersten Blick keine vergleichbaren Probleme aufzuwerfen. Angesichts der vergleichsweise komplexen Aufgabenstellung, der umfassenden Zuständigkeit, der ganzheitlichen Verantwortung und der übertragenen Kompetenzen sind für diesen Typus von Meister die strukturellen Voraussetzungen günstig, im Kooperations- und Statusgefüge des Betriebes eine relativ starke Stellung einzunehmen und sich gegenüber den unterstellten Mitarbeitern Respekt zu verschaffen. Ein genauerer Blick zeigt allerdings, daß auch diese Leitvorstellung in dem Maße, wie sie praktische Bedeutung erlangt, gravierende nichtintendierte Folgen nach sich zieht. Ausgehend von den untersuchten Unternehmen, in denen die Neudefinition der Meisterrolle - wohlgemerkt nicht immer in allen Facetten und in aller Konsequenz - besagter Leitvorstellung folgt, sind es vor allem folgende Aspekte, die hier Aufmerksamkeit verdienen: das Problem der latenten Überforderung der neuen "starken" Meister, die Gefährdung der Innovationsleistungen bzw. der Prozeßsicherheit in den selbständigen Produktionseinheiten und nicht zuletzt das der sozialen Integration.

Die Bestätigung und Stärkung von Formen der Meisterwirtschaft bzw. die Revision tayloristischer Einsatzformen wird von den betroffenen Meistern der untersuchten Unternehmen vorwiegend positiv aufgenommen - das gilt es vorweg festzuhalten. Den Anlaß hierfür geben die neugewonnene bzw. akzentuierte Selbständigkeit, die gestiegene Handlungs- und Entscheidungsfreiheit, die dem beruflichen Selbstverständnis der Betroffenen entgegenkommt. Auch der gewachsene Status, die Bedeutung, die nun generell der Meisterposition und im besonderen ihrer Person und ihrer Arbeit - vor allem seitens des innovativen Managements - beigemessen wird, ist hierfür verantwortlich. Viele sehen dementsprechend die neu definierte Aufgabenstellung als große Herausforderung und Chance der beruflichen Selbstentfaltung. Widerspruchsfrei sind die Bewertungen jedoch nicht. Mit Blick auf die eigene Arbeitssituation und die ihrer Kollegen thematisieren viele der Befragten zugleich nachdrücklich das gestiegene Risiko der persönlichen Überforderung.

Die Quelle dieses Problems ist dieselbe, aus der sich die positiven Bewertungen speisen. Die neugewonnenen, von den befragten Meistern geschätzten Freiheiten, die verminderte Abhängigkeit von externen Stellen und die Gestaltungsspielräume in der Leitung ihrer Bereiche sind nur die eine Seite der Medaille. Die mit der Integration von Funktionen und Kompetenzen angestrebte dezentrale Bündelung von Verantwortung bedeutet zugleich, daß die potentiell entlastende Wirkung einer Struktur aufgehoben wird, in der Kompetenzen und Verantwortlichkeiten vielfach geteilt waren. Ungeteilte Verantwortung bedeutet für die "starken" Meister schlicht auch ungeteilte Belastung. Dies ist die Kehrseite der neuen Freiheit; d.h. die "kleinen Intrapreneure" sind in eine Situation nicht nur größerer Gestaltungs- und Entscheidungsfreiheit, sondern zugleich größeren Entscheidungs- und Verantwortungsdrucks versetzt. Was früher über das - häufig konfliktträchtige - Zusammenspiel unterschiedlicher "Funktionen", von Abteilungen und Personen mit unterschiedlicher Verantwortung zu erzielen war, muß der "neue" Meister im Idealfall nun allein bzw. in eigener Verantwortung bewerkstelligen. Im Fall der Meister tritt diese Anforderung zwar nicht in der gleichen Schärfe auf wie bei mittleren Managern, denen - wie in den Fällen des Elektrobauteileherstellers F1 und des Relaisfertigers F2 - weitreichende geschäftsführende Kompetenzen übertragen werden. Dennoch: Auch sie stehen vor der Schwierigkeit, auf sich gestellt verschiedensten, häufig widersprüchlichen Anforderungen gerecht zu werden. Sie müssen alle für den reibungslosen Ablauf in ihrem Unterstellungsbereich relevanten Dimensionen im Blick behalten und bei ihren Entscheidungen unterschiedlichsten Gesichtspunkten Rechnung tragen. Der in der traditionellen Organisation angelegte Stab-Linie-Konflikt, der Widerstreit unterschiedlicher Anforderungen und Sichtweisen verlagert sich gleichsam in die Person des Vorgesetzten hinein, findet in seinem Kopf statt - ein Kompetenz-Verantwortungs-Dilemma ganz eigener Art, das der neuen Rollenbestimmung immanent und Quelle von Überforderungsphänomenen ist. Auch die vorherige Situation einer vielfach geteilten Verantwortung hatte für den Meister eine belastende Seite, u.a. weil er häufig geradezustehen hatte für Problemlagen in seiner Abteilung, für deren Zustandekommen er nur bedingt wirklich verantwortlich war, und weil er vielfach die Ursachen von Problemen mangels Zuständigkeit nicht beseitigen konnte. Allerdings konnte man sich auch auf die Verantwortung anderer zurückziehen, die ebenfalls für Qualität, Termine, Material etc. zuständig waren; die Arbeitsteilung innerhalb des Linienmanagements sowie zwischen den Linienvorgesetzten und den Experten indirekter Bereiche bot jedenfalls dem in vielen Unternehmen beklagten Spiel gegenseitiger Schuldzuweisungen, in dem sich jede Seite von Verantwortung partiell freimachen konnte, einen fruchtbaren Boden. Solche Rückzugsmöglichkeiten auf formale Kompetenzverteilungen sind dem "neuen" Meister in weiten Teilen systematisch verbaut. Er findet sich in eine Situation gestellt, in der er das Entscheidungs- und Verantwortungsrisiko mit anderen in vielerlei Hinsicht nicht mehr teilen kann. Der Grat zwischen Herausforderung und Überforderung, auf dem er sich bewegt, ist dementsprechend schmal.

Dies führen die Meister der qualitativen Befragung, die mit den neuen Anforderungen konfrontiert sind, eindrücklich vor Augen. Die neuen Gestaltungsspielräume, die sie einerseits positiv herausstreichen, sind für sie andererseits unmittelbar mit einem Anstieg der Arbeitsbelastung verbunden. Der steigende Arbeitsdruck, provoziert durch eine gestiegene Aufgabenfülle und die Notwendigkeit, ständig Prioritäten zu setzen und Entscheidungen unter Ungewißheit der Randbedingungen zu treffen, während sie gleichzeitig scharf formulierten ökonomischen Zielgrößen gerecht werden müssen, ist für die meisten das Ergebnis und die problematische Seite der organisatorischen Veränderungen. Das Risiko von Fehlentscheidungen ist gestiegen und lastet auf den Meistern, die für den Erfolg ihrer Abteilung einstehen müssen.

Von Überlastung und Überforderungsphänomenen ist in allen fraglichen Unternehmen die Rede. Die Meister sind sich zudem unsicher, ob auf Dauer nicht die belastenden Aspekte der Arbeitssituation überwiegen und einer anhaltenden Überforderung Vorschub leisten.

Ein Meister des Fahrzeugkomponentenwerks D2 hebt hervor, er müsse "alles zusammenbringen. Ich muß einen Teil von der Arbeitswirtschaft wissen, ich muß einen Teil wissen vom Rechnungswesen, wie man Preise ausrechnet, ich hab meinen Einblick überall. ... Und das ist der Vorteil, aber auch die Belastung. Ich beschäftige mich mit allem: Qualität, neue Maschinen, Rechnungswesen, neues Budget aufstellen, neue Zahlen ermitteln, wie wir das Budget richtig, wie wir die Preise richtig berechnen, mit den Mitarbeitern im Personalbüro über Rechtsdinge, die da gemacht werden. Überall habe ich einen Einblick drin. Ich habe aber auch nirgends den richtigen Durchblick, das stimmt auch wieder." Die Meister dieses Unternehmens, die bisher vor allem mit den bekannten Restriktionen zu kämpfen hatten, gewinnen mitunter den Eindruck, die neue Aufgabenstellung ziele eigentlich auf die "eierlegende Wollmilchsau" und machen Erfahrungen, die ihren Kollegen mit traditionell ganzheitlicherem Anforderungsprofil schon länger vertraut sind. Aber auch für letztere gewinnt die Belastungssituation eine neue Qualität. Generell entwickeln die Meister vielfach das Gefühl, angesichts der Fülle an Aufgaben den Anforderungen kaum noch gerecht werden zu können: Manchmal, so ein Befragter des Leiterplattenwerks G, hat "man da echt kein Erfolgserlebnis mehr ... du bist an einem Loch stopfen und dann reißt du zehn andere auf oder umgekehrt herum, bist nur noch am Löcher stopfen und bist laufend unter Zeitdruck". In der Gesamtverantwortung zu stehen, sei einfach ein "Feuerwehrjob", der viel Einsatz an Kraft und Zeit erfordert und der nicht wenige "persönlich irgendwann überfordert". Wird nicht auf die eigene "Überlastung" und Überforderungserscheinungen hingewiesen, so doch auf andere Meister, bei denen man dies beobachtet: Die Hälfte seiner Kollegen, meint ein Werkstattleiter des Fahrzeugkomponentenwerks D2, seien "unzufrieden", weil sie "diese Verantwortung erdrückt".[212]

Für die meisten der befragten Meister stellt sich die Frage, ob und wie angesichts der hohen Anforderungen und der damit verbundenen Arbeitsbelastungen eine solche Aufgabe auf Dauer erfüllt werden kann. Als zwar belastend aber dennoch bewältigbar sehen die neue Rolle vor allem diejenigen, denen es gelingt, einen Teil der Aufgaben und Verantwortlichkeiten an ihre Mitarbeiter zu delegieren. Dies gilt den meisten als unabdingbare Notwendigkeit: "Wenn ich das alles selbst mache, das würde ich nicht schaffen. Der Trick ist an und für sich, dieses zu verteilen. ... Allein würde ich untergehen. Wenn ich mir anmaßen würde, ich könnte die gesamten Eckpunkte selbst organisieren, das wäre Selbstmord. Ja wirklich, das geht nicht" (Werkstattleiter, D2). Die Meister, denen das - sei es, weil sie sich nicht von ihrem traditionellen Arbeitsverständnis verabschieden können, sei es, weil die Qualifikation der Mitarbeiter oder die Personaldecke nicht ausreichend ist - nicht gelingt, sehen die Grenzen ihrer Belastbarkeit dagegen oft deutlich erreicht.

Im Stahlunternehmen I, wo die Meister angesichts der Personalausdünnung auf allen Ebenen vor besonders hohe Anforderungen gestellt sind, treten die Probleme besonders krass zutage. Die Produktionsmeister sehen sich dort kaum noch in der Lage, ihre Arbeit korrekt zu erledigen. Man komme, meint einer von ihnen, einfach "nicht mehr durch", man "hat zuviel am Hals hängen". Auf Dauer könne die Arbeitsbelastung nicht "gut gehen". Daß die Überforderung der Führungskräfte zu einer Grenze der am Intrapreneurmodell orientierten Verschlankung wird, hat man mittlerweile

---

212 Angesichts der neuen Belastungssituation ist ein Segmentmeister des Meßtechnikherstellers E überzeugt: "Wenn wir zur damaligen Zeit genau gewußt hätten, was auf uns zukommt", hätten sich die jetzigen Meister "mit Sicherheit" nicht hinter die Veränderung gestellt.

auch im oberen Management dieses Unternehmens registriert. So sagt einer der Geschäftsführer des Stahlunternehmens: "ich denke, der Crash kommt auf der Meisterebene, oder sagen wir, da wird er offen angesprochen ... anfangs hat mich das natürlich auch gestört, daß ausgerechnet unsere selbst ausgebildeten Meister, auf die wir hier so große Stücke gelegt haben, daß ausgerechnet diese da immer anfangen zu jammern, aber anderseits kann man eigentlich froh sein, wenn die sich da frühzeitig zu Wort melden."

Indikatoren der hohen Arbeitsbelastung und der schleichenden Überlastung sind die zunehmenden Streßerscheinungen und körperliche Auswirkungen, die die Meister zu Protokoll geben. Der gewachsene Streß, vermerkt ein Stahlwerksmeister (Fall I), hinterläßt Spuren: "ich hab nur einen Körper, und der geht kaputt mit der Zeit, das merkt man halt." Zwanzig Jahre, meint auch einer seiner Kollegen, ließe sich das gesundheitlich nicht durchhalten. Auch an der Entwicklung der Arbeitszeiten läßt sich dies ablesen. Unter den "kleinen Intrapreneuren" sind nicht wenige, deren tatsächliche Arbeitszeiten deutlich höher liegen als die tariflichen Bestimmungen vorsehen. Im Rahmen der regulären Arbeitszeit läßt sich für viele Meister die anstehende Arbeit nicht mehr erledigen. Überstunden gehören für die meisten der befragten Meister zwar zu den Selbstverständlichkeiten ihres Berufs. Deren Umfang aber hat sich für einige von ihnen merklich erhöht und bei manchen ist es zur Regel geworden, Samstagsarbeit zu leisten, um z.B. liegengebliebene "Schreibtischsachen" zu erledigen und nicht "ins Hintertreffen" zu geraten" (Stahlwerksmeister, I).

Einiges läßt darauf schließen, daß mit dem neuen Anforderungsprofil die Gefahr einer Vereinnahmung der Person durch die berufliche Arbeit wächst. Hierfür sind nicht nur überlange Arbeitszeiten ein Indiz. Auch der Umstand, daß mancher der Befragten mittlerweile größere Mühe hat, im Privatleben wirklich "abzuschalten" ist ein Hinweis darauf. Die meisten sind nach wie vor darum bemüht, Beruf und Privatsphäre getrennt zu halten. Dies zu erreichen ist jedoch keineswegs leichter geworden und mancher sieht das Risiko, das im Hinblick auf andere Lebensbereiche von der beruflichen Tätigkeit ausgeht.

Einer der befragten Meister macht die Problemlage in exemplarischer Weise deutlich. Bei diesem Vorgesetzten, der die neuen Anforderungen und die Konkurrenzorientierung in hohem Maße verinnerlicht hat, sind Trennlinien zwischen Arbeit und Privatsphäre, ist eine Distanz zum Unternehmen und der eigenen Berufsrolle kaum noch vorhanden: "Von den 52 Samstagen, sechs Urlaubssamstage weg, 40 da übertreibe ich nicht, bin ich in der Firma, unbezahlt. ... Das haben wir uns vorgenommen, halt unsere zusätzlichen Stunden zu leisten, um vorneher zu rennen, vor der Mannschaft. So eine Art, wie wir es immer vorgemacht kriegen von den Japanern ... so erbringen wir ja schon auch unsere Leistung ... Ich habe eine Anfahrtszeit von 20 Minuten. Bin spätestens um 6 Uhr 30 in der Firma ... (habe dann) ungefähr im Schnitt 9 1/2 Stunden hier als Arbeitszeit. Dann samstags in der Regel fünf Stunden in der Firma. Verbesserungsvorschläge, da bin ich Gutachter ... oder sonstige Schreibsachen, die mache ich in der Regel immer zu Hause, da hat man den Kopf frei, da wird man nicht gestört vom Piepser, vom Telefon. (Das macht) würde ich sagen, in der Woche auch nochmal zwei bis drei Stunden abends oder sonntags. ... Und dann geistig bin ich mit Sicherheit nochmal daheim zehn, zwölf Stunden in der Firma. Wenn man mal eine gute Idee hat und so in der Nacht, geh ich schon mal raus und schreib mir das auf."

Die in der Leitvorstellung vom Intrapreneur angelegte Gefahr einer latenten Überforderung der Vorgesetzten ist nicht nur im Hinblick auf die betroffenen Personen von Relevanz. Sie hat auch ihre Folgerungen für die Arbeitsprozesse, die diese Meister zu leiten haben. Der mit dem Aufbau dezentraler Organisationseinheiten verbundene Abbau von organisationalen Sicherheitspolstern, von Redundanz und "Slack", der sich nicht zuletzt ja auch in der Bündelung von Aufgaben und Kompetenzen im unteren Linienmanagement niederschlägt, macht die Prozeßabläufe störanfällig. Die Prozeßstabilität zu gewährleisten ist mehr denn je eine der Hauptaufgaben des neuen Meisters. Mit der Komplexität der Aufgabenstellung ist aber zugleich auch das Risiko von Fehlentscheidungen gewachsen und die Überlastungsphänomene auf der Meisterebene bleiben letztlich nicht ohne Konsequenz im Hinblick auf Anlagenstillstände oder andere Produktionsprobleme:

Als Meister kann man "nicht überall sein ... aber wenn Probleme kommen, muß er da sein. Und meistens, wenn hier ein Problem ist, kommt da drüben das nächste ... und dann soll er dort sein, soll er dort sein, soll er dort sein und dann kommt das Chaos" (Meister, I).

In den Unternehmen, in denen die Verschlankung recht weit vorangetrieben wurde, zeigt sich, daß zumindest die Fähigkeit beeinträchtigt wird, den Ursachen solcher Probleme systematisch nachzugehen und sie zu beseitigen. Die Möglichkeiten der neuen Meister sind diesbezüglich jedenfalls eingeschränkt. Prozeßbezogene Innovationen sind unter diesen Bedingungen schwieriger zu realisieren.

Ganz deutlich läßt sich dies im Stahlwerk I beobachten, das in vielerlei Hinsicht den Paradefall eines verschlankten und unbürokratischen Unternehmens mit "starken" Meistern abgibt. Früher, so ein Produktionsmeister, sei man in der Lage gewesen, bei einem auftretenden Produktionsproblem gemeinsam mit den Betriebsingenieuren die "Ursache zu erforschen". "Das wird heute alles nicht mehr gemacht. Weil erstens haben sie keine Ingenieure mehr, und wir (Meister) können es nicht machen, das geht nicht. Sie können nicht noch eine Studie machen nebenbei bei der Arbeit. Das ist zuviel, das hält kein Mensch durch. Und so wird nicht konsequent genug danach gearbeitet, oder die Ursachen erforscht." Man könnte viele Probleme "abstellen", aber die personellen bzw. zeitlichen Ressourcen sind nicht mehr vorhanden. "Und das kommt teurer. Das kommt teurer mit der Zeit!"

Ein Befragter aus Unternehmen G meint dazu, er "kann manchmal nur Daumenwerte abgeben und muß kurz aus Erfahrung sagen, he macht das so, macht das so, ohne daß ich wirklich einmal mich daransetzen kann, mir das durchkalkulieren kann ... und damit decke ich zwar im Moment kurz das Loch zu, aber das kommt dann irgendwann wieder, sagen wir mal, ich habe im Endeffekt unterm Strich immer noch mehr Arbeit, und das ist eine ekelhafte Spirale ja eigentlich, dann summiert sich dann alles zusammen und dann kriegst dann echt ein Problem."

Mit dem Idealbild vom Meister als einem "Unternehmer im Unternehmen" verbindet sich nicht zuletzt latent auch ein Führungsproblem. Dies läßt sich exemplarisch am Beispiel des Stahlunternehmens I beleuchten. Für die dortigen, mit der Leitung großer Verantwortungsbereiche betrauten Meister ist es spürbar schwieriger geworden, zu den unterstellten Mitarbeitern noch eine ausreichend intensive Beziehung zu pflegen. Spielräume, um sich über einen rein arbeitsbezogenen Kurzkontakt (Anweisungen etc.) hinaus mit Mitarbeitern und deren Problemlagen auseinanderzusetzen, sind kaum noch vorhanden. Der "Draht" zwischen Meister und Mitarbeiter droht zu reißen.

Die Zeitspannen, "bis man sich wieder einmal mit einem Mitarbeiter unterhalten kann", sind den befragten Meistern zu lang. Ein Meister charakterisiert die Veränderung im Verhältnis zu den Produktionsmannschaften folgendermaßen: "Früher ... also wenn ich einen Tag nicht draußen war ..., dann haben die schon oben angerufen und gefragt, ob ich krank bin - und heute kommen sie wochenlang nicht runter, weil sie einfach keine Zeit haben. Weil da noch ein Problem ist und da noch ein Problem ist. ... Die haben mir schon gesagt: Man sieht dich gar nicht mehr. Das geht einfach nicht."

Der Kern des Problems ist: Indem die Meister sich nicht mehr wie bisher um die Mitarbeiter "kümmern" können, wird die soziale Dimension der Produktion für sie zunehmend intransparent. Ihr Gespür für die Gefühlslage der einzelnen Mitarbeiter wie insgesamt für die Stimmungslage in ihrem Verantwortungsbereich schwindet. Dem vielbeschäftigten "kleinen Manager" entgleitet damit zumindest partiell die soziale Kontrolle; sein Risiko wächst, nicht mehr rechtzeitig und quasi en passant individuelle Problemlagen, Frustrationen und aufkeimende soziale Spannungen realisieren und darauf einwirken zu können.

Mit dem Verlust des engen Kontakts kann er zugleich dem Interesse und den Ansprüchen der Beschäftigten nach Anerkennung ihrer Arbeit und ihrer Person nicht mehr wie bisher nachkommen. Die symbolischen Formen der Anerkennung, die tradierten Formen und Rituale der Zurkenntnisnahme und Wertschätzung der Person, der individuellen Problemlagen und der subjektiven Arbeitsleistung gehen verloren. Die befragten Meister sehen sich in eine Lage versetzt, in der sie zwangsläufig das Anerkennungsbedürfnis ihrer Mitarbeiter tendenziell frustrieren und sich damit zugleich Motivationsprobleme einhandeln. Für den "kleinen Unternehmer" ist es schwieriger, zur Identifikation der Mitarbeiter mit ihrer Arbeit und dem Betrieb beizutragen. Die emotionalen und sozialen Bande, die sich um den Kern einer instrumentellen, zweckrationalen Tauschbeziehung ranken, sind in Gefahr brüchig zu werden. Der "unternehmerisch" orientierte Meister hat eigentlich keine Zeit für "Gefühle", weiß aber genau, daß eben dies das Unterfutter für eine wie auch immer rudimentäre, Loyalität und spontane Leistungsbereitschaft stiftende Werkstatt"gemeinschaft" ist (vgl. Kotthoff/Reindl 1990). Letztlich wächst mit dieser Leitvorstellung das Risiko, daß die soziale Integration der Beschäftigten zum Problem gerät.

Einer der Meister des Stahlwerks bringt dies folgendermaßen zum Ausdruck: "Das Wichtigste ist für den Meister: Ich muß wissen, wo tut es ihnen (Mitarbeiter) weh? Was hat er, warum schaut er heute so grimmig? Ich muß ja wissen, ist er verheiratet, hat er Kinder, hat er Probleme. Dann kann ich mit dem Mann arbeiten. Dann muß ich wissen: Den muß ich streicheln, den muß ich schlagen, auf deutsch gesagt. Einer muß angeschrien werden, der andere braucht Streicheleinheiten, um Leistung zu bringen. Und das ist nachher nicht mehr drin. Ich kann doch nicht auf fünfunddreißig Leute eingehen, wenn ich selber keine Zeit habe, das geht nicht. Ich muß mich mit den Leuten befassen können, dann kann ich eine optimale Leistung bringen, weil ich weiß, wo drückt denen der Schuh? Hat der zum Beispiel jetzt ein neues Auto, dann will der drüber reden, dann will der wichtig sein. Oder hat er ein Kind. Ist es ein Mädchen, ein Bub. Ah, ich weiß genau, ein Junge gewollt, und ein Mädchen hat er bekommen. Das sind nur Kleinigkeiten. Aber das ist das Feeling vom Meister. Das muß er wissen, um mit den Leuten umzugehen, damit er optimale Leistung bekommt. Und das geht alles unter mit der Zeit. Das geht alles unter. Er kommt gar nicht mehr ran ... Das ist das, was hier in ein paar Jahren wirklich das Manko ist. Das keiner mehr vom anderen weiß, wie, was. Und dann werden sie wieder krank. Es horcht ihnen niemand zu. Wenn er halt ein Wehwehchen hat, dann tut es halt ärger weh. Warum, weil er weiß, der Meister ... das interessiert den sowieso nicht, dann bleibt er daheim. Und die Krankheitsrate steigt auch wieder, bin ich auch überzeugt! Ist jetzt schon zu beobachten. Und die wird in den nächsten Jahren noch viel schlimmer." Wenn die Mitarbeiter "mal merken, halt mal, es kümmert sich niemand mehr um uns, ich bekomme keine Antwort mehr, keine ausreichende Antwort mehr", dann, so das Fazit dieses Meisters, werden sie "schwach", dann sinkt das Interesse, die Leistungsbereitschaft, und es wird nur noch Dienst nach Vorschrift geleistet. Eine Klimaveränderung wird von den Meistern bereits wahrgenommen. Vor ein paar Jahren noch, so ist zu hören, war "alles herzlicher, also wärmer".

6. Befunde der schriftlichen Befragung - ein ergänzender Blick

In den vorangegangenen Kapiteln haben wir die Frage der Veränderung des Aufgaben- und Kompetenzprofils des Meisters verfolgt, indem wir Entwicklungen in einzelnen Unternehmen untersuchten, in denen neue Organisationskonzepte zur Anwendung gelangten. Die Umbrüche hinsichtlich der Meisterposition, die wir dabei in den Vordergrund rückten, sind nicht nur für die untersuchten Unternehmen von Relevanz.

Die neuen, in Konzepten wie "lean production" und "business reengineering" verdichteten Modernisierungsleitlinien haben bislang gewiß keine vollständige und flächendeckende Verwirklichung gefunden und dies ist in einem strikten Sinne auch für die nahe Zukunft nicht zu erwarten, denn der organisatorische Umbau von fest verwurzelten Strukturen ist ein schwieriges und betriebspolitisch hoch aufgeladenes Unterfangen. Gleichwohl sind diese Leitlinien in Unternehmen der unterschiedlichsten Branchen zentrale Orientierungspunkte von Rationalisierungsanstrengungen. Über die Richtung der Veränderung jedenfalls ist man sich in der sozialwissenschaftlichen und breiteren öffentlichen Diskussion weitgehend einig; sie wird mit einer Dezentralisierung von Verantwortung und Kompetenzen, mit der Abflachung von Hierachien, der Reduktion bürokratischer Verkrustungen und dem Abbau indirekter Bereiche und Stäbe verbunden.

Unstrittig ist insbesondere, daß gerade in den Unternehmensbereichen, in denen Meister zum Einsatz kommen, Dezentralisierung eine wichtige Rolle spielt. Über die tatsächliche Verbreitung der neuen Arbeits- und Organisationskonzepte lassen sich jedoch bislang keine gesicherten Aussagen treffen. Ungewiß ist damit auch, welche breitenwirksame Bedeutung den unterschiedlichen Dezentralisierungsformen faktisch zukommt und in welche Richtung sich die Rolle des Meisters im größeren

Rahmen verändert. Selbstorganisation oder neue Meisterwirtschaft, Krise oder Stabilisierung der Funktion und des Einsatzes von Meistern? Auf der Basis von Fallstudien lassen sich solche Fragen befriedigend kaum beantworten. Mit dem "Zerfall der tayloristischen Syndromatik" geraten, wie Bechtle/Lutz (1989) eindrücklich vor Augen führen, Grundlagen ins Wanken, die es der industriesoziologischen Forschung bislang ermöglichten, vom Einzelfall unter bestimmten Bedingungen auf allgemeinere Entwicklungstendenzen (in einzelnen Branchen etc.) zu schließen. So sehr dieser methodische Zugang eine in die Tiefe gehende Analyse erlaubt: weniger denn je liefert die Fallstudie klare Anhaltspunkte für "die" Entwicklung in "der" Industrie. Sie liefert primär eine vertiefte Einsicht in spezifische Formen der Veränderung und erhellt, mit welchen Auswirkungen - hier bezüglich des Meisters - zu rechnen ist, je nachdem, welcher Pfad eingeschlagen wird.

Um die Beschränkungen dieses Zugangs zumindest teilweise zu kompensieren, greifen wir im folgenden auf Ergebnisse einer größeren schriftlichen Befragung von Führungskräften zurück, die im Rahmen des Forschungsprojektes zur Arbeits- und Berufssituation und zu den Interessenorientierungen unterer und mittlerer Vorgesetzter in der Industrie durchgeführt wurde und in der auch Meister einbezogen wurden. Diese Befragung kann zwar im strengen Sinne keinen Anspruch auf Repräsentativität erheben und sie zielte auch nicht unmittelbar darauf ab, zu klären, wie bedeutsam einzelne neuere Organisationskonzepte aus der Sicht von Führungskräften sind und welche Auswirkungen sie auf deren Aufgaben- und Kompetenzprofil haben. Angesichts der Vielfalt betrieblicher Konstellationen und möglicher organisatorischer Innovationskonzepte konnte dies nicht angestrebt werden. Es ging vielmehr ganz allgemein darum, die Arbeitssituation von Führungskräften, deren Wandel und die unterschiedlichen Ursachen zu erfassen, ohne von vornherein bestimmten Faktoren oder gar spezifischen Managementkonzepten besonderes Gewicht zuzubilligen. Zu eindeutigen Antworten über die Verbreitung von Organisationskonzepten, die auf die Selbstorganisation der operativen Ebene und/oder die Schaffung (teil-)autonomer Produktionseinheiten mit unternehmerisch zugeschnittenen Führungspositionen abheben, kann diese Befragung daher nicht verhelfen. Sie kann jedoch einen gewissen Einblick vermitteln, welche Bedeutung bestimmten, in den vorangegangenen Kapiteln behandelten Aspekten im größeren Maßstab zukommt.

Wir werden uns im folgenden auf jene Befunde der schriftlichen Befragung konzentrieren, die im Hinblick auf die in dieser Arbeit aufgeworfene Fragestellung von besonderer Relevanz sind und die die Ergebnisse der Fallstudien ergänzen. Das zentrale Interesse richtet sich mithin auf die Veränderung des Aufgaben- und Kompetenzprofils, die Entwicklung der Handlungsspielräume der Meister ganz generell und im besonderen unter dem Einfluß organisatorischer Veränderungen. Es geht um Indizien für ein Fortschreiten des Kompetenzverlustes bzw. für ein Wiedererstarken des Meisters und damit auch um die Frage seiner Zukunft.

Die Leitfragen, denen wir nachgehen werden, sind: Mit welchen Anforderungen sind die Meister in ihrer beruflichen Arbeit konfrontiert und vor allem, inwieweit und in welche Richtung haben sich aus der Sicht der Meister die an sie gerichteten Anforderungen verändert? Weiter wird danach gefragt, welches die Ursachen für die Veränderung der beruflichen Anforderungen sind und welchen Einfluß insbesondere organisatorische Veränderungen in den Unternehmen diesbezüglich haben. Schließlich behandeln wir die Frage, wie die Meister ihre berufliche Zukunft beurteilen.

Bevor wir auf diese Fragen näher eingehen, sind noch einige knappe Anmerkungen zur schriftlichen Erhebung, auf die wir uns im weiteren stützen, und zu Strukturmerkmalen der befragten Meister anzubringen.

6.1 Zur schriftlichen Befragung

In die schriftliche Erhebung, die in der ersten Jahreshälfte 1995 durchgeführt wurde, wurden insgesamt 3.764 Führungskräfte unterschiedlichster Ebenen, Unternehmen und Branchen einbezogen. Genau 967 (25,7%) der angeschriebenen Führungskräfte beteiligten sich an der Befragung und sandten den Fragebogen zurück (vgl. Tabelle 6.1).[213] Ein knappes Viertel der Führungskräfte, d.h. 232 Befragte, sind als Meister

---

213 Trotz der in der Managementliteratur gängigen Unterscheidung in Topmanagement, oberes, mittleres und unteres Management existiert keine operationalisierbare Definition der Begriffe. Um zu einer handhabbaren Unterscheidung von Ebenen zu gelangen, wurden im Forschungsprojekt folgende Zuordnungskriterien festgelegt, die eine Unterscheidung nach Geschäftsführung, oberem Management, mittlerem Management und unterem Management erlauben: die Unternehmensgröße, der arbeitsvertragliche Status (Tarifangestellter, außertariflicher Angestellter, Leitender Angestellter, Geschäftsführer); die Art der Position (Personalvorgesetzter, Nicht-Personalvorgesetzter); Position in der jeweiligen Unternehmenshierarchie (Zahl der Führungsebenen zwischen Vorstand/Geschäftsführung und der Position des Befragten und Zahl der Führungsebenen zwischen dessen Position und der Mitarbeiterebene). Unter Heranziehung dieser Kriterien ist *Geschäftsführer*, wer den arbeitsvertraglichen Status eines Geschäftsführers hat bzw. als Geschäftsführer in einem selbständigen Tochterunternehmen direkt dem Vorstand bzw. der Geschäftsführung unterstellt ist. Zum *Oberen Management* gehören unabhängig von der Unternehmensgröße Führungskräfte, die zwischen sich und dem Vorstand keine und gleichzeitig zwischen sich und der Mitarbeiterebene mindestens eine Führungsebene aufweisen. Sofern es sich um Personalvorgesetzte handelt, sind Tarifangestellte ausgeschlossen. Handelt es sich um Nicht-Personalvorgesetzte, so sind zusätzlich auch außertarifliche Angestellte ausgeschlossen. Der Begriff oberes Management bezeichnet damit den oberen Teil dessen, was sich in einer weiten Definition dem Mittelmanagement zurechnen ließe. Das *Untere Management* setzt sich vorwiegend aus Meistern zusammen. Diese Gruppe konnte weitgehend bereits im Vorfeld über die Verteilung der Fragebögen bestimmt werden. Allerdings wurden die eingegangenen Fragebögen aller Führungskräfte, einschließlich der im voraus bestimmten Meisterfragebögen nochmals anhand bestimmter Kriterien überprüft, um diejenigen zu erfassen, die sich faktisch in einer Meisterposition befinden und um andere, nicht korrekt zugeordnete Personen, auszuschließen. Folgende Merkmale mußten gegeben sein: eine bestimmte Berufsbildung, d.h. entweder keine Berufsausbildung oder eine Lehre, ggf. mit zusätzlicher Handwerks- oder Industriemeisterausbildung; der arbeitsvertragliche

tätig. Auf diese Personengruppe werden wir uns im nachfolgenden konzentrieren. Wo es zu Vergleichszwecken sinnvoll erscheint, werden wir aber auch andere Führungskräftegruppen heranziehen.

Die Auswahl der Führungskräfte erfolgte aufgrund besonderer Zugangsprobleme über unterschiedliche Wege. In einem Teil der Unternehmen, in denen im Rahmen des genannten Forschungsprojektes qualitative Erhebungen vorgenommen werden konnten, konnte an insgesamt 465 Führungskräfte - darunter auch Meister - ein Fragebogen verteilt werden. Die restlichen 3299 Führungskräfte, die ohne Umweg über die Unternehmen direkt angeschrieben wurden und in Unternehmen der baden-württembergischen Industrie tätig sind, sind über folgende Wege ermittelt worden: Bezüglich der Führungskräfte aus oberen und mittleren Managementebenen konnte auf Adreßdateien einschlägiger Anbieter - einer Unternehmensberatung und eines Adreßverlages - zurückgegriffen werden.

Tabelle 6.1
Verteilung der Führungskräfte nach Managementebenen

Hierarchieebene	Verteilung (in %)
Geschäftsführung	4,4
Oberes Management	18,4
Mittleres Management	44,5
Unteres Management	32,6
Gesamt	99,9

N: 967

Bezüglich der Gruppe der Meister konnte auf solche allgemeinen Adreßbestände nicht zurückgegriffen werden. Hier konnte letztlich ein Zugang zu Adressen nur über Verbände (IG Metall, Industriemeistervereinigung Baden-Württemberg) und das RKW Baden-Württemberg, das über Teilnehmeradressen an berufsbezogenen Weiterbildungsveranstaltungen verfügt, erreicht werden. Angesichts dieser Zugangswege besteht unmittelbar die Möglichkeit, daß Verzerrungseffekte auftreten,

Status mußte der eines Tarifangestellten oder maximal der eines außertariflichen Angestellten sein; der Funktionsbereich in dem der Vorgesetzte beschäftigt ist, sollte der Produktionsbereich, oder ein anderer klassischer Einsatzort von Meistern sein (produktionsnahe indirekte Bereiche, Ausbildung). Als Meister wurden schließlich nur Vorgesetzte der unteren Hierarchieebenen erfaßt. Zusätzlich zählen zum unteren Management Tarifangestellte und außertarifliche Angestellte, die zwischen sich und der Mitarbeitebene keine weitere Führungsebene mehr haben. Zusätzlich ist hier nach Unternehmen bis zu 999 Beschäftigten und Unternehmen mit 1000 und mehr Beschäftigten differenziert. Für Personen der ersten Gruppe gilt, daß zwischen der eigenen Position und der Geschäftsführung mindestens eine Führungsebene, für Personen der zweiten Gruppe gilt, daß mindestens zwei Führungsebenen oberhalb der eigenen Position vorhanden sein müssen. Das *mittlere Management* bilden jene Führungskräfte, die weder zum oberen noch zum unteren Management gehören, die also die genannten Bedingungen nicht erfüllen.

die nicht genauer zu kontrollieren sind. Diesen Aspekt gilt es zu bedenken, wenn im weiteren die Befunde der Befragung präsentiert werden.

Strukturmerkmale der befragten Meister

Die Altersstruktur der Meister - bis auf eine Ausnahme handelt es sich ausnahmslos um Männer - weist ein relativ typisches Profil auf. Lediglich 36,2% der Meister sind 40 Jahre alt oder jünger, während 29,7% der Altersgruppe zwischen 41 und 50 Jahren und immerhin ein Drittel (34,1%) der Gruppe der über 50jährigen angehören.

Von den 232 Meistern besitzen 65,1% einen Hauptschul- und 30,1% einen Realschulabschluß, nur 4,8% verfügen dagegen über eine Fachhochschul- bzw. Hochschulreife. Dies entspricht annähernd den Relationen, die das Statistische Bundesamt für die erwerbstätigen Meister ausweist. In der Verteilung der Bildungsabschlüsse reflektiert sich der generelle Trend hin zu höheren Bildungsabschlüssen. Der Realschulabschluß wird offenbar zusehends zur Standardvoraussetzung, wie vor allem die Verteilung nach Altersgruppen zeigt (vgl. Tabelle 6.2).[214]

Tabelle 6.2
Bildungsabschlüsse der befragten Meister nach Altersgruppen - Anteile in %

Altersgruppen	Hauptschulabschluß	Realschulabschluß	Fachhoch-/ Hochschulreife	Gesamt
bis 40 Jahre	41,0	54,2	4,8	100,0
41-50 Jahre	74,6	16,4	9,0	100,0
51 Jahre u. älter	85,5	13,2	1,3	100,0

N: 232; miss.: 6

Die überwältigende Mehrheit der Befragten sind aufgestiegene Facharbeiter. Lediglich 2,2% aller Meister verfügen über keinen berufsbildenden Abschluß, wobei in den beiden unteren Altersklassen alle eine betriebliche Ausbildung besitzen, während von den über 50jährigen Meistern immerhin 6,5% keine Ausbildung vorweisen können. Statusmeister spielen letztlich im Sample nur eine untergeordnete Rolle. 88,7% der Befragten besitzen einen Industriemeister- oder Handwerksmeisterbrief und 14,9% zusätzlich bzw. alternativ andere beruflich relevante Abschlüsse (Techniker, Refa-Ausbildung etc.). Gerade 5,7% der Meister haben keine über die Lehre hinausgehenden Ausbildungen durchlaufen.

---

214 Auch wenn die Erhebungen nicht direkt vergleichbar, sind, so bestätigt doch ein Blick auf die von Clauß (1990, 65) veröffentlichten Daten des BIBB/IAB den besagten Trend. Bei der Mitte der 80er Jahre durchgeführten Erhebung lag der Anteil der Hauptschulabgänger unter den Meistern noch bei 77% und der der Realschulabgänger lediglich bei 18%.

Die Meister der schriftlichen Befragung stammen mehrheitlich aus Großbetrieben (vgl. Tabelle 6.3) und sind überwiegend im Fahrzeugbau, im Maschinenbau und in der Chemieindustrie beschäftigt. Die reale Branchenverteilung des verarbeitenden Gewerbes findet sich im Sample allerdings nicht wieder. Fast die Hälfte der Meister stammen aus dem Automobilbau, während andere beschäftigungsintensive Branchen wie der Maschinenbau oder die Elektroindustrie deutlich unterrepräsentiert sind (vgl. Tabelle 6.4).[215]

Der größte Teil der Meister hat seine berufliche Karriere innerhalb der angestammten Branche gemacht und dabei nur wenige Unternehmenswechsel vollzogen. Lediglich jeweils etwa ein Drittel der Meister wechselte im Verlauf des bisherigen Berufslebens die Branche bzw. war in mehr als drei Unternehmen beschäftigt.

Tabelle 6.3
Verteilung der Meister nach Unternehmensgrößenklassen

Unternehmens-größe	Verteilung (in %)
bis 499 Beschäftigte	18,6
500 - 999	6,3
1000 - 1999	16,7
2000 u. mehr	58,4
Gesamt	100,0

N: 232

Zu zwei Dritteln sind die befragten Meister in den Produktions- bzw. indirekten Produktionsbereichen (z.B. Instandhaltung, Werkzeugbau) der jeweiligen Unternehmen eingesetzt und nochmals 11,3% üben eine technische Leitungsfunktion in Betriebsbereichen aus, in denen verschiedene Funktionen (z.B. direkte und indirekte Produktionsfunktionen) zusammengefaßt sind. Die restlichen Meister verteilen sich auf andere, zumeist produktionsnahe indirekte Bereiche bzw. sind (als Ausbildungsmeister) dem Personalwesen zugeordnet (vgl. Tabelle 6.5). Wiederum fast zwei Drittel (62,4%) sind auf der untersten Ebene der Führungsorganisation angesiedelt und führen direkt Mitarbeiter. Etwas mehr als ein Drittel gibt an, daß sich zwischen der eigenen Position und der Mitarbeiterebene noch eine Führungsebene (mehrstufige Meisterhierarchie) befindet.

215 Branchenvergleiche sind angesichts der Besetzungszahlen schwierig. Soweit wir diese im Einzelfall dennoch anstellen, ist die beschränkte Aussagekraft in Rechnung zu stellen.

Tabelle 6.4
Verteilung der Meister nach Branchen

Branche	N	Verteilung (in %)
Chemische Industrie	32	13,8
Maschinenbau	28	12,1
Straßenfahrzeugbau	113	48,7
Elektroindustrie	16	6,9
sonstige Metallindustrie	27	11,6
sonstige Industrie	16	6,9
Gesamt	232	100,0

Tabelle 6.5
Verteilung der Meister nach Funktionsbereichen

Funktionsbereich	N	Verteilung (in %)
Produktion	87	37,8
indirekte Produktionsbereiche	67	29,1
andere (technische) Bereiche	37	16,1
Technische Leitung	26	11,3
Personalwesen	13	5,7
Gesamt	230	100,0

N: 232; miss: 2; Technische Leitung: Position im Schnittfeld verschiedener technischer Funktionsbereiche.

6.2 Ein erster Zugang: die beruflichen Anforderungen der Meister

Da in die schriftliche Befragung unterschiedliche Managementebenen und Unternehmensbereiche einbezogen werden sollten, konnten die spezifischen Aufgaben- und Kompetenzprofile der Führungskräfte bzw. einzelner Gruppen nicht unmittelbar erfaßt werden. Um Vergleiche zu ermöglichen wurde stattdessen versucht, in groben Umrissen den Charakter des jeweiligen Anforderungsprofils zu ermitteln. Dabei wurde von drei, prinzipiell unterscheidbaren Anforderungsmustern ausgegangen - einem intrapreneurorientierten, einem professionellen und einem bürokratischen Anforderungsmuster -, deren relatives Gewicht es zu klären galt.

Im ersten Fall stehen, so die konzeptionelle Annahme, solche Anforderungen im Vordergrund, die auf die eigenständige, am "eigenen Geschäft" und dessen Erfolg orientierte Führungskraft abheben. Im zweiten Fall dominieren Anforderungen, die auf den Vorgesetzten als besondere Fachkraft zielen, die auf der Basis einer einschlägigen beruflichen Ausbildung und Erfahrung und vornehmlich an professionellen Kriterien orientiert handelt. Das bürokratische Anforderungsmuster hebt auf Vorgesetzte ab, die in ihrem Handeln demgegenüber stark durch organisationsinterne Regeln und Vorgaben bestimmt sind und deren Handlungsfreiheit eingeschränkter ist.

Der hierzu entwickelte Katalog von Aussagen, der den Vorgesetzten vorgelegt wurde, enthält zusätzlich Aussagen, die die Bedeutung der Mitarbeiterführung und insbesondere die Relevanz von Anforderungen erfassen sollen, die eine Selbstorganisationstendenz indizieren. In Tabelle 6.6 sind die Aussagen nach der Art der Anforderung - Intrapreneuranforderung (I), professionelle Anforderung (P), bürokratische Anforderung (B) - gruppiert.[216] Der in dieser Tabelle ausgewiesenen Häufigkeitsverteilung sind einige, für die Fragestellung dieser Arbeit relevante Aspekte zu entnehmen.

---

[216] Ein Teil der Aussagen zielt unmittelbar auf die Handlungsspielräume, wobei zwei eine eher intrapreneurorientierte (es gelten nur grobe Zielvereinbarungen; Ziele sind eigenständig zu gewichten) und eine Aussage eine eher bürokratische Anforderung (starke Einschränkung der Entscheidungsspielräume durch Richtlinien und Vorgaben) markieren. Eine Reihe anderer Statements hebt in unterschiedlicher Weise auf die Verantwortung für ein "eigenes Geschäft" ab. Es geht dabei um den unmittelbaren Markt- und Kundenbezug, um die Relevanz wirtschaftlicher Kennziffern für das eigene Handeln und die Verantwortung für grundlegende Neuerungen im eigenen Bereich (Produkte, Abläufe, Strukturen). Letzteres liegt gewissermaßen auf der Grenzlinie zwischen Intrapreneur- und professionellen Anforderungen, auf die zwei Statements zugeschnitten sind. Auf eine Kombination professioneller und bürokratischer Anforderungen zielt die Aussage, daß Dienstleistungen verantwortet werden, "die ich nach den Richtlinien des Unternehmens und auf der Grundlage meiner Fachkenntnisse erbringe".

Tabelle 6.6
Berufliche Anforderungen von Meistern in ihrer gegenwärtigen Position - Angaben in Prozent

"Für meine Situation gilt:"	**Aussage-typ**	**trifft voll zu**	**trifft teilweise zu**	**trifft nicht zu**
• "Ich muß verschiedenste Ziele (wie Mengen, Kosten, Termine, Qualität, Produktivität, Innovationen und Verbesserungen) im Blick haben und eigenständig gewichten"	I	58,9	33,5	7,6
• "Ich muß mich unmittelbar an der Konkurrenz am Markt orientieren bzw. auf Anforderungen externer Kunden reagieren"	I	11,8	30,0	58,1
• "Ich bin gefordert, Dienstleistungen gegenüber "Kunden" innerhalb oder außerhalb des Unternehmens zu "verkaufen"	I	22,5	29,3	48,2
• "Wichtige Anforderungen lassen sich unmittelbar in wirtschaftlichen Kennziffern wie Umsätze, Ergebnis, Kosten etc. ausdrücken"	I	32,3	44,5	23,2
• "Es gibt nur eine grobe Zielvereinbarung. Wie ich die Ziele erreiche, dafür habe ich weitgehende Freiheiten"	I	22,7	57,8	19,6
• "Ich habe für grundlegende Neuerungen von Verfahren, Produkten/Dienstleistungen, Abläufen oder Organisationsstrukturen zu sorgen"	I/P	18,3	49,1	32,6
• "Fachliche Anforderungen, die an meiner beruflichen Ausbildung und Erfahrung im Funktionsbereich anknüpfen, spielen eine große Rolle"	P	61,3	32,9	5,8
• "Ich muß dafür sorgen, daß Fachwissen optimal gebündelt bzw. nutzbringend angewandt wird"	P	58,2	36,0	5,8
• "Ich verantworte Dienstleistungen, die ich nach den Richtlinien des Unternehmens und auf der Grundlage meiner Fachkenntnisse erbringe"	P/B	59,5	23,0	17,6
• "Die Anforderungen sind stark durch unternehmensinterne bzw. gesetzliche Richtlinien und Vorgaben bestimmt, die meinen Entscheidungsspielraum begrenzen"	B	22,3	53,1	24,6
• "Ich bin oft gefordert, wechselnde Vorgaben und Zielsetzungen meiner Vorgesetzten zu bewältigen"	B	44,8	39,9	15,2
• "Ich bin stark gefordert im Bereich der Mitarbeiterführung"		71,6	19,6	8,9
• "Ich muß dafür sorgen, daß Mitarbeiter bzw. Arbeitsgruppen lernen, Aufgaben weitgehend in Eigenregie zu erledigen"		59,3	34,5	6,2

Wenig überraschend ist zunächst, daß fast drei Viertel der Meister sich stark im Bereich der Führung von Mitarbeitern gefordert sehen, stellt dies doch eine Kernaufgabe der untersten Ebene des Managements dar. Mit 59,3% völliger und weiteren 34,5% teilweiser Zustimmung ist allerdings der Anteil derer bemerkenswert hoch, die gehalten sind, Mitarbeiter und Gruppen zu befähigen, Aufgaben weitgehend in Eigenregie zu erledigen. Nun ist diese den Meistern vorgelegte Aussage so allgemein gehalten, daß sie für sich genommen keineswegs umstandslos auf Selbstorganisationstendenzen schließen läßt. In der einen oder anderen Weise sind Meister immer darauf angewiesen, daß ihre Mitarbeiter Aufgaben selbständig erledigen. Aber ein Indiz dafür, daß der relativen Autonomie der Untergebenen einiges Gewicht zukommt, ist die hohe Zustimmung der Meister zu dieser Aussage allemal und wir werden im weiteren - in der Zusammenschau mit anderen Variablen noch zeigen - daß Selbstorganisationstendenzen für einen relevanten Teil der befragten Meister große Bedeutung haben.

Bemerkenswert ist weiter, daß aus der Sicht der Meister an ihrer berufsfachlichen Qualifikation und Erfahrung anknüpfende Anforderungen einen besonderen Stellenwert einnehmen. Drei der vier Aussagen, die zumindest teilweise auf professionelle Anforderungen abheben, halten jeweils rund 60% der Meister für voll zutreffend. Die Meister sehen sich also vor allem als Fachleute gefordert. Den fachlichen Aspekten dürfte in der Mitarbeiterführung große Bedeutung zukommen, während demgegenüber eher "unternehmerische" Anforderungen, die auf den Marktbezug und damit auf die Attribute eines "eigenen Geschäfts" abheben, weniger bedeutsam sind. Nur bei einer Minderheit etwa ist in ausgeprägtem Maße ein unmittelbarer Konkurrenz- bzw. Kundenbezug gegeben und eine "Verkaufs"orientierung hinsichtlich der "Dienstleistungen" des eigenen Bereichs gefordert. Auch für grundlegende Neuerungen von Verfahren, Abläufen und Organisationsstrukturen zu sorgen, gehört, gemessen an den "trifft voll zu"-Nennungen, nur für einen kleineren Teil zu den wichtigen Anforderungen. Zu vernachlässigen sind solche Anforderungen aus der Sicht der Meister allerdings nicht, wie die Zustimmungswerte (trifft voll bzw. teilweise zu) zu den einzelnen Aussagen belegen.

Konzentriert man sich auf solche Aussagen, die auf die Entscheidungsspielräume abheben, dann wird deutlich, daß die Meister mehrheitlich weder weitgehend unbeschränkt agieren können, noch in ein ihre Handlungsmöglichkeiten stark begrenzendes Netz an Reglementierungen eingezwängt sind. Nahezu 60% der Meister sehen sich gefordert, im Rahmen der Erfüllung ihrer sehr fachlich geprägten Aufgaben unterschiedliche Ziele im Blick zu behalten und eigenständig zu gewichten, und nur eine Minderheit von knapp über einem Fünftel sieht die eigenen Entscheidungsspielräume durch Richtlinien und Vorgaben stark eingeschränkt. Ebenfalls nur knapp über 20% der Meister stimmt aber der Aussage voll zu, daß sie im Rahmen einer groben Zielvorgabe weitgehende Freiheiten in der Erledigung ihrer Aufgaben haben.

Eine nähere Betrachtung zeigt: Eine gewisse Freiheit in der Umsetzung von oben gesetzter Ziele (grobe Zielvereinbarungen treffen "teilweise zu") und eine begrenzte Betroffenheit von bürokratischen, ihre Handlungsmöglichkeiten beschränkende Reglementierungen (Einschränkungen durch Richtlinien und Vorgaben treffen "teilweise zu") gehen bei rund einem Drittel (32,5%) der Meister Hand in Hand. Immerhin ein knappes Drittel der Meister verfügt diesen Indikatoren zufolge demgegenüber über eine größere Autonomie.[217] Bei etwas mehr als einem Viertel der Meister überwiegen demgegenüber die bürokratischen Reglementierungen.[218]

Zieht man die genannten Indikatoren heran, so spricht angesichts der vorliegenden Zahlen wenig dafür, daß der durch die Vorgaben der Industriebürokratie extrem reglementierte Vorgesetztentypus, der sich zugleich sehr stark vom traditionellen Bild des "Fachmanns" entfernt hat, eine dominante Verbreitung genießt.[219]

Die Autonomie und das Verantwortungsspektrum der Meister haben aber gewiß ihre Grenzen. Diese werden vor allem dann deutlich, wenn man deren Arbeitsanforderungen an jenen der mittleren und oberen Manager mißt. Vergleichen wir die Unterschiede in der Antwortverteilung zwischen den drei Führungskräftegruppen anhand von Mittelwertskurven (vgl. Schaubild 6.1), so wird ersichtlich, daß die auf einen "unternehmerischen" Aufgabenzuschnitt hinweisenden Arbeitsanforderungen eines Meisters im Durchschnitt geringer ausgeprägt sind. Sie sind dagegen vergleichsweise stärker durch bürokratische Regulierungen und insbesondere durch einen größeren fachlichen Bezug bestimmt, als die Anforderungsprofile von Managern der mittleren und vor allem der oberen Ebenen. Allgemeiner formuliert: Je höher die Managementebene ist, umso stärker sind im Durchschnitt die intrapreneurhaften Anforderungen ausgeprägt und umso weniger Gewicht haben bürokratische Beschrän-

217 Ein Fünftel der Meister stimmt der Aussage voll zu, daß weitgehende Freiheiten bestehen, in Zielvereinbarungen abgesteckte Ziele umzusetzen und gibt zugleich an, Vorgaben und Richtlinien beschränken ihren Entscheidungsspielraum nur teilweise bzw. gar nicht - und weitere 12,1% meinen, daß ersteres wenigstens teilweise zutreffe, letzteres aber nicht.

218 Für 19,5% der Meister treffen stark eingeschränkte Entscheidungsspielräume voll zu, während sie der "Zielvereinbarungs"-Aussage nur teilweise oder gar nicht zustimmen. Weitere 8,2% geben an, daß ersteres zumindest teilweise zutrifft, während grobe Zielvereinbarungen keine Rolle spielen. Die restlichen Meister geben entweder an, daß beides voll bzw. beides nicht zutrifft, oder verweigerten entsprechende Angaben.

219 Die Angaben deuten darauf hin, daß Anforderungsprofile, die in Richtung auf meisterwirtschaftsförmige Bedingungen weisen, mindestens ebenso verbreitet sind, wie solche, die eher auf tayloristische Einsatzformen hindeuten.

Schaubild 6.1
Berufliche Anforderungen von Führungskräften - Mittelwertsvergleich der Angaben von Meistern und Managern der mittleren und oberen Ebenen

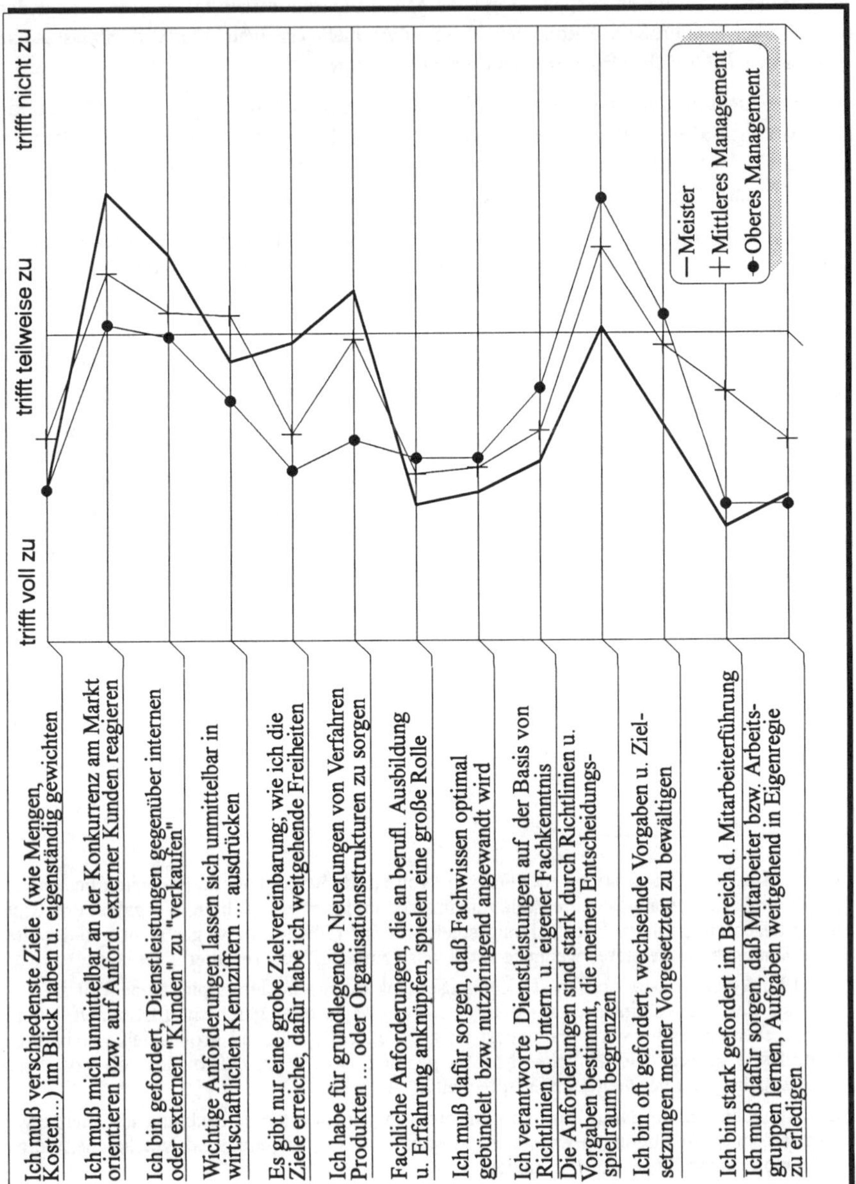

kungen und fachliche Anforderungen.[220] Dieser Befund ist wenig überraschend. Interessant ist allerdings der Umstand, daß sich die Befragten aller Ebenen deutlich gefordert sehen, die jeweils unterstellten Mitarbeiter dazu zu befähigen, Aufgaben in Eigenregie zu erledigen. Das mittlere Management scheint diesbezüglich im Durchschnitt weniger stark gefordert zu sein, als die Gruppe der Meister und das obere Management. Richtet man den Blick jedoch statt auf die Gesamtgruppe nur auf jenen Teil der mittleren Manager, der in den Produktions- bzw. indirekten Produktionsbereichen tätig ist - also auf die Haupteinsatzbereiche der Meister bzw. deren direkte Vorgesetzte -, so erhält man ein anderes Bild (vgl. Schaubild 6.2). Das mittlere Management dieser Bereiche ist im selben Maße wie die Meister gehalten, die Selbständigkeit des unmittelbar unterstellten Personals - und das dürften bei dieser Gruppe häufig Meister sein - zu fördern. Die Meister sind in dieser Hinsicht demnach nicht nur "Betroffene", sondern auch "Profiteure". Hierauf wird im folgenden noch einzugehen sein.

Bemerkenswert ist auch, daß zwischen dieser Teilgruppe des Mittelmanagements und den Meistern kaum Unterschiede in der Beantwortung einer ganzen Reihe von intrapreneurorientierten Aussagen bestehen und beide Gruppen sich in identischer Weise von Richtlinien und Vorgaben betroffen sehen, die die Entscheidungsspielräume einschränken. Lediglich die Aussage, daß nur grobe Zielvereinbarungen bestehen, halten die mittleren Produktionsmanager durchschnittlich für zutreffender als die Meister. Von mittleren Managern anderer Funktionsbereiche unterscheiden sie sich aber deutlich. Die Unterschiede sind zumindest ein kleines Indiz für die Nachwirkungen traditioneller Rationalisierung und Organisationsentwicklung: Traditionell eher von Umwelteinflüssen (Markt, Konkurrenz, Kunden) abgeschottet und Gegenstand der Arbeit der Planungs- und Rationalisierungsexperten in indirekten Bereichen und Stäben, sind die Produktionsbereiche der Unternehmen bzw. das untere und mittlere Produktionsmanagement eher mit bürokratischen Reglementierungen, begrenzten Handlungsspielräumen und weniger direkt mit kunden- und konkurrenzbezogenen Anforderungen konfrontiert, als Führungskräfte anderer Bereiche.

---

220 Der Selbsteinschätzung der Befragten zufolge spielen aber die fachlichen Anforderungen auf allen Ebenen eine wichtige Rolle. Dieser Befund unterstreicht die zuletzt von Walgenbach/Kieser (1995) hervorgehobene besondere Bedeutung des Fachbezugs von Führungsrollen in der Bundesrepublik im Vergleich zu anderen europäischen Ländern. Wie der Mittelwertsvergleich zeigt, sind die Handlungsspielräume der Meister eingeschränkter und ihr Markt- und Konkurrenzbezug, ihre Kundenorientierung und ihre Verantwortung für grundlegende Neuerungen geringer ausgeprägt, als dies bei anderen Führungskräften der Fall ist. Dies war durchaus zu erwarten, sind die Meister doch das letzte Glied in der betrieblichen Führungsorganisation. Erwartbar war auch, daß Meister häufiger damit konfrontiert sind, wechselnde Vorgaben und Zielsetzungen ihrer Vorgesetzten zu bewältigen. Das obere und auch das mittlere Management ist stärker als diese mit längerfristigen Planungen und deren Operationalisierung betraut. Die Meister sind eher mit kurzfristigen Produktionszielen und entsprechend häufiger mit neuen Vorgaben konfrontiert. Dies drückt sich auch in der im Vergleich zum mittleren Management größeren Bedeutung wirtschaftlicher Kennziffern aus. Anforderungen, die sich in Umsätzen, Ergebnis, Kosten etc. ausdrücken lassen: Das sind bei den Meistern häufig weniger Anforderungen, die auf eine Verantwortung für ein "Geschäft" schließen lassen, sondern vielmehr solche, die sich auf Produktionsmengenziele, die Einhaltung gesetzter Kostenziele etc. beziehen.

Schaubild 6.2
Berufliche Anforderungen von Meistern und mittleren Managern der Produktions- und indirekten Produktionsbereiche - Mittelwertsvergleich

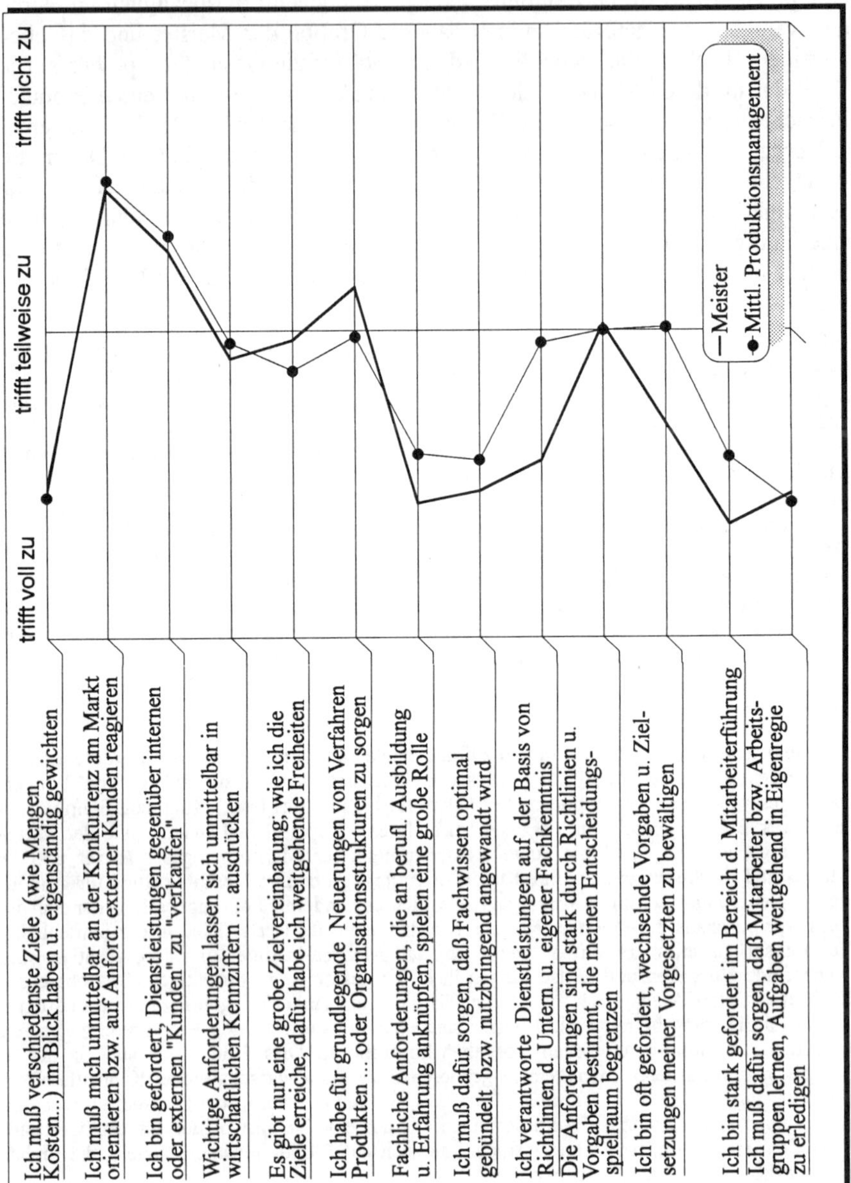

6.3 Entwicklungstendenzen: die Veränderung der beruflichen Anforderungen von Meistern

Der relativ große Prozentsatz an Meistern, der sich gehalten sieht, Mitarbeiter weitgehend in Eigenregie arbeiten zu lassen, läßt wie erwähnt vermuten, daß Tendenzen der Dezentralisierung von Verantwortung und Kompetenzen eine wichtige Rolle spielen. Nähere Aufschlüsse hierzu lassen sich allerdings erst gewinnen, wenn man sich unmittelbar den Veränderungen der Arbeitsanforderungen zuwendet. Um diese zu erfassen, wurde den Führungskräften ein Katalog von Aussagen vorgelegt, der - an der Unterscheidung von intrapreneuriellen, professionellen und bürokratischen Anforderungsmustern anknüpfend - auf die Entwicklung des Handlungsrahmens, auf bestimmte inhaltliche Anforderungsdimensionen und die Frage der Komplexität der Rollenanforderungen bzw. deren Bewältigung abhebt. Gefragt wurde dabei nach Veränderungen in den letzten drei Jahren und damit nach einem Zeitraum, in dem Restrukturierungsprozesse breite Aufmerksamkeit erlangten. In Tabelle 6.7 sind die Fragestellungen und bezüglich der Meister die Verteilung der Häufigkeiten im einzelnen aufgelistet.

Die Antwortverteilung zu den Entwicklungstendenzen der Arbeitssituation läßt unmittelbar erkennen, daß die Meister in fast jeder Hinsicht mit größeren Anforderungen als in der Vergangenheit konfrontiert sind. Obwohl sich aufgrund der wirtschaftlichen Entwicklung bei einem erheblichen Teil die Zahl der unterstellten Mitarbeiter verringert hat, sind entgegengesetzte Tendenzen nur für wenige Meister von Bedeutung.

Deutlich gestiegen sind die Leistungsanforderungen. Die Mehrzahl der Meister steht offenkundig unter einem größeren Erfolgsdruck. Sie sehen sich nicht nur einem stärkeren betriebsinternen Rechtfertigungszwang ausgesetzt, was die Relevanz der Leistungen des eigenen Verantwortungsbereichs anbelangt.

Fast zwei Drittel der Meister müssen in ihrer Arbeit zudem unmittelbarer und stärker als früher den Wettbewerbsbedingungen und Kundenanforderungen Rechnung tragen und rund 80% sind gehalten, für höhere Leistungen ihrer Mitarbeiter zu sorgen. Nicht zuletzt deshalb dürfte sich eine große Mehrheit der Befragten - trotz eher stagnierender bzw. rückläufiger Beschäftigtenzahlen - im Bereich der Mitarbeiterführung stärker als bisher gefordert sehen. Sie sind dies offenbar auch in fachlicher Hinsicht, denn große Teile betonen, daß die fachlichen Anforderungen und die Notwendigkeit, sich in neue Gebiete einzuarbeiten, in den vergangenen Jahren gestiegen sind.

Tabelle 6.7
Veränderung der an die Meister gestellten Anforderungen in den letzten drei Jahren - Angaben in Prozent

In den letzten drei Jahren ...	größer geworden	gleich geblieben	geringer geworden	trifft nicht zu
•ist der unternehmerische Zuschnitt meiner Führungsaufgabe	60,6	30,7	5,6	3,0
•ist das Aufgabenspektrum, für das ich zuständig bin	88,7	8,2	3,0	-
•ist der Umfang der mir übertragenen Verantwortung	78,4	19,0	2,6	-
•sind die Entscheidungsspielräume, die ich habe	42,0	47,2	10,8	-
•ist die Reglementierung meiner Arbeit durch Gesetze und Verordnungen	36,1	57,4	3,5	3,0
•ist die Anforderung bzw. Notwendigkeit, den Mitarbeitern mehr Entscheidungsbefugnisse und Verantwortung zu übertragen	75,3	18,2	1,7	4,8
•sind die fachlichen Anforderungen, die an mich gestellt sind	68,0	28,6	3,5	-
•ist die Notwendigkeit, mich in neue Gebiete einzuarbeiten	77,9	19,5	1,7	0,9
•ist der Druck, die Ergebnisse meiner Arbeit unmittelbarer mit Wettbewerbern zu vergleichen bzw. am Erfolg beim Kunden zu messen	62,8	19,9	1,3	16,0
•ist die Notwendigkeit, die Bedeutung der (Dienst-) Leistungen, die mein Verantwortungsbereich für andere Bereiche erbringt, zu erklären bzw. zu rechtfertigen	51,7	33,9	3,0	11,7
•ist das Problem, verschiedensten, sich zum Teil widersprechenden Anforderungen gerecht zu werden	53,2	37,7	3,0	6,1
•ist die Schwierigkeit, die Erwartungen der Mitarbeiter und die Vorgaben des Unternehmens in Einklang zu bringen	79,7	17,7	1,3	1,3
•sind die Anforderungen bezüglich der Mitarbeiterführung	68,3	25,7	2,6	3,5
•ist die Anforderung, höhere Leistungen von meinen Mitarbeitern zu verlangen	81,0	11,7	0,9	6,5
•ist die Anzahl der Mitarbeiter, für die ich zuständig bin	27,8	31,7	37,0	3,5
•ist die Unsicherheit über das zukünftige Profil meiner Position	52,8	33,8	10,0	3,5

Den Angaben nach zu urteilen, sind die Rollenanforderungen komplexer und anspruchsvoller geworden und dementsprechend sind mehrheitlich auch die Schwierigkeiten gewachsen, den unterschiedlichen und sich zum Teil widersprechenden Anforderungen und Erwartungen gerecht zu werden. Aus der Sicht von fast 80% der Meister ist insbesondere die Vermittlung zwischen den Erwartungen der Mitarbeiter und den von oben kommenden Vorgaben in den letzten Jahren problematischer geworden.

Betrachtet man die Antworten der Befragten zu den Veränderungstendenzen der letzten drei Jahre, so sind mit Blick auf die Entwicklung des Aufgaben- und Kompetenzprofils der Meister vor allem die folgenden zwei zentralen Befunde festzuhalten:

Einerseits läßt sich aus den Angaben schließen, daß in den 90er Jahren in vielen Unternehmen die Selbständigkeit und Selbstverantwortung der gewerblich Beschäftigten zugenommen hat. Drei Viertel der befragten Meister geben jedenfalls an, in den letzten Jahren sei die "Anforderung bzw Notwendigkeit, den Mitarbeitern mehr Entscheidungsbefugnisse und Verantwortung zu übertragen", größer geworden. Zwischen dieser Tendenz und der bereits erwähnten Anforderung, Mitarbeiter und Arbeitsgruppen dazu zu befähigen, "Aufgaben weitgehend in Eigenregie zu erledigen", besteht ein Zusammenhang. Für fast zwei Drittel der Meister, die sich mehr als früher gefordert sehen, Kompetenzen und Verantwortlichkeiten zu delegieren, trifft letzteres nach eigenen Angaben voll zu. Dies ist immerhin nahezu die Hälfte aller befragten Meister. Ein weiteres Drittel gibt an, dies treffe zumindest teilweise zu. Lediglich bei 6,5% der Befragten spielt die Delegation von Verantwortung und Kompetenzen keine bzw. eine geringere Rolle als früher.

Zwar kann man demnach davon ausgehen, daß in der Mehrzahl der Fälle Tendenzen einer Erweiterung der Handlungsspielräume der ausführend Beschäftigten in den 90er Jahren größeres Gewicht erhalten haben. Im Umkehrschluß bedeutet das jedoch nicht - und das ist das zweite wichtige Ergebnis -, daß die Meister mehrheitlich mit einer Aushöhlung ihres Aufgaben- und Kompetenzprofils konfrontiert sind. Die Angaben zu den Veränderungen der Arbeitssituation liefern hierfür jedenfalls keine Belege. Der Prozentsatz derer, bei denen auf Einschränkungen im Aufgaben- und Kompetenzzuschnitt geschlossen werden kann, ist relativ gering. So betont nur eine kleine Minderheit von etwa drei Prozent, daß sich das Aufgabenspektrum und der Umfang der Verantwortung verringert habe. Auf den "unternehmerischen Zuschnitt der Führungsaufgabe" angesprochen, reagiert ebenfalls nur ein sehr kleiner Teil der Meister in gleicher Weise. Etwas größer, aber mit knapp 11% aller Meister dennoch relativ klein ist die Zahl derer, bei denen sich die Entscheidungsspielräume in den letzten Jahren verringert haben.

Für die überwältigende Mehrheit der Meister ist die Entwicklung der letzten Jahre neben der gestiegenen Erfordernis zur Verantwortungs- und Kompetenzdelegation stattdessen zugleich gekennzeichnet durch eine Ausweitung ihres Aufgabenspektrums und der ihnen übertragenen Verantwortung. Und auch was die Kompetenzen der Meister anbelangt, deuten die Daten eher auf eine Stärkung denn auf eine Schwächung der Meisterposition hin: Fast die Hälfte der Befragten gibt an, die Entscheidungsspielräume seien unverändert geblieben und immerhin 42% verfügen gegenüber früher über größere Handlungsfreiheiten. Der "unternehmerische Zuschnitt der Führungsaufgabe" - eine zwar allgemein gehaltene, aber auf ein komplexes Verantwortungs- und Kompetenzprofil und auf einen niedrigen Grad an (bürokratischer) Reglementierung abhebende Aussage - ist für eine Mehrheit von 60,6% ebenfalls größer geworden. Die Stoßrichtung der zurückliegenden Veränderungen ist letztlich offenkundig, auch wenn die schriftliche Befragung keine näheren Aufschlüsse darüber gibt, in welchen Feldern die Meister z.B. größere Verantwortung tragen oder Kompetenzen hinzugewonnen haben und auch den Tiefgang der Veränderungen nicht erhellt.

Die skizzierten Veränderungstendenzen korrespondieren im übrigen mit den Entwicklungen, die Führungskräfte anderer Ebenen zu Protokoll geben. Auch im oberen und mittleren Management weisen die Daten bezüglich der Veränderung des Aufgabenspektrums, des Umfangs der Verantwortung, der Entscheidungsspielräume und des unternehmerischen Zuschnitts der Führungsaufgabe in dieselbe Richtung. Das heißt, in den letzten Jahren haben sich auf allen Ebenen die Zuständigkeiten und die Gestaltungsspielräume von Führungskräften vergrößert. Dies ist u.a. ein deutliches Indiz für das Gewicht von Konzepten des "internen Unternehmers", die - unbeschadet der weiter oben erwähnten fortbestehenden Unterschiede zwischen den Hierarchieebenen - bis hinunter auf die Meisterebene Bedeutung erlangt haben. Ein Mittelwertsvergleich zwischen den Angaben der Meister und der mittleren Manager der Produktions- und indirekten Produktionsbereiche belegt die Parallelität der Veränderung in beeindruckender Weise (vgl. Schaubild 6.3). Unterschiede hinsichtlich der genannten Dimensionen sind praktisch nicht vorhanden. Es fügt sich des weiteren ins Bild, daß die befragten "Produktions"manager, die ja nicht selten die unmittelbaren Vorgesetzten von Meistern sein dürften, im Durchschnitt im selben Maße wie die Meister gefordert sind, Befugnisse und Verantwortung auf ihre Mitarbeiter zu übertragen. Dies gilt im übrigen auch für das obere Management, während dies bei mittleren Managern produktionsfernerer Funktionsbereiche etwas weniger stark ausgeprägt ist. In anderer Hinsicht unterscheidet sich das Anforderungsprofil der Meister jedoch deutlich. Im Vergleich zu den Führungskräften höherer Hierachiestufen sehen sie sich deutlich häufiger einem größer gewordenen Leistungs- und Erfolgsdruck ausgesetzt und auch die Schwierigkeit, unterschiedlichen Anforderungen und Erwartungen gerecht zu werden ist unter den Meistern sichtlich ausgeprägter (exemplarisch dazu Schaubild 6.3).

Bürokratisierungs- und Zentralisierungstendenzen, die in der Vergangenheit bekanntlich einen erheblichen Einfluß auf das Anforderungsprofil der Meister hatten, haben den Daten zufolge augenscheinlich an Gewicht verloren, auch wenn berücksichtigt werden muß, daß für immerhin ein Drittel der Meister externe bürokratisierende Einflüsse ("Reglementierung meiner Arbeit durch Gesetze und Verordnungen") an Gewicht gewonnen haben. Sieht man von diesem Aspekt ab, dann zeichnet sich die Lage eines großen Teils der Meister offenbar dadurch aus, daß Selbstorganisationstendenzen und Tendenzen einer Stärkung ihrer Führungsrolle im Betrieb - gemessen an der Ausweitung des Aufgabenspektrums, der relativen Stabilität bzw.

Schaubild 6.3
Veränderung der beruflichen Anforderungen von Meistern und von mittleren Managern der Produktion und der indirekten Produktionsbereiche - Mittelwertsvergleich der Angaben

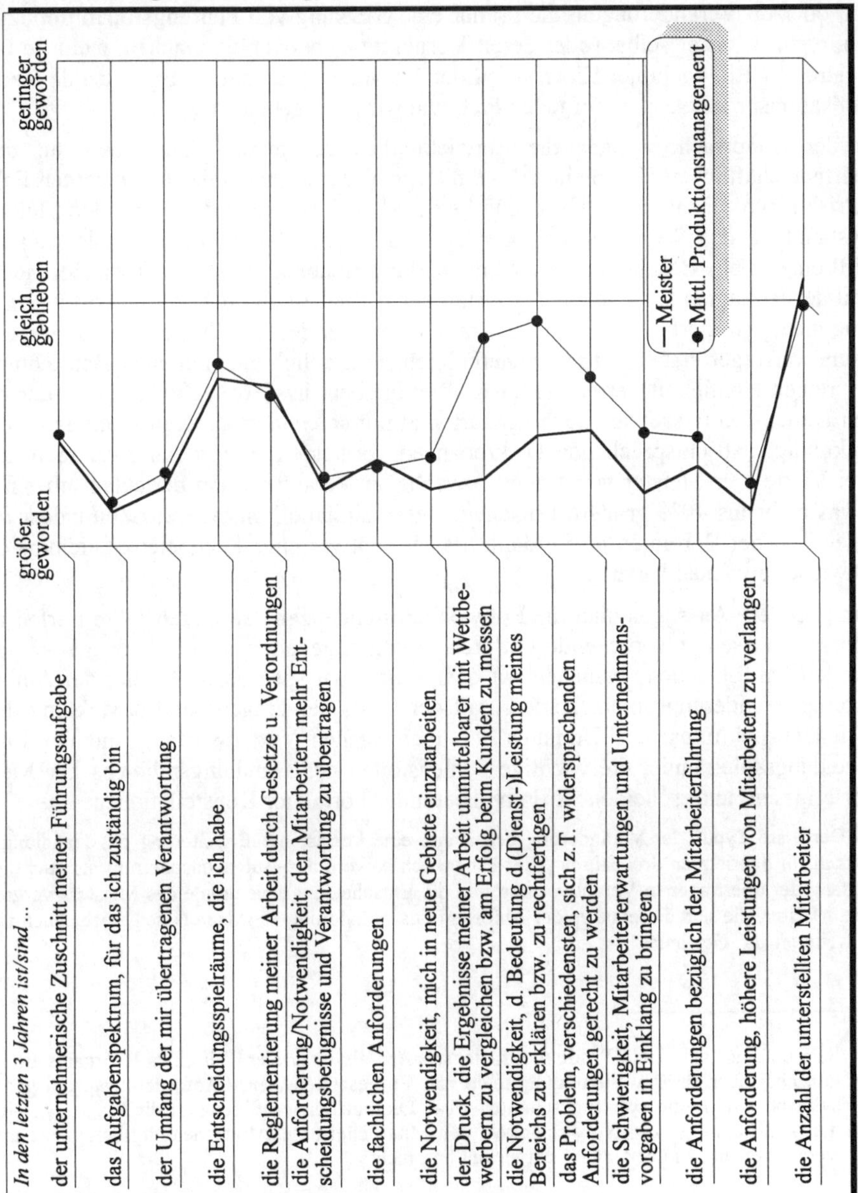

Erweiterung des Verantwortungsumfangs und der Autonomie - gewissermaßen Hand in Hand gehen. Dabei bleibt offen, ob dieses Ineinandergreifen Resultat von betrieblichen Veränderungskonzepten ist, die einen Mittelweg zwischen den beiden idealtypischen Wegen der Selbstorganisation und des Intrapreneurmodells darstellen, oder ob Veränderungen, die primär eine Stärkung von Führungsrollen implizieren, es für Meister selbst (oder deren Vorgesetzte) notwendig machen, mehr zu delegieren.[221] Ein wichtiger Hintergrund der Veränderungen sind entsprechende Reorganisationsprozesse aber auf jeden Fall, wie wir noch sehen werden.

In der Hauptsache weisen die Entwicklungen der letzten Jahre also auf den "partnerschaftlichen Unternehmer" - ein Begriff, der in einem der untersuchten Fallbetriebe, wo teilautonome Gruppenarbeit *und* eine Stärkung der Rolle der Meister Bestandteile des Reorganisationskonzeptes sind, geprägt wurde. Für alle Meister trifft eine solche Beschreibung der Entwicklungsrichtung jedoch nicht zu. Bei einem Teil der Befragten hat sich das Spektrum der Aufgaben und der Verantwortungsumfang nicht erweitert und gerade der Anteil derer, bei denen sich die Handlungsspielräume verringert haben, ist nicht unerheblich. Schließlich muß bei einer Betrachtung der reinen Häufigkeitsverteilung auch offen bleiben, inwieweit Zuwächse in der einen Dimension tatsächlich auch gepaart sind mit solchen in anderen - und es ist offenkundig, daß entsprechende Diskrepanzen vorhanden sind, wenn zwar mehr als drei Viertel der Meister von einem Zuwachs an Verantwortung berichten, aber nur etwas mehr als 40% größere Entscheidungsspielräume konstatieren. Zumindest für einen Teil der Befragten dürfte damit das Verantwortungs-Kompetenz-Dilemma an Gewicht gewonnen haben.

Um präzisere Aussagen über die Entwicklungstendenzen der letzten Jahre treffen zu können, müssen entsprechende Differenzierungen genauer in den Blick genommen werden. Im folgenden versuchen wir dies, indem wir spezifische Muster der Anforderungsveränderung unterscheiden. Auf der Basis der Fragen zur Entwicklung des Aufgabenspektrums, des Umfangs der übertragenen Verantwortung und der Entscheidungsspielräume, die wichtige Dimensionen des Handlungsrahmens der Meister erfassen, unterscheiden wir in typisierender Form vier Konstellationen:

(a) Der erste Typus der Veränderung bezeichnet eine konsistente Erweiterung des Handlungsrahmens in den letzten drei Jahren. Hier haben sich sowohl das Aufgabenspektrum als auch der Umfang der übertragenen Verantwortung und die Entscheidungsspielräume des Meisters vergrößert. Meister, die sich diesem Typ der Anforderungsveränderung zuordnen lassen, bezeichnen wir im weiteren als "Gewinner".

---

[221] Selbständiger agierende Produktionsbelegschaften als integraler Teil eines Reorganisationskonzepts oder als Bewältigungsstrategie von Vorgesetzten, deren Anforderungsprofil ganzheitlicher und komplexer zugeschnitten wird: Diesbezüglich differenziert die Frage, wie sich die "Anforderung bzw. Notwendigkeit, den Mitarbeitern mehr Entscheidungsbefugnisse und Verantwortung zu übertragen" entwickelt hat, nicht.

(b) Von diesem Typus unterscheiden wir ein Veränderungsmuster, bei dem zwar der Umfang der Verantwortung und das Spektrum der Aufgaben, für die ein Meister zuständig ist, größer geworden, die Entscheidungsspielräume demgegenüber aber unverändert geblieben sind. Der "Zugewinn" ist in dieser Konstellation also in einer spezifischen Weise eingeschränkt. Diesen Veränderungstyp nennen wir den "Dilemma"-Typ, da angesichts der ungleichen Entwicklung zumindest die Möglichkeit besteht, daß der gestiegenen Verantwortung der Meister keine entsprechenden Kompetenzen und Handlungsspielräume gegenüberstehen.

(c) Sind die Verantwortung, die Entscheidungsspielräume und das Aufgabenspektrum in den vergangenen Jahren unverändert geblieben, kann man von weitgehend konstanten Rahmenbedingungen oder einer Konstellation der Kontinuität sprechen. Da sich bei näherer Betrachtung der Stichprobe keine systematischen Unterschiede zwischen Meistern dieses Typs und jenen ergaben, bei denen zwar die Verantwortung und die Kompetenzen unverändert blieben, das Aufgabenspektrum aber größer wurde, fassen wir beide Muster der Anforderungsveränderung zu einem einzigen "Kontinuitäts"-Typus zusammen.

(d) Der vierte Veränderungstyp schließlich hebt auf gegenläufige Entwicklungen in den drei Feldern Aufgaben, Verantwortung und Kompetenzen ab. Während das Aufgabenspektrum und der Umfang der übertragenen Verantwortung größer geworden sind, haben sich in diesem Fall gleichzeitig die Entscheidungsspielräume verringert. Es handelt sich um eine Konstellation, bei der sich das Verantwortungs-Kompetenz-Dilemma in besonderer Weise ausprägt und verschärft. Um diesen Typus begrifflich von obigem "Dilemma"-Typ zu unterscheiden und um die Kompetenzentwicklung zu verdeutlichen, bezeichnen wir ihn als "Verlierer"-Typus.

Die Bezeichnungen "Gewinner", "Verlierer" etc. fassen, um es deutlich zu betonen, ausschließlich die Veränderungsrichtung in den Dimensionen Aufgabenspektrum, Verantwortungsumfang und Entscheidungskompetenzen. Sie stellen keine Charakterisierung einer Gesamtsituation dar. So kann sich theoretisch für die "Gewinner" die Arbeitssituation in anderer Hinsicht - etwa in Fragen der Leistungsanforderungen oder der Arbeitsbelastung - verschlechtert und für die "Verlierer" deutlich verbessert haben. Die Begriffe haben auch keinen Bezug zu subjektiven Bewertungen der Meister selbst. Um im Beispiel zu bleiben: Die Einstufung als "Gewinner" oder "Verlierer" sagt für sich genommen nichts darüber aus, ob sich die Befragten selbst so begreifen bzw. wie sie ihre Arbeitssituation bewerten. Der Bezugspunkt der Typenbildung ist mit anderen Worten immer mitzudenken, wenn wir im weiteren die hier eingeführten Begriffe verwenden!

Diese vier Typen der Anforderungsveränderung decken nicht das gesamte Spektrum der theoretischen Möglichkeiten ab. Im Hinblick auf die befragten Meister sind sie aber von herausragender Bedeutung, denn fast 90% von ihnen lassen sich einer dieser Konstellationen zuordnen.[222]

---

[222] Andere Veränderungsmuster, die ebenfalls von Interesse wären, spielen keine nennenswerte Rolle. Wegen der sehr niedrigen Fallzahlen muß auf deren nähere Betrachtung verzichtet werden. So gibt z.B. nur ein einziger Befragter an, daß sich in allen drei Feldern eine Verringerung ergeben hat. Auch dies ist ein interessantes Ergebnis. Gleiches gilt für die Tatsache, daß fast 40% derjenigen Meister, die sich nicht einem der oben genannten Typen zuordnen lassen, größere Entscheidungsspielräume und keine bzw. nur partielle Veränderungen in den beiden anderen Feldern angeben.

Tabelle 6.8
Meister nach Typen der Anforderungsveränderung

Typ der Anforderungsveränderung	Verteilung (in %)	Verteilung ohne Restgruppe (in %)
Gewinner	36,6	41,7
Dilemma	30,2	34,3
Kontinuität	13,8	15,7
Verlierer	7,3	8,3
Restgruppe	12,1	-
Gesamt	100,0	100,0

N: 232

Die Verteilung der Befragten auf die einzelnen Veränderungstypen konkretisiert das oben entworfene Bild: Bei immerhin mehr als einem Drittel der Meister hat sich in den vergangenen Jahren der Handlungsrahmen in jeder Hinsicht erweitert und etwas weniger als ein Drittel der Befragten ist dem "Dilemma"-Typus zuzuordnen. Der "Kontinuitäts"- und insbesondere der "Verlierer"-Konstellation sind demgegenüber nur deutlich kleinere Teile der Meister zuzurechnen (vgl. Tabelle 6.8).

Zur Ergänzung sei angemerkt: Veränderungen in den genannten Dimensionen finden sich in allen Branchen und Funktionsbereichen. Besonders stark ausgeprägt sind Veränderungen allerdings im Automobilbau und in der chemischen Industrie, was ein Licht auf die besondere Veränderungsdynamik in diesen beiden Branchen wirft (vgl. Tabelle 6.9). Dagegen zeichnen sich immerhin 29,2% der Maschinenbaumeister durch eine unveränderte Verantwortungs- und Kompetenzfülle aus.

Tabelle 6.9
Verteilung der Typen der Anforderungsveränderung nach Branchen - Anteile in %

Branche	Typ der Anforderungsveränderung			
	Gewinner	Dilemma	Kontinuität	Verlierer
Chemische Industrie	61,5	19,2	11,5	7,7
Maschinenbau	37,5	29,2	29,2	4,2
Straßenfahrzeugbau	36,9	44,7	8,7	9,7
sonstige Industrie	43,1	23,5	25,5	7,8

N: 204, ohne Berücksichtigung der Restgruppe (vgl. Tab. 6.8)

Auch in der restlichen Industrie liegt der Anteil der "Kontinuitäts"-Konstellation bei rund einem Viertel und damit deutlich über dem Durchschnitt. Zu den "Gewinnern" gehören vor allen Dingen die Chemiemeister, während in den anderen Branchen die entsprechenden Anteilswerte deutlich niedriger ausfallen. Im Automobilbau, wo der Anteil der "Gewinner" vergleichsweise am niedrigsten ist, kommt der "Dilemma"-Konstellation besondere Bedeutung zu. Der Anteil der "Verlierer" variiert dagegen nur wenig. Nur unter den Meistern des Maschinenbaus ist ihr Anteil sichtlich kleiner als in anderen Branchen.

Unterschiede lassen sich auch finden, wenn man die Funktionsbereiche betrachtet, in denen die Meister hauptsächlich tätig sind (vgl. Tabelle 6.10). Produktionsmeister sind etwas häufiger als Meister indirekter Bereiche von Veränderungen bezüglich ihres Aufgabenspektrums und ihrer Verantwortungs- und Kompetenzfülle betroffen. Auffällig ist, daß unter diesen sowohl der Anteil der "Gewinner" als auch der der "Verlierer" um jeweils sechs Prozent höher liegt als bei den Meistern indirekter Produktionsbereiche. Dort sind dagegen prozentual deutlich mehr Meister mit einer "Dilemma"-Konstellation konfrontiert (38,6% gegenüber 29,5%). In den Produktionsbereichen finden wir demnach eine stärker polarisierte Entwicklung.

Den bisherigen Darlegungen zufolge bieten sich wenig Anhaltspunkte für einen gravierende Erosion der bisherigen Aufgaben- und Kompetenzprofile auf der Meisterebene. Gerade wenn man sich auf die soeben eingeführte Typologie stützt, spricht einiges gegen eine solche Entwicklung. Am wenigsten kann sie bei den "Gewinnern" unterstellt werden, aber auch das Gewicht der "Kontinuitäts"- und der "Dilemma"-Konstellation gibt dem keine Nahrung. Zwar verweist das zuletzt genannte Veränderungsmuster auf eine womöglich nicht ganz unproblematische Entwicklung. Einen Funktionsverlust indiziert sie jedoch nicht. Bezogen auf den Betrachtungszeitraum der vergangenen drei Jahre erscheint daher insgesamt die These einer relativen Stabilität bzw. einer tendenziellen Aufwertung der Meisterfunktion plausibler. Die bisherigen Überlegungen unterstellen allerdings, daß die Angaben der Befragten zur Entwicklung ihrer Arbeitssituation und insbesondere zur Veränderung ihres Aufgabenspektrums, ihrer Verantwortung und Entscheidungsspielräume unmittelbar Rückschlüsse auf die Veränderung des Profils der Meisterpositionen erlauben.

Tabelle 6.10
Verteilung der Typen der Anforderungsveränderung nach Funktionsbereichen - Anteile in %

Typ der Anforderungsveränderung	Produktion	indirekte Produktionsbereiche
Gewinner	46,2	40,4
Dilemma	29,5	38,6
Kontinuität	11,5	15,8
Verlierer	12,8	5,3
Gesamt	100,0	100,0

Dagegen läßt sich nun aber ein gewichtiger Einwand vorbringen: Die insgesamt "positiv" erscheinende Entwicklungstendenz kann auch darauf zurückzuführen sein, daß ein erheblicher Teil der befragten Meister innerhalb des erfragten Zeitraums eine andere Stelle angenommen hat. Was als Stabilität bzw. Erweiterung des Aufgaben- und Kompetenzprofils auf der Meisterebene erscheint, könnte also auch der Effekt von Positionswechseln sein.

Vor allem steht in Frage, ob sich der hohe Anteil der "Gewinner"-Gruppe nicht weit überwiegend durch formale Aufstiege - sei es vom Fach- bzw. Vorarbeiter zum Meister oder innerhalb einer mehrstufigen Meisterhierarchie vom Gruppenmeister zum Meister - erklärt. Die Übernahme einer hierarchisch höher angesiedelten Position geht jedenfalls zumeist mit einem Zuwachs an Verantwortung und Entscheidungsspielräumen einher. Im Fall der "Dilemma"-Konstellation können zwar Aufstiegsprozesse weitgehend ausgeschlossen werden, da hier die Entscheidungsspielräume unverändert bleiben. Nicht auszuschließen ist aber, daß die Erweiterung des Aufgabenspektrums und des Verantwortungsumfangs auf einen horizontalen Positionswechsel - sei es die Übernahme einer neuen Meisterstelle im Rahmen eines Unternehmenswechsels, sei es ein Wechsel auf eine Meisterposition in einer anderen Abteilung desselben Unternehmens - zurückgeht. Bei den "Verlierern" kann schließlich auch ein formaler Abstieg zu Einschränkungen der Entscheidungskompetenzen geführt haben. Allenfalls bei der "Kontinuitäts"-Konstellation können positionale Veränderungen zwar nicht grundsätzlich aber doch mit hoher Wahrscheinlichkeit ausgeschlossen werden.

Dieser Einwand ist ernst zu nehmen, zumal den Angaben der Befragten zufolge Positionsveränderungen tatsächlich eine Rolle spielen. Anhand einer Liste möglicher Ursachen wurden die Meistern danach befragt, worauf die Veränderungen der beruflichen Anforderungen der letzten drei Jahre zurückzuführen sind. Ein Drittel der Befragten gab dabei einen "Wechsel der Position in diesem Zeitraum" als eine zutreffende und damit wichtige Ursache an. Bei weiteren 17,3% haben die Veränderungen der Anforderungen lediglich teilweise damit zu tun und 49,4% der Meister bringen dies nicht mit einem Positionswechsel in Zusammenhang. Erkennbar ist zudem, daß gerade die "Gewinner" und die Meister des "Dilemma"-Typs häufig einen Positionswechsel als einen wichtigen Einflußfaktor benennen, während dies für die "Verlierer"- und vor allem die "Kontinuitäts"-Gruppe sichtlich weniger bedeutsam ist (vgl. Tabelle 6.11)

Angesichts dieser Zahlen liegt es auf der Hand, daß bei Aussagen zu Entwicklungstendenzen des Anforderungsprofils von Meistern ein Verzerrungseffekt unterstellt werden muß. Dies gilt gerade dann, wenn man die in den Veränderungstypen thematisierten Dimensionen - das Aufgabenspektrum, den Verantwortungsumfang und die Entscheidungsspielräume - in den Blick nimmt.[223]

---

[223] Bei den Meistern, die einem Positionswechsel nur teilweise einen Einfluß zubilligen, kann man davon ausgehen, daß sich die Veränderungen der Arbeitssituation im wesentlichen durch andere Faktoren erklären. Bei dieser Gruppe sind anders formuliert Verzerrungseffekte gering zu veranschlagen. Immerhin über 51% von ihnen halten eine Veränderung der Aufgabenstellung in der gleichen Position für eine wichtigere Ursache veränderter Anforderungen als einen Positionswechsel und weitere 28,6% führen dies zumindest teilweise darauf zurück. Von größerer Relevanz sind Verzerrungen allenfalls bei jenem Drittel der Befragten, das einen Positionswechsel als wichtige Ursache benennt. Nehmen wir diese Gruppe zum Bezugspunkt einer groben Abschätzung, dann ergibt sich folgendes Bild: Wie aus Tabelle 6.11 zu entnehmen ist, kann bei maximal rund 48% der "Gewinner" der Verantwortungs- und Kompetenzzuwachs vor allem auf einen formalen Aufstieg zurückzuführen sein. Ein horizontaler

Tabelle 6.11
Positionswechsel als eine der Ursachen veränderter Anforderungen und Typen der Anforderungsveränderung - Anteile in %

Typ der Anforderungsveränderung	Die Veränderung der Anforderungen ist u.a. auf einen Wechsel der Position in den letzten drei Jahren zurückzuführen			
	trifft zu	teils, teils	trifft nicht zu	Gesamt
Gewinner	48,2	15,3	36,5	100,0
Dilemma	30,0	18,6	51,4	100,0
Kontinuität	6,3	6,3	87,5	100,1
Verlierer	11,8	41,2	47,1	100,1

Um Verzerrungen dieser Art zu vermeiden, müßte man sich im folgenden allein auf den Teil der Befragten konzentrieren, bei dem ein Positionswechsel weitestgehend ausgeschlossen werden kann. In Betracht kämen dann nur diejenigen, für die ein solcher Wechsel bezüglich der Veränderung beruflicher Anforderungen keine Rolle spielte. Angesichts der Häufigkeit, mit der die Meister einen Positionswechsel als Einflußfaktor benennen, scheint dieser Weg auf den ersten Blick der angemessenste zu sein, schließt man doch auf diese Weise mit großer Sicherheit all diejenigen Fälle aus, bei denen Veränderungen der Anforderungen hauptsächlich aus einem Aufstieg, einem Wechsel auf derselben Hierarchieebene oder aus einem formalen Abstieg resultieren. Eine solche Vorgehensweise birgt allerdings auch gravierende Probleme, die dagegen sprechen, so zu verfahren.

Erstens besteht im Fall der Meister, die einen Positionswechsel in den letzten drei Jahren angeben, ein ernsthaftes Interpretationsproblem. Wie aus der qualitativen Befragung von Meistern hervorgeht, werden Veränderungen in den Unternehmen, die objektiv keinen Wechsel der Position im strengen Sinne (Wechsel der Abteilung, des Funktionsbereichs, formaler Auf- oder Abstieg) darstellen, subjektiv dennoch nicht gerade selten als solcher wahrgenommen. Dies ist gerade dann anzutreffen, wenn organisatorische Veränderungen vorgenommen werden - wenn also z.B. die Grenzziehungen zwischen einzelnen Meistereien neu geordnet oder die Zuständigkeitsbereiche einzelner Meister durch die Integration von Aufgabengebieten anderer Abteilungen (z.B. der Qualitätskontrolle, Instandhaltung etc.) deutlich erweitert werden. Was für einen außenstehenden Beobachter eine Veränderung der Aufgaben und Kompetenzen eines Meisters darstellt, kann für diesen durchaus den Charakter eines Positionswechsels tragen. Eine solche Einordnung wird dadurch befördert, daß dem organisatorischen Strukturwandel vielfach auch symbolisch insofern Ausdruck verliehen wird, als Führungspositionen neue Bezeichnungen bekommen und die bisherigen "Meister" eine erneute, formale Ernennung zum Inselleiter, Werkstattleiter etc. in ihrer ange-

---

Positionswechsel ist bei maximal 30% der Meister des "Dilemma"-Typs eine der Ursachen des Verantwortungszuwachses. Allenfalls bei rund zwölf Prozent "Verlierer" kann schließlich ein formaler Abstieg im Vordergrund stehen und die Einschränkung der Entscheidungsspielräume erklären.

stammten Abteilung erhalten. Bestes Beispiel hierfür ist die Situation in einem der untersuchten Automobilwerke, in dem sich das Aufgaben- und Kompetenzprofil der Gruppenmeister und Meister verändert. Hier wird zugleich die bisherige Gruppenmeisterebene in Meister- und die Meisterebene in Werkstattleiterebene umbenannt und die einzelnen Vorgesetzten werden förmlich zu Meistern bzw. Werkstattleitern ernannt. Eine zumindest teilweise Aufwertung und eine Umbenennung der (Gruppen-)Meisterpositionen fließen hier ineinander. Beides hat für die Werkstattvorgesetzten ebenso große Bedeutung wie die gleichzeitig zur Debatte stehenden Gehaltsveränderungen. Es bedarf wenig Phantasie, um sich vorzustellen, daß z.B. Gruppenmeister die Veränderungen des Aufgabenzuschnitts und die Verleihung des begehrten "Meister"titels als einen Wechsel der Position charakterisieren. Für den externen Beobachter liegt aber in den meisten Fällen weder ein Aufstieg in eine hierarchisch höher angesiedelte Position vor, noch ein Wechsel auf der horizontalen Ebene. Eine eindeutige Grenzziehung zwischen einer Veränderung der Aufgabenstellung und einem Positionswechsel nehmen Betroffene zumal dann oft nicht mehr vor, wenn die Veränderungen, die sie in einer gegebenen Position erfahren, einige Parallelen zu dem haben, was bis dahin nur ein formaler Aufstieg mit sich brachte. Der Begriff Positionswechsel ist, um es allgemeiner zu fassen, vor allem unter der Bedingung mehr oder weniger statischer Organisationsstrukturen relativ eindeutig interpretierbar, denn ein Befragter wird ihn dann vornehmlich auf eine Bewegung innerhalb dieser Struktur beziehen. Unveränderte Organisationsstrukturen können aber weniger denn je - und, wie später noch zu zeigen sein wird, schon gar nicht für die Unternehmen der überwiegenden Mehrheit der befragten Meister - unterstellt werden. Damit öffnet sich das methodisch kaum zu kontrollierende Problem, daß mit diesem Begriff neben tatsächlichen horizontalen wie vertikalen Positionswechseln der Individuen auch und in nicht abzuschätzendem Umfang Veränderungen der Führungsrollen bzw. allgemeiner der Organisationsstrukturen selbst erfaßt werden, die gleichwohl als eine positionale Veränderung thematisiert werden. Werden also diejenigen Befragten aus der Betrachtung ausgeschlossen, die einen Positionswechsel angeben, erwächst das Risiko einer Verzerrung anderer Art. Das Problem ist, daß womöglich in relevanter Weise spezifische Veränderungen, die auf einen Neuzuschnitt von Führungsrollen hinauslaufen, unterbelichtet werden. Diese Gefahr ist keineswegs gering zu veranschlagen, denn es zeigt sich, daß die von den Meistern zu Protokoll gegebenen Positionswechsel in sehr starkem Maße mit organisatorischen Veränderungen in den Unternehmen zusammenhängen. Ein Großteil derjenigen Meister, die Veränderungen der Anforderungen u.a. auf einen Positionswechsel zurückführen, stimmt auch der gesondert gestellten Frage, ob sie einen solchen Wechsel im Zuge organisatorischer Veränderungen vollzogen haben, zu.[224]

Eine Einschränkung des Befragtenkreises würde demnach zweitens bedeuten, daß sich der Anteil der Meister, die von organisatorischen Veränderungen betroffen sind, erheblich reduziert. Immerhin fast ein Drittel der Meister gibt an, im Gefolge organisatorischer Veränderungen die Position gewechselt zu haben und fast alle (92%) von ihnen gehören zu denjenigen, die gemäß der hier diskutierten Verfahrensweise im weiteren auszuschließen wären. Selbst wenn man von dem Problem absieht, daß ein nicht näher definierbarer Teil der Meister, die faktisch "nur" eine Veränderung ihrer Aufgabenstellung erfahren haben, der weiteren Betrachtung entzogen wird, ist ein solches Vorgehen deshalb zweifelhaft. Zum einen kollidiert es mit dem Interesse, den Auswirkungen organisatorischer Rationalisierung besondere Aufmerksamkeit zu schenken. Zum anderen steht zu erwarten, daß ein schiefes Bild über die Veränderungsdynamik auf der Meisterebene entsteht.

---

224 Rund 70% der Meister, die einen Positionswechsel als eine wichtige, d.h. zutreffende Ursache veränderter Anforderungen bezeichnen, sagen zugleich, der Positionswechsel sei im Zuge organisatorischer Veränderungen erfolgt. Von denjenigen, die im Positionswechsel nur teilweise eine Ursache sehen, stimmen dem immerhin noch 37,5% zu.

Gegen einen Ausschluß der "Positionswechsler" spricht schließlich drittens, daß hierdurch die Fallzahlen erheblich, nämlich auf rund die Hälfte reduziert werden und damit das Datenmaterial bezüglich einer Reihe interessierender Fragen nur noch sehr eingeschränkt interpretierbar ist. So müßte beispielsweise in vielen Fällen eine nähere Betrachtung der ohnehin schon kleinen "Verlierer"-Gruppe gänzlich unterbleiben, da angesichts der dann extrem niedrigen Fallzahlen eine weitere Auswertung kaum noch vertretbar wäre.

In Anbetracht der unkalkulierbaren Verzerrungen und der Einschränkungen, die eine solche Vorgehensweise mit sich brächte, wurde bislang auf eine Begrenzung des Befragtenkreises verzichtet. Auch in die weitere Analyse werden aus diesem Grund alle Befragten einbezogen. Es ist also immer mitzubedenken, daß das Risiko gewisser Verzerrungen durch Positionsveränderungen besteht und Aussagen über die Entwicklung der Meisterfunktion, die aus den Angaben der Befragten geschlossen werden, mit einer Unschärfe behaftet sind. Diese ist allerdings nicht so groß, wie angesichts der Zahlen zum Positionswechsel vermutet werden könnte.

Um etwaige Zweifel an der Aussagekraft der Befunde auszuräumen, wurde trotz der diskutierten Probleme die Meistergruppe, bei der ein Positionswechsel als Einflußfaktor definitiv ausgeschlossen werden kann, probehalber einer gesonderten Auswertung unterzogen und die Ergebnisse mit denen des Gesamtsamples verglichen. Bezüglich wesentlicher Fragen ergibt dieser Vergleich keine Unterschiede, die die aufgezeigten bzw. im weiteren zu debattierenden Befunde in Frage stellen und zu einer Revision wesentlicher Aussagen Anlaß geben.[225]

Gerade im Hinblick auf die Verteilung der Meister nach den Typen der Aufgaben-, Verantwortungs- und Kompetenzentwicklung ist dies deutlich zu machen: Unter dem Teil der befragten Meister, der die Frage nach einem Positionswechsel verneint hat, halten die "Gewinner" einen Anteil von 27,2%. 31,6% dieser Meister sind der "Dilemma"-, 24,6% der "Kontinuitäts"- und 7% der "Verlierer"-Konstellation zuzuordnen; 9,6% entfallen auf die Restgruppe (zu den Anteilen im Gesamtsample vgl. Tabelle 6.8). An dieser Verteilung kann erstens abgelesen werden, daß die Erweiterung des Aufgabenspektrums, der Verantwortungsumfänge und der Entscheidungsspielräume, die die Meister zu Protokoll geben, keinesfalls überwiegend ein Effekt von Aufstiegen oder anderen Formen des Positionswechsels ist, denn sonst müßten in dieser Gruppe grundsätzlich andere Relationen zum Vorschein kommen. Zweitens dokumentiert sie, daß selbst wenn man einen anderen Weg beschreitet, die Aussage von der Grundtendenz her richtig bleibt, wonach ge-

---

225 Anders formuliert: Selbst wenn man den soeben verworfenen Weg beschreiten würde, käme man nicht zu einem grundsätzlich anderen Bild über die Situation der Meister. In mancher Hinsicht erhielte man im Gegenteil eher noch stärkere Belege für bestimmte Aussagen. Dies gilt insbesondere hinsichtlich der Konsequenzen organisatorischer Rationalisierung, die wir im nachfolgenden Kapitel in den Mittelpunkt rücken. Das Resultat des Vergleichs ist letztlich, daß zwar mit gewissen Verzerrungen gerechnet werden muß, daß diese aber nicht zu einer grundsätzlich falschen Sicht auf die hauptsächlichen Tendenzen führen. In diesem Sinne ist das Problem des hier favorisierten Weges eindeutig begrenzt. Die aufgezeigten Differenzen bezüglich der Typen der Anforderungsveränderung zwischen Branchen und Funktionsbereichen beispielsweise finden sich im wesentlichen auch in der Vergleichsgruppe. Wo es wichtig erscheint, wird auch im weiteren Argumentationsgang in Form von Anmerkungen auf die Vergleichszahlen Bezug genommen, um eine Überprüfung der Behauptung zu ermöglichen.

messen an den zugrundegelegten Indikatoren statt von einer Erosion eher von einer Stabilität bzw. tendenziellen Aufwertung der Position des Meisters in den letzten Jahren auszugehen ist. Die "Verlierer" sind in jedem Fall eine kleine Minderheit, während die "Gewinner" und die Meister des "Dilemma"-Typs eine klare Mehrheit stellen. Allerdings ist der Anteil der "Gewinner" niedriger und der der Meister der "Kontinuitäts"-Konstellation deutlich höher als im Gesamtsample. Nehmen wir an, diese Unterschiede erklären sich ausschließlich durch tatsächliche Positionswechsel - was wie erwähnt eine problematische Unterstellung ist -, dann ist im Hinblick auf die weitere Analyse drittens davon auszugehen, daß eine Erweiterung der Handlungsspielräume von Meistern zwar von erheblicher, aber dennoch von geringerer Bedeutung ist, als der Anteil der "Gewinner" im Gesamtsample suggeriert. Unter dieser Prämisse haben wir es dann vor allem mit einer Verzerrung durch Aufstiege zu tun und entsprechend muß der Tendenz zur Kompetenzerweiterung eine insgesamt geringere, dagegen der "Dilemma"- und vor allem der Konstellation unveränderter Verantwortung und Befugnisse eine größere Bedeutung beigemessen werden.

Richten wir nach diesem Einschub nun wieder den Blick auf das Gesamtsample. Bevor wir uns allerdings dem Einfluß organisatorischer Veränderungen zuwenden, ist es sinnvoll, die anhand der Typologie unterschiedenen Meistergruppen hinsichtlich der Angaben zu den beruflichen Anforderungen und deren Veränderungen noch näher zu charakterisieren. Folgende Punkte sind diesbezüglich festzuhalten:

(1) Zwischen einzelnen Meistergruppen bestehen spezifische Gemeinsamkeiten und Unterschiede hinsichtlich der beruflichen Anforderungen und deren Veränderung. Nimmt man die in Tabelle 6.12 aufgeführten Aspekte in den Blick, dann fällt zunächst einmal auf, daß für die Meister des "Dilemma"-, "Kontinuitäts"- und "Gewinner"-Typs der Leistungs- und Erfolgsdruck mehrheitlich größer geworden ist. Weit stärker als die "Verlierer"gruppe stehen sie mittlerweile unter einem größeren Druck, die eigenen Arbeitsergebnisse direkter am Wettbewerb und am Erfolg beim Kunden zu messen. Sie sehen sich des weiteren in der Mehrzahl stärker als früher gefordert, die Leistungen des eigenen Bereichs zu erklären und zu rechtfertigen, was für die "Verlierer" in der Form nicht zutrifft.

Letztere sind aber stärker noch als die anderen gefordert, von den Mitarbeitern höhere Leistungen zu verlangen. Besonders ausgeprägt ist der Rechtfertigungsdruck bei den Meistern der "Dilemma"-Konstellation. Wenn man berücksichtigt, daß deren Anteil unter den Meister der produktionsnahen indirekten Bereiche deutlich höher ist als der unter den Produktionsmeistern, dann läßt dies angesichts der Erkenntnisse der mündlichen Befragungen auf ein verändertes Verhältnis zwischen den beiden Bereichen schließen. Die "Dienstleister" sind stärker unter Druck, den Anforderungen ihres "Kunden", der Produktion, nachzukommen.

Tabelle 6.12
Typen der Anforderungsveränderung und gestiegene Leistungsanforderungen bzw. Schwierigkeiten, unterschiedlichen Erwartungen gerecht zu werden - Anteile in % der jeweiligen Gruppe

Größer geworden ist ...	Typ der Anforderungsveränderung			
	Gewinner	Dilemma	Kontinuität	Verlierer
• „der Druck, die Ergebnisse meiner Arbeit unmittelbar mit Wettbewerbern zu vergleichen bzw. am Erfolg beim Kunden zu messen"	77,0	75,0	77,3	56,3
• „die Notwendigkeit, die Bedeutung der (Dienst-)Leistungen, die mein Verantwortungsbereich für andere Bereiche erbringt, zu erklären bzw. zu rechtfertigen"	59,7	67,2	51,9	35,7
• „das Problem, verschiedensten, sich z.T. widersprechenden Anforderungen gerecht zu werden"	55,6	65,7	37,9	80,0
• „die Schwierigkeit, die Erwartungen der Mitarbeiter und die Vorgaben des Unternehmens in Einklang zu bringen"	79,8	87,1	71,9	88,2
• „die Anforderung, höhere Leistungen von meinen Mitarbeitern zu verlangen"	86,8	91,2	78,1	94,1
• „die Anforderungen bezüglich der Mitarbeiterführung"	77,5	81,2	43,8	64,7

Zwischen den zuerst genannten drei Meistergruppen treten aber auch deutliche Kontraste zutage. So ist für die Meister des "Kontinuitäts"-Typs im Vergleich zu den "Gewinnern" die Notwendigkeit weniger stark gestiegen, die Leistungen des eigenen Bereichs zu rechtfertigen. Gleiches gilt auch hinsichtlich der Anforderungen in der Mitarbeiterführung und der Schwierigkeit, unterschiedlichen, sich teilweise widersprechenden Anforderungen und Erwartungen gerecht zu werden.[226] Die Meister des "Dilemma"-Typs zeichnen sich hingegen gegenüber den "Gewinnern" dadurch aus, daß sie bezüglich der genannten Aspekte in genau die andere Richtung abweichen. Im Hinblick auf die Problematik, widersprüchlichen Rollenerwartungen gerecht zu werden, passen sich diese Meister eher dem Antwortverhalten der "Verlierer" an, die am häufigsten von allen sagen, daß die diesbezüglichen Schwierigkeiten in den letzten Jahren größer geworden seien.

Partielle Übereinstimmungen und Unterschiede zwischen einzelnen Meistergruppen verdichten sich bei näherer Betrachtung tendenziell zu je eigenen Anforderungsprofilen.

(2) Die Gruppe der "Gewinner" ist allen Indikatoren nach zu schließen aus den betrieblichen Veränderungen der letzten Jahre gestärkt hervorgegangen. Was durch die konsistente Erweiterung des Aufgabenspektrums, der Verantwortung und der Kompetenzen bereits nahegelegt wird, findet im Antwortverhalten zu anderen Fragen bezüglich der Veränderung der Anforderungen und auch der beruflichen Anforderungen selbst seine Bestätigung. Diese Meister sind vergleichsweise autonom, und wenn der Begriff des "kleinen internen Unternehmers" verwandt werden kann, dann am ehesten bei diesen Meistern.

So betonen sie einerseits zu drei Vierteln und damit in signifikant höherem Maße als die anderen Meistergruppen, daß sich der unternehmerische Zuschnitt der Führungsaufgabe gegenüber früher vergrößert habe und sie sehen sich am wenigsten von allen größer gewordenen (externen) bürokratischen Einflüssen ausgesetzt (Reglementierung durch Gesetze und Verordnungen; vgl. Schaubild 6.4). Andererseits zeigen die Angaben zur den beruflichen Anforderungen, daß bei dieser Gruppe ein intrapreneurmäßiges Anforderungsprofil am stärksten und bürokratische Reglementierungen am geringsten ausgeprägt sind (vgl. Schaubild 6.5).[227]

---

226 Ein Grund für diese Unterschiede dürfte sein, daß im Gegensatz zu den "Gewinnern" der Verantwortungsumfang dieser Meister unverändert blieb und auch die Mitarbeiterzahl eher gesunken denn gestiegen ist. Es läßt sich hinsichtlich einiger Aspekte feststellen, daß diejenigen, bei denen sich das Aufgabenspektrum und die Verantwortungsumfänge vergrößert haben, insgesamt häufiger von gestiegenen Anforderungen berichten, als die Meister des "Kontinuitäts"-Typs (z.B. bezüglich der Notwendigkeit, sich in neue Gebiete einzuarbeiten).

227 Unter den Nicht-Positionswechslern finden sich weder in der Frage der Entwicklung des unternehmerischen Zuschnitts der eigenen Position noch hinsichtlich der beruflichen Anforde-

Schaubild 6.4
Größerer unternehmerischer Zuschnitt der Führungsaufgabe und gestiegene Reglementierung der Arbeit - Anteil der Zustimmung nach Typen der Anforderungsveränderung (in%)

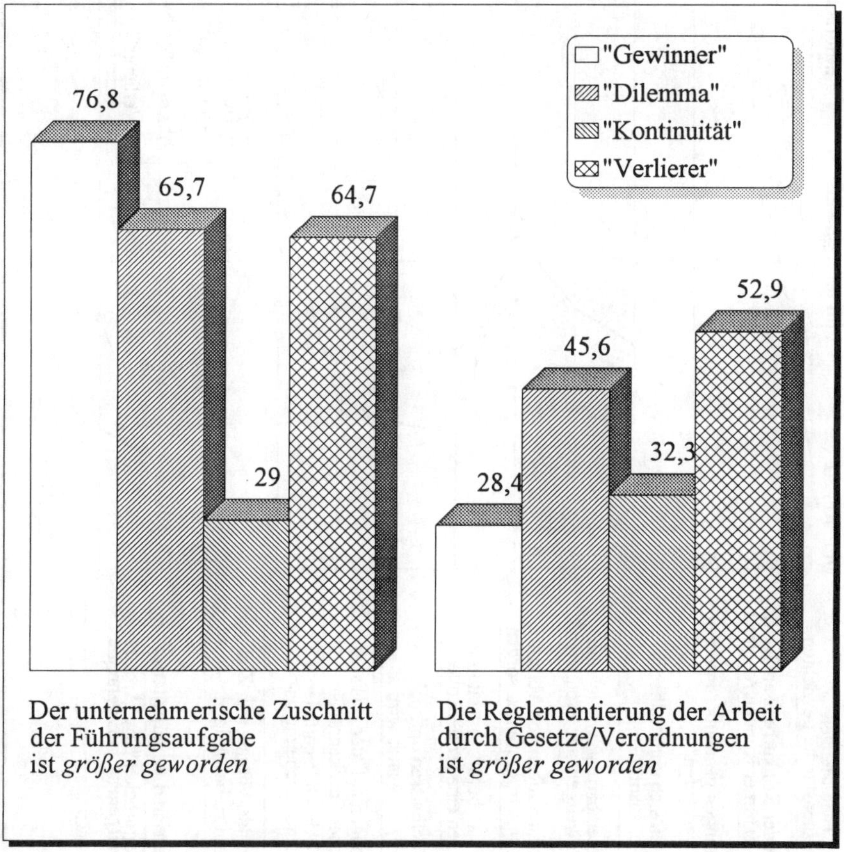

rungen, die gegenwärtig an sie gerichtet sind, grundsätzlich andere Verteilungen. Auf Aufstiege geht dieser Trend demnach nicht entscheidend zurück.

Schaubild 6.5
Berufliche Anforderungen von Meistern nach Typen der Anforderungsveränderung - Mittelwertsvergleich der Angaben

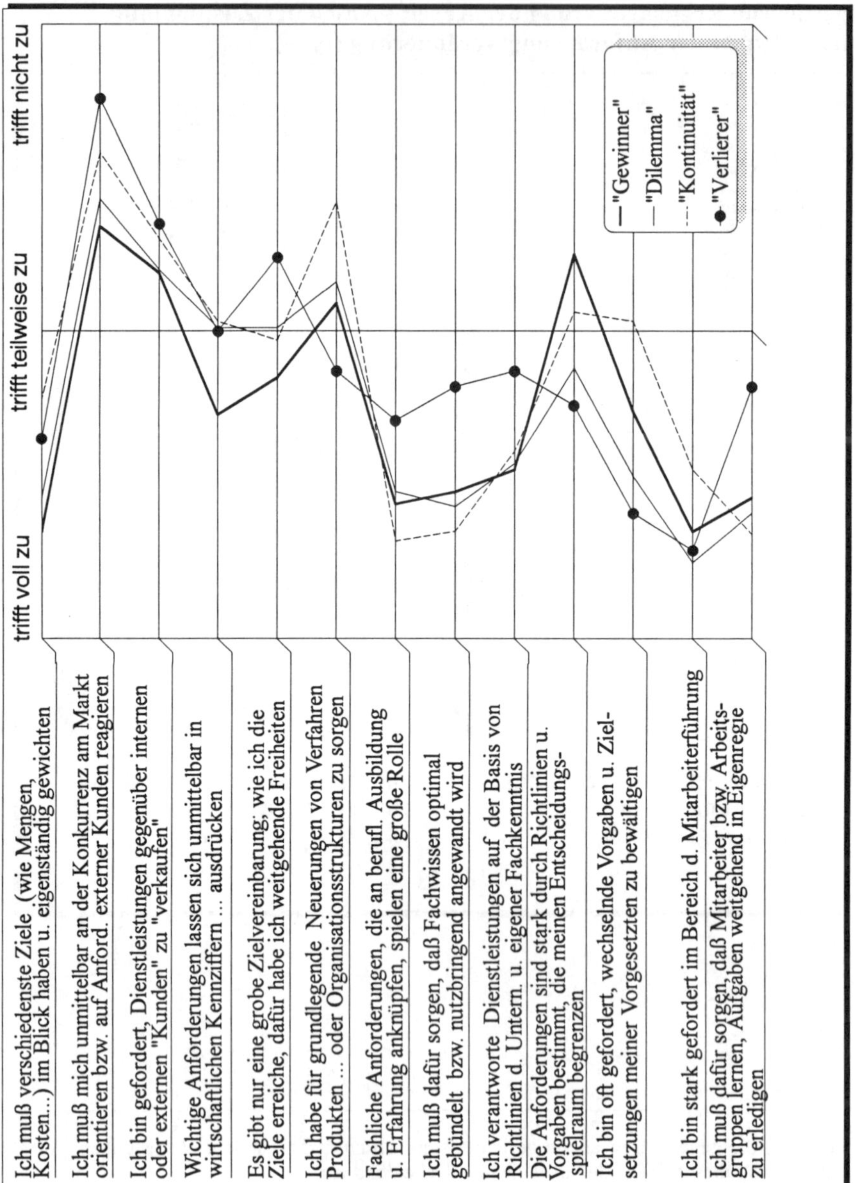

Die "Gewinner" sehen sich verglichen mit anderen deutlich weniger häufig mit Einschränkungen ihrer Entscheidungsspielräume durch Richtlinien und Vorgaben konfrontiert. Stattdessen sind sie am stärksten von allen gefordert, verschiedenste Ziele im Blick zu haben und eigenständig zu gewichten. Sie stimmen im Durchschnitt auch stärker der Aussage zu, im Rahmen grober Zielvereinbarungen weitgehende Freiheiten in der Zielerreichung zu haben. Die Erweiterung des Handlungsrahmens in den zurückliegenden Jahren schlägt sich also bei den "Gewinnern" tendenziell in einer im Vergleich tatsächlich größeren Autonomie nieder - und die Handlungsspielräume sind stärker als bei den anderen Gruppen mit unternehmerischen Anforderungen gepaart. Wie anhand der Mittelwerte verdeutlicht werden kann, sind die "Gewinner" eher als andere gehalten, sich unmittelbar an der Konkurrenz und an Kundenanforderungen zu orientieren und Leistungen gegenüber internen oder externen Kunden zu "verkaufen". Deutlich ist auch, daß sie in besonderer Weise mit, in wirtschaftlichen Kennziffern (Umsätze, Ergebnis, Kosten etc.) ausdrückbaren Anforderungen konfrontiert sind.

(3) Die Meister, bei denen der Handlungsrahmen in den letzten drei Jahren weitgehend unverändert blieb, gleichen den "Gewinnern" vor allem hinsichtlich eines niedrigen Grades an bürokratischer Reglementierung und beide unterscheiden sich in dieser Hinsicht von den "Verlierern" und den "Dilemma"-Meistern.

Dies zeigt sich einmal im Antwortverhalten auf die Frage, wie sich die Reglementierung der eigenen Arbeit durch Gesetze und Verordnungen entwickelt hat (vgl. Schaubild 6.4). Zum anderen verdeutlicht sich dies in den Aussagen zu den beruflichen Anforderungen (vgl. Schaubild 6.5). Richtlinien und Vorgaben, die die Entscheidungsspielräume stark einschränken, haben für die Meister des "Kontinuitäts"-Typs sichtlich weniger Gewicht als für diejenigen, deren Handlungsrahmen sich in problematischer Weise erweitert hat, und von wechselnden Vorgaben und Zielsetzungen der Vorgesetzten sind sie sogar weniger als die "Gewinner" betroffen. Des weiteren kommt groben Zielvereinbarungen in dieser Gruppe - nach den "Gewinnern" und dicht gefolgt vom "Dilemma"-Typ - die größte Bedeutung zu.

Die vergleichsweise ausgeprägten Freiheiten zum eigenständigen Handeln sind bei dieser Meistergruppe aber nicht wie bei den "Gewinnern" in besonderer Weise mit intrapreneurorientierten Anforderungen verbunden.[228] Vielmehr zeichnet sie sich durch ein Anforderungsprofil aus, das den professionellsten Zuschnitt von allen aufweist. 71% der Meister dieses Typs stimmen der Aussage voll zu, daß fachliche

---

[228] Die eigenständige Gewichtung verschiedenster Ziele, die Orientierung an der Konkurrenz, das "Verkaufen" von Dienstleistungen sind für die "Kontinuitäts"-Meister weniger wichtig. Sie müssen auch im Durchschnitt weniger als alle anderen für grundlegende Neuerungen (wie Verfahren, Abläufe, Organisationsstrukturen) sorgen und unterscheiden sich bezüglich der Frage nach Anforderungen, die sich unmittelbar in wirtschaftlichen Kennziffern ausdrücken lassen, praktisch nicht von den "Verlieren" und Meistern des "Dilemma"-Typs. Nicht zuletzt geben weniger als 30% dieser Gruppe an, der unternehmerische Zuschnitt der Führungsaufgabe habe sich gegenüber früher vergrößert. In den anderen Fällen ist es dagegen jeweils eine deutliche Mehrheit, die dies behauptet.

Anforderungen, die an der beruflichen Ausbildung und Erfahrung anknüpfen, eine große Rolle spielen. Das sind fast 10% mehr Zustimmung als im Fall der "Gewinner", die die zweithöchste Zustimmungsrate aufweisen. Ebenfalls sehr hoch ist der Anteil derer, die dafür sorgen müssen, daß Fachwissen nutzbringend angewandt wird.[229] Um es zugespitzt zu formulieren: Die Meister des "Kontinuitäts"-Typs genießen die Autonomie des Fachmanns, die "Gewinner" die des "kleinen Unternehmers".

(4) Die Meister des "Dilemma"-Typs sind wie erwähnt mehr als die "Gewinner" und der "Kontinuitäts"-Typ mit bürokratischen Einflüssen konfrontiert, die ihren Handlungsspielraum einengen. Der reglementierende Einfluß von Gesetzen und Verordnungen etwa hat für sie in den letzten Jahren stärker zu Buche geschlagen und Richtlinien und Vorgaben beschränken ihre Entscheidungsspielräume deutlich mehr als im Fall der beiden anderen Meistergruppen. Sie sind zudem abhängiger von wechselnden Vorgaben und Zielsetzungen ihrer Vorgesetzten und messen Zielvereinbarungen, die eine große Handlungsfreiheit eröffnen, zumindest im Vergleich zu den "Gewinnern" merklich weniger Bedeutung zu. Den "Gewinnern" sind sie aber insofern relativ nahe, als sie nicht nur den fachlichen Anforderungen, sondern vor allem jenen Fragen, die auf Intrapreneuranforderungen und entsprechende Veränderungen zielen, ähnliches Gewicht beimessen.

Wenn wir die Mittelwerte zu den Anforderungen betrachten, so liegen die Werte beider Gruppen sehr dicht beieinander, wenn es um die Orientierung an der Konkurrenz, den "Verkauf" von Dienstleistungen und darum geht, für grundlegende Neuerungen zu sorgen und verschiedenste Ziele im Blick zu behalten und eigenständig zu gewichten (vgl. Schaubild 6.5). Auch in der Frage, ob sich der unternehmerische Zuschnitt der Führungsaufgabe vergrößert hat, kommt diese Gruppe den "Gewinnern" am nächsten. Allerdings liegen die "Verlierer" diesbezüglich fast gleichauf.

Hinsichtlich der intrapreneurorientierten Anforderungen mit den Gewinnern vergleichbar, aber gleichzeitig nicht über erweiterte Handlungsspielräume zu verfügen und stärker in ein bürokratisches Korsett eingezwängt zu sein: So kann die Lage dieser Meister charakterisiert werden. Das im Vergleich zu den "Gewinnern" und den "unveränderten" Meistern größere Dilemma zwischen Verantwortung und Kompetenz kommt auch in der größeren Schwierigkeit dieser Meister zum Ausdruck, den unterschiedlichen Rollenanforderungen gerecht zu werden. Am stärksten ausgeprägt ist dieses Problem allerdings bei den "Verlierern", bei denen sich dieses Dilemma ja in besonderer Weise verschärft hat.

---

229 Hinsichtlich der Aussage, die auf das Ineinanderfließen einer bürokratisch-funktionalen und professionellen Anforderung abhebt (Verantwortung für Dienstleistungen, die nach den Richtlinien des Unternehmens und auf der Basis des eigenen Fachwissens erbracht werden), lassen sich keine nennenswerten Unterschiede zwischen den ersten drei Konstellationen der Anforderungsveränderung feststellen.

(5) Die "Verlierer"-Gruppe unter den Meistern schließlich ist am stärksten von bürokratischen Reglementierungen betroffen und hat die geringsten Freiräume zu eigenständigem Handeln.

Während weniger als 30% der "Gewinner" sagen, die Reglementierung ihrer Arbeit durch Gesetze und Verordnungen sei größer geworden, meinen dies mehr als die Hälfte (52,9%) der "Verlierer". Im Vergleich zu den anderen Gruppen tendieren sie eher dazu, die Frage nach größeren Handlungsfreiheiten auf der Basis grober Zielvereinbarungen zu verneinen. Stattdessen sind ihre Entscheidungsspielräume durch Richtlinien und Vorgaben relativ stark eingeschränkt und den wechselnden Vorgaben der Vorgesetzten kommt bei ihnen die größte Bedeutung zu.

Obwohl ein relativ großer Prozentsatz der "Verlierer" angibt, der unternehmerische Zuschnitt der Führungsaufgabe sei in den letzten Jahren größer geworden, weisen die Angaben zu den beruflichen Anforderungen darauf hin, daß dieser verglichen mit dem der anderen Gruppen am schwächsten ausgeprägt ist. Bemerkenswert ist weiter, daß für die "Verlierer" fachliche Anforderungen sehr viel weniger wichtig sind, als für andere Meister (vgl. Schaubild 6.5).[230]

Geringe Handlungsspielräume, ein unterdurchschnittlicher Fachbezug und ein vergleichsweise niedriger "unternehmerischer" Zuschnitt der beruflichen Tätigkeit charakterisieren den "Verlierer". Von den beruflichen Anforderungen her gesehen hat er eher Züge eines "Bürokraten" denn eines "kleinen Intrapreneurs", oder eines "Fachmanns". Er kommt insofern dem Typus des taylorisierten Meisters am nächsten. Die Verringerung der Entscheidungsspielräume, die diese Gruppe von Meistern auszeichnet, hat unterschiedliche Ursachen. Dezentralisierungsprozesse sind zwar, wie noch zu zeigen sein wird, einer der Hintergründe, aber es kann nicht ausgeschlossen werden, daß gerade bei dieser (kleinen) Meistergruppe traditionelle Tendenzen der Zentralisierung (gleichzeitig) eine Rolle spielen.

So gibt immerhin fast ein Viertel der "Verlierer" an, sie seien *nicht* gehalten, die Mitarbeiter bzw. Arbeitsgruppen dazu zu befähigen, ihre Arbeit weitgehend in Eigenregie zu erledigen. Von den Meistern der anderen Gruppen sagen dies maximal sechs Prozent. Die Verringerung der Entscheidungsspielräume, die diese Gruppe auszeichnet, kann also nicht allein auf die Dezentralisierung von Kompetenzen zurückgeführt werden. Auch Zentralisierungstendenzen müssen hier bedeutsam sein.

(6) In allen vier Gruppen stellen die Meister, bei denen in den letzten Jahren die Anforderung bzw. die Notwendigkeit größer geworden ist, Mitarbeitern mehr Entscheidungsbefugnisse und Verantwortung zu übertragen, eine deutliche Mehrheit. Dies ist angesichts der Tatsache, daß dem drei Viertel aller befragten Meister zustimmen, wenig verwunderlich. Auffällig ist jedoch, daß der entsprechende Anteil

230 Dies gilt auch, wenn man die Entwicklung der letzten Jahre betrachtet. Während 74,1% der "Gewinner" und jeweils rund 69% der Meister der "Dilemma"- und der "Kontinuitäts"-Gruppe von gestiegenen fachlichen Anforderungen sprechen, liegt der entsprechende Anteil unter den Verlierern nur bei knapp 53%.

Schaubild 6.6
Gestiegene Anforderung zur Delegation von Befugnissen und Verantwortung und Förderung der Selbstregulation auf Mitarbeiterebene - Anteil der Zustimmung nach Typen der Anforderungsveränderung (in%)

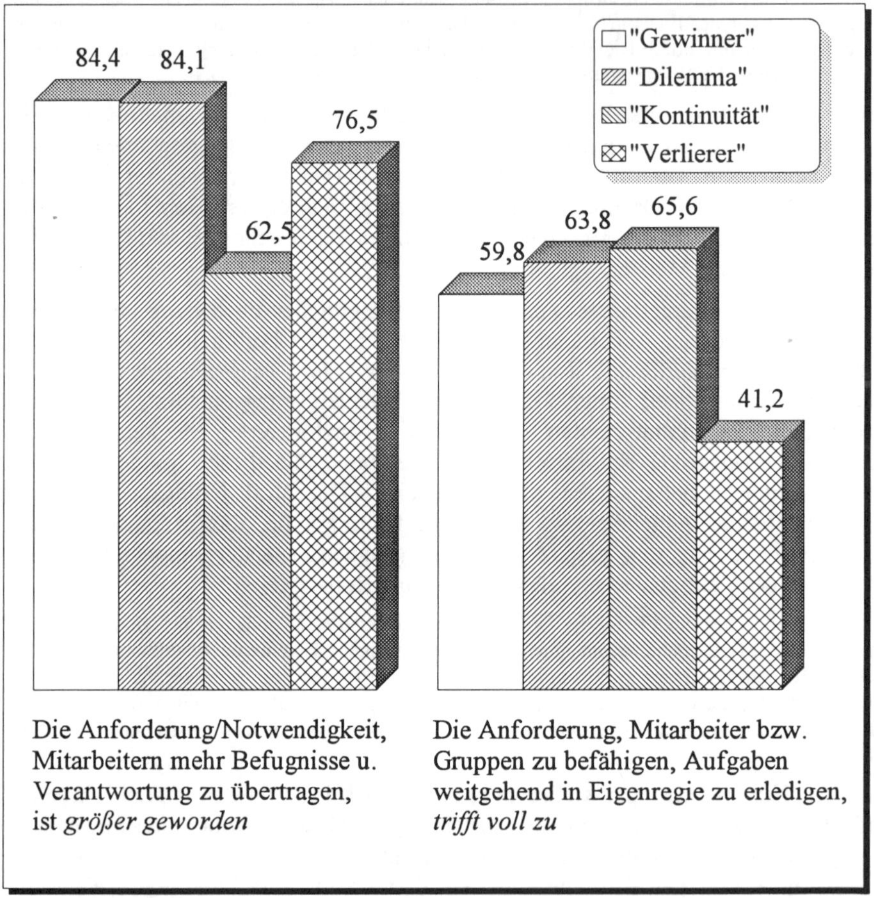

unter den "Gewinnern" und den Meistern des "Dilemma"-Typs mit jeweils rund 84% deutlich höher liegt (vgl. Schaubild 6.6).

Unter den "Verlierern" bewegt sich dagegen mit 76,5% der Anteil derer, die von gestiegenen Delegationserfordernissen berichten, auf durchschnittlichem Niveau und bei den Meistern des "Kontinuitäts"-Typs ist der Anteil (62,5%) um mehr als 20% niedriger als bei den "Gewinnern".[231] Dies bedeutet aber nicht, daß bei der "Kontinuitäts"-Gruppe die Möglichkeiten der operativ Beschäftigten, weitgehend selbständig (einzeln oder in Gruppen) zu arbeiten, geringer als bei den anderen entwickelt sind. Im Gegenteil sind es gerade die Meister dieses Typs, die es am häufigsten (65,6%) als voll zutreffend bezeichnen, dafür sorgen zu müssen, daß Mitarbeiter bzw. Arbeitsgruppen ihre Arbeit weitgehend in Eigenregie erledigen. Unter den "Gewinnern" und den Meistern des "Dilemma"-Typs bewegen sich die Prozentsätze auf ähnlichem Niveau und liegen damit deutlich unter den Werten bezüglich der Frage, ob die Delegationserfordernisse gestiegen sind. Nicht nur bei diesen beiden Gruppen besteht im Antwortverhalten zu den genannten beiden Aspekten eine offenkundige Diskrepanz. Von den "Verlierern", die ja in ihrer großen Mehrheit ebenfalls von einem Anstieg der Delegationsnotwendigkeiten sprechen, stimmt gar nur eine Minderheit dem auf Selbststeuerung der Mitarbeiterebene abzielenden Anforderungsstatement zu. Immerhin fast ein Viertel (23,5%) der Verlierergruppe gibt sogar an, sie müßten *nicht* dafür sorgen, daß die unterstellten Mitarbeiter weitgehend in Eigenregie arbeiten können. Von den Meistern des "Kontinuitäts"-Typs gibt dies keiner an und auch bei den beiden anderen Gruppen sagen dies nur zwischen vier und sechs Prozent der Meister.

Die besagten Unterschiede können zumindest teilweise durch folgende Plausibilitätsüberlegungen erklärt werden: Zunächst einmal dürfte hinsichtlich des unterschiedlichen Antwortverhaltens zu den beiden Fragen eine Rolle spielen, daß eine Dezentralisierungs"rhetorik" zwar generell an Bedeutung gewonnen hat; selbständig handelnde Mitarbeiter, Teamwork, Innovationsbereitschaft und unternehmerisch orientiertes Handeln von Führungskräften und dergleichen mehr stehen in den öffentlich wie in den unternehmensintern geführten Diskussionen hoch im Kurs. Entsprechend häufig sehen sich Meister und andere Führungskräfte mit neuen Anforderungen konfrontiert, die in Führungsseminaren propagiert oder in Form von formulierten Unternehmensleitbildern und neuen Führungsgrundsätzen und -stilen an sie herangetragen werden. Tatsächliche Veränderungen der Aufgaben- und Kompetenzverteilung aber, die Eingriffe in bestehende organisatorische Strukturen voraussetzen, hinken oftmals deutlich hinter solchen neuen Anforderungen her. Bei einem Teil der Meister mögen daher die Ansprüche, Mitarbeitern mehr Verantwortung zu übertragen, gestiegen sein, ohne daß sich faktisch etwas an der Verantwortungs- und Kompetenzteilung zwischen ihnen und den Mitarbeitern verändert hat. Ähnliches gilt im übrigen auch bezüglich der Frage des unternehmerischen Zuschnitts der Führungsaufgabe. Neue Leitbilder über die Rolle und die Handlungsweise des

---

[231] Zur Kontrolle auch an dieser Stelle wieder die Vergleichszahlen der Meister, die nach eigenen Angaben keine Positionswechsler sind: 83,3% der "Gewinner", 80,6% der Befragten der "Dilemma"-, 60,7% der "Kontinuitäts"- und 75% der "Verlierer"-Konstellation sehen sich in gleicher Weise gefordert. Wir finden also fast exakt dieselbe Verteilung.

"modernen" Vorgesetzten befördern eine Rhetorik des internen Unternehmertums, der nicht immer auch entsprechende reale Neuschneidungen des Aufgaben- und Kompetenzprofils entsprechen müssen, wie die "Verlierer" und der "Dilemma"-Typ zeigen.

Des weiteren ist in Anschlag zu bringen, daß Angaben zu gestiegenen Delegationserfordernissen lediglich etwas über die Entwicklungsrichtung und über deren Relevanz in der Wahrnehmung der Meister aussagen. Über deren Art und Umfang geben sie keine Auskunft. Entsprechend kann bei einem Teil der Befragten die Übertragung von Befugnissen und Verantwortlichkeiten so eng begrenzt bleiben, daß damit keine nennenswerte Stärkung der Selbststeuerungskapazität auf der Mitarbeiterebene verbunden ist. Bei den Meistern, die - wie jene des "Gewinner-" und des "Dilemma"-Typs - ein größeres Aufgabenspektrum zu bewältigen und eine größere Verantwortung zu tragen haben, läßt sich zudem auf der Basis der Erkenntnisse der Betriebsfallstudien annehmen, daß sie selbst zwar - gerade wegen dieser Veränderung - verstärkt die *Notwendigkeit* sehen, mehr zu delegieren. Nicht immer sind dafür aber die Voraussetzungen gegeben (organisatorische Rahmenbedingungen, Qualifikationsdefizite der Beschäftigten etc.). Auch dies kann die Diskrepanz zwischen gestiegener Delegationserfordernis und der Anforderung, Mitarbeiter zur Selbstorganisation zu befähigen, zum Teil erklären.

Das besondere Antwortverhalten der Meister des "Kontinuitäts"-Typs in der Frage der Delegation von Befugnissen schließlich ist zu einen guten Teil darauf zurückzuführen, daß sie insgesamt weniger von Veränderungen ihrer beruflichen Anforderungen betroffen sind, als die anderen Gruppen. Die gleichwohl hohe Bedeutung, die sie der Selbstregulation der Beschäftigten beimessen steht - einmal von der Relevanz strukturinnovativer Reorganisationskonzepte abgesehen - sicherlich auch in einem Zusammenhang mit dem vergleichsweise ausgeprägten professionellen Zuschnitt der beruflichen Anforderungen dieses Typs. Mehr als andere sind die Meister dieses Typs fachlich gefordert und müssen - was sich unmittelbar auf die Mitarbeiterebene bezieht - für eine optimale Bündelung und nutzbringende Anwendung von Fachwissen sorgen. Berufsfachlich zugeschnittene Tätigkeiten implizieren aber ein Minimum an eigenverantwortlichem und autonomem Handeln. Dies zu fördern ist für den "Fachmann" und Vorgesetzten qualifizierter Arbeitskräfte unmittelbarer Bestandteil der Führungsaufgabe.

Resümieren wir die bisherigen Ausführungen zu den Veränderungen der beruflichen Anforderungen, dann lassen sich nur wenige Anzeichen finden, die für eine breitflächige Relevanz einer "zweiten Meisterkrise" sprechen. Auch für eine anhaltend große Bedeutung der bekannten Effekte traditioneller Rationalisierung ergeben sich kaum Belege. Von einer Einschränkung ihrer Zuständigkeit, von geringerer Verantwortung und Entscheidungskompetenz berichtet, gleichgültig welchen Hintergrund dies hat, nur eine kleine Minderheit. Die Mehrheit der befragten Meister ist mit anspruchsvolleren Aufgabenstellungen als früher konfrontiert und bei einem erheblichen Teil läßt sich begründet von der Tendenz einer Aufwertung des Verantwortungs- und Kompetenzprofils sprechen. Läßt sich also die These einer "zweiten Meisterkrise" zurückweisen und muß vielmehr angenommen werden, daß der andere, in einem Teil der qualitativ untersuchten Betriebe identifizierte Weg hin zu einer neuen Meisterwirtschaft bzw. hin zu einer Bestärkung alter meisterwirtschaftsförmiger Traditionen - ergänzt um eine größere Selbstorganisation der Beschäftigten - für die Zukunft des Meisters steht?

Hierfür spricht angesichts der präsentierten Daten tatsächlich einiges. Gegen das Krisenszenario spricht auch, wie die Meister ihre Arbeitssituation - vor allem hinsichtlich ihrer betrieblichen Position und Aufgabenstellung - bewerten.[232] Mit ihrer "Arbeitssituation insgesamt" sind immerhin 59,3% zufrieden. Lediglich 14,2% der Meister sagen, sie seien unzufrieden und 26,5% äußern sich unentschieden. Noch deutlicher positiv fallen die Bewertungen zu einzelnen, hier interessierenden Gesichtspunkten aus. Mehr als zwei Drittel der Befragten sind mit den "Gestaltungsspielräumen in der Arbeit" und über 70% mit dem "Inhalt der gestellten Aufgabe" zufrieden. Jeweils fast ein Fünftel der Meister gibt sogar an, es sei diesbezüglich sehr zufrieden - nur das Verhältnis zu den Mitarbeitern und den unmittelbaren Vorgesetzten bewerten die Meister, gemessen an den "sehr zufrieden"-Antworten, noch positiver. Diejenigen, die mit den Gestaltungsspielräumen und den Arbeitsinhalten unzufrieden sind, stellen dagegen gerade einmal knapp zehn bzw. sechs Prozent aller Meister. Mehrheitlich zufrieden sind die Meister auch mit ihrem betrieblichen und gesellschaftlichen Status. 67,8% äußern sich zufrieden über die "gesellschaftliche Anerkennung" ihrer Arbeit bzw. ihres Berufs und 62,3% sind dies mit dem "Ansehen" ihrer "Position im Unternehmen". Auf gravierende aktuelle Krisenerscheinungen lassen solch hohe Zufriedenheitswerte nicht schließen.

Die Arbeitszufriedenheit der Meister ist umso bemerkenswerter, als sie eine teilweise recht starke Arbeitsbelastung verspüren und in ihren Augen in den letzten drei Jahren die belastenden Aspekte merklich zugenommen haben. Von einer starken Zunahme der Arbeitsbelastung sprechen 41,4% und davon, daß sie "eher zugenommen" haben weitere 48,9%. Unverändert blieb die Lage dagegen nur für 7,5% und gerade einmal 2,2% berichten von einer Verringerung der belastenden Aspekte in diesem Zeitraum. Entsprechend hat sich auch die Arbeitszufriedenheit in den vergangenen Jahren eher etwas verschlechtert als verbessert. Immerhin 44,1% der Befragten geben eine

---

232 Die Befragten sollten anhand einer Liste von Gesichtspunkten die Vor- und Nachteile ihrer Arbeit abwägen und angeben, ob sie damit in ihrer gegenwärtigen Situation zufrieden oder unzufrieden sind und schließlich ein Gesamtresümee ziehen. Die Bewertungsskala reichte von sehr zufrieden und eher zufrieden über teils, teils bis hin zu eher unzufrieden und sehr unzufrieden. Wir führen hier nicht die gesamte Liste an Gesichtspunkten auf, die den Meistern zur Bewertung vorgelegt wurde, da nicht alle einen unmittelbaren Bezug zur hier im Vordergrund stehenden Fragestellung haben.

Abnahme ihrer Arbeitszufriedenheit an, während nur 32% von einer Verbesserung sprechen. Bei nicht ganz einem Viertel blieb sie unverändert.

Trotz der ins Feld geführten Indizien kann die Relevanz der Krisenthese jedoch nicht grundsätzlich bestritten werden. Zu berücksichtigen ist nicht nur, daß der Umfang der befragten Meister begrenzt und kaum repräsentativ ist, sondern selbstverständlich auch, daß praktisch nur Meister befragt wurden, die ihre Position *nicht* verloren haben. Ob bzw. in welchem Ausmaß Meister durch Reorganisationsmaßnahmen aus ihren Positionen verdrängt wurden, läßt sich anhand der Daten zu den Anforderungen und Anforderungsveränderungen nicht beurteilen. Außerdem sagen die Angaben zu Veränderungen der beruflichen Situation nichts über die Bedeutung einer solchen Entwicklung in der Zukunft aus.

Zwar erscheint es angesichts des niedrigen Anteils der Meister, die in den letzten Jahren eine Einschränkung ihrer Gestaltungsspielräume hinnehmen mußten, weniger wahrscheinlich, daß in großem Stil eine Meisterkrise "von unten" droht. Wie bedeutsam die andere Krisenoption - die Verdrängung der Meister durch Ingenieure - ist, steht aber offen. Jedenfalls kann, wie wir an anderer Stelle gezeigt haben, die Aufwertung der unteren Managementpositionen geradewegs in eine Verdrängung der Meister münden.

Auf die Frage nach der Zukunft werden wir noch gesondert einzugehen haben. An dieser Stelle muß es erst einmal genügen, darauf hinzuweisen, daß die Meister diesbezüglich eine merkliche Skepsis an den Tag legen.

Im übrigen hat die nähere Betrachtung der "Veränderungs"-Typen gezeigt, daß die Entwicklung der vergangenen Jahre problematischere Züge aufweist, als dies bei einem ersten Überblick zutage tritt. Gewiß ist der Anteil der "Gewinner" und der Meister des "Kontinuitäts"-Typs zusammengenommen beträchtlich, und sie präsentieren sich bei genauerem Hinsehen als Gruppen, für die der Begriff "tayloristisches Anforderungsprofil" wenig angemessen erscheint. Sie stellen offenkundig den Teil der Meister, der mit einem (zumindest im Vergleich) "ganzheitlicheren" Aufgaben- und Kompetenzprofil ausgestattet ist. Dem steht aber gegenüber, daß sich nicht nur bei den Meistern der "Verlierer"gruppe, sondern in abgeschwächter Form auch bei den Meistern der "Dilemma"-Konstellation in den letzten Jahren eine spezifische Problemlage aufgebaut bzw. verschärft hat: Mehr Verantwortung zu tragen und gefordert zu sein, eine größere "unternehmerische" Orientierung an den Tag zu legen, ohne gleichzeitig auch über mehr Handlungs- und Gestaltungsspielräume zu verfügen. Die Relevanz der mit den Veränderungen von Handlungsmöglichkeiten verbundenen Probleme zeigt sich unter anderem an den Urteilen der Meister über ihre Arbeitssituation. So haben die skizzierten Veränderungen einen deutlichen Einfluß darauf, wie die Meister Belastungen in ihrer Arbeit gewichten und wie zufrieden sie mit ihrer beruflichen Situation sind. Die "Verlierer"- und die "Dilemma"-Gruppe nehmen im Durchschnitt ihre Arbeitssituation als belastender wahr und bewerten sie sichtlich weniger positiv als die "Gewinner" und die Meister ohne Verantwortungs- und Kompetenzveränderung. Symptomatisch ist vor allen Dingen das unterschiedliche Antwortverhalten zu Arbeitsbelastungs- und Arbeitszufriedenheitsfragen, die unmittelbar auf die Handlungsspielräume der Meister eingehen. So sehen sich Meister des "Dilemma"-Typs und insbesondere der "Verlierer"-Gruppe durch "mangelnde Entscheidungsspielräume" und durch die "Vielzahl unternehmensinterner Richtlinien und Vorgaben" stärker belastet, als die Meister der beiden anderen Gruppen (vgl. Schaubild 6.7). Zum anderen sind sie mit den eigenen Gestaltungsspielräumen und mit der Aufgabenstellung nicht in gleicher Weise zufrieden (vgl. Schaubild 6.8).

Mit den eigenen Gestaltungsspielräumen sind die "Gewinner" und die Meister des "Kontinuitäts"-Typs zu rund drei Vierteln zufrieden, und jeweils etwa ein Drittel von ihnen ist damit sogar sehr zufrieden. Bei den Meistern des "Dilemma"-Typs äußern sich zwar immerhin zwei Drittel zufrieden, aber nur jeder zehnte meint, er sei "sehr zufrieden" mit den Gestaltungsspielräumen. Von den "Verlierern" schließlich gibt nicht einmal ganz ein Viertel an, hiermit zufrieden zu sein. Die Anteile derer, die sich ambivalent äußern oder angeben, unzufrieden zu sein, sind dagegen deutlich höher als in den anderen Gruppen. Mit dem Inhalt der gestellten Aufgabe sind bis auf die "Verlierer" alle Gruppen außerordentlich zufrieden. Allerdings zeigen sich auch hier bei den Anteilen derer, die "sehr zufrieden" sind, die erwähnten Unterschiede.

Tabelle 6.13
Entwicklung der Arbeitszufriedenheit in den letzten drei Jahren nach Typen der Anforderungsveränderung - Anteile in %

Typ der Anforderungsveränderung	Die Arbeitszufriedenheit hat sich ... verbessert	nicht verändert	verschlechtert
Gewinner	43,5	24,7	31,8
Dilemma	30,4	18,8	50,7
Kontinuität	31,3	28,1	40,7
Verlierer	5,9	17,6	76,5
alle Meister	32,0	23,8	44,1

Über den eigenen betrieblichen und den gesellschaftlichen Status der Berufsgruppe urteilen die "Kontinuitäts"-Meister am positivsten (75%). Der Anteil der Zufriedenen ist bei der "Gewinner"- und der "Dilemma"-Gruppe etwas niedriger. Zwei Drittel beider Gruppen sind mit dem Ansehen der Position im Unternehmen und jeweils ca. 70% mit der gesellschaftlichen Anerkennung des Berufs zufrieden, jedoch sind in der "Gewinner"-Gruppe wiederum verhältnismäßig mehr Meister "sehr zufrieden" mit ihrem Ansehen. Mit der "Beurteilung und Anerkennung" der eigenen Leistung im Unternehmen ist nur etwas mehr als ein Drittel der "Dilemma"-Gruppe zufrieden. Der größte Teil sieht dies eher ambivalent (teils, teils: 43,5%) oder ist unzufrieden (18,8%). Bei den Verlierern stellen die Unzufriedenen gar 47% und ein ebenso gro-

Schaubild 6.7
Belastung durch "mangelnde Entscheidungsspielräume" bzw. eine "Vielzahl unternehmensinterner Richtlinien und Vorgaben" - Verteilung nach Typen der Anforderungsveränderung (in%)

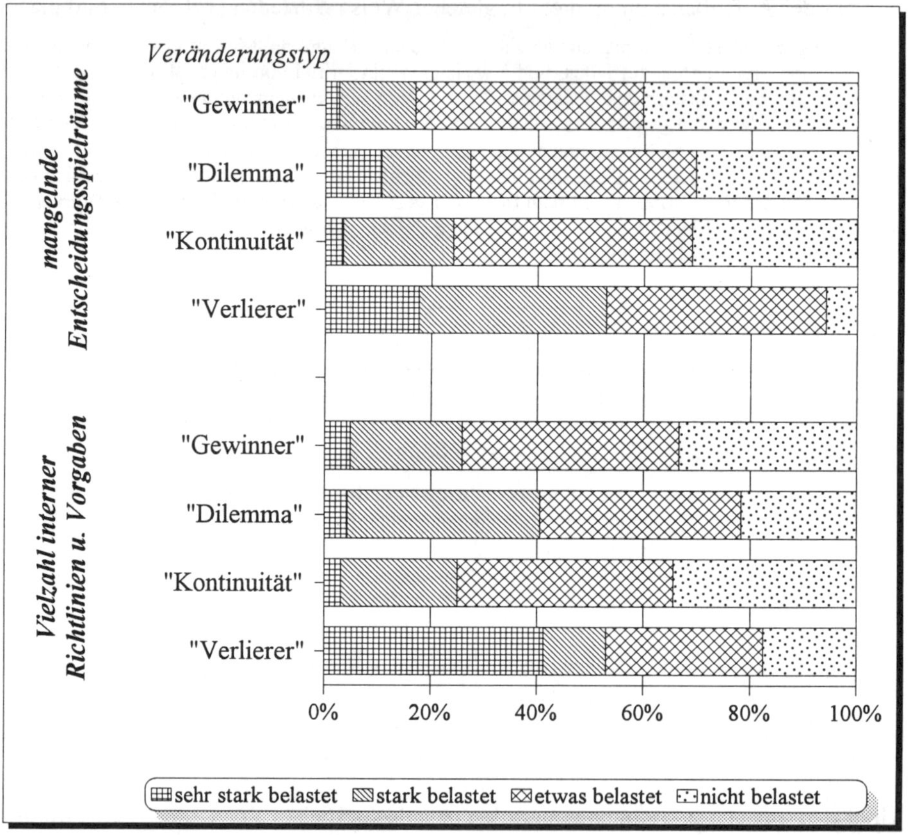

Schaubild 6.8
Zufriedenheit mit den "Gestaltungsspielräumen in der Arbeit" bzw. dem "Inhalt der gestellten Aufgabe" - Verteilung nach Typen der Anforderungsveränderung (in%)

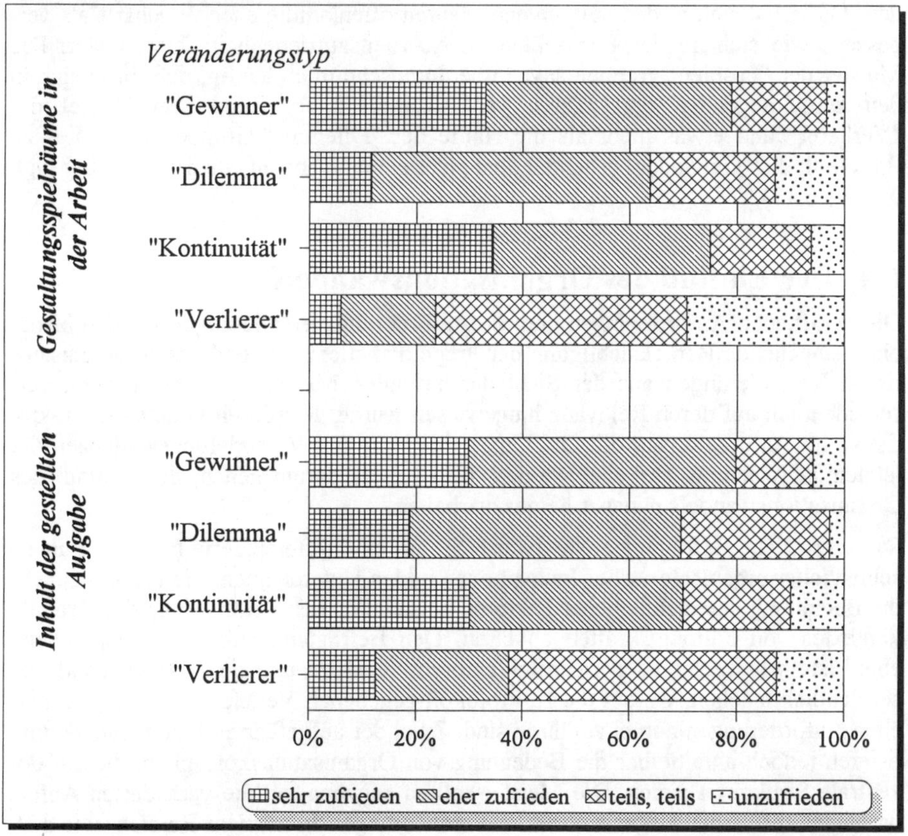

ßer Teil äußert sich unentschieden. In den beiden anderen Meistergruppen stellen dagegen auch in dieser Frage die zufriedenen Meister eindeutig die Mehrheit.

Die Bewertungen der Meister, die zwar mehr Verantwortung und Aufgaben, nicht aber mehr Kompetenzen übertragen bekommen haben, unterstreichen die These, daß sie sich in einer problematischeren Lage als die anderen Meistergruppen befinden. Diese hat sich in den vergangenen Jahren offenkundig eher verschärft als verbessert, wie sich an der Entwicklung der Arbeitszufriedenheit ablesen läßt: Die Meister der "Problem"gruppen sagen überdurchschnittlich häufig, daß diese sich in den zurückliegenden drei Jahren verschlechtert habe. Rund drei Viertel der "Verlierer" und etwas mehr als die Hälfte der "Dilemma"-Gruppe geben dies zu Protokoll; die "Gewinner" pflichten dem nicht einmal ganz zu einem Drittel bei (vgl. Tabelle 6.13).[233]

6.4 Der Einfluß des Organisationswandels

Die beruflichen Anforderungen und die Anforderungsveränderungen wurden bisher ohne eingehende Berücksichtigung der Frage diskutiert, wie bedeutsam organisatorische Veränderungen aus der Sicht der befragten Meister sind, auch wenn verschiedentlich auf deren Relevanz hingewiesen wurde. Hierdurch konnten Charakteristika im Anforderungsprofil und Unterschiede in den Veränderungstendenzen der letzten Jahre herausgearbeitet werden. Nun soll es darum gehen, den Einfluß des Organisationswandels genauer herauszuarbeiten.

Die schriftliche Befragung zielte zwar nicht auf eine differenzierte Erfassung unterschiedlicher organisatorischer Innovationen in den Unternehmen. Sie sollte vielmehr die Bedeutung unterschiedlicher Faktoren hinsichtlich der Veränderung des Arbeitskontextes von Führungskräften abklären. Den Befragten wurde dementsprechend eine Liste sehr verschiedener Einflußfaktoren vorgelegt, und sie sollten anhand dieser deutlich machen, worauf die zu Protokoll gegebenen Veränderungen der beruflichen Anforderungen zurückzuführen sind. Zwei der aufgeführten Statements thematisieren jedoch unmittelbar die Bedeutung von Organisationskonzepten, die auf dezentrale Strukturen zielen. Die Meister sollten angeben, ob die veränderten Anforderungen auf "arbeitsorganisatorische Veränderungen in meinem Bereich, wie z.B.

---

233 Gerade in Fragen der Bewertung der Arbeits- und Belastungssituation könnte erwartet werden, daß die Befunde erheblich durch Positionswechsel beeinflußt sind. Es zeigt sich aber, daß das Antwortverhalten der Meister, bei denen ein Wechsel keine Rolle spielt, nicht wesentlich von dem abweicht, was bezogen auf alle Befragten beobachtet werden kann. Auch in dieser Vergleichsgruppe hat sich z.B. in den letzten Jahren die Arbeitszufriedenheit der Meister des "Dilemma"- und des "Verlierer"-Typs mehrheitlich verschlechtert, während dies nur für knapp 30% der "Gewinner" und knapp 36% der "Kontinuitäts"-Meister zutrifft. Der Anteil der "Gewinner", für den sich die Arbeitszufriedenheit verbessert hat, fällt jedoch hier um rund zehn Prozent niedriger aus als im Gesamtsample.

Gruppenarbeit, Teambildung, KVP" zurückzuführen sind und ob "Veränderungen in der Unternehmensorganisation, wie z.B. Verringerung von Führungsebenen, Neuzuschnitt von Abteilungen und Funktionen (Centerbildung, Segmentierung o.ä.)" eine Rolle spielen. Anhand der Fragen nach den Ursachen der Anforderungsveränderungen lassen sich keine präzisen Aussagen über Art und Tiefgang organisatorischer Veränderungen treffen. Sie verhelfen aber dazu, deren Bedeutung in Relation zu anderen Einflußfaktoren zu klären und Erkenntnisse über den Charakter des Organisationswandels zu gewinnen. Dem wollen wir uns nun im einzelnen zuwenden.

Der Stellenwert organisatorischer Veränderungen

Aus der Sicht der befragten Meister sind die Ursachen der in den letzten Jahren eingetretenen Veränderungen der beruflichen Anforderungen sehr vielfältig, wie sich der Tabelle 6.14 entnehmen läßt. Die verschiedenen Einflußfaktoren stehen allerdings nicht gleichgewichtig und unvermittelt nebeneinander. Aus den Angaben geht deutlich hervor, daß arbeits- und betriebsorganisatorische Veränderungen in den letzten Jahren einen herausragenden Einfluß ausübten. Sie werden, anders als die meisten anderen Einflußfaktoren, mit jeweils großer Mehrheit als eine voll zutreffende und damit wichtige Ursache veränderter Anforderungen benannt. Das ist ein starkes Indiz dafür, daß Dezentralisierungsprozesse, wie wir sie in den vorangegangenen Kapiteln in den Mittelpunkt der Betrachtung gestellt haben, nicht nur auf einige wenige "Pionierunternehmen" beschränkt sind, sondern in größerem Rahmen Platz gegriffen haben.[234] Auch wenn über Form und Tiefgang der Dezentralisierung keine Aussagen möglich sind, so unterstreicht die Befragung doch nachdrücklich deren Relevanz.

Wie an den "trifft zu"-Angaben abzulesen ist, führen mehr als zwei Drittel der Befragten die veränderten Anforderungen u.a. auf einen unternehmensorganisatorischen Wandel, d.h. auf eine Abflachung der Hierarchie bzw. die Restrukturierung von Abteilungen und den Neuzuschnitt von Funktionen zurück. Arbeitsorganisatorische Veränderungen im eigenen Verantwortungsbereich wie die Einführung von Gruppenarbeit sind ebenfalls für eine Mehrheit von 58,4% der Meister eine wichtige Ursache. Wichtiger als diese sind nur noch "generell veränderte Anforderungen an Führungskräfte", die in den Unternehmen z.B. über neue Leitbilder und Führungsgrundsätze an

[234] Dies belegen im übrigen auch die Angaben von Führungskräften anderer Ebenen. Von den insgesamt annähernd tausend befragten Führungskräften führen 60,2% die Veränderungen der Anforderungen auf unternehmensorganisatorische Innovationen zurück und weitere 21,2% sehen darin zumindest teilweise eine Ursache. Dem arbeitsorganisatorischen Wandel kommt ebenfalls großes Gewicht zu. Allerdings geben dies nur 36,9% aller befragten Führungskräfte als für sie zutreffende Ursache an. 32,6% halten dies für nur teilweise zutreffend und bei immerhin 30,5% haben arbeitsorganisatorische Veränderungen keinen Einfluß auf die Entwicklung des Anforderungsprofils. Daß für Meister die Einführung von neuen Arbeitsformen deutlich wichtiger ist, ist wenig erstaunlich. Sie (bzw. insgesamt das untere Management) sind unmittelbarer als andere Managementebenen von Veränderungen der Arbeitsstrukturen auf der Ebene der ausführend Beschäftigten betroffen.

die Meister herangetragen werden. Neben organisationsstrukturellen Innovationen spielen demnach Forderungen nach einer neuen Orientierung in der Erledigung der Führungsaufgaben, nach neuen Denk- und Verhaltensweisen, eine wichtige Rolle. Gemessen an den "trifft zu"-Bewertungen sind demgegenüber andere Einflußfaktoren von deutlich geringerem Gewicht, wenngleich sie nicht zu vernachlässigen sind. Zwar nicht mehrheitlich, aber doch zu großen Teilen geben die Meister als zutreffend an, daß veränderte Wettbewerbsbedingungen und Kundenanforderungen (47,7%), die Geschäfts- und Standortpolitik des jeweiligen Unternehmens (45,7%) und veränderte Einstellungen und Erwartungen der Mitarbeiter (44,4%) mit für die Entwicklungen der letzten Jahren verantwortlich sind. Der Einfluß technologischer Veränderungen ist demgegenüber nicht ganz so bedeutsam, denn nur 39,2% sehen darin einen mehr als nur teilweise relevanten Faktor. Veränderten rechtlichen Rahmenbedingungen mißt nur eine kleine Minderheit größeres Gewicht bei. Neben diesen Aspekten führt - wie bereits an anderer Stelle ausgeführt - immerhin ein Drittel der Befragten die Anforderungsveränderungen auch auf einen Positionswechsel zurück,

Tabelle 6.14
Ursachen der Anforderungsveränderungen

Veränderte Anforderungen sind zurückzuführen auf ...	Angaben der Meister (in%)		
	trifft zu	teils, teils	trifft nicht zu
• "Veränderungen in der Unternehmensorganisation, wie z.B. Verringerung der Führungsebenen, Neuzuschnitt von Abteilungen und Funktionen (Centerbildung, Segmentierung o.ä.)"	67,1	16,0	16,9
• "generell veränderte Anforderungen an Führungskräfte im Unternehmen (z.B. durch neue Leitbilder, Führungsgrundsätze)"	64,3	26,1	9,6
• "arbeitsorganisatorische Veränderungen in meinem Bereich, wie z.B. Gruppenarbeit, Teambildung, KVP"	58,4	24,7	16,9
• "veränderte Wettbewerbsbedingungen und Anforderungen von Kunden"	47,4	34,5	18,1
• "die Geschäfts- und Standortpolitik des Unternehmens"	45,7	31,9	22,4
• "veränderte Einstellungen und Erwartungen der Mitarbeiter"	44,4	44,0	11,6
• "eine veränderte Aufgabenstellung in der gleichen Position"	42,7	32,3	25,0
• "technologische Veränderungen"	39,2	41,8	19,0
• "einen Wechsel der Position, den ich in diesem Zeitraum vollzogen habe"	33,3	17,3	49,4
• "veränderte rechtliche Rahmenbedingungen"	14,2	37,5	48,3

den sie im fraglichen Zeitraum vollzogen haben und für weitere 17,3% spielte dies zumindest teilweise eine Rolle. Bei deutlich mehr Meistern hat dies allerdings mit einer veränderten Aufgabenstellung in der gleichen Position zu tun.[235]

Bemerkenswert ist in diesem Zusammenhang, daß zwischen arbeits- und unternehmensorganisatorischen Veränderungen auf der einen und einer Reihe weiterer Faktoren auf der anderen Seite ein systematischer Zusammenhang besteht.

Meister, bei denen solche Veränderungen eine wichtige Rolle spielen, sind in signifikant höherem Maße als andere zugleich mit generell veränderten Anforderungen durch neue Leitbilder und Führungsgrundsätze und mit einer veränderten Aufgabenstellung konfrontiert. Der Strukturwandel, so kann gefolgert werden, ist zumeist unmittelbar ergänzt durch normative Konzepte, die auf einen Wandel der Arbeitsorientierungen, der Aufgabenwahrnehmung und des Führungsverhaltens von Meistern zielen und resultiert vielfach unmittelbar in einem Wandel der Aufgabenstellung. Gleichzeitig korrelieren die unternehmens- und arbeitsorganisatorischen Veränderungen und die sie begleitenden normativen Konzepte auch mit veränderten Einstellungen und Erwartungen der Mitarbeiter. Sie befördern bzw. reagieren also auf einen Wandel "von unten", der die Meister ebenfalls vor neue Anforderungen stellt. Schließlich zeigt sich am Antwortverhalten der Meister, daß organisatorische Innovationen offenkundig wichtige Bestandteile betrieblicher Rationalisierungsstrategien sind, um veränderten Marktbedingungen zu begegnen. Deutlich häufiger als andere geben die von solchen Innovationen betroffenen Befragten zugleich veränderte Wettbewerbsbedingungen und Kundenanforderungen bzw. die Geschäfts- und Standortpolitik des Unternehmens als eine anforderungsverändernde Ursache an.

Veränderte Wettbewerbsbedingungen und Erwartungen der Mitarbeiter, neue Leitbilder und eine veränderte Aufgabenstellung stellen letztlich für einen erheblichen Teil der Meister ein Bündel von Ursachen dar, das mit arbeits- und unternehmensorganisatorischen Veränderungen eng verwoben ist. Andere Faktoren wie technologische oder Veränderungen der rechtlichen Rahmenbedingungen stehen hierzu nicht in einem direktem Zusammenhang. Dies gilt im übrigen auch für den Fall eines Positionswechsels. Dennoch spielen wie schon erwähnt gerade auch bei denjenigen, die veränderte Anforderungen auf einen Wechsel der Position zurückführen, organisatorische Veränderungen eine sehr große Rolle. Diejenigen z.B., die in einem Positionswechsel eine wichtige Ursache von veränderten Anforderungen sehen, geben zu 70% an, diesen im Rahmen organisatorischer Veränderungen vollzogen zu haben. Von den Meistern, die einen Positionswechsel nicht als Ursache kennzeichnen, sagen dies lediglich etwas mehr als fünf Prozent. Dies unterstreicht nochmals das besondere Gewicht des Organisationswandels.

Bedeutsamer noch als die bereits erwähnten Zusammenhänge ist der Umstand, daß in der betrieblichen Praxis arbeits- und unternehmensorganisatorische Veränderun-

---

235 Gegenüber den genannten Einflußfaktoren spielen andere offenkundig nur eine sehr untergeordnete Rolle, denn nur ein kleiner Teil der Befragten gab "sonstige" Ursachen zu Protokoll. Da wir uns im weiteren vor allem auf den Einfluß des organisatorischen Strukturwandels zu konzentrieren haben, kann den anderen Faktoren keine hinreichende Aufmerksamkeit geschenkt werden.

gen offensichtlich sehr stark miteinander verwoben sind. Ein großer Teil der befragten Meister führt jedenfalls die Veränderungen der letzten Jahre auf die Einführung von Formen der Gruppen- oder Teamarbeit *und* auf übergreifende Veränderungen der Funktionalorganisation bzw. der Abteilungsstrukturen und eine Abflachung der Hierarchie zurück. Dies deutet auf einen relativ umfassenden Restrukturierungsprozeß in vielen Unternehmen hin, bei dem neue Arbeitsstrukturen auf der operativen Ebene eingelassen sind in die Bildung neuer Subeinheiten der Organisation (Centerorganisation, segmentierte Organisation etc.).

Annähernd die Hälfte (49,1%) der Befragten geben beides als eine voll zutreffende Ursache der Anforderungsveränderung an und weitere 16,1% der Meister meinen, daß einer der beiden Faktoren voll und der andere teilweise zutreffend sei, während nur 14,3% aller Meister lediglich einem der beiden Faktoren eine Rolle beimißt. Lediglich 23,9% der Meister messen unternehmens- bzw. arbeitsorganisatorischen Innovationen keine bzw. allenfalls teilweise Bedeutung zu.[236]

Angesichts dieses engen Zusammenhangs ist es wenig fruchtbar, im weiteren zwischen dem Einfluß arbeits- und unternehmensorganisatorischer Veränderungen zu differenzieren. Für die weitere Analyse unterscheiden wir daher grob typisierend zwischen zwei Gruppen von Meistern. Die eine Gruppe umfaßt diejenigen Meister, die bei der Frage nach den Ursachen der Anforderungsveränderung arbeits- *und* unternehmensorganisatorische Veränderungen oder zumindest eines von beiden als voll zutreffend angeben. Die andere Gruppe bilden jene Meister, die veränderte Anforderungen allenfalls teilweise oder gar nicht auf eine organisatorische Veränderung zurückführen. Der ersten Gruppe, bei der ein vergleichsweise stärkerer Einfluß organisationsstruktureller Veränderungen unterstellt wird, lassen sich etwas mehr als drei Viertel der befragten Meister zuordnen. Lediglich 23,9% der Meister schreiben dagegen dem Organisationswandel eine geringere bzw. keine Bedeutung zu.[237] Wir werden im folgenden von einem "stärker" und einem "geringer" oder "schwach" ausgeprägten Organisationswandel sprechen, um hierüber die beiden Meistergruppen zu unterscheiden.

Wie aus den bisher präsentierten Daten sehr deutlich hervorgeht, messen die Meister organisatorischen Neuerungen unterschiedlicher Art einen erheblichen Einfluß auf die Entwicklung ihrer beruflichen Anforderungen zu. Damit stehen sie nicht allein; auch für Führungskräfte anderer Hierarchieebenen waren und sind sie bedeutsam. Dennoch stellen die Meister eine der Führungskräftegruppen in der Industrie dar, die am stärksten von Reorganisationsprozessen betroffen sind.

---

236 Betrachten wir zu Kontrollzwecken die Meistergruppe, die die Frage nach einem Positionswechsel verneint: 48,7% dieser Meister geben beides als voll zutreffend, 15% eines von beiden als voll, das andere als teilweise zutreffend an. Bei knapp 10% trifft nur eines von beidem zu und nur 26,5% messen organisatorischen Veränderungen eine geringe bzw. keine Relevanz bei. Wir finden hier also eine nahezu identische Verteilung vor.

237 In unserer Kontrollgruppe (Meister ohne Positionswechsel) differieren diese Werte nur um etwa drei Prozent.

Tabelle 6.15
Von einem starken Organisationswandel betroffene Führungskräfte - Anteile in % der jeweiligen Managementebene

Hierarchieebene	Betroffenheit von starkem Organisationswandel
Geschäftsführer	50,0
Oberes Management	65,1
Mittleres Management	64,4
Meister	76,1

Im mittleren und oberen Management und unter den Geschäftsführern sind die Anteile derer, die organisatorischen Veränderungen starkes Gewicht beimessen, deutlich niedriger (vgl. Tabelle 6.15). Die Vorgesetzten der Meister aber, die mittleren Manager der Produktions- und indirekten Produktionsbereiche, befinden sich faktisch in der gleichen Lage wie ihre Untergebenen: Von ihnen sind drei Viertel vergleichsweise stark von einem Organisationswandel betroffen, während dies nur für 64,4% aller mittleren Manager zutrifft.[238] Daraus läßt sich ersehen, daß die Produktions- und die produktionsnahen indirekten Bereiche die Zentren der Reorganisation in den Industrieunternehmen sind.[239] In diesen Bereichen werden offensichtlich durchgängiger und stärker als in anderen die Arbeits- und die Führungsstrukturen einer Veränderung unterzogen.

In besonderer Weise gilt dies für bestimmte Branchen und Unternehmenstypen. So sind es vor allen Dingen die Meister der Großbetriebe, die zu einem sehr hohen Prozentsatz von einem relativ starken Organisationswandel berichten (vgl. Tabelle 6.16). Fast 90% der befragten Meister aus Betrieben mit mehr als 2000 Beschäftigten sind dieser Gruppe zuzuordnen. In Unternehmen mit unter 500 Beschäftigten stellt dagegen die Meistergruppe, die organisatorischen Veränderungen nur eine geringere Bedeutung beimißt, eine knappe Mehrheit. Ähnliche Unterschiede finden sich auch bei einem Branchenvergleich (vgl. Tabelle 6.17). Während etwa neun von zehn der befragten Meister aus Automobilunternehmen von einem stärkeren Organisationswandel betroffen sind, und auch von den Chemiemeistern überdurchschnittlich viele (78,1%) dieser Meistergruppe zuzurechnen sind, liegen die entsprechen-

---

238 Während 44,4% der mittleren Produktionsmanager arbeitsorganisatorische Veränderungen als voll zutreffende Ursache veränderter Anforderungen angeben, tun dies nur 27,7% der mittleren Manager anderer Funktionsbereiche. Ähnlich deutlich ist der Unterschied in der Frage unternehmensorganisatorischer Innovationen. Es zeigt sich, daß zwischen den mittleren Produktionsmanagern und den Meistern lediglich in der Frage neuer Arbeitsstrukturen größere Unterschiede bestehen.

239 Von den befragten Führungskräften sind diejenigen, die aus der Produktion und den produktionsnahen indirekten Bereichen stammen, zu drei Vierteln einem stärkeren Organisationswandel ausgesetzt. In anderen Funktionsbereichen gilt dies nur für etwa zwei Drittel der Befragten.

Tabelle 6.16
Anteile der Befragten mit stark ausgeprägtem Organisationswandel in unterschiedlichen Unternehmensgrößenklassen

Unternehmensgröße	Anteil (in %) der von einem starken Organisationswandel Betroffenen unter	
	Meistern	allen Führungskräften
bis 499 Beschäftigte	48,8	53,6
500 - 999	57,1	59,3
1000 - 1999	75,7	62,6
2000 u. mehr	87,4	78,6
Befragte (N)	219	949

Tabelle 6.17
Anteile der Befragten mit stark ausgeprägtem Organisationswandel in unterschiedlichen Branchen

Branche	Anteil (%) der von einem starken Organisationswandel Betroffenen unter	
	Meistern	allen Führungskräften
Straßenfahrzeugbau	89,3	86,9
Chemische Industrie	78,1	69,2
Elektroindustrie	68,8	65,6
Maschinenbau	60,7	60,1
sonstige Metallindustrie	61,5	59,5
sonstige Industrie	37,5	47,8
Befragte (N)	230	956

den Anteile etwa im Maschinenbau (60,1%) deutlich niedriger. In Branchen, die nicht der metallverarbeitenden Industrie zugehören, ist die Gruppe der Meister, bei denen ein stärkerer Einfluß organisatorischer Veränderungen unterstellt werden kann, sogar deutlich in der Minderheit.

Zu vergleichbaren Ergebnissen kommt man auch, wenn zusätzlich zu den Meistern die anderen befragten Führungskräfte in die Betrachtung einbezogen werden (vgl. Tabelle 6.16 und 6.17). Die Zentren eines strukturinnovativen Organisationswandels sind, so kann daraus geschlossen werden, vor allem die Großbetriebe solcher Branchen, in denen Massen- und Prozeßfertigung traditionell dominieren. Die Indizien für einen reflexiven Rationalisierungsprozeß sind also gerade dort sehr stark, wo die Leitmaximen tayloristisch-fordistischer Rationalisierung in der Vergangenheit besonders wirksam waren.

Stoßrichtung und Konsequenzen des Organisationswandels

Wie wir gezeigt haben, war in den vergangenen Jahren ein Großteil der befragten Meister von Prozessen organisatorischer Rationalisierung betroffen. Diese haben auf spezifische Weise zu Veränderungen ihrer Arbeitssituation beigetragen. Auf die wichtigsten Entwicklungstendenzen, die mit den arbeits- und unternehmensorganisatorischen Veränderungen verbunden sind, gehen wir im folgenden ein:

(1) Der Organisationswandel führt in den meisten Fällen zu einer Neuverteilung von Kompetenzen und Verantwortung zwischen der Meisterebene und den ausführend Beschäftigten. Die Handlungsspielräume der den Meistern unterstellten Mitarbeiter werden erweitert und deren Eigenverantwortung gestärkt.

Damit sind zwar nicht nur diejenigen Meister konfrontiert, bei denen organisatorische Veränderungen eine stärkere Rolle spielten. Auch für Meister, die keinem bzw. einem geringer ausgeprägten Organisationswandel ausgesetzt waren, ist dies bedeutsam, was unter anderem darauf zurückzuführen ist, daß auch in solchen Fällen neue Leitbilder und Führungsgrundsätze zum Tragen kommen, die ein neues Verhältnis zwischen Vorgesetzten und Mitarbeitern propagieren. Dennoch ist gerade in den Fällen, wo Reorganisationsprozesse stärkeres Gewicht erlangt haben, der Druck zur Dezentralisierung von Befugnissen und Verantwortung auf die Mitarbeiterebene wesentlich ausgeprägter. So meinen Meister dieser Konstellation zu 84,2%, die Anforderung bzw. Notwendigkeit, den unterstellten Mitarbeitern mehr Entscheidungsbefugnisse und Verantwortung zu übertragen, sei in den letzten drei Jahren größer geworden. In der Vergleichsgruppe, also bei den Meistern, die organisatorischen Veränderungen einen geringeren Stellenwert zuschreiben, liegt dieser Anteil um über zwanzig Prozent niedriger (vgl. Tabelle 6.18).[240]

---

240 Unter den Meistern ohne Positionswechsel sind die Unterschiede noch krasser. 84% derjenigen, die hier von einem starken Organisationswandel berührt sind, sehen größere Delegati-

Tabelle 6.18
Delegation von Entscheidungsbefugnissen und Verantwortung unter dem Einfluß organisatorischer Veränderungen - Angaben in %

"Die Anforderung bzw. Notwendigkeit, den Mitarbeitern mehr Entscheidungsbefugnisse und Verantwortung zu übertragen", ist in den letzten 3 Jahren ...	Meister nach Art des Organisationswandels	
	stark	schwach
größer geworden	84,2	62,3
gleich geblieben bzw. geringer geworden	15,8	37,7
Gesamt	100,0	100,0

Dabei sieht sich die Meistergruppe des Typs "stärkerer Organisationswandel" zugleich merklich häufiger gefordert, dafür zu sorgen, daß die Mitarbeiter bzw. Arbeitsgruppen lernen, ihre Aufgaben weitgehend in "Eigenregie" zu erledigen. Etwas weniger als zwei Drittel (62,1%) dieser Meister halten das für eine voll zutreffende Anforderung, die Meister des Typs "geringerer Organisationswandel" dagegen nur knapp zur Hälfte (49,1%). Förderung der "Eigenregie" der Mitarbeiter: Mit dieser Anforderung sind bei näherer Betrachtung vor allem die Meister konfrontiert, für die in den letzten Jahren die Einführung neuer Formen der Arbeitsorganisation wie Gruppenarbeit oder andere partizipationsorientierte Arbeitsformen einen wichtigen Einfluß auf ihre Arbeitssituation hatte.[241] Über zwei Drittel derer, die neue Arbeitsformen wie Gruppenarbeit als wichtige Ursache veränderter beruflicher Anforderungen benennen, sehen sich auch gehalten, die Selbststeuerungsfähigkeiten der Mitarbeiter bzw. Gruppen zu fördern. Von den Meistern, für die solche neuen Organisationsformen bislang keine Bedeutung hatten, sieht darin nicht einmal ein Drittel eine wichtige, d.h. für sie voll zutreffende Anforderung (vgl. Tabelle 6.19).

Insgesamt gesehen deuten diese Befunde darauf hin, daß mit den organisationsstrukturellen Veränderungen der letzten Jahre eine Aufwertung der unmittelbaren Pro-

onserfordernisse als früher. Bei schwachem Organisationswandel liegt der Anteil um mehr als 30% niedriger.

241 Auch an einer anderen Frage läßt sich die Bedeutung arbeitsorganisatorischer Veränderungen ablesen. So meinen rund 61% der befragten Meister, daß für sie die Einführung von Gruppenarbeit ein wichtiges Weiterbildungsthema sei. Unter den Meistern vom Typ "stärkerer Organisationswandel" liegt der entsprechende Wert bei 64,1%. Die Meister des Typs "geringerer Organisationswandel" hingegen sehen darin nur zu 52,1% ein wichtiges Thema.

duktionsarbeit und, damit zusammenhängend, eine Verlagerung von Kompetenzen und Verantwortlichkeiten "nach unten", von den Meistern hin zu den unterstellten Mitarbeitern, verbunden waren. Tendenzen in Richtung einer größeren Autonomie und Selbstorganisation der Produktionsarbeit[242] - wie begrenzt sie in vielen Fällen auch sein mögen - sind der Befragung zufolge in vielen Unternehmen von Bedeutung und haben Einfluß auf die Entwicklung der Rolle des Meisters.

Tabelle 6.19
Neue Formen der Arbeitsorganisation und größere Eigenständigkeit auf Mitarbeiterebene als Anforderung an die Meister - Angaben in %

"Ich muß dafür sorgen, daß Mitarbeiter bzw. Arbeitsgruppen lernen, Aufgaben weitgehend in Eigenregie zu erledigen"	veränderte berufliche Anforderungen sind zurückzuführen auf "arbeitsorganisatorische Veränderungen wie z.B. Gruppenarbeit, Teambildung"		
	trifft zu	trifft teilweise zu	trifft nicht zu
trifft voll zu	68,0	57,1	31,6
trifft teilweise zu	28,2	34,0	57,9
trifft nicht zu	3,8	8,9	10,5
Gesamt	100,0	100,0	100,0

(2) Die genannte Entwicklung hat aber nicht einem radikalen Bedeutungsverlust bzw. einer Aushöhlung der betrieblichen Funktion des unteren Vorgesetzten Vorschub geleistet. Gemessen an der Entwicklung des Aufgabenspektrums, des Verantwortungsumfangs und der Entscheidungsspielräume gehören die Meister in ihrer überwältigenden Mehrheit nicht zu den "Verlierern" des bisherigen Organisationswandels - was allerdings einen gegebenenfalls erheblichen Abbau von Meisterstellen nicht ausschließt. Das bemerkenswerte Resultat der Befragung ist vielmehr, daß eine Aufwertung der Produktionsarbeit und eine "Anreicherung" des Aufgaben- und Kompetenzprofils des Meisters nicht in Widerspruch zueinander stehen, sondern im Prozeß organisatorischer Rationalisierung in relevantem Umfang Hand in Hand gehen. Mehr Autonomie für die Produktionsarbeit *und* die Meister: Dies ist eine der bedeutsamsten Tendenzen, die aus der Befragung abgeleitet werden kann. So unter-

---

242 Damit sind aber unmittelbar auch höhere Leistungsanforderungen verbunden. Die Diagnose von Kern/Schumann (1984, 99) ist mehr denn je gültig: Die Produktionsarbeit wird autonomer und verdichteter zugleich.

schiedlich die im Hintergrund stehenden Reorganisationsprozesse in Form, Ausmaß und Tiefgang sein mögen: Es deutet einiges darauf hin, daß in den Unternehmen ein organisatorischer Strukturwandel vorherrscht, in dem Elemente des Selbstorganisations- und des Intrapreneurmodells gleichermaßen zum Tragen kommen. Dabei steht bislang weniger eine Demontage bzw. grundsätzliche Infragestellung des Meisters als unterem Vorgesetzten, sondern viel eher ein komplexer Umbau und eine Stärkung seiner betrieblichen Rolle zur Debatte. Dafür lassen sich eine Reihe von Indizien anführen.

Zunächst ist nochmals in Erinnerung zu rufen, daß die Einführung neuer Arbeitsformen auf der operativen Ebene nur ein Element des in den Unternehmen der Befragten sich vollziehenden Organisationswandels darstellt. So nennen 85,8% der Meister, die unter einem stärkeren Einfluß organisatorischer Veränderungen stehen, arbeits- *und* unternehmensorganisatorische Veränderungen als Ursache veränderter beruflicher Anforderungen. Fast zwei Drittel von ihnen geben sogar beides als gleichermaßen wichtige (d.h. voll zutreffende) Einflußfaktoren an. In vielen Unternehmen kommen also zugleich Veränderungen der übergeordneten Organisationsstrukturen - etwa in Form des Abbaus von Führungsebenen oder des Aufbaus einer segmentierten oder einer (Cost-/Profit-) Centerorganisation - zum Tragen. Damit geht vielfach eine Neuverteilung von Zuständigkeiten, Verantwortung und Kompetenzen innerhalb der Führungsorganisation und eine Aufwertung der (verbleibenden) Führungspositionen in den neuen Organisationseinheiten einher.

Hierfür spricht erstens, daß nicht nur die Meister, sondern auch ein erheblicher Teil des oberen und mittleren Managements darauf verweist, Entscheidungsbefugnisse und Verantwortung müßten mehr als früher auf die unterstellten Mitarbeiter - und das sind in diesem Fall zumeist die direkt unterstellten Führungskräfte - übertragen werden, die ihre Aufgaben zudem weitgehend eigenständig erledigen sollen. Hiervon berichten wiederum - ähnlich wie bei den Meistern - vor allem diejenigen Führungskräfte, die in relevanter Weise von organisatorischen Veränderungen betroffen sind. Dezentralisierungstendenzen innerhalb der Führungsorganisationen sind also weit verbreitet und sie sind integraler Bestandteil organisatorischer Rationalisierung (vgl. Tabelle 6.20 und 6.21).[243] Die Verantwortung und die Freiräume auf nachgeordneten Führungsebenen werden tendenziell erweitert und hiervon ist auch die Meisterebene nicht ausgenommen. Die von organisatorischen Veränderungen betroffenen mittleren Manager aus den Produktions- und indirekten Produktionsbereichen berichten jedenfalls deutlich häufiger als die des Typs "geringer ausgeprägter Organisationswandel" und auch häufiger als die mittleren Manager anderer Funkti-

---

243 Sei es, daß eine größere Autonomie auf allen verbleibenden Führungsebenen angestrebt wird oder daß der durch betriebliche Reorganisationskonzepte favorisierte Aufgaben- und Verantwortungszuwachs die jeweiligen Führungskräfte mehr oder weniger selbst dazu zwingt, Verantwortung nach unten abzugeben.

onsbereiche von einem größeren Druck zur Verantwortungs- und Kompetenzdelegation und sie sehen sich auch vergleichsweise stark gefordert, ihre Mitarbeiter selbständig arbeiten zu lassen (vgl. Tabelle 6.20 und 6.21). Angesichts dessen ist es plausibel anzunehmen, daß im Fall der Meister der Übertragung von Verantwortung und Kompetenzen auf die Mitarbeiter tendenziell ein Zugewinn an Verantwortung und Kompetenzen "von oben" gegenübersteht.

Für die Tendenz einer Stärkung der Managementfunktionen im Zuge organisatorischer Veränderungen spricht zweitens, daß die Führungskräfte des Typs "stärkerer Organisationswandel" zumeist wesentlich häufiger angeben, der "unternehmerische Zuschnitt" der Führungsaufgabe sei in den vergangenen drei Jahren größer geworden, als dies die Führungskräfte des Typs "geringerer Organisationswandel" tun. Wie der Tabelle 6.22 zu entnehmen ist, sind in dieser Frage die Unterschiede auf der Meisterebene nicht sonderlich ausgeprägt.[244]

Tabelle 6.20
Stärkere Delegation von Verantwortung und Kompetenzen nach Typen organisatorischer Veränderung und Hierarchieebene - Angaben in % der jeweiligen Gruppe

"Die Anforderung bzw. Notwendigkeit, den Mitarbeitern mehr Entscheidungsbefugnisse und Verantwortung zu übertragen", ist in den letzten drei Jahren größer geworden		
Hierarchieebene	**Jeweiliger Anteil der Zustimmung (in %) nach Art des Organisationswandels**	
	stark	**schwach**
Geschäftsführer	85,7	57,1
Oberes Management	81,4	67,2
Mittleres Management der Produktions- u. indirekten Produktionsbereiche	81,3	61,9
Mittleres Management anderer Funktionsbereiche	69,6	56,7
Meister	84,2	62,3

244 Unter den Meistern, die definitiv keine Positionswechsler sind, betragen die in die gleiche Richtung gehenden Unterschiede immerhin etwas mehr als sieben Prozent. Die Tendenz zu einem stärker unternehmerischen Aufgabenzuschnitt kann demnach nicht in erster Linie durch "Aufsteiger" verursacht sein.

Tabelle 6.21
Arbeitsautonomie der Mitarbeiter nach Typen organisatorischer Veränderung und Hierarchieebene - Angaben in % der jeweiligen Gruppe

"Ich muß dafür sorgen, daß Mitarbeiter bzw. Arbeitsgruppen lernen, Aufgaben weitgehend in Eigenregie zu erledigen"		
Hierarchieebene	**Jeweiliger Anteil (%) derjenigen, die dem *voll zustimmen* nach Art des Organisationswandels**	
	stark	**schwach**
Geschäftsführer	71,4	52,4
Oberes Management	64,9	49,2
Mittleres Management der Produktions- u. indirekten Produktionsbereiche	65,6	42,9
Mittleres Management anderer Funktionsbereiche	48,0	38,1
Meister	62,1	49,1

Tabelle 6.22
Größerer unternehmerischer Zuschnitt der Führungsaufgabe nach Typen organisatorischer Veränderung und Hierarchieebene - Angaben in Prozent der jeweiligen Gruppe

"Der unternehmerische Zuschnitt meiner Führungsaufgabe" ist in den letzten drei Jahren größer geworden		
Hierarchieebene	**Jeweiliger Anteil der Zustimmung (in %) nach Art des Organisationswandels**	
	stark	**schwach**
Geschäftsführer	71,4	42,9
Oberes Management	74,3	60,7
Mittleres Management	56,8	41,2
Meister	63,3	58,5

Dieses Bild ändert sich jedoch, wenn man nur jene Meister heranzieht, für die arbeits- und betriebsorganisatorische Veränderungen gleichermaßen wichtige, d.h. voll zutreffende Einflußfaktoren sind. Von diesen meinen knapp drei Viertel, der unternehmerische Zuschnitt ihrer Führungsaufgabe sei größer geworden.[245]

Die Vorgesetzten der verschiedenen Ebenen verbinden mit dem Begriff "unternehmerischer Zuschnitt der Führungsaufgabe" sicherlich unterschiedliches. Im unteren Management dürfte damit kaum die verantwortliche Leitung eines "eigenen Geschäftes" verbunden sein, sondern eher die Notwendigkeit, sich im eigenen Arbeitshandeln stärker an den gegebenen Wettbewerbsbedingungen, am Wertschöpfungsbeitrag des eigenen Verantwortungsbereichs, am Erfolg des "Ganzen" etc. zu orientieren. Nehmen wir die Angaben zum Aufgabenzuschnitt als Indiz für die Richtung, die mit den organisatorischen Veränderungen in einer größeren Zahl von Industrieunternehmen eingeschlagen wird, dann ist, neben dem selbständiger arbeitenden Mitarbeiter auf der operativen Ebene, die im genannten Sinne stärker "unternehmerisch" denkende und handelnde Führungskraft - und zwar auf allen Ebenen - ein wichtiger Fluchtpunkt.

Die Angaben der Führungskräfte unterschiedlicher Ebenen zu Fragen, die die Arbeitsautonomie der unterstellten Mitarbeiter und die Neuverteilung von Verantwortung und Kompetenzen berühren, geben erst einmal nur einen indirekten Hinweis darauf, wie sich das Anforderungsprofil von Managern und im besonderen von Meistern unter dem Einfluß organisatorischer Innovationen entwickelt hat.

Ein präziseres Bild entsteht, wenn man sich unmittelbar der Frage zuwendet, wie sich das Aufgaben-, Verantwortungs- und Kompetenzprofil der Befragten in den letzten drei Jahren verändert hat. Die diesbezüglich bestehenden Unterschiede verleihen der These, wonach mit den organisatorischen Veränderungen primär ein Bedeutungsgewinn von Führungsfunktionen einhergeht, unmittelbare Plausibilität. Wo ein starker Organisationswandel gegeben ist, werden das Aufgabenspektrum, der Umfang der Verantwortung und die Entscheidungsspielräume der Führungskräfte in der überwältigenden Mehrzahl der Fälle nicht verringert, sondern erweitert und dies zudem auffällig häufiger als bei den Befragten, die in geringerem Maß mit Organisationsveränderungen konfrontiert sind. Diese Tendenz ist besonders ausgeprägt bei Führungskräften höherer Ebenen, sie läßt sich aber auch auf der Meisterebene eindeutig nachweisen (vgl. Tabelle 6.23).

---

[245] Gleichzeitig ist allerdings unter den Meistern des Typs "stärkerer Organisationswandel" mit rund sieben Prozent der Anteil derer deutlich höher, für die sich der unternehmerische Zuschnitt der Führungsaufgabe in den letzten Jahren verringert hat. Dem stimmen nur 1,9% der Meister mit "geringerem Organisationswandel" zu. Das ist ein kleiner Hinweis auf die problematische Seite der Dezentralisierungsbewegung.

Tabelle 6.23
Veränderung des Aufgabenspektrums, der Verantwortung und der Entscheidungsspielräume von Meistern nach Typen organisatorischer Veränderung

Anforderungsdimensionen	Art des Organisationswandels	
	stark (in %)	schwach (in %)
Das Aufgabenspektrum ist		
größer geworden	90,2	83,6
gleich geblieben	6,9	12,7
geringer geworden	2,9	3,6
Der Umfang der Verantwortung ist		
größer geworden	83,3	61,8
gleich geblieben	13,8	36,4
geringer geworden	2,9	1,8
Die Entscheidungsspielräume sind		
größer geworden	44,8	30,9
gleich geblieben	45,4	54,5
geringer geworden	9,8	14,5

Auf folgende Punkte ist hier besonders aufmerksam zu machen: Erstens sind die Meister des Typs "starker Organisationswandel" wesentlich stärker von Veränderungen in den genannten Dimensionen betroffen, als die des Typs "schwacher Organisationswandel". Zweitens sind in der erstgenannten Meistergruppe die Anteile derer, die von einer Erweiterung des Aufgabenspektrums, des Verantwortungsumfangs und der Entscheidungsspielräume berichten, bemerkenswert hoch. Bei 90,2% der von einem vergleichsweise starken Organisationswandel betroffenen Meister hat sich das Spektrum der Aufgaben, für die sie zuständig sind, erweitert, bei 83,3% ist der Umfang der Verantwortung gestiegen und immerhin 44,8% verfügen über größere Entscheidungsspielräume als früher. Diese Werte sind drittens deutlich höher als in der Vergleichsgruppe. Viertens schließlich sind unter den "Organisationswandlern" die Anteile derer, die in der Vergangenheit Einschränkungen in einer der genannten Dimensionen hinnehmen mußten sehr niedrig und deren Anteil ist bemerkenswerterweise gerade im Hinblick auf die Entscheidungsspielräume sogar niedriger als in der anderen Meistergruppe.

Die Veränderungsrichtung, die in diesen Zahlen zum Ausdruck kommt ist eindeutig; die Effekte des Organisationswandels treten aber noch klarer zutage, wenn wir auf die Typologie der Anforderungsveränderung zurückgreifen. Wir haben bereits an anderer Stelle deutlich gemacht, daß unter den befragten Meistern die Gruppe der "Gewinner" - also die Meister, bei denen sich in den letzten Jahren sowohl das Aufgaben- und Verantwortungsspektrum als auch die Entscheidungsspielräume vergrößert haben - die mit Abstand größte ist. Dieser Gruppe folgen die Meister des "Dilemma"- und des "Kontinuitäts"-Typs, während die "Verlierer"-Gruppe eine kleine Minderheit darstellt. Angesichts der mit den organisatorischen Veränderungen eng verbundenen Tendenz, Kompetenzen und Verantwortung "nach unten", an die Mitarbeiter, abzugeben, lag nun die Vermutung nahe, daß unter den Meistern mit "starkem Organisationswandel" der Anteil der Anforderungs"gewinner" niedriger und der der "Verlierer" höher sein müßte, als unter den Meistern des Typs "schwacher Organisationswandel". Das genaue Gegenteil aber ist zutreffend (vgl. Schaubild 6.9).

Während von den Meistern mit "starkem Organisationswandel" 44,4% zu den "Gewinnern" zu zählen sind, sind es unter den Meistern des Typs "geringerer Organisationswandel" lediglich 30,6%. Der Organisationswandel geht also in sehr starkem Maße mit einer konsistenten Erweiterung des Handlungsrahmens der Meister einher. Der prozentuale Anteil der Meister des Dilemma-Typs - also derjenigen, deren Entscheidungsspielräume gleich geblieben sind, deren Spektrum an Aufgaben und Verantwortung sich aber vergrößert hat - ist unter den "Organisationswandlern" ebenfalls deutlich größer. Liegt der Anteil hier bei 38,6%, so beträgt er bei den Meistern mit "geringerem Organisationswandel" nur 22,4%. Nimmt man die Meister des "Gewinner"- und des "Dilemma"-Typs zusammen, dann findet sich bei über vier Fünfteln der Meister mit "starkem Organisationswandel" eine Erweiterung des Aufgabenspektrums und des Umfangs der Verantwortung, wohingegen dies nur für etwas mehr als die Hälfte der Meister mit "schwachem Organisationswandel" zutrifft. In dieser Konstellation stellen dagegen die Meister des "Kontinuitäts"-Typs, also diejenigen, bei denen sich bezüglich des Handlungsrahmens am wenigsten verändert hat, die größte Gruppe (34,7%). Unter den Meistern mit ausgeprägtem Organisationswandel ist diese Gruppe nur eine kleine Minderheit (9,8%). Noch kleiner allerdings ist dort die Gruppe der "Verlierer", die mit 7,2% immerhin um fünf Prozent niedriger rangiert als im Fall der Meister des Typs "schwacher Organisationswandel".[246]

---

[246] Gerade in diesem Zusammenhang ist es angebracht, einen Blick auf die Meister zu werfen, die einen Positionswechsel als Ursache veränderter Anforderungen ausgeschlossen haben: Bei starkem Organisationswandel liegt in diesem Fall der Anteil der "Gewinner" bei 32,5%, auf den "Dilemma"-Typus entfallen 42,9% und auf den "Kontinuitäts"-Typ 15,6%. Bei den Meistern, die allenfalls einem schwachen Organisationswandel ausgesetzt sind, entfallen auf die "Gewinner"-Konstellation 20,0%, auf den "Dilemma"-Fall 12,0% und die "Kontinuitäts"-Situation 64,0%. Angesichts dieser Verteilung ist davon auszugehen, daß Positionswechsel allenfalls die Relation zwischen der "Gewinner"- und der "Dilemma"-Konstellation verzerren. Die Differenzen bezüglich der Verlierergruppe lassen sich wegen der geringen Fallzahl kaum

Schaubild 6.9
Organisatorischer Wandel und Typen der Anforderungsveränderung - Verteilungsunterschiede

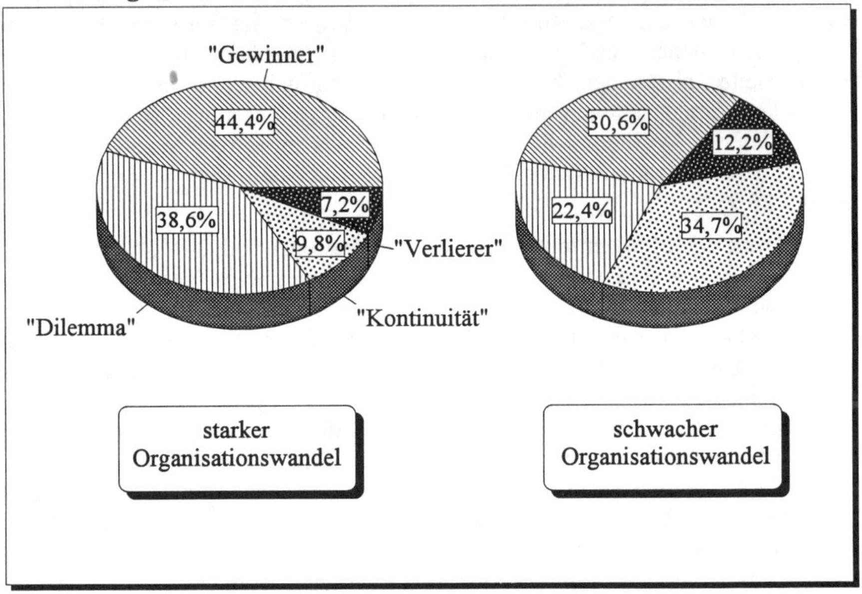

Ein eindeutigerer Beleg dafür, daß - in einem breiteren Kontext - die Meisterposition im Rahmen der Reorganisationsprozesse der letzten Jahre weniger an Gewicht verloren, als vielmehr gewonnen hat, läßt sich kaum finden. Um es noch einmal zu betonen: In welchem Ausmaß im Zuge des organisationsstrukturellen Wandels Meisterstellen oder ganze Meisterebenen abgebaut werden, ist eine offene Frage. Unverkennbar aber ist, daß die verbleibenden Meisterpositionen sich durch einen verbreiterten Aufgabenzuschnitt, durch ein mehr an Verantwortung und in relevantem Maß auch durch eine größere Autonomie als in der Vergangenheit auszeichnen. Wenn die vorgelegten Daten zu einer Trendaussage Anlaß geben, dann zu der, daß der Organisationswandel in vielen Unternehmen zu einer Anreicherung und Aufwertung der Meisterfunktion führt. Ein solcher Trend läßt sich in noch ausgeprägterer Form bei den Führungskräften anderer Ebenen beobachten (vgl. Tabelle 6.24). Insgesamt gesehen untermauert dies die These, daß im gegenwärtigen industriellen Re-

interpretieren. Sie seien hier dennoch dokumentiert: Bei starkem Organisationswandel liegt ihr Anteil bei neun, im anderen Fall bei vier Prozent.

Tabelle 6.24
Verteilung der Anforderungsveränderungstypen nach Hierarchieebene und Art des Organisationswandels

Typ der Anforderungs-veränderung	Hierarchieebene - Anteile in % der jeweiligen Managementgruppe							
	Geschäftsführer		Oberes Management		Mittleres Management der Produktions- u. indirekten Produktionsbereiche		Mittleres Management sonstiger Funktions-bereiche	
	Organisationswandel		Organisationswandel		Organisationswandel		Organisationswandel	
	stark	schwach	stark	schwach	stark	schwach	stark	schwach
Gewinner	55,6	50,0	60,4	44,0	40,4	26,3	56,2	35,2
Dilemma	27,8	25,0	24,0	32,0	31,6	15,8	22,2	24,8
Kontinuität	16,7	18,8	11,5	24,0	15,8	47,4	16,0	37,1
Verlierer	-	6,3	4,2	-	12,3	10,5	5,6	2,9
Gesamt	100,1	100,1	100,1	100,0	100,1	100,0	100,0	100,0

organisationsprozeß neben unterschiedlichen Modellen einer Neugestaltung von Produktionsarbeit und stärkeren Beteiligung der Beschäftigten zugleich der Leitgedanke der Stärkung unterer und mittlerer Führungspositionen (des "Intrapreneurship") einen wichtigen Einfluß auf die Veränderung der Führungsstrukturen und Führungsrollen hat.

Auf höheren Ebenen stellen die "Gewinner" zumeist eine klare Mehrheit. Verglichen mit den Meistern ist demgegenüber bei den "Organisationswandlern" höherer Ebenen der Anteil der Führungskräfte des "Dilemma"- und des "Verlierer"-Typs niedriger und der des "Kontinuitäts"-Typs höher. Im oberen und im mittleren Management stellen aber die "Organisationswandler" anders als im Fall der Meister mehr "Verlierer", als die Vergleichsgruppe der Führungskräfte mit schwach ausgeprägten organisatorischen Veränderungen. Bemerkenswert ist des weiteren, daß die Situation der mittleren Manager aus den Produktions- und indirekten Produktionsbereichen wiederum der der Meister sehr nahe kommt. Unter den Produktionsmanagern mit "starkem Organisationswandel" liegt der Anteil der "Gewinner" deutlich unter dem anderer mittlerer Manager. Bei diesen finden sich sogar prozentual weniger "Gewinner" und mehr "Verlierer" als unter den Meistern mit "starkem Organisationswandel". Auch hier zeigt sich wieder, daß es hinsichtlich der Lage der Meister und der von mittleren Produktionsmanagern einige Parallelen gibt: Beide Gruppen sind stärker als viele andere von organisatorischen Veränderungen betroffen; ihre Handlungsspielräume werden in diesem Zusammenhang weniger häufig erweitert als die von anderen Führungskräften, und sie sind zugleich etwas stärker als andere von einem Kompetenzverlust betroffen. Mit anderen Worten: Je stärker organisatorische Veränderungen ins Gewicht fallen, desto größer ist auch der Anteil der "Verlierer". Der Organisationswandel hat also auch seine Schattenseiten. Darauf wird noch einzugehen sein.

Die besagte Entwicklung findet schließlich auch in anderer Hinsicht ihren Niederschlag. Wie zu sehen war, führt ein erheblicher Teil der Meister die Veränderung der beruflichen Anforderungen auch auf einen Wechsel der Position zurück. Dieser Wechsel erfolgte weit überwiegend im Zuge organisatorischer Veränderungen und beinhaltete für den größten Teil der betroffenen Meister eine Verbesserung ihrer beruflichen Situation.[247] Inwieweit es sich dabei um Positionswechsel im strengen Sinne (erstmalige Übernahme einer Meisterstelle, Aufstieg innerhalb einer mehrstufigen Meisterhierarchie etc.), oder um - von den Meistern als Wechsel bewertete - grundlegende Veränderungen der bisherigen Position handelt, kann jedoch wie gesagt nicht eindeutig geklärt werden.

Immerhin knapp ein Drittel der befragten Meister gibt als zutreffend an, im Zusammenhang mit organisatorischen Veränderungen im Unternehmen die Position gewechselt zu haben.[248] Die

---

247 So meinen wie schon an anderer Stelle erwähnt rund 70% der Meister, für die die Übernahme einer neuen Position eine wichtige Ursache der Anforderungsveränderungen darstellt, daß der Wechsel mit Organisationsveränderungen zusammenhängt. Meister, die Veränderungen der Arbeitssituation zumindest teilweise auf einen Positionswechsel zurückführen, machen zu immerhin knapp zwei Fünfteln organisatorische Veränderungen dafür verantwortlich.

248 Die Frage nach dem Zusammenhang von Positionswechsel und Organisationsveränderungen wurde den Meistern sehr allgemein, ohne einen Bezug zu spezifischen, strukturinnovativen

Meister des Typs "starker Organisationswandel" stellen einen Großteil dieses Drittels der Befragten und sie beurteilen diesen Wechsel weit überwiegend positiv. Diejenigen, die eine "inhaltlich attraktivere Aufgabenstellung", eine "verantwortlichere Position" erhalten haben bzw. einen "beruflichen Fortschritt" zu Protokoll geben, stellen eine klare Mehrheit. Von einem "beruflichen Rückschritt", einem Wechsel in eine "ungeliebte Position" und von "geringeren Entscheidungsspielräumen" sprechen nur wenige. Auffällig ist aber, daß es gerade die von einem starken Organisationswandel betroffenen Meister sind, die negative Konsequenzen hinnehmen mußten (vgl. Tabelle 6.25).

Tabelle 6.25
Meister, die im Zuge organisatorischer Veränderungen die Position wechselten nach Typen des Organisationswandels - Anteile in % der jeweiligen Gruppe

Art des Positionswechsels	**Art des Organisationswandels**	
als zutreffend wird genannt: [1]	**stark**	**schwach**
• "Ich habe ein anderes Aufgabengebiet erhalten, das für mich inhaltlich attraktiver ist"	71,9	62,5
• "Ich habe in eine verantwortlichere Position wechseln können"	62,5	75,0
• "Ich habe einen Fortschritt in meinem beruflichen Werdegang verzeichnen können"	70,9	87,5
• Ich mußte in eine eher ungeliebte Position wechseln"	14,3	12,5
• "Ich habe in eine Position mit geringeren Entscheidungsspielräumen und Einfluß gewechselt"	14,3	-
• "Ich habe einen Rückschritt in meinem beruflichen Werdegang in Kauf nehmen müssen"	16,1	-

Anteil der "Positionswechsler" an allen befragten Meistern: 33,5%; N = 78.

1 Alle Aussagen mußten als zutreffend oder nicht zutreffend bewertet werden. Zusammen mit den nicht aufgeführten "trifft nicht zu"-Werten ergeben die einzelnen Prozentwerte jeweils hundert Prozent; (-): keine Nennung.

(3) Den angeführten Befunden zufolge sind vor allem solche Dezentralisierungsprozesse relevant, die auf eine größere Arbeitsautonomie der operativ Beschäftigten

Formen gestellt. Der Begriff "organisatorische Veränderungen" ist hier also erst einmal anders als bisher zu verstehen, denn er schließt traditionelle, den Prinzipien des Taylorismus verbundene Veränderungen nicht von vorneherein aus. Allerdings gehören 86,5% der Meister, die einen Positionswechsel im Rahmen organisatorischer Veränderungen angeben, zum Typus "starker Organisationswandel". Lediglich für 13,5% dieser Positionswechsler spielen arbeits- und unternehmensorganisatorische Veränderungen, die mit Dezentralisierungstendenzen in Verbindung zu bringen sind, keine bzw. nur eine geringe Rolle. Zwischen beidem besteht also ein eindeutiger und starker Zusammenhang.

und auf eine intrapreneurorientierte Restrukturierung der Führungsorganisation zielen. Wie zu sehen war, erweitern sich in diesem Zusammenhang für einen erheblichen Teil der Meister die Handlungsspielräume und ihnen wachsen neue Aufgaben und ein größeres Maß an Verantwortung zu, während sie zugleich den unterstellten Mitarbeitern größere Freiräume und mehr Eigenverantwortung in der Arbeit zugestehen müssen. Mit dem organisatorischen Strukturwandel geht demnach in der Hauptsache ein komplexer Umbau der betrieblichen Führungsrolle des Meisters einher. Entsprechend hoch ist im Fall der vom Organisationswandel betroffenen Meister der Prozentsatz (82,1%), bei dem die Notwendigkeit gewachsen ist, sich in neue Gebiete einzuarbeiten (vgl. Tabelle 6.26).[249]

Tabelle 6.26
Die Notwendigkeit der Einarbeitung in neue Gebiete nach Typen des Organisationswandels

"Die Notwendigkeit, mich in neue Gebiete einzuarbeiten", ist in den letzten 3 Jahren ...	Meister nach Art des Organisationswandels	
	stark (in %)	schwach (in%)
größer geworden	82,1	66,7
gleich geblieben	16,8	29,6
geringer geworden	1,2	3,7
Gesamt	100,1	100,0

Dies bedeutet nicht, daß wichtige traditionelle Aufgabenfelder grundsätzlich zur Disposition gestellt werden, aber einiges spricht dafür, daß sich Gewichte verlagern, Aufgaben anders definiert und die Meister mit neuen Anforderungen konfrontiert werden.

Den Angaben der Befragten nach zu schließen, ist der Meister zwar als "Fachmann" weiterhin gefragt; auch unter den Bedingungen neuer Arbeits- und Organisationsstrukturen steht seine Fachführungsfunktion außer Zweifel. Die fachlichen Anforderungen, denen sich die befragten Meister gegenübergestellt sehen, sind jedenfalls in den letzten Jahren nicht geringer, sondern zumeist sogar größer geworden, und sie spielen in ihren Augen nach wie vor eine herausragende Rolle.

---

249 Hier spielt ohne Zweifel auch die Bewältigung des Organisationswandels selbst mit hinein.

Zwei Drittel der Meister des Typs "starker Organisationswandel" geben an, daß die fachlichen Anforderungen in den zurückliegenden Jahren größer geworden seien, und rund 30% sehen diesbezüglich keine Veränderungen. Lediglich bei vier Prozent haben sie einen geringeren Stellenwert als früher. Zugleich spielen für rund 61% der Meister dieses Typs die fachlichen Anforderungen, die an die berufliche Ausbildung und Erfahrung anknüpfen, eine große Rolle. Für ein weiteres Drittel dieser Meister trifft dies zumindest teilweise zu, während wiederum nur 6,5% dies für nicht zutreffend halten.

Erkennbar ist allerdings, daß diejenigen Meister, die einem stärkeren Organisationswandel unterliegen, den fachlichen Anforderungen im Durchschnitt etwas weniger Gewicht zumessen als die Meister des Typs "schwacher Organisationswandel". So geben letztere zu fast drei Vierteln (72,7%), die Meister des erstgenannten Typs dagegen nur zu zwei Dritteln an, die fachlichen Anforderungen seien gestiegen. Das spricht dafür, daß bei "starkem Organisationswandel" die fachlichen Aspekte angesichts der Herausforderungen in anderen Feldern etwas in den Hintergrund gerückt sind.

Auf zwei Aspekte ist dabei besonders aufmerksam zu machen: Erstens sind die Meister im Gefolge des Organisationswandels stärker denn je im Feld der Mitarbeiterführung gefordert. Obwohl bzw. gerade weil die Mitarbeiter tendenziell mehr in die Verantwortung eingebunden werden, gewinnen Aufgaben der Personalführung an Gewicht (vgl. Schaubild 6.10). Sowohl die Einführung neuer Arbeitsstrukturen - seien es kontinuierliche Verbesserungsprozesse oder Formen von (teilautonomer) Gruppenarbeit -, als auch das Arbeiten in diesen Strukturen stellt nicht zuletzt angesichts eingeschliffener Denk- und Verhaltensweisen und der Risiken desintegrativ wirkender sozialer Prozesse in den neuen Arbeitsstrukturen, erhebliche und vor allem auch neue Anforderungen an die Meister. Dies betrifft gerade auch deren Führungsverhalten. Wie die Fallstudien zeigen, lassen sich traditionelle Formen der Anweisung und Kontrolle unter den neuen Bedingungen immer weniger halten, denn im Zuge der Delegation von Befugnissen und Verantwortung ziehen sich die Meister zumindest partiell aus der unmittelbaren operativen Leitung des Produktionsgeschehens zurück.[250] Stattdessen sind "Moderationsfähigkeit", "soziale Kompetenz", Führung durch das Setzen von Rahmenbedingungen und Zielen, durch Motivation und Beteiligung gefordert. Für einen solchen Trend spricht insbesondere, daß es gerade die Meister des Typs "starker Organisationswandel" sind, die als Ursache veränderter Anforderungen zugleich auch veränderte Einstellungen und Erwartungen der Mitarbeiter und generell veränderte Anforderungen an Führungskräfte durch

250 Wie die Falluntersuchungen zeigen, werden manche Aspekte der unmittelbaren Arbeitskoordination mehr zur direkten Aufgabe der Beschäftigten. Für die Meister rücken dagegen Aufgaben der Koordination zwischen Produktionsvorfeld und den Arbeitsgruppen, die Beteiligung an übergeordneten Planungsprozessen, und die Definition von Rahmenbedingungen für eine insgesamt autonomere Produktionsarbeit in den Vordergrund.

Schaubild 6.10
Organisatorischer Wandel und Entwicklung der Anforderungen im Bereich der Mitarbeiterführung - Verteilungsunterschiede

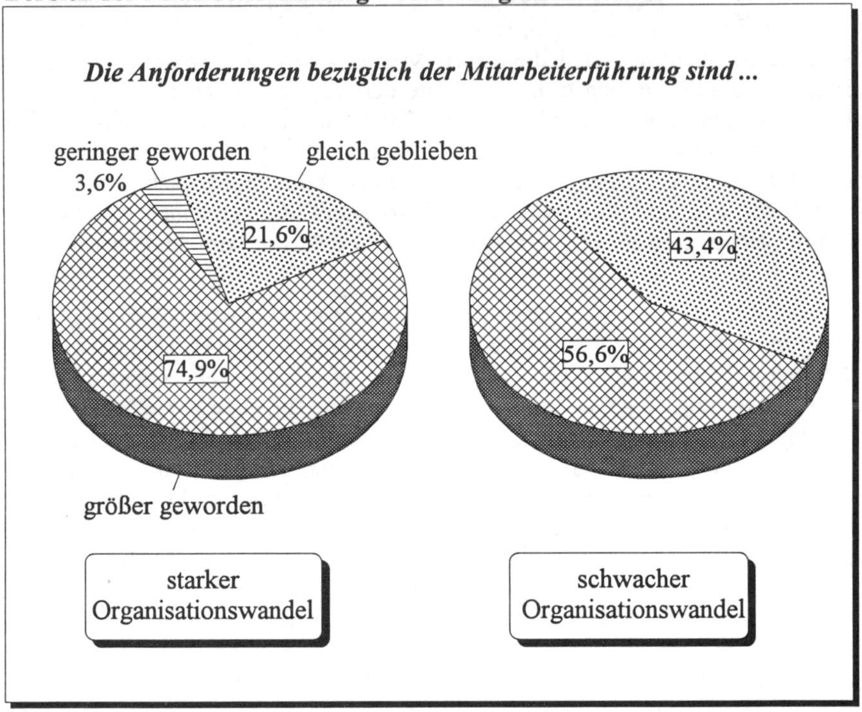

neue Leitbilder oder Führungsgrundsätze anführen.[251] Die normativen Vorgaben neuer Führungskonzepte, die vielfach auf die Bedeutung der "Humanressourcen" und kooperativer Führungsformen abheben, wirken ebenso in diese Richtung, wie

[251] Eine wichtige Rolle spielt auch, daß die Leistungsanforderungen in den letzten Jahren generell gestiegen sind. Die praktische Durchsetzung gestiegener leistungspolitischer Vorgaben macht die Mitarbeiterführung nicht einfacher. Aber dieser Aspekt erklärt nicht die Differenzen zwischen Meistern mit starkem und schwachem Organisationswandel. In beiden Fällen ist die Anforderung, von den Mitarbeitern höhere Leistungen zu verlangen, in den letzten Jahren zu über 80% gestiegen. Nennenswerte Unterschiede zwischen den beiden Gruppen gibt es in dieser Frage nicht und daher müssen andere Aspekte für die starke Differenz in der Frage der Entwicklung der Mitarbeiterführung verantwortlich zeichnen.

die veränderten Erwartungen der Mitarbeiter, auf die solche Konzepte zum Teil reagieren, die anderen Erwartungshaltungen aber auch den Boden bereiten.

Zweitens erhält das Anforderungsprofil der Meister wie erwähnt zugleich "unternehmerischere" Züge. Folgen wir wiederum den Erkenntnissen der qualitativen Befragung, dann bedeutet dies in erster Linie, daß sie sich in ihrem Arbeitshandeln weniger als früher allein an traditionellen Parametern wie Stückzahlen, Terminen und Qualität orientieren können. Sie stehen nicht mehr nur in erster Linie hinsichtlich der technisch-organisatorischen und der personalpolitischen, sondern unmittelbarer als bisher auch bezüglich der betriebswirtschaftlichen Seite ihres Zuständigkeitsbereichs in der Verantwortung und müssen selbst z.B. für Verbesserungen der Kostensituation und der Produktivität (z.B. im Rahmen ihrer Verantwortung für kontinuierliche Verbesserungsprozesse) sorgen. Die Erwartungen sind gestiegen, daß auch die unteren Ränge der Führungsorganisation sich in ihrem Arbeitshandeln direkter an den ökonomischen Zielsetzungen des Unternehmens und den funktionsübergreifenden Prozeßzusammenhängen orientieren. Die quantitative Befragung liefert diesbezüglich zumindest ansatzweise ein Indiz. Abgesehen davon, daß die Meister des Typs "starker Organisationswandel" zu einem erheblichen Teil von einem größeren "unternehmerischen" Zuschnitt der Führungsaufgabe berichten, sprechen rund zwei Drittel von ihnen von einem gestiegenen Druck, die "Ergebnisse der eigenen Arbeit unmittelbar mit Wettbewerbern zu vergleichen bzw. am Erfolg beim Kunden zu messen". Bei den Meistern des Typs "schwacher Organisationswandel" liegt dieser Wert um fast sieben Prozent niedriger. Hierin kommt sicherlich auch unabhängig von der Frage organisatorischer Veränderungen die insgesamt schwierigere Wettbewerbssituation vieler Unternehmen zum Ausdruck, der die Vorgesetzten in ihrem Verantwortungsbereich Rechnung tragen müssen. Dennoch stehen die Meister unter der Bedingung eines stärkeren Organisationswandels direkter in der Verantwortung, für einen angemessenen Beitrag der eigenen Abteilung zum wirtschaftlichen Erfolg zu sorgen, als die anderen Meister. Zumindest spüren sie diesbezüglich einen größeren Erfolgs- bzw. Rechtfertigungsdruck: In signifikant höherem Maße als bei den Meistern der Vergleichsgruppe ist für sie die Notwendigkeit gewachsen, die "Bedeutung der (Dienst-) Leistungen, die der eigene Verantwortungsbereich für andere Bereiche erbringt, zu erklären und zu rechtfertigen" (vgl. Tabelle 6.27).

Was sich darin zugleich ausdrückt ist, daß die Aufgabenstellung nicht nur inhaltlich anspruchsvoller, sondern auch schwieriger geworden ist. Gerade die Situation der von organisatorischer Rationalisierung betroffenen Meister ist dadurch charakterisiert, daß die Vermittlung verschiedenster Anforderungen und Erwartungen, die an sie gerichtet werden, zu einem zunehmend schwierigeren Balanceakt gerät. In dieser Hinsicht stellen die Veränderungen der betrieblichen Rolle eine nicht zu unterschätzende Herausforderung für die Betroffenen dar.

Für rund 60% der einem "stärkeren Organisationswandel" ausgesetzten Meister ist es in den letzten Jahren schwieriger geworden, den "verschiedensten, sich zum Teil widersprechenden Anforderungen gerecht zu werden" und 85% von ihnen meinen insbesondere, die Vermittlung zwischen den Erwartungen der Mitarbeiter und den Vorgaben des Unternehmens sei schwieriger geworden. Wo organisatorische Veränderungen keine große Rolle spielten, haben sich Schwierigkeiten dieser Art dagegen deutlich weniger häufig verschärft, wenngleich sie auch hier von erheblicher Relevanz sind (vgl. Tabelle 6.27).

Diese Komplexitätssteigerung geht nicht allein auf das Konto veränderter Wettbewerbsbedingungen und der durch den organisatorischen Wandel verursachten Verwerfungen in den Unternehmen. Sie ist auch der Preis für den Zuwachs an Aufgaben und Verantwortung in einem Umfeld, in dem sich gleichzeitig die Erwartungen seitens der Unternehmensleitungen und der Mitarbeiter darüber verändern, wie Vorgesetzte ihren Aufgaben nachkommen sollen.

Tabelle 6.27
Das Problem des Ausgleichs unterschiedlicher Anforderungen nach Typen des Organisationswandels

Anforderungsentwicklung	**Anteil der Zustimmung unter den Meistern nach Art des Organisationswandels**	
***Größer geworden ist* in den letzten 3 Jahren ...**	**stark (in %)**	**schwach (in%)**
• "die Notwendigkeit, die Bedeutung der (Dienst-) Leistungen, die mein Verantwortungsbereich für andere Bereiche erbringt, zu erklären bzw. zu rechtfertigen"	65,2	30,2
• "das Problem, verschiedensten, sich zum Teil widersprechenden Anforderungen gerecht zu werden"	59,9	45,8
• "die Schwierigkeit, die Erwartungen der Mitarbeiter und die Vorgaben des Unternehmens in Einklang zu bringen"	85,5	64,2

Weitere Hinweise auf eine größere Verantwortung für die wirtschaftlichen Aspekte der zu leitenden Arbeitsprozesse scheint man auf den ersten Blick auch dann zu erhalten, wenn man sich die Anforderungsmuster der vier Veränderungstypen in Erinnerung ruft, die im vorigen Kapitel skizziert wurden. Die Meister des Typs "Kompetenzgewinn" und auch die der "Dilemma"-Gruppe weisen wie gezeigt ein intrapreneurhafteres Anforderungsprofil auf, als die Meister der beiden anderen Gruppen. Da sie über 80% der Meister mit ausgeprägtem Organisationswandel, aber nur etwas mehr als die Hälfte der Vergleichsgruppe ausmachen, ist unmittelbar einsichtig, daß erstere stärker mit "Intrapreneur"anforderungen konfrontiert sind: Sie sehen sich im Durchschnitt mehr als die Meister des Typs "schwacher Organisationswandel" gehalten, Dienstleistungen gegenüber unternehmensinternen oder -externen "Kunden" zu "verkaufen", und in "wirtschaftlichen Kennziffern" (Umsatz, Ergebnis, Kosten) ausdrückbare Anforderungen haben ebenso eine etwas größere Bedeutung wie die Notwendigkeit, sich unmittelbar an der Konkurrenz bzw. an den Kunden zu orientieren. Wo ein "starker Organisationswandel" vorliegt, müssen die Meister vor allem wesentlich häufiger verschiedenste Zielsetzungen wie Mengen-, Kosten-, Termin-, Qualitäts- und Produktivitätsziele im Blick haben und eigenständig gewichten. Bei den Meistern, die einem schwächeren Organisationswandel unterliegen, haben demgegenüber - eingedenk des in diesem Fall starken Gewichts der "Kontinuitäts"-Konstellation - professionelle Anforderungen eine größere Relevanz.

Die Aussagekraft dieses Vergleichs ist allerdings sehr begrenzt, denn die beruflichen Anforderungsprofile sind hinsichtlich des Einflusses organisatorischer Veränderungen - anders als die Angaben zu den *Veränderungen* der Arbeitssituation - zumeist nur bedingt interpretierbar. Zwar schlagen sich in ihnen zweifellos die von den Meistern dokumentierten Veränderungen der zurückliegenden Jahre nieder, aber sie sind zugleich immer auch beeinflußt von den bisherigen betrieblichen Traditionen der Ausgestaltung der Meisterfunktion.[252] Auf letztere beziehen sich die von den Meistern angegebenen Veränderungen und entsprechend unterschiedlich ausgeprägt können die beruflichen Anforderungsprofile trotz gleichgelagerter Veränderungstendenzen sein. Im Hinblick auf die hier diskutierte Entwicklung heißt dies: Bei einem Teil der Meister des Typs "starker Organisationswandel" können z.B. die beruflichen Anforderungen schon seit langem "unternehmerischer" zugeschnitten sein und die genannten Unterschiede zwischen den beiden Meistergruppen u.a. gerade damit in Zusammenhang stehen.

Dies gilt im übrigen umso mehr, wenn man nach den Handlungsspielräumen der Meister fragt. Die Meister, die von einem "starken Organisationswandel" betroffen sind, unterliegen im Durchschnitt einer stärkeren Reglementierung in ihrer Arbeit, als diejenigen der Vergleichsgruppe. Grobe Zielvereinbarungen beispielsweise, die weitgehende Freiheiten in der Umsetzung von Zielen erlauben, sind in dieser Gruppe von deutlich geringerer, Richtlinien und Vorgaben, die die Entscheidungsspielräume begrenzen dagegen von größerer Bedeutung als im Fall der Meister mit "schwachem Organisationswandel". Hieraus die These abzuleiten, der Organisationswandel gehe tendenziell mit einer stärkeren bürokratischen Reglementierung der Meister einher, widerspräche allen bisherigen Überlegungen. Die Erweiterung des Verantwortungsrahmens und der Entscheidungsspielräume ebenso wie die Vergrößerung des "unternehmerischen" Zuschnitts der Aufgabenstellung bei einem erheblichen Teil dieser Meister kann damit nicht plausibel in Zusammenhang gebracht werden. Sinnvoll erklärbar ist dies nur, wenn man - abgesehen vom jeweiligen Tiefgang der Innovationen - unterschiedliche "Ausgangslagen" vor der organisatorischen Veränderung unterstellt. Um es plakativ zu formulieren: Wo bislang ein tayloristischer Meistereinsatz vorherrschte, resultiert eine Aufwertung der Meisterposition im Zuge organisatorischer Rationalisierung in einem anderen Anforderungsprofil als dort, wo derselbe Prozeß auf meisterwirtschaftsförmige Strukturen aufsetzt. Werden in beiden Fällen sozusagen in gleichem Maße Verantwortung und Entscheidungsspielräume erweitert, so bleiben die Unterschiede in der Handlungsfreiheit und in der Be-

---

252 Gezeigt wurde der Einfluß organisatorischer Veränderungen bezüglich der Frage, inwieweit die Meister gehalten sind, die unterstellten Mitarbeiter zu eigenverantwortlichem und selbständigem Arbeiten etwa im Rahmen von Arbeitsgruppen zu befähigen. Hier ist allerdings, anders als bei anderen Anforderungsstatements, durch die Kombination der Begriffe "Arbeitsgruppen" und "weitgehende Eigenregie" (auf Mitarbeiterebene) ein Assoziationsraum aufgespannt, der einen unmittelbaren Bezug zu strukturinnovativen organisatorischen Veränderungen herstellt.

troffenheit von bürokratischen Reglementierungen dennoch weiterhin bestehen. Ein Meister wird sich im ersten Fall nach wie vor eher in seiner Entscheidungsfreiheit beschränkt und von einem bürokratischen Regelwerk eingezwängt sehen, als ein Meister, der seit jeher über eine größere Autonomie verfügt. Bedenkt man in diesem Zusammenhang, daß Meister aus dem Automobilbau zu fast 90% von einem "starken Organisationswandel" betroffen sind, sie über die Hälfte der Meister dieser Gruppe stellen und in dieser Branche ein tayloristischer Meistereinsatz lange Tradition hat, dann dürfte die Erklärung der stärkeren bürokratischen Reglementierung der Meister des Typs "starker Organisationswandel" nachvollziehbarer sein - zumal wenn man weiter berücksichtigt, daß in kleineren Unternehmen und in Branchen wie dem Maschinenbau, in denen eine größere Autonomie auf der Meisterebene traditionell weit verbreitet ist, der Organisationswandel weniger stark ausgeprägt ist. Die Meister aus diesen Bereichen tragen zum geringeren bürokratischen Anforderungsprofil der Vergleichsgruppe bei.

(4) Im Kern wurde bislang darauf abgehoben, daß sich auf der Basis der quantitativen Erhebung für eine grundsätzliche Infragestellung des Meisters als unterem Vorgesetzten kaum stichhaltige Anhaltspunkte finden lassen. Dennoch hat der organisatorische Strukturwandel in den Unternehmen auch seine Schattenseiten.

In diesem Zusammenhang ist zunächst darauf hinzuweisen, daß zwar der hauptsächliche Trend in eine andere Richtung weist, aber das "Krisenszenario" keineswegs völlig ohne Belang ist. Dies indizieren nicht nur die Entwicklungen in einigen der qualitativ untersuchten Betriebe, sondern auch jener kleine Teil der schriftlich befragten Meister, die in den zurückliegenden Jahren reale Einschränkungen der Handlungsspielräume hinnehmen mußten. Für diesen Teil der Befragten kann der Begriff Krise allemal einen realen Bedeutungsgehalt haben.

Tabelle 6.28
Unsicherheit über das zukünftige Profil der Meisterposition

"Die Unsicherheit über das zukünftige Profil meiner Position" ist in den letzten 3 Jahren ...	Art des Organisationswandels stark (in %)	schwach (in %)
größer geworden	61,5	30,8
gleich geblieben	28,4	57,7
geringer geworden	10,1	11,5
Gesamt	100,0	100,0

Befürchtungen hinsichtlich der weiteren Entwicklung sind jedoch nicht allein das zweifelhafte Privileg dieser speziellen Gruppe. Die organisatorischen Rationalisierungsmaßnahmen der jüngsten Vergangenheit, von denen ein Großteil der befragten Meister in der einen oder anderen Form betroffen war, haben zu einer weitverbreiteten Verunsicherung über die Zukunft beigetragen. Aus der Sicht vieler Befragter ist der Strukturwandel keineswegs abgeschlossen und wirft eine Reihe von Problemen auf.

Tabelle 6.29
Größere Unsicherheit über das zukünftige Profil der Meisterposition nach Typen der Anforderungsveränderung

"Die Unsicherheit über das zukünftige Profil meiner Position" ist größer geworden		
Typ der Anforderungs-veränderung	**Anteil der Zustimmung nach Art des Organisationswandels**	
	stark (in %)	**schwach** (in %)
Gewinner	59,1	46,2
Dilemma	61,4	18,2
Kontinuität	53,3	11,8
Verlierer	72,7	50,0

Beachtliche 54,3% der befragten Meister beklagen, die "Unsicherheit über das zukünftige Profil" der eigenen Position sei im Verlauf der letzten drei Jahre größer geworden, und 35,3% meinen, daran habe sich in diesem Zeitraum nichts verändert. Gerade einmal 10,4% der Befragten sehen diesbezüglich beruhigter in die Zukunft als noch vor Jahren. Ungewißheit über die zukünftige Ausgestaltung der Meisterposition hat sich vor allen Dingen unter den Meistern breit gemacht, die unmittelbar von Reorganisationsprozessen betroffen sind (vgl. Tabelle 6.28). Hier sind es fast zwei Drittel, für die dieses Problem gewachsen ist. Dies vermittelt einen Eindruck von der aktuellen Umbruchsituation und macht deutlich, daß die herausgearbeiteten Entwicklungstendenzen sich keineswegs bruchlos in die Zukunft verlängern müssen. Vieles ist für die vom Organisationswandel betroffenen Meister offensichtlich noch im Fluß. Am fragwürdigsten erscheint die Zukunft ohne Zweifel der "Verlierer"-Gruppe unter diesen Meistern, aber selbst unter den anderen ist die Unklarheit über die zukünftigen Konturen der eigenen Position erheblich gestiegen. Bei den Befragten, bei denen allenfalls ein "schwacher Organisationswandel" vorliegt, stellt sich die Situation deutlich anders dar, wenngleich hier ebenfalls erhebliche Unterschiede im Hinblick auf die Typen der Anforderungsveränderung bestehen (vgl. Tabelle 6.29).

In der weitverbreiteten Verunsicherung reflektiert sich die Aktualität und der Prozeßcharakter der organisatorischen Restrukturierung und die Politisierung, die damit einhergeht. Ein beträchtlicher Teil der Befragten dürfte inmitten eines Veränderungsprozesses stehen, dessen letztendliche Ergebnisse aus den betrieblichen Reorganisationskonzepten nicht eindeutig ableitbar sind und die sich zudem angesichts der Unwägbarkeiten, Umsetzungsprobleme und nicht zuletzt der betriebspolitischen Verwerfungen, die mit Dezentralisierungsbestrebungen zumeist verbunden sind, auch selten verläßlich prognostizieren lassen. Entsprechend häufig nehmen die Betroffenen die organisatorischen Veränderungen als eine Entwicklung mit unklarem Ausgang wahr.

Ungewißheit herrscht auf Seiten der Meister jedoch nicht nur in der Frage, welche Gestalt die Meisterposition letztendlich annehmen wird. Ein erheblicher Teil der Meister ist sich gleichzeitig nicht sicher, ob die eigene Position auch weiterhin Bestand haben wird. Die Frage, ob sie "glauben", "daß durch organisatorische Veränderungen ihre Aufgabe bzw. Position zukünftig entfallen könnte", wird von immerhin etwas mehr als einem Drittel (34,9%) der Meister bejaht (vgl. Tabelle 6.30). "Nur" 65,1% der Meister sehen die eigene Position nicht gefährdet. Diese Befürchtung hegen wiederum gerade die Meister des Typs "stärkerer Organisationswandel". Während in der Vergleichsgruppe nur ein Viertel einen Wegfall der bisherigen Aufgabe bzw. Position infolge organisatorischer Veränderungen für möglich hält, sind es unter den Meistern des genannten Typs 37,1%.

Tabelle 6.30
Gefahr des Wegfalls der Meisterposition durch organisatorische Veränderungen - Anteile in %

Meister nach Art des Organisationswandels	**"Glauben sie, daß durch organisatorische Veränderungen ihre Aufgabe bzw. Position zukünftig entfallen könnte?"**	
	ja	**nein**
starker Organisationswandel	37,1	62,9
schwacher Organisationswandel	25,5	74,5
alle Meister	34,9	65,1

In diesem Punkt sind sich die Meister des Typs "starker Organisationswandel" wohlgemerkt relativ unabhängig davon einig, wie sich das Verantwortungs- und Kompetenzprofil in den letzten Jahren entwickelt hat: 35,5% der "Gewinner", 37,3% der Meister des "Dilemma"-, 40% der Meister des "Kontinuitäts"-Typs und 36,4% der "Verlierer"-Gruppe sehen die Möglichkeit, daß die eigene Position künftig entfällt.[253]

[253] In diesem Punkt weist die Kontrollgruppe (Meister ohne Positionswechsel) eine fast identische Antwortverteilung auf. Insgesamt halten 35,4% einen Wegfall der eigenen Position durch organisatorische Veränderungen für möglich. Unter den Meistern des Typs "starker

Daß solche Risiken gerade von den Befragten thematisiert werden, bei denen Dezentralisierungsprozesse zu Veränderungen der Arbeitssituation beigetragen haben, läßt auf einschlägige Erfahrungen schließen. Im Zuge der Umsetzung neuer Managementkonzepte werden sich in vielen Fällen bereits in den zurückliegenden Jahren die Reihen der Meister gelichtet haben und dies wird die Einschätzung zukünftiger Entwicklungen all derer nachhaltig beeinflussen, die (noch) in einer Meisterfunktion tätig sind.

Rationalisierungsanstrengungen zum Opfer fallen zu können, ist für Meister gewiß keine sonderlich neue Erkenntnis. Beeindruckend ist allerdings, in welchem Ausmaß die Meister - und unter ihnen insbesondere die des Typs "starker Organisationswandel" - es für möglich halten, daß die eigene Position weitere organisationsstrukturelle Veränderungen nicht überdauert. Dies veranschaulicht die besondere Bedrohungsqualität der in Rede stehenden Entwicklungen.

Insgesamt betrachtet, ist also für einen beachtlichen Teil der Meister sowohl bezüglich des Profils als auch des Fortbestands der eigenen Position die Zukunft mit einem Fragezeichen versehen. Angesichts dessen liegt die Frage nahe, ob der Meister nicht doch, anders als die bisher in den Vordergrund gestellten Entwicklungstendenzen vermuten lassen, grundsätzlich in Frage gestellt wird. Sind die Daten nicht ein eindrückliches Zeichen dafür, daß dieser Typus von Industrievorgesetztem sozusagen ein Auslaufmodell ist? So sehr sich eine solche Frage aufdrängen mag: Ein geeigneter Indikator hierfür sind die Befürchtungen der Meister um die Zukunft der eigenen Position nicht. Abgesehen davon, daß trotz eines weitverbreiteten Strukturwandels annähernd zwei Drittel der befragten Meister ihre Position nicht gefährdet sehen - was ja durchaus als Maß für eine gewisse Stabilität interpretiert werden könnte - ist folgendes zu bedenken:

Zum einen läßt der Anteil jener Meister, die einen Wegfall ihrer Position für denkbar halten, keine unmittelbaren Rückschlüsse auf eine grundsätzliche Krise hinsichtlich des Einsatzes von Meistern zu. Er zeigt erst einmal nur an, daß im Rahmen zukünftiger organisatorischer Veränderungen eine beträchtliche Anzahl von Meisterstellen entfallen könnte. Ob dies in erheblichem Ausmaß gleichzusetzen ist mit der Abschaffung der Meisterebene, oder ob dies vor allen Dingen eine Ausdünnung der Zahl der Meisterstellen indiziert, die nicht in einer Abschaffung, sondern gegebenenfalls in einer Stärkung der Position der verbleibenden Meister resultiert, bleibt ungewiß. Angesichts der Erweiterung des Aufgabenspektrums und der Verantwortung, die bei einem sehr großen Teil in den letzten Jahren im Rahmen organisatorischer Veränderungen erfolgte, spricht jedoch wenig dafür, daß die Abschaffung der Meisterebene in großem Umfang auf der Tagesordnung steht. Viel eher deutet der Aufgaben- und Verantwortungszuwachs u.a. darauf hin, daß die Arbeitsteilung auf

Organisationswandel" liegt dieser Prozentsatz bei 39,8%, während sich dies nur 23,3% der Meister mit "schwachem Organisationswandel" vorstellen können.

der Meisterebene überprüft, funktionsorientierte Trennlinien aufgeweicht, Meisterbereiche neu und größer zugeschnitten und in diesem Zusammenhang eben auch Meisterstellen abgebaut werden, sich also die Arbeit insgesamt auf weniger Schultern verteilt. So gesehen steht weniger der Meister als solcher, sondern vielmehr der bisherige Umfang an Meisterstellen zur Disposition. Zumindest teilweise ist der Stellenabbau gewissermaßen der Preis für einen "ganzheitlicheren" Zuschnitt der verbleibenden "Meister"positionen.[254] Zum anderen spielen in den Unternehmen mehr denn je Veränderungen wie die Verringerung der Fertigungstiefe, die Neugliederung der Arbeitsteilung zwischen verschiedenen Standorten, die Konzentration der Produktion oder bestimmter Produktlinien in einzelnen Werken und Produktionsverlagerungen in ausländische Tochtergesellschaften etc. eine Rolle. Von organisatorischen Veränderungen dieser Art sind die unteren Produktionsvorgesetzten - ebenso wie die gewerblich Beschäftigten - besonders betroffen, und es liegt nahe, daß dadurch Befürchtungen hinsichtlich der eigenen Position ebenfalls genährt werden.

Wie verbreitet die in einem Teil der Fallbetriebe beobachteten Versuche sind, die Meisterebene gänzlich abzuschaffen, kann die vorliegende Untersuchung letztendlich nicht klären, auch wenn den bisherigen Ausführungen zufolge wenig dafür spricht, daß dies in großem Stil geschieht. Aber selbst wenn eine solche Option nur von marginaler Bedeutung sein sollte: Nimmt man jenes Drittel der Meister zum Maßstab, das für die Zukunft einen Wegfall der eigenen Position nicht ausschließt, dann hat der Prozeß reflexiver Rationalisierung zumindest eine erhebliche Reduktion der Meisterstellen zur Konsequenz.

Dieser Prozeß hat zugleich aber noch etwas anderes zur Folge. Er schränkt die Karrierechancen der Meister spürbar ein. Zunächst einmal vermindern sich mit dem Abbau von Meisterstellen natürlich die Chancen, überhaupt in eine Meisterposition zu gelangen, d.h. für die aufstiegsorientierten Facharbeiter wird der Weg nach oben trotz Meisterbrief schwieriger denn je. Aber auch für diejenigen, die als Meister tätig sind, verschlechtern sich die Möglichkeiten einer beruflichen Weiterentwicklung eher, als daß sie sich verbessern.

Unter den befragten Meistern jedenfalls ist der Anteil derer, die sich diesbezüglich skeptisch äußern, beträchtlich. Auf die Frage, "welche Auswirkungen die organisatorischen und geschäftspolitischen Veränderungen in den letzten drei Jahren auf ihre beruflichen Entwicklungschancen" haben, antworteten 36,3% der Meister, die in diesem Zeitraum von einem "starken Organisationswandel" betroffen waren, diese hätten sich verschlechtert. 38,6% meinen, die Möglichkeiten der beruflichen Weiterentwicklung seien dadurch nicht berührt worden und 25,2% sprechen von einer

254 In diesem Zusammenhang ist selbstverständlich auch der Einfluß der wirtschaftlichen Krisensituation zu berücksichtigen. Der Beschäftigungsabbau der letzten Jahre ist an den Meistern nicht spurlos vorübergegangen. Angesichts der massiven Arbeitsplatzverluste im gewerblichen Bereich dürften die Meister stärker als andere Führungskräfte von Stellenstreichungen bedroht sein.

Verbesserung. Welchen Einfluß die Reorganisationsprozesse auf die beruflichen Karrierechancen der Meister haben, wird noch deutlicher, wenn man die Angaben der Meister mit "schwachem Organisationswandel" zum Vergleich heranzieht. Von diesen Meistern sagen nur halb so viele, daß die Veränderungen der letzten Jahre zu einer Verschlechterung der beruflichen Entwicklungsmöglichkeiten geführt haben (vgl. Tabelle 6.31).

Tabelle 6.31
Die "Auswirkungen organisatorischer und geschäftspolitischer Veränderungen" auf die beruflichen Entwicklungschancen der Meister

Durch die organisatorischen und geschäftspolitischen Veränderungen in den letzten 3 Jahren haben sich die Möglichkeiten der beruflichen Weiterentwicklung ...	Meister nach Art des Organisationswandels	
	stark (in %)	schwach (in %)
verschlechtert	36,3	18,8
nicht verändert	38,6	52,8
verbessert	25,2	28,3
Gesamt	100,1	99,9

Zwar eröffnen die organisationsstrukturellen Veränderungen - insofern sie in vielen Fällen eine tendenzielle Aufwertung der Meisterposition zur Folge haben - auch größere berufliche Entfaltungsmöglichkeiten. Aber der Weg in eine höhere Linienposition oder in eine sachbearbeitende Funktion in einem produktionsnahen indirekten Bereich, der bislang noch für manchen Meister offenstand, wird zusehends schwerer begehbar. In dem Maße, wie übergeordnete Meisterebenen (Obermeisterstellen etc.) abgebaut bzw. insgesamt die Führungsstrukturen "verschlankt" und indirekte Funktionen zur Disposition gestellt und dezentralisiert werden, verengen sich für die Meister die Aufstiegsräume, während zugleich die Konkurrenz gerade um die verbleibenden Positionen im Management wächst.

Hierfür spricht, daß die Meister keineswegs die einzige Vorgesetztengruppe ist, die mit den angesprochenen Problemen konfrontiert ist. Führungskräfte aller Ebenen und Funktionsbereiche teilen, wenngleich weniger stark, nicht nur die Zweifel hinsichtlich des zukünftigen Aufgabenprofils[255], sondern auch die Befürchtungen um die Zukunft der eigenen Position - und sie tun dies insbeson-

---

[255] So meinen z.B. 46,9% der mittleren Manager aus den Produktions- und indirekten Produktionsbereichen, die Unsicherheit über das zukünftige Profil der eigenen Position sei größer geworden, wenn ein "starker Organisationswandel" vorliegt. Unter denen, die nur einem "schwachen Organisationswandel" unterliegen, beträgt dieser Anteil nur 28,6%.

dere dann, wenn sie bereits in den zurückliegenden Jahren einem eher "starken Organisationswandel" unterlagen (vgl. Tabelle 6.32). Dies läßt den Schluß zu, daß im Gefolge weiterer organisatorischer Veränderungen nicht nur auf der Meisterebene, sondern gerade auch im mittleren Management die Zahl der Führungspositionen weiter verringert wird. Letztlich haben sich durch die Reorganisationsmaßnahmen auf dieser Ebene die Aufstiegsmöglichkeiten ebenfalls verschlechtert und entsprechend größer wird die Konkurrenz um die verbleibenden Führungspositionen.[256] Wenn es um Positionen im mittleren Management geht, werden daher die Meister gegenüber den Ingenieuren kaum mehr zum Zuge kommen, zumal diese - wie gezeigt - ebenfalls tendenziell komplexer zugeschnitten werden. Ob bzw. inwieweit Ingenieure auch zu Konkurrenten um die untersten Führungspositionen werden, muß offen bleiben.

Tabelle 6.32
Gefahr des Wegfalls der Führungsposition durch organisatorische Veränderungen nach Hierarchieebenen- Angaben der Befragten des Typs "starker Organisationswandel" in %

Hierarchieebene	"Glauben sie, daß durch organisatorische Veränderungen ihre Aufgabe bzw. Position zukünftig entfallen könnte?"	
	ja	nein
Geschäftsführer	14,3	85,7
Oberes Management	15,0	85,0
Mittleres Management insg.	27,6	72,4
Mittleres Management der Produktions- u. indirekten Produktionsbereiche	30,2	69,8
Meister	37,1	62,9

Aufstieg wird für die Meister in der dezentralisierten Organisation mehr denn je zu einem unerfüllbaren Traum. Die Ergebnisse der Befragung sprechen dafür, daß sich die Segmentierung zwischen "oben" und "unten" verschärft. An einen weiteren Aufstieg kann im wesentlichen nur noch der denken, der den Umweg über eine zusätzliche Ausbildung - etwa ein Ingenieurstudium - beschreitet.

256 34,8% der mittleren Manager, die in den letzten Jahren einem "stärkeren Organisationswandel" ausgesetzt waren, sehen ihre Karrieremöglichkeiten verschlechtert. 28,9% sprechen von einer Verbesserung und 36,3% können keine Veränderung erkennen.

(5) Im Rahmen der Analyse der Dezentralisierungsprozesse in den Fallbetrieben wurde zu zeigen versucht, welche Bedeutung den bisherigen Formen des Industriemeistereinsatzes zukommt. Wie erinnerlich lautete dabei die These, daß dort, wo meisterwirtschaftsförmige Strukturen Tradition haben, krisenhafte Tendenzen weniger stark ausgeprägt sind und im Fall einer am Intrapreneurmodell orientierten Reorganisation die Chancen nicht schlecht stehen, daß der klassische untere Vorgesetzte zu ihren Profiteuren zählt. Anders, so die These, präsentiert sich dagegen die Lage in der Tendenz dort, wo die Taylorisierung der Meisterfunktion in der Vergangenheit stärker zum Tragen kam.

Auch anhand der quantitativen Erhebung kann zumindest ansatzweise belegt werden, daß in diesen Sinne Risiken und Chancen im Prozeß operativer Dezentralisierung ungleich verteilt sind. Dies soll im folgenden geschehen und die Diskussion der Ergebnisse der schriftlichen Befragung abschließen. Wir stützen uns dabei auf einen Betriebsgrößenvergleich (Betriebe unter fünfhundert und Betriebe über tausend Beschäftigte) und einen Vergleich der Situation von Meistern aus dem Maschinenbau und der Automobilindustrie.[257] Hinter ersterem steht die Annahme, daß in größeren Betrieben Zentralisierungs- und Bürokratisierungstendenzen, die einen eher tayloristischen Meistereinsatz befördern, in der Vergangenheit von größerem Gewicht waren, als in kleineren Betrieben. Vom gleichen Gedanken ist auch der Vergleich zwischen Maschinenbau- und Automobilbaumeistern angeleitet; der Maschinenbau steht bekanntlich für eine lange Tradition meisterwirtschaftsförmiger Strukturen, wohingegen der Automobilbau das klassische Zentrum tayloristisch-fordistischer Rationalisierungsanstrengungen ist.

Die Plausibilität dieser Annahmen wird durch die schriftliche Befragung eindrücklich belegt. Exemplarisch kann dies an den Unterschieden hinsichtlich der Frage, inwieweit Richtlinien und Vorgaben den Entscheidungsspielraum begrenzen, bzw. ob im Rahmen grober Zielvereinbarungen weitgehende Freiheiten in der Zielerreichung bestehen, verdeutlicht werden. Gemessen an den darauf sich beziehenden Angaben, sind die Meister der Großbetriebe und die des Automobilbaus erheblich stärker in ihrer Arbeit reglementiert, als die Meister der jeweiligen Vergleichsgruppe (vgl. Schaubild 6.11 und 6.12).

So bezeichnen es nur 10,7% der Maschinenbaumeister als voll zutreffend, die beruflichen Anforderungen seien "stark durch unternehmensinterne und gesetzliche Richtlinien bestimmt, die meinen Entscheidungsspielraum begrenzen", und 35,7 % halten dies gar für nicht zutreffend. Volle

257 Dieser Vergleich ist mit dem Problem behaftet, daß die Fallzahlen bezüglich der Meister aus den Klein- und Mittelbetrieben und aus dem Maschinenbau vergleichsweise klein sind. Nur 18,6% der Befragten stammen aus Klein- und Mittelbetrieben, 12,1% aus dem Maschinenbau. Im Fahrzeugbau sind demgegenüber 48,7% und in Großbetrieben mit über tausend Beschäftigten 75,1% der Befragten tätig. Trotz der dadurch nur sehr begrenzten Aussagekraft kann der Vergleich einen gewissen Eindruck davon vermitteln, wie die Situation der befragten Meister entlang der genannten Kriterien differiert.

Schaubild 6.11
Handlungsspielräume von Meistern im Maschinenbau und in der Automobilindustrie - Angaben in %

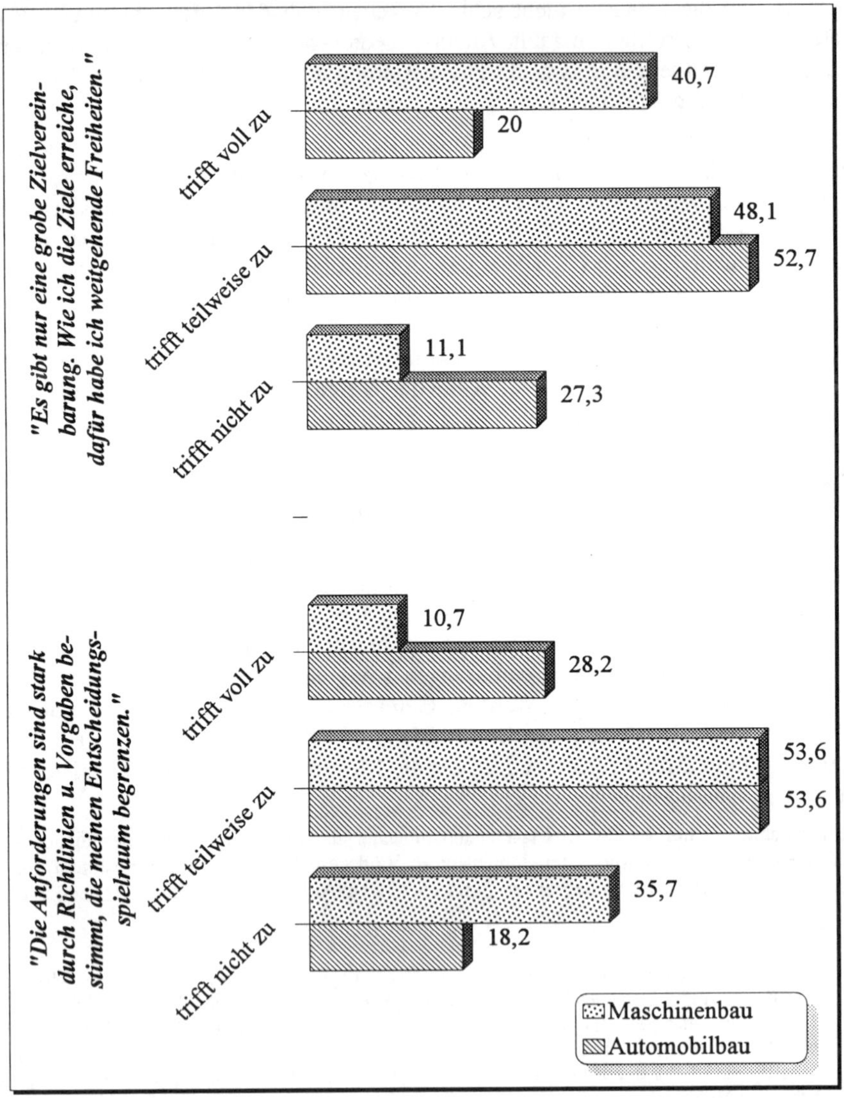

Schaubild 6.12
Handlungsspielräume von Meistern in Betrieben unterschiedlicher Größe - Angaben in %

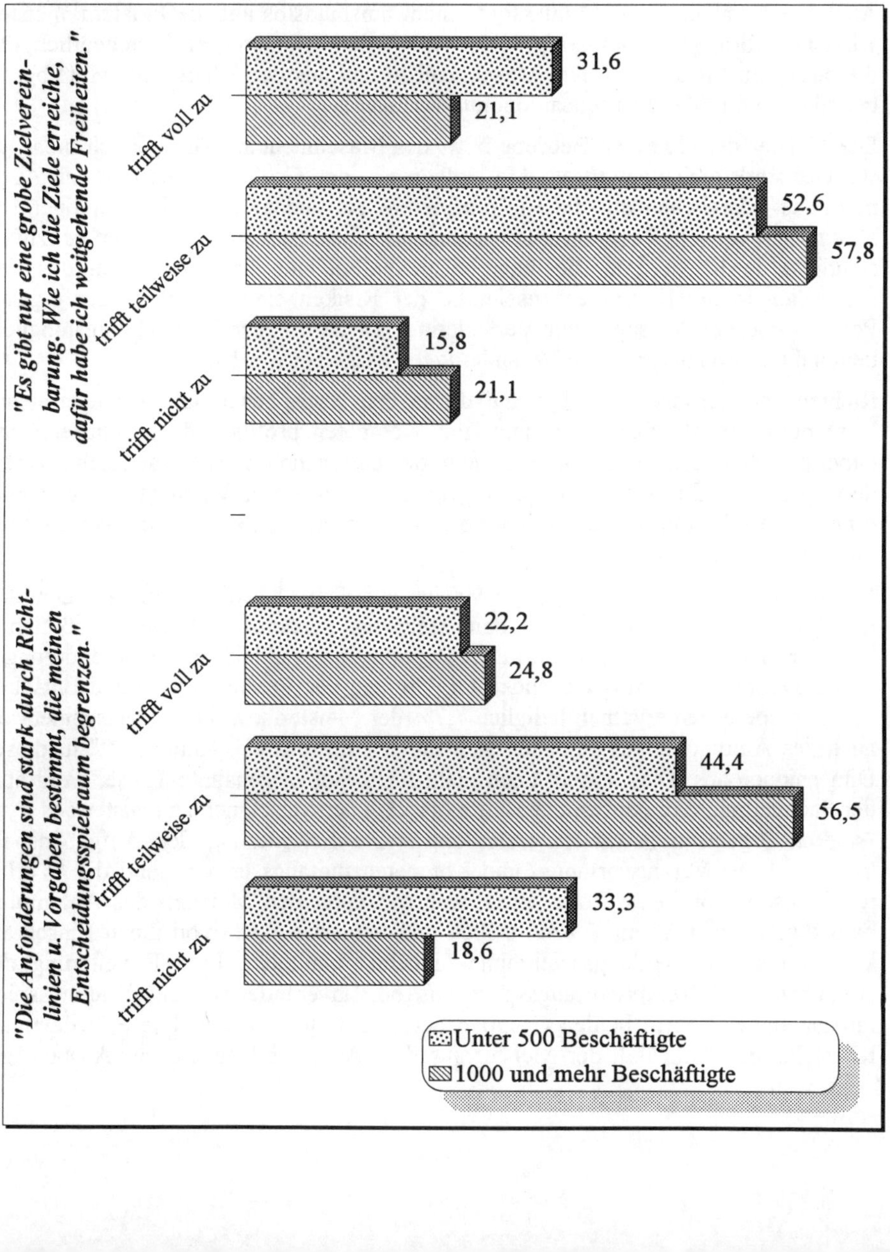

Zustimmung findet diese Aussage demgegenüber bei 28,2% der Automobilmeister. Auf Ablehnung stößt sie dagegen nur bei 18,2%. Ähnliche Unterschiede finden sich auch hinsichtlich der Aussage, es gebe "nur eine grobe Zielvereinbarung. Wie ich die Ziele erreiche, dafür habe ich weitgehende Freiheiten". Während dieser Aussage 40,7% der Maschinenbaumeister zustimmen, ist der entsprechende Anteil bei den Meistern der Automobilindustrie gerade einmal halb so groß. Vergleichbare Differenzen fördert auch der Betriebsgrößenvergleich zutage.

Auch wenn anhand dieser Indikatoren nicht umstandslos auf die Existenz meisterwirtschaftsförmiger Strukturen geschlossen werden kann, so wird doch deutlich, daß die befragten Meister aus dem Maschinenbau und aus den Klein- und Mittelbetrieben über eine größere Arbeitsautonomie verfügen.

Die Meister der kleineren Betriebe bzw. des Maschinenbaus sind jedoch nicht nur weniger stark reglementiert als ihre Kollegen in den Großbetrieben bzw. im Automobilbau. Verglichen mit diesen "profitieren" sie zudem wesentlich häufiger von strukturinnovativen Reorganisationsmaßnahmen und sie blicken erkennbar zuversichtlicher in die Zukunft. Dies kann beispielhaft anhand der Veränderung des Verantwortungs- und Kompetenzzuschnitts, der Risiken eines Wegfalls der eigenen Position und der Aussagen zur Veränderung der beruflichen Entwicklungsmöglichkeiten durch organisatorische Veränderungen dargelegt werden.

Richten wir zunächst den Blick auf die in den vergangenen Jahren eingetretenen Veränderungen des Verantwortungs- und Kompetenzprofils und konzentrieren uns dabei auf jene Meister, die arbeits- und/oder unternehmensorganisatorische Veränderungen (z.B. Einführung von Gruppenarbeit oder KVP, Verringerung von Führungsebenen, Einführung einer Centerorganisation etc.) als einen wichtigen Einflußfaktor benennen.

Vergleichen wir in dieser Frage die Meister aus dem Maschinen- und aus dem Automobilbau (vgl. Schaubild 6.13), dann stellt man zunächst einmal fest, daß sich in beiden Fällen im Zuge eines "stärkeren Organisationswandels" meist Veränderungen in den Dimensionen Aufgabenspektrum, Umfang der Verantwortung und Entscheidungskompetenzen ergeben; lediglich 7,7% der Meister sowohl des Maschinen- als auch des Automobilbaus zeichnen sich durch eine relative "Kontinuität" in diesen Dimensionen aus. Dies spricht noch nicht für die oben genannte These, wohl aber der Sachverhalt, daß bei fast der Hälfte (46,2%) der Maschinenbaumeister des Typs "starker Organisationswandel" eine konsistente Erweiterung des Aufgabenspektrums und des Verantwortungs- und Kompetenzumfangs erfolgte und die "Verlierer"-Konstellation keine Rolle spielt, während unter den Meistern des Automobilbaus die "Gewinner" nur 36,3% stellen und immerhin 9,9% von ihnen Einschränkungen der Entscheidungsspielräume hinnehmen mußten. Eine Erweiterung des Aufgaben- und Verantwortungsspektrums bei unveränderten Entscheidungsspielräumen findet sich in beiden Gruppen bei 46,2% der Meister. Diese "Dilemma"-Konstellation ist im Fall der Meister aus dem Automobilbau die mit Abstand ge-

Schaubild 6.13
Meister des Typs "starker Organisationswandel" aus dem Maschinenbau und der Automobilindustrie - Verteilung nach Typen der Anforderungsveränderung

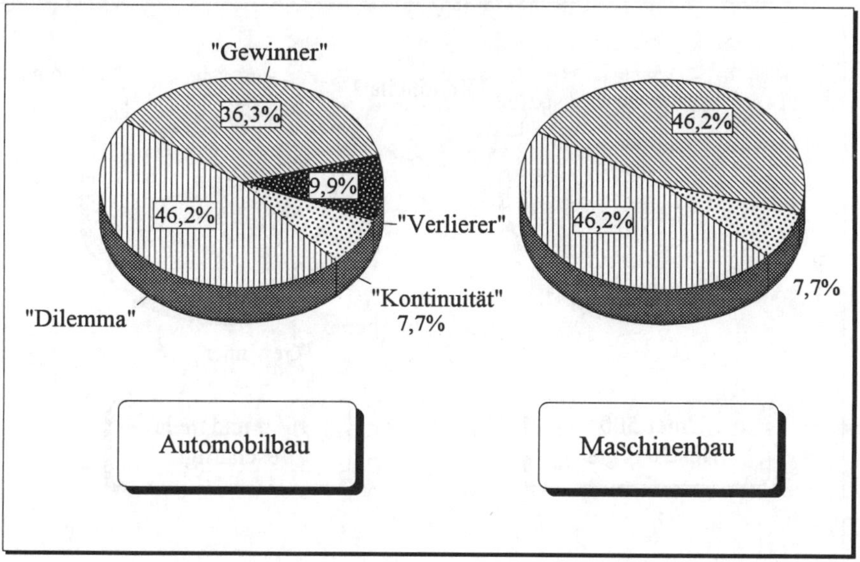

wichtigste. Bei den Maschinenbaumeistern dagegen hat sie dasselbe Gewicht wie die "Gewinner"-Konstellation.

Wenn sich bei fast jedem zweiten Maschinenbaumeister im Gefolge des Organisationswandels die Entscheidungsspielräume vergrößern und keiner diesbezügliche Einschränkungen zu Protokoll gibt, dann kann dies durchaus als ein kleines Indiz dafür gelten, daß in dieser Branche im Rahmen von Reorganisationsprozessen nicht selten an bestehende Traditionen eines "ganzheitlichen" Meistereinsatzes angeknüpft wird. Zieht man die Angaben der Meister aus dem Automobilbau heran, finden sich zwar ebenfalls kaum Anzeichen für eine dramatische Destabilisierung der Meisterposition. Das Gewicht der "Gewinner"-Konstellation deutet vielmehr eher darauf hin, daß entgegen überkommener Entwicklungstendenzen die Position des Meisters gestärkt denn weiter geschwächt wird. Nicht zu übersehen ist aber, daß die organisatorischen Innovationen hier zugleich mit größeren Risiken verbunden sind: Im Gegensatz zur Situation in der anderen Branche haben sich im Automobilbau bei jedem zehnten Meister die Entscheidungsspielräume in den letzten Jahren verringert.

Schaubild 6.14
Meister des Typs "starker Organisationswandel" - Verteilung der Anforderungsveränderungstypen nach Betriebsgrößenklassen

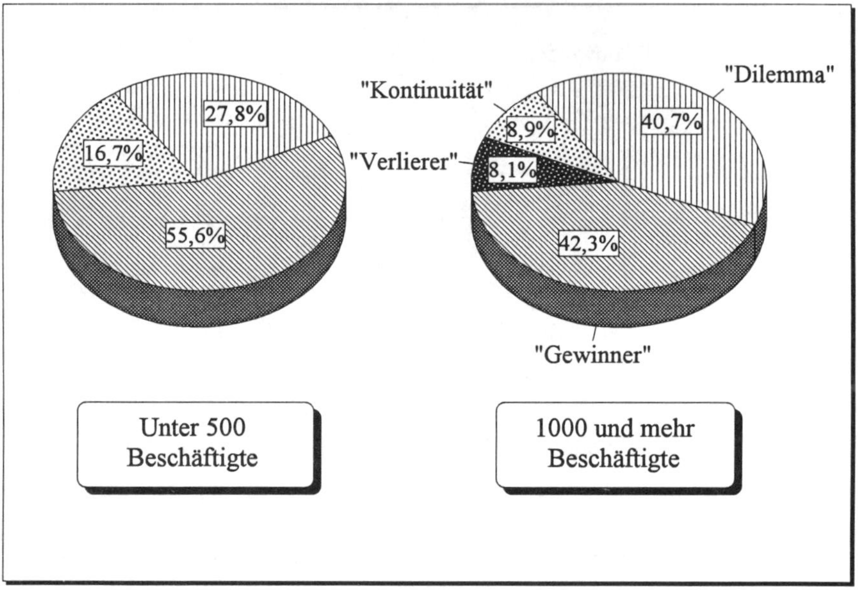

Ein sehr ähnliches Bild ergibt sich, wenn man die Situation der Meister des Typs "starker Organisationswandel" unter dem Gesichtspunkt unterschiedlicher Betriebsgrößen betrachtet (vgl. Schaubild 6.14). Zählen in den Klein- und Mittelbetrieben 55,6% der Meister zur "Gewinner"- und keiner zur "Verlierer"-Gruppe, so liegt der Anteil der "Gewinner" unter den Meistern der Großbetriebe um über zehn Prozent niedriger während immerhin etwa acht Prozent der "Verlierer"-Gruppe zuzurechnen sind. Die Unterschiede in der Situation von Meistern "kleinerer" und "größerer" Betriebe sprechen also ebenfalls dafür, daß problematische Veränderungen im Rahmen von Dezentralisierungsprozessen am ehesten dort verbreitet sind, wo frühere Rationalisierungsphasen voraussichtlich eine restringierte Definition der Meisterfunktion zur Folge hatten.[258]

---

[258] Dieses Bild verändert sich im Fall des Branchenvergleichs auch dann nicht, wenn man nur die Meister heranzieht, bei denen ein Positionswechsel als Einflußfaktor ausgeschlossen werden

In diese Richtung deutet insbesondere auch die Sichtweise der befragten Meister, wenn es um die Zukunft der eigenen Position im Unternehmen geht. So ist in diesem Punkt unter dem Einfluß eines "starken Organisationswandels" zwar durchgängig die Unsicherheit gewachsen. Die Maschinenbaumeister und insbesondere die aus den Klein- und Mittelbetrieben klagen darüber jedoch deutlich seltener, als die Meister der jeweiligen Vergleichsgruppe. Sagen von den aus Automobilunternehmen stammenden Meistern etwas über zwei Drittel (67,7%), die Ungewißheit über das zukünftige Positionsprofil habe sich vergrößert, so spricht hiervon nur die Hälfte der Maschinenbaumeister. Von einer unveränderten Lage berichten 26,0% der Meister aus dem Automobil- und 31,3% der Meister aus dem Maschinenbau. Letztere behaupten schließlich zu 18,8%, die Unsicherheit habe sich verringert, während dem nur 6,3% der Automobilmeister zustimmen können. Wenn also von einer zunehmenden Verunsicherung der unteren Vorgesetzten die Rede ist, dann trifft das in besonderer Weise auf ein klassisches Zentrum der Massenproduktion wie die Automobilindustrie zu. Unklarheit über die zukünftige Ausgestaltung der Rolle der Meister: Das ist vor allen Dingen auch ein Problem der Meister aus Großunternehmen. Für 68,7% von ihnen ist sie in den letzten drei Jahren größer geworden, für 23,9% blieb sie gleich und nur bei 7,5% hat sich eine größere Sicherheit eingestellt. Von letzterem berichten immerhin 30% der Meister aus Klein- und Mittelbetrieben. 45,0% von ihnen meinen, die Unsicherheit über das Profil der eigenen Position sei gleich geblieben und nur 25,0% sind sich darüber unklarer als früher.

Der gewachsenen Verunsicherung der Meister der Großunternehmen und des Automobilbaus über die zukünftige Ausgestaltung der eigenen Position stehen Befürchtungen über deren Wegfall unmittelbar zur Seite. Jeweils rund zwei Fünftel dieser Meister halten es für möglich, daß ihre Aufgabe bzw. Position durch organisatorische Veränderungen zukünftig entfallen könnte. Die Meister aus kleineren Unternehmen bzw. aus dem Maschinenbau sind in dieser Frage wesentlich zuversichtlicher. Nur jeweils rund ein Viertel von ihnen kann derlei vorstellen (vgl. Tabelle 6.33).

Angesichts dieser Zahlen liegt der Schluß nahe, daß der auf dezentralere Strukturen zielende arbeits- und betriebsorganisatorische Wandel vor allem in den Großbetrieben und in denen der Massenproduktion einen beträchtlichen Teil der bisherigen Meisterstellen gefährdet. Wenn die Meister von einem Prozeß der Abflachung der Führungsstrukturen bzw. der Ausdünnung von Führungspositionen in negativer Weise betroffen werden, dann vor allem in diesen Bereichen. Zumindest ist davon

kann. Im Fall der Klein- und Mittelbetriebe reduziert sich allerdings der Anteil der "Gewinner"- zugunsten der "Kontinuitäts"-Konstellation auf das Niveau in der Vergleichsgruppe der Meister aus den Großbetrieben. Im Hinblick auf die "Verlierer"-Gruppe ergibt sich logischerweise keine Veränderung. Insofern bleibt die obige Aussage allemal richtig. Ernsthaft interpretierbar sind die Daten angesichts der sehr geringen Fallzahlen bei einem solchen Vorgehen aber nicht, weshalb im weiteren auf entsprechende Hinweise verzichtet wird.

auszugehen, daß dort die Option eines Abbaus von Meisterstellen in den betriebspolitischen Prozessen eine erheblich größere Rolle spielt, als im Maschinenbau bzw. in den Klein- und Mittelbetrieben.

Tabelle 6.33
Gefahr des Wegfalls der Position bei Meistern des Typs "starker Organisationswandel" - Vergleich nach ausgewählten Branchen und Betriebsgrößenklassen

Branche/ Betriebsgröße	"Glauben sie, daß durch organisatorische Veränderungen ihre Aufgabe bzw. Position zukünftig entfallen könnte?" (Angaben in%)	
	ja	nein
Maschinenbau	23,5	76,5
Automobilbau	41,0	59,0
Betriebe unter 500 Beschäftigte.	25,0	75,0
Betriebe mit 1000 u. mehr Besch.	39,6	60,4
alle Meister (starker Organisationswandel)	37,1	62,9

Auch für die befragten Meister der zuletzt genannten Bereiche hält der Organisationswandel sicherlich Risiken bereit. Manches spricht jedoch dafür, daß sie statt zu den "Opfern" und weit eher als diejenigen in den Großbetrieben z.B. der Automobilindustrie zu den "Profiteuren" der Veränderungen zählen. Die überdurchschnittlich vielen Meister, bei denen sich in den letzten Jahren die Handlungsspielräume erweitert haben, und die erheblich unter dem Durchschnitt liegende Zahl derer, die die eigene Position durch Organisationsveränderungen gefährdet sieht, zeigen dies an. Für eine solche Interpretation spricht aber auch die deutlich positivere Einschätzung der beruflichen Entwicklungsmöglichkeiten, die diese Meister an den Tag legen und schließlich die im Vergleich extrem hohe Arbeitszufriedenheit, die sie unter den Bedingungen des Organisationswandels zu Protokoll geben.

Für ein Drittel der Maschinenbaumeister und 38,9% der Meister der "kleineren" Betriebe haben sich die Möglichkeiten der beruflichen Weiterentwicklung durch die organisatorischen und geschäftspolitischen Veränderungen der letzten Jahre verbessert. Unter den Meistern aus der Automobilindustrie bzw. den Großbetrieben liegt der entsprechende Anteil bei etwas mehr als einem Fünftel. Hier sprechen dagegen jeweils rund 40% von einer Verschlechterung der beruflichen Entwicklungschancen, was die Meister des Maschinenbaus und der Klein- und Mittelbetriebe nur zu jeweils etwas mehr als einem Viertel tun.

Tabelle 6.34
Die beruflichen Entwicklungschancen von Meistern, die einem "starken Organisationswandel" unterliegen - Vergleich der Angaben von Befragten aus der Automobilindustrie und dem Maschinenbau

Durch die "organisatorischen und geschäftspolitischen Veränderungen" in den letzten 3 Jahren haben sich die Möglichkeiten der beruflichen Weiterentwicklung ...	Meister aus dem	
	Maschinenbau (in %)	Automobilbau (in %)
verschlechtert	26,7	43,0
nicht verändert	40,0	35,0
verbessert	33,4	22,0
Gesamt	100,1	100,0

Wenig erstaunlich ist angesichts des bisher Gezeigten, daß die hier verglichenen Meistergruppen unterschiedlich auf die Frage reagieren, wie es angesichts der Entwicklungen der letzten drei Jahre insgesamt gesehen um ihre Arbeitszufriedenheit bestellt ist. Im Fall der Großbetriebs- und Automobilbaumeister hat sie sich den Angaben zufolge mehrheitlich verschlechtert. Von einer Verbesserung mag jeweils gerade einmal ein Viertel sprechen. Bei den Meistern aus dem Maschinenbau und den Klein- und Mittelbetrieben fallen die Antworten genau anders herum aus. Hier sprechen deutliche Mehrheiten von einer Verbesserung und nur jeweils rund ein Viertel von einer Verschlechterung der Arbeitszufriedenheit.[259]

[259] Bei 58,8% der Maschinenbau- und 60% der Meister der Klein- und Mittelbetriebe, die einem "starken Organisationswandel" ausgesetzt sind, hat sich die Arbeitszufriedenheit in den letzten Jahren verbessert. Bei den Meistern aus dem Fahrzeugbau (23,2%) und aus den Großbetrieben (25,1%) liegen die entsprechenden Werte deutlich niedriger. Unverändert blieb die Arbeitszufriedenheit bei 23,5% der Maschinenbau- und 15% der Meister der kleineren Betriebe. Hiervon sprechen 18,2% der Meister des Fahrzeugbaus und 21,6% der Meister aus Großbetrieben. Unzufriedener sind schließlich nur 17,7% der Meister des Maschinenbaus und

Insgesamt gesehen liefert also die schriftliche Befragung eine Reihe von Hinweisen darauf, daß die Position des Meisters gerade dort, wo - wie im Maschinenbau bzw. in Klein- und Mittelbetrieben - meisterwirtschaftsförmige Strukturen bereits früher einiges Gewicht hatten, eher gestärkt als in Frage gestellt wird. Problematischer erscheint die Zukunft des Meisters im Zuge organisatorischer Restrukturierung wenn überhaupt, dann am ehesten dort, wo - wie in der Automobilindustrie bzw. in Großbetrieben - traditionell ein tayloristischer Zuschnitt der Meisterfunktion vorherrscht. Wenn sich irgendwo kritische Entwicklungen verdichten, dann am ehesten in den Großbetrieben der Massenproduktion. Zumindest treten in solchen Bereichen die Risiken erheblich stärker zutage.

Tabelle 6.35
Die beruflichen Entwicklungschancen von Meistern, die einem "starken Organisationswandel" unterliegen - Vergleich der Angaben von Befragten aus Betrieben unterschiedlicher Größe

Durch die "organisatorischen und geschäftspolitischen Veränderungen" in den letzten 3Jahren haben sich die Möglichkeiten der beruflichen Weiterentwicklung ...	Meister aus Betrieben	
	unter 500 Beschäftigte (in %)	über 1000 Beschäftigte (in %)
verschlechtert	27,8	40,2
nicht verändert	33,3	37,2
verbessert	38,9	22,6
Gesamt	100,0	100,0

25% der kleineren Betriebe. Verschlechtert hat sich demgegenüber die Arbeitszufriedenheit bei 58,8% der Automobil- und 53,3% der Großbetriebsmeister.

IV. Meisterkrise als Resultat von Veränderungen auf dem Arbeitsmarkt?

Die Frage nach Krisentendenzen im Einsatz von Meistern ist in dieser Arbeit konzentriert auf die Effekte des organisationsstrukturellen Wandels in Industriebetrieben. Fischer (1993) hat nun in seiner Studie zu Erosionstendenzen des Arbeitskrafttypus Meister nachdrücklich darauf hingewiesen, daß diesem auch von einer anderen Seite her Ungemach droht (vgl. auch Drexel 1993b). Es sind im Kern drei, das Angebot an Arbeitskräften betreffende und miteinander verbundene Entwicklungen, die als "aktuelle Krisenphänomene" thematisiert werden:

(1) Die Herausbildung eines Überschusses an qualifizierten Meistern, mit dem Effekt eines wachsenden unterwertigen Einsatzes von Meistern und der hieraus resultierenden Gefahr des Attraktivitätsverlusts einer entsprechenden Bildungs- bzw. Berufskarriere,

(2) die Tendenz der Verdrängung der Meister durch Höherqualifizierte, und

(3) eine nachlassende Anziehungskraft der Facharbeiterausbildung, was die Gefahr der Austrocknung der "Nachwuchsbasis" in sich berge.

Diese drei, die Meister unmittelbar berührenden Tendenzen indizieren nachhaltig wirksame Veränderungen der Struktur des Arbeitsmarktes, die, so das insbesondere von Fischer (1993) und Drexel (1993b) vorgebrachte Argument, den Meister als einen durch eine Aufstiegskarriere konstituierten Qualifikationstyp von der Angebotsseite her tendenziell unter Druck setzen, wenn nicht gar in die Krise führen.

Im folgenden soll, in Ergänzung der bisherigen Perspektive, diesen (behaupteten) Krisenphänomenen im Überblick nachgegangen werden. Es sollen zumindest skizzenhaft die entsprechenden Argumente dargelegt und, soweit möglich, auf ihre Plausibilität bzw. empirische Evidenz hin abgeprüft werden.

1. Meistervorrat und unterwertiger Einsatz von Meistern

Wenden wir uns zunächst dem von Fischer (1993; vgl. auch Drexel 1993b) konstatierten "Krisenphänomen Meistervorrat" zu, bei dem es um die Konsequenzen einer anhaltenden bzw. wachsenden signifikanten Diskrepanz zwischen Angebot und Nachfrage geht.

In seiner allgemeinen Form lautet das Argument: Bleibt der Anteil derer unter den nachrückenden Facharbeitergenerationen, die weiterbildungsbereit und aufstiegsorientiert sind, stabil oder wächst gar, dann entsteht bei konstanter bzw. sinkender Nachfrage nach mittleren Qualifikationen ein wachsendes Überangebot entsprechend qualifizierter Arbeitskräfte. Die Folge hiervon ist ein steigender unterwertiger Einsatz dieser Arbeitskräfte. Dessen Resultat ist zumindest dann, wenn Weiterbildungsanstrengungen dauerhaft und für viele Aufstiegsorientierten sinnfällig mit dem wachsenden Risiko einer Fehlinvestition verbunden werden, eine nachlassende Attraktivität entsprechender Aufstiegsfortbildungen. Fischers (1993) These ist, daß sich genau diese Entwicklung seit den 80er Jahren im Fall der Meister beobachten lasse. Er stellt ein Ungleichgewicht zwischen einem wachsenden Angebot an qualifizierten Meistern und einem konstanten bzw. rückläufigen Bedarf an entsprechenden Arbeitskräften fest und folgert daraus, daß es "in absehbarer Frist zu einem Rückschlag" kommen werde: "Aufstiegs- und Weiterbildungsaspiranten werden sich künftig von der Meisterfortbildung abwenden und formal höhere Abschlüsse anstreben, z.B. das Ingenieur-Diplom" (Fischer 1993, 340).

So plausibel diese These auf den ersten Blick auch sein mag: Bei näherer Betrachtung sind dennoch einige Fragezeichen anzubringen. Ein *erster* kritischer Einwand ist sozusagen formaler Art und bezieht sich auf die gleichgewichtstheoretische Argumentation Fischers (1993). Zwar ist durchaus nachvollziehbar, unter der Maßgabe eines wachsenden Mißverhältnisses zwischen Angebot und Nachfrage von einer nachlassenden Attraktivität des Meisterberufs auszugehen, da eine entsprechende Fortbildung den Individuen nurmehr wenig Aufstiegschancen eröffnet. Die Frage ist aber, welchen Stellenwert man dem (erwarteten) Rückgang der Fortbildungszahlen zuweist. Handelt es sich dabei um ein mehr oder weniger vorübergehendes Nachwuchsproblem oder um eine die Figur des Meisters grundsätzlich gefährdende Entwicklungstendenz? Fischer (1993) scheint eher von der Gefahr eines längerfristig wirksamen Attraktivitätsverfalls des Meisterberufs auszugehen. Zumindest diskutiert er das erwähnte Angebotsproblem im Kontext der Frage nach Erosionstendenzen in der sozialen Reproduktion des *Qualifikationstypus Meister*. Bezogen darauf ist die Argumentation allerdings verkürzt, denn es muß dann notwendigerweise auch gefragt werden, welche Konsequenzen ein zahlenmäßig deutlicher Rückgang des Meisternachwuchses in zweiter Instanz hat. Folgen wir der gleichgewichtstheoretischen Annahme eines Wechselspiels von Angebot und Nachfrage, dann hat dieser seinerseits - nun allerdings positive - Auswirkungen auf die Attraktivität der Meisterfortbildung: Unter der Voraussetzung einer gleichbleibenden oder nur leicht sinkenden Nachfrage nach qualifizierten Meistern mündet ein drastischer Rückgang der Fortbildungszahlen zum Industriemeister letztlich in einer Unterversorgung mit Meistern. Der Nachfrage"druck" müßte, in der Logik des Arguments von Fischer (1993), den aufstiegsorientierten Arbeitern wieder deutlich verbesserte Chancen des Aufstiegs in Meisterpositionen bieten - mit der Folge einer nun wieder steigenden Attraktivität des hierauf bezogenen Fortbildungsgangs, einem Anstieg der Absolventenzahlen. Soweit das Angebot die Nachfrage irgendwann wieder deutlich übersteigt, wäre mit einem erneuten Einbruch bei der Meisterfortbildung etc. zu rechnen. Allenfalls dann, wenn etwa die Nachfrage nach Meistern oder die Zahl der potentiellen Nachwuchskräfte aus der Arbeiterschaft ebenfalls drastisch zurückgingen, wäre in dieser Perspektive eine Abwärtsspirale, ein dauerhafter Attraktivitätsverfall des Meisterberufs und damit eine Erosion dieses Qualifikationstypus plausiblerweise anzunehmen.

Diskussionswürdig ist *zweitens* die empirische Evidenz des wachsenden "Meistervorrats" als einer "aktuellen" kritischen Entwicklung. Betrachtet man die von Fischer (1993) ins Feld geführten Indizien näher, so sind doch einige Fragezeichen hinsichtlich der gegenwärtigen Bedeutung des Phänomens anzubringen. Die hier vertretene These ist, daß die in einzelnen Betrieben zweifellos erkennbare "Vorratsbildung" und der damit zusammenhängende unterwertige Einsatz von Meistern bislang kein allgemeines "Krisenphänomen" darstellt. Aus den vorliegenden statistischen Daten läßt sich dies jedenfalls nicht zweifelsfrei ableiten.

Die wachsende quantitative Bedeutung der Meisterfortbildung verweist gleichwohl auf "kritische" Entwicklungen. Dies wird verständlich, wenn man sich den Hintergründen des Aufschwungs zuwendet. Folgende Entwicklungen sind es, aus denen er sich wesentlich speist (vgl. hierzu insbesondere auch Drexel 1993b): Erstens ist hier der Trend zur Formalisierung der Zugangswege in Meisterpositionen seitens der Betriebe zu nennen. In solche Positionen gelangt zunehmend nurmehr, wer über einen (Industrie-)Meisterbrief verfügt. Wenn die Fortbildungszahlen als aktuelles "Krisenphänomen" gelten können, dann - so unsere These - mit einiger Wahrscheinlichkeit bezüglich des traditionell wichtigen, reinen Ernennungsaufstiegs.[260] Eine Zunahme der Industriemeisterabschlüsse indiziert mit anderen Worten nicht notwendigerweise und zuallererst ein generelles Überangebot an (qualifizierten) Meistern und deren wachsenden unterwertigen Einsatz. Zweitens scheint sich der Anstieg der Fortbildungszahlen auch aus einer Verengung der Aufstiegsmöglichkeiten für Facharbeiter auf die Meisterposition zu speisen. Drexels empirischen Befunden zufolge spricht einiges dafür, daß vor allem seit den 80er Jahren in vielen Betrieben zunehmend junge Fachhochschulingenieure auf technischen Spezialistenpositionen eingesetzt werden, die bis dahin ein klassisches Einsatzfeld des Technikers waren. Die sukzessive Verdrängung der Techniker von zumindest anspruchsvolleren Spezialistenpositionen hat zu einer gewissen "Verlagerung der aufstiegsbezogenen Weiterbildungsaktivitäten der Facharbeiter auf die Meisterausbildung" geführt und damit zum Anstieg der Meisterfortbildung beigetragen. Nicht zuletzt dürfte sich drittens in den steigenden Fortbildungszahlen auch ein demographischer Effekt niederschlagen, d.h. auch hier dürften die geburtenstarken Jahrgänge - allerdings mit spürbarer zeitlicher Verzögerung - ihre Spuren hinterlassen.

Auf den Aspekt der Substitutionskonkurrenz durch Ingenieure wird später einzugehen sein. An dieser Stelle gilt es erst einmal dem von Fischer behaupteten Überangebot an Meistern und dem wachsenden unterwertigen Einsatz bzw. der hier favo-

---

260 Diese These schließt nicht aus, daß es in Betrieben zu einem Mißverhältnis zwischen qualifiziertem Meisterangebot und Bedarf kommen kann.

risierten These einer sukzessiven Verdrängung der Statusmeister durch formal qualifizierte Meister, insbesondere geprüfte Industriemeister nachzugehen.

Fischer (1993, 415) selbst, der der Frage der Angebots-/Nachfrageentwicklung in aller Ausführlichkeit nachgeht, muß am Ende "feststellen, daß von einer Zunahme offensichtlich unterwertigen Einsatzes, zumindest auf breiter Front, wohl nicht gesprochen werden kann. Weder die globalen Daten lassen einen solchen drastischen Umbruch erkennen, noch zeigen die betrieblichen Fallbeispiele massive Tendenzen, Meister auf Arbeiter-Arbeitsplätzen quasi "verhungern" zu lassen." Gleichwohl sprechen seines Erachtens eine Reihe von Indizien "für einen, wenn auch verhaltenen, Trend zum unterwertigen Einsatz von Meistern". Wenden wir uns also diesen Indizien zu.

Vorweg muß jedoch noch eine wichtige Anmerkung getroffen werden: In den nachfolgenden Betrachtungen werden wir des öfteren auf Daten des Statistischen Bundesamtes bzw. des BMBF zurückgreifen, die sich, sofern nicht anders ausgewiesen, auf das frühere Bundesgebiet beziehen. Dabei wird - so wir zur Prüfung der Thesen Zeitreihen betrachten - der Blick auf den Zeitraum bis Anfang der 90er Jahre konzentriert. Daten späterer Jahre werden zwar der Vollständigkeit halber und soweit sinnvoll ausgewiesen, jedoch nicht in die Betrachtung miteinbezogen. Der Grund dafür sind bestimmte Veränderungen in den verfügbaren amtlichen Statistiken. Ein Problem liegt darin, daß in entsprechenden Publikationen Daten zum früheren Bundesgebiet in bestimmten Fällen nicht mehr gesondert ausgewiesen werden. Da jedoch entsprechende Aufschlüsselungen für Vergleiche, die in die 70er Jahre zurückreichen, unerlässlich sind, muß mit einem etwas eingeschränkten Betrachtungszeitraum Vorlieb genommen werden. Ein anderes Problem stellen Modifikationen relevanter Kategorien dar, die bestimmten Statistiken zugrundeliegen. Von besonderer Bedeutung ist hier, daß die Klassifikation der Berufe der hier besonders interessierenden Mikrozensuserhebungen aus dem Jahr 1975 durch eine revidierte Fassung 1992 abgelöst wurde. U.a. ist dabei die bis dahin der Berufsgruppe "Techniker" zugeordnete Kategorie "Industriemeister, Werkmeister" in einer neuen gesonderten Oberkategorie "Industrie-, Werk-, Ausbildungsmeister und -meisterinnen" aufgegangen, die ihrerseits in die Unterkategorien "Industrie-, Werkmeister und -meisterinnen" und "Ausbilder/Ausbilderinnen (für gewerbliche-technische Ausbildungsberufe), Ausbildungsmeister/Ausbildungsmeisterinnen" differenziert ist. Diese Veränderung im Klassifikationsschema erschwert ein Vergleich der Daten der beiden vorliegenden Mikrozensuserhebungen der Jahre 1993 und 1995 mit jenen der Vorjahre. So ist die neue Kategorie "Industrie-, Werk-, Ausbildungsmeister und -meisterinnen" nur bedingt mit der Kategorie "Industrie-, Werkmeister" der früherer Mikrozensuserhebungen vergleichbar. Gleiches gilt aber auch für die neue Unterkategorie gleichen Namens, denn die Hinzunahme der Kategorie "Ausbilder/Ausbildungsmeister" bzw. die Differenzierung zwischen Ausbildungsmeistern und anderen hat Auswirkungen auf die Zuordnung von Befragten zur Unterkategorie "Industrie-/Werkmeister", die schwer zu kontrollieren sind. Entsprechend problematisch ist im Rahmen eines Vergleichs mit Ergebnissen früherer Erhebungen die Interpretation der Daten, die auf der Kategorie "Industrie-/Werkmeister" nach der neuen Klassifizierung der Berufe fußen. Die möglichen Verzerrungen, die sich hier einstellen können, lassen es geraten erscheinen, die Mikrozensusdaten der Jahre 1993 und 1995 im Rahmen von Zeitreihenanalysen nicht näher zu beleuchten. Nur Daten ab 1992/1993 zu verwenden halten wir im übrigen hinsichtlich der hier anstehenden Fragen für wenig zweckdienlich. So lassen sich z.B. anhand nur zweier Mikrozensuserhebungen (1993 und 1995) Trends schwerlich ausmachen.

Stagnation der Nachfrage nach Meistern

Zunächst gilt es einmal, die Entwicklung des Bedarfs an Meistern abzuklären. Hier bietet sich eine Betrachtung der Entwicklung der Erwerbstätigenzahlen an. Die Analyse der Nachfrageentwicklung ist allerdings, wie auch Fischer hervorhebt, ein nicht gerade einfaches Unterfangen. Das Problem besteht darin, daß die verfügbaren Statistiken keinen präzisen Aufschluß hierüber geben können.[261] Sie bieten aber immerhin Anhaltspunkte für die tatsächliche Entwicklung:

Die Daten des Mikrozensus deuten darauf hin, daß der Bedarf an Meistern, von konjunkturellen Schwankungen einmal abgesehen, seit Mitte der 70er Jahre eher stagniert, oder - positiv formuliert - relativ stabil erscheint. Dies deutet sich sowohl in den Globalzahlen als auch in den Daten zur Erwerbstätigkeit von "Industrie-/Werkmeistern" im verarbeitenden Gewerbe an, in dem allerdings die Auswirkungen der Konjunkturkrise zu Beginn der 80er Jahre besonders ausgeprägt waren (vgl. Tabelle 1.1).

Die Mikrozensus-Daten sind zwar ein Indiz für den bisherigen Nachfragetrend, über den tatsächlichen Beschäftigungsumfang geben sie jedoch keinen hinreichenden Aufschluß. Diesbezüglich verhelfen die aus zwei Repräsentativbefragungen gewonnenen Daten, die vom Bundesinstitut für Berufsbildung (BIBB) und vom Institut für Arbeitsmarkt- und Berufsforschung (IAB) vorgelegt wurden, zu einem genaueren Bild. Die Hochrechnungen der Repräsentativbefragungen ergaben für das Jahr 1979 einen Gesamtbestand von ca. 1,411 Millionen (Bau 1982) und für das Jahr 1986 von 1,463 Millionen (Clauß 1990) erwerbstätigen Meistern (Handwerksmeister, Industriemeister, Statusmeister). Diese Zahlen sind, da sie die Zahl der Meister in allen Wirtschaftsbereichen ausweisen, zunächst wenig aussagekräftig, wenngleich Fischer sie als weiteren Beleg einer stagnativen Nachfragetendenz heranzieht. Es ist sicherlich sinnvoller, sich vornehmlich auf diejenigen Daten zu beziehen, die einen unmittelbaren Bezug zur Industrie haben. 1979 waren nach Angaben des BIBB/IAB 32% aller Meister (Handwerksmeister, Industriemeister, Statusmeister; vgl. Bau 1982) in der Industrie tätig. Bei insgesamt 1,411 Mio. erwerbstätigen Meistern ergibt dies eine Zahl von ca. 451.520 Meistern. In der zweiten Erhebung des BIBB/IAB wurde ein Anteil von rund 25% an allen erwerbstätigen Meister ermittelt, was einer Gesamtzahl von 365.750 Meistern entspricht (Clauß 1990). Diese Daten nun geben ei-

261 Die in der Berufsklassifikation des Statistischen Bundesamtes enthaltene Kategorie "Industrie- und Werkmeister", die beim Mikrozensus Anwendung findet, erfaßt letztlich die interessierende Gruppe der erwerbstätigen Meister in der Industrie nur teilweise. Die entsprechenden Daten des Mikrozensus, auf die hier zurückgegriffen werden soll, sind also nicht unproblematisch und können bestenfalls als grobes Indiz für die Nachfrageentwicklung herhalten. Eine wichtige andere Datengrundlage sind die repräsentativen Erwerbstätigenbefragungen, die das BIBB und das IAB 1979 und 1986 durchgeführt haben (vgl. Bau 1982, Clauß 1990). Hier besteht vor allem das Problem, daß, so Clauß (1990), Zeitvergleiche anhand der beiden Erhebungen riskant sind.

ne ungefähre Vorstellung davon, wieviele Meister in der Industrie - der weit überwiegende Teil von ihnen auf Meisterpositionen - tatsächlich tätig sind. Die Zahlen machen auch deutlich, daß jedenfalls von einer expansiven Nachfrageentwicklung keine Rede sein kann. Eine eindeutige Entwicklungstendenz ist aus ihnen aber nur schwer abzuleiten. Zwar ist ersichtlich, daß 1986 knapp 20% weniger Meister in der Industrie tätig waren, als noch 1979. Zu bedenken ist allerdings, daß in den Zahlen von 1986 die Nachwirkungen der Rezession zu Beginn der 80er Jahre unmittelbar - und ausgeprägter noch als in den Mikrozensuszahlen zu den erwerbstätigen Industrie-/Werkmeistern im verarbeitenden Gewerbe - zu Buche schlagen.

Tabelle 1.1
Erwerbstätige Industrie- und Werkmeister[1]

Erwerbstätige Industrie-/ Werkmeister	**Jahr**									
	1976	**1978**	**1980**	**1982**	**1985**	**1987**	**1989**	**1991**	**1993**	**1995**
insgesamt (in Tsd.)	125	122	127	137	116	124	133	129	118	118
Index (1976=100)	100	97,6	101,6	109,6	92,8	99,2	106,4	103,2		
(1993=100)									100	100
im verarbeitenden Gewerbe[2] (in Tsd.)	93	91	95	99	80	86	90	96	91	87
Index (1976=100)	100	97,8	102,2	106,5	86,0	92,5	96,8	103,2		
(1993=100)									100	95,6

Quelle: Stat. Bundesamt, Fachserie 1, Reihe 4.1.2, eigene Berechnung, versch Jahrgänge.

1 Die Angaben beziehen sich auf das frühere Bundesgebiet. Ein Vergleich der Daten der Jahre 1993 und 1995 mit jenen der Vorjahre ist aufgrund von Veränderungen in der Klassifikation der Berufe (Mikrozensus/Neufassung: 1992) problematisch.

2 ohne Baugewerbe

Zusammenfassend läßt sich angesichts der vorliegenden Daten die Einschätzung von Fischer (1993) unterstreichen, wonach die Nachfrage nach Meistern seit den 70er Jahren bestenfalls einigermaßen stabil blieb. Für ein Nachfragewachstum lassen sich in diesem Zeitraum keine Anhaltspunkte finden. Auch der zukünftige Bedarf an Meistern wird, dies indizieren entsprechende Projektionen des zu erwartenden Qualifikationsbedarfs, bestenfalls konstant bleiben (vgl. Fischer 1993, 351ff.). In der Industrie ist sogar mit einem zukünftig abnehmenden Bedarf zu rechnen, wenn der Anteil der industriellen Tätigkeiten und im besonderen der der unmittelbaren Produktionstätigkeiten weiter sinkt.[262]

Angebotslage

Die Frage, wie sich in den letzten beiden Jahrzehnten das Angebot an Meistern entwickelt hat, ist unvergleichlich schwieriger abzuschätzen als die Nachfragesituation. Das Problem resultiert aus der Tatsache, daß der "Meister im Industriebetrieb", wie er hier verstanden wird, eben nicht umstandslos gleichzusetzen ist mit den zertifizierten Industriemeistern der Fachrichtungen Metall, Chemie, Druck etc. Die faktische Lage in der Industrie ist zweifellos die, daß auf unteren Vorgesetztenpositionen im gewerblichen Bereich zwar typischerweise Aufsteiger aus der (Fach-) Arbeiterschaft eingesetzt werden. Diese Aufsteiger, so belegen die Untersuchungen von BIBB und IAB eindrücklich, sind aber keineswegs in ihrer Mehrheit geprüfte Industriemeister (vgl. Tabelle 1.2). Meister in der Industrie sind zu einem großen Teil eben auch solche, die über einen Handwerksmeisterbrief verfügen und, ein Tatbestand der hier von besonderer Bedeutung ist, sie sind in erheblichem Umfang "lediglich" Statusmeister, also solche, die keinen Meisterabschluß besitzen.

Nun läßt sich zwar die Entwicklung des Angebots an formal qualifizierten Meistern (Handwerksmeister, Industriemeister) anhand der Zahlen zu den Meisterprüfungen sehr präzise bestimmen. Eine Abschätzung der Entwicklung hinsichtlich jener potentiellen Aufsteiger und Meisterstellenaspiranten aber, die keinen Meisterabschluß anstreben, sondern die in den Betrieben als Facharbeiter oder Vorarbeiter für einen Bewährungsaufstieg bereitstehen und sich in der Arbeit und ggf. über (betriebsinterne) Weiterbildungsanstrengungen anderer Art qualifizieren, ist nicht möglich.

Greift man also auf die Daten zu den Meisterabschlüssen zurück, so muß berücksichtigt werden, daß dies ein Indikator mit nur eingeschränkter Aussagekraft ist. Zwei weitere Aspekte unterstreichen dies: Zwar ist seit der BIBB/IAB-Befragung von 1979 bekannt, daß ein erheblicher Teil der Handwerksmeister in der Industrie arbeitet (1979: 18% aller Handwerksmeister), als Indiz für die Entwicklung des Meisterangebots in der Industrie sind die Zahlen der Handwerksmeisterabschlüsse indes ein äußerst grobes Maß. Aber auch die Zahlen zu den Industriemeisterab-

---

262 Zu berücksichtigen ist in dieser Frage sicherlich auch die Entwicklung der Altersstruktur der Meister (vgl. Statistisches Bundesamt, Fachserie 4.1.2.). Mit einer Schwankungsbreite von knapp 7% nach oben und knapp 3% nach unten lag der Anteil der über 45jährigen Meister zwischen 1976 und 1991 immer um 50%. Der Anteil der Meister im Alter zwischen 55 und 65 Jahren lag weitgehend stabil bei einem Wert von etwa 15% (Spitzenwert 18,1% im Jahr 1985). Da ein "ordentlicher Meister", wie Fischer (1993, 354) zurecht betont, normalerweise mittleren Alters ist, zeigen diese Daten keine Überalterungstendenz an, die eine gewisse Nachfrageexpansion begründen könnte.

schlüssen sind als Maß für die Entwicklung des Meisterangebotes problematisch. Zu berücksichtigen ist nämlich, daß ein erheblicher Teil der geprüften Industriemeister außerhalb der Industrie tätig wird. Dies macht zumindest die Befragung von BIBB/IAB Ende der 70er Jahre deutlich:

"Der Anteil der Industriemeister, die auch in der Industrie eine Erwerbstätigkeit ausüben, liegt bei 59%, was gleichzeitig bedeutet, daß vier von zehn Industriemeistern in Wirtschaftsbereiche außerhalb der Industrie abwandern." (Bau 1982, 14)

Tabelle 1.2
Erwerbstätige Meister in der Industrie in den Jahren 1979 und 1986 - Ergebnisse der Repräsentativbefragungen des BIBB/IAB

Meister in der Industrie	1979 (abs.)	1979 (in %)	1986 (abs.)	1986 (in %)
Industriemeister[1]	83.780	18,9	201.590	54,4
Handwerksmeister[1]	137.000	30,8		
Statusmeister[2]	223.440	50,3	168.840	45,6
Gesamt	[3]444.220	100,0	370.430	100,0

Quelle: Bau 1982, Clauß 1990, eigene Berechnung.

1 In der ersten BIBB/IAB-Erhebung meint der Begriff "Handwerksmeister", daß ein Handwerksmeisterbrief, der Begriff "Industriemeister", daß ein entsprechendes Industriemeisterzertifikat vorliegt (vgl. Bau 1982). Die zweite Erhebung erfaßt dagegen alle qualifizierten. d.h. mit einem gültigen (Handwerks-, Industrie- oder Fach-)Meisterbrief ausgestatteten Meister, die in der Industrie tätig sind, als "Industriemeister", und all diejenigen, die im Handwerk tätig sind, als "Handwerksmeister". Dementsprechend kann in der zweiten Erhebung nicht mehr zwischen in der Industrie tätigen Industrie- und Handwerksmeistern unterschieden werden.

2 Bei den Statusmeistern ist zu bedenken, daß hier auch solche Arbeitskräfte erfaßt sind, die sich allein aufgrund einer Berufsbezeichnung und nicht aufgrund ihrer betrieblichen Position als Meister bezeichnen (vgl. Bau 1982, 13).

3 Die Differenz zu den weiter oben genannten 451.520 in der Industrie tätigen Meistern ergibt sich dadurch, daß das BIBB bei der Berechnung der Handwerksmeister die Land- und Hauswirtschaftsmeister außer Betracht gelassen hat (vgl. Bau 1982).

Tabelle 1.3
Bestandene Meisterprüfungen[1]

Jahr	Bestandene Meisterprüfungen (N)			
	Insgesamt	Industrie und Handel	Handwerk	Land-/Hauswirtschaft, Seeschiff., Öffentl. Dienst
1977	31.219	4.032	23.496	3.691
1978	33.164	4.135	24.836	4.193
1979	34.476	4.732	25.348	4.396
1980	36.861	5.154	27.585	4.122
1981	38.928	6.219	28.331	4.378
1982	41.874	7.203	29.788	4.883
1983	41.035	6.979	29.243	4.813
1984	40.842	6.689	29.296	4.957
1985	43.277	6.735	31.149	5.393
1986	46.217	8.635	32.725	4.857
1987	49.124	9.411	34.437	5.276
1988	51.791	10.607	35.832	5.352
1989	55.419	11.933	38.203	5.283
1990	56.114	12.527	38.648	4.939
1992	58.875	15.089	39.520	4.266
1993	65.171	16.387	44.807	3.977
1994	66.474	16.842	45.305	4.327
1995	60.763	14.956	42.358	3.449

Quelle: Fischer 1993, Stat. Bundesamt, Fachserie 11, Reihe 3, versch. Jahrgänge.

1 Bis einschließlich 1992 früheres Bundesgebiet; ab 1993 gesamtes Bundesgebiet.

Die Probleme sind also vielfältig, und die im folgenden zu präsentierenden Daten sind daher wesentlich weniger eindeutig zu interpretieren, als dies Fischer tut, der im übrigen, im Bemühen einen Meistervorrat nachzuweisen, solche Überlegungen erst gar nicht anstellt. Für ihn ist gewiß und "läßt sich auf der Grundlage der vorliegenden Daten feststellen, daß das Angebot an Meistern insbesondere seit Mitte der 80er Jahre gewachsen ist." (Fischer 1993, 357) Was sagen nun aber die Zahlen?

Für den eigentlichen Zweck reicht hier völlig aus, auf einige wenige Daten der Berufsbildungsstatistik des Statistischen Bundesamts (Fachserie 11, Reihe 3, Berufliche Bildung) zurückzugreifen.

Tabelle 1.4
Bestandene Meisterprüfungen - Index 1977 = 100[1]

Jahr	Bestandene Meisterprüfungen			
	Insgesamt	Industrie und Handel	Handwerk	Land-/Hauswirtschaft, Seeschiff., Öffentl. Dienst
1977	100	100	100	100
1978	106	103	106	114
1979	110	117	108	119
1980	118	128	117	112
1981	125	154	121	119
1982	134	179	127	132
1983	131	173	124	130
1984	131	166	125	134
1985	139	167	133	146
1986	148	214	139	132
1987	157	233	147	143
1988	166	263	153	145
1989	178	296	163	143
1990	180	311	164	134
1992	189	374	168	116
1993	100	100	100	100
1994	102	103	101	109
1995	93	91	95	87

Quelle: Fischer 1993, Stat. Bundesamt, Fachserie 11, Reihe 3, versch. Jahrgänge.

1 Bis einschließlich 1992 früheres Bundesgebiet; ab 1993 gesamtes Bundesgebiet (Index 1993 = 100).

Die Betrachtung der Tabellen 1.3 bis 1.6 macht folgendes deutlich:

(1) Sowohl die absoluten wie die Indexzahlen lassen erkennen, daß sich das Angebot an qualifizierten Meistern (Industrie und Handel, Handwerk und übrige Wirtschaftsbereiche zusammengenommen) seit Mitte der 70er Jahre signifikant erhöht hat. Die Zahl der Teilnehmer an allen Meisterprüfungen lag 1992 bei ca. 74.000 und damit um etwa 34.000 höher als noch 1977. Parallel verlief die Entwicklung bei den bestandenen Prüfungen, wo ein Zuwachs von 31.219 (1977) auf 58.875 (1992) zu verzeichnen war.

(2) Besonders markant waren die Anstiege in der Meisterfortbildung im Bereich Industrie und Handel. Hier stieg die Zahl der bestandenen Meisterprüfungen (Industriemeister, Fachmeister, sonstige Meisterprüfungen) zwischen 1977 und 1992 auf das 3,7fache, während die Zahlen bei den Handwerksprüfungen nur auf etwas mehr als das anderthalbfache stiegen. Dabei hat sich der Anteil derer, die in

Industrie und Handel eine Meisterprüfung bestanden, im Zeitablauf merklich und zwar von 13% aller Meisterprüfungen auf 26% in 1992 erhöht.

(3) Unter den Aufstiegsfortbildungen in Industrie und Handel sind die Industriemeisterlehrgänge und -prüfungen traditionell absolut dominant. Hier sind die Zuwächse an Prüfungsteilnehmern und bestandenen Meisterprüfungen noch stärker ausgeprägt. Die entsprechenden Zahlen stiegen zwischen 1977 und 1992 auf über das Fünffache an. Waren 1977 noch rund 2.500 bestandene Industriemeisterprüfungen zu verzeichnen, so waren es 1992 bereits rund 13.000. Besonders ausgeprägt sind die Zuwächse dabei seit der zweiten Hälfte der 80er Jahre.

Angesichts dieser Entwicklungen ist eines ganz sicher: Es gibt - verstärkt seit Mitte der 80er Jahre - eine deutliche Ausweitung der Meisterfortbildung und diese ist besonders ausgeprägt im Fall der Weiterbildung zum Industriemeister.[263] Deutlich ist damit auch, daß Nachfrage- und Fortbildungstrend nicht parallel verlaufen und sich eine Schere öffnet: Während die Nachfrage stagniert bzw. tendenziell sinkt, steigen die Absolventenzahlen von Meister- und speziell von Industriemeisterlehrgängen.

Tabelle 1.5
Bestandene Meisterprüfungen - Entwicklung der Anteile nach Wirtschaftsbereichen

Jahr	Bestandene Meisterprüfungen (Anteile in %)			
	Industrie und Handel	Handwerk	Land-/Hauswirtschaft, Seeschiff., Öffentl. Dienst	Gesamt
1977	13	75	12	100
1982	17	71	12	100
1987	19	70	11	100
1992	26	67	7	100
1995	24	70	6	100

Quelle: Fischer 1993, Stat. Bundesamt, Fachserie 11, Reihe 3, eigene Berechnung.
1 Bis einschließlich 1992 früheres Bundesgebiet; 1995 gesamtes Bundesgebiet.

[263] Imposant ist allerdings auch der Wachstumsprozeß nach dem Zweiten Weltkrieg. So schnellt die Zahl der Prüfungsteilnehmer von 210 im Jahr 1950 bereits 1956 auf 1.530 und erreicht Mitte der 60er Jahre immerhin einen Wert von über 2.600 (vgl. Siepe 1968, 31).

Tabelle 1.6
Industriemeister - Teilnehmer an Fortbildungsprüfungen und bestandene Prüfungen[1]

Jahr	Prüfungsteilnehmer (abs.)	Prüfungsteilnehmer Index (1977=100)[2]	bestandene Prüfungen (abs.)	bestandene Prüfungen Index (1977=100)[2]
1977	2.924	100	2.541	100
1978	3.546	121	3.110	122
1979	3.837	131	3.556	140
1980	4.526	155	4.024	158
1981	5.482	188	4.944	195
1982	6.687	229	5.960	235
1983	6.288	215	5.629	222
1984	5.905	202	5.306	209
1985	6.169	211	5.355	211
1986	7.809	267	6.997	275
1988	9.613	329	8.542	336
1989	11.871	406	10.429	410
1990	12.798	438	11.166	439
1992	15.137	518	13.192	519
1993	17.087	100	14.703	100
1994	17.768	104	14.915	101
1995	15.939	93	12.832	87

Quelle: Fischer 1993, Stat. Bundesamt, Fachserie 11, Reihe 3, versch. Jahrgänge, eigene Berechung.

1 Bis einschließlich 1992 früheres Bundesgebiet; ab 1993 gesamtes Bundesgebiet.

2 ab 1993 Index 1993 = 100.

Meistervorrat und zunehmend unterwertiger Einsatz von Meistern versus Professionalisierung und Verdrängung von Statusmeistern

Anhand der statistischen Daten zu den Meisterprüfungen läßt sich nun aber nicht direkt auf ein Überangebot an Arbeitskräften schließen, die eine Meisterstelle in der Industrie suchen. Zunächst einmal zeigen die Daten nur eindrücklich die anhaltende, ja steigende Attraktivität der Fortbildung zum Meister. Nun suchen bzw. finden wie gesagt beileibe nicht alle qualifizierten Meister, auch nicht alle Industriemeister, in der Industrie eine Beschäftigung. Zudem ist zu berücksichtigen, daß die Statusmeister noch gar nicht in die Rechnung einbezogen sind. Die Zahlen können nämlich auch dahingehend interpretiert werden, daß, bei insgesamt eher stagnierendem Bedarf an Meistern in der Industrie, der Ersatzbedarf mittlerweile weit überwiegend durch formal qualifizierte Meister, insbesondere Industriemeister gedeckt wird, und daß demgegenüber reine Ernennungsaufstiege abnehmen.A la longue würde dies bedeuten: Formal qualifizierte Meister verdrängen die Statusmeister. Der beeindruckende Anstieg der Zahlen zu den Industriemeisterfortbildungen kann damit plausiblerweise auch als Ausdruck einer fortschreitenden Formalisierung der Zugangswege in Meisterpositionen bzw. der Professionalisierung dieser Berufsgruppe gewertet werden. Wir werden hierzu weiter unten noch einige Indizien anführen. Halten wir zunächst erst einmal fest, daß sich anhand der diskutierten Daten, anders als dies Fischers Studie suggeriert, die These eines bestehenden Überangebotes und damit eines wachsenden Meistervorrats nicht zweifelsfrei verifizieren läßt.

Ein ähnliches Urteil ist hinsichtlich seiner, anhand statistischer Daten vorgenommenen Beweisführung eines wachsenden unterwertigen Einsatzes von Meistern infolge des "nachgewiesenen" Angebotsüberschusses zu treffen. Vorausgeschickt sei erst einmal die Feststellung, daß sich ein unterwertiger Einsatz bei solchen Arbeitskräften, die keinen Meisterabschluß, wohl aber die Hoffnung auf einen Ernennungsaufstieg haben (und sich ggf. individuell bzw. betrieblich versucht haben dafür zu qualifizieren), natürlich nicht diskutieren läßt. Dieser läßt sich nur bezüglich qualifizierter Meister und Statusmeister ermitteln, wobei insbesondere dann von einem unterwertigen Einsatz gesprochen werden kann, wenn Meister als Arbeiter tätig sind - und das wohlgemerkt ohne subjektive Bewertungen der Meister, ob sie sich unterwertig eingesetzt sehen, berücksichtigen zu können.

Der Indikator "Stellung im Beruf als Arbeiter" ist sicherlich "unscharf, zumal es bis in die 70er Jahre hinein z.T. durchaus noch üblich war, Meister auf Meisterstellen nicht zu Angestellten zu machen und manchen Vorarbeiter eigentlich Meisterfunktionen erfüllen zu lassen" (Fischer 1993, 371). Trotzdem kann er, vorsichtig verwandt, als Indiz herangezogen werden.

Wenden wir uns zunächst den verfügbaren Mikrozensusdaten zu. Betrachtet man die Anteile der Meister, die als berufliche Stellung "Arbeiter" angeben, so ist für den Zeitraum von 1976 bis 1991 keine Entwicklung erkennbar, die auf einen signifikant wachsenden unterwertigen Einsatz von Meistern hindeutet. Die Anteilswerte schwanken zwischen 17,5% und 20,2% und dies in einem steten Auf und Ab. Unverständlich ist, weshalb Fischer, der ansonsten akribisch Zeitreihen verwendet, hier nur drei Jahreszahlen (1985, 1987, 1989) vergleichend analysiert, um dann darauf hinzuweisen, daß der Anteil der Meister, die als Arbeiter beschäftigt waren, um immerhin knapp 2% gestiegen sei.

Die Mikrozensusdaten belegen faktisch "nur", daß über einen Zeitraum von immerhin 15 Jahren der Anteil der im Arbeiterverhältnis beschäftigten Meister relativ konstant bei knapp unter einem Fünftel lag. Ein wachsender unterwertiger Einsatz läßt sich hieraus nicht ableiten und offensichtlich hat dieser Umstand, wie oben gezeigt, auch keine negativen Auswirkungen auf die Fortbildungsbereitschaft gehabt.

Auch aus der anderen Datenquelle, den BIBB/IAB-Befragungen, läßt sich im Grunde keine "Tendenz" ableiten. Dies nicht nur wegen der bereits erwähnten Problematik des Zeitvergleichs der beiden Befragungen. Selbst wenn man von dieser Schwierigkeit absieht, sind Fischers hierauf beruhende Schlußfolgerungen zweifelhaft. Zunächst zu den Fakten:

Tabelle 1.7
Erwerbstätige Industrie-, Werkmeister nach Stellung im Beruf[1]

Stellung im Beruf		Jahr 1976	1978	1980	1982	1985	1987	1989	1991	1993	1995
Meister insg. (in Tsd.)		125	122	127	137	116	124	133	129	118	118
mit Angabe zu Stellung im Beruf (a)		114	119	126	135	116	121	129	125	116	115
Beamte	in Tsd.	-	8	10	11	9	9	7	7	5	6
	in % von (a)	-	6,7	7,9	8,1	7,8	7,4	5,4	5,6	4,3	5,2
Angestellte	in Tsd.	92	89	94	98	86	88	96	96	83	79
	in % von (a)	80,7	74,8	74,6	72,6	74,1	72,7	74,4	76,8	71,6	68,7
Arbeiter	in Tsd.	22	22	22	26	21	24	26	22	28	30
	in % von (a)	19,3	18,5	17,5	19,3	18,1	19,8	20,2	17,6	24,1	26,1

Quelle: Stat. Bundesamt, Fachserie 1, Reihe 4.1.2., vers. Jahrgänge, eigene Berechnung.

1 Die Angaben beziehen sich auf das frühere Bundesgebiet. Ein Vergleich der Daten der Jahre 1993 und 1995 mit jenen der Vorjahre ist aufgrund von Veränderungen in der Klassifikation der Berufe (Mikrozensus/Neufassung: 1992) problematisch.

1979 waren ca. 18% aller abhängig erwerbstätigen Meister im Arbeiterverhältnis beschäftigt. Unter den Handwerksmeistern betrug der Anteil dieser Gruppe 13%, bei den Industriemeistern belief er sich auf 8% und bei den Statusmeistern auf beeindruckende 26%. Insgesamt befand sich 1979 etwa "ein Fünftel der abhängig beschäftigten Meister ... in Positionen von Facharbeitern, Vorarbeitern oder einfachen Angestellten bzw. Beamten." (Bau 1982, 13)[264] 1986 befanden sich 9% aller abhängig erwerbstätigen Meister in einem Arbeiterverhältnis. Unter den "Handwerksmeistern" lag der Anteil bei 5%, bei den "Industriemeistern" bei 18% und bei den Statusmeistern nurmehr bei 2% (Vgl. Bau 1982, 13; Clauß 1990, 53).[265]

Folgt man Fischer (1993, 373ff.) und riskiert "den Vergleich zwischen 1979 und 1986, so kann man zunächst konstatieren, daß der Anteil der als 'Arbeiter' eingestuften Meister abgesunken ist (von knapp 18% auf rd. 9%), der Anteil einfacher Angestellter und Beamter im einfachen Dienst sich demgegenüber leicht erhöht hat (von 1% auf 5%). Daß der Anteil der als Arbeiter beschäftigten Meister zurückgegangen ist, hat offensichtlich damit zu tun, daß die sogenannten Statusmeister 1986 im Regelfall in den ordentlichen Meisterrang erhoben worden sind. Sieht man nämlich einmal von der Gruppe der Statusmeister ab, so ergibt sich für die "Nicht-Statusmeister" sogar ein leicht steigender Anteil: von 12% auf 14% ... Die beim ersten Blick ins Auge fallende Abnahme des Anteils vermutlich unterwertig eingesetzter Meister scheint daher vor allem auf den Effekt der Aufwertung der Statusmeister zurückführbar zu sein, während bei den ausgebildeten Industrie- und Handwerksmeistern ein Trend zur Zunahme eines tendenziell unterwertigen Einsatzes zu verzeichnen ist".

Diese Interpretation ist nicht stichhaltig: Erstens wird damit völlig ignoriert, daß zwischen beiden Erhebungen eine Rezession lag, die sich ja auch in den anderen Datenquellen eindrücklich dokumentiert. Ein Anstieg des Anteils der im Arbeiterverhältnis sich befindenden qualifizierten Meister um schlichte 2% kann angesichts dieses Hintergrunds allen Ernstes nicht als Beleg eines Anstiegs "unterwertigen Einsatzes" aufgrund eines anhaltenden Mißverhältnisses zwischen Angebot und Nachfrage herhalten. Zweitens baut diese Interpretation natürlich auf der tabellarischen Gegenüberstellung der Ergebnisse der beiden Erhebungen auf. Indem Fischer die Daten von 1979 und 1986 zur "Stellung im Beruf" unter Verwendung der einheitlichen Begrifflichkeit "Handwerksmeister", "Industriemeister" und "Statusmeister" gegenüberstellt und im Text auch mit diesen Begriffen operiert, suggeriert er eine Vergleichbarkeit, die faktisch nicht besteht (vgl. Fischer 1993, Tabelle 48, 376). Es ist gänzlich unzulässig, Daten gegenüberzustellen, wenn die zentralen Kategorien, nämlich "Handwerksmeister" und "Industriemeister" nicht identisch sind. Wie bereits weiter oben deutlich gemacht, bezeichnen diese Begriffe in der ersten Untersuchung (vgl. Bau 1982, 9) das Vorhandensein eines Abschlusses als Handwerksmeister bzw. als Industriemeister - unabhängig vom Wirtschaftszweig, in dem ein Meister beschäftigt ist. In der zweiten

---

264 Bau (1982, 13) liefert eine Interpretation, die deutlich macht, wie der recht hohe Arbeiteranteil unter den Statusmeistern zu verstehen ist: "Dieser vergleichbar hohe Anteil an Meistern in beruflichen Positionen, die nicht ihrem Berufsabschluß entsprechen, rührt aus der Tatsache, daß es unter den Status-Meistern eine große Anzahl von Erwerbstätigen gibt, die sich ausschließlich aufgrund der Berufsbezeichnung als Meister verstehen und die sich nicht - wie die übrigen Kollegen unter den Status-Meistern - über ihren erreichten beruflichen Status als Meister bezeichnen."

265 Wie erwähnt bedeutet hier "Handwerksmeister" nicht, daß ein Handwerksmeisterbrief vorliegt. Genauso wenig meint "Industriemeister" die Existenz eines Industriemeisterzertifikats. Die Begriffe bedeuten hier qualifizierter Abschluß als Handwerksmeister *oder* als Industriemeister und Beschäftigung im Handwerk (= Handwerksmeister) bzw. in der Industrie (=Industriemeister).

Untersuchung (vgl. Clauß 1990, 14) bezeichnen die Begriffe diejenigen Meister, die einen Meisterabschluß haben (gleichgültig ob Handwerksmeister- oder Industriemeisterbrief) und im Handwerk (=Handwerksmeister) oder in der Industrie (=Industriemeister) tätig sind. Im einen Fall handelt es sich also um eine reine Qualifikationskategorie, im anderen um eine Kombination aus Qualifikation und Beschäftigungsbereich. Eine unkommentierte Gegenüberstellung der oben aufgeführten Zahlen, wie sie sich bei Fischer findet, ist mithin irreführend.[266]

Fassen wir zusammen: Auf der Basis der vorliegenden statistischen Daten läßt sich die These eines *wachsenden* Meistervorrats bzw. unterwertigen Einsatzes von Meistern als einem generellen Phänomen, das die Entwicklung der letzten Jahre auszeichnet, nicht mit hinreichender Sicherheit ableiten.

Bei einem Teil der Industriebetriebe zeichnet sich eine solche Tendenz gleichwohl ab. Deutlich reflektiert sich dies in den Ergebnissen von 6 Fallstudien und einer telefonischen Betriebsbefragung von 100 Großbetrieben (über 1.000 Beschäftigte), die Fischer (1993, 378ff.) präsentiert. Danach verfügen von den 100 Betrieben aus dem Maschinenbau, der Elektro- und der Chemischen Industrie immerhin 37 Betriebe über mehr qualifizierte Meister als Meisterstellen. Einschränkend ist allerdings hinzuzufügen: Nur ein Teil der Personalverantwortlichen mag darin eine neue Entwicklung der letzten Jahre sehen. Ein anderer Teil scheint "wie selbstverständlich, ja fast schon gesetzmäßig davon auszugehen ..., daß ein gewisser Vorrat - einfach durch die private Initiative der Arbeitskräfte - ohnehin beständig produziert wird" (Fischer 1993, 379).

Die Frage ist nun aber, wie die Scherenbewegung - stagnierender Bedarf auf der einen, steigende Zahlen bei den Meisterprüfungen, speziell bei den Industriemeisterprüfungen auf der anderen Seite - zu interpretieren ist? Die hier favorisierte und schon weiter oben skizzierte These lautet: In dieser Scherenbewegung reflektiert sich u.a. ein Prozeß der Formalisierung des Aufstiegs der Facharbeiter in Meisterpositionen und allgemein ein Prozeß der Professionalisierung der Berufsgruppe der

266 So suggeriert die Gegenüberstellung des Arbeiteranteils bei "den" "Industriemeistern" einen Anstieg von 8% auf 18%. Im ersteren Fall ist allerdings der "Arbeiteranteil" der geprüften Industriemeister - gleichgültig, ob sie in der Industrie oder im Handwerk beschäftigt sind - beschrieben, im letzteren der Arbeiteranteil aller zertifizierten Handwerks- und Industriemeister, die in der Industrie arbeiten. Welcher Leser mag sich bei der Betrachtung der Tabellen wohl daran erinnern, daß der Autor etwa dreißig Seiten zuvor in einer Fußnote auf diesen Umstand hingewiesen hat (Fischer 1993, 348, Fußnote 6)? Was bei Fischer (1993) allein durch die tabellarische Gegenüberstellung angedeutet wird, findet sich bei Drexel (1993a, 143f.) explizit: "Einen Annäherungswert in bezug auf die Größenordnung von unterwertigem Einsatz von ausgebildeten Meistern geben die Ergebnisse der beiden Repräsentativbefragungen von BIBB und IAB aus den Jahren 1979 und 1986, wenngleich sie aus methodischen Gründen nicht voll vergleichbar sind, die angegebenen Zahlen also nur mit großem Vorbehalt als "Entwicklungstendenz" zu interpretieren sind: 1979 waren 8% der als Industriemeister ausgebildeten Arbeitskräfte als Arbeiter eingesetzt (Bau 1982), 1986 waren es 18% (Clauß 1990)."

Tabelle 1.8

Bildungs- und berufsbildende Abschlüsse von erwerbstätigen Industrie-/Werkmeistern[1]

erwerbstätige Meister Bildungs-/berufsbildende Abschlüsse		Jahr 1976	1978	1980	1982	1985	1987	1989	1991	1993	1995
Meister insg.	(in Tsd.)	125	122	127	137	116	124	133	129	118	118
mit Angabe zum	(a) Schulabschluß	121	118	123	132	116	124	133	119	110	114
	(b) berufsbild. Ab.	111	110	119	126	106	114	121	111	103	105
Hauptschulabschluß	in Tsd.	108	104	107	115	93	96	99	85	82	79
	in % von (a)	89,3	88,1	87,0	87,1	80,2	77,4	74,4	71,4	74,5	69,3
Realschul- oder gleich-	in Tsd.	13	14	16	17	18	19	24	26	21	27
wertiger Abschluß	in % von (a)	10,7	11,9	13,0	12,9	15,5	15,3	18,0	21,8	19,1	23,7
Fachhochschul-/	in Tsd.	-	-	-	-	5	9	10	8	7	8
Hochschulreife	in % von (a)	-	-	-	-	4,3	7,3	7,5	6,7	6,4	7,0
Lehr-/Anlernaus-[2]	in Tsd.	67	64	69	72	52	51	55	46	42	45
bildung	in % von (b)	60,4	58,2	58,0	57,1	49,1	44,7	45,5	41,4	40,8	42,9
Fachschulabschluß[3]	in Tsd.	44	46	50	54	54	63	66	65	61	60
	in % von (b)	39,6	41,8	42,0	42,9	50,9	55,3	54,5	58,6	59,2	57,1

Quelle: Stat. Bundesamt, Fachserie 1, Reihe 4.1.2., vers. Jahrgänge, eigene Berechung.

1 Die Angaben beziehen sich auf das frühere Bundesgebiet. Ein Vergleich der Daten der Jahre 1993 und 1995 mit jenen der Vorjahre ist aufgrund von Veränderungen in der Klassifikation der Berufe (Mikrozensus/Neufassung: 1992) problematisch.

2 Einschließlich gleichwertiger Berufsabschluß sowie berufliches Praktikum

3 Einschließlich Meister- bzw. Technikerausbildung

Meister[267]; anders als in den 50er und 60er Jahren wird der Meister in der Industrie zusehends verbunden mit einem Meisterbrief, ja genauer mit einem Industriemeisterbrief. Vergleichbar der Entwicklung im Arbeiterbereich, wo der Anteil der Un- und Angelernten beständig sinkt, werden im Fall der Meister die Statusmeister sukzessive durch einschlägige, geprüfte Industriemeister (bzw. Handwerksmeister) verdrängt. Hierfür lassen sich eine Reihe von Indizien anführen:

(1) Zunächst sind da Fischers (1993, 385ff.) Fallstudienergebnisse, aber auch Erkenntnisse aus den empirischen Untersuchungen, die dieser Arbeit zugrundeliegen, zu nennen: Immer wieder stößt man in den Betrieben auf Berichte, daß teilweise bis in die 70er Jahre hinein der reine Ernennungsaufstieg eine gängige Praxis war, daß mittlerweile aber kein Facharbeiter mehr die Chance erhalte, ohne Meisterbrief in eine entsprechende Position aufzusteigen. Gerade in Großbetrieben, die häufig die Meisterausbildung direkt förderten und gleichzeitig ihren Facharbeiteranteil sukzessive erhöhten, dürfte daher über die Zeit an die Stelle jenes verdeckten Vorrats an qualifizierten Facharbeitern, die z.B. über die Bewährung in herausgehobenen Facharbeiterpositionen (Vorarbeiter, Einrichter etc.) eine Ernennung zum Meister anstrebten, nun ein offener Vorrat getreten sein: eben aufstiegswillige Facharbeiter mit dem Meisterbrief in der Tasche.

(2) In diese Richtung deuten auch die Daten des Mikrozensus zu den Bildungs- und berufsbildenden Abschlüssen der Kategorie "Industrie- und Werkmeister". Aus Tabelle 1.8 ist ersichtlich, daß sich, abgesehen von einem Trend hin zu höheren Bildungsabschlüssen, seit den siebziger Jahren eine prägnante Umschichtung bei den Berufsabschlüssen vollzieht. Verfügten 1976 noch 60% aller Meister lediglich über eine Lehr- bzw. Anlernausbildung, lag deren Anteil 1991 nur noch knapp über 40%. Demgegenüber stieg der Anteil der Meister mit Fachschulabschluß - hier dürfte der Meisterabschluß absolut dominant sein - von 39,6% auf nun 58,6%. Auffallend ist, daß der Einbruch bei den Anteilen der "Statusmeister" erst um die Mitte der 80er Jahre richtig beginnt, und in etwa gleichsinnig verläuft mit dem außerordentlichen Anstieg der Industriemeisterfortbildung seit Mitte der 80er Jahre.

Der Meisterbrief ist spätestens in den 80er Jahren offenkundig zur Standardvoraussetzung für diejenigen Facharbeiter geworden, die in eine Meisterposition aufsteigen wollen. In den 60er Jahren war dies allenfalls der Facharbeiterbrief, wie anhand der von Siepe (1968) erhobenen Daten zur Qualifikation der Meister in 54 Industrieunternehmen verschiedener Branchen ablesbar ist (vgl. Tabelle 1.9). Siepes Daten sind in keiner Weise repräsentativ, mögen aber gleichwohl als Indiz für die damaligen Verhältnisse gelten. Im Durchschnitt verfügten etwa drei Viertel der Meister der untersuchten Firmen (wobei hier offengelassen ist, ob es sich um eine Industriemeister- oder eine Handwerksmeisterprüfung handelt) lediglich über eine Facharbeiterausbildung, nur etwas mehr als ein Viertel der Meister hatte auch eine Meisterprüfung absolviert (vgl. Tabelle 1.10).

---

267 Dies betont im übrigen auch Fischer (1993, 378). Indizien sind der Aufbau geregelter Fortbildungsgänge, die allmähliche Etablierung berufsfachlicher Standards vermittelt über Zugangsregeln, Ausbildungspläne, Prüfungsverfahren und -ordnungen, die "öffentliche Normierung und Zertifizierung des Qualifikationsresultats" (Drexel 1993a, 266) und das Entstehen eines auf den "neuen" Meister zugeschnittenen Berufsverband (Industriemeistervereinigungen).

Tabelle 1.9
Meister mit Facharbeiterausbildung in den 60er Jahren

Industriezweig	Betriebe (abs.)	Meister (abs.)	Anteil der Meister mit Facharbeiterausb. je Industriezweig (in%)
Maschinenbau	9	255	94,9
Elektro/Optik	6	660	92,9
Nahrung/Genuß	3	55	89,1
Metall	18	264	74,2
übrige Industrie	6	96	60,4
Chemie	6	300	59,7
Papier/Zellstoff	3	41	58,5
Hüttenwerke	3	278	30,0
Summe/ durchschnittl. Anteil	54	1.949	74,1

Quelle: Siepe 1968, S. 177.
1 Facharbeiterausbildung

Tabelle 1.10
Relevanz der Meisterausbildung in der Industrie der 60er Jahre

Industriezweig	Betriebe (abs.)	Meister (abs.)	Anteil der Meister mit Meisterprüfung je Industriezweig (in%)
Nahrung/Genuß	3	55	70,9
Maschinenbau	6	68	48,6
Elektro/Optik	3	128	41,4
Chemie	6	300	32,7
Papier/Zellstoff	3	41	29,3
übrige Industrie	6	96	24,0
Hüttenwerke	3	278	23,4
Metall	18	264	13,6
Summe/ durchschnittl. Anteil	48	1.230	29,2

Quelle: Siepe 1968, S. 177.

(3) Dieser Verdrängungseffekt reflektiert sich in den BIBB/IAB-Daten in einer besonderen Art und Weise: Sie deuten darauf hin, daß (unter den Meistern) die Statusmeister[268] zu den vornehmlichen Opfern der Wirtschaftskrise zu Anfang der 80er Jahre gehörten.

Wie erinnerlich belief sich laut BIBB/IAB-Hochrechnung 1979 die Zahl der in der Industrie beschäftigten Meister auf ca. 451.000. Aufgrund einer anderen Berechnungsgrundlage bei der Aufschlüsselung der Meister nach Qualifikation und Wirtschaftszweig (die Land- und Hauswirtschaftsmeister wurden hier außen vorgelassen, vgl. Bau 1982, 14) muß hier mit der niedrigeren Gesamtzahl von 444.000 Meistern als Bezugsgröße gerechnet werden. Unter diesen Meistern waren 137.000 Handwerksmeister, rund 84.000 geprüfte Industriemeister und 223.000 Statusmeister. 1986 war die Zahl der in der Industrie beschäftigten Meister auf ca. 360.000 gesunken.[269] Die Zahl der Meister mit Handwerks- oder Industriemeisterbrief unter ihnen belief sich auf geschätzte 198.000 und die der Statusmeister auf etwa 162.000. Nimmt man trotz der erwähnten Probleme einen Zeitvergleich vor, dann ergibt sich folgendes Bild: Die Zahl der beschäftigten Meister ist zwischen 1979 und 1986 um rund 84.000 oder 19% gesunken. Dabei gingen die Beschäftigungsverluste bezeichnenderweise weit überwiegend, nämlich zu fast drei Vierteln zulasten der erwerbstätigen Statusmeister - deren Zahl sank in diesem Zeitraum um etwa 61.000 (Rückgang um ca. 27%) - und lediglich zu etwas mehr als einem Viertel auf das Konto der qualifizierten Handwerks- oder Industriemeister. Dabei fiel der Rückgang der Beschäftigung von 221.000 in der Industrie erwerbstätigen Handwerks- und Industriemeistern des Jahres 1979 auf 198.000 im Jahr 1986 (Verluste: 23.000) vergleichsweise niedrig aus. Er betrug lediglich etwa 10%.

Zusammengenommen spricht also einiges für die These, daß aus der Diskrepanz zwischen der Gesamtnachfrage nach Meistern und dem Angebot an formal qualifizierten (Industrie-)Meistern nicht notgedrungen und umstandslos auf einen wachsenden unterwertigen Einsatz als einem aktuellen und generelleren Phänomen geschlossen werden kann, das in absehbarer Zeit zu einem Attraktivitätsverfall der Meisterfortbildung und damit des Aufstiegs in Meisterpositionen führt.

Plausibler erscheint, daß sich darin die forcierte Erosion des reinen Ernennungsaufstiegs dokumentiert. Der Meisterbrief spielt mittlerweile eine vergleichbare Rolle wie die berufliche Ausbildung hinsichtlich des Zugangs zum Beschäftigungssystem: Ohne geht nichts mehr.[270] Einiges spricht dafür, daß zumindest bislang die Substitution ernannter durch ausgebildete Meister bedeutsamer war, als ein wachsender unterwertiger Einsatz letzterer. Diese Feststellung schließt Probleme für die Zukunft nicht aus. Spätestens dann, wenn auf Meisterpositionen vornehmlich qualifizierte Meister tätig sind, könnten die gegenwärtig vielleicht noch unproblematischen

---

268 Zu bedenken ist allerdings, daß sich ein Teil dieser "Statusmeister" nicht aufgrund der betrieblichen Stellung, sondern aufgrund der Berufsbezeichung als Meister einordnet.

269 Die Schätzungen erfolgen auf der Basis der von Clauß (1990, 15, 50) vorgelegten Daten.

270 So gesehen ist es nur verständlich, daß sich aufstiegswillige Facharbeiter verstärkt um eine entsprechende Fortbildung bemühen. Der vielleicht schon immer in den Betrieben vorhandene "Vorrat" an (sich anderweitig qualifizierenden) aufstiegswilligen "Nachwuchskräften" läßt sich anhand des Meisterbriefes nun eindeutiger identifizieren und die individuellen Ansprüche auf einen entsprechenden Arbeitsplatz dürften angesichts der erheblichen Investitionen u.a. an Zeit und Energie zudem steigen.

Fortbildungszahlen in der Tat einen massiven Attraktivitätsverfall der Meisterfortbildung auslösen - mit den bereits angesprochenen Konsequenzen.

2. Seiteneinstieg versus Aufstieg: der Ingenieur als Konkurrenz?

Hinsichtlich der Zukunft des Einsatzes von Meistern in der Industrie ist die Frage der Substitutionskonkurrenz durch Höherqualifizierte weitaus grundsätzlicher und gewichtiger als das oben behandelte Problem. Die Relevanz dieses Problems, auf das Fischer (1993) hinweist, ergibt sich auf einer allgemeinen Ebene durch folgende Überlegung:

Grundlegende gesellschaftliche Veränderungen der letzten Jahrzehnte, die Veränderungen im Bildungssystem, die Bildungsexpansion bzw. die Veränderungen im Bildungs- und Ausbildungsverhalten führten und führen zu einer nachhaltigen Veränderung in der Struktur des Arbeitsmarktangebotes. Insbesondere der säkulare Trend zu höheren Bildungs- und Ausbildungsabschlüssen modifiziert die Versorgungslage der Unternehmen. Dies beeinflußt - zumindest auf längere Sicht - die betrieblichen "Arbeitskräftestrategien" bzw. die Gestalt "betrieblicher Arbeitssysteme" (Lutz 1987). Der Strukturwandel auf der Angebotsseite eröffnet demnach den Unternehmen die Möglichkeit, Arbeitssysteme mehr als bisher an der Nutzung von Arbeitskräften mit höheren Qualifikationen auszurichten bzw. bestehende Probleme durch deren verstärkten Einsatz zu lösen. In der Tendenz können die angesprochenen Veränderungen zu einer Veränderung der betrieblichen Rekrutierungspolitik führen. Das Resultat: Tendenziell verdrängen Arbeitskräfte mit höherem solche mit niedrigerem Qualifikationsprofil, Seiteneinsteiger treten an die Stelle der Aufsteiger. Dieser Prozeß, so die These, betrifft nicht zuletzt das qualifikatorische Mittelfeld im gewerblich-technischen Bereich. Dieses Mittelfeld - und hier sind die Meister und Techniker zentrale Figuren - ist also aufgrund der arbeitsmarktstrukturellen Verschiebungen der Gefahr einer Substitutionskonkurrenz durch formal Höherqualifizierte, insbesondere Ingenieure ausgesetzt.

"Auf eine einfache Formel gebracht: Gibt es auf der einen Seite ein vermehrtes Angebot formal höherqualifizierter Arbeitskräfte und erscheint auf der anderen Seite das gewohnte Angebot des traditionellen Qualifikationstyps qualitativ verschlechtert, so verändern Betriebe ihre bislang gültigen Selektions-, Rekrutierungs- und Karriere-Kriterien; sie rekrutieren vermehrt formal Höherqualifizierte, weil der spezifische Wert der anders qualifizierten Arbeitskräftegruppe nicht mehr gegeben ist." (Fischer 1993, 322)

Sofern sich das wachsende Angebot an höherqualifizierten Arbeitskräften tatsächlich in einer Verdrängung mittlerer Qualifikationstypen wie des Meisters niederschlägt, hat es zudem einen wichtigen Nebeneffekt: Die dann gegebene Verengung traditioneller Aufstiegswege für (Fach-)Arbeiter mindert letztlich auch die Attraktivität der Facharbeiterausbildung zumindest für diejenigen, für die eine entsprechende Ausbildung bislang (wenn auch begrenzt) mit der Chance auf späteren Aufstieg verbunden war. Damit gerät der Qualifikationstypus Meister durch die Verdrängungskonkurrenz von oben gewissermaßen auch von unten unter Druck, da die traditionelle Basis, aus der sich Meister rekrutieren, die Facharbeit, destabilisiert wird (vgl. Fischer 1993, 322).

Reflektiert man die traditionellen Einsatzfelder aufgestiegener Facharbeiter (Techniker, Meister), so bezieht sich die Gefahr einer Verdrängung vornehmlich auf den Einsatz von (Fachhochschul-)Ingenieuren bzw. auf die Etablierung neuer Wege in mittlere Positionen des gewerblich-technischen Bereichs, die nicht auf der Facharbeiterqualifikation aufbauen. Mit Blick auf die Meister sind hier zwei Aspekte zu unterscheiden: Zum einen geht es um die Frage, ob die Meister durch ein wachsendes Angebot an formal höherqualifizierten Arbeitskräften mit technischer Ausbildung einem direkten Verdrängungswettbewerb ausgesetzt sind. Auf eine kurze Formel gebracht: Verdrängt der Ingenieur den aufgestiegenen Facharbeiter als Vorgesetzten der Arbeiter? Zum anderen geht es um den Aspekt einer allmählichen Verdrängung von Aufsteigern in Fachfunktionen, die den Aufstiegsweg zum Meister gewissermaßen indirekt, durch eine Umlenkung bzw. Konzentration der Weiterbildungsanstrengungen der Facharbeiter auf die Meisterfortbildung, in Mitleidenschaft ziehen könnte. Beiden Aspekten soll im folgenden im Überblick nachgegangen werden. Zuvor ist allerdings kurz deutlich zu machen, wie sich die "Angebotslage" im Feld höherqualifizierter Arbeitskräfte entwickelt hat.

Angebotslage

Eine globale Abschätzung des Angebots an höherqualifizierten Arbeitskräften vorzunehmen, heißt mit Blick auf die traditionellen Aufstiegsräume von Facharbeitern in erster Linie, die Entwicklung des Angebots an Ingenieuren zu reflektieren. Neben den Facharbeitern und den Technikern bzw. Meistern ist der Ingenieur der dritte zentrale Qualifikationstypus in den »technischen Kernbereichen« bundesdeutscher Industriebetriebe. Neue mittlere Bildungsgänge sind in diesem Kontext sicherlich nicht zu vernachlässigen. Sie werden an dieser Stelle allerdings nicht näher betrachtet. Dies hat verschiedene Gründe: Erstens kann allein schon eine Betrachtung der Ingenieurzahlen den vorherrschenden Angebotstrend sichtbar machen. Zweitens fügt sich - wie im Fall des Ingenieurs (BA) oder des Wegs zum Informatiker - ein Teil der neuen Ausbildungswege in das "Muster des Fachhochschulingenieurs" ein, "insofern sie auf (das untere Segment von) dessen Einsatzfeld zielen" (Drexel 1993a, 239). Drittens ist zwar in den 80er Jahren eine Vielzahl neuer mittlerer Bildungsgänge entstanden, diese sind allerdings hinsichtlich ihrer Stabilität und quantitativen Bedeutung nur schwer abschätzbar, da sie vornehmlich auf Initiative einzelner Betriebe entwickelt worden sind und von diesen getragen werden (Drexel 1993a).

Wenden wir uns also der Entwicklung der Ingenieurzahlen zu und betrachten anhand der amtlichen Statistik (Mikrozensus) die Entwicklung von Angebot und Nachfrage. Nimmt man die Entwicklung der Erwerbstätigenzahlen von Ingenieuren als groben Maßstab, so spricht einiges für eine expandierende Nachfrage bis in die 90er Jahre hinein. Im Zeitraum zwischen 1976 und 1991 stieg die Zahl der erwerbstätigen Ingenieure um 212.000 auf insgesamt 639.000. Dies entspricht einer Erhöhung um fast 50%. Im verarbeitenden Gewerbe war die Entwicklung der Erwerbstätigenzahlen ähnlich expansiv. Waren hier 1978 noch 180.000 Ingenieure tätig, so waren es 1991 bereits 302.000. Die Zahl der erwerbstätigen Ingenieure ist damit deutlich stärker gestiegen als die Zahl der Erwerbstätigen insgesamt, die im Zeitraum von 1976 bis 1991 lediglich um rund 15% wuchs. Der Trend wurde dabei eindeutig durch die Abgänger von (Fach-)Hochschulen getragen. Ablesbar ist an den Zahlen zu den Schul- und Berufsbildungsabschlüssen, daß Ingenieure ohne (Fach-) Hochschulreife bzw. ohne entsprechendes Studium langsam "aussterben" (Fischer 1993, 327). Hatte 1976 noch jeder zweite Ingenieur lediglich einen Haupt- oder Realschulabschluß, so ist deren Zahl 1991 auf rund 16% abgesunken. Rund 80% der erwerbstätigen Ingenieure verfügten 1991 über einen (Fach-) Hochschulabschluß; 1976 waren dies lediglich 66%. Parallel zu diesem Anstieg hat sich die Zahl der Ingenieure, die nur über eine Lehr-/Anlernausbildung bzw. einen Fachschulabschluß verfügen von ehemals knapp einem Viertel auf nunmehr (1991) gerade noch 10% reduziert.[271]

Die offensichtlich expandierende Nachfrage korrespondiert zumindest für den Betrachtungszeitraum bis anfang der 90er Jahre mit einem Wachstum des Ingenieurangebots, das noch ausgeprägtere Züge aufweist. Dies zeigen die Daten der Hochschulstatistik: Allein zwischen 1975 und 1989 hat sich die Zahl der Studenten in den Ingenieurwissenschaften mehr als verdoppelt, stiegen die Zahl der Studienanfänger um rund 70% und die der bestandenen Diplomprüfungen um immerhin noch 65% (Fischer 1993, 329). Daran wird deutlich, "daß der positive Trend auf der Seite des nachwachsenden Angebots deutlicher ausgeprägt ist als der auf der Seite der Erwerbstätigkeit. Eine solche Gegenüberstellung ist natürlich bei weitem nicht hinreichend, um Angebots- und Nachfragediskrepanzen zu diagnostizieren; berücksichtigt

271 Erwähnenswert ist dabei, daß unter den Ingenieuren eine abgeschlossene Berufsausbildung nach wie vor große Bedeutung hat (vgl. BMBF, Grund- und Strukturdaten 1994/95). Im früheren Bundesgebiet verfügten 1988 von den männlichen deutschen Studienanfängern in den Ingenieurwissenschaften knapp die Hälfte (47%) über eine Berufsausbildung. An den Fachhochschulen betrug der Anteil sogar 65% (Universitäten: 23%). 1993 waren es in Gesamtdeutschland immerhin 56% der männlichen Anfänger eines Ingenieurstudiums und respektable 74% der Anfänger an Fachhochschulen, die eine abgeschlossene Ausbildung vorzuweisen hatten. Eine herausgehobene Rolle dürfte hier den Fertigungs- und den technischen Berufen zufallen. Im früheren Bundesgebiet entscheiden sich immerhin 74% der Studienanfänger, die eine Ausbildung in einem Fertigungsberuf abgeschlossen hatten, für ein Ingenieurstudium. Diejenigen, die einen technischen Beruf erlernt hatten, tun dies zu immerhin noch 66%.

werden müßten neben Substitutionsvorgängen und -potentialen vor allem die Altersstrukturen. Eine detaillierte Analyse der Situation von Ingenieuren, die ferner unterschiedliche Entwicklungen auf regionalen Arbeitsmärkten einbeziehen müßte, ist hier aber auch gar nicht beabsichtigt; es gilt vielmehr zu indizieren, daß - global gesehen - plausiblerweise von einer Tendenz zum Angebotsdruck auszugehen ist und daß durchaus ein Potential vorhanden ist, das den Meister zu verdrängen in der Lage wäre" (Fischer 1993, 329f.).

Diesem vorsichtig gehaltenen Urteil von Fischer kann man sich, bezogen auf den Betrachtungszeitraum, ohne weiteres anschließen - dies zumal dann, wenn man unterstellt, daß die Expansion der Beschäftigung, die noch in den 80er Jahren zu verzeichnen war, in Zukunft eine gewisse Brechung erfährt. Inwiefern der in jüngster Zeit zu verzeichnende drastische Rückgang der Anfängerzahlen in ingenieurwissenschaftlichen Studiengängen (vgl. Manager Magazin 1996), der mit der wirtschaftlichen Krise nach dem Vereinungsboom in Zusammenhang steht, Effekte zeitigt, bleibt allerdings abzuwarten. Dessen ungeachtet ist aber auch die Frage, ob das besagte Ingenieurpotential für die Unternehmen tatsächlich einen Anreiz darstellt, verstärkt Ingenieure für solche Positionen zu rekrutieren, die traditionell eine Domäne der Techniker bzw. der Meister sind.

Attraktivitätsverfall des Aufstiegs zum Meister als Folge der Verengung der Aufstiegskanäle für Facharbeiter?

Der Aufschwung der Meisterfortbildung, wie er sich gerade in den letzten 10 Jahren zeigte, speist sich wie erwähnt nicht nur aus der Tatsache, daß der Meisterbrief mittlerweile eine entscheidende Voraussetzung für das Erreichen einer entsprechenden Stelle ist, sondern auch, wie vor allem Drexel (1993a, b) hervorhebt, aus der Tendenz einer Verengung der Aufstiegswege für Facharbeiter auf die Meisterposition. Zugespitzt lautet das Argument: Das wachsende Angebot an ausgebildeten Ingenieuren hat im Verein mit der nachlassenden Attraktivität, die die Technikerqualifikation für die Betriebe hat, dazu geführt, daß für mittlere technische Spezialistenpositionen - ehedem das zweite klassische Feld neben der Meisterposition, in das Facharbeiter aufsteigen konnten - zunehmend Ingenieure anstelle qualifizierter (insbesondere zum Techniker fortgebildeter) Facharbeiter rekrutiert werden. Dieser Verdrängungsprozeß ist mit verantwortlich dafür, daß sich die Weiterbildungsanstrengungen aufstiegsorientierter Facharbeiter zunehmend auf die Meisterausbildung konzentrieren.[272] Auf die Zukunft übertragen hieße das: In dem Maße wie die Mög-

[272] Drexel (1993b) weist darauf hin, daß die Zahl der Absolventen der Technikerschulen in den letzten Jahren deutlich weniger stark gestiegen ist, als die Zahl derer, die eine Fortbildung zum Industriemeister absolvierten. Der Hintergrund dieser Entwicklung: "Betriebe stützen (die Technikerausbildung, Anm. d. Verf.) ... sehr viel weniger als die Meisterausbildung, und dies nicht ohne Grund: Der Techniker/die Technikerin erscheint vielen Betrieben als weniger

lichkeiten des Aufstiegs in Fachfunktionen durch den vermehrten Einsatz von Ingenieuren abnehmen, in dem Maße bleibt als einziger Anknüpfungspunkt für Aufstiegsbestrebungen der bislang noch offenstehende Weg zum Meister. Auch dieser gerät durch das sich hiermit aufbauende Überangebot auf Dauer gesehen in die Krise. Die negative Entwicklungslogik lautet: Aufbau eines Meistervorrats, wachsender unterwertiger Einsatz - kurz gesagt eine sich vergrößernde Aufstiegslücke, die über kurz oder lang zum Attraktivitätsverfall dieses Aufstiegswegs führt und, wenn nicht direkt zur sinkenden Attraktivität der Facharbeiterausbildung, so doch dazu beiträgt, daß sich die Aufstiegshoffnungen und Weiterbildungsanstrengungen stärker denn je auf den Zugang zum Ingenieurstudium konzentrieren.

Für die praktische betriebliche Bedeutung des oben skizzierten Verdrängungsprozesses von Technikern durch Höherqualifizierte (vor allem Ingenieure) sprechen insbesondere die Befunde der Münchner Untersuchung zu neuen mittleren Bildungs- und Karrierewegen (vgl. u.a. Drexel 1993a,b, Fischer 1993). Nachgerade idealtypisch erscheint die Situation in einem der von Drexel und Fischer untersuchten Betriebe:

"Als Aufstiegsanreiz spielt die Meisterposition im Betrieb M1 eine zentrale Rolle, ist sie doch die einzige letztlich verbliebene (Arbeiter-)Bastion, die noch nicht von Ingenieuren erobert worden ist. Fertigungsplanung, Arbeitsvorbereitung etc., d.h. all jene Funktionsbereiche, in denen qualifizierte Facharbeiter früher zu Technischen Angestellten aufsteigen konnten, haben sich zu Domänen für Ingenieure gewandelt. Die einzige und zugleich höchste Aufstiegsposition, die für Arbeiter noch vorgesehen ist, bleibt somit die des Meisters." (Fischer 1993, 388)

Der Techniker wird, wie Drexel (1993a, 205) deutlich macht, "in vielen Betrieben als notwendiger Qualifikationstyp in Frage gestellt, zumindest die Weiterbildung zum Techniker (wird) nicht gefördert". Dafür, daß sich im Feld mittlerer technischer Fachfunktionen Erosionstendenzen bei den klassischen Aufstiegswegen abzeichnen, sprechen natürlich auch die vielfältigen betrieblichen Versuche, neue mittlere Bildungsgänge zu etablieren, die auf höherqualifizierte Schulabsolventen ausgerichtet sind. Über die quantitative Dimension des skizzierten Prozesses lassen sich allerdings keine gesicherten Aussagen treffen. Die Befunde sind, obwohl sie die Entwicklung in zahlreichen Betrieben reflektieren, keinesfalls repräsentativ wie Drexel (1993b) anmerkt.

Was die Münchner Untersuchung zutage gefördert hat, sind Entwicklungstendenzen, deren Umfang bislang faktisch noch nicht abschätzbar ist. Vor allzu zugespitzten Szenarien (vgl. exemplarisch Drexel 1993b) einer daraus resultierenden Gefährdung des Aufstiegswegs zum Meister sollte man sich daher hüten. Zwar sind, wie

erforderlich, ausscheidende Techniker(innen) werden durch junge Fachhochschul-Ingenieure ersetzt, Arbeitskräfte mit Technikerbrief bleiben auf Facharbeiterniveau hängen. Diese Phänomene sprechen für eine "Erosion" des Wegs zum Techniker/zur Technikerin als des klassischen Aufstiegswegs für Facharbeiter(innen) in mittlere Spezialistenpositionen." (Drexel 1993b, 177) die Münchner Studien zeigen können, gewisse Erosionstendenzen hinsichtlich des Facharbeiteraufstiegs in mittlere Fachfunktionen auf betrieblicher Ebene auszumachen - was sicherlich mit zu den Zuwächsen bei der Meisterfortbildung beiträgt. Hervorstechender ist allerdings ein anderes, das "erstaunlichste" (Drexel/Fischer 1990) Resultat der Analysen: die "Vitalität von Aufstieg" (Drexel/Fischer 1990, 6) bzw. "30 Jahre Konsolidierung und Quasi-Monopol traditioneller Aufstiegswege für Facharbeiter" (Drexel 1993a). Dieses Urteil gilt sowohl bezüglich der Bildungsgänge[273], als auch für das Beschäftigungssystem. Mit Blick auf letzteres gilt:

"Die Entwicklung im Mittelfeld des technisch gewerblichen Personals der deutschen Industrie ist, ..., in der Periode, für die Zahlen vorliegen (ab den beginnenden 70er Jahren) - und der Logik der Dinge nach sicher mit um so größerer Wahrscheinlichkeit in der Zeit davor -, charakterisiert durch eine erstaunliche Konstanz des Aufstiegs aus der Arbeiterschaft, vor allem aus der Facharbeiterschaft" (Drexel 1993a, 139).

Die trotz gewisser Erosionstendenzen auch in den 80er Jahren offensichtliche Stabilität der bisherigen Formen des Facharbeiteraufstiegs in Fach- und Führungsfunktionen reflektiert sich u.a. in dem Umstand (bzw. wird durch diesen bestärkt), daß neben der Techniker- und Meisterausbildung keine schulischen Ausbildungsformen (etwa zum Techniker) geschaffen wurden, die einen Seiteneinstieg in das qualifikatorische Mittelfeld der Industriebetriebe erlauben könnten. Ablesbar ist besagter Sachverhalt aber vor allem auch anhand folgender Indikatoren:

Greift man auf die bereits mehrfach verwandten Mikrozensusdaten - hier speziell auf die Daten über erwerbstätige Techniker (einschließlich der Kategorie Industrie-/ Werkmeister) - als Indikator zurück, so kann man folgendes festhalten: Die Zahl der

---

273 Drexel (1993a, 139) resümiert diesbezüglich zutreffend: "Das Gesamtfeld der mittleren Bildungsgänge - die Ingenieur-Ausbildung, die Techniker-Ausbildung (und auch die Meister-Ausbildung) - ist also langsam nach oben gedriftet und hat sich dabei ausdifferenziert. Dabei bedingen sich Aufwertung, Terrainsicherung und wechselseitige Abgrenzung gegenseitig. Im Zuge dieser Entwicklungen hat sich die ursprüngliche Gemeinsamkeit dieser Qualifizierungswege - die Abstützung des Arbeiteraufstiegs und, damit verbunden, die gleichzeitige Begrenzung und Legitimierung dieses Wegs durch seine besonderen Belastungen - gleichzeitig verstärkt und partiell aufgelöst: Nur die Techniker-Ausbildung und die Meisterausbildung haben diese Charakteristika bewahrt. Techniker-Ausbildung ist also heute - neben dem reinen Ernennungsaufstieg in Technische Angestelltenpositionen - der klassische Zugang zu mittleren Positionen ohne Führungsfunktion. Die Ingenieur-Ausbildung dagegen ist mit der Anhebung der Ingenieurschulen zu Fachhochschulen zugleich aus dem Mittelfeld im engeren Sinne herausgedriftet und zu einem Seiteneinstieg geworden; allerdings nur partiell, nicht vollständig: Der Weg zum Ingenieur über die Fachhochschule enthält nach wie vor deutliche Merkmale von Aufstiegswegen, in mehrfacher Hinsicht. Zum einen reproduzieren die ... zu absolvierenden Praktika ... und die darin angelegten Prozesse der Sozialisation und der Einführung in Berufsfeld und Betrieb wichtige Elemente von Aufstiegswegen. Zum anderen ist der Weg zur Fachhochschule der wichtigste Zugang in den tertiären Bildungsbereich für diejenigen, die über den sog. Zweiten Bildungsweg kommen, d.h. also eine duale Erstausbildung und erst daran anschließend die für die Fachhochschulreife notwendigen schulischen Bildungsgänge absolviert haben."

Tabelle 2.11
Entwicklung von Zugangswegen zu „Techniker"-Positionen nach Aufstieg und Seiteneinstieg[1]

Jahr	Erwerbstätige		Berufsbildungsabschlüsse				Zugangswege	
	(1) insg. (Tsd.)	(2) bereinigt[2] (Tsd.)	(3) Lehre/Anlernung/ Berufsfachschule % von (2)	(4) Fachschule % von (2)	(5) Fachhochschule % von (2)	(6) Hochschule % von (2)	(7) Summe Aufstieg (3)+(4) % von (2)	(8) Summe Seiteneinstieg (5)+(6) % von (2)
1975/76	691	622	56	37	5	1	94	6
1978	728	668	56	38	5	1	94	6
1980	768	731	55	38	6	2	92	8
1982	792	733	54	39	5	2	93	7
1985	739	701	48	45	6	2	93	7
1987	790	745	46	46	6	2	92	8
1989	813	775	47	44	6	2	91	9
1991	866	766	44	47	6	3	91	9
1993	768	670	45	45	6	3	90	10
1995	752	697	48	41	7	4	89	11

Quelle: Drexel 1993a, S. 141; Stat. Bundesamt, Fachserie 1, Reihe 4.1.2, eigene Berechnung.

1 Die Angaben beziehen sich auf das frühere Bundesgebiet. Ein Vergleich der Daten der Jahre 1993 und 1995 mit jenen der Vorjahre ist aufgrund von Veränderungen in der Klassifikation der Berufe (Mikrozensus/Neufassung: 1992) problematisch. Bis 1991 stellten Industrie-/Werkmeister im Klassifizierungschema eine Untergruppe der Techniker dar; seit der Neufassung 1992 ist dies nicht mehr der Fall.

2 Erwerbstätige, bereinigt um Personen ohne Angaben zum Ausbildungsabschluß; dabei handelt es sich vornehmlich um Personen ohne berufliche Ausbildung.

erwerbstätigen Techniker ist von 691.000 im Jahr 1976 auf 866.000 im Jahr 1991 gestiegen, im verarbeitenden Gewerbe stieg sie in diesem Zeitraum von 458.000 auf 532.000. Während die Gesamtzahl der Techniker damit um immerhin 25% gestiegen ist, lag der Zuwachs im verarbeitenden Gewerbe (16%) nicht wesentlich über dem Anstieg der Gesamtzahl der Erwerbstätigen in diesem Zeitraum (15%). Das erkennbare Nachfragewachstum fällt mithin deutlich niedriger aus als bei den erwerbstätigen Ingenieuren. Interessanter als dieser Tatbestand ist jedoch ein anderer. Schließt man von der Selbsteinordnung der Befragten auf ihre tatsächlichen Arbeitsplätze und deren Zuordnung zu "Technikerpositionen" und nimmt die Entwicklung der Zahlen zu den Berufsbildungsabschlüssen als grobes Maß für die Frage Seiteneinstieg oder Aufstieg, so läßt sich folgern, daß der Seiteneinstieg über den gesamten Betrachtungszeitraum nur eine untergeordnete Rolle spielte (vgl. Tabelle 2.11).[274]

Der Anteil derer, die anhand ihrer (Fach-)Hochschulausbildung als Seiteneinsteiger zu qualifizieren sind, bewegt sich im Betrachtungszeitraum lediglich zwischen 6% und 9%. Der Facharbeiteraufstieg blieb in diesem Feld absolut dominant.

Welche Bedeutung der Facharbeiteraufstieg in der Bundesrepublik hat, macht die Untersuchung von Henninges (1991) zu Ausbildung und Verbleib von Facharbeitern noch eindrücklicher deutlich (vgl. Tabelle 2.12). Den vorgelegten Daten zufolge waren im Jahr 1985 von den hochgerechnet etwa 8,448 Millionen Erwerbstätigen, die über eine Lehre in einem Arbeiterberuf verfügten, lediglich rund 40% als Facharbeiter beschäftigt. 60% waren dagegen in andere Statusgruppen abgegangen. 12% oder 1,034 Millionen der Erwerbstätigen mit Facharbeiterbrief hatten an einer Fachschule eine zusätzliche Berufsausbildung abgeschlossen und waren nicht mehr als Facharbeiter tätig und ganze 17% (1,453 Millionen) waren ohne zusätzliche Berufsausbildung in die Statusgruppe der Angestellten abgegangen. Hinter einem Großteil dieser immerhin fast 30% an Abgängen aus dem Facharbeiterverhältnis dürften sich Aufstiegsprozesse verbergen.[275]

---

[274] Dieses von Drexel (1993a) vorgeschlagene Verfahren ist, wie sie zurecht anmerkt, methodisch nicht unproblematisch. Die präsentierten Daten können daher nur als sehr grobes Maß für die tatsächliche Entwicklung herhalten. Aus den unterschiedlichen Zuwachsraten bei erwerbstätigen Ingenieuren und Technikern direkt auf Substitutionsprozesse zu schließen verbietet sich demgegenüber. Hier wäre eine detaillierte Analyse der Beschäftigungsentwicklung bei Ingenieuren in angrenzenden Tätigkeitsfeldern (FuE etc.) erforderlich.

[275] Die Tatsache, daß anhand der Berufsverlaufsuntersuchungen deutlich wird, daß nur eine Minderheit der ausgebildeten Facharbeiter auch im erlernten Beruf tätig ist, kann, wie auch Georg (1992) feststellt, nicht nur als Hinweis auf Fehlqualifizierung gedeutet werden. Selbst bei den etwa 10% Facharbeitern, die auf Angelernten-Arbeitsplätzen tätig sind, ist schwierig zu beurteilen, ob es sich um Abstiegsprozesse handelte. "Viele dieser "abgestiegenen" Facharbeiter empfinden ihren Berufswechsel ... nicht als nachteilig, weil er häufig mit dem Eintritt in einen Großbetrieb gekoppelt war, d.h. mit einer Verbesserung des Einkommens und der sozialen Sicherung" (Georg 1992, 52). Zudem wurde in manchen Branchen durchaus bewußt

Tabelle 2.12
Beschäftigungsstatus von Erwerbstätigen mit einer abgeschlossenen Lehre in einem Arbeiterberuf im Jahr 1985

Beschäftigungsstatus	Erwerbstätige	
	(abs.)	(in %)
I. Insgesamt haben eine Facharbeiterausbildung abgeschlossen	8.448.000	100
II. Abgänge in andere Statusgruppen		
1. Es sind nicht mehr als Facharbeiter tätig und haben eine zusätzliche Berufsausbildung abgeschlossen an einer ...		
a) Hochschule	69.000	1
b) Fachhochschule	273.000	3
c) Fachschule (incl. Techniker-/Meisterausbildung)	1.034.000	12
Summe a) bis c)	*1.376.000*	*16*
2. Es sind ohne zusätzliche Berufsausbildung in andere Statusgruppen abgegangen und zwar in die Gruppe der ...		
a) Hilfs- bzw. angelernten Arbeiter	1.383.000	16
b) Angestellten (incl. Meister)	1.453.000	17
c) Beamten	336.000	4
d) Selbständigen	560.000	7
Summe a) bis d)	*3.732.000*	*44*
3. Abgänge insgesamt	5.108.000	60
III. Verbleib in der Gruppe der Facharbeiter[1]	3.340.000	40

Quelle: Henninges 1991, S. 79.
1 Diese Kategorie umfaßt auch Personen, die eine zusätzliche Berufsausbildung abgeschlossen hatten, aber als Facharbeiter beschäftigt waren.

Angesichts der vorliegenden Daten liegt folgendes Urteil unmittelbar auf der Hand:

"Der Anteil der Seiteneinstiege bleibt über die gesamte Periode hinweg marginal und dies trotz eines wachsenden Angebots aus dem Fachhochschul- und Hochschulbereich (und zeitweiser Ingenieur-Arbeitslosigkeit). Über 90% der Zugänge werden dagegen über Aufstiege realisiert. Innerhalb der Periode gibt es zwar Tendenzen zur Verdrängung von Facharbeitern durch Arbeitskräfte mit Fachschulabschluß, insbesondere gegen Ende der Periode, und damit zu einer Formalisierung

eine Facharbeiterreserve gebildet, die dann auch die qualifikatorische Grundlage für arbeitspolitisch neue Strategien in den Unternehmen bildeten (vgl. exemplarisch Springer 1991).

des Zugangs; jedoch halten sich die Verschiebungen in relativ engen Grenzen ... Die Betriebe haben also offenbar zum einen das Gesamtsegment dieser Arbeitsplätze relativ unabhängig vom Angebot der Fachhochschulen und Hochschulen ausgeweitet. Und Aufstieg ist zum anderen dominanter Zugangsmodus zum gewerblich-technischen Mittelfeld deutscher Betriebe geblieben, der Seiteneinstieg aus der Ingenieur-Ausbildung blieb marginal, hat den Aufstieg bislang kaum nennenswert substituiert. ... Die deutschen Betriebe haben den reinen Ernennungsaufstieg aus der Arbeiterschaft - aus einer im Zuge der Bildungsreform und verschiedener Neuordnungen der Facharbeiterausbildung zunehmend besser qualifizierten Arbeiterschaft - lange und in großem Umfang konserviert. Sie haben die vom Bildungssystem gebotene Möglichkeit, diese Aufstiege durch Fortbildungsgänge abzustützen, ergänzend flexibel "abgerufen". Durch eine im Verhältnis zur raschen Zunahme der Fachschulabsolventen deutlich unterproportionale Ausweitung des Einsatzes dieser Arbeitskräftegruppen in mittleren Positionen im letzten Jahrzehnt haben sie zu Entwertungs- und damit zu Erosionstendenzen dieser beiden Wege (Industriemeister- und Technikerfortbildung, Anm. d. Verf.) beigetragen; Tendenzen, über deren Umfang, Dauerhaftigkeit und konkrete Formen allerdings wenig bekannt ist. Die deutschen Betriebe haben, als ein den Arbeiteraufstieg stützender Bildungsgang - die Ausbildung an der Ingenieurschule - in einen Bildungsgang zur Begründung von Seiteneinstiegen transformiert wurde, erstens diese Möglichkeit nur in sehr begrenztem Umfang für die Besetzung mittlerer Positionen genutzt; und sie tragen zweitens aktiv und mit nicht wenig Aufwand dazu bei, die in diesem Bildungsgang enthaltenen Aufstiegselemente (Praktika, Zweiter Bildungsweg) zu ermöglichen und vital zu halten." (Drexel 1993a, 142ff.)

Die vor allem im Rahmen von empirischen Betriebsuntersuchungen vorgefundenen Tendenzen einer Verengung von Aufstiegswegen lassen sich auf der Basis eine Analyse verfügbarer Globaldaten also nicht als eine breitflächig wirksame und kritische Ausmaße annehmende Entwicklung kennzeichnen. Trotz der Probleme, die mit der Verwendung insbesondere der Mikrozensusdaten verbunden sind, legen diese Daten den Schluß nahe, daß eine Angebotsthese, die aus wachsenden Ingenieurzahlen und einzelbetrieblich erkennbaren Substitutionsvorgängen einen kausalen Zusammenhang konstruiert, allzu kurzschlüssig wäre. Blickt man auf die Meister, so ist es hinsichtlich des hier behandelten Prozesses sicherlich weder aktuell noch in naher Zukunft gerechtfertigt, von einer Krise zu reden. Ein steigendes Angebot an höherqualifizierten Arbeitskräften erzwingt bekanntermaßen nicht deren wachsenden Einsatz; es drängt sich betrieblicher Personalpolitik als alternative Rekrutierungsbasis offenbar allenfalls dann auf, wenn bisherige Rekrutierungsformen - sei es, weil eine Diskrepanz zwischen vorhandenen und geforderten Qualifikationen entstanden ist, sei es, weil die bisherige Rekrutierungsbasis bröckelt - problematisch werden. Außerdem: Ein auch in Zukunft stabiles oder gar ständig wachsendes Ingenieurangebot ist keineswegs garantiert, wie Spekulationen in der Wirtschaftspresse zeigen, ob man nicht geradewegs auf einen "Ingenieurmangel" zusteuert (Manager Magazin 1996, 228). Für Ingenieure ist im übrigen das gleiche in Anschlag zu bringen, was Fischer (1993) hinsichtlich des "Meistervorrats" vorgebracht hat. Auch in diesem Fall müßten die weiteren Auswirkungen eines "Angebotsdrucks" in Rechnung gestellt werden. Anders formuliert: Ist das Resultat eines wachsenden Angebots ein wachsender "unterwertiger" Einsatz von Ingenieuren etwa auf bisherigen Meisterpositionen, dann wäre - Fischers Argumentation im

Fall der Meister folgend - ein "Attraktivitätsverlust" der Ingenieurausbildung nicht auszuschließen.

Ingenieure als direkte Konkurrenz der Meister?

Die eben getroffene Feststellung gilt in besonderer Weise, wenn man sich der Frage zuwendet, ob formal höherqualifizierte Arbeitskräfte, ob Ingenieure in direkte Konkurrenz zu den Meistern treten. Zumindest für die bisherige Entwicklung ist evident, daß das weiter oben diagnostizierte "Potential" an Ingenieuren seitens der Betriebe faktisch nicht für eine Wende in der Besetzungspolitik unterer Vorgesetztenpositionen genutzt wurde. Fischers (1993, 325) »freimütig eingeräumte« Diagnose, wonach es "recht selten vorkommen" dürfte, daß "Ingenieure Meister von Meisterpositionen verdrängen", ist sicher richtig. Ingenieure stellten, selbst unter der Bedingung steigenden Angebots, bislang offenbar keine ernsthafte Konkurrenz für die Meister dar.

Die im Rahmen des schon erwähnten Projekts "Neue Mittelwege ins Mittelfeld des technisch-gewerblichen Personals in Deutschland und Frankreich" hierzu befragten betrieblichen Experten (Personalverantwortliche, Leiter verschiedener Fachabteilungen, Leiter des Bildungswesens) "waren sich quer über die Branchen über zwei Punkte in aller Regel einig: ... Die spezifischen Aufgaben eines Meisters ließen sich besser, d.h. ökonomisch effektiver und sozial angemessener, von ausgebildeten Industriemeistern erfüllen als von hochschulmäßig qualifizierten Arbeitskräften. ... Im allgemeinen würden sich qualifizierte Ingenieure nicht darauf einlassen, Meisterpositionen zu übernehmen. Da selbst schon Aufgaben in den Produktionsbereichen ... als unattraktiv und zu wenig anspruchsvoll gelten, ließen sich Ingenieure für untere Führungspositionen im Meisterbereich schon gar nicht gewinnen." (Fischer 1993, 330)

Es spricht aus der Sicht der Betriebe bislang offensichtlich viel für den Einsatz von Meistern und zunächst einmal wenig für den Ingenieur, wenn es um die Frage der Besetzung von Vorgesetztenpositionen im Arbeiterbereich geht. Hierfür können verschiedene Gründe benannt werden (vgl. insbesondere Drexel 1993a, 302ff.). Von besonderer Bedeutung für die Betriebe ist offenbar, daß Meister über spezifische "Brückenqualifikationen" verfügen.

Meister gehören zu jenen Arbeitskräften, "die über ihre Berufsbiographie sowohl die Kenntnisse, Fähigkeiten und Erfahrungen der mittleren Qualifikationsebene als auch die der Arbeiterebene in sich inkorporiert haben ... Bei diesen Brückenqualifikationen geht es nicht nur um Kenntnisse, Fähigkeiten und Erfahrungen im engeren Sinne, sondern auch darum, ob man "miteinander reden" kann und, noch genereller, ob man "miteinander kann" - fachlich und sozial. Es geht also um die Frage einer "gemeinsamen Sprache" in einem sehr weiten Sinn. Es geht auch um die Zusammenarbeit über Qualifikations- und Hierarchieebenen hinweg, trotz und jenseits der offiziellen Arbeitsteilungs- und Verantwortungslinien, die die Kooperation regeln und sie damit zugleich kanalisieren und einengen. Vor allem geht es auch um die Fähigkeit und die Bereitschaft zur flexiblen "Arbeitsteilung nach unten", zum unbürokratischen und "gekonnten" Hinlangen auch bei einfacheren Aufgaben in Notsituationen, die etwa am deutschen Techniker und am deutschen Fachhochschulingenieur vom Zweiten Bildungsweg (gleiches gilt für den Meister, Anm. d. Verf.) immer wieder positiv hervorgehoben werden; mit dieser Bereitschaft ist wohl nur bei Koinzidenz von Facharbeiterkönnen, sozialer Nähe (oder zumindest: Abwesenheit von sozialer Distanz) und intimer Kenntnis der andernfalls eintretenden Folgen zu rechnen. Aufstieg sichert also (in gewissen Grenzen) durch einen Komplex gemeinsamer Kenntnisse und deren Thematisierbarkeit in einer gemeinsamen Sprache, durch soziale Nähe, gemeinsame Normen und gemeinsame Erfahrungen auch Flexibilität von Arbeitsteilung und sie ergänzende flexible Kooperation, die für ein effizientes Funktionieren des Produktionsprozesses von erheblicher Bedeutung sind." (Drexel 1993, 303f.)

Soweit in den Betrieben keine gravierenden Anlässe vorliegen - seien es ernsthafte Qualifikationsprobleme, Rekrutierungsprobleme, oder strukturelle Veränderungen in den Betrieben selbst - spricht also wenig für eine breitere Nutzung des "Ingenieurpotentials" bei der Besetzung von Meisterstellen. Die "ersten Ansätze zur Substitution" von Meistern durch Ingenieure (bzw. Produktionstechniker), die Fischer (1993) anführt, sind denn auch gerade solche, in denen sich eine problematische Lücke zwischen Qualifikationsanforderungen, die sich durch technologische Veränderungen erhöhten, und vorhandenem Qualifikationspotential auftat. So neu sind solche vereinzelten, durch Veränderungen der technischen Komplexität der Produktionsprozesse angestoßenen Substitutionsvorgänge allerdings nicht. Selbst in den 60er Jahren fanden sich Betriebe, in denen "Kräfte als Meister eingesetzt worden sind, die die bisher üblichen Laufbahnen vom Arbeiter zum Meister durchbrochen haben. Diese Firmen sagten übereinstimmend aus, daß sie, bedingt durch den Mangel an fachlich geeigneten Kräften auf der einen Seite und durch das vorhandene Angebot derartig qualifizierter Kräfte auf der anderen Seite, den Versuch unternommen haben, junge Techniker und Ingenieure mit Meisterpositionen zu betrauen." (Siepe 1968, 241)

Resümiert man die bisherigen Ausführungen zur Substitutionskonkurrenz durch höherqualifizierte Arbeitskräfte, dann ist der Befund recht eindeutig:

(1) Zwar finden sich Indizien dafür, daß sich in vielen Betrieben die Aufstiegswege für Facharbeiter in Technikerpositionen verengt haben und - in Ausnahmefällen - Ingenieure auch direkt Meisterpositionen übernehmen. Ein generelles Szenario der Erosion oder gar der Krise des Facharbeiteraufstiegs - ob nun in Fach- oder Führungsfunktionen - als Folge von Veränderungen auf der Angebotsseite läßt sich darauf nicht aufbauen. In der Vergangenheit haben die über weite Strecken in beeindruckender Weise steigenden Zahlen an Studenten und Absolventen der Ingenieurstudiengänge nicht dazu geführt, daß die Unternehmen ihre Politik der Personalrekrutierung und -selektion grundsätzlich veränderten. Der Facharbeiteraufstieg behielt den vorliegenden Daten zufolge bislang seine große Bedeutung.

(2) Wenngleich das wachsende Angebot an höherqualifizierten Arbeitskräften keine hinreichende Bedingung für einen Verdrängungsprozeß ist, so ist es doch eine wichtige Voraussetzung dafür, daß die Substitution von Aufsteigern durch Seiteneinsteiger seitens der Betriebe überhaupt als eine mögliche Option in Betracht gezogen werden kann. Kommen in den Unternehmen die bisherigen Formen vertikaler und horizontaler Arbeitsteilung auf den Prüfstand, dann spielt die Versorgungslage auf den verschiedenen Teilarbeitsmärkten - im konkreten Fall geht es primär um die

Versorgung mit (Fach-) Arbeitern, Arbeitskräften des mittleren Qualifikationssegments (Meistern, Technikern) und Ingenieuren - hinsichtlich der Konzeption und Realisierung neuer Organisations- und Arbeitsstrukturen natürlich eine gewichtige Rolle. Vom Zuschnitt, d.h. von der Anforderungsstruktur der unteren Führungsebene wird es abhängen, welcher Typus von Arbeitskraft hierfür vornehmlich rekrutiert werden wird - und die Schneidung der unteren Vorgesetztenposition ist nicht unabhängig von der aktuellen Situation und der zukünftig erwartbaren Entwicklung auf den entsprechenden Rekrutierungsfeldern. Zumindest gegenwärtig sind Ingenieure und Meister durchaus im Angebot. Die Frage ist, ob dies zukünftig auch so bleibt. Bei den Ingenieuren sind die Urteile hier gemeinhin optimistisch; sollte sich allerdings in Zukunft im Zuge betrieblichen Strukturwandels ein "unterwertiger Einsatz" von Ingenieuren - nach dem bisherigen Verständnis der Ingenieure wäre das etwa bei einem Einsatz als Meister-Ersatz allemal gegeben - breiter durchsetzen, so kann dies durchaus zu einer Veränderung der Angebotslage beitragen. Wie verhält es sich aber bei den Meistern? Wird das Angebot an Meistern auch in Zukunft quantitativ angemessen und zugleich qualitativ attraktiv genug sein? Das Qualifikationspotential nachfolgender Meistergenerationen dürfte wohl das kleinere Problem darstellen, sofern der Trend zum geprüften Industriemeister als Voraussetzung für die Übernahme einer Meisterstelle weiter anhält. Die entsprechenden Fortbildungsgänge sind institutionell fest verankert und die in den letzten Jahren begonnene Neuordnung der Fortbildung bei den wichtigsten Industriemeister-Fachrichtungen hat sie qualitativ sichtlich gestärkt. Die Industriemeister, die mittlerweile die neugeordneten Fortbildungsgänge absolviert haben, sind, so ein Verbandsexperte aus dem Chemiebereich, den älteren Industriemeistern qualifikatorisch jedenfalls deutlich überlegen.

Wie ist es aber um die Rekrutierungsbasis bestellt? Werden auch in Zukunft ausreichend Facharbeiter zur Verfügung stehen, die den Aufstieg zum Meister als eine erstrebenswerte Perspektive beruflicher Entwicklung begreifen? Gibt es - sozusagen als Kehrseite des wachsenden Zustroms zu höheren Bildungs- und Ausbildungsgängen - nicht Anzeichen einer Erosion im Bereich des Facharbeiternachwuchses? Dem soll nun abschließend nachgegangen werden.

3. Der Facharbeiternachwuchs als Quelle einer Reproduktionskrise?

Entscheidend für die Zukunft des Meisters ist nicht zuletzt, wie sich zukünftig das verfügbare Reservoir an Facharbeitern entwickeln wird. Nur dann, wenn wie in den zurückliegenden Jahrzehnten eine ausreichend große und qualifizierte Facharbeiterbasis vorhanden ist und unter dem aufstiegsorientierten und leistungsfähigen Teil der Facharbeiterschaft die traditionellen Arbeiterkarrieren (wie die zum Meister) weiterhin als Wege beruflichen Fortkommens und sozialen Aufstiegs interpretiert und angenommen werden, wird sich der Meister als eine besondere Sozialfigur reproduzieren; nur dann wird dieser Klassiker unter den Industrievorgesetzten für die Betriebe überhaupt ein relevante Kategorie in personalpolitischen Planungen bleiben (können).

Gerade an die Entwicklung dieser Basis nun heften sich durchaus düstere Prognosen. Wenn, wie Fischer (1993, 418) zurecht betont, das "Ende der Facharbeit" - so die zugespitzte These von Burkart Lutz - naht, wird auch der Meister zu einer Gestalt der Geschichte. Plausibilität gewinnt die These einer drohenden Erosion der Facharbeit durch eine Argumentation, die u.a. auf zwei ineinanderfließende Entwicklungen abhebt:

Die eine, von Fischer (1993) unter Bezug auf Lutz herausgearbeitete Entwicklung ist, daß das traditionelle Reservoir, aus dem die Industrie ihren Arbeitskräftebedarf, vor allem ihren Zusatzbedarf an Arbeitern, deckte, mittlerweile ausgeschöpft ist. Der "traditionelle Sektor", der diese Rolle gerade in der Nachkriegszeit spielte, ist über den Prozeß der "inneren Landnahme" weitestgehend verschwunden und damit verschwindet auch jenes Reservoir an Arbeitskräften mit einem spezifischen, traditionellen "Arbeitsvermögen" (Lutz 1984).

Fischer faßt die von Lutz (vgl. etwa Lutz 1984, 1987, 1990) vorgetragene Argumentation prägnant zusammen: "In den 50er und 60er Jahren seien die traditionellen Wirtschafts- und Sozialstrukturen, aus denen die Industrie einen Großteil ihrer Arbeiter rekrutierte, zerstört worden. ... Der bescheidene, motivierte, leistungsbereite und entwicklungsfähige Arbeiter, der Typ von Arbeitskraft also, aus dem viele Industriebetriebe ihre Belegschaft zusammenfügen konnten, stelle sich nunmehr dar als das sehr spezifische Ergebnis einer "bestimmten historischen Konstellation, die in den letzten 30 Jahren unwiderruflich zu Ende gegangen" sei ... Die Herkunft der Industriearbeiter aus der bäuerlich-handwerklichen Welt prägte lange Zeit auch die Vorstellungen von beruflichem Fortkommen und sozialer Mobilität im Umkreis dieser sozialen Milieus. Dazu gehörte, daß selbst noch die nachfolgende, die durch die 50er und 60er Jahre geprägte Generation mit Recht davon ausgehen konnte, daß eine Facharbeiter-Lehre durchaus den Zugang zum besseren Leben, zum sozialen und beruflichen Aufstieg eröffnen kann. Wo, wie in den deutschsprachigen Ländern, der Zugang zu mittleren technischen Positionen über die berufliche Praxis eine zentrale Rolle spiele und diese Aufstiegsmöglichkeiten ein wesentliches Attraktivitätsmoment der Ausbildung zum Facharbeiter darstellen, erscheine Eltern wie Kindern auch der Entschluß akzeptabel, die Chance eines erfolgreichen Besuchs weiterführender Schulen nicht wahrzunehmen ... Auch wenn in den letzten Jahren die Existenz der geburtenstarken Jahrgänge das Aufbrechen dieses Problems der Verfügbarkeit qualifizierter und motivierter Arbeitskraft ... verhindert habe, so sei doch nicht zu übersehen, daß "definitiv das Ende der Art und Weise, in der sich bisher die Industrie mit qualifizierter Arbeitskraft versorgen konnte" ... gekommen sei." (Fischer 1993, 419f.)

Die andere, gewissermaßen parallel verlaufende Entwicklung betrifft die Veränderungen innerhalb des Bildungssystems, die einer Erosion der Facharbeit Vorschub leisten.

Arbeitertätigkeit und Facharbeiterlehre waren in den 50er und 60er Jahren ja nicht nur durch Herkunftsmilieus vorgegebene und legitimierte Erwerbs- und Ausbildungsformen. Der Zustrom nachwachsender Generationen in die (Fach-) Arbeiterschaft war eben auch durch andere gesellschaftlich wirksame und institutionell abgesicherte Mechanismen gestützt. Nicht zuletzt die Selektionsmechanismen und Barrieren innerhalb des Bildungssystems verhalfen dazu, daß Aufstiegshoffnungen unterer Bevölkerungsschichten sich auf eine berufliche Ausbildung, nicht zuletzt eine Facharbeiterausbildung konzentrierten.

Letztere eröffnete zudem gerade in den 60er Jahren Aufstiegsmöglichkeiten innerhalb der betrieblichen Statushierachie. Die betrieblichen Aufstiegsprozesse in dieser Zeit ließen nicht nur das "Kritikpotential der »jungen Generation« der fünfziger Jahre" (Lutz 1989a) verschwinden, sondern förderten in der Tat die Attraktivität der Facharbeiterausbildung als einem Weg, der zumindest die Chance eröffnete, einen wenn auch vielleicht bescheidenden Ausbruch aus "ererbten" Verhältnissen zu erreichen.

Die verschiedenen Reformen im Bildungswesen[276] - wie beschränkt sie gemessen an den Idealen reformorientierter Bildungspolitiker auch gewesen sein mögen - haben hier andere Bedingungen geschaffen. Ohne den Tatbestand fortwirkender Reproduktion sozialer Ungleichheit auch und gerade im Bildungssystem außer acht zu lassen - so sind die Hauptschulen größerer Städte "vielfach eine Restschule für Arbeiterkinder, insbesondere ausländische" (Friedeburg 1992, 467) - kann gesagt werden: "Begabte, entwicklungs- und qualifizierungsfähige wie -bereite Jugendliche" (Fischer 1993) aus unteren Bevölkerungsschichten sind nicht mehr allein auf das im 19. Jahrhundert gerade mit Blick auf diese Schichten hin etablierte System der Berufsbildung verwiesen.

Letztlich war, so Greinert (1993) unter Bezug auf Lutz, die Prosperitätsphase der Nachkriegszeit eine der entscheidenden Triebkräfte der Bildungsexpansion. Sie hat über die Erschließung und Absorption des traditionellen Wirtschaftssektors die Fundamente traditionaler Orientierungen beseitigt und damit "das bis dahin stabile Bildungs- und Berufswahlverhalten großer Bevölkerungsgruppen dynamisiert. Die mit diesem Prozeß verbundene Angleichung der Lebensweise nahezu aller Bevölkerungsgruppen ... ließ die verbleibenden Formen und Ursachen ungleicher Lebenschancen und Lebenslagen mit ungewohnter Schärfe ins öffentliche Bewußtsein treten; ihre Reduzierung bzw. Legitimation wurde zum politischen Problem" und zum Ausgangspunkt der Reform des traditionellen Bildungswesens (Greinert 1993, 104f.). Die traditionalen ökonomischen und sozialen Strukturen waren, so Greinert weiter, spätestens Anfang der 70er Jahre durch den Modernisierungsprozeß beseitigt, und "damit war auch die Existenz dieses klassenspezifisch geteilten Bildungssystems in Frage gestellt."(Greinert 1993, 163f.) Dies führte in den 70er und beginnenden 80er Jahren allerdings nicht zu einer offenen Krise des dualen Systems, da, wie Greinert (1993, 164) hervorhebt, die Weltwirtschaftskrise und die geburtenstarken Jahrgänge "die auf die Erweiterung des Hochschulzugangs ausgerichtete Bildungsexpansion massiv verlangsamt, wenn nicht gestoppt haben. Zudem zeigte sich das in zunehmendem Maße rationalisierte duale System noch immer in der Lage, die

---

[276] Zur Geschichte der Bildungsreform in Deutschland vgl. insbesondere Friedeburg 1992.

qualifikatorischen Voraussetzungen für umfangreiche berufliche Aufstiegsprozesse - z.B. vom Facharbeiter zum Technischen Angestellten - zu vermitteln. Mit der seit Mitte der 80er Jahre feststellbaren Ablösung der geburtenstarken Jahrgänge ... kann sich nun auch in Deutschland angesichts einer immer noch nicht als "vollwertig" anerkannten "Berufsausbildung" das meritokratische Prinzip ungehemmt entfalten." Der Drang zu höherer Bildung und Ausbildung wird größer und dies erscheint mehr denn je als ein rationales Verhalten, sofern eine höhere Formalbildung als entscheidende Voraussetzung gilt, in bessere berufliche Positionen zu gelangen und einen höheren sozialen Status zu erreichen. Bildungsgänge, die praktische Qualifikationen vermitteln, werden durch diesen Prozeß entwertet, "weil in ihnen nur noch diejenigen vorzufinden sind, die im Konkurrenzkampf um die höheren Abschlüsse unterlegen sind" (Greinert 1993, 164). Für die Hauptschulen und die praktische Berufsausbildung verbleibt dann allenfalls eine "Restbevölkerung" (Fischer 1993, 420).

Es ist in der Tat die Frage, weshalb der Teil der nachwachsenden Generationen, der sich für technische Berufe überhaupt interessiert, angesichts der Zugangsmöglichkeiten zu höheren Ausbildungsgängen und der privilegierten Chancen, die ein Ingenieurstudium verheißt, sich für den Beruf eines Facharbeiters entscheiden sollte. Sie wird "nicht dadurch beantwortet, daß man sagt, die Betriebe bräuchten ihn. Dieses reicht nicht aus, um Jugendliche in ausreichender Anzahl zu motivieren, dieses zu tun. Dies scheint mir das Zentralproblem der Bildungspolitik der kommenden Jahrzehnte zu sein". (B. Lutz, zit. nach Geißler 1991, 74)[277]

Die Folgen, die sich für das duale System (bzw. die Entwicklung des Facharbeiternachwuchses) abzeichnen, gelten zugleich als die Anzeichen der drohenden bzw. sich abzeichnenden Krise. Folgende Argumente werden ins Feld geführt:

(1) Ein "teilweise dramatischer ... Rückgang der Bewerberzahlen; so verlor das Handwerk seit 1990 etwa 43% seiner traditionellen Bewerber, die gewerblichen Berufe allgemein etwa 24%, Einzelhandelsberufe etwa 34%, sogar die industriellen Metallberufe - Vorreiter berufspädagogischer Innovationen - schrumpften um 20%. Insgesamt ist eine Tendenz weg von den Produktionsberufen hin zu anspruchsvollen Dienstleistungsberufen festzustellen - eine erste Folge der veränderten Bewerberstruktur." (Greinert 1993, 168) Das Interesse gerade an Facharbeiterberufen läßt demnach nach; das Bildungs- und Ausbildungsverhalten der nachwachsenden Generationen verändert sich in einer Weise, die die reale Gefahr einer Austrocknung der Facharbeit in sich birgt. In besonderer Weise sichtbar wird diese Gefahr für manchen Beobachter darin, daß zu Beginn der 90er Jahre die Zahl der Studierenden zum ersten Mal diejenige der Auszubildenden im dualen System überstiegen hat.

---

[277] Das Schicksal dieses "Arbeitstypus", so Lutz (1990, 428), wird nicht von der Nachfrage-Seite her entschieden werden, sondern von der Frage abhängen, ob es auch in Zukunft noch gelingen wird, eine größere Zahl intelligenter junger Menschen ... dazu zu bewegen, in praktischer Berufsausbildung eine persönliche Lebensperspektive zu sehen."

(2) Die "Qualität" derer, die noch eine Ausbildung im dualen System nachfragen, geht tendenziell zurück. D.h. es wird zunehmend schwieriger, auf der Basis dieser "Restbevölkerung" qualifizierte Facharbeiter auszubilden, die an das heutige, hohe Niveau heranreichen. Und entsprechend problematisch wird es, so jedenfalls steht zu erwarten, wie bisher aus "ihrem besseren Drittel" "Schlüsselkräfte" wie "Poliere, Vorarbeiter, Meister, Techniker und auch graduierte Ingenieure" zu rekrutieren (Lutz 1990, 432).

(3) Ein Anwachsen der Zahl derer, die nach Beendigung der Ausbildung aus dem erlernten Beruf aussteigen und den Weg in die Hochschulen suchen.

(4) Der Abbau von Ausbildungsplätzen gerade in der Industrie.

Es sprechen also eine Reihe von Argumenten und Entwicklungen dafür, daß sich hinsichtlich der Quantität und der Qualität des zukünftigen Facharbeiternachwuches gravierende Probleme abzeichnen. Teilweise wird aus den genannten Entwicklungen sogar die Prognose abgeleitet, das duale System der industriellen Berufsausbildung und damit der Qualifikationstypus des Facharbeiters habe "keine Zukunft" (Geißler 1991) mehr. Angesichts der bisherigen Entwicklung erscheint eine solche Zuspitzung jedoch als überzogen.[278] So wichtig der Verweis auf problematische Aspekte

[278] Für Geißler (1991) sind es nicht nur Entwicklungen, wie sie oben skizziert wurden, die das Ende des dualen Systems heraufbeschwören. Es sind für ihn die Erfordernisse des Produktionssystems selbst, die "das handwerkliche Modell der Berufsausbildung", letztlich das Berufsmodell überhaupt, antiquiert machen und auf den "Arbeiter der tausend Berufe" drängen. Ihm zufolge brauche die "Qualifikations-Collage ... den Beruf, wenn überhaupt, nur noch als Illusion. In einer Welt der Job-Holders ist der Beruf und die Ausbildung dafür weitgehend nurmehr als Legitimation zur Status- und Einkommensdifferenzierung, als individuelle Strategie zur Pflege der "feinen Unterschiede" vonnöten" (ebda, 72). Sicherlich ist in vielen Industrieländern die tradierte Struktur von Bildung und Ausbildung in Bewegung geraten und wird das "Berufskonzept von Qualifikationen" (Georg 1992) kritisiert und das japanische System, das auf in vergleichbarer Weise institutionalisierte Befähigungsprofile verzichtet, zum Vorbild erhoben. Allerdings deuten sich auch Erosionstendenzen des "japanischen Organisationstypus" an, und teilweise fördern Reformansätze einen Trend zur "Verberuflichung von Bildung und Beschäftigung" (Georg 1992, 63). Die Entwicklungen in Japan und der Bundesrepublik resümierend, betont Georg (1992, 64), die in Japan erkennbaren Anzeichen "beruflich geformter Arbeit und Ausbildung" lassen sich "kaum zu einer eindeutigen Entwicklungsperspektive bündeln und als Ausdruck einer Anpassung der Qualifizierungsformen an westlich-bürokratische Muster deuten. Ebensowenig gilt, daß die Flexibilisierungsansätze im deutschen Berufsbildungssystem ohne weiteres als "Japanisierung" der Organisationsprinzipien zu interpretieren sind. Die in beiden Ländern erkennbaren Auflösungs- und Rekonstitutionsprozesse verlaufen noch immer im Rahmen der überkommenen Strategien und institutionellen Bedingungen, ohne deren prinzipielle Stabilität zu gefährden. Dieser Befund spricht zumindest für die funktionale Äquivalenz unterschiedlicher Berufsausbildungs- und Arbeitsorganisationssysteme, auch wenn diese für die Beschäftigten immer auch unterschiedliche Chancen und Risiken zur Folge haben." Der Befund spricht auch gegen allzu vorschnelle Grabreden auf das duale Berufsbildungssystem, wie sie etwa Geißler hält. Schon einmal wurde dem dualen System attestiert, den "Anforderungen einer modernen Industriegesellschaft

Tabelle 3.13
Studenten an Universitäten bzw. Fachhochschulen und Auszubildende[1]

Jahr	Studenten (Tsd.)	Auszubildende Insgesamt (Tsd.)	in Industrie u. Handel (Tsd.)	im Handwerk (Tsd.)
1960	291,1	1278,9	743,1	446,6
1965	384,4	1338,4	752,4	468,0
1970	510,5	1268,7	724,9	419,5
1975	840,8	1328,9	634,0	504,7
1980	1044,2	1715,5	786,9	702,3
1985	1338,0	1831,3	874,6	687,5
1990	1585,2	1476,9	756,4	486,9
1991	1647,0	1430,3	734,3	460,4
1992	1681,1	1388,3	690,6	459,6
1993	1711,9	1341,7	646,5	459,0
1994	1676,1	1281,3	591,6	462,9
1995	1662,5	1250,2	560,9	469,9

Quelle: BMBF, Grund- und Strukturdaten versch. Jahrgänge.
1 Die Angaben beziehen sich auf das frühere Bundesgebiet.

nicht mehr gewachsen (zu sein). Dieses harte Urteil der OECD aus dem Jahre 1973 kann nach den Erfahrungen der letzten 15 Jahre als glattes Fehlurteil eingestuft werden" (Greinert 1993, 153). Die Anpassungsfähigkeit des dualen Systems zeigt sich besonders deutlich auch daran, daß die Zahl der Ausbildungsberufe in den vergangenen Jahrzehnten erheblich reduziert worden ist: "1950 gab es in der Bundesrepublik etwa 900 Ausbildungsberufe, 1970 war diese Zahl auf 600, gut zwei Jahrzehnte später dann auf 373 zurückgegangen. Viele veraltete Berufe sind gestrichen worden, andere sind zusammengefaßt und zu komplexeren Berufen neu geordnet worden" (Arbeitsgruppe Bildungsbericht 1994, 562). Diese Entwicklung kann durchaus als Indiz dafür gewertet werden, daß das duale System den Anforderungen nach "ganzheitlicheren" Befähigungsprofilen - dem "Arbeiter der tausend Berufe", um in Geißlers Bild zu bleiben - zumindest tendenziell nachzukommen vermag. Gerade im letzten Jahrzehnt sind veraltete Berufsbilder aufgegeben und "Berufe mit schmalem Aufgabenspektrum" (Arbeitsgruppe Berufsbildungsbericht 1994) zusammengefaßt und Berufe neu geregelt worden.

und deren Ursachen ist, so fraglich ist, ob damit die bisherige und zukünftige Entwicklung zureichend erfaßt wird. Es ist durchaus angebracht, auch andere Aspekte in die Betrachtung einzubeziehen.

(1) Zunächst gilt es festzuhalten, daß die Zahl der Studierenden in den zurückliegenden Jahrzehnten dramatisch gestiegen ist und diejenige der Auszubildenden seit 1990 deutlich übersteigt, wie Tabelle 3.13 zeigt. Der Trend, der darin zum Ausdruck kommt, ist unbestritten. Man sollte aber durchaus etwas Vorsicht bei der Nutzung solcher Zahlen walten lassen. Eingerechnet werden muß, daß sich die Studienzeiten an deutschen Hochschulen - die Diskussionen um deren Krise unterstreichen es zureichend - deutlich verlängert haben. Faktische Studienzeitverlängerungen bei einem anhaltenden Zustrom an die Universitäten setzen natürlich die Bestandszahlen sukzessive nach oben. Betrachtet man statt dessen die Entwicklung der Zahl der Studienanfänger und die der Zahl der neu abgeschlossenen Ausbildungsverträge, so relativiert sich das durch die Bestandszahlen erzeugte Bild einer dramatischen Wende etwas, wenngleich es nicht revidiert wird (vgl. Tabelle 3.14).

Zudem ist die bisherige Entwicklung der Studenten- und Auszubildendenzahlen keineswegs so einlinear zu interpretieren, wie es die nackten Zahlen nahelegen. In ihrer Analyse über die Effekte der demographischen Entwicklung und des veränderten Bildungs- und Berufswahlverhaltens auf die Ausbildungsnachfrage kommen Schober/Tessaring (1993) zu folgendem Urteil: In den 70er und 80er hätte die Entwicklung der Auszubildendenzahlen, wäre sie der demographischen Entwicklung gefolgt, deutlich über der tatsächlichen liegen müssen. Die Differenz zwischen der tatsächlichen und der anhand der demographischen Entwicklung erwartbaren Entwicklung läßt sich über die Veränderung des Bildungs- und Berufswahlverhaltens erklären.

Gegen Ende der 70er Jahre steigen die Auszubildendenzahlen, obwohl der "demographische Druck" nachläßt und eigentlich sinkende Auszubildendenzahlen die Folge hätten sein müssen. Offensichtlich sorgte bis gegen Ende der 80er Jahre dann "die steigende soziale Nachfrage für eine weitaus höhere Ausbildungsbeteiligung im dualen System, als es von der demographischen Entwicklung her zu erwarten gewesen wäre. Erst seit etwa 1988 gehen beide Komponenten der Ausbildungsnachfrage zurück und drücken auf die Nachwuchsentwicklung im dualen System. Im Ergebnis liegt damit die Zahl der Auszubildenden gegenwärtig wieder auf dem Niveau der 60er Jahre. Anders verlief die Entwicklung im Hochschulbereich. Diese wurde kaum von der demographischen, sondern fast ausschließlich (zu über 90%) von der sozialen Nachfrage, d.h. der steigenden Studienneigung, beeinflußt." (Schober/Tessaring 1993, 5)

Tabelle 3.14
Studienanfänger an Universitäten bzw. Fachhochschulen und neu abgeschlossene Ausbildungsverträge[1]

Jahr	Studienanfänger (Tsd.)	Neue Ausbildungsverträge (Tsd.)	Relation Studienanfänger/Neue Ausbildungsverträge
1975	166,6	462,0	1:2,8
1980	195,0	650,0	1:3,3
1985	207,7	697,1	1:3,4
1989	252,6	583,7	1:2,3
1990	278,2	545,6	1:2,0
1991	271,2	539,5	1:2,0
1992	256,0	500,0	1:2,0
1993	245,1	471,2	1:1,9
1994	229,3	450,2	1:2,0
1995	224,7	450,1	1:2,0

Quelle: BMBW/BMBF, Grund- und Strukturdaten, versch. Jahrgänge, eigene Berechnung.
1 Die Angaben beziehen sich auf das frühere Bundesgebiet.

(2) Angesichts der bisherigen Entwicklung ist zumindest mittelfristig nicht abzusehen, daß für eine duale Berufsausbildung nurmehr eine "Restbevölkerung" mit im Vergleich zu früheren Jahrzehnten niedrigeren Eingangsqualifikationen mobilisierbar ist. Fraglich ist jedenfalls, ob die immer wieder zu hörenden Klagen der Betriebe über schlechter werdende Eingangsvoraussetzungen der Auszubildenden ein realistisches Bild der Situation abgeben.[279] Immerhin der Erwähnung wert sind die folgenden Fakten (vgl. zum folgenden Schober/Tessaring 1993, 7ff.): In den letzten eineinhalb Jahrzehnten hat sich eine deutliche Veränderung der Übergänge von der Schule in den Beruf vollzogen. Während die Übergangsquote der Haupt- und Sonderschüler (mit und ohne Abschluß) in eine duale Ausbildung 1975 wie 1990 bei 59% lag, hat sich der Anteil der Realschüler und der Hochschulberechtigten, die sich für eine duale Ausbildung entschieden, drastisch erhöht. Nahmen 1975 noch

[279] Stellt man außerdem in Rechnung, daß auch an den Hochschulen vielfältige Klage über die Defizite von Studienanfängern geführt wird, dann müßte angenommen werden, daß wir es mit einem allgemeinen "Qualitätsverfall" zu tun hat. Die Fragwürdigkeit einer solchen Annahme liegt auf der Hand.

Tabelle 3.15
Auszubildende nach schulischer Vorbildung und Ausbildungsbereichen[1]

Art der schulischen Vorbildung	Jeweiliger Anteil unter den Auszubildenden (in %)											
	Insgesamt			Industrie u. Handel						Handwerk[2]		
				kaufm. Berufe			gewerbliche Berufe					
	1985	1990	1992	1985	1990	1992	1985	1990	1992	1985	1990	1992
ohne Hauptschulabschluß	1,6	1,6	2,0	0,7	0,4	0,5	2,1	1,0	1,4	3,8	5,5	6,0
Hauptschulabschluß	31,0	28,9	28,1	21,9	19,8	19,3	39,4	38,2	34,8	51,7	52,7	47,3
Realschul- od. gleichwertiger Abschluß	36,1	34,0	38,9	34,9	30,4	35,8	39,3	40,0	44,8	20,7	18,3	27,0
Hochschulreife	14,1	16,2	14,5	23,0	27,9	25,3	6,6	7,7	6,9	5,3	5,7	5,2
Berufsgrundbildungsjahr	5,8	4,3	3,0	2,6	2,3	1,5	5,5	4,7	3,1	9,5	6,4	4,9
Berufsfachschule	10,8	10,5	8,0	16,6	16,8	13,3	6,2	6,0	4,7	7,5	6,6	4,5
Berufsvorbereitungsjahr	0,7	0,7	0,7	0,3	0,3	0,4	1,0	0,7	0,8	1,4	1,5	1,5
ohne Angaben[3]	4,8	3,8	4,8	1,5	2,1	3,9	1,5	1,7	3,5	2,5	3,3	3,6

Quelle: BMBW/BMBF, Grund- und Strukturdaten, vers. Jahrgänge.

1 Die Angaben für die Jahre 1985 und 1990 beziehen sich auf das frühere Bundesgebiet, jene des Jahres 1992 auf das gesamte Bundesgebiet.

2 Nur neu abgeschlossene Ausbildungsverträge.

3 Einschließlich „sonstige Vorbildung“ und „nicht erfaßt“.

47% der Jugendlichen mit mittlerer Reife eine Ausbildung im dualen System auf, so waren es 1990 immerhin 57%. Damit liegt der Anteil fast ebenso hoch wie bei den Hauptschülern. Bei den Abiturienten stieg der entsprechende Anteil von 4% (1975) auf immerhin 15% (1990), während der direkte Übergang von Abiturienten ins Studium von 55% auf etwa 35% absank.

Entsprechend hat sich - eingedenk der veränderten Schülerzahlen an Haupt-, Realschulen und Gymnasien - die schulische Vorbildung der Auszubildenden verändert. Hatten 1970 noch 80% der Auszubildenden einen Hauptschul-, 19% einen Realschulabschluß und gerade einmal 1% ein Abitur, so kamen 1991 von den Auszubildenden nur noch 43% aus der Hauptschule. 42% von ihnen waren mittlerweile Abgänger aus Realschulen und 15% unter ihnen hatten das Gymnasium absolviert (vgl. Schober/Tessaring 1993, 4). Bemerkenswert ist, daß im Jahr 1992 von den Auszubildenen in Industrie und Handel, die einen gewerblichen Beruf erlernen, lediglich ein starkes Drittel (36,2%) über keinen bzw. einen Hauptschulabschluß verfügt, während im Handwerk mehr als jeder zweite Auszubildende (53,3%) maximal einen Hauptschulabschluß hat (vgl. Tabelle 3.15). Die Mehrzahl der gewerblichen Auszubildenden in Industrie und Handel (44,8%) verfügen über einen Realschulabschluß und immerhin knapp 7% sogar über die Hochschulreife.

Wenn man versucht, daraus einen Schluß zu ziehen, dann den, daß die schulische Vorbildung der angehenden Facharbeiter - und dies ist durchaus ein aussagekräftiges Maß für die "Qualität" des Nachwuchses - in der Industrie zunehmend höher wird (vgl. auch Arbeitsgruppe Bildungsbericht 1994). Die vorliegenden Daten deuten darauf hin, daß in der Industrie das vorherrschende Übergangsmuster im Facharbeiterbereich zukünftig eher Realschule-Facharbeiterlehre-Beruf lauten wird. Allenfalls im Handwerk erscheint das typische Muster, das von der Hauptschule über die Lehre in den Beruf führt, noch weitgehend ungebrochen.

(3) Die Zeitreihen zur Entwicklung der Auszubildenden- und Studentenzahlen zeigen zwar eine nachlassende Attraktivität dualer Ausbildung im Vergleich zu der des Studiums an. Ein hinreichendes Bild über die Anziehungskraft der gewerblichen Berufe bzw. einer industriellen Facharbeiterausbildung zeichnen sie jedoch nicht. Hier liefern Daten zu den Ausbildungswünschen von Jugendlichen einen interessanten Aufschluß. So zeigt etwa die Statistik der Berufsberatung zum einen, daß Jugendliche, die eine duale Ausbildung aufnehmen wollen, seit längerem eine starke Präferenz für Dienstleistungsberufe haben. Sie weist zum anderen aber auch eine relative Kontinuität des Interesses an Fertigungsberufen aus: "Bereits im Beratungsjahr 1977/78 interessierte sich die Mehrzahl der Lehrstellenanwärter (57%) für Dienstleistungsberufe und nur 37% für Fertigungsberufe. Seither ist mit geringfügigen Schwankungen die Struktur der Vermittlungswünsche von Ausbildungsplatzbewerbern weitgehend konstant geblieben" (Schober/Tessaring 1993, 15); im Beratungsjahr 1990/91 wollten 37% der Bewerber einen Fertigungs-, 56% einen Dienstleistungsberuf und 7% übrige Berufe erlernen. Verantwortlich für die Stabilität der

Nachfrage nach Fertigungsberufen sind offensichtlich gegenläufige Tendenzen innerhalb der verschiedenen Bewerbergruppen:

"Entgegen landläufigen Annahmen ist nämlich bei allen Qualifikationsgruppen mit Ausnahme der Studienberechtigten die Bewerbernachfrage für Fertigungsberufe gestiegen ... Männliche Hauptschüler mit und ohne Abschluß bilden nach wie vor die Hauptklientel für den gewerblichen Nachwuchs: Trotz rückläufiger Tendenz interessieren sich im Durchschnitt immer noch mehr als 80 Prozent dieser Jugendlichen für einen Fertigungs- bzw. technischen Beruf. Auch junge Männer mit mittlerem Bildungsabschluß streben noch zu mehr als der Hälfte einen gewerblich-technischen Beruf an. Abiturienten hingegen, die eine Lehre beginnen wollen und deren Anteil an den Bewerbern sich fast verdreifacht hat, interessieren sich überwiegend und mit steigender Tendenz für eine Ausbildung in Dienstleistungsberufen (63%)[280] ... Die Vermittlungswünsche der Jugendlichen ... haben sich also nicht so rasant, wie oftmals behauptet wird, in Richtung auf Dienstleistungsberufe hin gewandelt. Hier läßt sich für manche Gruppen eher eine gegenläufige Tendenz feststellen - trotz des deutlich gestiegenen Vorbildungsniveaus der Bewerber/innen. Wenn die in den gewerblichen Berufen angebotenen Ausbildungsplätze immer weniger besetzt werden können, dann liegt dies neben demographischen Ursachen (es wurden in den vergangenen Jahren sehr viel mehr Lehrstellen angeboten als Schulabgänger dafür zur Verfügung standen) vor allem daran, daß sich immer weniger Jugendliche überhaupt für eine Ausbildung im dualen System entscheiden.." (Schober/Tessaring 1993, 16)

Neben der auffälligen Stabilität des Anteils jener Bewerber, die eine Ausbildungsstelle für einen Fertigungsberuf suchen, ist die Stabilität des Anteils derer bemerkenswert, die tatsächlich eine Ausbildung in einem Fertigungsberuf durchlaufen. Ihr Anteil an allen Auszubildenden ist zwischen 1960 und 1990 um lediglich drei Prozent von 50% auf rund 47% gesunken, während der Anteil unter den männlichen Auszubildenden sogar noch gestiegen ist (vgl. Tabelle 3.16).

Folgendes läßt sich aus diesem Datenmaterial schließen: Wie bereits weiter oben erwähnt, wirken sich die demographische Entwicklung und das sinkende Interesse an einer dualen Ausbildung seit der zweiten Hälfte der 80er Jahre negativ auf die Auszubildendenzahlen aus. Dies ging bislang allerdings nicht einseitig zu Lasten der Auszubildendenzahlen in den Fertigungsberufen. Im Gegenteil blieben im Vergleichszeitraum sowohl der Anteil der Nachfrage nach entsprechenden Ausbildungsstellen als auch der Anteil der Auszubildenden in Fertigungsberufen an der Gesamtzahl der Auszubildenden relativ konstant.

(4) Konzentriert man sich allein auf einen Vergleich zwischen dualer Ausbildung und Studium, so übersieht man leicht eine mindestens ebenso wichtige Tendenz: Den absoluten Bedeutungsgewinn der dualen Ausbildung in den letzten Jahrzehnten. Lag zu Beginn der 70er Jahre der Anteil eines Altersjahrganges, der eine duale Ausbildung absolvierte noch bei etwa 50%, so waren es 1990 bemerkenswerte 70% eines Jahrganges (BMBW, Berufsbildungsbericht 1990, 1).

280 Immerhin suchten 1990/91 27% derjenigen mit Studienberechtigung, die eine duale Ausbildung aufnehmen wollten, nach einer Ausbildung in einem Fertigungsberuf.

Tabelle 3.16
Anteil der Auszubildenden des Berufsbereichs „Fertigungsberufe“ an allen Auszubildenden - 1960 bis 1995

Jahr	Auszubildende		Anteil der Auszubildenden in Fertigungsberufen		
	insg. (Tsd.)	in Fertigungsberufen (Tsd.)	an allen Auszub. (in %)	unter den männl. Auszub. (in %)	unter den weibl. Auszub. (in %)
früheres Bundesgebiet					
1960	1.269,1	639,4	50,4		
1970	1.270,1	593,6	46,7	67,9	7,7
1980	1.715,5	874,5	51,0	76,7	9,3
1990	1.476,9	692,5	46,9	73,3	11,3
BRD gesamt					
1991	1.665,4	814,3	48,9	74,7	12,7
1992	1.666,6	819,4	49,2	75,0	11,8
1993	1.629,3	803,1	49,3	75,3	10,9
1994	1.579,9	778,4	49,3	75,2	10,4
1995	1.579,3	784,2	49,7	75,6	10,3

Quelle: BMBW/BMBF, Grund- und Strukturdaten, vers. Jahrgänge, Stat. Bundesamt, Fachserie 11, Reihe 3 (1995), Tessaring/Schober (1993).

Und auch 1994 ist die "Bildungsbeteiligung der jungen Menschen an der dualen Berufsausbildung ... mit einem Anteil von rund zwei Dritteln an den entsprechenden Jahrgängen nach wie vor vergleichsweise hoch. Sie übersteigt deutlich die Anteilswerte in den 60er, 70er und in den frühen 80er Jahren. Gleichwohl ist seit Anfang der 90er Jahre eine abnehmende Tendenz der Ausbildungsbeteiligung und eine Hinwendung zu anderen Bildungsbereichen erkennbar." (BMBW, Berufsbildungsbericht 1994, 1)

Mit dem Bedeutungszuwachs der dualen Ausbildung korrespondiert die Abnahme der Zahl der Jugendlichen, die ohne Ausbildung ins Erwerbsleben eintreten (vgl. BMBW 1990, 1). Sind es unter den 40- bis 50jährigen immerhin rund 27%, die über keinen Ausbildungsabschluß verfügen, so ist der Anteil der Erwachsenen ohne Ausbildungsabschluß unter den 20- bis 30jährigen auf 13% gesunken. Bei den jüngeren Jahrgängen liegt der Anteil bei gerade noch 10%. Die Ungelerntenquote hat sich mithin mehr als halbiert und dies, wie Greinert (1993, 161) zurecht hervorhebt "trotz geburtenstarker Jahrgänge". Bezieht man diesen Rückgang der Ungelerntenquote auf die Entwicklung im gewerblichen Bereich der Industrie, so ließe sich zugespitzt behaupten, daß noch vor einer Krise der Facharbeit das Ende des ungelernten Arbeiters naht.[281]

(5) Nicht zuletzt gilt es zu bedenken, daß die Frage der zukünftigen Attraktivität einer dualen Ausbildung, insbesondere einer industriellen Facharbeiterausbildung, auch davon abhängen wird, wie sich die Bedingungen in den Industrieunternehmen entwickeln werden. In nicht wenigen Unternehmen gründen sich die Bemühungen um neue Arbeitsstrukturen in der Produktion auch auf dem Interesse, die Facharbeit wieder attraktiver zu machen. Man kann durchaus davon sprechen, "daß die facharbeitergerechte Gestaltung der Arbeit selbst ein "Gegengift" gegen die Erosion der Facharbeit darstellt" (Fischer 1993, 421). In die gleiche Richtung wirken andere Versuche- wie etwa die Bemühungen um einheitliche Entgeltrahmentarifverträge in der Metallindustrie -, die Facharbeit im Status zu heben.[282]

---

281 An dieser Stelle lohnt es sich, das Urteil der Arbeitsgruppe Bildungsbericht (1994, 550ff.) am Max-Planck-Institut für Bildungsforschung etwas ausführlicher zu zitieren, das die bisher getroffenen Feststellungen unterstreicht: "Etwa 80% der Erwerbstätigen in der DDR hatten nach einer 1990 durchgeführten Erhebung eine Lehre abgeschlossen. Der vergleichbare Wert für die Bundesrepublik, der aus dem Mikrozensus von 1989 stammt, liegt mit knapp 60% deutlich niedriger, zeugt aber immer noch von der überragenden Bedeutung dieser Form der Berufsausbildung. Und hier wie dort waren darunter auch immer Erwerbspersonen, die nach Abschluß der Lehre eine weitere Ausbildung an einer Hochschule oder eine auf der Lehre aufbauende Qualifikation als Techniker, Meister ... oder ähnliches erworben, oder aber vor der Lehre eine andere berufliche Ausbildung durchlaufen hatten. Diese Kombinationen verweisen bereits darauf, daß die Lehre nicht nur aufgrund ihrer quantitativen Bedeutung als »Herzstück« der beruflichen Bildung in Deutschland zu bezeichnen ist, sondern auch deshalb, weil auf ihr viele andere berufliche Qualifikationen aufbauen. Im Unterschied zu den meisten Ländern außerhalb des deutschen Traditionskreises ist eine betriebliche Ausbildung hier nicht von vornherein eine Bildungssackgasse. ... So bildet die Lehre einen gemeinsamen Erfahrungshintergrund für einen großen, in recht unterschiedlichen Funktionen tätigen Personenkreis: Für Angehörige gewerblicher Berufe ebenso wie für Angestellte in Büros und Verwaltungen, für Vorgesetzte und ihre nachgeordneten Mitarbeiter und Mitarbeiterinnen. Daß die Lehre so etwas wie das »Rückgrat« des deutschen Produktionssystems darstellt, zeigt sich auch im internationalen Vergleich. ... Die Bedeutung der Lehre ist im Zeitablauf sogar noch größer geworden. ... Rund 70 Prozent eines Altersjahrganges in den alten Bundesländern machten Anfang der neunziger Jahre eine Lehre ..., in den fünfziger Jahren hingegen erlernten nur knapp über die Hälfte der Jugendlichen eines Jahrganges einen Beruf in Form der Lehre. Auch wenn man die Qualifikationsprofile jüngerer und älterer Generationen von Erwerbstätigen vergleicht, zeigt sich, daß das Qualifikationsniveau der jüngeren Generation deutlich gestiegen ist."

282 Auch Lutz (1990, 436f.) sieht das "Ende des Facharbeiters" keineswegs zwangsläufig heraufziehen, hält aber zumindest zwei Veränderungen für notwendig, um die Facharbeit auch unter veränderten gesellschaftlichen Bedingungen attraktiv zu halten: "Der erste Punkt: Natürlich muß an den Verdienstregelungen etwas geändert werden." Die bestehende "Struktur der physischen, finanziellen und sozialen Arbeitsbedingungen" benachteilige die Facharbeit, was es schwierig mache, qualifiziertes Personal "heranzubilden, zu motivieren und ... zu halten". Hier müsse "zumindest eine starke finanzielle Kompensation einsetzen. Der zweite

Die angeführten Aspekte, so lautet das Resümee der bisherigen Darlegung, mindern nicht die Bedeutung jener Entwicklungen, die einer Erosion der Facharbeiterbasis bundesdeutscher Industrieunternehmen Nahrung geben. Sie machen aber sehr wohl deutlich, daß Zuspitzungen, wonach das duale System bzw. die Sozialfigur des Facharbeiters die Zukunft hinter sich hätten, zumindest auf mittlere Sicht die Lage sicher nicht wirklich treffen. Sollten sich die Erosionstendenzen jedoch verstärken, dann hätte dies in der Tat Folgen: In dem Maße, wie diese Basis brüchig wird und schwindet, gerät auch die auf der Facharbeiterqualifikation beruhende Figur des Meisters in die Krise. Wird die Rekrutierung von Meistern schwieriger, sei es, weil das Angebot dramatisch sinkt, sei es, weil das Angebot qualitativ schlechter wird, dürften in den Unternehmen die Versuche zunehmen, nicht nur Techniker, sondern nun auch Meister vermehrt durch Höherqualifizierte, - sofern diese dann in ausreichender Zahl am Arbeitsmarkt zur Verfügung stehen - zu ersetzen. Bis dahin allerdings, so scheint uns, ist es noch ein weiter Weg.

Punkt: Die Trennung von Ingenieurarbeit und Facharbeit entstand nicht einfach als eine technisch sinnvolle Arbeitsteilung, sondern ist gleichzeitig Ausdruck einer sozialen Schichtung, deren Grundlagen und Voraussetzungen ... entfallen sind: Kinder des Volkes wurden eben Arbeiter, während das Studium im wesentlichen den Kindern der besseren Stände vorbehalten war. ... Die Trennung von Arbeitern und Ingenieuren - nicht als technische Funktion, sondern als Scheidung in zwei unterschiedliche Personal- und Laufbahngruppen - ist ein Produkt der Vergangenheit und müßte möglichst schnell überwunden werden. Das heißt konkret, daß wir überlegen sollten, ob und wie Ausbildungs- Berufs- und Aufstiegswege bewußt und systematisch neu geschaffen werden können, die dem Rechnung tragen ... Zu fragen wäre also, ob man nicht ... die Ingenieurausbildung in Wiederbelebung der alten höheren technischen Lehranstalt als eine Verlängerung von Facharbeitertätigkeit sehen oder umgekehrt eine allerdings nicht nur mehrere Monate, sondern acht oder zehn Jahre dauernde ... Werkstattpraxis als selbstverständlichen Bestandteil in die normale Ingenieurlaufbahn einbauen soll."

V. Zusammenfassung

Ausgangspunkt der vorliegenden Arbeit war die seit einiger Zeit populäre These, daß sich mit dem Meister eine traditionsreiche Vorgesetztenfigur, die nach dem Dafürhalten insbesondere ausländischer Beobachter einen wesentlichen Schlüssel zum Verständnis der Produktivität des "deutschen Produktionssystems" darstellte, inmitten eines tiefgreifenden Wandlungsprozesses befindet. Die einschlägige, vornehmlich auf Gefährdungen abhebende Diskussion verweist, wie wir betonten, im Kern auf zwei Entwicklungen, die einer Problematisierung dieses Vorgesetztentypus Vorschub leisten: Strukturelle Veränderungen in den Industrieunternehmen, die die bisherigen Muster betrieblicher Arbeitsteilung in Frage stellen, und Veränderungen auf dem Arbeitsmarkt, die die soziale Reproduktion des Meisters beeinträchtigen.

Dem Schwerpunkt der Diskussion folgend, stellten wir in dieser Arbeit die Veränderungsprozesse in den Unternehmen ins Zentrum der Betrachtung. Wir fragten nach den Konsequenzen einer um die Etablierung neuer Arbeits- und Organisationsstrukturen zentrierten Rationalisierungsbewegung für die Meister. Provozieren strukturinnovative Prozesse industrieller Reorganisation eine neue, "zweite Meisterkrise", oder befördern sie vielmehr, so eine weniger prominente These, eine "Renaissance" des Meisters, eine auf die Aufwertung der unteren Vorgesetztenebene hinauslaufende Trendwende in der Entwicklung? Dieser sich durch die Literatur aufdrängenden Leitfrage haben wir uns in zwei Schritten zu nähern versucht. Der erste, sekundäranalytische Schritt zielte auf eine Klärung von Entwicklungstendenzen, denen dieser Vorgesetztentypus bislang ausgesetzt war. Er sollte dazu beitragen, die Besonderheit der gegenwärtigen Situation zu erfassen. Vor diesem Hintergrund wandten wir uns dann in einem zweiten Schritt auf der Basis einer Auswertung empirischen Materials direkt der Frage nach den Implikationen aktueller Reorganisationsprozesse zu. Dieses Vorgehen hat zu einer Antwort auf die Leitfrage geführt, die sich der Schematik eines eindeutigen und generalisierenden Entweder-Oder ein gutes Stück entzieht. Die Argumentation und wichtige Ergebnisse dieser Arbeit lassen sich in folgenden Punkten zusammenfassen:

(1) Wer sich dem "Neuen" zuwendet, so hatten wir argumentiert, tut erst einmal gut daran, sich des "Alten" zu vergewissern. In unserem Fall war also der Entwicklung und den Merkmalen des bisherigen Einsatzes von Meistern nachzugehen. Begriffe wie "Renaissance" oder "zweite Meisterkrise" enthalten diesbezüglich eine unmißverständliche Botschaft. Sie repräsentieren eine durchaus gängige Sichtweise, derzufolge die Geschichte des Meisters im Kern eine problematische ist. Diese Perspektive ist wesentlich durch Studien aus den 50er und 60er Jahren geprägt worden. In diesen wurde auf einen durch Rationalisierung vorangetriebenen Prozeß der tiefgreifenden Erosion von Funktion, Macht und Status des Meisters aufmerksam gemacht und die Herausbildung eines vielfältig abhängigen, subalternen und mit einer schmalen Autoritätsbasis versehenen Typus von Industrievorgesetzten beschrieben.

Diesem wurde ein besonderer, die Lage "des" modernen Meisters repräsentierender Status zuerkannt. Das in seinem Grundmuster auch heute noch vielfach akzeptierte Szenario dieser früheren Studien ist das der Krise und des unaufhaltsamen Niedergangs der traditionellen Meisterwirtschaft.

Gegen diese Interpretation hatten wir eingewandt, daß sie das "Allgemeine im Besonderen zu sehr verallgemeinert" (Kern 1989) und dementsprechend selektiv ist. Die frühere Meisterdebatte verdichtete zweifellos wichtige Veränderungen zu einem allgemeingültigen Entwicklungsmuster, das in unzulässiger Weise abweichende Wirklichkeitsausschnitte ausblendete bzw. als bald überholte Vergangenheitsrelikte dethematisierte. Ein umstandsloser Rückgriff auf deren Befunde muß daher zu Vereinseitigungen in der Bestimmung der bisherigen Entwicklung der Meisterfunktion führen. Auf der Basis eines auf das Konzept des Paradigmas bzw. Leitbildes rekurrierenden Verständnisses industrieller Rationalisierung wurde versucht darzulegen, daß mit dem Verweis auf einen nachhaltigen Prozeß tayloristischer Engführung die Geschichte der betrieblichen Rolle der Meister keineswegs zureichend beschrieben ist. Zweifellos unterlagen die Meister in den letzten Jahrzehnten dem Einfluß einer am Leitbild des Taylorismus-Fordismus orientierten betrieblichen Rationalisierungspraxis. Die sich aus der Entfaltung zentralistischer, funktional differenzierter und bürokratisierter Betriebsstrukturen speisende Tendenz zur restriktiven Ausgestaltung der Meisterposition war allerdings nicht in allen Teilen der Industrie gleich wirksam. Tayloristische Formen des Industriemeistereinsatzes haben vor allem dort weite Verbreitung gefunden, wo standardisierte Massenproduktion einer den institutionalisierten Prinzipien der Organisations- und Technikgestaltung verpflichteten Rationalisierung einen idealen Boden bereitete.

So relevant die Verhältnisse der großbetrieblich organisierten Massenproduktion sind, auf die insbesondere die früheren Arbeiten zur Meisterfrage theoretisch wie empirisch maßgeblich fixiert waren: Zur Beschreibung der (bundes-)deutschen industriellen Vergangenheit und Gegenwart sind jene der "flexibel spezialisierten" (Piore/Sabel 1989) mittelständischen Industrie - namentlich die der Klein- und Mittelbetriebe der Einzel- und Kleinserienfertigung - nicht minder bedeutsam; und obwohl auch hier die etablierten Rationalisierungskonventionen ihre Spuren hinterließen, haben sich in diesem Feld ganzheitlichere Formen des Meistereinsatzes erhalten. Der Tendenz einer sukzessiven Erosion von Funktion und Status des Meisters steht letztlich bis in die 80er Jahre hinein eine Tendenz der Reproduktion und des "Überlebens" von Formen der Meisterwirtschaft zur Seite, die nicht als Randphänomen und Aspekt ungleichzeitiger Entwicklung behandelt werden kann. Sowohl der Typus des taylorisierten Meisters als auch jener der modifizierten Meisterwirtschaft stehen gleichermaßen für ein Stück bisheriger Normalität der unteren betrieblichen Führungsebene in der bundesdeutschen Industrie.

(2) Der aktuelle Strukturwandel trifft somit auf eine heterogene Ausgangssituation. Wir trugen dem im zweiten, empirisch orientierten Teil dieser Arbeit durch eine

systematische Berücksichtigung unterschiedlicher Ausgangslagen Rechnung. Wir stellten also die Frage nach den durch Prozesse industrieller Reorganisation eröffneten Chancen oder Risiken für Meister im Hinblick auf vorgängige Anforderungsmuster - eine Perspektive, die in neueren Beiträgen zur Meisterthematik keineswegs üblich ist. Der empirischen Analyse liegt zudem die Annahme zugrunde, daß sich die Veränderungen der betrieblichen Rolle der Meister durch einen auf die Implikationen spezifischer Innovationen konzentrierten Blick nicht zureichend erfassen lassen. In der Industrie ist mehr in Bewegung geraten als die tradierten Arbeitsstrukturen auf der operativen Ebene und die bisherigen Formen der Arbeitsteilung zwischen den Produktionsbelegschaften und ihren unmittelbaren Vorgesetzten. Entsprechend greifen Analysen, die den Auswirkungen etwa von Qualitätszirkeln, Gruppenarbeit etc. nachgehen, dann zu kurz, wenn sie als Grundlage für allgemeine Thesen (zweite Meisterkrise) zur betrieblichen Zukunft der Meister dienen.

Derzeitige Reorganisationsprozesse - die wir als Ausdruck einer manifesten Krise der bisherigen Leitprinzipien industriellen Produzierens und eines reflexiven Umschlags industrieller Rationalisierung interpretiert haben (Deutschmann 1989, 1995) - setzen an den, sich in den Schattenseiten bürokratisch-zentralistischer und funktional differenzierter Organisationsstrukturen manifestierenden, problematischen Effekten bisheriger, tayloristisch-fordistisch orientierter Rationalisierungspraxis an. Sie stellen die gewachsenen Strukturen der fachlichen, funktionalen und hierarchischen Arbeitsteilung, die Managementstrukturen und die Grenzziehungen zwischen direkten und indirekten Bereichen, zwischen Stabs- und Linienfunktionen auf den Prüfstand. Ein zentrales Merkmal des sich verbreitenden neuen Rationalisierungsstils ist die dezentralisierende Veränderung bestehender Unternehmens-, Betriebs- und Arbeitsstrukturen. Zur Debatte stehen also nicht allein auf die unmittelbare Produktionsarbeit konzentrierte "neue Produktionskonzepte", sondern ebenso neue Formen der Arbeits- und Kompetenzverteilung innerhalb des Managements und zwischen den direkten Produktionsabteilungen und anderen betrieblichen Funktionen. Den Folgen industrieller Reorganisation für die Meister nachzugehen erfordert demnach, das Augenmerk sowohl auf Veränderungen innerhalb deren Verantwortungsbereichs als auch auf neue Grenzziehungen gegenüber höheren Managementebenen sowie den Agenturen der wissenschaftlichen Betriebsführung zu richten.

In den Unternehmen gestaltet sich der Prozeß industrieller Reorganisation keineswegs einheitlich. Die Lage ist vielmehr geprägt durch eine Vielfalt konkreter Reorganisationskonzepte und -maßnahmen, die in unterschiedlicher Weise und Radikalität in bestehende Strukturen eingreifen. Um deren Auswirkungen auf die Meister angemessen erfassen zu können, rückten wir in Anlehnung an Faust u.a. (1994) die gemeinsame Veränderungsrichtung unterschiedlicher Innovationsprojekte in den Mittelpunkt und stützten uns dabei auf eine Typologie von Formen operativer Dezentralisierung, die Selbstorganisation und Intrapreneurship als idealtypisch unterscheidbare Orientierungspunkte konzipiert. Die wichtigsten Befunde der auf diese

Weise strukturierten empirischen Analyse lassen sich folgendermaßen zusammenfassen:

(3) Die Untersuchung stützt zunächst einmal eindrücklich die Plausibilität der These eines durch Prozesse strukturinnovativen organisatorischen Wandels vorangetriebenen, neuerlichen Umbruchs in der Entwicklung der Meisterfunktion. Zeigt die quantitative Erhebung die Verbreitung des Organisationswandels und dessen besonderen Stellenwert bezüglich der Veränderung der beruflichen Anforderungen von Meistern, so führen die Fallstudien Gestalt und Tiefgang der Veränderung vor Augen.

So deutlich die gegenwärtige Situation als Phase des Umbruchs erscheint, so widersprüchlich sind die Signale, in welche Richtung die Entwicklung geht. Auf der Basis der Fallstudien ließ sich zeigen, daß einer neuerlichen, diesmal nicht durch Zentralisierung, sondern durch Dezentralisierung ausgelösten Problematisierung und sogar Infragestellung der betrieblichen Position des Meisters ein dezidiertes Festhalten an dieser Führungskraft und die Tendenz des Wiederauflebens eines ganzheitlich zugeschnittenen Positionsprofils zur Seite stehen. Die Alternativen, die sich im Prozeß reflexiver Rationalisierung gleichermaßen eröffnen, könnten gegensätzlicher nicht sein. Auf welche Seite sich die Waagschale neigt, hängt in erheblichem Maße von der, durch betriebspolitische Konstellationen und Prozesse geprägten Form und dem Tiefgang der Dezentralisierung ab. Bedeutsam sind nicht zuletzt die vorgängigen Strukturen des Meistereinsatzes.

(4) Wir haben fünf Muster der Veränderung der betrieblichen Situation der Meister unterschieden. Zwei dieser Veränderungsmuster stehen im Kontext von Dezentralisierungsbestrebungen, die im Kern dem Modell selbstorganisierter Produktionsarbeit folgen. Gemeinsames Merkmal dieser beiden Muster ist es, daß sie auf eine Unterhöhlung der bisherigen betrieblichen Meisterprofile, auf eine neue "Meisterkrise von unten" hinauslaufen. Diese resultiert aus einer Verlagerung bisheriger Kernbestandteile der Meisterfunktion in funktionsintegrierte, teilautonome Gruppen und Teams. Selbststeuerung der operativ Beschäftigten ersetzt hier der Tendenz nach die unmittelbare Leitung der Arbeitsprozesse durch Meister. Die Meisterkrise von unten hat allerdings unterschiedliche Gesichter.

a) In jenen Betrieben, in denen bislang ganzheitlichere Formen des Meistereinsatzes Bestand hatten, ist das hervorstechende Resultat der Aufwertung der Produktionsarbeit das Ende der Meisterwirtschaft. Dezentralisierung treibt dort voran, was im Rahmen traditioneller Rationalisierung nie wirklich gelang: Die Demontage eines das Produktionsgeschehen beherrschenden Typus von Werkstattvorgesetzten. Dieser Prozeß hat allerdings seine Grenzen. Wie avanciert die Projekte auch sein mögen: Dezentralisierung allein stellt hier den Meister nicht grundsätzlich in Frage. Nicht alles, was in solchen Fällen in den Händen der Meister lag, läßt sich umstandslos in das Aufgabenspektrum teilautonomer Produktionsmannschaften integrieren. Dies und ein auf allen Ebenen fest verankertes Bewußtsein um die besonderen Fähigkeiten und Qualifikationen der Meister geben deren weiterem betrieblichen Einsatz Halt. Mag der "Meister alter Prägung" in solchen Betrieben auch "aussterben", der Meister als solcher gewiß nicht. *Krise der Meisterwirtschaft durch Aufwertung der Produktionsarbeit*: Dieses Veränderungsmuster bezeichnet also vor allen Dingen einen durch Funktionsverlust geprägten Wandel der Meisterrolle.

b) In Betrieben mit vorgängig tayloristischem Meistereinsatz reichen die Folgen hingegen weiter, werden entsprechende Dezentralisierungsbestrebungen tendenziell zur Falle für die Meister. Dort, wo die "Meisterkrise von unten" sozusagen auf die Ergebnisse der "Meisterkrise von oben" aufsetzt, wird nicht nur eine weitere Erosion der betrieblichen Funktion, sondern auch die Abschaffung des Meisters zu einer realen Option. Die Substanz dessen jedenfalls, was den Meistern eingedenk eines traditionell restriktiv gefaßten Tätigkeitsprofils im Ergebnis einer Dezentralisierung nach dem Selbstorganisationsmodell noch verbleibt, ist sehr schmal. Daß in der Produktion der Zukunft auf den Meister verzichtet werden könnte, ist in den entsprechenden Fallbetrieben denkbar geworden. Wo dies nicht real geschehen ist, fällt zumindest ein beträchtlicher Teil der Meisterstellen der Reorganisation zum Opfer. *Bestandsgefährdungen durch Aufwertung der Produktionsarbeit*: So lautet hier das sich aufdrängende Entwicklungsszenario.

Reorganisationsprojekte, die auf dezentrale Organisationseinheiten mit "starken" Führungskräften an deren Spitze setzen, eröffnen einen grundsätzlich anderen Weg in die Zukunft. Sie stehen in gewisser Weise für die Umkehrung des historischen Trends einer sukzessiven Aushöhlung unterer Führungsrollen. Die Devise lautet hier Bündelung von Ressourcen und Zuständigkeiten in neu definierten "autarken" Produktionseinheiten und Reintegration von Verantwortung und Kompetenz in den zugehörigen Leitungspositionen. Dezentralisierung nach dem Intrapreneurmodell: In diesem Fall haben wir ebenfalls zwei Entwicklungsmuster hinsichtlich der betrieblichen Zukunft der Meister identifiziert.

c) In solchen Betrieben, wo ganzheitlichere Formen des Meistereinsatzes vorherrschten, zählen die Meister eindeutig zu den Gewinnern der Dezentralisierung. Der traditionelle Zuschnitt der Meisterrolle, bislang eher notgedrungen hingenommen, wird neu bewertet und zum positiven Anknüpfungspunkt "moderner" Betriebsstrukturen. Die tradierten Muster dezentralen Produktionsmanagements werden bestärkt und - durch Übertragung von Zuständigkeiten - erweitert, die Meister mehr denn je zu zentralen Führungskräften in der Produktion. *"Meister"wirtschaft hat hier definitiv Zukunft und die Rede vom Meister als kleinem internen Unternehmer durchaus einen realen Kern* - und im Perspektivwechsel, in der plötzlichen Modernität der Meisterwirtschaft, drückt sich allemal so etwas wie eine "Renaissance" des Meisters aus.

d) Ganz anders dagegen das Entwicklungsmuster im Fall vorgängig tayloristischer Meisterprofile. In Unternehmen mit dieser Voraussetzung geht die dem Intrapreneurmodell folgende Restrukturierung und Neudefinition der unteren Führungsrolle mit der Problematisierung des weiteren Einsatzes von Meistern einher. Stellen werden abgebaut, und sofern die klassischen Produktionsvorgesetzten nicht grundsätzlich Führungsverantwortung verlieren, geraten sie in Konkurrenz zu den Ingenieuren um die verbleibenden unteren Führungspositionen. Die Gefahr erwächst, daß die Aufsteiger durch Höherqualifizierte verdrängt werden. *Neue Meisterwirtschaft ohne Meister*: Bei vorgängig tayloristischem Meistereinsatz erhält diese Option Bedeutung. In den entsprechenden Fallbetrieben haben die, durch die bisherige Aufgabenstellung strukturierten Qualifikationen und betrieblichen Wahrnehmungsmuster der Fähigkeiten von Meistern, diese nicht zu selbstverständlichen Kandidaten für komplexe Führungsaufgaben werden lassen. Hier gilt eher schon der Ingenieur als erste Wahl. Durch die betriebspolitischen Prozesse hindurch bestimmen so die alten Organisationsstrukturen mit über das Schicksal der Meister in der dezentralen Organisation.

e) Wir haben schließlich eine weitere Veränderungskonstellation identifiziert. Sie speist sich aus einem Dezentralisierungsprozeß, in dem sowohl die Selbstorganisation auf der ausführenden Ebene als auch ein ganzheitlicherer Zuschnitt von Führungsrollen eine Rolle spielen. Diese Form des Organisationswandels, die sich in Betrieben mit tayloristischer Meistertradition fand, hält für die Meister eine widersprüchliche Botschaft bereit. Auf der einen Seite verlieren sie im Zuge der Etablierung von Teamstrukturen traditionelle, vor allem die Regelung der Details des Arbeitsprozesses betreffende Zuständigkeiten an die Mitarbeiter. Auf der anderen Seite erhalten sie von "oben" mehr Verantwortung und Kompetenz übertragen und gewinnen so größeren Einfluß hinsichtlich der Rahmenbedingungen der Produktion. *Letztlich kommen bei dieser Form der Dezentralisierung sowohl untere Vorgesetzte als auch die Produktionsbelegschaften in den Genuß größerer Selbständigkeit.* Es zeigt sich, daß auch dort, wo bislang tayloristische Strukturen bestimmend waren, ein strukturinnovativer Organisationswandel zur Revitalisierung der Meisterfunktion führen kann. Allerdings werden nicht alle Meister zu "partnerschaftlichen Unternehmern". Der Aufbau dezentraler Strukturen ist auch hier vom Abbau von Meisterstellen begleitet.

(5) Die Fallanalysen führen vor Augen, welche Spannbreite von Entwicklungsmustern Prozesse operativer Dezentralisierung in Unternehmen eröffnen. Sie reicht vom Wiederaufleben von Formen der Meisterwirtschaft bis hin zu einem erneuten, durch Aufgaben- und Kompetenzentzug nach unten charakterisierten Erosionsschub der Meisterfunktion. Es zeigt sich, daß dieser Vorgesetztentypus in einer ganzheitlicher definierten Führungsrolle neuen Halt finden, daß seine betriebliche Zukunft aber auch zur Disposition stehen kann. All dies ist im Prozeß reflexiver Rationalisierung der Möglichkeit nach angelegt. In diesem, auf den Möglichkeitsraum bezoge-

nen Sinne kann zusammenfassend weder von einer neuen Meisterkrise noch von einer Renaissance des Meisters gesprochen werden. Krise und Renaissance beschreiben letztlich Momente einer widersprüchlichen Entwicklung.

Läßt sich dieser Befund verallgemeinern, oder anders formuliert: Welches Gewicht kommt den einzelnen Entwicklungsoptionen der Meisterfunktion in der Industrie zu? Stehen sie sozusagen gleichgewichtig nebeneinander, oder fällt einem bestimmten Pfad besondere Bedeutung zu? Auf der Basis einer vornehmlich in die Tiefe gehenden qualitativen Untersuchung lassen sich diesbezüglich allenfalls Plausibilitätsüberlegungen anstellen. Zur weitergehenden Klärung dieser Frage haben wir daher auf Material einer quantitativen Befragung von in der Industrie tätigen Führungskräften zurückgegriffen. Dadurch läßt sich zwar ebenfalls keine absolute Gewißheit schaffen, man gelangt jedoch zu einem präziseren Bild über die Verbreitung.

Die Befunde, die sich hier ergaben, sind überraschend eindeutig. Ein Großteil der befragten Führungskräfte, und insbesondere der Meister unter ihnen, sind offenkundig von einem - in Gestalt und Tiefgang sicherlich unterschiedlichen - Prozeß organisatorischen Wandels betroffen, in dem eine Erweiterung der Autonomie auf den operativen Ebenen eng verwoben ist mit einem komplexeren Zuschnitt von Führungsrollen. Dezentralisierungsprozesse, in denen Selbstorganisation und Intrapreneurship zugleich Orientierungspunkte sind, haben demnach erheblich größeres Gewicht als andere. Angesichts der Veränderungen, die die Meister zu Protokoll geben, deutet einiges auf eine besondere Relevanz unseres fünften Entwicklungsmusters hin. Viel spricht mit anderen Worten dafür, daß sich die Position des Meisters auf neuem Niveau stabilisiert, und daß sie ein ganzheitlicheres, stärker unternehmerisch zugeschnittenes Profil erhält - während zugleich Eigenverantwortung und Autonomie der Arbeiterbelegschaften erhöht wird.

Gewiß ist dem einschränkend hinzuzufügen, daß in der schriftlichen Befragung nur Meister zu Wort kamen, die auch in einer entsprechenden Funktion tätig sind; wie verbreitet Versuche sind, den Meister als Vorgesetzten abzuschaffen, läßt sich daher nicht definitiv klären. Gemessen daran allerdings, daß nur ein sehr kleiner Teil der Meister in den letzten Jahren reale Einbußen an Entscheidungsspielräumen hat hinnehmen müssen, während die der überwältigenden Mehrheit entweder unverändert oder gar größer geworden sind, spricht wenig dafür, daß der in Gang befindliche industrielle Reorganisationsprozeß den Meister zu einer historischen Figur werden läßt. Die Unterschiede in der Lage von Meistern, die einem starken und solchen, die nur einem schwach ausgeprägten Organisationswandel unterliegen, zeigen vielmehr, daß organisatorische Rationalisierung vornehmlich zur Konstitution von Anforderungsprofilen beiträgt, die sich gegenüber früher durch ein mehr an Aufgaben, Verantwortung und Gestaltungsmöglichkeiten auszeichnen. Hinsichtlich dieser

Dimensionen der Arbeitssituation gehen Meister weit eher als "Gewinner", denn als "Verlierer" aus dem Strukturwandel hervor.

(6) Wenn sich auch keine Hinweise dafür finden lassen, daß ein drastischer Funktionsverlust oder gar eine Abschaffung der Meisterebene in größerem Stil drohen, so sind die Meister doch nicht nur Profiteure des organisatorischen Wandels. Die Befunde der quantitativen Befragung unterstreichen diesbezüglich die Erkenntnisse der Fallstudien: Zum Trend einer Anreicherung der Meisterfunktion gesellt sich, daß gerade Meister vom Hierarchieabbau und der Ausdünnung von Führungspositionen betroffen sind. Nicht der Meister an sich, wohl aber ein Teil der Meister, die bislang eine entsprechende Position bekleideten, wird in der dezentralisierten Organisation überflüssig. Die potentielle Dimension dieses Problems läßt sich daran ermessen, daß ein Drittel der befragten Meister einen Wegfall der eigenen Position im Zuge weiterer organisatorischer Veränderungen für denkbar hält. Wenn die Rede von einer neuen Meisterkrise angebracht ist, dann im Sinne einer Krise der Zahl, einer Reduktion des bisherigen Umfangs an Meisterstellen.

Für Facharbeiter dürfte damit der Weg in eine Meisterposition schwieriger und ohne Meisterbrief angesichts höherer Anforderungen auf der unteren Vorgesetztenebene nahezu aussichtslos werden; Statusmeistern ist demnach kaum noch eine Zukunft beschieden. Zugleich verengen sich die Aufstiegsräume oberhalb der Meisterebene. Gerade solche Aufgabenfelder und Stellen im mittleren Management und in den produktionsnahen Fachabteilungen, die bislang noch für einen Aufstieg aus der Facharbeiterschaft bzw. für Meister offen standen, fallen am ehesten der Dezentralisierung zum Opfer und werden dementsprechend rarer. In der Konkurrenz um die verbleibenden, anspruchsvolleren Positionen dürften Meister bzw. Facharbeiter gegenüber Höherqualifizierten mehr als bisher ins Hintertreffen geraten. Dies zählt zu den Kehrseiten ganzheitlicherer Arbeit und größerer Arbeitsautonomie in der Produktion. Berufskarrieren entlang der bisherigen Bahnen sind für Facharbeiter zukünftig jedenfalls mit einem Fragezeichen versehen.

Kritische Entwicklungen wie der Abbau von Meisterstellen, (aber auch Erosionstendenzen der Meisterfunktion) sind nicht überall gleich stark ausgeprägt. Sie verdichten sich am ehesten dort, wo tayloristische Rationalisierung tiefe Spuren hinterlassen hat, also in den Großbetrieben und den klassischen Zentren der Massenproduktion (Automobilindustrie). In Kleinbetrieben und in Zentren der auftragsgebundenen Einzel- und Kleinserienfertigung (Maschinenbau), wo eher meisterwirtschaftsförmige Strukturen Tradition haben, sehen die entsprechenden Meister weitaus zuversichtlicher in die Zukunft.

(7) Bezüglich der zukünftigen Führungsrolle der Meister konkurrieren derzeit zwei Leitvorstellungen: Die eine konzipiert den Meister als "Moderator" teilautonomer Teams, als einen auf das Feld der Personalführung konzentrierten Spezialisten für "human relations". Die andere Leitvorstellung faßt den Meister dagegen als

quasi-unternehmerische Führungskraft, als einen relativ umfassend zuständigen und selbständig agierenden Produktionsmanager, bei dem sich technische Leitung und Personalverantwortung vereinigen.

In vielen Unternehmen kommt einer an der Leitvorstellung des Intrapreneurs orientierten und um Elemente des Moderatorenmodells angereicherten Neufassung von Führungsrollen besondere Bedeutung zu. Vordergründig bringt damit der Reorganisationsprozeß für diejenigen, die innerhalb der dezentralen Strukturen weiterhin Führungsverantwortung tragen, ein positives Resultat. So können die Meister auf der Habenseite etwa verbuchen, daß das Korsett bürokratischer Reglementierung aufgeschnürt wird und sie direkteren Einfluß auf das erhalten, wofür sie Verantwortung tragen. Die Leitidee vom quasi-unternehmerischen Meister hat allerdings ebenso wie das (keineswegs bedeutungslose) Konzept des Moderators problematische Seiten, die sich in dem Maße bemerkbar machen, wie sie die Veränderung der Meisterrolle in den Betrieben bestimmen.

Die Kehrseiten der Leitidee vom Meister als einem Moderator sind insbesondere die Verschärfung des Verantwortungs-Kompetenz-Dilemmas und die Unterminierung traditionell wichtiger, in der Vergangenheit bereits vielfach brüchig gewordener Autoritätsgrundlagen. In der neuen Rollendefinition bleibt insbesondere als Problem angelegt, daß sie sich nicht bruchlos in die hierzulande tief verwurzelte "professionelle Logik" einfügt und mit etablierten Erwartungen kollidiert, die sich am technisch-fachlichen Bezug der Aufgabenstellung und der Fachkompetenz von Vorgesetzten festmachen. Unter solchen Bedingungen wird Führung mehr denn je zu einem schwierigen Balanceakt.

Zu den absehbaren Nebenfolgen einer intrapreneurorientierten Neufassung der Meisterrolle zählt die Gefahr einer latenten Überforderung der Stelleninhaber. Den durch die dezentrale Bündelung von Zuständigkeiten und Entscheidungsbefugnissen eröffneten Chancen zur beruflichen Entfaltung steht jedenfalls eine Zunahme von Entscheidungsdruck und -risiko gegenüber. Die bisher auf mehrere Schultern verteilte Last der Verantwortung konzentriert sich zusehens auf eine Person, was zu einem schwierig zu bewältigenden Anstieg der Arbeitsbelastung führt. Damit einher gehen Risiken der sozialen Integration der Beschäftigten. Für den vielseitig geforderten Meister wird es schwieriger, sich Gespür und Interventionsfähigkeit bezüglich des Sozialraums Werkstatt, der Gefühle, Probleme und latenten Konflikte der Beschäftigten zu bewahren. Unter den Bedingungen gestiegener Anforderungen und Belastungen kann die Sicherung der Motivation und Leistungsbereitschaft der Beschäftigten zu einem neuralgischen Punkt, zu einer schwierig zu lösenden Führungsaufgabe werden. Angesichts der eingeforderten direkteren Orientierung seines Arbeitshandelns an betriebswirtschaftlichen Erfolgskriterien, kann sich der Meister emotionale Bindungen an seine Mitarbeiter zudem weniger leisten. Das neue Führungskonzept fordert den "geschäftstüchtigen" Meister, der auf die Verbesserung des Leistungsprofils seines Verantwortungsbereichs bedacht ist und der - z.B. in Form von

Zielvereinbarungen auf definierte Leistungsziele (Margen der Kosten- und Produktivitätsentwicklung etc.) verpflichtet - entsprechend handelt. Damit drohen die Reibungsflächen im Verhältnis zu den Untergebenen größer zu werden.

Insgesamt gesehen zeigt unsere Untersuchung, daß die Meisterposition im Zuge industrieller Reorganisation nicht unumstritten bleibt. Sie zeigt aber auch, daß die Abschaffung des Meister eher die Ausnahme, als die Regel darstellt. Was sich weit mehr abzeichnet, ist ein durch Dezentralisierungsbestrebungen vorangetriebener Wandel der beruflichen Anforderungen von Meistern, der in Richtung einer Stabilisierung und tendenziellen Aufwertung der Meisterfunktion im Betrieb weist. Auch unter der Bedingung weitgehend dezentralisierter Strukturen haben Meister also eine Zukunft. Auch dann werden sie aber mit spezifischen Widersprüchen und Problemlagen einer Position umzugehen haben, die, welche Form sie auch annimmt, eine Grenzgängerposition bleibt.

Die Feststellung, daß der Meister so schnell nicht zu einer historisch überlebten Figur wird, bestätigt sich auch in anderer Hinsicht. Zusätzlich zu der im Vordergrund stehenden Frage nach den Konsequenzen industrieller Rationalisierung haben wir uns in ergänzender Perspektive mit der These befaßt, wonach es »im Prinzip unabhängig von der Frage eines Funktionswandels« (Fischer 1993) durch Umschichtungen auf der Angebotsseite des Arbeitsmarktes zu einer Erosion der sozialen Reproduktion des Arbeitskrafttypus Meister kommen kann, bzw. daß sich in dieser Hinsicht Krisenphänomene identifizieren lassen. Die Auseinandersetzung mit den insbesondere von Fischer (1993) ins Feld geführten Indizien für aktuelle arbeitsmarktinduzierte Bruchstellen in der Reproduktion der Sozialfigur Meister hat zu erheblichen Zweifeln an der Plausibilität dieser These geführt. Zusammenfassend läßt sich konstatieren, daß Veränderungen auf der Angebotsseite bislang zu keiner der Figur des Meisters bedrohlich werdenden Situation geführt haben. Wir konnten zeigen, daß es für einen wachsenden unterwertigen Einsatz von Meistern keine statistischen Anhaltspunkte gibt. Die Scherenbewegung zwischen einer stagnierenden Nachfrage nach Meistern und einem wachsenden Andrang auf die Meisterfortbildung weist keineswegs notwendig auf einen Angebotsüberschuß und einen nahenden Attraktivitätsverfall der Fortbildung zum Meister hin. Sie kann vielmehr als Ausdruck einer Krise des reinen Ernennungsaufstiegs verstanden werden. Bei allen Verschiebungen im Bildungssystem: Es gibt bislang kaum Anhaltspunkte für eine dramatische Erosion der Nachwuchsbasis infolge eines Attraktivitätsverfalls des Facharbeiterberufs. Ähnliches gilt mit Einschränkungen für einen durch das wachsende Angebot an Höherqualifizierten, insbesondere an Ingenieuren induzierten Verdrängungsprozeß. Zwar gibt es Hinweise auf eine, mit der Arbeitsmarktlage zusammenhängende Verengung der Aufstiegswege für Facharbeiter in technische Fachfunktionen, doch das hervorstechende Merkmal der vergangenen Jahrzehnte ist die Vitalität und anhaltend große Bedeutung des Facharbeiteraufstiegs. Eine Substitutionskonkurrenz durch Seiteneinsteiger und die Verdrängung der Aufsteiger haben bisher keine dramatischen Ausmaße angenommen - und gerade die unteren Führungspositionen im gewerblichen Bereich sind trotz des enorm gestiegenen Angebots an Höherqualifizierten eine Domäne der Aufsteiger aus der Arbeiterschaft geblieben. Wenig spricht dafür, daß sich daran auf mittlere Sicht etwas ändert. Hält man sich an die vorhandenen Fakten, so werden Unternehmen auch zukünftig ein Interesse am Meister haben und der Meisternachwuchs wird ihnen so bald nicht abhanden kommen.

Darüber, ob sich langfristig hinsichtlich der sozialen Reproduktion des Meisters nicht doch gravierende Bruchstellen eröffnen, läßt sich allenfalls spekulieren. Zu einigermaßen sicheren Aussagen können diesbezüglich nur weitere empirische Forschungen führen. In einem *spekulativen Ausblick* lassen sich bezüglich dieser Frage zwei Thesen formulieren. Der einen zufolge könnten die Reorganisationsprozesse in den Unternehmen langfristig zum Ferment einer Erosion der Rekrutierungsbasis von Meistern bzw. zu einem Verfall traditioneller Aufstiegsanstrengungen werden. Die andere These besagt, daß der Aufbau dezentraler Strukturen in den Produktionsbereichen der Industrie gewissermaßen ein "Gegengift" (Fischer 1993) gegen eine schleichende Austrocknung der sozialen Basis des Meisters ist.

Für die erste These ließe sich ins Feld führen, daß in dem Maße, wie sich der Prozeß operativer Dezentralisierung verallgemeinert, die Frage nach der Zukunft von Arbeitskarrieren für Facharbeiter aufgeworfen wird und hierunter die Attraktivität der Facharbeit bzw. des Meisterberufs leiden könnte. Wir haben bereits darauf aufmerksam gemacht, daß die organisationsstrukturellen Veränderungen die bisherigen Wege beruflichen Aufstiegs für Facharbeiter in Fachfunktionen der Industrieverwaltung gefährden und teilweise verschütten könnten. Mit der Integration fertigungsnaher indirekter Funktionen bzw. Tätigkeiten in dezentrale Produktionseinheiten werden in den technischen Büros gerade solche Arbeitsplätze zur Disposition gestellt, die bislang ein bevorzugtes Feld für Facharbeiteraufstiege waren. Ein Aufstieg in die verkleinerten technischen Fachabteilungen dürfte zukünftig deutlich schwieriger werden, zumal für die verbleibenden anspruchsvolleren Tätigkeiten in diesen Bereichen auch höherqualifizierte Seiteneinsteiger bereit stehen. Hinzu kommt, daß sich mit der Reduktion von Führungspositionen auch im Management die Aufstiegsmöglichkeiten verengen. Die Zahl der Meisterstellen geht zurück, und der Zugang in darüberliegende Managementpositionen wird durch deren Ausdünnung und gleichzeitige qualifikatorische Anhebung sichtlich verbaut. Diesbezüglich stellen die Ingenieure eine gewichtige Konkurrenz dar, zumal neue, auf den akademisch gebildeten Führungskräftenachwuchs zugeschnittene Personalentwicklungskonzepte vielfach die Übernahme von Führungsverantwortung in der Produktion zur Voraussetzung einer weiteren Karriere auch in anderen Unternehmensbereichen machen.

Unter solchen Umständen, so die These, könnte es fraglich werden, ob langfristig Facharbeiter in ausreichender Zahl bereit stehen, die berufliches Fortkommen an einer Meisterstelle festmachen und sich den Anstrengungen einer Fortbildung zum Industriemeister unterziehen. Im Hinblick auf die Attraktivität der Facharbeit spielen jedenfalls neben den Arbeitsbedingungen in der Produktion gewiß auch die durch eine entsprechende Ausbildung eröffneten beruflichen Entwicklungsmöglichkeiten eine Rolle, und in dem Maße, wie der Facharbeiterberuf diese nicht mehr oder doch nurmehr sehr eingeschränkt bietet, kann die soziale Basis des Arbeitskrafttypus Meister bröckeln. Selbst wenn man nicht von einem dramatischen Einbruch im Nachwuchs an Facharbeitern ausgeht, so erhebt sich doch die Frage, ob angesichts eingeschränkter Möglichkeiten traditionellen Aufstiegs Facharbeiter in Zukunft nicht einen anderen, auch früher schon begangenen Weg des beruflichen Aufstiegs vorziehen werden: Das auf die Ausbildung zum Facharbeiter und einige Jahre der Berufsausübung folgende Ingenieurstudium. Konzentrierten sich die Aufstiegsanstrengungen der fähigsten Facharbeiter hierauf, geriete die Fortbildung zum Meister über kurz oder lang zur zweiten Wahl. Dann aber könnten, da Probleme in der Versorgung mit qualifizierten Meistern erwüchsen, in den Unternehmen auch Überlegungen stärker Platz greifen, Meister durch Ingenieure zu ersetzen. Eine wachsende Konkurrenz durch Ingenieure aber würde die Fortbildung zum Industriemeister erst recht zu einem fragwürdigen Unterfangen machen. Eine negative Spirale wäre in Gang gesetzt, die einer Krise der sozialen Reproduktion des Arbeitskrafttypus Meister den Boden bereiten würde.

Das entworfene Bild ließe für den Meister zumindest langfristig nichts Gutes erwarten. Wie zu sehen war, ist dieses Entwicklungsszenario allerdings sehr voraussetzungsvoll. So setzt es beispielsweise voraus, daß Unternehmen keine personalpolitischen Gegenmaßnahmen bei Problemen in der Versorgung mit Meistern ergreifen, daß keine Alternativen zum Aufstieg in technische Fachfunktionen entwickelt werden, und daß, anders als im Fall der Meister, die Versorgung mit Ingenieuren auf Dauer unproblematisch bleibt. Annahmen dieser Art lassen sich jedoch fuglich bezweifeln.

Die zweite These jedenfalls ist mindestens ebenso plausibel, und wir halten sie angesichts bestimmter Überlegungen zudem für zutreffender. Sie hebt darauf ab, daß die Fortführung und Verbreitung eines Reorganisationsprozesses in der Industrie, der sowohl auf Formen ganzheitlicher und teilautonomer Produktionsarbeit als auch auf einen komplexeren, quasi-unternehmerischen Zuschnitt von Meisterstellen zuläuft, die Attraktivität von Tätigkeiten in der Produktion stärkt und damit Abwanderungsbestrebungen weniger Nahrung gibt.

Die Abwanderung von qualifizierten und erfahrenen Facharbeitern (und Meistern) in die technischen Büros wird in den Unternehmen schon lange als ein Problem thematisiert, und die Etablierung neuer Arbeitsstrukturen in der Produktion ist nicht zuletzt auch ein Versuch, solche Mitarbeiter in der Produktion zu halten. Festzuhalten bleibt, daß die beobachtete Tendenz zur Aufwertung der Produktionsarbeit und der Meisterfunktion eine positive Botschaft für Facharbeiter enthält. Gemessen an der Tendenz zu erweiterten Arbeitsinhalten, größerer Selbständigkeit und zu einer neuen Wertschätzung, gewinnen Arbeitsplätze in der Produktion generell an Status und Attraktivität. Die "Wiederentdeckung" der Werkstatt - der Fähigkeiten und produktiven Potentiale selbstverantwortlicher Produktionsmannschaften und Meister - rührt letztlich an einem Teil der Ursachen, die der Suche nach Alternativen zu einer Tätigkeit in der Produktion Nahrung gaben. Was sich bislang für Facharbeiter vielerorts nur über einen Weggang aus der Produktion realisieren ließ, bietet sich der Tendenz nach nun auch in den restrukturierten Produktionsbereichen: die Aussicht auf eine anspruchsvollere und selbstbestimmtere Arbeit. Und indem Arbeiter und Angestellte in dezentralen Organisationseinheiten enger zusammenrücken und kooperieren müssen, Produktions- und Gewährleistungsarbeit stärker ineinanderfließen und unmittelbar wertschöpfende gegenüber dienstleistenden Tätigkeiten im Status angehoben werden, kommen Statusunterschiede zwischen Arbeitern und Angestellten ins Rutschen. Damit relativiert sich ein bislang nicht unwichtiges Motiv des Aufstiegs in technische Fachfunktionen.

In diesem Zusammenhang ist nicht unerheblich, daß in Unternehmen, die meist wenig Interesse an einem durch vermehrte Studienneigung provozierten Verlust qualifizierter Facharbeiter haben, nicht nur bewußt an der Meisterposition als einer exklusiven Aufstiegsmöglichkeit für Facharbeiter festgehalten, sondern zugleich über Alternativen zu den bisherigen Karrierewegen in die technischen Büros nachgedacht wird. Diskutiert werden Statusdifferenzierungen in Form von Fachhierarchien und Fachkarrieren innerhalb der neuen operativen Einheiten, die an den Interessen nach beruflicher Weiterentwicklung anschließen und die Qualifizierung, Berufserfahrung und Verantwortungsübernahme honorieren sollen (vgl. Faust u.a. 1994). Ansätze dieser Art zeigen, daß betriebliche Arbeitskarrieren für Facharbeiter nicht notgedrungen obsolet werden.

Solchen Veränderungen kann umso mehr Bedeutung zukommen, als Aufstiegsversuche über den Umweg des Ingenieurstudiums ja keineswegs unproblematisch sind. Das Ingenieurstudium setzt den Verzicht auf den bisherigen Arbeitsplatz voraus und ist doch keineswegs mehr eine Garantie für höheres Einkommen, besonderen Status und ein sicheres Beschäftigungsverhältnis. Entsprechende Bildungsinvestitionen sind jedenfalls mit einem gestiegenen Risiko verbunden. Die teilweise dramatischen Einbrüche, die Hochschulen bei den Studienanfängern in Ingenieurstudiengängen in den letzten Jahren zu verzeichnen hatten (vgl. Manager Magazin 1996), machen zudem deutlich, daß Unternehmen in ihrer Personalpolitik nicht mit einer gleichbleibenden Ingenieurversorgung rechnen können. Mittlerweile ist nicht mehr von der "Ingenieurschwemme", sondern von einer drohenden "Ingenieurknappheit" die Rede. Die Neigung in den Unternehmen dürfte deshalb nicht sonderlich groß sein, einen radikalen Schlußstrich unter bewährte Personaleinsatzstrategien in der Produktion zu ziehen.

Dies zumal, als im Management, insbesondere im oberen Produktionsmanagement ein (diffuses) Bewußtsein davon existiert, daß mit dem Meister eine tragende Säule des bisherigen Produktionsmodells zur Disposition stünde. Die besondere Synthese von theoretischen und praktischen Qualifikationen und Erfahrungen prädestiniert den Meister dazu, mit konkreten Produktionsprozessen und deren Besonderheiten ebenso wie mit technischen, organisatorischen und sozialen Veränderungen zurechtzukommen. Die langjährigen Erfahrungen als Facharbeiter und die über die Meisterausbildung und -tätigkeit vermittelten Lernprozesse machen ihn zugleich zu einem wichtigen, Kooperation und Kommunikation sichernden Bindeglied zwischen oben und unten, zwischen Ingenieuren und Arbeitern. Qua beruflicher Ausbildung verfügt der Ingenieur nicht über dieselbe Vertrautheit mit den technisch-organisatorischen sowie sozialen Bedingungen der Produktion und es ist insbesondere fraglich, ob er in gleicher Weise wie Meister in der Lage wäre, zur sozialen Integration der Belegschaften beizutragen. Hierüber ist man sich im Management vieler Unternehmen im Klaren, und die Unternehmen haben es allemal in der Hand, wie bisher schon durch entsprechende Fördermaßnahmen für einen ausreichenden und ausreichend qualifizierten Meisternachwuchs zu sorgen, der den neuen Anforderungen, die sich auf den unteren Führungspositionen in der dezentralen Organisation stellen, gerecht werden kann.

Bei allen Problemen, die der Prozeß industrieller Reorganisation aufwerfen mag, spricht unseres Erachtens letztlich doch viel dafür, daß das Ende des Meister in weiter Ferne liegt.

Literatur

Abelshauser, W. (1983): Wirtschaftsgeschichte der Bundesrepublik Deutschland 1945-1980, Frankfurt a.M., 1983.

Aderhold, J. u.a. (1994): Von der Betriebs- zur Zweckgemeinschaft. Ostdeutsche Arbeits- und Managementkulturen im Transformationsprozeß, Berlin, 1994.

Aehnelt, R. (1982): Der Wandel unternehmerischer Leitungsstrategien und der betrieblichen Stellung von Leitungskadern in der deutschen Industrie: zur Betriebspolitik des Kapitals, Kassel, 1982.

Altmann, N. (1966): Funktionswandel einer Vorgesetztenposition, München, 1966.

Altmann, N.; Deiß, M.; Döhl, V.; Sauer, D. (1986): Ein neuer Rationalisierungstyp - neue Anforderungen an die Industriesoziologie, in: Soziale Welt 37(1986)2/3, S. 191-207.

Amrath, W. (1970): Die Wege zum Handwerksmeister und Industriemeister. Ein systematischer Vergleich, Frankfurt a.M., 1970.

Amsler, W. (1969): Die Auswirkungen von Maßnahmen der Zentralisierung und Spezialisierung auf die Stellung des Meisters, Winterthur, 1969.

Antoni, C.H. (1992): Meister im Wandel. Zur veränderten Rolle des Meisters bei der Einführung von Gruppenarbeit, in: angewandte Arbeitswissenschaft (1992)134, S. 32-56.

Anweiler, O. u.a. (1992): Bildungspolitik in Deutschland 1945 - 1990. Ein historisch-vergleichender Quellenband, Opladen, 1992.

Arbeitsgruppe Bildungsbericht am Max-Planck-Institut für Bildungsforschung (1994): Das Bildungswesen in der Bundesrepublik Deutschland. Strukturen und Entwicklungen im Überblick, Reinbek 1994.

Arlt, F. (1961): Industriemeister über ihre Stellung im Betrieb, ihre Bildungsbedürfnisse und die von ihnen gewünschten Fortbildungsmethoden, Braunschweig, 1961.

Arminger, G. (1978): Einstellungen von Meistern zu Faktoren des beruflichen Aufstiegs, Mitwirkung und Mitbestimmung, in: Die Betriebswirtschaft, 38(1978), 609-619.

Atteslander, P. (1959): Konflikt und Kooperation im Industriebetrieb. Probleme der betrieblichen Sozialforschung in internationaler Sicht, Köln, Opladen, 1959.

Auer, P.; Riegler, C.H. (1988): Gruppenarbeit bei Volvo: Aktuelle Tendenzen und Hintergründe, WZB-discussion papers FS I 88-5, Berlin, 1988.

Aufschnaiter, M. (1968): Die Wandlung im Status des Industriemeisters, Freiburg, 1968.

Bahrdt, H. P. (1958): Industriebürokratie. Versuch einer Soziologie des industrialisierten Bürobetriebes und seiner Angestellten, Stuttgart, 1958.

Bahrdt, H. P. (1961): Die Zukunft der Angestellten, in: Bayer, Hans (Hrsg.): Der Angestellte zwischen Arbeiterschaft und Management, Berlin, 1961, S. 171-186.

Bahrdt, H. P. (1967.): Auswirkungen des technischen Fortschritts auf das Berufsbild der Angestellten, in: DGB (Hrsg.): Automation und Angestellte 1, o.O.,1967, S.99-114.

Bahrdt, H. P. (1974): Die Krise der Hierarchie im Wandel der Kooperationsformen, in: Fürstenberg, Friedrich (Hrsg.): Industriesoziologie II, Darmstadt, Neuwied, 1974, S. 133-141.

Bargmann, H. (1984): Innovationshemmnis Industriemeister?, in: Zeitschrift für Soziologie 13(1984)1, S. 45-59.

Barnes, R. J. (1968): Principles and Practice of supervision, London, 1968.

Bau, H. (1982): Berufliche Qualifikation und Erwerbstätigkeit von Meistern, Berichte zur beruflichen Bildung, Heft 50, Berlin, 1982.

Bayer, H. (1985): Meister in der Industrie. Systematischer Neuaufbau einer zentralen Führungsgruppe. Betriebsbeispiel: BMW AG, Heidelberg, 1985.

Bechtle, G.; Lutz, B. (1989): Die Unbestimmtheit post-tayloristischer Rationalisierungsstrategie und die ungewisse Zukunft industrieller Arbeit. Überlegungen zur Begründung eines Forschungsprogramms, in: Düll, K.; Lutz, B. (Hg.), Technikentwicklung und Arbeitsteilung im internationalen Vergleich. Fünf Aufsätze zur Zukunft industrieller Arbeit, Frankfurt a.M., New York, 1989, S. 9-91.

Beckenbach, N. (1991): Industriesoziologie, Berlin, New York, 1991.

Behrens, M.; Hardwig, Th.; Kädtler, J. (1996): Der Industriemeister und der Strukturwandel in der Industrie - Neue Variationen zu einem alten Thema, in: SOFI-Mitteilungen (1996)23, S. 25-44.

Bergmann, J.; Hirsch-Kreinsen, H.; Springer, R.; Wolf, H. (1986): Rationalisierung, Technisierung und Kontrolle des Arbeitsprozesses. Die Einführung der CNC-Technologie in Betrieben des Maschinenbaus, Frankfurt a.M., New York, 1986.

Berkowitz, M. (1952): Education of Foreman Can Be Dangerous, in: Personnel, (March 1952), S. 425-429.

Black, J.M. (1954): Senority and the Downgraded Foreman, in: Personnel, (Nov. 1954), S. 230-242.

BMBW, Berufsbildungsbericht 1990 und 1994.

BMBW: Grund- und Strukturdaten, verschiedene Jahrgänge.

Bober, H. u.a. (1982): Weiterbildung zum Industriemeister. Prüfungen, Lehrgänge, Veranstalter, Förderrichtlinien, Verordnungen, Berichte zur beruflichen Bildung, Heft 45, Berlin 1982.

Böhme (1995a): Industriemeister. Viel Musik, in: Wirtschaftswoche (1995)23, S. 74-80.

Böhme (1995b): An der Kandare, in: Wirtschaftswoche (1995)23, S. 80-82.

Bolt, R. (1936): Der Werkmeister in industriellen Betrieben, Stuttgart, 1936.

Brandt, G. (1984): Marx und die neuere deutsche Industriesoziologie, in: Leviathan 12(1984), S. 195-215.

Braverman, H. (1985): Die Arbeit im modernen Produktionsprozeß, Frankfurt, New York, ^{2}1985.

Breisig, Th. (1987): Unternehmerische Sozialtechniken - Aktuelle Formen und Entwicklungstendenzen in ihrer Bedeutung für Meister und Gewerkschaften, in: DGB/HBS (Hg.): Die Zukunft der Meisterberufe - gut vorbereitet. Dokumentation. Bundesfachtagung des DGB, Düsseldorf 1987, S. 108-123.

Briefs, G. (1959a): Die Hierarchie im Betrieb, in: Fürstenberg, Friedrich (Hrsg.): Industriesoziologie I, Neuwied, 1959, S. 45-56.

Briefs, G. (1959b): Betriebssoziologie, in: Vierkandt, Alfred (Hrsg.): Handwörterbuch der Soziologie, Stuttgart, 1959(1931), S. 31-52.

British Institute of Management (BIM) (1976): Front-line management. Report of BIM Working Party, London 1976.

Brödner, P. (1986): Fabrik 2000. Alternative Entwicklungspfade in die Zukunft der Arbeit, Berlin, 1986.

Brosseder, S. (1993): Teamfähige Personalstrukturen - Veränderungen der Unternehmenskultur: Führung, Organisation und Verantwortung, in: Binkelmann, P.; Braczyk, H.-J.; Seltz, R.: Entwicklung der Gruppenarbeit in Deutschland, Frankfurt a.M., New York 1993, S. 323-343.

Brünnecke, K.; Deutschmann, Ch.; Faust, F. (1992): Betriebspolitische Aspekte des Bürokratieabbaus in Industrieunternehmen, in: Staehle, W., Conrad, P. (Hg.), Managementforschung 2, Berlin, New York, 1992, S. 1-38.

Buchholz, G. (1989): "Das geistige Potential bekommt VW gratis mitgeliefert". Erfahrungen mit der Gruppenarbeit bei VW Salzgitter - eine Recherche, in: Die Mitbestimmung (1989)8, S. 464-467.

Bungard, W. (1990): Führung im Lichte veränderter Mitarbeiterqualifikationen, in:Wiendieck, G.; Wiswede, G. (Hg.): Führung im Wandel. Neue Perspektiven für Führungsforschung und Führungspraxis, Stuttgart 1990, S. 197-230.

Buschmann (1926): Die Bewertung des Werkmeisters früher und jetzt in wirtschaftlichen und arbeitsrechtlichen Fragen, in: Deutscher Werkmeister-Verband, Stenographischer Bericht über die Verhandlungen des 27. Verbandstages des Deutschen Werkmeister-Verbandes 1926 in Bremen, Düsseldorf, 1926, S. 140-160.

Buschmann (1930): Neue soziale und wirtschaftliche Probleme der Werkmeister, in: Deutscher Werkmeister-Verband, Stenographischer Bericht über die Verhandlungen des Verbandstages 1930 in Breslau, Düsseldorf, 1930, S. 148-172.

Claessens, D.; Fuhrmann, J.; Hartfiel, G.; Zirwas, H. (1960): Angestellte und Arbeiter in der Betriebspyramide, Berlin, 1960.

Clauß, Th. (1990): Zur beruflichen Situation von Meistern und Technikern, Berichte zur beruflichen Bildung, Heft 113, Berlin, 1990.

Croner, F. (1954): Die Angestellten in der modernen Gesellschaft. Eine sozialhistorische und soziologische Studie, o.O., 1954.

Croner, F. (1962): Soziologie der Angestellten, Köln, Berlin, 1962.

Croner, F. (1967a): Angestellte und Automation. Einige grundsätzliche Bemerkungen zum Buche von Otto Neuloh: Die weiße Automation, in: Gewerkschaftliche Monatshefte, 18(1967)9, S. 545-551.

Croner, F. (1967b): Technischer Fortschritt und Sozialpolitik, in: DGB (Hrsg.): Automation und Angestellte 1, o.O., 1967, S. 115-132.

Daenzer, W.F. (1961): Zum Berufsbild des Werkmeisters, in: Industrielle Organisation, 30(1961)1, S.2-6.

Daly, A.; Hitchens, D.M.; Wagner, K. (1985): Productivity, Machinery and Skills in a Sample of British and German Manufacturing Plants, in: National Institute Economic Review

(February 1985), S. 48-61.

Dauner, W. (1955): Der unmittelbare Vorgesetzte in der Werkstatt. Eine soziologische Studie über den Werkmeister im industriellen Großbetrieb, Hamburg, 1955.

Deutschmann, Ch. (1989): Reflexive Verwissenschaftlichung und kultureller "Imperialismus" des Managements, in: Soziale Welt 40(1989)3, S. 374-396.

Deutschmann, Ch. (1990): Keinen Beruf erlernt - und doch sind Japaner Weltspitze, in: Weiterbildung (1990)3, S. 19-25.

Deutschmann, Ch. (1994a): Lean Production. Der kulturelle Kontext, in: Akademie für Technikfolgenabschätzung in Baden-Württemberg (Hrsg.): Arbeitsbericht Nr 25.

Deutschmann, Ch. (1994b): The Erosion of Institutional Leadership, in: Heuberger, Frank W.; Nash, Laura L. (Hg.): A fatal embrace? Assessing Holistic Trends in Human Resources Programs, New Brunswick, London, S. 213-231.

Deutschmann, Ch.; Faust, M.; Jauch, P.; Notz, P. (1995): Veränderung der Rolle des Managements im Prozeß reflexiver Rationalisierung, in: Zeitschrift für Soziologie 24(1995)6, S. 436-450.

DGB (1984): Meister in der Industrie - eine Berufsgruppe im Umbruch, Düsseldorf, 1984.

DIHT (1986): Industriemeister 2000: Profile einer Führungskraft in Gegenwart und Zukunft, Bonn, 1986.

DIHT (o.J.): Industriemeister durch IHK-Weiterbildung. Lehrgänge und Prüfungen im Überblick, o.O.

Dörr, G. (1985a): Schranken betrieblicher Transparenz, Schranken betrieblicher Rigidität - eine Problemskizze zum Umbruch der Arbeitsformen im Maschinenbau, in: Naschold, F. (Hrsg.): Arbeit und Politik. Gesellschaftliche Regulierung der Arbeit und der sozialen Sicherung, Frankfurt, New York, 1985, S. 125-149.

Dörr, G. (1985b): Vor einem Umbruch betrieblicher Strukturen und Arbeitsformen. Formwandel betrieblicher Kontrolle und Rationalisierungspraxis am Beispiel Maschinenbau, in: Der Bürger im Staat 35(1985)2, S.90-94.

Drexel, I. (1993a): Das Ende des Facharbeiteraufstiegs? Neue mittlere Bildungs- und Karrierewege in Deutschland und Frankreich - ein Vergleich, Frankfurt a.M., New York, 1993.

Drexel, I. (1993b): Die Zukunft des Industriemeisters - neue Risiken, betriebliche Lösungsansätze und bildungspolitischer Handlungsbedarf, in: BIBB (Hg.): Fortbildungsberufe für eine verstärkte Innovationsfähigkeit der Wirtschaft, Berlin, 1993, S. 175-181.

Drexel, I. (1993c): Meisterausbildung: Offenheit schaffen und absichern, in: Die Mitbestimmung (1993)9, S. 55-58.

Drexel, I.; Fischer, J. (1990): Der Betrieb und seine Rolle für die Erzeugung von Qualifikation: Konstitution und Entwicklung mittlerer Qualifikationen in Deutschland und Frankreich - ein Vergleich (Hrsg. v. CEDEFOP), Berlin, 1990.

Drexel, I.; Giessmann, B. (Hg.): Berufsgruppen im Transformationsprozeß. Ostdeutschlands Ingenieure, Meister, Techniker und Ökonomen zwischen Gestern und Übermorgen, Frankfurt a.M., New York, 1997.

Drucker, P.F. (1986): Personalchefs müssen umlernen, in: Manager Magazin 16(1986)9, S. 241.

Drucker, P.F. (1987): Die Chance des Unternehmers. Signale für das Management von morgen, Düsseldorf, Wien, New York.

Duda, H.; Fröhner, K.-D. (1979): Steuerungssysteme für Werkstattfertigung und Handlungsmöglichkeiten betrieblicher Mitarbeiter, in: FB/IE 28(1979)1, S. 39-45.

Düll, K.; Bechtle, G. (1991): Massenarbeiter und Personalpolitik in Deutschland und Frankreich. Montagerationalisierung in der Elektroindustrie I, Frankfurt a.M., New York, 1991.

Durand, C.; Touraine, A. (1979): Die kompensatorische Rolle der Werkmeister, in: Zündorf, L. (Hrsg.): Industrie- und Betriebssoziologie, Darmstadt, 1979 (1970), S. 119-157.

Edwards, R. (1981): Herrschaft im modernen Produktionsprozeß, Frankfurt a.M., New York, 1981.

Eglau, H.O. (1995): Total verinselt, in: Die Zeit, Nr 18, 28. April 1995, S. 23.

Enderle, P. (1993): Gruppenarbeit: Schlüsselfaktor im Opel-Produktionssystem, in: Binkelmann, P.; Braczyk, H.-J.; Seltz, R.: Entwicklung der Gruppenarbeit in Deutschland, Frankfurt a.M., New York, 1993, S. 158-171.

Faensen, H. (1935): Der Meister im industriellen Großbetrieb, Frankfurt a.M., 1935.

Faust, M. (1992): Computer, Rationalität und Mythen in der politischen Arena. Begründung und Hintergründe von Entscheidungen über den EDV-Einsatz - am Beispiel der Bundesanstalt für Arbeit, Diss., Tübingen, 1992.

Faust, M.; Jauch, P. (1993): Interessenorientierungen unterer und mittlerer Vorgesetzter in der Industrie. Arbeitsbericht an die Deutsche Forschungsgemeinschaft, Ms., Tübingen, 1993.

Faust, M.; Jauch, P. (1995): Dezentralisierung von Unternehmen. Bürokratie- und Hierarchieabbau und die Rolle betrieblicher Arbeitspolitik. Forschungsbericht an die Deutsche Forschungsgemeinschaft - Band II, Ausgewählte Fallstudien, Ms., Tübingen, 1995.

Faust, M.; Jauch, P.; Deutschmann, Ch. (1994): Mittlere und untere Vorgesetzte in der Industrie: Opfer der "schlanken Produktion"?, in: Industrielle Beziehungen 1(1994)2, S. 107-131.

Faust. M.; Jauch, P.; Brünnecke, K.; Deutschmann, Ch. (1994): Dezentralisierung von Unternehmen. Bürokratie- und Hierarchieabbau und die Rolle betrieblicher Arbeitspolitik, München, Mering, 1994.

Feder, B.J. (1981): New Twists in the Foreman's World, in: New York Times 17. Mai 1981, S. 4.

Fertigung (August 1990): Reif für die Insel. Produktionsumstellung auf Inselfertigung, in: Fertigung 17(1990)8, S. 52-54.

Fickenscher, D. (1993): Meister zwischen Gießpfanne und Computer. Eine Untersuchung zur Situation des operativen Produktionsmanagements am Beispiel der westdeutschen Gießereiindustrie, Diss., Bielefeld, 1993.

Fischer, G. (1990): Angst macht stumm, in: Manager Magazin (1990)2, S. 168-173.

Fischer, J. (1993): Der Meister. Ein Arbeitskrafttypus zwischen Erosion und Stabilisierung, Frankfurt a.M., New York, 1993.

Fischer, J.; Heise, H. (1983): Arbeitsstrukturierung und der Wandel von Führungsfunktionen, in: Fischer, J. u.a. (Hg.): Arbeitsstrukturierung und Organisationsentwicklung in der Bekleidungsindustrie, Frankfurt a.M., New York 1983, S. 178-210.

Fischer, J.; Minssen, H. (1986): Neue Leistungspolitik in der Bekleidungsindustrie - Arbeitsstrukturierung und Produktionsflexibilisierung, Frankfurt a.M., New York 1986.

Fischer, J.; Minssen, H. (1987): Weder Reprofessionalisierung noch vollendeter Taylorismus - Neue Leistungspolitik in der Bekleidungsindustrie, in: Soziale Welt 38(1987)2, S. 197-210.

Flechter, C. (1969): Men in the Middle: A Reformulation of the Thesis, in: Sociological Review, 17(1969)3, S. 341-354.

Flohr, B. (1981): Arbeiter nach Maß: Die Disziplinierung der Fabrikarbeiterschaft während der Industrialisierung Deutschlands im Spiegel von Arbeitsordnungen, Frankfurt a.M., New York, 1981.

Foa, U. G. (1955): The Foreman-Worker Interaction: A Research Design, in: Sociometry, 18(1955)3, S. 266-244.

Fores, M.; Lawrence, P.; Sorge, A. (1978): Germany's Front-Line Force, in: Management Today (March 1978), S. 87-89 u. 158.

Frei, F. u.a. (1993): Die kompetente Organisation. Qualifizierende Arbeitsgestaltung - die europäische Alternative, Zürich, Stuttgart, 1993.

Freimuth, J. (1988): Der Industriemeister; Berufsstand zwischen Baum und Borke, in: Personal. Mensch und Arbeit im Betrieb, 40(1988)1, S. 18-22.

Freund, H.J. (1955): Der Industriemeister von heute. Unter besonderer Berücksichtigung des Meisters in der feinmechanischen Industrie, Nürnberg, 1955.

Freyberg, Th. (1989): Industrielle Rationalisierung in der Weimarer Republik, Frankfurt a.M., New York, 1989.

Fricke, W. u.a. (1981): Qualifikation und Beteiligung. Das "Peiner Modell", Frankfurt a.M., New York 1981.

Fricke, W.; Wiedenhofer, H. (1985): Beteiligung im Industriebetrieb. Probleme des mittleren Managements, Frankfurt a.M., New York, 1985.

Friczewski, F. (1989): Streßbelastungen in den Meistertätigkeiten und gesundheitliche Risiken, Düsseldorf, 1989.

Friedeburg, L. v. (1963): Soziologie des Betriebsklimas. Studien zur Deutung empirischer Untersuchungen im industriellen Großbetrieb, Frankfurt a.M., 1963.

Friedeburg, L. v. (1992): Bildungsreform in Deutschland. Geschichte und gesellschaftlicher Widerspruch, Frankfurt a.M., 1992.

Frieling, E.; Maier, W. (1980): Analyse von Meister- und Vorarbeitertätigkeiten, in: Angewandte Arbeitswissenschaft, (1980)86, S. 32-48.

Fröhlich, D.; Hild, P.: Mitspracheinteressen von Belegschaftsgruppen am Beispiel der CNC-Technik, in: Die Mitbestimmung (1987)11, S. 695-699.

Fröhner, K.D.; Wiesner, H. (1980): Wandlungen der Meisterfunktion in der Industrie, Hamburg, 1980.

Fuhrmann, Jochen (1971): Automation und Angestellte, Frankfurt a.M., 1971.

GDA (1931): Die wirtschaftliche und soziale Lage der Angestellten. Ergebnisse und Erkenntnisse aus der großen sozialen Erhebung des Gewerkschaftsbundes der Angestellten, Berlin, 1931.

Geißler, K. (1991), Das Duale System der industriellen Berufsausbildung hat keine Zukunft, in: Leviathan 19(1991)1, S. 69-77

Georg, W. (1992): Zwischen Markt und Bürokratie: Berufsbildungsmuster in Japan und Deutschland, in: Georg, W.; Sattel, U. (Hg.): Von Japan Lernen? Aspekte von Bildung und Beschäftigung in Japan, Weinheim 1992, S. 42-69.

Gerst, D. u.a. (1994): Gruppenarbeit in der betrieblichen Erprobung - ein "Modell" kristallisiert sich heraus, in: angewandte Arbeitswissenschaft (1994)142, S. 5-30.

Ghiselli, E. E.; Lodahl, T.M. (1958): The Evaluation of Foremen's Performance in Relation to the Internal Characteristics of their Work Groups, in: Personnel Psychology, (spring 1958), S. 179-187.

Girschner-Woldt u.a. (1986): Beteiligung von Arbeitern an betrieblichen Planungs- und Entscheidungsprozessen - Das Tübinger Beteiligungsmodell, Schriftenreihe "Humanisierung des Arbeitslebens", Band 76, Frankfurt a.M., New York 1986.

Gouldner, A. W. (1955): Patterns of Industrial Bureaucracy, London, 1955.

Greifenstein, R.; Jansen, P.; Kißler, L. (1989): Sachzwang Partizipation? Mitbestimmung am Arbeitsplatz und neue Technologien, in: Aichholzer, G.; Schienstock, G. (Hg.): Arbeitsbeziehungen im technischen Wandel. Neue Konfliktlinien und Konsensstrukturen, Berlin, 1989, S. 147-165.

Greinert, W.-D. (1993): Das duale System der Berufsausbildung. Geschichte, Organisation, Perspektiven, Baden-Baden 1993.

Gutbrot, E. (1994): Veränderung von Funktion und Rolle des Meisters in der deutschen Automobilindustrie, Magisterarbeit, Tübingen, 1994.

Hamacher, W.; Hungerhoff, J. (1993): Einführung von Gruppenarbeit im Rahmen der Reorganisation der Fertigung eines mittelständischen Unternehmens - Ein Praxisbeispiel, in: Binkelmann, P.; Braczyk, H.-J.; Seltz, R.: Entwicklung der Gruppenarbeit in Deutschland, Frankfurt a.M., New York 1993, S. 265-283.

Harris, P. (1965): Affirmation of the Foreman's Role, in: Business Topics, (1965)13, S. 42-50.

Hartmann, H. (1964): Funktionale Autorität. Systematische Abhandlung zu einem soziologischen Begriff, Stuttgart, 1964.

Heidenreich, M. (1991): Flexibilisierung und betriebliche Steuerungsmodelle, in: Flecker, J.; Schienstock, G. (Hg.): Flexibilisierung, Deregulierung und Globalisierung. Interne und externe Restrukturierung betrieblicher Organisation, München, Mering 1991, S. 183-198.

Hekeler, M. (1989): Werstattorientierte Programmiertechnik für den Facharbeiter, in: Facharbeit an CNC-Maschinen, Sonderheft der Technischen Rundschau 1989, S. 45-53

Henninges, H. v. (1991): Ausbildung und Verbleib von Facharbeitern. Eine empirische Analyse für die Zeit von 1980 bis 1989, in: Beiträge zur Arbeitsmarkt- und Berufsforschung Nr. 155, Nürnberg 1991.

Herwig, B; Faßbender, S. (1962): Die Weiterbildung der Industriemeister, Essen, 1962 (Veröffentlichungen des Dt. Inst. z. Förderung d. industriellen Führungsnachwuchses 5).

Hildebrandt, E. (1991): Die betriebliche Sozialverfassung als Voraussetzung und Resultat systemischer Rationalisierung, in: ders. (Hrsg.): Betriebliche Sozialverfassung unter Veränderungsdruck, Berlin 1991, S. 98-113.

Hildebrandt, E.; Seltz, R. (1989): Wandel betrieblicher Sozialverfassung durch systemische Kontrolle? Die Einführung computergestützter Produktionsplanungs- und -steuerungssysteme im bundesdeutschen Maschinenbau, Berlin, 1989.

Hirsch-Kreinsen, H. (1982): Folgen der EDV-Fertigungssteuerung in Maschinenbaubetrieben, in: REFA-Nachrichten (1982)4, S. 197-201.

Hirsch-Kreinsen, H. (1984): Organisation mit EDV. Bedingungen und arbeitsorganisatorische Folgen des Einsatzes von Systemen der Fertigungssteuerung in Maschinenbaubetrieben, Frankfurt a.M., 1984.

Hirsch-Kreinsen, H. (1986): Technische Entwicklungslinien und ihre Konsequenzen für die Arbeitsgestaltung, in: Hirsch-Kreinsen, H.; Schultz-Wild, R. (Hg.): Rechnerintegrierte Produktion. Zur Entwicklung von Technik und Arbeit in der Metallindustrie, Frankfurt a.M., New York 1986, S. 13-48.

Hirsch-Kreinsen, H. (1989): Zur Geschichte der NC-Technik - Verschiedene Pfade der Entwicklung, in: Facharbeit an CNC-Maschinen, Sonderheft der Technischen Rundschau 1989, S. 27-33.

Hirsch-Kreinsen, H. (1994): Innovationspotentiale und Innovationsprobleme des Werkzeugmaschinenbaus. Zum Verhältnis von Verwissenschaftlichung und industrieller Praxis, in: WSI-Mitteilungen (1994)2, S. 94-102.

Hirsch-Kreinsen, H. (1995): Dezentralisierung: Unternehmen zwischen Stabilität und Desintegration, in: Zeitschrift für Soziologie 24(1995)6, S. 422-435.

Hirsch-Kreinsen, H.; Schultz-Wild, R. (Hg.)(1986): Rechnerintegrierte Produktion, Frankfurt, New York, 1986.

Hirsch-Kreinsen, H.; Springer, R. (1984): Alternativen der Arbeitsorganisation bei CNC-Einsatz, in: VDI-Z 126(1984)5, S. 114-118.

Hirsch-Kreinsen, H.; Wolf, H. (1987): Neue Produktionstechniken und Arbeitsorganisation. Interessen und Strategien betrieblicher Akteure, in: Soziale Welt 38(1987)2, S. 181-195.

Hirsch-Kreinsen, H. u.a. (1990): Einstieg in die rechnerintegrierte Produktion. Alternative Entwicklungspfade der Industriearbeit im Maschinenbau, Frankfurt a.M., New York, 1990.

Hofer, H.R. (1961): Der Werkmeister im Spannungsfeld der betrieblichen Zusammenarbeit, in: Industrielle Organisation, 30(1961)1, S. 11-13.

Hoffmann, E. (1962): Zum gegenwärtigen Stand der Industriemeisterausbildung in Westdeutschland, in: Wirtschaft und Berufserziehung 14(1962)2, S. 27-32.

Holm, K. (1970): Der Intra-Rollenkonflikt des Werkmeisters, in: Claessens, D.: Rolle und Macht, München, 1970, S. 78-89.

Hoppmann, K.; Stötzel, B. (1981): Demokratie am Arbeitsplatz. Ein Modellversuch zur Mitwirkung von Arbeitnehmern an betrieblichen Entscheidungsprozessen, Frankfurt a.M., New York 1981.

Jauch, P. (1990): Industriemeister. Kritik der industriesoziologischen Diskussion der 50er bis 70er Jahre aus heutiger Sicht, Magisterarbeit, Tübingen.

Jauch, P.; Schmidt, W. (1995): Paritätische Kommissionen. Eine Studie zur Arbeitsweise Paritätischer Eingruppierungskommissionen in der Metallindustrie; Hans-Böckler-Stiftung, Reihe Manuskripte, Manuskripte 173, Düsseldorf, 1995.

Jürgens, U. (1983): Die Entwicklung von Macht, Herrschaft und Kontrolle im Betrieb als politischer Prozeß - Eine Problemskizze zur Arbeitspolitik, in: Jürgens, U.; Naschold, F. (Hg.): Arbeitspolitik. Materialien zum Zusammenhang von politischer Macht, Kontrolle und betrieblicher Organisation der Arbeit, Leviathan Sonderheft (1983)5, S. 58-91.

Kalkowski, P.; Manske, F. (1993): Innovationen im Maschinenbau. Ein Beitrag zur Technikgeneseforschung, in: SOFI-Mitteilungen (1993)20, S. 62-85.

Kern, H. (1979): Kampf um Arbeitsbedingungen: Materialien zur Humanisierung der Arbeit, Frankfurt a.M., 1979.

Kern, H. (1989): Über die Gefahr, das Allgemeine im Besonderen zu sehr zu verallgemeinern. Zum soziologischen Zugang zu Prozessen der Industrialisierung, in: Soziale Welt 40(1989)1/2, S. 259-268.

Kern, H.; Schumann, M. (1984): Das Ende der Arbeitsteilung? Rationalisierung in der industriellen Produktion, München, 1984.

Klause, D. (1984): Industriemeister: Brücke zwischen Betrieb und Betriebsleitung, in: Position, 17(1984)2, S. 22-24.

Kleinschmidt, H.; Rechmann, H. (1989): Wagenbau mit Meister-Familien. Eine neue Arbeitswirtschaft, in: Fabrik der Zukunft (1989)11, S. 14-17.

Kocka, J. (1969): Unternehmensverwaltung und Angestelltenschaft am Beispiel Siemens 1847-1914, Stuttgart, 1969.

Kocka, J. (1981): Die Angestellten in der deutschen Geschichte: 1850-1980; vom Privatbeamten zum angestellten Arbeitnehmer, Göttingen, 1981.

Kolzen, H.P. (1984): Die neue Rolle der Meister im Rahmen von Qualitätszirkel und Lernstatt, in: Knebel, H.; Zander, E. (Hg.): Neue Entwicklungen bei Arbeit, Entgelt und Führung, Freiburg 1984, S. 116-125.

Kotthoff, H.; Reindl, J. (1990): Die soziale Welt kleiner Betriebe. Wirtschaften, Arbeiten und Leben im mittelständischen Industriebetrieb, Göttingen, 1990.

Kraft, H. (1991): Der Meister als Keimzelle von Lean Production, in: Industriemeister-Nachrichten 23(1991)12, S. 3.

Landwehrmann, F. (1965): Organisationsstrukturen industrieller Großbetriebe, Opladen, 1965.

Landwehrmann, F. (1970): Industrielle Führung unter fortschreitender Automatisierung, Tübingen, 1970.

Lane, Ch. (1989): Management and Labour in Europe. The Industrial Enterprise in Germany, Britain and France, Aldershot.

Lappe, L. (1986a): Kontrolle des Arbeitsprozesses. Ein Beitrag zur Labour-Process-Debate, Journal für Sozialforschung, 26(1986)4, S. 417-442.

Lappe, L. (1986b): Technologie, Qualifikation und Kontrolle. Die Labour-Process-Debate aus der Sicht der deutschen Industriesoziologie, in: Soziale Welt, 37(1986)2/3, S. 310-330.

Larrowe, Ch. P. (1961): A Meteor on the Industrial Relations Horizon: The Foreman's Association of America, in: Labor History 2(1961)3, S. 259-294.

Lauenstein, Th. (1985): Werkstattprogrammierung bei CNC-Werkzeugmaschinen und Industrierobotern: Ein Beispiel für die Diskussion um die Möglichkeiten von Arbeitsgestaltung, in: Fricke, W. u.a. (Hg.): Jahrbuch Arbeit und Technik in Nordrhein-Westfalen 1985, Bonn 1985, S. 83-96.

Lawrence, P. (1980): Managers and Management in West Germany, London, 1980.

Lay, G.; Lemmermeier, L. (1984): Werkstattprogrammierung - ja oder nein?, in VDI-Z 126(1984)17, S. 595-601.

Leiter, R. D. (1948): The Foreman in Industrial Relations, New York, 1948.

Lepsius, R. M. (1960): Strukturen und Wandlungen im Industriebetrieb. Industriesoziologische Forschung in Deutschland, München, 1960.

Lepsius, R. M.; Lütge, Friedrich (1954): Die soziale Stellung des Meisters in der Industrie, München, 1954.

Lipietz, A. (1985): Akkumulation, Krisen und Auswege aus der Krise: Einige methodische Überlegungen zum Begriff 'Regulation', S. 109-137, in: PROKLA 58, 15(1985)1. 109-137.

Littler, C. R. (1982): The Development of the Labour Process in Capitalist Societies. A Comparative Study of the Transformation of Work Organization in Britain, Japan and the USA, London u.a., 1982.

Lutz, B. (1952a): Die Gruppe der unteren technischen Arbeitsvorgesetzten in der deutschen Stahlindustrie, in: WWI-Mitteilungen 5(1952)3, S. 58-63.

Lutz, B. (1952b): Das Martinwerk eines westdeutschen Stahlwerkes. Beispiel der soziologischen Aufschließung eines Industrieobjektes, in: WWI-Mitteilungen 5(1952)7, S. 135-144 (Teil 1) und 5(1952)8, S. 159-167 (Teil 2).

Lutz, B. (1975): Krise des Lohnanreizes. Ein empirisch-historischer Beitrag zum Wandel der Formen betrieblicher Herrschaft am Beispiel der deutschen Stahlindustrie, Frankfurt, Köln, 1975.

Lutz, B. (1984): Der kurze Traum immerwährender Prosperität. Eine Neuinterpretation der industriell-kapitalistischen Entwicklung im Europa des 20. Jahrhunderts, Frankfurt a.M., New York, 1994.

Lutz, B. (1987): Arbeitsmarktstruktur und betriebliche Arbeitskräftestrategie. Eine theoretisch-historische Skizze zur Entstehung betriebszentrierter Arbeitsmarktsegmentation, Frankfurt a.M., New York, 1987.

Lutz, B. (1989): Was wurde aus dem Kritikpotential der "jungen Generation" der fünfziger Jahre? Erste Überlegungen zur historischen Interpretation früherer industriesoziologischer Befunde, in: Erd, R. u.a. (Hg.), Kritische Theorie und Kultur, Frankfurt a.M. 1989, S. 336-353.

Lutz, B. (1990): Die Rückkehr des Facharbeiters?, in: Gewerkschaftliche Monatshefte 41(1990)7, S. 427-437.

Lutz, B.; Schmidt, G. (1977): Industriesoziologie, in: König, Rene (Hrsg.): Handbuch der empirischen Sozialforschung, Band 8, Stuttgart 1977, S. 101-262.

Machtan, L. (1981): Zum Innenleben deutscher Fabriken im 19. Jahrhundert. Die formelle und informelle Verfassung von Industriebetrieben, anhand von Beispielen aus dem Bereich der

Textil- und Maschinenproduktion (1869-1891), in: Archiv für Sozialgeschichte 21(1981), S. 179-236.

Manager Magazin (1996): Ingenieure auf der Suche, Manager Magazin 26(1996)3, S. 224-233.

Manske, F. (1987a): Ende oder Wandel des Taylorismus? Von der punktuellen zur systemischen Kontrolle des Produktionsprozesses, in: Soziale Welt 38(1987)2, S. 166-179.

Manske, F. (1987b): Mit PPS und CIM zum Ende der Meisterwirtschaft?, in: DGB/HBS (Hg.): Die Zukunft der Meisterberufe - gut vorbereitet. Dokumentation. Bundesfachtagung des DGB, Düsseldorf 1987, S. 33-49.

Manske, F. (1987c): Produktionsplanungs- und -steuerungssysteme in Klein- und Mittelbetrieben. Gestaltungshinweise für Technik, Organisation und Arbeit. Projektträgerschaft Fertigungstechnik, Forschungsbericht KfK-PFT 128, Karlsruhe.

Manske, F. (1991): Neue Kontrollform und Arbeit im Maschinenbau: weder Taylorismus noch neue Produktionskonzepte, in: Hildebrandt, E. (Hrsg.): Betriebliche Sozialverfassung unter Veränderungsdruck, Berlin 1991, S. 145-171.

Manske, F.; Wobbe-Ohlenburg, W. (1983): Computereinsätze im Bereich technischer Angestellter. Zur Veränderung von produktionsvorbereitenden und -steuernden Arbeiten im Bereich der Kleinserie durch CAP/CAM, in: WSI-Mitteilungen (1983)2, S. 111-119

Manske, F.; Wobbe-Ohlenburg, W. (1984): Managementkonzeptionen der Fertigungssteuerung im kleinserigen Maschinenbau, in: SOFI-Mitteilungen (1984)10, S. 67-75.

Manske, F.; Wobbe-Ohlenburg, W.; Mickler, O. (1984): Rechnerunterstützte Systeme der Fertigungssteuerung in der Kleinserienfertigung. Auswirkungen auf die Arbeitssituation und Ansatzpunkte für eine menschengerechte Arbeitsgestaltung, Forschungsbericht KfK-PFT 90, Karlsruhe 1984.

Manske, F.; Wolf, H. (1987): Technische Angestellte, Rationalisierung und Arbeitspolitik, in: SOFI-Mitteilungen (1987)14, S. 1-30.

Martin, Th. (1985): Stand und Entwicklung neuer Fertigungstechnologien, in: Sonntag, K. (Hrsg.): Neue Produktionstechniken und qualifizierte Arbeit, Köln 1985, S. 11-35.

Maurice, M.; Sellier, F.; Silvestre, J.-J. (1979): La production de la hiérarchie dans l'entreprise: recherche d'un effet sociétal. Comparaison France-Allemagne, in: Revue francaise sociologiques 20(1979), S. 331-365.

Maurice, M.; Sellier, F.; Silvestre, J.-J. (1986): The Social Foundations of Industrial Power. A Comparison of France and Germany, Cambridge, London.

Mazurek, W. (1981): Der Meister - wird eine Berufsgruppe überflüssig?, in: IG Metall, Verwaltungsstelle Nürnberg (Hrsg.): Angestellte ohne Zukunft?, Nürnberg, 1981, S. 38-49.

Mazurek, W. (1984): Die geänderte Rolle des Werkmeisters beim Einsatz neuer Technologien, in: Industriemeister-Nachrichten, 25(1984)10, S. 4-7.

McGregor, D. (1946): The Foreman's Responsibility in the Industrial Organization: A Case Study, in: Personnel, (1946), S. 3-11.

Meisterzeitung (1988): Industriemeister heute und morgen. Zu Gast bei den Fischerwerken, Tumlingen, Meisterzeitung (1988)12, S. 17-20.

Meyer, J.W.; Rowan, B. (1977): Institutionalized Organizations: Formal Structure as Myth and Ceremony, in: American Journal of Sociology, 83(1977)2, S. 340-363.

Mickler, O. (1983): Ende der Meisterwirtschaft? Zu einem Aspekt computerisierter Organisationstechniken im Facharbeiterbetrieb, in: Baethge, M.; Eßbach, W. (Hg.): Soziologie: Entdeckungen im Alltäglichen. Hans Paul Bahrdt. Festschrift zu seinem 65. Geburtstag, Frankfurt a.M., New York 1983, S. 331-357.

Mintzberg, H. (1979): The Structuring of Organizations. A Synthesis of the Research, Englewood Cliffs, New York, 1979.

Mitteilungen für den Maschinenbau (Hg: Sonderforschungsbereich 187 der Ruhr-Universität Bochum/GfK Marktforschung Nürnberg), versch. Ausgaben.

Mogwitz, G. (1987): Qualitätszirkel aus der Sicht des Betriebsrates, in: Bungard, W. u.a. (Hg.): Sechster deutscher Quality Circle Kongress. Dokumentation, Mannheim 1987, S. 47-51.

Mohr, E. (1964): Der Funktionswandel des Industriemeisters, in: Rationalisierung (RKW) 15(1964)2, S. 30-34.

Moll, H. (1983): Mehr Produktivität durch weniger Arbeitsteilung, in: VDI-Nachrichten 37(1983)43, S. 52.

Nichols, T. (1974): Labourism and Class Consciousness: The 'class ideology' of some Northern Foremen, in: The Sociological Review, 22(1974)4, S. 483-502.

Northrup, H. R. (1945): The Foreman's Association of America, in: Harvard Business Review 23(1945)2, S. 187-202.

Nuber, Ch.; Schultz-Wild, R. (1989): Werkstattprogrammierung - setzt sich das Konzept durch?, in: Facharbeit an CNC-Maschinen, Sonderheft der Technischen Rundschau 1989, S.78-84.

Nullmeier, E.; Rödiger, K.-H. (1986): Arbeitsorientierte Anforderungen an die Gestaltung von PPS-Systemen, in: Hirsch-Kreinsen, H.; Schultz-Wild, R. (Hg.): Rechnerintegrierte Produktion. Zur Entwicklung von Technik und Arbeit in der Metallindustrie, Frankfurt a.M., New York 1986, S.111-142.

Ortmann, G. (1995): Formen der Produktion. Organisation und Rekursivität, Opladen 1995.

Osswald, R. (1985): Lebendige Arbeitswelt. Die Sozialgeschichte der Daimler-Benz AG von 1945 bis 1985, Stuttgart 1985.

Piore, M. J.; Sabel, Ch. F. (1989): Das Ende der Massenproduktion, Frankfurt a.M., [2]1989.

Pitz, K. H.; Pohl, M. (1994): Management hinter der Barriere - Festung Management. Ursachen der Krise im Werkzeugmaschinenbau aus der Sicht der Betriebsräte, in: WSI-Mitteilungen (1994)2, 103-107.

Popitz, H. u.a. (1957): Technik und Industriearbeit, Tübingen, 1957.

Popitz, H. (1992): Phänomene der Macht, Tübingen, 1992.

Preisinger-Kleine, R.; Wangler, P. (1993): Trends in der Krise, in: Die Mitbestimmung (1993)9, S. 23.

Priewe, J. (1988): Die Fabrik denkt um, in: Management Wissen (1988)7, S. 20-33.

QRZ (Qualifizierungszentrum Rheinhausen) (1995): Industriemeister in der Lean Production, Duisburg 1995.

Qvale, Th. U. (1976): Comment: What about the foreman?, in: Acta Sociologica, 19(1976)1, S. 77-82.

Radkau, J. (1989): Technik in Deutschland vom 18. Jahrhundert bis zur Gegenwart, Frankfurt a.M. 1989.

Roethlisberger, F.J. (1945): The Foreman: Master and Victim of Double Talk, in: Harvard Business Review, (1945)23, S. 283-298.

Schache-Keil, F. (1993): Die "schlanke" Fabrik - Erfahrungen aus der Praxis, in: Die Mitbestimmung (1993)9, S. 51-54.

Schildberger, F.: Die Wandlungen in der Stellung des deutschen Werkmeisters, Berlin, 1937.

Schlesinger, L. A.; Klein, J. A. (1987): The first-line supervisor: past, present, and future, in: Handbook of organizational behavior, New York, S. 370-384.

Schlottmann, U. (1976): Meister in der Industrie, in: Wirtschaft und Wissen, (1976)4, S. 13-15.

Schlottmann, U.; Blien, U.; Kind, V. (1983): Der Meister im Industriebetrieb. Ein Aspekt der Humanisierungsdiskussion, Nürnberg 1983.

Schmidt, G.; Heidenreich, M. (1991): »Betriebliche Sozialverfassung« im Spannungsfeld von »Informatisierung« und »Kultur« - Zur Einführung und Nutzung von PPS-Systemen in französischen, italienischen und deutschen Unternehmen, in: Hildebrandt, E. (Hrsg.): Betriebliche Sozialverfassung unter Veränderungsdruck, Berlin 1991, S. 211-231.

Schmidt, W. (1996): Betriebliche Sozialordnung und ostdeutsches Arbeitnehmerbewußtsein im Prozeß der Transformation, München, Mering, 1996.

Schmiede, R.; Schudlich, E. (1981): Die Entwicklung von Zeitökonomie und Lohnsystem im deutschen Kapitalismus, in: Leviathan, Sonderheft 4, Opladen 1981, S. 57-99.

Schober, K.; Tessaring, M. (1993): Eine unendliche Geschichte. Vom Wandel im Bildungs- und Berufswahlverhalten Jugendlicher, in: Materialien aus der Arbeitsmarkt- und Berufsforschung (1993)3.

Scholz, D. (1985): Neue Technologien und Industriemeisterfortbildung, in: Berufsbildung in Wissenschaft und Praxis 14(1985)2, S. 58-60.

Schultz-Wild, R. u.a. (1989): An der Schwelle zu CIM. Strategien, Verbreitung, Auswirkungen, Eschborn, Köln 1989.

Schumann, M. u.a. (1994): Trendreport Rationalisierung. Automobilindustrie, Werkzeugmaschinenbau, chemische Industrie, Berlin, 1994.

Scott, R. W. (1986): Grundlagen der Organisationstheorie, Frankfurt a.M., New York, 1986.

Selka, R. (1987): Anmerkungen zur Aus- und Weiterbildung von Meistern, in: DGB/HBS (Hg.): Die Zukunft der Meisterberufe - gut vorbereitet. Dokumentation. Bundesfachtagung des DGB, Düsseldorf 1987, S. 50-56.

Siegrist, H. (1981): Vom Familienbetrieb zum Managerunternehmen. Angestellte und industrielle Organisation am Beispiel der Georg Fischer AG in Schaffhausen 1797-1930, Göttingen, 1981.

Siepe, G. (1968): Der Meister in der Industrie unter besonderer Berücksichtigung der Aufgabe, Menschen zu führen, Köln 1968.

Sombart, W. (1928): Der moderne Kapitalismus, Band II, München, Leipzig.

Springer, R. (1984): Strukturwandel von Meisterfunktionen. Ergebnisse einer Untersuchung in acht Betrieben des Maschinenbaus, in: WSI-Mitteilungen, 37(1984)9, S. 545-550.

Springer, R. (1987): Die Entkoppelung von Produktions- und Arbeitsprozeß, in: Zeitschrift für Soziologie 16(1987)1, S.33-43.

Springer, R. (1991a): Kommt die Renaissance der Facharbeit? Neue Arbeitsformen in der Automobilproduktion, FAZ 1.10.1991, S. 7.

Springer, R. (1991b): Auf dem Weg zur Facharbeiterbranche? Strukturveränderungen der Arbeit in der deutschen Automobilindustrie, in: Automobil-Industrie (1991)1, S. 47-53.

Springer, R. (1993): Neue Formen der Arbeitsorganisation - Ursachen, Ziele und aktueller Stand in der Mercedes Benz AG, in: Angewandte Arbeitswissenschaft (1993)137, S. 19-37.

Statistisches Bundesamt, Bildung im Zahlenspiegel 1994.

Statistisches Bundesamt, Fachserie 1, Bevölkerung und Erwerbstätigkeit, Reihe 4.1.2., Beruf, Ausbildung und Arbeitsbedingungen der Erwerbstätigen, versch. Jahrgänge

Statistisches Bundesamt, Fachserie 11, Bildung und Kultur, Reihe 3, Berufliche Bildung, versch Jahrgänge

Straub, G. (1961): Die zukünftige Bedeutung des Werkmeisters für die Unternehmung, in: Industrielle Organisation, 30(1961)1, S. 7-9.

Studienkreis für betriebliche Personal- und Sozialpolitik e.V. (1964): Der Einfluß der organisatorischen und technischen Entwicklung auf die Meisterfunktion, ("Der Neue Betrieb") Düsseldorf, 1964.

Studienkreis für sozialwissenschaftliche Betriebsformen e.V. (1961): Die Funktionen des Meisters im Wandel der Technik, ("Der Neue Betrieb") Düsseldorf, 1961.

Sufrin, S.C.; Gaynes, G.G. (1948): Foremen and their Labor Relations Authority, in: Personnel, (1948), S. 199-203.

Thompson, P. (1983): The Nature of Work. An introduction to debates on the labour process, London, 1983.

Tokunaga, S. u.a. (1990): Japanisches Personalmanagement - ein anderer Weg? Montagerationalisierung in der Elektroindustrie III, Frankfurt a.M., New York, 1990.

Trautwein-Kalms, G.; Gerlach, G. (1980): Gewerkschaften und Humanisierung der Arbeit. Zur Bewertung des HdA-Programms, Frankfurt a.M., New York 1980.

Turmer, A. N. (1957): Foreman, Job, and Company, in: Human Relations, 10(1957)2, S. 99-112.

Walgenbach, P. (1993): Mittlere Manager, in: Ganter, H.-D.; Schienstock, G. (Hg.): Management aus soziologischer Sicht, Wiesbaden, S. 190-215.

Walgenbach, P.; Kieser, A. (1995): Mittlere Manager in Deutschland und Großbritannien, in: Schreyögg. G.; Sydow, J. (Hg.): Managementforschung 5. Empirische Studien, Berlin, New York, 1995, S. 259-309.

Walton, R.E.; Schlesinger, L.A. (1979): Do Supervisors Thrive in Participative Work Systems?, in: Organizational Dynamics (7(1979)3, S. 25-38.

Warner, M.; Campbell, A. (1993): German Management, in: Hickson, David J.: Management in Western Europe. Society, Culture and Organization in Twelfe Nations, Berlin, New York, S. 89-108.

Weltz, F. (1964): Vorgesetzte zwischen Management und Arbeitern, Stuttgart, 1964.

Weltz, F. (1991): Der Traum von der absoluten Ordnung und die doppelte Wirklichkeit der Unternehmen, in: Hildebrandt, E. (Hrsg.): Betriebliche Sozialverfassung unter Veränderungsdruck, Berlin 1991, S. 85-97.

Wexlberger, L. u.a. (1984): Arbeitsgestaltung in der Serienfertigung. Erfahrungen zur Organisationsentwicklung aus einem Humanisierungsprojekt, Frankfurt a.M., New York, 1984.

Weyrich, K.-D. (1981): Modellversuch 'Industriemeister'. Ein Beitrag zur Verbesserung der Weiterbildung zum Industriemeister, in: Berufsbildung in Wissenschaft und Praxis, 10(1981)2, S. 17-18.

Weyrich, K.-D. (1984): Zwischenbilanz des Modellversuchs 'Industriemeister'. Evaluation von Lehrgangsunterlagen zur Industriemeisterqualifizierung, in: Bundesinstitut für Berufsbildung (Hrsg.): Modellversuche zur Beruflichen Bildung, Berlin, (1984)19.

Weyrich, K.-D.; Kemp, Th. (1983): Führungsqualifikationen der Industriemeister gewinnen immer mehr an Bedeutung - Ein Praxis- und Erfahrungsbericht aus dem Modellversuch 'Industriemeister', in: Berufsbildung in Wissenschaft und Praxis, 12(1983)5, S. 179-180.

Whyte, W. F.; Gardner, B. B. (1945): The position and problems of the foreman, in: Applied Anthropology, (1945), S. 17-28.

Wiedemann, H. (1964): Die Rationalisierung aus der Sicht des Arbeiters. Eine soziologische Untersuchung in der mechanischen Fertigung, Köln, Opladen, 1964.

Wiedemann, H. (1974): Die Situation des Meisters im rationalisierten Betrieb, in: Fürstenberg, Friedrich (Hrsg.): Industriesoziologie II, Darmstadt, Neuwied, 1974, S. 143-156.

Wittke, V. (1989): Systemische Rationalisierung - zur Analyse aktueller Umbruchprozesse in der industriellen Produktion, in: SOFI-Mitteilungen, (Dez. 1989)17, S. 41-52.

Wittkowsky, A.; Gottschalch, H. (1990): Arbeitstätigkeiten, Qualifikationsanforderungen und Weiterbildungskonzepte bei der computergestützten Integration von Produktionsprozessen, in: Noack u.a. (Hg.): CIM. Integration und Vernetzung. Chancen und Risiken einer Innovationsstrategie, Berlin u.a. 1990, S. 195-218.

Woldt, R. (1911): Das großindustrielle Beamtentum, Stuttgart, 1911.

Womack, J.P.; Jones, D.T.; Roos, D. (1991): Die zweite Revolution in der Automobilindustrie, Frankfurt a.M., New York.

Wray, D. E. (1949): Marginal Men of Industry: The Foremen, in: American Journal of Sociology (1949)54, S. 298-301.

Wunderer, R.; Haubensack, M. (1988): Der Industriemeister - Unternehmer, Teammanager oder Personalverantwortlicher?, in: Personalwirtschaft, (1988)1, S. 23-30.

Wuntsch, M. (1988): Determinanten und Spielräume der Industriearbeit. Die industriesoziologische Diskussion des Verhältnisses von Technik, Ökonomie und Arbeitsorganisation seit 1945, Frankfurt a.M., New York.

Zierden, W. E. (1980): Needed: top management attention to the role of the first-line supervisor, in: S.A.M. Advanced Management Journal 45(1980)3, S. 18-25.

Zumstein, J. (1951): Die Rolle des Werkmeisters im Betrieb, Zürich 1951.

Zündorf, L. (1987): Führungsebene und Führung, in: Kieser, A. Reber, G.; Wunderer, R.: Handwörterbuch der Führung, Stuttgart 1987, Sp. 389-397.

Verzeichnis der Tabellen

Abschnitt III

Abschnitt IV.

Verzeichnis der Schaubilder

Abschnitt III

<u>*Weitere Veröffentlichungen im Rainer Hampp Verlag*</u>

Paul Fuchs-Frohnhofen, Klaus Henning (Hg.): **Die Zukunft des Meisters in modernen Arbeits- und Produktionskonzepten. Band I**

ISBN 3-87988-234-7, Rainer Hampp Verlag, München und Mering 1997, 90 S., DM 29.80

Viele Unternehmen befinden sich derzeit in einer Umbruchsituation. Die Ebene des mittleren Managements und insbesondere des Meisters ist von den laufenden Veränderungen von Aufgaben und Funktionen besonders Weise betroffen.

Ein interdisziplinärer Kreis von Forschungseinrichtungen und Industriebetrieben – gefördert durch das BM für Bildung, Wissenschaft, Forschung und Technologie im Programm „Arbeit und Technik" – hat sich zur Bearbeitung folgender Themenkomplexe zusammengeschlossen:

- Die neue Rolle des Meisters in Großbetrieben.
- Die Zukunft des Meisters im industriellen Klein- und Mittelbetrieb.
- Der Prozeß der Entwicklung neuer Formen der Arbeitsorganisation und einer neuen Rolle des Meisters - Analyseergebnisse, Zukunftsszenarien und ausgewählte Fallbeispiele.
- Betriebliche Personalpolitik im Meisterbereich angesichts veränderter Arbeitsmarktbedingungen.
- Die Situation des Meisters in den Neuen Bundesländern.
- Zukunftsorientierte Qualifizierung von Meistern in der Industrie.
- Der ökonomische und rechtliche Rahmen der Meistertätigkeit in Neuen Formen der Arbeitsorganisation.
- Die Zukunft des Meisters aus Sicht der Verbände.

Die *Kurzfassung* des Abschlußberichts stellt Untersuchungsergebnisse, Thesen und Perspektiven des Forschungsverbundes in knapper, gebündelter Form vor.

Paul Fuchs-Frohnhofen, Klaus Henning (Hg.): **Die Zukunft des Meisters in modernen Arbeits- und Produktionskonzepten. Band II**

ISBN 3-87988-235-5, Rainer Hampp Verlag, München und Mering 1997, 628 S., DM 69.80

Der Meister kann als zentrales Bindeglied zwischen Produktionsmitarbeitern und akademisch gebildetem Vorgesetzten auch in Zukunft seine tragende Rolle im deutschen Produktionsunternehmen behalten. Dies ist das Ergebnis eines vom BMBF geförderten Forschungsvorhabens. In diesem Projekt wurden Meister und Experten in mehr als 200 Groß- und Kleinbetrieben befragt und in über 20 Unternehmen intensive Fallstudien durchgeführt.

Die detailliert dargestellten Ergebnisse bieten für Wissenschaft und Berufsbildungspolitik wichtige Erkenntnisse und Anregungen zur Zukunft dieser Berufsgruppe. Für den interessierten Praktiker sind sie der Zugang zu bestimmten Fallbeispielen und übergreifenden Schlußfolgerungen.

Eine zusammenfassende Darstellung von Potentialen des Meisters, Risiken für seine Zukunft und sinnvollen Interventionsmöglichkeiten unterschiedlicher Akteure rundet das Buch ab.

Ruth Beisel: **Synergetik und Organisationsentwicklung. Eine Synthese auf der Basis einer Fallstudie aus der Automobilindustrie**

ISBN 3-87988-154-4, 2., verb. Aufl., München u. Mering 1996, 370 S., DM 59.80

Die Systemtheorie war und ist eine der wichtigen theoretischen Grundlagen von Organisationsentwicklung (OE). Erst auf der Stufe moderner Systemtheorien jedoch scheint die organisatorische Wandlungsproblematik sinnvoll darstellbar. In diesem Sinne wagt sich die Autorin auf ein in Theorie und Praxis der OE bisher wenig beachtetes Gebiet moderner Systemtheorien, die Synergetik („Lehre vom Zusammenwirken"), wie sie von dem Physiker Hermann Haken entwickelt wurde. Diese interdisziplinäre Forschungsrichtung modelliert die Entstehung, Aufrechterhaltung und Veränderung von Systemzuständen aus der Perspektive der Selbstorganisation.

Das Buch führt in die Konzepte moderner Systemtheorien ein (Teil I) und beschäftigt sich mit dem aktuellen Stand der Synergetik (Teil II). Am Beispiel der Einführung von Gruppenarbeit in ein deutsches Automobilunternehmen wird das abstrakte Konzept der Synergetik auf einen konkreten OE-Fall angewendet (Teil III) und zu einer innovativen Methodik verallgemeinert (Teil IV): Das Verfahren zur synergetischen Organisationsdiagnose lenkt die Aufmerksamkeit des Anwenders auf die tragenden Parameter der Systementwicklung und versetzt ihn in die Lage, aus dem Überangebot an beobachtbaren Wandlungserscheinungen die wesentlichen Wirkzusammenhänge herauszufiltern. Der Leitfaden zur synergetischen Organisationsgestaltung offeriert vielfältige Rollen zur Förderung selbstorganisierender Prozesse im System. Im letzten Teil der Arbeit werden Perspektiven für eine synergetische Organisationsentwicklung diskutiert. Die Synergetik hat, und dies wird die Lektüre bestätigen, ausreichend heuristische Kraft, um neue und notwendige Entwicklungen im Bereich Management und Organisationsentwicklung voranzutreiben.

Gabriele Bartel-Lingg: **Die Mitarbeiterorientierung im Total Quality Management - Eine Untersuchung in der Automobilindustrie -**

ISBN 3-87988-191-X, Rainer Hampp Verlag, München und Mering 1996, 340 S., DM 49.80

Die Mitarbeiterorientierung ist im TQM die Grundlage zur Ausbildung eines qualitätsorientierten Verhaltens bei allen Mitarbeitern und Führungskräften. In den meisten TQM-Konzepten setzt sich diese Erkenntnis durch. Schlagworte wie „Qualität beginnt im Kopf" oder „ohne Bewußtseinswandel geht es nicht" verdeutlichen dies.

Die Einführung eines TQM-Prozesses beginnt mit einer Veränderung der Einstellungen bei den Betroffenen und sollte in einem veränderten -effizienteren- Verhalten resultieren. Damit gehen Zielsetzungen einher, wie z.B. die Steigerung von Motivation, Kreativität und Problemlösungspotential. Zur Bedeutung dieser sogenannten „soft facts" in einem umfassenden Qualitätsmanagement fehlt bislang eine wissenschaftliche Diskussion bzw. empirisch belegte Aussagen.

Im Rahmen einer empirischen Studie bei einem deutschen Automobilhersteller, die annähernd 9000 Mitarbeiter betrifft, wurde untersucht, ob die von der TQM-Philosophie propagierten Verhaltensweisen und organisationalen Bedingungen zu verbesserten Leistungen bei den Betroffenen führen. Dazu wurde ein wissenschaftlich fundiertes Meßinstrument entwickelt und im Rahmen einer TQM-Klimaanalyse eingesetzt. Die Ergebnisse dieses Forschungsprojektes zeigen Möglichkeiten und Grenzen zur Steigerung eines effizienteren Verhaltens durch die Einführung von TQM auf.